天津师范大学"十二五"综合投资经费资助出版

叩问三代文明

中国出土文献与上古史国际学术研讨会论文集

杜勇　主编

中国社会科学出版社

图书在版编目（CIP）数据

叩问三代文明：中国出土文献与上古史国际学术研讨会论文集／
杜勇主编．—北京：中国社会科学出版社，2014.12
　ISBN 978 – 7 – 5161 – 5085 – 6

　Ⅰ．①叩…　Ⅱ．①杜…　Ⅲ．①出土文献—文献—中国—三代时期—
国际学术会议—文集　Ⅳ．①K877.04 – 53

　中国版本图书馆 CIP 数据核字（2014）第 262008 号

出 版 人	赵剑英	
责任编辑	王　茵	
责任校对	任晓晓	
责任印制	王　超	

出　　　版	中国社会科学出版社	
社　　　址	北京鼓楼西大街甲 158 号（邮编 100720）	
网　　　址	http://www.csspw.cn	
	中文域名：中国社科网　　　010 – 64070619	
发 行 部	010 – 84083685	
门 市 部	010 – 84029450	
经　　　销	新华书店及其他书店	

印　　　刷	北京君升印刷有限公司	
装　　　订	廊坊市广阳区广增装订厂	
版　　　次	2014 年 12 月第 1 版	
印　　　次	2014 年 12 月第 1 次印刷	

开　　　本	710 × 1000　1/16	
印　　　张	42.25	
插　　　页	3	
字　　　数	716 千字	
定　　　价	118.00 元	

序　言

积水连天阔，青山送客来。

2013 年 9 月 26—27 日，由中国先秦史学会主办、天津师范大学出土文献与上古史研究中心承办的"中国出土文献与上古史国际学术研讨会"在天津召开，来自中国、美国、日本、韩国、台湾、香港、澳门等国家和地区 70 余名学者参加了会议。会议提交论文 50 余篇，经统一体例，校正讹误，分类编排，即行出版。

近年来，出土文献研究成为新的学术热点，极大地推动了中国古代文明的探究与阐扬。传统意义上的出土文献主要以甲骨金文为其大宗，而郭店简、上博简、清华简等楚竹书的相继发现，更使出土文献的内涵大为丰富起来。甲骨学、金文学已取得巨大成绩，而简帛佚籍的研究则方兴未艾。为了充分发掘各种出土文献资料的学术价值，把中国上古史研究进一步推向深入，于是有这样一次国际学术研讨会的召开。

王国维《最近二三十年中中国新发见之学问》说："古来新学问起，大都由于新发见。……自汉以来，中国学问上之最大发见有三：一为孔子壁中书；二为汲冢书；三则今之殷虚甲骨文字，敦煌塞上及西域各处之汉晋木简，敦煌千佛洞之六朝及唐人写本书卷，内阁大库之元明以来书籍档册。此四者之一已足当孔壁、汲冢所出，而各地零星发见之金石书籍，于学术之大有关系者，尚不予焉。"陈寅恪《〈敦煌劫余录〉序》也说："一时代之学术，必有其新材料与新问题。取用此材料，以研求问题，则为此时代学术之新潮流。治学之士，得预于此潮流者，谓之预流……其未得预者，谓之未入流。此古今学术史之通义，非彼闭门造车之徒，所能同喻者也。"前贤对于新材料、新问题、新学问的高度重视启示我们，随着当今新出土文献的大量发现，又一个新潮涌动的学术时代已经到来。

从目前出土文献研究的现状看，主要有三支队伍在辛勤工作。处在第一线的是考古工作者，在发掘、整理和保护出土文献方面苦心孤诣，贡献良多；第二线的是古文字工作者，对出土文献精心释读，反复探究，新见迭出；第三线的是史学工作者对文献内容深度解析，廓清迷雾以求其真，探索规律以致其用。三者密切配合，协同攻关，力破难题，不断把中国上古文明史的研究推向新的高度。但比较起来，三支队伍中的史学工作者面对新的出土文献资料，似未像古文字学界那样倾情投入，时有佳作。固然文字考释是出土文献研究必不可少的基础性、前提性工作，需要先行一步，但出土文献一经初步整理释读，对其历史内容的研究就显得更为迫切和重要。因为有些深层次的问题并不出在文字释读上，而在于如何厘清历史真相和探寻历史规律以揭示新的学术天地。

历史学是以文献作为基本研究资料的一门带有实证性的学科。在利用新出土文献研究上古文明史的过程中，相应的学术规范是必须遵守的，否则将会带来不必要的混乱与争议，有碍学科的进步与发展。

第一，必须重视出土文献的真实性研究。就出土文献作为史料而言，实际与传世文献一样，其真实程度和史料价值如何也是需要认真鉴别的。文字的错讹自不必说，而史事的可靠与否尤须分辨。如果认为凡出土文献其史料价值都高于传世文献，可以照单全收，或者遇到史事与传世文献相异或矛盾之处，即以出土文献为依归，这都不是科学的态度。实际上，传世文献所遇到的问题，出土文献亦不能免。譬如，《尚书》头三篇即《尧典》、《皋陶谟》、《禹贡》不好说成是尧舜时代的著作，那么，来自地下的战国竹简本诸如《尹诰》、《说命》、《保训》、《耆夜》等，是否就可以不加论证地视为商周时期的作品呢？如果不是，它们又是如何形成的？又当如何评估其史料价值呢？这涉及历史学如何求真的问题，不可回避。从前司马光撰《资治通鉴》，为使世人信服，又参考群书，评其同异，俾归一途，为《考异》30 卷，与之并行。这既是历史研究必须运用的基本方法，也充分体现了中国史学的求真精神。显然，要使出土文献真正成为研究上古文明的珍贵史料，由表及里、去伪存真、考而后信的探索过程是必不可少的。

第二，必须重视文献材料的细节性研究。细节研究不等于历史的"碎片化"。那种淡化对重大历史问题的深度关切，垂青于历史边远领域的跨界探究；淡化对整体史规律性的宏观把握，垂青于局部考察的吉光片羽；淡化辩证分析的论证范式，垂青于细枝末节的梳理描述，有可能与

"碎片化"的历史研究有关。相反，从大处着眼，从小处着手，扎扎实实研究一些具体问题，由此及彼，见微知著，却有利于历史规律的把握，形成更为真切的历史认识。一段时间以来，有的学者从地下出土的简帛佚籍得到启示，于是援此例彼，对梅本《古文尚书》等过去已有定评的伪书大胆翻案，不遗余力。然观其对古文《尚书》案的审核，分析论证极为空泛疏阔，甚至连文献研究最基本的学术规范也不遵守，就放言论定，厚诬古人。如今清华简《尹诰》（《咸有一德》）、《说命》的发现，使伪《古文尚书》案终成定谳。这场来势猛烈的翻案风算是刮过去了，但时代进步、学术退步的异常现象却值得我们深刻反思。

第三，必须重视上古文明的致用性研究。经世致用是中国学术的优良传统。虽然历史学不能直接助推现实经济社会发展，但作为文化建设的重要内容之一，应有其特定的社会位置。历史是昨天的现实，现实是明天的历史。一个民族、国家的存在与发展总有其生生不息的动力，总有一些具有普适价值的文明因素可以跨越时空，恒久地发挥作用。利用传世和出土文献深度探索中国古代文明发生与演进的客观规律，铸就一种厚德载物、自强不息的民族精神和核心价值观，对于促进中华民族的伟大复兴无疑是有积极意义的。既求其真（事实），亦求其是（规律），是历史研究的本质要求。真实的和规律性的历史知识和智慧是一种强大力量，可以起到疏通知远、鉴往知来的作用。无论是出土文献还是传世文献，都是中国历史发展进程中重要的精神文化产品，其思想精华早已融入民族生命的血液世代流淌。继承和开发这些珍贵的民族遗产，推动中国传统文化的传承创新，是史学工作者应尽的义务和责任。

以上所谈这些问题，与会学者均有涉及和讨论。相信通过大家的不懈努力，锐意进取，砥砺前行，中国出土文献和上古史研究必将谱写新的篇章！

杜　勇

2014 年 6 月于津门

目　录

陶寺遗址出土的朱书文字扁壶

李健民

　　山西省襄汾县陶寺遗址是我国新石器时代晚期的大型聚落遗址。中国社会科学院考古研究所山西队和山西省临汾地区文化局联合组成的考古队多年来对陶寺遗址进行大规模的田野发掘，屡有重要发现，尤其是出土扁壶上的朱书文字，为中国古代文明的探源提供了极其重要的物证（李健民：《陶寺遗址出土的朱书"文"字扁壶》，《中国社会科学院古代文明研究中心通讯》第1期）。

　　扁壶是陶寺遗址常见的一种汲水用的陶器，其造型的基本特征是口部和腹部均呈一面鼓凸，另一面扁平或微凹，以利入水，颈或口部设泥鋬，便于系绳。扁壶皆为泥质灰陶，手制，其使用时间与陶寺文化相始终。出土朱书文字扁壶的灰坑，属陶寺遗址晚期。

　　朱书文字扁壶为残器，存留口沿及部分腹片。朱书"文"字偏于扁壶鼓凸面一侧，另在扁平的一面尚有一组朱书文字符号，又沿扁壶残器断茬边缘涂朱一周，当为扁壶残破后所描绘。朱书文字有笔锋，似为毛笔类工具所书。

　　陶寺遗址出土扁壶上的朱书文字引起学术界的广泛关注，已有学者对此进行深入研究并取得显著成果。

　　罗琨先生《陶寺陶文考》（见《中国社会科学院古代文明研究中心通讯》第2期），对"文"字做详备考述，认为殷墟卜辞中，"文"主要用为先王的尊号，周代金文中，"文"表示有文德之人，用其引申义。

　　何驽先生曾撰文《陶寺遗址扁壶"文字"新探》，将扁壶背面原来被看作两个符号的朱书视为一个字，认为其字符分上、中、下三部分：上部是有转角的"◇"即土字，中部为一横画，下部为"卩"字，合起来就

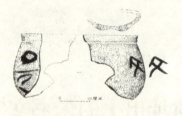

是古"尧"字，即古史传说中五帝之一的帝尧名号。

葛英会先生《破译帝尧名号，推进文明探源》（见北京大学震旦古代文明研究中心编《古代文明研究通讯》第 32 期）认为，何驽先生的见解符合该字构型的分析和判断，并引用先秦文字的相关资料，对古"尧"字的构字方式、形体演变提出申论，指出该字确是一个人字与土字相加的复合字，乃目前已知尧字最古老的一种写法，进一步阐明，尧字的本义当如《诗·小雅·车辖》"高山仰止，景行行止"所咏，言尧是高德明行、为人仰慕的圣王。

陶寺遗址的时间，经碳 14 年代测定，距今为 4600 年至 4000 年，大体相当于我国古史传说中的尧舜禹时期。史载，帝尧所都之平阳应在今临汾一带。陶寺村位于临汾西南 22 公里。陶寺遗址已揭露出大面积的墓地和居住址，大型墓出土随葬的彩绘蟠龙陶盘、鼍鼓、土鼓、特磬等礼乐器物，并出土铜铃，进而发现古城。凡此，陶寺遗址的地望、年代以及文化内涵，为正当其时的尧都平阳说提供了重要的考古学佐证。由此亦可知陶寺遗址出土朱书"文"、"尧"字扁壶绝非偶然。

世人一般认为殷墟甲骨文是中国最早的文字。实际上，殷墟甲骨文具有较为成熟的文字系统，已非文字的初始阶段。殷墟文字刻于甲骨之上，得以传世，而年代更早的书写于织物、竹、木类载体上的古代文字则极易朽没。陶寺文字书写于陶器之上，方得以幸存。诸多考古发掘的资料表明，文字是新石器时代社会晚期阶段的产物，具有一定社会经济生产力和深厚的历史文化背景。陶寺遗址发现朱书文字并成功破译，将汉字的成熟期至少推进至距今4000年前，是探索中国古代文明起源的重大突破。

中国是具有悠久历史的文明古国。亘古至今的历史长河中，中华民族的灿烂文明持续发展从未间断，并为后世传留下丰富多彩的历史文化遗存。弘扬中华民族优秀文化传统，探索中国古代文明的起源，不仅是史学界的神圣使命，也为广大人民群众所关注。历史是人民创造的，有关中国古代历史的重大考古发现和具突破性的学术研究成果，也应尽快公之于广大人民群众。

（作者单位：中国社会科学院考古研究所）

殷卜辞"咸"为成汤说补论

（台湾）蔡哲茂

前言

我在拙作《论殷卜辞中的"甘"字为成汤之"成"——兼论"哥""祜"为咸字说》①剖析卜辞之"甘"为成汤之成，"哥"与"祜"俱为咸字，亦指成汤，然此说发表后，学界仍有不同意见，如刘钊《新甲骨文编》与李宗焜《甲骨文字编》俱把"甘"、"哥"都当作是"成"字。近来周忠兵亦于会议中发表论文，认为"哥"就是"成"，②可知过去拙作的论点并未被广为采纳，故有必要再重新申述与补论"哥"与"甘"是不同字的看法。

卜辞中的"王宜咸日"记载：

《丙编》392（合1248正）：
癸未卜，截贞：翌甲申王宜上甲日。王固曰：吉。宜，允宜。
贞：翌甲申王易宜上甲日。

---

① 蔡哲茂：《论殷卜辞中的"甘"字为成汤之"成"——兼论"哥""祜"为咸字说》，《中央研究院历史语言研究所集刊》第七十七本第一分（2006年3月）。

② 周忠兵云："甲骨文中'口'形和'丁'形因其形体相似，偶尔有混同的现象，如第9例中的'成'即被误刻为从'口'的'咸'字。因甲骨文中从'丁'的'成'字在金文中未见，加上'成'、'咸'两字偶有混同，所以有的学者认为甲骨文中的'成'、'咸'实为一字，都应释为'咸'，我们认为这是不妥的。"参见周忠兵《释甲骨文中反映商代生活的两个字》，发表于香港中文大学中国语言及文字系庆："承继与拓新——汉语语言文字学国际研讨会"（香港中文大学李兆基楼三楼），2012年12月17—18日。

癸未卜，㱿贞：告于妣己眔妣庚。

贞：易告于妣己眔妣庚。

贞：不雨。

甲午卜，争贞：王窟咸日。

又《丙编》393（合 1248 反）：

贞：窟上甲日

易窟

贞：☑

祝☑

乙未：王窟风。

贞：易龠告

由两版对应关系可看出"甲午卜，争贞：王窟咸日"是省略"翌乙未"三字的状况，犹如"癸未卜，㱿贞：翌甲申王窟上甲日"，乙未的干支可见《丙编》393（合 1248 反）"乙未：王窟风。"[1] 甲申是王窟上甲日，乙未是王窟咸日，则咸为大乙、成汤也就很清楚了。又卜辞中常见在先王庙号之前一天占卜祭祀先王：

己丑贞：大庚日，亡㞢（害） 合 32488（历拓 4878 + 安明 2483）

丙申贞：中丁彡，亡㞢（害）。合 32499（粹 733、善 7528）

丙戌贞：父丁日，亡㞢（害）。

甲申贞：小乙日，亡㞢（害）。汇编 26（合 32696 + 合 32626）

甲辰贞：小乙日，亡㞢（害）。合 32625（宁 1 - 88 + 宁 1 - 480）

贞：翌乙未酒咸。合 1384（铁 142 - 1）

甲戌贞：大乙日，亡㞢（害）。合 32429（南明 541 + 明续 2496）

甲子贞：祖乙日，㞢（害）。[2] 合 32556（粹 229、善 560）

---

① 王窟风的解释请参见拙作《甲骨缀合汇编》第 202 组，花木兰出版社 2013 年版，第 59 页。

② 合 32556 "㞢"字前疑漏刻"亡"字。

陈絜在《重论"咸为成汤说"》一文中引合 1248 正，并说：

> 　　就笔者所知，有明确祭祀对象的"王宾日"之卜辞尚有五条……其所有祭祀对象皆为先祖、先妣。借此也可以推断出受同样祭礼的咸也应该是商王室的先祖神之一的结论。①

　　此说甚确，但此种文例有两种，其一是前一日贞问隔日宾某先祖是否有灾咎。一种是当天即贞问宾某先祖是否有灾咎。前者往往不书宾日的干支。

　　《说文》"成"字下云："就也，从戊，丁声。古文成从午。"许慎当时已经看到从"丁"或从"午"的"成"字，这经过了一段字形讹变的过程，从秦汉铜器、玺印、封泥可以看到以下发展的趋势，从西周金文到汉代金文"成"字的演变：

　　成（矢令方彝）、成（史颂簋）→成（安成家鼎）、成（湿成鼎）

本来从象形的戊旁，其下端的刀刃一笔与下面的直划相连，然后脱离戈字。这在《古玺文编》② 及《秦汉金文汇编》③ 也看到这样的发展。

　　当象形的戈旁的下端斧头边缘一笔与下面的直划相连并脱离之后，就开始与"丁"字相近并讹混了。所以在《说文》所见之古文之所以从"丁"，是讹变的结果。

　　前贤如胡厚宣引《丙》39、《通》237、《乙》3797、《续补》1938④、《粹》173、《乙》5303、《丙》41 等片甲骨，怀疑《酒诰》"自成汤咸至于帝乙"的"咸"是指卜辞的"咸"；张秉权亦曾提出尚书逸文《尹吉》："惟尹躬及汤咸，有壹德"中的"咸"为"成汤"。因此《尚书·酒

---

① 陈絜：《重论"咸为成汤说"》，《历史研究》2002 年第 2 期，第 147 页。
② 故宫博物院编：《古玺文编》，文物出版社 1981 年版，第 349 页。
③ 孙慰祖、徐谷富编著：《秦汉金文汇编》，上海书店出版社 1997 年版，第 353—354 页。
④ 按此《续补》可能指胡厚宣生前拟编的《甲骨续存补编》，但由于胡氏殁后其哲嗣胡振宇与王宏合之《甲骨续存补编》（胡厚宣辑，王宏、胡振宇整理，天津古籍出版社 1996 年版）已改为上、中、下三册共六卷，非统一编号，故不知此《续补》1938 指哪一片？

《古玺文编》　　　　　　　　　　　《秦汉金文汇编》

诰》及《礼记·缁衣》的"汤咸",即卜辞中指成汤之"咸",是可信的。

　　近出清华简有《尹诰》云:"惟尹既及汤咸有一德",但讨论者多关注在"既及"的释义,廖名春认为"既"读为"暨",是与、及、和之义。① 虞万里认为"及"训为"以","咸"训为"备",意为伊尹既以汤备一德。② 诸家解释有许多新意,目前似乎没有人认为将"咸"解作成汤的另名。

_____

① 廖明春:《清华简〈尹诰〉篇的内容与思想》,载清华大学出土文献研究与保护中心《清华简研究》第 1 辑,中西书局 2012 年版。

② 虞万里:《清华简〈尹诰〉"隹尹既返汤咸又一惪"解读》、《由清华简〈尹诰〉论〈古文尚书·咸有一德〉之性质》、《〈咸有一德〉之"一德"新解》三篇文章提及,载《榆枋斋学林》(上),华东师范大学出版社 2012 年版。

《尚书·酒诰》及《礼记·缁衣》提到的"成汤咸"、"汤咸"，若此处的"咸"是成汤的另名，但这只是文献中仅见的例子，即使《清华简·尹诰》出土，学者们亦不同意这样的解释。从宋公䜌匜"有殷天乙唐孙宋公䜌"，天乙（天乙仅见于《荀子·成相》篇，应读作"大乙"）与唐合称，故"成汤"与"咸"合称的情况是有可能的。

自甲骨文中部分偏旁从"口"可省刻作"丁"的有以下数例：

编号	字例	从口	从丁	说明
一	商	合 33128 合 36501	花东 247 花东 487	
二	酉	合 27110 合 27111 合 27200 合 27313 合 31003 合 31227 合 31769 合 31796 屯 766 屯 822 屯 4066 怀 1399 英 2372	合 23395 合 23396 合 20709 合 03073 合 23717	合 09073、合 23717 中为丁形加一符号，卜辞中"祖丁"的"丁"偶作"日"形，表示填空，并非为真正的"日"
三	如	合 5377 合 19126 合 19128	合 19136	
四	各	合 33348	合 31230	
五	公	合 762 合 21114 合 31678 反	合 27149 合 27497 怀 1456	

编号	字例	从口	从丁	说明
六	妊	合7145	合2803	
七	妣丁	合22226 合22226	合18440 合23338 合21879 花东409	妣丁从"口"形为特例，合22226同版有"妣庚"，"口"不可能为妣之私名，正确应释为"妣丁"

此表为卜辞中从口从丁无别之字，"口"、"丁"作为某字的偏旁，是可以互相替换的。卜辞中本从"口"的字形，当时为了刻画的简便，改以"丁"形替代，这是一种省略的做法。

结论

东汉许慎所见到的"成"字，《说文》认为"成"字丁声，从戊，或从午，当时所见成字从戊、从午的部分"丨"已经讹误成"丁"形。今人不应以许慎的认知强加套用在甲骨字之上。西周早期的《德方鼎》"成"、"咸"两字出现于同一铭文中，从"丨"的"成"，以及从"口"的"咸"是差别很大的两个字形。自文字演变的时代角度分析，西周金文与甲骨文一脉相承，西周早期金文更与甲骨文相近，《德方鼎》"成"、"咸"分别为两个字形，西周早期对"成"、"咸"两字构形的用法应与商代相同，这便有相当的说服力说明甲骨文中"成"、"咸"本就有别。某些学者依许慎的理解将甲骨文的"成"及从丁的"咸"皆混为"成"字，推论出共有两个"成"字字形，并不正确。

（作者单位：台北中央研究院历史语言研究所）

"商"辨

李维明

中国历史上第二个王朝称为商，在商代卜辞中多见关于商的记载。对此，学者分别就商字的构形、含义及所指地望多有探讨。虽歧义纷呈，但因对商起源、商文明、商地域等学术问题互有启发，多有裨益。笔者不揣浅陋，试作"商"辨，以就教于专家。

一 字形

1. 字形分类

卜辞所见商字造型变化丰富，种类较多，按字形下部是否有口大分两类。

第一类，字形无口。依上部单、双符特征，分两群。

甲群，上部双符。依架构特征不同分三型。

A 型，倒双三角形符，依有无横线分两亚型。

Aa 型，无横线。作 形（1 期，《甲骨文合集》371 正，以下简称《合集》）。

Ab 型，有横线。依横线位置不同分三组。

Ab①，横线在倒三角形符上，作 形（1 期，《合集》2963）。

Ab②，横线在倒三角形符中，作 形（1 期，《合集》16537）。

Ab③，横线在倒三角形符下，作 形（1 期，《合集》13721）。

B 型，双圆（菱）形符，分两亚型。

Ba 型，双圆形符，作 形（1 期，《合集》20087）。

Bb 型，双菱形符，作 形（5 期，《英》2674 正）。

C 型，双线形符，依构形不同分两亚型。

Ca 型，双 T 形符，作 形（1 期，《合集》20027）。

Cb 型，双干形符，作 形（1 期，《合集》2964）。

乙群，上部单符。依特征不同分两型。

A 型，倒单三角形符，依其上有无横（折）线分两亚型。

Aa 型，无横线，作 形（1 期，《合集》20450）。

Ab 型，有横（折）线，依线位置下移分两式。

AbI 式，横线在倒三角符形中，作 形（1 期，《合集》17300 正）。

AbII 式，横线在倒三角形符下，作 形（1 期，《合集》22260）。

AbIII 式，横折线在倒三角形符下，作 形（5 期，《合集》36552）。

B 型，单线干形符，作 形（1 期，《合集》21720）。

第二类，字形有口。以倒三角形单符为主要结构，依其下线形不同分两型。

A 型，倒三角形符，依横直线位置下移分两亚型。

Aa 型，横直线位置居倒三角形符中，作 形（1 期，《合集》13024）。

Ab 型，横直线位置居倒三角形符下，作 形（3 期，《合集》28102）。

B 型，倒三角形符下存折线，依口部位置上移变化分两式。

BI 式，口下坠，稍脱离主体。作 形（5 期，《合集》36522）。

BII 式，口上移，进入主体。作 形（5 期，《合集》36553）。

2. 分期特征

依《合集》标注期别，排列商字类型分期分布特征（表一），显示甲骨文中的商，以 1 期种类、数量最多（约占显示商字形刻辞总条数的 74.92%），其中以第一类乙群 AbI 式最多，具时代特征。2 期以后数量、种类显著减少。5 期以第二类字形数量居多，其中以 BII 式具时代特征。

表一　　　　　　　　甲骨卜辞商字形分期分布态势示意　　　　　　（%）

分期字形	第一类													第二类			
	甲群								乙群					A		B	
	A				B		C		A				B	a	b	I	II
	a	b			a	b	a	b	a	b							
		①	②	③						I	II	III					
1	6.8	0.27	3.5	14.4	0.27		1.2	0.54	5.1	32	8.7		1.87	0.27			
2										0.54	1.9						
3									0.27	0.27	2.2					0.27	0.54	
4								0.27	6.8	0.8	0.27		0.54		0.27			
5						0.27						1.1		0.27		0.27	7.6

说明：表中所列数值，为约占笔者所见 369 条显示商字形刻辞总条数的百分比。数值并非绝对，仅供参考。

二　字义

学界以往对商字义有所探讨，认识大致可以分为三类：

一类，精神领域。可分三种认识。

1. 鸟崇拜，以文献记载商族与玄鸟的传说为背景，从形、声等方面与玄鸟、凤凰、鸮鸟、燕子联系。[1]

2. 祭祀先祖，以文献记载商族与传说中帝喾的关系，从字形上认为是高、辛两字的合形。为祭祀先祖之意。[2] 或商即汤。[3]

3. 估量意，源自《白虎通》度其有亡。[4]

二类，居住形式，主要有两说。

1. 穴居。认为商字下部像穴居。[5]

---

[1]　笔者阅读见，胡厚宣、王玉哲、龚维英、王克林、蔡先金、王爱华、朱彦民等学者有相类论述。

[2]　笔者阅读见，张光直、加藤常贤、张良皋等学者有相类论述。

[3]　饶宗颐：《商即汤说》，《中央日报》1949 年 5 月 17 日。

[4]　如陈建魁《商姓起源、播迁、名人与文化》，《颛顼帝喾与华夏文明》，河南人民出版社 2009 年版。

[5]　如王玉哲《商族来源地望试探》，《历史研究》1984 年第 1 期。

2. 丘居。认为商字下部像丘岗。①

三类，像器物形，如：

1. 生产工具，耒耜。②

2. 生活器具。

（1）陶袋足器，鬲。③

（2）刻漏器。④

（3）酒具。⑤

（4）乐器。用于祭祀、歌舞。⑥

笔者在分析甲骨文"商"字造型后，赞同其像陶袋足器的认识。比较而言，商字形与陶鬲、甗、斝较为相近，比如出现于 1 至 4 期的 𓏸（第一类乙群 Aa 型，约占甲骨文"商"字出现频率 12.2%），上部像鬲、斝之高颈或甗之上腹部。约占甲骨文"商"字出现频率的 45%、出现于 1 至 4 期的 𓏸（第一类乙群 Ab 型），上部像带耳甑，下部像鬲。其他类型的写法是以上述两型为基本字形的省写或变体。

据此判断，甲骨文中商字形可能与商文化器类中具有性质代表意义的器类鬲、甗、斝部分造型有关。

三　商辞

在商代甲骨文中，存有相当数量与"商"有关的辞。依辞例是否有"邑"分两类。

一类，不加邑。见于 1 期至 5 期，数量最多，约占商辞出现频率的 95.7%。主要辞例有：

商，约占商辞出现频率总数的 69.9%。见于 1 期至 5 期，以 1 期最多，约占本型商辞出现频率总数的 72.9%。涉及受年、田猎、进入等

① 如郑慧生《殷商名称的由来》，《历史教学》1981 年第 7 期。

② 如徐葆《释商——也谈商族称的由来》，《河洛文明论文集》，中州古籍出版社 1993 年版。

③ 吕琪昌：《也说商》，《东南文化》2003 年第 9 期。

④ 葛英会：《商字形义考》，《古代文明研究通讯》总 37 期，2008 年。

⑤ 刘兴隆：《新编甲骨文字典》，国际文化出版社 1993 年版。

⑥ 笔者阅读见，姚孝遂、姜亮夫、田昌五等学者有相类论述。

内容。

子商，约占商辞出现频率总数的 20.6%。见于 1 期，字形以一类甲群 Aa、Ab②型为主要特征，也见少量 Ca、Cb 型。涉及受年、田猎、进入等内容。

中商，约占商辞出现频率总数的 1.1%。见于 1 期，字形以一类乙群 Aa、Ab 型为主要特征。涉及受年内容。

丘商，约占商辞出现频率总数的 2.2%。见于 1 期，字形以一类乙群 Ab 型为主要特征。涉及祭祀内容。

大商，约占商辞出现频率总数的 0.3%。见于 3 期，字形以一类乙群 Ab 型为主要特征。

商方，约占商辞出现频率总数的 0.3%。见于 3 期，字形以一类乙群 Ab 型为主要特征。涉及祭祀内容。

侯商，约占商辞出现频率总数的 1.6%。见于 4 期，字形以一类乙群 Aa 型为主要特征。

二类，加邑。数量很少，约占商辞出现频率的 4.3%。仅见于 5 期，字形以二类 Ba 型为主要特征。主要辞例有：

邑商，约占商辞出现频率总数的 1.1%。

大邑商，约占本类商辞出现频率总数的 1.1%。涉及占卜、祭祀等内容。

天邑商，约占本类商辞出现频率总数的 2.2%。涉及占卜、祭祀、宫殿等内容。

表二　　　　　　　　甲骨卜辞商辞分期分布态势示意

分类 / 分期	一类							二类		
	商	子商	中商	丘商	商方	大商	侯商	邑商	大邑商	天邑商
1	50.9	20.6	1.1	1.6						
2	2.4									
3	3.3				0.3	0.3				
4	7.9						1.7			
5	5.4							1.1	1.1	2.2

说明：表中所列数值，为约占笔者所见 369 条显示商字形刻辞总条数的百分比。数值并非绝对，仅供参考。

观察商辞例分期分布态势，可现几点现象：

1. 商，数据比例始终居于首位，显示其具有重要地位。以 1 期卜辞出现最多，2 期以后明显减少。

2. 与商共存于 1 期的子商、中商、丘商的数据次之，其中中商、丘商无法与商数据相称。2 期以后卜辞不见。

3. 与商共存于 5 期的邑商、大邑商、天邑商为晚出的称呼，不仅数量不及商，而且不与 5 期之前商共存。

据以上几点现象判断，甲骨卜辞中商地位超过其他诸商辞，笔者推断可能是包括王畿在内的商（滴）声地域。大商、大邑商、天邑商可能为商地域中中心都邑尊称，中商、丘商可能为商地域内某地。

四　商地

学者公认商在卜辞中作为地名，但对商之地望所在存有异议。就大体方位可归纳几个地域：

1. 河南省北部以安阳—漳河为中心的豫北地区。[①]

2. 河南省东部商丘一带。[②]

3. 山东省泰安。[③]

4. 陕西省商洛地区。[④]

笔者认为探讨商地望应考虑几个要素：

1. 在商文化分布中心区域。

2. 具有商都邑文化内涵。

3. 有共时的商文字。

考古发现，商文化的分布，西到陕西关中，东达山东西部；北至河北

---

① 笔者阅读见，近现代学者王国维、罗振玉、林泰辅、胡厚宣、郑杰祥、朱彦民等学者主此说。

② 笔者阅读见，近现代学者王国维、董作宾、陈梦家、孙海波、钟柏生、张光直、岛邦男、何光岳、罗琨、张永山、陈秉新、李立芳、李雪山、孙亚冰等学者主此说。

③ 王恩田：《山东商代考古与商史诸问题》，载《夏商周文明研究》，中国文联出版社 1999 年版。

④ 饶宗颐：《契封於商为商洛商县证》，载《饶宗颐新出土文献论证》，上海古籍出版社 2005 年版。

中部，南抵江淮一带。考古学者将不同地域的商文化区分为不同的类型。其中，具有首都或陪都意义的有郑州商城、安阳洹北商城、殷墟、偃师商城等遗址，分别拥有城池、宫殿群、大型墓葬、青铜器、白陶、玉器、卜骨、甲骨文等都邑文化内涵。具有方国都邑意义的有垣曲商城、夏县东下冯商城、新郑望京楼商城、焦作府城、黄陂盘龙城、益都苏阜屯、济南大辛庄等遗址，分别拥有城池、宫殿群、大型墓葬、青铜器、白陶、玉器、卜骨、甲骨文等文化内涵。

　　以商文化内涵考量，山东泰安说与陕西商洛说，既不属于商文化中心区域，也不具都邑文化内涵，出土商文字晚在东周时期。豫北安阳—漳河一带，为晚商文化分布的中心区域，商代考古学文化编年齐备。安阳是文献记载商代盘庚迁殷之后的都城所在，殷墟出土数以百计"商"字甲骨文辞与具有都邑内涵的商文化联证，表明商地是以安阳殷墟为中心的商（滴）声地域，其中依功能与等次又有大邑商、商邑、中商、丘商之别。① 比较而言，以安阳殷墟为中心的商（滴）声地域在商文化内涵、出土文字证据等方面，较其他地域更具探索商地望的优势。

五　商名

　　商名见于晚商时期的甲骨文。有学者指出，"商"这个名称是殷代晚期的名称，是当时王城所在的城市名称，并不是国名。② 因此，至少给学界提出了两个问题：

　　1. 商是否可以作为国名

　　国，繁体字写作國。《说文解字》："國，邦也，从口从或。"③

　　周代金文无國字，有"或"字，写作"𢆶"（吕仲爵）、"𢆶"（保卣）。

　　《说文解字》："或，邦也，从口从戈以守一，一地域，或又从土。"④ 段玉裁注："邑部曰：邦，國也。按邦，國互训，浑言之也。周礼注曰：

---

① 笔者阅读见，近现代学者董作宾、陈梦家、郑杰祥、宋镇豪、唐际根、荆志淳、朱彦民、李雪山等学者在论述商辞时不同程度地与安阳殷墟及漳河流域联系。

② 松丸道雄：《对"郑州商城"命名的一点看法》，《中国文物报》2005 年 12 月 2 日。

③ （汉）许慎：《说文解字》，中华书局 1963 年版，第 129 页。

④ 同上书，第 266 页。

大曰邦，小曰國，邦之所居亦曰國，析言之也。"① 《金文编》："或，孳乳为國。"②

商代甲骨文无國字，有形近"或"字，写作"𠀠"，多与征伐有关。

据此判断，将商、周视为國，见于汉代，指邦国。商，甲骨文中作为地名，有都邑、宫室，王在其中，实具后世文献所言邦国内涵。

2. 盘庚迁殷之前可否称商

虽然传世东周文献，如《诗经》、《国语》对商史记载可及传说中的先公与商的联系。考古学意义的商文化，据殷墟晚商文化特征，依商文化发展的连续性向前追溯至郑州二里冈上、下层遗存为代表的早商文化，分布于豫北、冀南地区的先商文化，但迄今尚未见（或未释出）商代早期"商"字出土材料，因此文献所记盘庚迁殷之前是否称商，仍是学界关注和思考的问题。有待相关材料补充发现，深入探究。

（作者单位：中国国家博物馆）

---

① （汉）许慎、（清）段玉裁：《说文解字注》，上海古籍出版社1981年版，第277页。
② 容庚编著：《金文编》，中华书局1985年版，第825页。

殷商苑囿围场及离宫别馆研究

常耀华

上古三代，田游是古代王公贵族最常见的活动之一。史载夏启之子太康因耽于田游而失国。《尚书·五子之歌》云："太康尸位以逸豫，灭厥德，黎民咸贰，乃盘游无度，畋于有洛之表，十旬弗反。"①《尚书注疏》云："田猎过百日不还，有穷后羿因民弗忍，距于河，不得入国，遂废之。"②《史记·殷本纪》云，商王"武乙猎于河、渭之间，暴雷震死。"《竹书纪年》亦云，武乙三十五年"王畋于河、渭，暴雷震死。"③ 比有夏太康还惨的是周昭王，据《史记·周本纪》载："昭王之时，王道微缺。昭王南巡狩不返，卒于江上。"

据典籍记载，上古三代帝王为奢侈享乐，常常四处行猎，不仅四处行猎，而且还设有专供其观游的苑囿围场和离宫别馆。明张居正《苑田纪》有云："臣闻设苑以资观游……有国者所不废也。"汉董仲舒《春秋繁露·王道》云："桀纣皆圣王之后，骄溢妄行。侈宫室，广苑囿，穷五采之变，极饰材之工。"《史记·殷本纪》："帝纣资捷辨疾，闻见甚敏；材力过人，手格猛兽。知足以距谏，言足以饰非。矜人臣以能，高天下以声，以为皆出己之下。好酒淫乐，嬖于妇人。爱妲己，妲己之言是从。于是使师涓作新淫声，北里之舞，靡靡之乐。厚赋税以实鹿台之钱，而盈巨桥之粟。益收狗马奇物，充仞宫室。益广沙丘苑台，多取野兽蜚鸟置其中，慢于鬼神。大冣乐戏于沙丘，以酒为池，悬肉为林，使男女倮相逐其

---

① 《十三经注疏》，中华书局1986年版，第156页。
② 文渊阁本四库全书经部，书类，《尚书注疏》卷六。
③ 《今本竹书纪年疏证》，辽宁教育出版社1997年版，第72页。

间，为长夜之饮。"《括地志》引《竹书纪年》亦云："纣时稍大其邑，南距朝歌，北据邯郸及沙丘，皆为离宫别馆。"① 沙丘即今河北省广宗县西北之沙丘苑台。不要说桀纣这些亡国之君，即便圣明如周文王者，也建有灵台、灵沼之类的苑囿。② 有趣的是，同为修筑苑囿，在桀纣身上是罪证，到了周文王身上则成了"帝勤时登，爰考休征"的功业。

商代的苑囿，不止见于文献，亦见于甲骨卜辞。

〔癸〕酉……翌□□王往圃。
贞……卯……《合集》9490
□酉卜，□，贞翌□□王往圃，亡〔祸〕。《合集》9488
癸卯卜，亘，贞乎圃叀止。
贞王往出。《合集》9489

上文"王往圃"之圃应即商王之苑囿。卜辞中商王的苑囿确知其名者有龙圃和🐚圃，辞见：

丁亥卜，〔贞〕岳石有纵雨。
贞苿（岳）石有纵雨。戊戌雨。
乙未卜，贞黍才龙圃苔，受有年。二月。《合集》9552
……🐚圃……《合集》9491

商代有苑囿，还设有专门管理苑囿的官员"圃人"：

庚辰卜，王，圃人见妉。生十月。
御〔妉〕。生十月，卜祝。
御……之。《合集》21172

---

① 见《史记·殷本纪》注引，第106页。
② 今本《竹书纪年》云："（帝辛）四十年，周作灵台。"事亦见于《诗·大雅·灵台》："经始灵台，经之营之。庶民攻之，不日成之。经始勿亟，庶民子来。王在灵囿，麀鹿攸伏。麀鹿濯濯，白鸟翯翯。王在灵沼，於牣鱼跃。虡业维枞，贲鼓维镛。於论鼓钟，於乐辟雍。於论鼓钟，於乐辟雍。鼍鼓逢逢，矇瞍奏公。"

周代所设囿人之官职当承商制而来。《周礼》地官有囿人之职："囿人，
中士四人，下士八人，府二人，胥八人，徒八十人。"注："囿，今之
苑。"① 囿人掌囿游之兽禁。注：囿，游囿之离宫小苑，观处也。养兽以
宴乐，视之禁者，其蕃卫也。郑司农云："囿游之兽，游牧之兽。"②《周
官新义》："囿人掌囿游之兽禁，牧百兽，祭祀、丧纪、宾客，共其生兽
死兽之物，兽人共生兽死兽。囿人共生兽死兽之物者，兽人所共田猎所
罟，囿人所共，囿游所牧，共其物，若麋肤、熊蹯之类。"③ 宋王昭禹
《周礼详解》云："夫弃田以为园囿，沛泽多而禽兽至，古人之所诛。而
此有'囿人掌囿游之兽禁'何也？盖一张一弛，人情之所不免。先王袭
诸人，间亦与之同，则人之所乐者，亦与之偕乐焉。此所以有囿游也。然
一游之顷，亦非无事也，故囿游之兽禁，掌以牧百兽，而牧百兽以共生兽
死兽之物，为祭祀、丧纪、宾客之饔飧膳羞焉。夫岂盘于游哉？后世暴
君，窃先王之迹，穷一己之私欲，故囿人兽禁之意，一切忘矣。齐宣王之
囿乃为之大禁，而杀其麋鹿者，如杀人之罪。故孟子谓为阱于国中也。"④
《礼经会元》囿游条云："苑囿游观之戒，古人常凛凛于此。淫乐游逸，
舜无是也，而戒刑焉。外则禽荒，禹无是也，而训作焉。恒于游畋，汤无
是也，而常以是相儆焉。盘于游田，文王无是也，而每以是自防焉。观古
人以游田逸乐为戒则，必不为苑囿之美，游观之丽矣。尝读诗至灵台有
曰：'王在灵囿，麀鹿攸伏。麀鹿濯濯，白鸟翯翯。'则文王之有囿，明
矣。文王之囿，方七十里。孟子曰：于传有之。孟子虽不尽信其有，而亦
未尝言其无也。文王罔敢盘于游田，胡为而为灵囿之作？盖游田不可盘，
而苑囿亦不可无也。游观之心，天理之所必有，人情之所不能无。循理而
不流者，圣人之所以尽其性也。纵情而不返者，众人之所以灭其天也。古
人为苑囿游观之地，固非纵情而灭其天，亦惟循理而尽其性焉耳。周礼囿
人一官，掌囿游以牧百兽。郑氏谓：囿，若汉之苑游，为离宫养兽，以宴
乐视之，如汉掖庭有鸟兽，自熊虎孔雀，至于狐狸凫鹤焉。尝观周公作
《无逸》以戒成王，必曰尔其无淫于逸、于游、于田。今设囿游以为宴乐

① 文渊阁本四库全书经部，礼类，周礼之属，《周礼注疏》卷九。
② 同上书，《周礼注疏》卷十六。
③ 同上书，《周官新义》卷七。
④ 同上书，《周礼详解》卷十六。

之玩，安能禁成王之逸游也哉。盖以一人而尊居万乘，富有四海，安能尽绝其逸游之乐，使之坐受束缚如牛马，然财用固有节，不能尽禁其玩好，膳羞固有常，不能尽彻其珍异，服器固有制，而亦不能尽绝其燕亵，宫室固有度，而亦不能尽塞其囿游。如必使之耳目有所不得玩，手足有所不得佚，心意有所不得通，夫人且不能以自克，而亦何乐于为君也？一旦人情有所不能堪，天理有所不能制，淫蘖一开，堤防一决，则将奔突横流，而不可御，将有盘游无度，而为有洛之畋，流连无厌，而为琼台之观，岂特囿游而已哉！然周公之设囿游也，惟以刖者守之，如阍人所谓每门四人，囿游亦如之是也。以刖者而守囿，则天子不近刑人，而刖者亦不能从王而为驰逐禽兽之事矣，囿人，以中士四人，下士八人为之，其徒有八十人，所以牧百兽也。宾客丧祭，则共其兽物而已。虽名囿游，而无一语及宴游之事。观《夏官》小臣，王燕出入则前驱。郑氏谓：若令游观于苑，是成王未尝不为游观也。而小臣以太仆之属为之前驱，又岂有驰逐禽兽之事哉！郑氏以囿比汉苑，以游比汉官，以兽比汉兽，则周之制果有如汉之丽者，吾恐后人因之，苑囿未必无增，而先有系兔伐狐之习，池籞未必能罢，而必有射熊布骑之猎矣。观周公之作周礼，其言囿游也，止于牧兽，正所以存人君天理之乐，而示之以制度之俭，观郑氏之注周礼，其言囿，游也，比之离宫，适所以开人君人欲之纵，而导之以制度之奢。”①

甲骨文中亦有小臣之职，其职任与《周礼》“王燕出入则前驱”的小臣正相合，例如：

……伐……

贞小臣辟王。《合集》5584

癸巳卜，𣪊，贞旬亡祸。

王占曰：乃兹亦有祟，若偁。

甲午王往逐兕，小臣甴车马硪[illegible]王车，子央亦坠。《合集》10405，《合集》10406与此同文。

癸巳卜，□，贞其令小臣[illegible]（阱）。《合集》27883

……小臣[illegible]。《合集》27887

① 文渊阁本四库全书经部，礼类，周礼之属，《礼经会元》卷三上。

丙申卜，王令冓以多马。

乎小臣。

己亥卜，有羌演。《合集》32994

□小臣牆有来告。《合集》27886

……小臣牆比伐，擒危美……《合集》36481

上揭诸例，皆与王田猎燕游有关。

《周礼》秋官还有犬人一职："犬人，下士二人，府一人，史二人，贾四人，徒十六人。……犬人，掌犬牲。凡祭祀供犬牲用牷物，伏瘗亦如之。"郑司农云："牷，纯也。物，色也。伏，谓伏犬以王车轹之。瘗，谓埋祭也。《尔雅》曰：祭地曰瘗埋。"①

甲骨文中无"犬人"之谓，但有犬官，不过，其职司与《周礼》秋官"犬人"不类，而与"迹人"相仿：

贞：犬亡祸。《合集》4640

〔贞：〕犬〔弗〕其……《合集》5669

贞：犬……亡其……二《合集》5670

丁巳卜，□，贞：犬……〔凷□〕……自示……《合集》5671

壬申卜，亘，贞：令犬……《合集》40352 =《英藏》1106

贞：令犬……坐〔侯〕……受……《合集》5668

上例中的"犬"即职官名，李学勤先生云："商王狩猎的场所可分为两种：一种是行途所经适于行猎之地，一种是特殊设定的园囿。在后者，设有职司的猎物人员，称为犬。"② 杨树达先生亦谓殷人犬职盖与《周礼·地官》之迹人相当。《周礼·地官·迹人》云："迹人掌邦田之地政，为之厉禁而守之。凡田猎者受令焉，禁麝卵者与其毒矢射者。"注曰："田之地，若今苑也。令，谓时与处也。为其夭物且害心多也。麝，麋鹿子。"疏曰："迹人，主迹知禽兽之处，故掌邦田之地政。云为之厉禁而守之者，有禽兽之处则为苑囿以林木为藩罗，使其地之民遮厉守之。故郑

---

① 文渊阁本四库全书经部，礼类，周礼之属，《周礼注疏》卷三十五。

② 李学勤：《殷代地理简论》，科学出版社1959年版，第6页。

云：田之地，若今苑也。云时与处者，谓若仲春、仲夏、仲秋、仲冬是其时。云处者，谓山泽也。其受令者，谓夏官主田猎者。"① 卜辞每有"犬告"之辞，例如：

□丑卜，尹，〔贞：〕犬告曰……不……《合集》23688

……犬告曰：有……其……《合集》27900

……才（在）澅，犬告狐，王……引吉《合集》27901

戊辰卜，才（在）澅，犬中告麇，王其射，亡灾，擒。《合集》27902

〔犬〕告……《合集》27906

辛丑卜，犬告……鸣才（在）□……《合集》27918

乙未卜，才（在）盂，犬告有〔鹿〕。

乙未卜，王往田，不雨。

……弗擒。《合集》27919 反

甲子卜……

于丧，亡灾。

于盂，亡灾。

于宫，亡灾。

牢，犬□告，王其比，亡灾，擒。《合集》27920

盂，犬告鹿，其比，擒。《合集》27921

乙丑卜，王往田，亡灾。

□卜，犬来告，有麇。

……王其匕，比澡……《合集》33361

□卜，贞：才（在）𠂤，犬雠告……其比，叀戊申利，亡……《合集》36424

癸未〔卜〕，〔贞：〕……𠂤告……王……𡥈……

乙未卜，贞：犬壨壬……兕……〔翌〕日辛丑……

丁酉卜，贞：翌日壬寅王其𡥈兕，其唯𤞤夹𤞤马，𡥈，王弗每。《合集》37387

贞：王……兹果……狐十……麇……

---

① 孙诒让：《周礼正义》，中华书局 1987 年版，第 1209—1210 页。

癸□王卜，〔贞：〕于翟……

戊戌卜，贞：才（在）𤉫，犬𡿪告𤓰鹿，王其比射，往来亡灾。
王□吉。丁巳卜，贞：王麓𤓰𤓰，往来亡灾。王吉。《合集》37439

丙寅卜……

其雨。

丙寅卜，〔犬〕告，王其田……

丁卯卜，王往田，亡灾。

比……

丁〔卯〕卜，□日不雨。

其雨。

辛未卜，〔王〕往田，亡灾。《屯南》941

丙寅卜……

其雨。

丙寅卜，〔犬〕告，王其田……

丁卯卜，王往田，亡灾。

比……

丁〔卯〕卜，□日不雨。

其雨。

辛未卜，〔王〕往田，亡灾。《屯南》997

庚申卜，〔犬〕〔告〕曰：有鹿〔其〕匕，擒。

弗擒。

庚申卜，翌日辛雨。

不雨。

庚……《屯南》2290

弜比。

其比犬口，擒，有狐。兹用。允擒。

弗擒。

不雨。《合集》28316

叀智，犬口比，屯日…兹用。《合集》27751

壬午卜，王往田，亡灾。

□卜，王往田，比来求犬，擒。

……往田，于来求……《合集》33362

　　李学勤先生云："'中'、'口'、'狄'等是人名，犬是他们的职名，'灌'、'来'、'求'等是其所司之地。由卜辞可知，当司之地出现猎物时，犬即向王报告，并导王前猎。"①《诗经》中也有类似商代犬的职司，《诗·卫风·伯兮》："伯也执殳，为王前驱。"此类题材在汉画中也很常见。②

　　上揭卜辞中由犬专管的灌、来、求、盂、⟨⟩、⟨⟩、牢等地实际就是商代的围场。除此之外，记载商代围场的卜辞还有一些，兹列举如下：

　　……戊王其比盂犬舀田⟨⟩，亡［戋］。《合集》27907
　　甲辰卜，狄，贞：叀⟨⟩犬凡比，亡灾。《合集》28892
　　王其田，叀成犬比，擒，亡戋。《合集》27915
　　叀成，犬单比，亡灾。擒。引吉。《屯南》2329
　　叀成犬⟨⟩比，湄日亡戋，永王。《合集》27914＝《合集》29349
　　惟宕犬⟨⟩比，亡戋。《合集》27903、《合集》27904
　　王叀阤犬……《合集》27916
　　叀兑犬隙比，亡［戋］。《合集》27898
　　丁丑卜，翌日戊王叀才（在）牢，犬……大吉兹用。
　　叀才（在）⟨⟩，犬壬比，亡灾，擒。吉。
　　叀才（在）灌，中比，亡灾，擒。吉。
　　……戋□丧。
　　于向。《屯南》625
　　王叀緻犬比，亡戋。
　　叀盖犬比，亡戋。《屯南》4584
　　叀□□比，亡。
　　叀祝犬比，亡戋。《屯南》106
　　□寅卜，王其比⟨⟩犬……壬湄日亡戋。《合集》27899
　　叀釜犬豕比，亡［戋］。《合集》27911
　　叀⟨⟩犬戋比，亡戋，擒。《合集》29207

　　①　李学勤：《殷代地理简论》，科学出版社1959年版。
　　②　黄明兰、郭引强：《洛阳汉墓壁画·偃师杏园村东汉墓壁画》，文物出版社1996年版，第175、176页。

　　　　𤡰犬□比，屯日……兹用。《合集》27751

　　　　叀□犬妣比。

　　　　叀舀［犬］比，湄日亡戋。《合集》29342

以上卜辞中提到𤔌、成、宕、阫、兒、襄、𣪘、盖、祝、𧖌、盂、𤂭、𤡰、𢎼、舀等皆地名，这些连同刚才讨论的灉、来、求、盂、𤂭、𤡰、牢等22个地点都是专供商代贵族侈乐的围场。

　　卜辞所见行途所经适于行猎之地，据钟柏生先生统计，多达374个。[①] 殷之东西南北皆有，商王之足迹亦可谓周遍天下了。

　　商王在外远游也有住宿问题，甲骨文中常有卜问商王要不要住宿，在何处住宿，选择某地住宿吉不吉利之类的卜辞，例如：

　　　　己亥……〔呈〕宿，亡灾。

　　　　弜宿。吉

　　　　王其田，才鼄。吉

　　　　于鼄宿，亡灾。大吉

　　　　叀翌日辛田，〔亡〕灾。大吉《合集》29351

　　　　……其田，宿于𨊠。《合集》29384

既要住宿，就一定有可供住宿的建筑物。《诗·郑风·缁衣》："适子之馆兮。"孔颖达疏："馆者，人所止舍。古为舍也。"由此可知古人确有类乎今天的宾馆酒店之类的建筑。周人如此，夏商是不是也如此？相传夏桀、商纣不仅有灵台、鹿台，还建有能够旋转摇动之璇室，其豪华奢侈之程度足令今人瞠乎其目。《晏子春秋·谏下十八》："及夏之衰也，其王桀背弃德行，为璇室玉门。"《淮南子·本经训》："晚世之时，帝有桀纣，为琁室、瑶台、象廊、玉床。"高诱注："琁、瑶，石之似玉，以饰室台也……琁或作旋，瑶或作摇，言室施机关，可转旋也，台可摇动，极土木之巧也。"

　　《史记·李斯列传》："〔秦始皇〕治离宫别馆，周遍天下。"司马相如《上林赋》："离宫别馆，弥山跨谷。"此为秦汉时代之景象，那么，殷

---

　　① 钟柏生：《殷商卜辞地理论丛》，艺文印书馆1989年版，第153—165页。

商时代的情况又当如何呢？甲骨文中有一个墂字，一般认为与此有关。墂字在具体辞例里常常出现于"乍"、某田猎地名或祭祀对象之后，例如：

……墂……之……

于新，🐰北，🌱南，弗每。

弜乍墂。《怀特》1460

于枫宿，亡灾。

于簸乍墂，□灾。大吉《屯南》2152

弜乎祝。

其执。

弜执，乎归，克乡王史。引〔吉〕

其乍墂于丘，燎。

弜乍。《合集》27796

□卜，王其乍墂楙，于寓……吉《合集》30266

不受禾。

才（在）酒、盂田，受禾。

弜受禾。

才（在）下墂南田，受禾。《合集》28231

辛卯卜，壬王其田，至于犬墂东，湄日亡灾，永王。

于乙。

于壬。《合集》29388

不遘雨，启。

今日丁酉卜，王其宛麓墂，弗每。

……雨……亡〔灾〕。《合集》30268

其以。

叀大雨。

贞：其延，勿丁岁，有正。

其于楙墂。《合集》30269

……于盂墂，不冓大风。

于翌日壬乃钦麂，不冓大风。

弜翌日壬，其风。《合集》30270

于盂墂，不雨。

乙不雨。

兹不雨。《合集》30271

……塦于兹丘……《合集》30272

弜……万……

于远塦。

才（在）軑塦。《合集》30273

牢，亡灾。《合集》30274

……其寻牢〔塦〕。《合集》30275

丁卯，王其寻牢塦，其宿。

弜宿，其每。吉大吉《合集》27805

……塦单，亡灾。《合集》30276

弗……〔塦〕……于……

王往于……

……王……《合集》30279

于南门旦。

于王迭塦。《合集》34071

□□卜，勿乎雀伐。三四

已未卜，御子塦于母萑。《合集》3227

塦以百。《合集》9049

弜㳉，有雨。

其㣌祖辛塦，有雨。

弜㣌。

其㣌祖辛塦，叀豚，有雨。

叀羊。

其㣌父甲塦，有雨。

弜㣌。《合集》27254

王其寻，各塦以□。

弜以万。兹用。雨。

叀父庚麂柰，王永。

叀祖丁麂柰。

……至……弗每，不雨。《合集》27310

王其乍塦，于旅□疫人，其受又。《合集》30267

……〔王〕壐〔于〕……《合集》30277

……于壐……弗每。《合集》30278

于壐。吉

……🖐于……吉用《合集》30280

……〔其〕乍壐于……《合集》30281

其……于……

于叀🦌斿。

其🦌斿才（在）宰。

于壐🦌。《合集》31136

……小臣🦌比伐，擒危美……人二十人四，而千五百七十，𩖦百……丙，车二丙，𩣡百八十三，函五十，矢……用屮白羏于大乙，用𩰌白印……𩖦于祖乙，用美于祖丁，壐甘京，易……《合集》36481 正

其合令有正。

叀伊壐引。《苏美》259

庚申卜，翌日辛，王其宛𦥑壐，亡尤。《合集》2636

郭沫若先生释“壐”为城塞之塞。① 李孝定先生对此不以为然，他说：“塞字音虽近而形则相远。卜辞每云‘在某地名壐’、‘乍壐’，亦无以证其必为塞字。”② 姚孝遂先生认为：“‘壐’当为行宫离馆之类，商代于田猎地多有‘壐’，为商王休憩之所，卜辞累见‘作壐’于某地，又祖妣亦多有‘壐’，乃宗庙之类的建筑。商王于此进行祭祀。”③ 钟柏生先生在将甲骨文“壐”和《睡虎地秦简》的“塞”字做了仔细比对之后，指出二者字形完全不同，他说“壐”与“塞”不是同一字是可以肯定的。不过，他同时又肯定“郭氏及诸家所释之义是极有启发性的”。指出“壐是某类建筑物，这类建筑物可以早先便存在，或是可以因需要短时间做成的，它的用途乃供殷王田游或是其他任务临时性住宿，其内可安置外出所携带之祖先神主，此其之所以在卜辞中称‘且辛壐’、‘父甲壐’之由”。钟、姚二先生的意见颇有相合之处。钟先生还进一步推断甲骨文的“壐”就是

① 郭沫若：《卜辞通纂·释别》，第 10 页。
② 李孝定：《甲骨文字集释》，第 4008 页。
③ 《甲骨文字诂林》，第 3135 页。《小屯南地甲骨》第 984 页说与此同。

后来的墰字。① 墰是天子外出在平地休息住宿时设置的一种有土围墙的临时宫室。《周礼·天官·掌舍》："掌舍掌王之会同之舍，设梐枑再重。设车宫、辕门。为坛、墰宫、棘门。为帷宫，设旌门。"墰宫，郑玄注："谓王行止宿，平地筑坛，又委墰土，起墙垺以为宫。"贾公彦疏："止宿之间，不可筑作墙壁，宜掘地为宫，土在坑畔而高则墙垺也。"也就是说，"墰宫"实质上就是所谓的离宫别馆。

覆按卜辞，这样解释还算通达。如果这样解释不错，那么，从上引卜辞可知，商王在牢、宛麓、柉、盂、远、軝、箙、犬等田猎之地均建有离宫别馆，且这些有的建筑在山丘之上，有的建筑于别邑之中。

另，卜辞还有才（在）官、于戍官入、于官它、乎某官、帝官、帝不官、𡧛官、弜步某官，令某取官之语，或以为卜辞之"官"即后世之"馆"之古文，② 义为馆舍，用作动词，用现代汉语来说近似于住宾馆之义，兹揭举辞例如下，以便读者覆按。

> 庚辰卜，贞：才（在）官。《合集》1916
> 辛未卜，遘，贞：乎先官。《合集》4576 =《合集》39744
> 贞：帝官。
> 帝不官。《合集》14228
> 官。《合集》18754
> 壬辰卜，扶，令冉取官。十月。
> 壬〔辰〕……
> 庚戌〔卜〕，𡧛，入。
> 庚□卜……令……卫。《合集》20230
> 贞：𡧛官。
> ……六月。《合集》21507
> ……戍官入，业正。《合集》28032
> 于戍官入，业正。《合集》28033

---

① 《钟柏生古文字论文自选集》，艺文印书馆 2008 年版，第 162—163 页。

② 卜辞官，陈梦家训为忧，李孝定从颜师古注"官谓官舍"。于省吾谓官字应读作宽。是宽待优容之义。赵诚曰：官字构形不明，即馆之初文。甲骨文用作名词，为馆舍之义，用作动词，为馆于舍之义，用现代汉语来说近似于住宾馆之义（《甲骨文简明词典》，第 336—337 页）。姚孝遂亦谓"官者，馆之古文也"（《甲骨文字诂林》，第 3035 页）。

叀丁卯步。三

丁巳卜，弜步◇官。《合集》34158

丁未卜，酓宜伐百羌于官它。《英藏》2466

（作者单位：北京第二外国语学院　语言学及应用语言学研究中心）

甲骨文词汇的历时性双向研究

——与真古文《书》动词的比较为例

［日］海村惟一

关于甲骨文的研究方法，曾经留学于日本的中国近现代著名的语言文字学家杨树达先生（1885—1956）于 1953 年以自身治学的经验归纳出如下二术：

> 甲骨文者，殷商之文字也。欲识其字，必以《说文》篆籀彝器铭文为途径求之，否则无当也。……甲骨文所记者，殷商之史实也。欲明其事，必以古书传记所记殷周史实稽合其同异，始能有所发明，否则亦无当也。大抵甲骨之学，除广览甲片，多诵甲文，得其条理而外，舍是二术，盖不能有得也。就形以识其字，循音以通其读，然后稽合经传以明史实，庶几乎近之矣。①

40 年之后，甲骨学界的新锐台湾学者朱歧祥亦根据自身治学的经验倡导研究甲骨文字的新方向：

1. 甲骨文字形本义的分析。
2. 由断代分期归纳甲骨文字的引申义和假借义的演变。
3. 甲骨文习用词汇的解释。

---

① 杨树达：《积微居甲文说·自序》，载《杨树达文集》之五，上海古籍出版社 1986 年版，第 1 页。

4. 由甲骨文辞例归并同义词，明了文字的流变。

5. 甲骨文字分期字形表，下与吉金文、篆文、隶、楷结合。

6. 建立古文字学理论。吾人冀能从平实客观的立场，把甲骨学建立在科学的理论基础上。①

朱歧祥先生所倡导的甲骨学研究法，是从"甲骨文字"自身的立场出发的。而杨树达先生归纳的二术则是从"《说文》篆籀彝器铭文"、"古书传记"的立场出发，"就形以识其字，循音以通其读，然后稽合经传以明史实"的甲骨学研究法。

上述的《说文》即《说文解字》，是汉代许慎于公元 100 年完成的字书，当时，许慎不知有甲骨文字一事，仅就其所见的籀文彝器铭文等古文字均收入《说文解字》。② 甲骨文字的诞生虽早于《说文解字》1500 年，然而，甲骨文字却是具有严谨的语法体系的成熟的文字系统，③ 不是原始的图形文字。因此，笔者认为可以通过殷代中期前后的甲骨文（公元前 1400 年盘庚迁都前后）动词与周代初期（公元前 1000 年）真古文《书经》动词的比较来考察动词在这一时期的嬗变情况。由于字数的局限，下面仅粗略地陈述一下这一时期的动词嬗变的概况。

据赵诚先生统计，甲骨文动词有 275 个（其中略有重叠，而且都是单音节动词，没有双音节动词），④ 加上张玉金先生列举的 64 个（其中亦略有重叠，亦都是单音节动词，没有双音节动词），⑤ 除去其中的重叠部分，一共有 307 个动词。据不完全统计，真古文《书经》中的动词有 927 个，其中单音节动词有 617 个，双音节动词有 310 个。⑥ 殷代中期前后到周代初期约 400 年，动词发生的最大变化是已经开始有大量的双音节动词

---

① 朱歧祥：《甲骨学论丛》，台湾学生书局 1992 年版，第 320 页。

② 在这方面取得卓越成果的有：王国维的《史籀篇疏证》、商承祚的《说文中之古文考》（上海古籍出版社 1983 年版）等。商承祚认为："古文者，壁中书也。许氏所据，尚得其真。"（《说文中之古文考》，第 1 页）

③ 对甲骨文语法有系统研究，并有成就者乃张玉金的《甲骨文语法学》，学林出版社 2001年版。

④ 赵诚：《甲骨文简明词典——卜辞分类读本》，中华书局 1988 年版。

⑤ 张玉金：《甲骨文语法学》，第 4 页。

⑥ 真古文《书经》中的单音节动词和双音节动词根据加藤常贤《书经》上（新释汉文大系 25，明治书院 1983 年版）的训读来判断的。

出现，其数量接近殷代中期前后的甲骨文动词，这一重大变化的原因待另文专论。

这里就单音节动词做一简单的分析，甲骨文的 307 个动词中有占总数 26% 的 79 个出现在真古文《书经》之中，换而言之，真古文《书经》的 617 个单音节动词中只有 79 个是从甲骨文中来的，仅占其总数的 13%，可见其约 87% 的单音节动词则是随着时代的变化而产生的，其产生的过程亦待另文专论。

经受时代嬗变的考验，出现在真古文《书经》中的 79 个甲骨文单音节动词如下：

卜·贞·伐·至·立·见·设·奏·爰·并·吉·正·孚·取·易·休·立·官·逆·降·陟·涉·从·告·曰·言·引·如·用·克·生·宅·事·行·步·往·逐·追·出·入·会·即·囚·子·盖·教·安·酒·醉·雨·雷·保·听·饮·宿·疾·作·比·共·望·征·丧·败·异·劓·害·求·风·祝·祭·悔·畏·出·兴·在·有·亡·死·盟

这 79 个甲骨文单音节动词可以说通过真古文《书经》一直流传到今天，成为现代汉语的常用汉字。

而占甲骨文动词总数 74% 的与真古文《书经》无关的 228 个单音节动词除了下述的：

振·令·乎·飨·浴·寝·梦·孕·育·藉·田·铸·凡·御·戍·俘·去·擒·刖·疑·来·占·洋·卯·氏·工·示·矢·雉·无·气·又·仔·异·龙·冬·齿·只·系·彗·才·沚·乍·黍·刍·牧·队·析·传·先·令·乎·讯·鸣·目·旺·眚·衍·巳·鱼·网·焚·我·俄·古·邰·走·及·各·既·冥·乳·爻·雪·雹·旦·水

占其总数 34% 的 77 个无疑是通过其他途径流传至今还被频繁应用的常用汉字以外，占其总数 66% 的 151 个单音节动词已经在现代汉语中或隐去了它们的身影、或改貌换颜、或偶尔粉墨登场，总之已经成为死字、僻字、今字。关于这些已经被时代的变迁所淘汰的甲骨文动词的消失、演变的过程亦待另文专论。

本文所谓的"通过甲骨文动词与周代初期动词的比较以观甲骨文动词的嬗变过程"的"历时性双向研究"的一例，通观王宇信先生的统计资料，至少在新中国成立以来的 30 年间不曾见过。① 尽管陈炜湛先生曾经提出过类似的研究方向，② 在 1979 年以后虽有不少甲骨文语法的研究成果问世，③ 亦不曾见过类似的课题。笔者还考察了日本甲骨学界的学术动态，亦无此专论问世。④

笔者通过甲骨文词汇·语音的历时性双向研究来阐明甲骨文词汇·语音的嬗变过程的同时，亦想探明商周时代的社会文化嬗变过程。⑤ 所谓"双向研究"乃研究的立场既设定在"甲骨文字"的地下实物资料之上，又设定在"《诗》雅·颂、《书》"之间的承传书面资料之上，即往来于两者之间的研究。

（作者单位：日本　福冈国际大学）

---

① 请参见王宇信《建国以来甲骨文研究》的附录三《建国以来甲骨文作者论著简目》，中国社会科学出版社 1981 年版。

② 请参见陈炜湛于 1982 年完稿的《甲骨文简论》上海古籍出版社 1987 年版，第 230 页。

③ 请参见张玉金《甲骨文语法学》的主要参考文献。

④ 日本甲骨学界的学术成果主要反映在松丸道雄主编的《甲骨学》里，《甲骨学》第 1 号至第 12 号（1951—1980、1980 年至今休刊）亦无此专论问世。

⑤ 笔者曾于 2002 年 1 月 26 日在松丸道雄先生的书斋就此研究方向请教过松丸道雄先生，并得到了首肯；翌日在王宇信先生下榻的日本驹泽大学的宿舍里，亦就此研究方向请教过王宇信先生，亦得到了首肯。

研究《春秋》可利用殷墟甲骨文材料

刘　源

《诗》、《书》、《礼》、《易》、《春秋》是我国现存最古老的文献，记载着商周两代的重大事件、典章制度、诗歌礼仪、社会生活，堪称华夏民族的《圣经》，汉唐以来被儒家奉为经典。其中，《春秋》是东周时代的鲁史，也是我国保存至今的第一部史书。自战国至清代，学者一直为《春秋》及其三传（《左氏》、《公羊》、《穀梁》）做注疏，训诂字句，阐释义理。今天，解读、研究《春秋》仍是一项很有意义的学术工作，要在前人成果基础上更进一步，需充分利用出土文献材料，特别应加强殷墟甲骨文与《春秋》的对读和互训。过去治《春秋》的学者没有注意这一方法，治甲骨的学者虽偶引《春秋》、《左传》与卜辞互证，亦未专门论及春秋与殷代史官记事笔法基本一致的问题。故笔者不揣谫陋，略述如下，请方家指正。

《春秋》与殷墟卜辞的文字之所以多有相同、近似之处，是因为周代王室及诸侯史官大多出身于原殷人史官家族，继承并沿用了殷代以来的传统记事笔法。周人文化本较落后，克商前就受到殷文化很大影响；[①] 克商后，周人为统治国家及建立礼乐制度的需要，很重视掌握着文字、礼仪且谙熟治乱、成败的殷人史官，积极加以任用。[②] 在周初此种历史背景下，

---

① 先周文化与商文化之间也互相影响，前者发展水平较低，受后者影响很大，特别是先周文化中铜器铸造和骨卜是学习与模仿自商文化。邹衡：《论先周文化》，载《夏商周考古学论文集》，文物出版社 1980 年版，第 331 页。中国社会科学院考古研究所编著：《中国考古学·两周卷》，中国社会科学出版社 2004 年版，第 40—42 页。

② 李亚农：《西周与东周》，上海人民出版社 1956 年版，第 106 页。白川静：《作册考》（郑清茂中译），载《中国文字》第 39 期，台湾大学中国文学系 1971 年版，第 1 页。

殷人史官家族遂纷纷效力于周王室及其贵族。如微史家族（木羊册）前来投奔武王，被周公安置于周原，世代供职于王室；属于同一家族（𢼧册）的作册令、作册大分别臣属于位高权重的周公、召公家族。① 鲁侯是周公家族的分支，拥有殷人史官，是不难理解的。据《左传》定公四年的记载，周初封鲁，除赐给鲁侯以人民（即"殷民六族"）、土地、官员、礼器、典册，还有祝宗卜史（祝宗卜史的职掌相近，卜史往往不分，学者或通称之为史官）。据此，书写《春秋》的鲁太史应是旧有殷人史官的后裔，且世守其职。据《左传》襄公二十五年载齐太史及其二弟均不畏死书"崔杼弑其君"之事来看，鲁太史家族子弟或亦均接受史官教育。

殷人史官记事，其遣词用字有较为固定的形式。我们今日已无法看到殷代用毛笔书写的竹简木牍，但仍可从甲骨刻辞、青铜器铭文等出土文献中窥见当时卜史行文的传统笔法。特别是殷墟出土的 15 万片有字甲骨，②直接反映了殷人史官的记述习惯、政治观念和鬼神思想。殷墟甲骨文中的绝大多数材料是卜辞，即占卜记录，但包含鬼神、祭祀、战争、农业、田猎、天象、疾病、历法等丰富内容，涉及当时社会中王室、贵族、平民和奴隶等各个阶层。经过百余年的研究，学者已从殷墟甲骨文中归纳出众多辞例。这些辞例对考释文字、训诂词句颇为重要。如 20 世纪初甲骨学甫一起步，孙诒让即据卜辞辞例释出"贞"字，但亦因相关辞例不足，导致他将"王"字误释为"立"。③ 又如学者经过阅读大量卜辞，得知"我受年"、"帝授我祐"等常见内容中的"我"指商王室而言，并非是商王自称。我们认识殷人史官的笔法，就主要根据殷墟甲骨文的辞例。

史官父子世袭，其记事方式也代代传承。直至春秋，诸侯太史的笔法仍保持着较多传统特点。我们对读殷墟甲骨文与《春秋》，会看到二者文字有不少相同之处。这里暂举数例说明。

《春秋》僖公二十六年及文公十五年皆书"齐人侵我西鄙"、文公七

---

① 作册大、夨所铸铜器纹饰风格相近，铭文用字也多相同，族徽一致，应属于同一家族。陈梦家先生已指出大器与令器的纹饰与铭文有"相因袭之处"，可参见陈梦家《西周铜器断代》，第 94 页。作册大臣属于皇天尹太保，即召公。作册夨臣属于周公子明保。详见作册大方鼎铭文（《集成》2758—2761，康王世），令方彝铭文（《集成》9901，昭王世）。

② 据胡厚宣先生统计数据。胡厚宣：《〈甲骨文合集〉的编辑和内容》，《历史教学》1982年第 9 期。

③ 孙诒让：《契文举例》，齐鲁书社 1993 年版，第 8、13 页。

年书"狄侵我西鄙"、襄公十四年书"莒人侵我东鄙"。其中"某侵我某鄙"的记述方式，早已见于殷墟甲骨文，如罗振玉旧藏一版大骨（即《殷虚书契菁华》第一片，《合集》6057，现藏国家博物馆），其上契刻宾组大字卜辞，有"沚戛告曰：土方征于我东鄙，戈二邑，舌方亦侵我西鄙田"的记载。上述诸例中的"我"均指我方，在《春秋》中指鲁，在殷墟卜辞中指沚戛的属地；鄙是边地，鄙中有邑，小邑规模略同于村落。《春秋》虽未见殷墟甲骨中"某征我"的辞例，但与之相近的"某伐我"、"某伐我某鄙"之类记载史不绝书，如庄公十九年"齐人、宋人、陈人伐我西鄙"、僖公二十六年"齐人伐我北鄙"、文公十四年"邾人伐我南鄙"、襄公八年"莒侯伐我东鄙"等，此类文字与殷墟卜辞相比，笔法也基本一致。饶宗颐先生已提到这一点。[1]

史官言征，是说大举攻伐，言侵，是说军事行动隐蔽。《左传》庄公二十九年传例云："凡师，有钟鼓曰伐，无曰侵，轻曰袭。"与殷墟卜辞反映的侵、伐规模基本相当：商王武丁"伐"敌对方国，出兵人数一般是三千人（《英藏》558、559）或五千人（《合集》6409、6539），多者则可达到一万三千（《英藏》150"登妇好三千登旅万"）；而"侵"的规模相对较小，如舌方一次入侵，被侵犯的只有七十五人（《合集》6057正）。从殷至春秋，史官言伐，均不分内外，也是传统笔法。殷墟卜辞中屡见商王武丁"伐土方"、"伐舌方"、"伐下危"、"伐召方"，是自内向外；帝辛时"遇人方伐东国"（《辑佚》690）、"遇盂方率伐西国"（《合补》11242），是从外而来。西周金文中的"唯王命明公遣三族伐东国"（鲁侯簋，《集成》4029，成王世）、"唯周公于征伐东夷"（𪰛方鼎，《集成》2739，成王世）、"唯王命南宫伐反虎方之年"（中方鼎、《集成》2751、2752，昭王世），是自内向外；而"淮夷敢伐内国"（录卣，《集成》5420，穆王世）、"噩侯驭方率南淮夷、东夷广伐东国、南国"（禹鼎，《集成》2833，厉王世），是由外而来。《春秋》虽无"我"向外征伐之例，但《左传》襄公十一年载郑卿子展有"我伐宋"之语，可为佐证。

---

① 饶宗颐：《殷代贞卜人物通考》，香港大学出版社1959年版，第164页。饶先生说："'畐'即'鄙'。《春秋》襄八年：'莒人伐我东鄙。'《左》隐元年：'大叔命西鄙北鄙贰于己'，语正相类。"

　　《春秋》记载天象、物候的文字也延续了殷代史官的笔法。如庄公三十一年"冬，不雨"、僖公二年"冬，十月，不雨"、僖公三年"六月，雨"等例中"雨"、"不雨"的简单记录，在殷墟卜辞中也很普遍，两相比较，完全一致。《春秋》记载日食30余次，皆用"日有食之"，殷墟卜辞记载日食、月食，亦用"日有食"、"月有食"、"日月有食"，基本一致。桓公元年、襄公二十四年记载洪水用"大水"，殷墟卜辞亦有同例，如"今秋禾不遘大水"（《合集》33351），《左传》桓公元年传例说"凡平原出水为大水"，用来训诂卜辞亦较恰当。宣公十六年记载农业丰收用"大有年"，所谓"有年"的说法，也是继承自殷代史官，殷墟卜辞常见"受有年"，其例甚多，此不烦举。此外，彭邦炯先生认为殷墟甲骨文中的"𧌦"（秋）即《春秋》所记的"螽"，指蝗虫成灾，也可参考。①

　　《春秋》中还有一些语句与殷墟卜辞的内容不完全相同，但其中关键字、词的用法一致，读者很容易看出其中的联系。如僖公二十年书"新作南门"、定公二年书"新作雉门及两观"，"作"的意思是建造；殷墟卜辞中作也有此用法，典型者如"王作邑"（《合集》14201）。如僖公二十六年书"公以楚师伐齐"，"以"是率领之义，传例说"凡师能左右之曰以"，以字的此种用法，殷墟卜辞中也经常可见，如王命贵族以众伐敌方（《合集》28、31976），以众垦田（《合集》31970）之例，都是甲骨学者熟悉的例子。此外，《春秋》常书"公至自某地"，隐公二年有"公至自唐"，哀公十年有"公至自伐齐"，"至自"的说法，也很容易使人想到商代语言，如殷墟卜辞曰"有至自东"（《合集》3183）、"其先行至自戉"及"其先戉至自行"（行与戉都是地名，《合集》4276 +《天理》149，蔡哲茂先生缀）。② 上述《春秋》与殷墟卜辞中常见字、习语的用法相同，也是史官家族世代授受，笔法相承的结果。

　　《左传》比《春秋》晚出，成书于战国早期，系参考多种诸侯史书综合而成，其中夹杂着不少孔丘曰、君子曰等评论的话，整体上看是解说《春秋》的书。《左传》利用的原始文献，有不少源自诸侯太史，故《左传》文字及其反映的礼仪制度也可与殷墟甲骨文相互对照。如《左传》昭公十八年："七月，郑子产为火故，大为社，祓禳于四方，振除火灾，

　　① 彭邦炯：《商人卜螽说——兼说甲骨文的秋字》，《农业考古》1983 年第 2 期。
　　② 蔡哲茂：《甲骨缀合集》，乐学书局 1999 年版，第 228 页。

礼也。"记载郑国通过祭祀四方神和土地神来祛除灾祸。这种鬼神观念及祭祀礼仪，其源头在殷代，殷墟卜辞中经常见到"方社并祭"及"宁于四方"、"宁某灾疫于四方"（如宁风、宁疾）的材料即为明证，陈梦家、于省吾先生对此已有论述。最近周公庙遗址发现了"宁风于四方"的西周卜甲刻辞，更能说明四方神、土地神崇拜，从殷、西周至春秋，没有中断。① 又如《左传》昭公五年："日之数十，故有十时，……日上其中，食日为二，旦日为三。……"谈及当时的纪时制度，其中旦日、食日、日中（中日）几个具体的时称，都见于殷墟卜辞。我们目前已了解殷人的纪时制度：旦为清晨，食日是上午的一段时间，日中是中午。常玉芝先生在《殷商历法研究》一书中已指出：学者如联系甲骨文材料，即可避免对《左传》中时称的误解。② 据上面两例，《左传》因系战国初期人编纂，其文笔与殷墟甲骨文相比，已不像鲁太史所书《春秋》那样有较高的一致性，但殷周史官的记述传统仍隐约可见，反映春秋时期华夏诸族仍保留与继承着一些殷代的制度。

　　上文不惮冗烦，举了一些《春秋》、《左传》与殷墟甲骨文能够相互对照研究的例子，目的在于抛砖引玉，希望今后学者研治《春秋》时能够重视、参考出土文献，特别是要多利用殷墟甲骨文材料。另一方面，甲骨学者虽然在论著中经常征引先秦经典，但很少论述《春秋》与殷墟卜辞笔法的相似性和二者之间的联系。事实上，《春秋》及训诂其中重要字词的《左传》传例，亦有助于甲骨文字的考释和解读。仅以释读战争类卜辞而言，对于𫗦（𫗦）、𫘤等疑难字的考释，《春秋》中"围"、"执"、"灭"、"取"等记述战争的常用字，及《左传》庄公十一年传例"凡师，敌未陈曰败某师，皆陈曰战，大崩曰败绩，得儁曰克，覆而败之曰取某师，京师败曰王师败绩于某"，均是颇有启示性的线索。

　　《春秋》与殷墟卜辞笔法的一致，反映商周史官记事传统的延续，可进一步否定所谓孔子作《春秋》或修《春秋》的说法。过去，杨伯峻等学者已指出《春秋》是历代鲁太史的手笔。现在对比甲骨卜辞可知，《春秋》记事简洁，与殷代史官文字相近，确实只能是世守其职的鲁太史所

---

① 刘源：《周公庙"宁风"卜辞的初步研究》，载沈长云、张翠莲编《中国古代文明与国家起源学术研讨会论文集》，科学出版社 2011 年版。

② 常玉芝：《殷商历法研究》，吉林文史出版社 1998 年版，第 137 页。

写。故春秋笔法、春秋大义，实质上反映的也是商周史官的传统记述原则与政治观念，并非孔子所创造。从这个角度看，胡适《说儒》一文将儒家思想与殷遗民、殷礼联系起来，不无道理。

商周以来的史官传统也有裨于思考诸子是否出于王官的问题。在殷代与西周，文字、历法、礼仪主要掌握在以史官为核心的祝宗卜史阶层，诗歌、乐舞也主要由贵族来学习和欣赏，这个传统一直延续到春秋。至春秋末年，一些诸侯公室及卿大夫家族相继倾覆，史官离散，贵族子弟降在皂隶，典籍、知识遂传播到民间，士人阶层的文化得以提升。故讨论诸子与王官之学的关系，似不必拘泥于辨析某一家出于某王官的细节，而应认识到殷代以来史官群体在知识文化方面的世代传承和积累，是春秋末年至战国时代诸子思想生长、繁荣的沃土。故不能简单否认诸子出于王官的传统说法。

最后要说的是，《春秋》虽然反映了商周史官的传统笔法，但也有不同于殷代、西周史官的记述体例。如其记事，以事系日，以日系月，以月系时（四季），以时系年，既不同于殷墟卜辞中记录年、月、日三要素的方法，也不同于西周金文中记录年、月、月相、日四要素的方法，很可能是春秋史官的发明。故今后研究《春秋》，除了考察与殷卜辞、殷周金文的传承与相似性外，也要发现其不同之处，探讨其中存在差异的原因。

（作者单位：中国社会科学院历史研究所）

殷墟甲骨文疑难辞例考释五则

齐航福

殷墟甲骨文是迄今发现最早的成系统的汉语言资料。自 1899 年清末学者王懿荣识别出甲骨文以来，学界对甲骨文的研究已历一百余年。经过学者们的不懈努力，如今我们已经能够正确解释甲骨文中的大多数辞例。不过，还有不少辞例，其辞意难以理解，或者学者们之间的理解分歧较大。在平日研读甲骨文的时候，我们也经常会遇到一些疑难辞例。对于这些疑难辞例，我们的做法是：尽可能地通过同版或同文关系，甚至其他卜辞同事的关系，来思考这些疑难辞例的辞意。有时，若卜辞辞意难以推知，可以暂从语法学等角度对卜辞中的某些疑难字做词性上的定位。本文共讨论疑难辞例五则，不足之处，乞请师友和读者指正。

第一则　"上甲"与"田"辨析一例

在殷墟卜辞中，殷人先公名"上甲"有一类写法作"田"，如果仅凭字形，很容易与"田猎"、"农田"之"田"相混淆。花东卜辞中有下述两辞（依原释文）：

(1) 己巳卜：子燕田又。用。《花东》23①
(2) 甲辰卜：子往宜上甲，又用黹。《花东》338

---

① 本文引用甲骨著录书使用简称，如《甲骨文合集》简称《合集》，《甲骨文合集补编》简称《补编》，《小屯南地甲骨》简称《屯南》，《殷墟花园庄东地甲骨》简称《花东》，《殷虚文字甲编》简称《甲编》等。引用卜辞时，一般情况下均使用宽式，句末用句号。

第（1）辞"叉"前一字，花东原释文中释作"田"，所以也就把这里的"叉"字视为地名。第（2）辞"叉"前一字，花东原释文释为"上甲"，但是这里的"叉"作何讲，原释文中却并没有给出。

对比两辞后，我们认为这两辞当改读为：（1）己巳卜：子燕（？）上甲，叉用。（2）甲辰卜：子往宜上甲，叉用。萧。

也就是说第（1）辞所谓的"田"当为"上甲"之误。"用"应该读入命辞，并与"叉"连读。第（2）辞之"萧"当读为用辞（或验辞）。"子燕上甲"结构上同于"子往宜上甲"，"燕"与"往宜"均祭名。"叉"与"萧"似均为用牲法。第（2）辞大意是，子往宜祭上甲，是否要用"叉"这种祭法。从用辞（或验辞）来看，是使用了"萧"这种祭法。

此外，《合集》19962、22091、30997 命辞部分有"鼎用"一语，用法或与花东卜辞中的上述例子一致。旧有卜辞中另一些"鼎"字，其用法亦与花东一致，如《合集》1826"曰勿卯鼎"、《合集》3171 正甲"呼子宁裸于▢妣，鼎，▢赢"等。

第二则　"壬父乙妇好生保"解

有下述一例典宾类卜辞：

（1）己卯卜，㱿贞：壬父乙妇好生保。《合集》2646

对于该辞的含义以及标点，目前学界分歧较大。

"壬"，原篆从人从土，像一人站于土堆之上。该字在卜辞中像人挺立有所企求、希企之意。整条卜辞的含义，有不少学者认为与企求父乙佑护妇好生育有关，[①] 但也有学者指出，卜辞中影响生育的都是女性祖先神，父乙作为一名男性祖先神，他没有保佑生育的权能，因此《合集》

---

① 高嶋谦一：《甲骨文中的并联名词动词》，载《古文字研究》第 17 辑，中华书局 1989 年版；宋镇豪：《夏商社会生活史》，中国社会科学出版社 1994 年版，2005 年印刷，第 258—259 页；于省吾主编《甲骨文字诂林》（中华书局 1999 年版）第 0004 条姚孝遂先生按语；黄天树：《〈说文解字〉部首与甲骨文（续一）》，原载《语言》第 4 卷，首都师范大学出版社 2003 年版，后收入《黄天树古文字论集》，学苑出版社 2006 年版，第 341—352 页。

2646 当是求保子孙的记载。① 结合殷墟妇好墓中出土的男女同体玉人来看，② 我们赞成前一说法，即也有少数男性祖先神具有保佑生育的权能。

"壬父乙妇好生保"有四种可能的标点方式：

1. 读为"壬父乙妇好生，保"

"保"前可以视作"V$_甲$＋O$_神$＋O$_因$"式的双宾语句。

2. 读为"壬父乙妇好，生保"

"壬父乙妇好"是"V$_甲$＋O$_神$＋O$_因$"式的双宾语句，而"生保"则是受事主语句。

3. 读为"壬父乙妇好生保"

整个句子为一个复杂的兼语句，即本来句序应为"壬父乙保妇好生"，兼语句中做动词"保"宾语的"妇好生"前置了。

4. 读为"壬父乙，妇好生保"

"妇好生保"为受事主语结构。卜辞意谓祈求父乙，妇好生育这件事是否会受到佑护。

四种可能的标点方式中，第2种表祭祀原因的"妇好"与"生"分置于两边，第3种句子结构太过复杂，因此这两种可信性相对都较小。

据我们掌握的材料，在殷商甲骨文中，但凡神名宾语和原因宾语共见时，几乎都是原因宾语在前，神名宾语在后。因此，如果第1种标点方式无误的话，则这是我们发现的唯一一例原因宾语在后的例子。

本文较倾向于第4种标点方式。③ 上举宋镇豪先生文曾举出《合集》13925 正反这一例，其上有"妇好有受生"语。"受生"与"保生"所表达的意思一致。

第三则　卜辞"帝风"、"帝云"解

有下述两例卜辞：

---

① 徐义华：《甲骨刻辞诸妇考》，载宋镇豪、肖先进主编《殷商文明暨纪念三星堆遗址发现七十周年国际学术研讨会论文集》，社会科学文献出版社 2003 年版。

② 中国社会科学院考古研究所：《殷墟妇好墓》，文物出版社 1980 年版，第 153—154 页。

③ 就笔者所见诸家释文而言，大多数学者都采用第 1 种标点方式，本文也暂从此说。

（1）帝风九豕（?）。《合集》21080

（2）辛未卜：帝风不用，雨。《合集》34150（《屯南》2161 同文）

"帝风"一语，学者多读为"禘风"，视为动宾结构，用表禘祭风神义。但是，它也很有可能是"帝使风"之省略形式，是个偏正结构，用表上帝的使者风神。

（3）☐于帝使风二犬。《合集》14225

（4）燎帝使风一牛。《合集》14226

郭沫若先生曾解释过"帝使风"，大意是说，卜辞中以凤为风，凤是神鸟，乃天帝之使者。① 例（4）贞问，是否用燎一牛的方式来祭祀上帝之使者风神。

（5）贞：燎于帝云。《合集》14227

卜辞中"云"用为神名不鲜见，如"云"（《屯南》770）、"三云"（《合集》13401）、"四云"（《补编》13267 =《合集》40866 +《库》976）、五云（《屯南》651 +《屯南》671、《屯南》689②）、"六云"（《屯南》1062）等语，均可作神名。尽管卜辞中没有见到过"帝使云"，但本辞"帝云"似只能理解为上帝的使者云神。"帝风"结构同于"帝云"，因此把它视作上帝的使者风神也是比较合适的。

第四则　"自今旬雨"含义解

典宾类卜辞中有卜雨之辞作：

（1）己酉卜，贞：自今旬雨。《补编》3754

---

① 郭沫若：《郭沫若全集·考古编》第 3 卷，科学出版社 2002 年版，第 679—680 页。
② 肖楠缀合。

常玉芝先生在解释该辞时认为，"旬"是"十日"的代称，由于该辞不是于甲日卜问的，所以"今旬"不是指甲日至癸日的一旬。① 这种解释是可信的。"自今旬雨"有三种可能的理解：1. 指自今天（己酉日）起的十天内都有雨；2. 指自今天（己酉日）起的第十天有雨；3. 指自今天（己酉日）起的十天内总会有一天有雨，也包括第十天才有雨，但应该不是指十天内一直都有雨。上举常先生文取第二种解释，我们则较倾向于第三种解释，② 请看下例：

（2）己酉：自今旬雨。三月，辛亥雨。《合集》12536

命辞部分同样是"自今旬雨"，而验辞部分说"辛亥雨"。自"己酉"日算起，"辛亥"是第三天，所以"自今旬雨"不应是指自今天（己酉日）起的第十天（"戊午"日）有雨，而应是指自今天（己酉日）起的十天内总会有一天有雨。

（3）辛亥卜，自今旬☒壬子雨。七［日］丁巳允［雨］。《合集》12482

例（3）稍残，若释文可信，则"辛亥"的第二天"壬子"雨以及第七天"丁巳"雨均在"旬雨"的范畴之内。

（4）癸巳卜，王：旬。四日丙申昃雨自东，小采既，丁酉少，至东雨。允。二月。《合集》20966
（5）癸未卜，争贞：旬亡忧。三日乙酉夕，月有食，闻。八月。《合集》11485

这两例为卜旬辞。甲骨文中有不少卜旬辞中都出现有验辞，验辞部分

---

① 常玉芝：《殷商历法研究》，吉林文史出版社1998年版，第228—229页。
② 表达第一种意思时，卜辞中大多使用"自……至（于）……"式，如"自今五日至于丙午［雨］"（《合集》12316［宾一］）。偶尔也会使用"自……，至于……"式，如"自今日辛雨，至于乙雨"（《屯南》2532［无名］）。

又多见"几日干支"语，这里的"几日干支"是在命辞部分所说的"旬"内，学者较为熟知，不再详述。

与"自今旬雨"相似的，卜辞中还有"自今几日雨"：

（6）辛亥卜，🐦：自今四日雨。／辛亥卜，🐦：自今五日雨。《合集》20920

（7）辛酉卜，贞：自今五日雨。四日甲子允雨。《合集》1086正反

从例（7）可以很明显看出，"自今五日雨"是指自今天（辛酉）起的五天内会有一天下雨。验辞部分说第四天甲子日果真有雨，正表明"第四日"甲子日在五日之内。

"自今几日雨"中的"自"字还可以省略。如：

（8）丁酉卜：今二日雨。余曰：戊雨。戾允雨自西。　《合集》20965

命辞部分说自今日（丁酉）起的两天内有雨。占辞部分说"戊雨"，也就是第二日的戊戌这天有雨。

第五则　"求矢束"解

有下述一例典宾类卜辞：

（1）辛酉卜，亘贞：呼求矢束。／贞：勿求矢束。《合集》4787 +《甲编》4.0.0169①

卜辞中有"束尹"之称，② 本辞之"束"有可能就是"束尹"省称。"求矢束"是呼令某人向"束尹"求矢之记录。"束尹"或说可能是"束

---

① 屈万里缀合。
② 姚孝遂、肖丁：《殷墟甲骨刻辞类纂》，中华书局1989年版，第997页。

人"之首领,① 或说为掌矢之官称。② 卜辞中有"朿尹",文献中有"锐司徒"(《左传·成公二年》),锐是古代矛类兵器,因此杨伯峻先生认为或是主管此种兵器之官。③ 卜辞中另有"子朿亡疾"(《合集》13726),用作人名;有"去朿"④,用为地名。"求矢朿"之"朿"也或许与这类有关。⑤ 无论哪种解释,"求矢朿"均为双宾语句无疑。

(作者单位:河南省社科院历史与考古所)

---

① 刘钊:《卜辞所见殷代的军事活动》,载《古文字研究》第 16 辑,中华书局 1989 年版。
② 松丸道雄、高导谦一:《甲骨文字字释综览》(东洋文化研究所丛刊第 13 辑,1993 年)第 3919 条引丁骕说。
③ 杨伯峻编著:《春秋左传注》(修订本),中华书局 1990 年版,第 796 页。
④ 姚孝遂、肖丁:《殷墟甲骨刻辞类纂》,中华书局 1989 年版,第 997 页。
⑤ 卜辞中"惠朿令眔多子族"(《合集》14921)中的"朿"同"求矢朿"中的"朿"一样也有两种可能的解释。

甲骨卜辞"受☒年"考辨

朱彦民

在殷墟甲骨卜辞中，人们不难发现有些"受☒年"的辞例。其中中间一字并有☒（《合集》9551、10050、10055）、☒（《合集》10042、10044）、☒（《合集》10046、10048）及☒（《合集》10040、《英藏》821）等多种繁简不一的写法。

一　学术界关于甲骨卜辞"☒"字的争议

由于卜辞中常有关于"受年"、"受黍年"的内容，且有"受黍年"和"受☒年"同版出现的辞例，所以一般学者都认为，☒与黍一样，应是一种农作物的名称。"受☒年"应指祈求☒这种农作物获得丰收的意思。

在共识此字是一种农作物的大前提下，具体指为何种农作物，学者们观点颇有歧异。

唐兰先生最早释此字为一种农作物。他隶定此字为高聾，释字义为稻："卜辞常云'受聾年'，每与'受黍年'同出，则聾亦谷名也。昔人惑于'酉年'之说，以为即'熟年'，而不顾'熟年'与'黍年'并列为不伦，亦云疏矣。聾字是谷名，当读如㮑，《说文》：'㮑，禾也。'聾得与㮑通者，《士虞礼》记：'中月而禫'，注：'古文禫或为導。'是其证。""朱骏声疑'㮑实与稻同字'，殊有见地。㮑同導，择米也。后汉有導官令，主舂御米，是舂而择之也。而稻今每作稻，偏旁或作☒，是既舂而抒之也。是不仅声同，义也相近也。卜辞以聾年与黍年同卜，聾必为重要谷类。可知，聾、㮑、稻，盖三名而一实。聾像容米于皀，稻像抒米于臼，故可引申为同一谷名矣。卜辞之'受聾年'当即'受稻年'，故与'受黍年’并重也。”①

钱穆先生也认为这是一种农作物，但不承认此字应释为“稻”字，他引《诗经·大雅·生民》“实覃实吁”，即《毛传》“覃，长；吁，大”，认为臺字从覃从米，乃指米粒之长且大者，未必就是指稻。②

金祖同先生释此字为“粟”：“䒨或作䒨，鼎堂师释酋……予疑粟字。古文粟作䰞，从卤。《玉篇》：‘卤，中尊器也。’《正韵》：‘云九切，音酉。’是与酋同声同义。从米，应即䰞字。《广雅》：‘糶，䰞谷也。’《说文》：‘秎，芒䰞也。’又《周官》：‘仓人职掌䰞之出入。’注：‘九谷六米，别为书。’是䰞乃谷米之通称。卜辞屡见‘受䰞年’，卜诸谷也。‘受黍年’则只卜黍，与诸谷种类异时也。《说文》：‘黍，禾属而黏者也，以大暑而种，故谓之黍。’又非其地不生。《孟子》：‘夫貉五谷不生，惟黍生之。’故卜辞于黍于诸谷两卜之。”③

陈梦家先生释为“秬”，指制造鬯酒之黑黍：“秬，卜辞作䒨，上部是米，下部像大口酉形酒器。……这个字的下半是厚字所从，我们暂定为秬字。其理由如下：1. 厚与秬古音相近；2. 秬和黍并卜于一辞，两者当属相近的谷物；3. 卜辞祭祀用鬯，而秬是制作鬯时不可缺少的主要原料，所以当时一定已经种秬了。殷代既有鬯，一定种植秬一类的作物，但这个字是否为秬字，是不能肯定的。”④

日本学者池田末利先生赞同陈梦家的说法，认为䒨与黍并卜，形制当为近似，释䒨为秬最为妥帖。⑤

于省吾先生考证此字是“菽和豆”的初文：1. 在声韵上臺从米覃，覃之音同于厚（金文厚字作𠪱，从厂覃声），厚、豆同属侯部，菽属幽部，侯幽通谐。就声纽言，古菽豆均读舌头音，而厚之读菽、豆为喉舌之转。2. 在形义上，䒨与半坡出土之敞口、细颈、大腹、尖底之陶罂极似。卜辞中谷物名称除畾外均从禾或来，唯独臺不从禾。臺从米。因为古代豆也可称米，《说文》：“𦯔，牙米也。”段玉裁注曰：“麦豆亦得云米。”而豆在

---

① 唐兰：《殷虚文字记》，中华书局 1981 年版（1934 年已用为北京大学讲义），第 34 页。

② 钱穆：《中国古代北方农作物考》，香港《新亚学报》1956 年第 1 卷第 2 期。

③ 金祖同：《殷契遗珠》，上海中法文化出版委员会 1939 年影印版，第 35 页。

④ 陈梦家：《殷虚卜辞综述》，中华书局 1988 年版，第 527 页。

⑤ 池田末利：《殷虚书契后编释文稿》卷上，日本广岛大学文学部中国哲学研究室 1964 年版，第 143 页。

古代又是当饭吃的，即所谓"啜菽饮水"（《礼记·檀弓下》）、"豆菽藿羹"（《战国策·韩策》），所以，聲是从米畕声的形声字，也即菽、豆的初文。借豆为菽，犹之借菽为聲……商人称菽，秦汉以来称豆。①

杨树达先生疑其为"糙"字："《说文》七篇上米部云：'糙，早取谷也，从米焦声。'█与酋音近，而酋与焦音近，故甲文作█，篆文作糙尔。经传以糙为谷名者罕见，然金文之《弥中簠》云：'用盛秫稻糙粱。'《楚辞·招魂》云：'稻粢穛麦。'穛与糙同，《玉篇》谓糙穛同字是也。《仲叔父盘》：云'黍粱遰麦。'遰字从禾遊省声，亦当读糙。糙本谷名，故卜辞以之与黍为对文，金文《弥中簠》以之与秫稻粱为连文，《楚辞》以之与稻粱麦为连文，《仲叔父盘》以之与黍粱麦为连文，盖殷周时极常见之谷物也。"②

李平心先生综合唐、杨二氏之说，释此字为农作物中的小麦："聲从米从畕，当是一种谷类……由狃狟互作之例，我怀疑糫（䵚）或䵍即穐或糙，焦声与由声古音同在定母幽部，与畕声为对转。……糙、穐古与穛通。《楚辞·大招》与《七发》皆言穛麦，王逸云：'择麦中先熟者也。'《广韵》云'穛者稻处种麦。'《集韵》、《类编》均训稻下种麦。可知穛（穐）为麦类。穛当即蕉。《尔雅》：'蕉、穛麦。'郭璞训为燕麦，但古代所谓燕麦是一种不可食的野草……穐、糙、穛三字《说文》、《玉篇》、《广雅》皆训小，而爵、雀亦训小鸟。则穛麦（雀麦、爵麦）分明就是小麦，与大麦为对名……"③

饶宗颐先生则释此字为"穈"："唐兰释为稻。《说文》：'穈，穈和也。'义无涉。惟从米与从禾同意（如粢又作䄒），疑糫即穈。《集韵》穈穆，谷名。"④

谢元震先生著文专考此字，认为"🏺（朱按：谢氏摹此字形不确，下部应多为尖底形器，而并非作如此形状）的形象是指放在祭器内以供祭祀的谷类食物，相当于经典中的'齐盛'或'粢盛'。""甲骨文🏺是'稷'或'穄'字的同义字。"他主要依据以下理由：1. 🏺下部所从与金

---

① 于省吾：《商代谷类作物》，《东北人民大学人文科学学报》1957 年第 1 期。

② 杨树达：《卜辞求义》，载《杨树达文集》之五，上海古籍出版社 1986 年版，第 47 页。

③ 李平心：《甲骨金石文考释》（初稿），载《李平心史论集》，人民出版社 1983 年版，第 146、150 页。

④ 饶宗颐：《殷代占卜人物通考》，香港大学出版社 1959 年版，第 92 页。

文"厚"相同，因此𢊱的读音与"厚"相同或接近，古音在侯部。2. 金文从"孚"之敦是鬃字，与厚同部。3. 敦为鬃漆之义。4.《仪礼》中"尸谡"今文作"尸休"。"谡"、"休"音同字同，"稷"的古读不可排除在侯部以外，"稷"、"谡"都有从畟的因素，故判断𢊱为稷字。①

此外，李孝定、张秉权从唐兰先生考释，认为此字为"稻"。② 裘锡圭先生认为耋为一种粮食作物，但为何种作物，未能说明。③ 杨升南④、彭邦炯⑤等人皆从于省吾之说，谓字读如菽，指大豆，古代豆可称米，故此字从米在罐形器中之形。宋镇豪也从于说，但认为："菽是后世称大豆的异名，但释𥠖为菽于形未安，不如直接释耋是商人称豆的专字，盖未能被沿用下来而成为佚字。"⑥

二　对诸家考释的驳论

我们认为，以上诸说均不能苟同。试择要辨析如下：

首先唐说之不成立，有如下三点：1. 就字形来说，即使把𥠖看作是一个器物（其实不是一个容器，详见后文），𥠖亦是一个巨口狭颈之容器，隶定作皁，与覃字有别。覃字金文作𥦋（《毛公厝鼎》、《番生簋》），是在𥠖上加一⊗、⊗形的封盖，这是酒器。正如上引谢文所论："此字特征，上部从'西方盐卤'的卤，《说文》所说'覃味长'，取义于此。如撇开'卤'而解'覃'似乎欠妥。"⑦ 2. 就字音而论，于省吾先生指出："皁与覃，声、韵都不相近，因而耋字不可能是说文之橝，也就不可能读为橐。"⑧ 3. 朱骏声曾疑为"橐实与稻同字"。但这是不可能的。因为橐字并

---

① 谢元震：《释𢊱》，载《甲骨文与殷商史》第3辑，上海古籍出版社1991年版。
② 李孝定：《甲骨文字集释》，"中央"研究院历史语言研究所1965年版，第2357、2403页；张秉权：《殷虚文字丙编考释》，"中央"研究院历史语言研究所1957—1967年版，第149页。
③ 裘锡圭：《甲骨文中所见的商代的农业》，载《全国商史学术讨论会论文集》，《殷都学刊》增刊1985年版。
④ 杨升南：《商代经济史》，贵州人民出版社1992年版，第124、125页。
⑤ 彭邦炯：《甲骨文农业资料考辨与研究》，吉林文史出版社1997年版，第548页。
⑥ 宋镇豪：《夏商社会生活史》，中国社会科学出版社2005年版，第364页。
⑦ 谢元震：《释𢊱》，载《甲骨文与殷商史》第3辑，上海古籍出版社1991年版。
⑧ 于省吾：《商代谷类作物》，《东北人民大学人文科学学报》1957年第1期。

无稻之义。早在朱骏声之前，方以智《通雅》就已指出："汉少府有导官，主导择米谷，唐因之。《志》作䅣官，从禾。《说文》：'䅣，瑞禾也。'引《封禅书》：'䅣一茎六穗于庖，牺双觡共抵之兽。'牺犹言牺牲之也，与䅣皆虚字（朱按：此处'虚字'意为动词，因别于有实义的名词，故称'虚字'）。陈无功犹引瑞䅣奇，赵凡夫谓《汉书》作䅣为误，岂不可笑也。"所以段玉裁注《说文》，就毅然从《史记》索隐引郑德之语，把通行本中的"䅣，禾也"校改为"䅣，择米也"，并在注文中说："三字句，各本删择字，改米为禾，自吕氏《字林》、《颜氏家训》时已然，今正。䅣，择也，择米曰䅣米，汉人语如此，雅俗共知者……吕忱、徐广、颜之推、司马贞皆执误本《说文》，谓䅣是禾名。岂知䅣果禾名，则许书之例，当与稷、穄、秜三篆为伍，而不厕于此。"段氏之语，不无道理。

金氏之说，仅以声韵为依据，证明粟与酉、酋同声同义，殊觉牵强。又认为粟乃谷米之通称总名，既然如此，那么"黍"应该就包含在"粟"之中，两者本应不能并列而论，何以卜辞将两者并卜，岂不矛盾？金氏之说本是对郭沫若考释怀疑而生，如此则疑得无理。

陈氏一说也不可从。《尔雅·释艸》云："秬，黑黍。"可知秬是黑黍，不是粮食作物种类名称，而只是黍的一个品种而已。秬既然包括在黍中，何以卜辞中"受黍年"、"受秬年"并卜，岂不矛盾！所以陈氏自己也说："这个字是否为秬字，是不能肯定的。"

于氏对此字之释，也似缺乏其考释古文字析形剖义而成信考的功夫。于说此字下部⬚与半坡出土的敞口细颈大腹尖底之陶罂极似，但这种器物到夏商之时已不多见，以远古时代器物解释反映夏商时代生活的文字造型，不亦殆乎？退一步讲，即使可以作敞口细颈大腹尖底之陶罂解释，也应为⬚而非此字下部⬚形。再者，若果如于说，⬚为陶罂之器，那么器与米的位置关系应是米在器中，如何能作⬚形即放米于器口之上？关于这一点，也是其他几说未能解决的问题，不能成立的障碍。另外，以古文献中豆、菽有时称米或可炊食，作为解释䅣作为作物不从禾、来而从米，因而应释为豆、菽的理由，也嫌牵强。于氏晚年手定《甲骨文字释林》未收此字之释，殆亦未能自信。

至于杨说、谢说，也都是有了此字一定为农作物的先入之见，然后以音训的方法去联系一种古代文献中记载的谷物名字，强为解说，玄乎其玄，并未有多少证据可凭，因而其结论带有很大的偶然性。李平心释此字为麦，更不可取，甲骨文中自有"麦"（大麦）、"来"（小麦）二字，为典型的象形字（见后所引），卜辞中有"告麦"（《合集》9620—9626）、"食麦"（《合集》24440）、"受来禾"（《合集》33260）、"我田有来"（《合集》28241）等辞例，怎可另立他字为麦？

综观以上几种考释，尽管结论彼此不同，甚至相互驳斥，但他们考释此字为一种农作物的目标是一致的，方法也是颇为雷同的：即皆以音韵为凭，千方百计寻找通转之据。音韵训诂至于学术，固有其益处，但于考证某物之时，须先有其他确凿证据之大前提，然后以音韵、训诂之术辅证之可也。若无其他实证，仅以声韵通转于古文献中求之，则无所不可以转之，无所不可以通之，转山转水，都在通转范围之中，安能服人？唐、于两位先生本皆偏重字形而不仅仅依靠声韵通转的古文字学大家，但于此字之考释，字形分析或有误差，或不可凭信，仍主要依据通转之法。陈氏说解此字下部像大口酉形酒器是对的，但为了证实其为一种农作物，放弃了字形分析而沿唐说而下，仍以古音通转求之，前功尽弃，至为可惜，故不可取。杨、谢之考则完全依靠声韵通转之据，而未究及字形如何，因而其通转之考也多不坚实。

三 甲骨文"▽"字并非农作物的分析

我们认为，将▽释为农作物是不妥的。除了以上针对几家说法的质疑之外，还有一些理由可以证明，释此字为农作物之不可行。

其一，正如于氏已注意的那样，▽字所从的是米，而不是如其他农作物所从的禾或来（麦），米是经过加工后的脱皮谷物，已脱离作物而成为直接供享的粮食，米已不是谷，谷也不是米，二者有区别。所以，农作物应从禾、从来（麦），而不应从米。而此字上部之⼁⼁明显是米粒状而非禾穗形，后来的小篆米字亦作如此形体。可知，此字释农作物之不通。

其二，商代的主要农作物如黍、禾、来、麦等都是象形字，像所指农作物之整体形状，如禾作⽊（《合集》33314、33327）、⽊（《合集》33324、33336），像有根有茎有叶有穗且穗头下垂的谷子形状；黍作⽊（《合集》9949、9994）、⽊（《合集》9966、9986），像根茎叶穗俱全、穗头下垂而散的黍谷之形；来作⽊（《合集》28241、33260）、麦作⽊（《合集》9620、9624），像根茎叶穗俱全、叶子下垂、麦穗上耸之麦棵形状。商代甲骨文，虽粗具系统文字规模，但毕竟是文字初期形态，其于常用常见之实物名字，皆像其物之形。而￥字形，绝非农作物之形，如强解为农作物，何以解释这个例外的形体呢？此字明为艸、凵、￥三字组合，或艸、凵、丨丨、￥四字组合，为一合体会意字，决非单体象形字，因而无法视其为农作物象形。甲骨文另有一字作田，也有"受田年"的卜辞（《合集》9946），有学者视其为农作物之一，释为高粱，但考释者也未能肯定。① 此字也决不像农作物之形，而为一会意字，也当释作别的什么为宜。

其三，不论从文献材料上，还是从考古材料上，抑或是从甲骨文本身所反映的情况来看，商代中原地区的主要农作物是黍和稷。稷即甲骨文中禾字所代表的谷子，但在甲骨文中禾字已用为谷类的泛称。甲骨文中是否有特指谷子——稷的专字，尚不能肯定。黍和稷的区别是：黍穗散，稷穗聚；黍粒小，稷粒大；黍产量小，而稷产量大。但二者在后世文献中均称粟，去皮以后均成黄米，不过黍米称糜米、黏米，稷米称小米。由于黍米比稷米好吃，又可酿酒，所以甲骨卜辞中常见"受黍年"的占卜内容，"受￥年"和"受田年"均不如"受黍年"辞例为多见。据统计，在卜辞中出现的162条"受某年"辞例中，"受黍年"占134条，"受￥年"占23条，"受田年"则只占5条。后两者明显不是农作物之象形，其受年之卜当不同于"受黍年"，应是对农作物之外的其他年成收获的占卜。如果强把它们释为农作物，非农作物不能"受年"，那么可以确定的农作物"麦"，为什么不见卜辞中有"受麦年"的占卜呢？况且甲骨文中作为农作物的"麦"字，出现的频率并不比￥、田的频率为低。卜辞中出现过一例"受来年"（《合集》33260）。但此处"来年"既可解为"来"这种农作物的年成收获，又可释作"明年"之意，尚未确定。而且甲骨文自有"麦"字，"来"字即使在卜辞中指麦类作物，也当与"麦"字所指不同。

---

① 裘锡圭：《甲骨文中所见的商代的农业》，载《全国商史学术讨论会论文集》，《殷都学刊》增刊1985年版。

四 "🍷"字当与酿酒业相关

由此可以肯定地说，🍷不是农作物名称。那么它究竟是指什么呢？

其实，早在甲骨文研究的初级阶段，就有学者初步揭示了此字的部分真相。罗振玉先生指出："🍷像酒盈尊，殆即许书之酋字。"[1] 王襄先生也有此类似的说法。[2] 叶玉森先生依《礼记·月令》"乃命大酋"注"酒熟曰酋"，以"熟年"解释卜辞之"酋年"。[3] 瞿润缗也以"熟年"视之："卜辞言'受酋年'者多见，《说文》'酋，绎酒也。'引申为多。所谓酋年者，多禾之年，丰年也。《方言》：'酋，熟也，久熟曰酋。'《广雅》、《释诂》同，今江南谓丰年曰熟年。"[4] 郭沫若先生认为："🍷乃酋字之古文，知者，以卜辞猷或作𩔖（《通纂》556），所从酋字从此。酋，就也，熟也。"[5] 商承祚先生也说："此曰：'受酋年，不受酋年'，殆卜所执酿酒之黍，丰年不丰年也。"[6] 查《说文·酉部》："酋，绎酒也，从水半见于上。礼有大酋，掌酒官也。"段玉裁注："绎之言昔也。昔，久也……绎酒，谓日久之酒。""曰水半见，绎酒糟滓下湛，水半见于上，像之。"

罗、王、叶、瞿、商、郭诸学者从《说文》、礼经、段注释🍷为酋意，思路是对的，但不足的是：1. 没有继续深究下去，即没有针对此字造型而求其本义，而只局限于前人成说。其实，《说文》对于此字字义解释基本是正确的，但以甲骨文证之，知其字形分析有误。许慎对此字形的理解是"从水半见于上"，他是按当时酋的小篆形体酋为依据的，而其甲骨文原形并非如此简单。由于文字字形的嬗变，由甲骨文的🍷而变为小篆之酋，字形也有不小的差异。许、段未见甲骨文此字作何形状，而以小篆之形说解，其误处也无可厚非。2. 只是对此一单字作考，没有放在甲骨卜辞文

---

① 罗振玉：《增订殷虚书契考释》，"犹、猷"字条辞文，东方学会石印本 1927 年版，第 72 页。

② 王襄：《簠室殷契类纂》，天津博物院石印本 1920 年版，第 14、66 页；《簠室殷契徵文考释》，天津博物院石印本 1925 年版，第 2 页。

③ 叶玉森：《殷契枝谭》，《学衡》第 31 卷，1924 年。

④ 瞿润缗：《殷契卜辞考释》，哈佛燕京学社石印本 1933 年版，第 59 页。

⑤ 郭沫若：《卜辞通纂》，科学出版社 1978 年版，第 403 页。

⑥ 商承祚：《殷契佚存考释》，金陵大学中国文化研究所影印本 1933 年版，第 58 页。

句中通释，即没有对卜辞"受酉年"做出整体的合理解释。叶氏等解为"熟年"，已被唐氏讥为不伦。郭氏虽释此字为酉，但从他把"受酉年"列入"食货"一项，且在第444片的考释中，把"受酉年"与"受黍年"并列而论，似也指为一种农作物之意。瞿、商等人也都没从"绎酒"而深究，又都回到农作物的收成丰歉上来，殊觉可惜。所以罗、王、叶、瞿、商、郭等人之说反倒不如唐、于之说更为令人满意和欣从。

赵锡元先生也曾驳释此字为稻之说，认为罗振玉之释"酉"字是对的。"按照这个字的形象，结合商代金文'酉'字以及考古发掘实物综合考察，这类容器因其颈部太细，并不适合盛米或某种谷类，是盛流体物的专门器。它与酉字的区别在于：酉是滤出渣滓后的清酒，是酒字的初文。""酉字上部小点像米，盛的是未经过滤、米与汁混的米酒。"又云："酉，是用粮食酿制时间较长的熟酒。"是沿着罗、叶、郭等人之说向前推进了一步，已接近正确结论。但在解释"受酉年"时，竟然又说："'受酉年'是'受业年'即'受有年'意思相同。"[①] 即训为"丰收在望"的丰年之意，与郭说一样仍又回到了罗、叶诸说之原地，仍释为农作物之丰收年成，自相矛盾，不知其何以如此。

五　"▽"字造字本义考释

今以此字之甲骨文字形说解其本义。此字可径释为酉，字形像是酿酒时曲料米粒被加热受潮促其霉变发酵之情状：字之上部的丨丨、丨丨、丬丬、艹艹是发酵的米粒之形；中间的凵像盛放米粒的带有孔隙可以透气、蒸发、散热的竹木质箄筐之类的器物，凹像箄筐中有双层箅子，每层上部匀摊米粒；其下的丨形像从下部器皿中支撑上面箄筐的竹木棍杖；最下者为盛酒器皿，如陶质的大口尊，里面可以盛水，下面可加热使水沸腾，蒸气上升至米粒，达到加热作用。从甲骨文中与酒事酒器有关的"酉"字一期典型字作▽（《合集》9531、9609）形，酓（酒祭）字作▽（《合集》9524、28272）形来看，皆是大口尊之形，则可知此▽可析成艹艹、凵、丨丨、▽四部分，下部乃一大口尊之象形。

对于商代考古中出土的陶质大口尊（郑州、台西等商代遗址中多有

---

①　赵锡元：《甲骨文稻字及其有关问题》，《吉林大学社会科学学报》1983年第1期。

出土）之用途，学者们多有猜测，未得其实。我们认为它们当是与酿酒有关的器物（比如储酒）。至于其造型，也正如甲骨文酉、酒字所从的器形作上大下小之形。如此造型之器盛满酒水后，如果不用东西支撑很容易倾斜。那么作为酿酒器具为何作此极不稳定的形状呢？本人就此问题，曾有幸向已故的我国著名酿造及微生物学专家、学部委员方心芳先生请教。他根据多年的考虑与经验认为，古代酿酒器具之所以做成如此造型，是为了方便酿造过程中酒糟的沉淀和清酒的上浮。器物做成倒锥形或漏斗形，比方形或筒形或上小下大形更容易使酒渣下沉，使清酒水液上漾或积澄。而这种器物的放置当初很可能是埋在地下。在河北省藁城台西村商代遗址的酿酒作坊中，还发现了形如将军盔的与酿酒有关的器物，[①] 正呈尖底大口之形，像酋、酒、酉的甲骨文字所反映的酒器形。在"将军盔"的外表底部，有烟熏火燎的痕迹，可知酿酒过程中有加热这一道程序。整个组合成字就是 ，即酋字。《说文·酉部》："酋，绎酒也，从酉。"刘熙《释名》"释饮食"："醳酒，久酿酉泽也。"又云："酒，酋也。酿之米曲酉泽，久而味美也。"笼统指酋为酿酒过程，其实此字本义应为酿酒的前部或准备过程，对酒曲的加工过程。经过如此加工过的酒曲，就可以浸于水中溶解而酶化酒了。《礼记·月令》云酿酒之时："秫稻必齐，麴糵必时，湛炽必洁，水泉必香，陶器必良，火齐必得，兼用六物，大酋兼之，毋有差贷。"这里详细解释了先秦时期酿酒过程中的准备原料、曲糵、泉水、酒器、柴火的细节，商代酿酒技术可从中窥见一斑。

商代酿酒，已广泛运用曲糵发酵。《尚书·说命》："若作酒醴，尔惟曲糵。"是说要制造出好酒来，必须运用曲糵。由于商代主要以粮食作为酿酒原料，不同于原始的果酒酿造可以自然发酵。因为谷物的主要成分是淀粉，淀粉不能直接发酵成酒，必须先经过糖化然后再酿成酒。利用酒曲造酒，就可以使淀粉的糖化、酒化两个过程同时进行。这叫作"复式发酵法"。所以酿酒之先，必须先制造出酒曲来。酒曲是一种微生物菌，也称酵母菌、霉菌。商代已会培养这种酵母菌，即把谷物或其他淀粉质料固体培养，洒水受潮，使其霉变，生成微生物菌。商代考古资料表明，当时人们已经掌握了这种制曲的方法，并运用曲糵造酒。如在河北省藁城县台西村商代遗址的酿酒作坊中，发现了大量灰白色类似水锈状沉淀物。经方

---

① 河北省文物研究所编：《藁城台西村商代遗址》，文物出版社 1979 年版，第 58 页。

心芳先生鉴定，认为是人工培育的酵母。虽然由于年代久远，酵母菌已经死亡，但酵母残壳犹存。① 人工配制酵母（酒曲、曲糵），是我国古代酿酒技术史上的重大突破。甲骨文🍶字所显示的，正是加热水汽使米粒温热潮湿，促其霉变，制造酒曲的情景。笼统而言，它指代酿酒之事和酿酒过程。

"酉"在后世文献的官职系统中是掌管酿酒的官名。《说文》："酉……礼有大酉，掌酒官也。"《礼记·月令》："仲冬之月……乃命大酉，秫稻必齐，麹糵必时，湛炽必洁，水泉必香，陶器必良，火齐必得，兼用六物，大酉兼之，毋有差贷。"郑玄注："大酉者，掌酒之官。"《玉篇》："酉，酒官。"《吕氏春秋·仲冬》："乃命大酉。"高诱注："大酉，主酒官也。"以意绎之，这里的"大酉"应是掌管酿酒的官员。但"大酉"不见于《周礼》职官表中，《周礼·天官》有"酒正"、"酒人"等，掌管尝酒酒政、祭礼用酒之事，其职掌与"大酉"之专司酿酒有所分别。此虽两周之事，但商代既然酒事频繁，当有专司酿造之"大酉"官员。此也可证"受🍶年"为"受酉年"，即对酿酒年成收获的占问之辞。后世文献中"酉"之酿酒义项，当是从商代"🍶"字的酿酒过程本义而来。

六　甲骨卜辞"受酉年"应是对酿酒的产量收获的占卜

🍶即酉，指原始的或至少是商代的酿酒过程和技术。那么，如何解释"受酉年"呢？

年，据《说文》知其本义为谷熟。卜辞中"受年"，指农作物黍的年成收获，而非"收获谷熟"，虽仍指农作物的年成，但毕竟比本义引申了一步。"受年"既指年成收获，就不要太局限于农作物之收获，因为有年成收获的不仅仅都是农作物，可以是与人类生活密切相关的衣食住行方面的任何一种产量的主体。正如郭沫若先生说到商代的畜牧产业时称："其所以罕为刍牧贞卜者，盖包含于祈年之例中也。《诗·小雅·无羊》乃考牧之诗，末章云'大人占之，众维鱼矣，实为丰年'，是知古之祈年，不

---

① 河北省文物研究所编：《藁城台西村商代遗址》，文物出版社 1979 年版，第 204、205页。

限于稼穑矣。"① 胡厚宣先生亦云："卜辞中每于蚕神求年，知蚕桑之业，与农业生产一样，亦为一年的重要收成。"② 其为畜牧渔猎产业祈年，是求兽类猎物和水产鱼虾之多；向蚕神求年，当是祈求蚕桑、纺织的产量高、年成好。准此，"受酉年"当指祈求酿酒的产量高、年成好，不出现意外麻烦。大概商代酿酒从酿造、贮藏到使用也是以一年为一周期，故酿酒之业也为商代一年之重要收获项目。因为在商代，帝王宫廷需要大量美酒用于馈食，鬼神祭祀更需要大量美酒歆享，如果酿酒的年成不太好，数量少或质量不佳，在嗜酒成风、祭祀占卜思想支配一切的殷商人们心目中，这无疑是一种年成的饥荒，是上帝鬼神的降罚。所以，"求酉年"与"求黍年"一样，受到商代人们的特别重视，并经常加以占卜贞问。

见于著录的"受酉年"的卜辞主要有以下诸条：

贞：我受酉年？贞：我不其受酉年？贞：我受黍年？贞：我不其受黍年？（《合集》10043）

癸未卜，争贞：受酉年？贞：弗其受酉年？二月。癸未卜，争贞：受黍年？贞：弗其受黍年？二月。（《合集》10047）

……其〔受〕黍〔年〕？……受黍年？贞：不其受酉年？（《合集》10050）

甲子卜，㱿贞：受黍年？贞：不其受酉年？（《合集》10051）

甲子卜，㱿贞：我受酉年？甲子卜，㱿贞：我受黍年？（《续编》2·29·3）

贞：我受黍年？四。贞：我不其受酉年？四。小告。贞：我受酉年？四。（《英藏》821）

贞：今岁我受酉年？三。四。（《合集》10040）

戊戌卜，㱿贞：我受酉年？三月。（《合集》10041）

甲子卜，宾贞：我受酉年？三。（《合集》10042）

甲申卜，宾贞：其隹酉年受？（《合集》10048）

---

① 郭沫若：《卜辞通纂》，科学出版社 1978 年版，第 415 页。
② 胡厚宣：《商代的桑蚕丝织》，《文物》1972 年第 11 期。

　　所引辞例中，有几版"受酉年"与"受黍年"同版并卜，而且在甲骨文中，"受酉年"只与"受黍年"并卜，而与其他作物受年不相联系，可知"受黍年"之卜实为"受酉年"占卜的铺垫，由此可见二者之间的紧密关系，也可知酒的生产在殷商时代人们心目中的地位。因卜受酉年而卜受黍年，也可知当时酒确实是由黍米酿制而成的。从卜辞所系月份为"二月"、"三月"来看，商代人酿造黍酒与周人"十月获稻，为此春酒"（《诗经·豳风·七月》）的酿酒时间是不同的。这些"受酉年"的占卜，除有些称"我"外，未见有其他人名，这与"受年"的占卜同妇好等名称人物相连情况不同。可知，这是对王宫酿酒作坊的占卜，而不是关于某个贵族家族内造酒的贞问。

　　卜辞中"酉"除用"受酉年"外，还有用作其本义酿酒者，如：

　　　　己丑卜……酉于……享？二月。（《合集》9551）

　　当时酿酒于某地，然后以其酒献享于神灵之意。惜乎其辞残缺，不能知酿酒之所在地。此外，"酉"字还有借用作地名的例子，如：

　　　　丁未卜，在酉贞：王步于□不遘……（《菁华》10·9）
　　　　……王在师酉……（《文录》715）
　　　　甲午卜，在濡𦥑……贞：今日王步于酉，亡灾？（《前编》2·16·4）

　　从辞义可知，此地"酉"是远离都城之外的一个什么地方。张秉权先生仍释此字为釀读为𥼫，地在今河南确山的古道城或息县西南。[①] 究其如何，已不可考。以"酉"名地，或者此地就是当时一个最大的酿酒作坊，或许此地曾以酿酒闻名，也未可知。

　　甲骨文中有"猷"字作🐕（《乙编》7751）、🐕（《后编》上15·15），从犬从酉，为会意兼形声字，从犬酉声。猷字在甲骨文中用为地名，也是一个与商王朝敌对的部族方国名，如：

────────────

①　张秉权：《殷虚文字丙编考释》，"中央"研究院历史语言研究所1957—1967年版，第149页。

　　乙丑卜，王贞：余伐猷？（《前编》7·18·2）

　　庚寅卜，㱿贞：乎雀伐猷？（《龟甲》2·15·11）

　　乙未卜，㱿贞：勿隹王自正猷？贞：我勿伐猷？（《通纂》564）

　　贞：猷伐曹，其戋？（《后编》上15·15）

郭沫若认为其地在"宋郑之间"。[①] 其字与酿酒之事有何关系，尚不可得知。

　　从目前发掘的台西商代酿酒作坊，与甲骨卜辞、文献记载相证，可知商代已开始大规模酿酒，把酿酒业作为一个重要的手工业门类。商代大量酿造的酒应主要是黍酒。《说文》引孔子曰："黍可为酒，禾入水也。""酉，就也。八月黍成，可以酎酒。"因黍性黏味甘，酿出的酒香醇浓郁，中原地区又适应黍作物生长，且黍生长期短，所以商代广种黍田，为商代大量酿酒提供了酒曲原料的保证。因此，我们认为，卜辞中屡屡出现"受黍年"的缘故，主要是为酿酒的原料黍谷而占卜，而反映农业生产状况的可能性因素极小。如卜辞有：

　　辛未卜，古贞：黍年有足雨，王饮亡它？贞：黍年有足雨，饮亡它？（《乙编》3285＋3319）

　　即是卜问天降了足够的雨水，黍的年成丰收在望，酿酒的年成也有了保障，不会影响到商王的酒水供应，可以放心大胆地狂饮了。

　　商代酿酒技术有相当高的工艺和复杂的方法，可以酿造出黍酒、鬯酒、醴酒等不同种类的酒。当然，这些酒的酿造都应该包括在"受酉年"的范围之内。

　　殷人尚酒，是商代酿酒得到重视的原因。甲骨卜辞中，有许多酒的记载。首先是大量的"酚祭"，如：

　　癸亥卜：酚上甲？（《合集》1192）

　　戊午卜，宾贞：酚求年于岳、河、夒？（《合集》10076）

　　---

　　① 郭沫若：《卜辞通纂》，科学出版社1978年版，第460页。

　　叀岳先酒，乃酚五云，有雨？（《屯南》651）

　　癸未卜，甲申酚出入日，岁三牛？兹用。（《屯南》890）

既是酒祭，自然要用大量的酒而供鬼神、灵物歆享。还有一些非"酚祭"的祭祀，也用酒配牺牲作为祭祀供品，如：

　　戊午贞：肜其酚？（《京津》4351）

　　癸丑卜，行贞：翌日甲子后祖乙岁？朝酚兹用。（《库方》1025）

　　癸卯卜，贞：弹卣百，牛百？用。（《前编》5·8·4）

　　肜、岁、弹，皆祭名，虽非酚祭，但也用酒配祭。卣酒以卣盛之，故卜辞中之卣即指一卣卣酒。一祭而用百卣卣酒，可见商代众多祭祀中耗用酒量大得惊人。但更重要的是，嗜酒如命的殷商人们在祭祀之后，是不会把这些美酒白白倒掉的，而是分食胙肉，共饮祭酒。

　　除此之外，殷商人们日常生活中也饮耗大量的美酒。这从文献记载中也可看出个大概来。《尚书·微子》："我用沉酗于酒……方兴沉酗于酒。"这是殷商人们的自责之辞。周人认为商人所以亡国，与商人好酒有关，所以在分封康叔于卫时，周公特作《酒诰》以戒之。《尚书·酒诰》中多处记载殷商君臣的狂饮酗酒之事："在今后嗣王酣身……""（商）民罔不尽伤心，惟荒腆于酒。""庶群自酒，腥闻在上，故天降大丧于殷。""群饮汝勿佚，尽执以归周，予其杀。""殷之迪诸臣百工，乃湎于酒。"又《尚书·无逸》："殷王受之迷乱，酗于酒德。"《诗经·大雅·荡》："咨女殷商，天不湎尔以酒，不义从式。既衍尔止，靡明靡晦。式号式呼，俾昼作夜。""其在于今，兴迷乱于政，颠覆厥德，荒湛于酒。"《韩非子·说林》："纣为长夜饮，惧以失日，问其左右，尽不知也，使人问箕子……箕子辞以醉而不知。"又据张守节《史记集解》："纣为酒池，廻船糟丘，而牛饮者三千余人为辈。"殷商人们沉湎酒事之骇人情状，由此可见一斑。

　　另外，商周金文中透露的一些信息，也颇能说明此问题。如《大盂鼎》："我闻殷坠命，唯殷边侯甸，粤殷正百辟，率肆于酒，故丧师。"《毛公鼎》："王曰：父厝……毋敢□于酒。"也是鉴于商亡于酒，于是乃为警惕之语。而且，我们还可以从占据商代考古所出青铜器多数且制造精美、体用分明的酒器，看出殷人嗜酒的真实景况，也能从中体味出为什么周人说殷纣王以酒亡国的道理来。

总之，在殷人嗜酒甚至把酒看作比进食还紧要的商代，酒的产量、质量、年成收获，虽说不是"在祀与戎"的"国之大事"，但至少要比占卜某种普通的农作物收成重要得多。所以，我们认为，在把"受酋年"释为农作物收成多有不妥的情况下，解作酿酒的年成收获是完全可以成立的。这已不仅仅是音韵、训诂学上烦琐而苍白的考证，就其文字形构而言，也是颇能相安的，而且它更适合于商代的历史事实。

（作者单位：南开大学历史学院）

甲骨文的过去与未来

孟世凯

　　19 世纪末，殷墟出土甲骨文，20 世纪初，确定是商人遗留文字，被国内外文化界称为"惊世的发现"。三千年前商王朝刻在龟甲、兽骨上的文字，遂成后世的宝贵史料，称为出土文献。最初有多种名称，日本林泰辅于 1909 年 10 月发表文章称"龟甲兽骨文字"，1921 年 1 月著录《龟甲兽骨文字》（1023 片，伪刻 3 片）出版。其后约定俗成称为"甲骨文"。自 1928 年 10 月开始在殷墟考古发掘后，产生历史、考古、古文字分支学科——甲骨学。甲骨文是由占卜的卜辞、少数记事刻辞组成。商代史除《史记·殷本纪》有系统记叙，其他记载都很简略。商族人迷信鬼神，凡事必占卜，故刻辞反映的内容很广泛。与传世文献互证，以其他考古资料佐证，可了解商代基本状况。甲骨刻辞对上古、夏、商、周社会生活研究开创了新局面。过去研究除商世系，还有征伐、田猎、农产、天象、气候等，近 30 年又与其他学科结合探讨古地理、生态环境等。甲骨文是古文字，不是普及性的汉文字，故有较大的局限性，因此具有专业知识者才可做更多研究。甲骨文存在的问题还不少，作为出土文献的甲骨文也有源流探讨、真伪辨别问题。可能老朽孤陋寡闻，感到专业研究者似愈来愈少，今后如能静下心来克服急功近利心情，全面、深入去研究，定会有新的收获。

一

　　过去甲骨学有两个争论焦点，一是殷墟甲骨文的发现；二是何人首先辨认出是商文字？不少人将发现、辨认两个不同概念混为一谈。20 世纪

90 年代末，中央电视台播放介绍甲骨文发现说：清朝时，河南安阳有个农民在自家的西瓜地中，用手抠出几块甲骨一看，上面刻着商朝文字。这不是编导之错，因为 80 至 90 年代，出现过甲骨文研究的热潮，各种著述在市场上颇丰，但良莠不齐。有人写过农民在西瓜地抠出甲骨的故事。清朝农民能识字的估计无几人，一看便知是商朝文字，水平在孙诒让、王国维之上，显然是编造。何人首先发现？过去占主导是董作宾、胡厚宣合编的《甲骨年表》，其中清光绪二十五年（1899 年）条，根据汐翁 1931 年写的《龟甲文》称：刘铁云住于王家，王懿荣打摆子，从菜市口达仁堂抓回药中有龟版，二人见有刻划"相与惊讶"，"知为古物"。当年编《年表》确实找不到资料，才引汐翁这个漏洞百出的小故事。而且将汐翁文中"光绪戊戌年"（1898 年），改为"光绪己亥年"（1899 年）。自 80 年代研究者不再认可此故事，但又疏于去查证，只得人云亦云沿王懿荣于1899 年认出之说。1980 年我配合《甲骨文合集》出版，出了一本介绍甲骨文通俗小册子，认为王懿荣抓中药认出甲骨文不可靠。应当是天津王襄、孟定生于 1898 年已指出是"古简"，但胡厚宣坚持汐翁之说，因而笔者受到他多方指责，之后笔者就不停寻找证据。

除王襄、孟定生说，就是刘铁云说，刘写的《老残游记》是近代著名小说，其孙刘惠孙于 1992 年 2 月出版《老残游记补编》，在《后记》中说：抓中药发现甲骨文是"无稽杂说"；西瓜地抠出甲骨文是"齐东野语"。[1] 汐翁何许人？天津师范大学图书馆余宝华先生，查民国初期天津的各种小报，发现汐翁还发表过"围棋之发明"等，靠编造小故事弄点稿费糊口，可知是个落魄文人，编的故事破绽百出。[2] 王懿荣抓中药是菜市口达仁堂，北京清末无达仁堂，达仁堂是天津老字号。80 年代初据北京东城区几家中药店介绍，一般病抓出的中药有龟版都捣碎，不可能是整版。汐翁文中又说，河南汤阴居民挖出甲骨，用车装载沿街叫卖，"取价至廉，以其无用，鲜过问者，惟药肆买之。"编得太离谱，古董商的行规，不轻易将古物真实来源地告诉人，故假说是汤阴。《甲骨年表》同年条又称：山东潍县古董商人范维卿给端方购买古物，往来河南武安、彰德府间。见甲骨刻有文字，端方每字酬银二两五钱。一是"取价至廉"，一

---

① 《老残游记补编》，北京文化艺术出版社 1992 年版。

② 参见孟世凯《商史与商文明》，上海科学技术文献出版社 2007 年版，同年 10 月再版。

是"每字酬银二两五钱",岂不是自相矛盾?《甲骨年表》是研究甲骨学史的主要参考书,虽何人首先辨认出是商文字,引用汐翁之故事,但不失为是甲骨学史经典之作,学术价值也是永存。笔者认为据后人传说记载不足为信,只有当事人刘铁云在光绪二十九年(1903年)出版的《铁云藏龟·序》中所说:"不意二千余年后,转得目睹殷人刀笔文字,非大幸欤。"才最可靠。

自西汉武帝时在汾水岸边发现大铜鼎,遂改元元鼎。宣帝时在美阳(今陕西武功西北)发现有铭文的铜鼎,都收藏秘不示人。到北宋初金石学产生,才将地下出土之古物去考究,评其历史价值,同时大量盗墓贼和古董商也应运而生。古董商们行踪诡秘,常化装成农民出入各地村庄,以低价收购各种古物,贩至城市高价售出。如此又促使盗掘古墓更加猖獗,甚至少数人与盗墓贼互相勾结,故古董商在人们心目中形象不佳。对历史上的古董商笔者以为应当全面评估:他们购销古墓中出土文物,促使盗墓盛行,是犯罪行为、是罪人。他们将非盗掘而散落在农村的古物,低价收购售与收藏人或商店,也算起到保护作用。他们与近代一些无良心、专门制假行骗的人应有一点区别。山东潍坊有一批世代以贩卖古董为业者,他们精通业务、鉴别能力强、熟习行情、信息灵通。到明清时期逐渐形成帮派。清末民初被称为"潍贾"的赵执斋、范维卿、陈某某(名不详)算是信誉较好的古董商。甲骨学研究中往往忽视古董商人的作用。殷墟甲骨被村民挖出当作"龙骨"出售,被他们发现有刻画,知一定是古代有字之物。按行规他们在华北一带收购,到京津出售,初期的甲骨文大多是由赵、范、陈等人带到北京出售,后来也少数售至上海。笔者多次去潍坊市参加学术会,委托博物馆孙敬明先生等打听,遗憾的是"潍贾"中有一些人成为富商后,后裔讳言先人当年贩卖古董之事,至今知之甚微。

二

自清光绪三十一年(1905年),孙诒让自印出版第一部考释甲骨文的《名原》起,到现在百余年发表甲骨文著述8000余篇、部。著录甲骨文约百部,但重复著录最少也有10多部。郭沫若主编的《甲骨文合集》13大册,编41956号(含拼合版),著录6万余片,占出土十万片左右的3/4(以片计不太科学,一整版可碎成若干片,缀合后又成一片)。编纂花了近 20 年，1983 年全部出齐。笔者参加全过程编纂，还是具体编辑计划、安排工作的负责人。笔者不敢说《甲骨文合集》完美无缺，但从选片、墨拓、分期、分类、编排、上版、校印都是尽心尽力、一丝不苟地去做。因是第一次（也是最后一次）将分散于国内外公私单位和个人的有字甲骨，尽可能搜集认真研究，分期、分类编排、作出释文，向世人贡献便于使用这种出土文献。可是《甲骨文合集》和释文售价太高，个人购买不多，有关研究机构或高校无经济实力也不购，有的单位或高校图书馆虽购买，但作为珍本不外借。甲骨文是目前所见能完整表意、成体系最早的古文字，无专业能力者很难释读，目前笔者所见商代历史文化著述，引证甲骨文极少是《甲骨合集》，多数转引而少数引原著录。中国社会科学院将甲骨文列为绝学之一，采取措施使研究后继有人，若不用已有之资源，去反复重做，无论哪方面都很难超越。电视剧《红楼梦》1987 年版，深受民众欢迎，久播不衰。前几年有投资人急功近利，重拍新版《红楼梦》，结果各方面都难以超越，不伦不类，令民众很失望。

目前所见甲骨文，主要是殷墟出土的商王朝后期遗留之汉文字，时代是商王盘庚迁都于殷至帝辛（纣王）灭亡的 273 年，约公元前 1300 年至前 1046 年。[①] 周原和其他地方出土的甲骨，数量和文字较少，能释读的也不多，使用多作辅证。商后期共 11 个商王，在位时间长短不同，如第 23 个商王武丁，传世文献称圣君，尊为高宗，在位 59 年。第 28 个商王武乙在位 35 年，第 30 个商王帝乙在位 26 年，第 31 个商王帝辛（纣）在位 31 年。在位最短的商王康丁只 5 或 6 年，其他的 7 个商王在位 10 至 20 年，介绍商王在位年数是要说明甲骨文字形变化与此相关。巫，是人类社会共有的一种人群，以祭祀时舞蹈祈求、占卜吉凶为职业。巫与氏族制社会同步，氏族领导多是巫人，父系氏族时成为重要群体。男称觋，女称巫，能使神民沟通。[②] 当时无文字，以口耳相授传承历史文化，起了史官作用。部落联盟时期巫史逐渐分离，入商后统治集团迷信鬼神，有一套完整的祭祀制度。甲骨学中称的"贞人"，即占卜甲骨和刻辞之人，是世袭的高级知识分子，大多伴随商王死后而更替，故世代刻辞风格不同，因此

---

① 《夏商周段代工程 1996—2000 阶段成果报告》定为 255 年，相差 18 年。

② 参见《国语·楚语下》。

是区别商王朝 273 年中各个时期的主要标识之一。殷墟甲骨文分五个时期，[①] 根据时期使用甲骨刻辞才可靠，避免用第一期的刻辞去论述后面四个时期商王的活动。近几年有的论述也出现过这种情形，可见要正确使用这一种出土文献，不下功夫也不行，否则是业内笑话，也会贻误后人。

前已述及甲骨文是我国最早成体系的汉文字，但不是普及性的文字，要具有较多专业知识才会运用。当年《甲骨文合集》出版以后，《合集》参编者的释文尚未出版，1988 年由姚孝遂主编的《殷墟甲骨刻辞摹释总集》出版，次年又出版《殷墟甲骨刻辞类纂》。两书都是根据《甲骨文合集》的资料来分期、分类，开本也相同，仍由中华书局出版。其时正是研究甲骨文的"蜜月期"，《总集》售价 342 元，《类纂》售价 468 元，在北京中华书局门市部或中国书店还打八折，两书及时出版起了普及效果。当时全国专业研究已近百人，比五六十年代的 48 人多出一倍。[②] 但社会发展变化不以学人意愿为转移，甲骨文的研究生毕业后的出路却成问题，全国需要这一专业的单位极少，即使中国社会科学院历史研究所先秦史研究室，设有专业研究小组，因受编制人数限制也不能任意扩容。90 年代以来虽仍有人报考研究生，然以此做过渡者渐增，读了几年研究生走上社会，产生不出应有的经济效益。社会要求青年学子们走上工作岗位后，除了温饱还要有属于自己的房子、车子才可能有家庭的另一半。尤其是新千年以来大城市房价不断爬高，如北京房价除高官大员、大资本家、演艺明星外，靠工资生存者一年工资不够买三环路内的一平方米住房。车子虽不如房价，但有难以克服的攀比心理，15 万元一台不如 30 万元一台，住得越远越要好车才能保证按时上班，如此等等才使甲骨学成为绝学。

1982 年 9 月初，张政烺给笔者一篇文章让看后提出意见，是考释 20 个甲骨文。两天后去见张先生，笔者说有些望文生义，他表示同意之后问一些《甲骨文合集》组成员情况，他介绍当年中央研究院历史语言研究所研究甲骨文的情况，说基本功不扎实很难出新成果，"如此下去二三十年以后，甲骨文新成果要从国外引进"。此话笔者向同行多次讲过，有人

---

① 甲骨文的分期表如借不到《甲骨文合集》，可参见拙著《甲骨学辞典》附录十。

② 20 世纪五六十年代因编纂《甲骨文合集》，老一辈的专家都参加意见，加上《合集》编辑组 14 人，全国共 48 人。80 年代末和 90 年代初，还有几位老一辈健在，除参编《合集》健在 13 位，其他是根据考研和参加学术会了解的统计，不是十分准确。

不以为然，说是"杞人忧天"，可是目前一些关于甲骨文的著述，就是基本功力不扎实而望文生义。过去笔者曾收到某些稿子，有的不懂甲骨文分期，论述前后混合；有的不知甲骨卜辞规律任意解读；更有甚者认为过去考释甲骨文大多不对，经他重新考证全部能够释读。对于缺乏基础知识论述错误，不能泼凉水，要加以帮助、鼓励。他们能够大胆去研究，表示自己的意见，只要虚心、有志，以苦行僧精神坚持，终会成为行家里手。笔者信息闭塞，近几年未再见他们有更多的论述，可知对甲骨文关心、有兴趣研究、有志向之人日见消失。因此笔者以为列作绝学之一的甲骨文，其出路不是将现存各单位列为一级藏品的甲骨文，重新拓一次保存拓本。凡是具有文物拓技知识者都深知：碑文、铜器铭文、甲骨文、玺印等，都是几百年几千年前之物件。由于地面风化、地下埋藏，文字已很脆弱。多次击打墨拓必再损毁，何况急就学墨拓，无论在技术、经验都不如过去。笔者意不如将经费、精力、时间用在内容的认真研究上才有实际意义。

三

　　我国古文献有几千年的历史，[①] 文献学是一门研究各种文献的学科，包括传世文献和出土文献两大类。可细分为古代、近代、现代和各种专业文献，研究文献都有一个鉴别问题。如不辨别真伪，以伪当真去研究不仅成果不可靠，还会贻误后人。出土文献的辨伪更重要，从北宋金石学产生以后，因古物有经济价值，造假者不断产生而世代传承。有铭青铜器、甲骨文都发现过不少的赝品，著录书中亦有掺入。也有上当及时发现者，如加拿大人明义士是英国驻安阳长老会的牧师，1914 年前后，他在安阳收购一批大块有"文字"的牛胛骨，包装后准备运回国，不久发现已腐烂，自此专攻辨伪，后成为著名的甲骨学家。[②] 因此辨明真伪后，运用这一出土文献研究商史，某些问题比传世文献更可靠。商王朝自成汤灭夏至周武王灭商，传世文献记载 29 王，共 496 年，殷墟卜辞之世系是 31 位商王，

　　① 《论语·八佾》："子曰：夏礼，吾能言之，杞不足征也。殷礼，吾能言之，宋不足征也。文献不足故也。足，则吾能征之矣。"
　　② 参见孟世凯《明义士收购甲骨受骗记》，刊《古今掌故》创刊号，1986 年 8 月，四川省社科院出版社出版。

共 554 年。刻辞中有许多问题传世文献缺载，值得深入研究，如人名，笔者参加编纂《甲骨文合集》过程中统计有 800 多个。1996 年笔者完成《中国历史大辞典》合订本后，上海辞书出版社约笔者编写《甲骨学辞典》，① 用三年搜集材料，1999 年底动笔时已增至约 1030 个（含合文）。有许多人名、族名、地名是同一字，如何区别？人名、族名在辞中所处的位置，地名一部分要以刻辞上下文联系确定。人名、族名能与古文献记载对证的极少，同名异地的也不少，是从上古氏族、部落迁徙后将族名留下传统之习惯。

目前所知近 30 年来，出版不少商代历史文化著述，无论单行本或多卷本，都有许多与时俱进的成就，业内同行也认为或多或少存在问题，原因是基本功不扎实。《夏商周断代工程》结题后，李学勤先生牵头邀请中国先秦史学会负责人，编写一套《中国古代历史与文明》丛书。笔者编写《商史与商文明》（即商史卷），以为是笔者的强项，笔者是先秦史科班出身，又是《甲骨文合集》全过程编纂者，30 多年来出版过甲骨文和商代史的书，发表过多篇文章，编写无太大问题，但事实并非自我感觉良好。写商史离不开甲骨文，2002 年也是笔者编写《甲骨学辞典》时段，按说二者材料结合较为现成，但是过去考释甲骨文主要从文字到文字，结合古史问题解读的较少。根据笔者截至 2001 年的统计，目前甲骨文单字（含合文）约有 5070 个，不完全统计考释过的约 2000 个，无争论或争论不太多的约 1300 个，故以现在能释读的甲骨文来写商代史，虽比过去有所前进，但也不尽意。李学勤主编这套书共六卷，笔者是做具体工作副主编，2001 年 5 月 9 日至 11 日，由辽宁人民出版社在沈阳召开的编委会上，要求字数控制在 200 万以内，尽可能在内容上不作考证。因此在商史卷中只人云亦云，虽 2007 年 4 月出版 10 月再版，现在看来仍存在不少遗憾，甚至有的问题会贻误后人。笔者以为如甲骨文、商代史这种读者少的作品，最好不将自己的臆测加给后代。

过去有学人赞甲骨文是商代的"百科全书"，也不算夸张，祭祀卜辞和记事刻辞，确实涉及商王朝社会生活诸多方面。也有人认为卜辞不是殷人典册，是迷信之卦象和卦辞，不能完全相信。人类社会从古至今都在讲迷信，只是古今方式、方法不同而已，正是商人迷信鬼神才能真诚反映社

---

① 孟世凯：《甲骨学辞典》，上海人民出版社 2009 年初版，2010 年再版。

会的一切。祭祀是人们表示各种意愿的方式，对先祖是纪念，对鬼神是祈求。商王凡事必占卜而后决，大到军国大事，如册封诸侯、征伐反叛氏族、部落，小至做梦、牙疼。当年笔者制定《甲骨文合集》的分类，参考前辈的分类，将世系列于前为第 1 小类，被极左成员告状说："分类没有突出阶级斗争"，被迫改成现在的 22 小类。现在看来还未涵盖刻辞内容全部，需要再深入细分，探究出更多的区别。未来的高科技发展，相信一些问题定有新收获，如疾病名、动物、植物、天文、历法、气象等等。未来重要课题应结合考古资料，深入细致研究刻辞中人名、族名、地名与传世文献对证。有些问题要在前人研究基础上重新探究，如商代科技史，80 年代初温少峰、袁庭栋出版《殷墟卜辞研究——科学技术篇》。[1] 今后跨学科的研究，应与自然科学、科技史界联手研究。商代的天文、历法于史无征，学术界很感兴趣，如天象变化、商代一年的月份，是否只有春秋二季？卜辞的征伐、田猎、动物、植物种类、活动、生长时段、农作物品种、分布地域与气候关系。前辈涉及过，近年著述已有新成果，未来还有发掘潜源。商代生态环境是时髦课题，未来应与考古学者联手全面探究。

总之，甲骨文是出土文献，希望有更多的人来全面、深入研究甲骨刻辞中所反映内容，使绝学的生命延续下去，子子孙孙永保用。

（作者单位：中国社会科学院历史研究所）

---

[1] 四川省社会科学院出版社 1983 年版。

燹公盨铭与禹治洪水问题再讨论

沈长云

  禹治洪水问题，自20世纪20年代"古史辨"派兴起以来，一直是学术界讨论的热点。这主要是由顾颉刚先生自20年代中至50年代后期发表的一系列文章引起的。在这些文章中，顾先生对历史上禹治洪水的说法提出了质疑，认为文献所记禹治洪水之事皆属神话，并非真的历史；禹本身亦为天神，而非现实社会的人王，只是到了战国以后，由于时势的变化，他才因某些伪史家的造作，由神变成了人，并与传说中的夏朝发生了关系，成了领导治水的英雄。

  顾先生的说法新颖而多考证，博得了不少人的青睐，也引起了一些学者如王国维、张荫麟、郭沫若等的批评。但顾先生一直坚持己见，并不断对之加以补充论证。由于顾说的影响，至今仍有不少人对禹治洪水事持将信将疑的态度。在当前进行的有关夏代历史及中国早期国家问题的讨论中，一些学者对禹治洪水之事或是轻描淡写，或是干脆略去不提，便是这种思潮的反映。不久前新公布的西周时期的铜器燹公盨上铭有关于禹治洪水的内容，本来可以端正人们对于禹治洪水的认识，为解决这桩历史公案提供契机，但由于顾先生的说法仍在一些学者的头脑中占有根深蒂固的位置，竟使这些学者仍循着顾先生的思路将铭文解释成了禹作为天神主宰山川土地的神话，这是十分令人遗憾的。

  笔者过去曾著有《论禹治洪水真相兼论夏史研究诸问题》一文，[①] 以后又陆续写了一些关于夏史的文章，窃以为搞清楚禹治洪水的问题，不仅关系到我国历史上夏代的有无，而且关系到我国古代文明及早期国家的产

---

① 沈长云：《论禹治洪水真相兼论夏史研究诸问题》，《学术月刊》1994年第6期。

生走的是什么样的道路，以及早期国家社会形态等一系列重大问题，不可不重视，因自深入研讨，并取来豳公盨铭文，反复与有关文献相互比对，属为此文，以与同行专家切磋琢磨，并求指教。

一　顾颉刚否认禹治洪水说法之商榷

在辩论豳公盨铭文有关内容之前，笔者想先清理一下顾先生否认禹治洪水说法的主要论点，看他的这些论点及论证方法是否坚实可靠。顾先生这方面的论述甚多，但最具代表性的还是他 1923 年发表在《读书杂志》上的《讨论古史答刘胡二先生》、1939 年发表在《说文月刊》上的《鲧禹的传说》以及 1957 年发表在《文史哲》上的《息壤考》这几篇论文。①

今就此数文撮述他有关禹治洪水的主要论点如下：

（一）禹（包括他的父亲鲧）在早期的文献中均为天神，因为他们都受命于上帝，是上帝命令他们到人世间来平治水土的。

（二）禹的功绩是"敷土（铺放土地）"、"甸山（排列众山）"、"平水土"，这些，均非人力可为，故可认为是禹的神职的体现。再考虑到文献屡称禹"主名山川"，则禹不过是一位"主领山川的社神"。

（三）鲧禹治水之说（包括鲧的筑造堤防和禹的疏水）产生皆晚："战国以前的书上不大看见有筑堤之事"，"疏水灌溉"之事亦是兴起于战国。在这之前文献只是说禹用"湮"、"塞"即向天帝借来息壤填塞洪泉的神话。这表明禹是在战国才由天神变为人间的治水英雄的。此转变实是战国形势激荡的结果。由于战国时期有了堤防之作，又有了疏水灌溉之举，人们惩于堤防之弊而感于疏水灌溉之利，遂生出了将疏通水道给人带来利益的功劳归到禹的身上，而将壅防百川造成祸害的罪责归到鲧的身上的故事。

（四）禹与夏本无关系，《诗》、《书》中不见有"夏禹"的称呼，至战国中期始有"夏禹"的记载。将禹与夏联系起来，乃是"战国伪史家维持信用的长技"，是他们为了称说"三代圣王"而将尧舜禹置于夏商之

① 以上《讨论古史答刘胡二先生》及《鲧禹的传说》分别收辑在《古史辨》第一册和第七册，上海古籍出版社 1982 年版；《息壤考》发表在《文史哲》1957 年第 10 期上。

上的结果。

以上四点，均有可商榷之处，但以其中第三点问题较为明显，且为顾氏认识之所以出现偏差的出发点。让我们从这点谈起。

首先，顾先生说战国以前无堤防之作亦无疏水灌溉之举，便全不是事实。

可以从大家都很熟悉的邵公谏厉王弭谤之语谈起。邵公称："防民之口，甚于防川……是故为川者决之使导。"这里面提到的"防川"，难道不就是筑造堤防防止川水的事吗？"为川者决之使导"，不也就是疏通川水以治理洪涝灾害吗？此载在《国语·周语上》，时代背景为西周，说明西周已有了堤防之作与疏川之举。如以《国语》为战国时人以当世之事拟前代史事者，那么，今发现的西周时期的燹公盨铭同样可证明那时已有了疏水灌溉一类事情。铭文称赞禹的业绩包括"濬川"一项，虽不好凭此语便定下禹治洪水属信史，但说西周时人已有了这方面抗御洪水的本领，还是可信的。至于春秋，更有不少位于东方低地的诸侯国普遍建筑起了堤防。文献提到陈国有"防"，① 宋国有"堤"，② 周都洛邑附近亦有"堤"。③ 《诗经》中还提到周南地区有所谓"汝墳"，④ 注称"墳"为"大防"，即大的堤防。此外，开挖沟洫一类与疏水有关的事情亦不乏文献记载，如《左传》襄公十年记"郑子驷为田洫"，襄公三十年又记"子产使……田有封洫"。尤其是《春秋》庄公九年冬记鲁国曾有过"浚洙"之事，杜注："浚，深之，为齐备"，是言鲁人挖深洙水以防备齐人的侵袭，则已类似燹公盨铭所称"濬川"的工作。凡此，见筑堤与疏浚河川之类水利工程在春秋时列国中已普遍举行，而顾先生谓战国时期才见有筑堤与疏水灌溉事，显然是不足为信的。

顾先生对古代水利工程的保守看法，不过是为了否认历史上鲧禹治水的业绩：既然我国古代直到战国以前都没有人工治水之事，何来夏时鲧禹的治水？因而所有关于鲧禹治水的说法便只能归之于神话，归之于人们倚靠上帝所赐息壤来对付洪水的美好愿望，而不是真的历史事实。

---

① 《诗经·陈风·防有鹊巢》。
② 《左传》襄公二十六年。
③ 《左传》昭公二十六年。
④ 《诗经·周南·汝坟》。

　　但顾先生实在是低估了我国古代先民的创造力，且不说文献记载禹治洪水之事应当如何理解的问题，就从考古发现的角度，我们也完全可以提供夏商甚或更早时期的先民们已经具备了修筑堤防与开凿灌溉（或排水）沟渠能力的证据。首先是灌溉水渠的开凿，据李济先生《安阳》一书，他当年领导安阳发掘工作的过程中，便在安阳及郑州两地发现有颇具规模的用作灌溉用的地下沟网的遗迹。其中安阳的沟网，他认为是由盘庚迁殷以前的早商居民开挖的，而郑州发现的这种"地下建筑"的时代比安阳更早。[①] 由是，推测夏代人们已经具备了开挖沟洫的技术，当不是毫无根据的臆测。至于筑堤的技术，我们甚至可以提供比夏代更早的这方面的考古发掘的证据，这就是良渚文化所在地区最新发现的考古遗迹。据称，考古工作者在良渚古城的北部和西部发现了一个庞大而复杂的可能是用作防洪的水利工程，其中在塘山一带的工程为双重坝体，两坝体间距为20—30 米，可能是渠道，其他一些地点则为长短不一的水坝，均为人工堆筑。考古工作者认为，"这些大小不等的坝体可能共同构成了良渚古城外围庞大的防洪水利工程，将来自古城北部山地的洪水导向遗址群的西南部，防止山洪对古城的直接冲击。"[②] 据测定，这项水利工程距今的年代为4800—4900 年，早在夏代之前。尽管它不是处在中原地带，推测中原的夏代初期也应当具有修筑此类工程的能力，想必不会引起大家的异议吧。

　　按徐旭生等古史专家的意见，古人使用的防治洪水的长堤，实际就是四面展开的城墙。现在中原各地，尤其是黄河中下游一带，考古发现的夯筑成的龙山时期的古城，已不下数十座，有的面积达到上百万平方米或数百万平方米，其墙体展开来，已有数千米至万米，如将所有这些古城的墙体连缀起来，其规模将更可观。再考虑到其中许多古城都附带有围绕城墙挖成的壕沟，如此来估计夏时人们所具有的筑堤与开挖沟渠的能力，更是不可小觑。岂能将那时人们的抗洪之举，一概归之于上帝息壤的帮助！

　　顾先生其次的一个不能令人同意的观点，是他认为禹治洪水的传说全都是神话，不承认其中包含有可信的历史，不承认它们是历史在人们现实

---

　　① 李济：《安阳》，载《中国现代学术经典·李济卷》，河北教育出版社 1996 年版，第618—619 页。

　　② 刘斌、王宁远：《良渚遗址的考古新发现》，《中国社会科学院古代文明研究中心通讯》2012 年第 22 期。

记忆中某种形式的反映。

现今有关禹治水的传说最早见于《诗》、《书》中的几篇西周时的文献。顾先生起初解释这几篇文献中提到的禹的"敷土"为"铺放土地"，解释禹的"甸山"为"排列众山"，然后发表感想说："若禹确是人而非神，则我们看了他的事业真不免要骇昏了。人的力量怎能铺土陈山?"① 后来，他看到了《山海经》、《淮南子》等书中有关鲧禹用上帝所藏息壤填塞洪水的神话，觉得这一信息能够更好地诠释禹的神性，复又改说："禹用息土填塞洪水，遂造成各山，这便是所谓'敷土'、'平水土'和'甸山'。"② 这个看法，他一直坚持到新中国成立以后，直到1957年，他还在《息壤考》一文中重申了自己的这一主张。在所有这些文章中，他都一直在强调禹的"神性"，强调禹治水的传说是神话，丝毫未有过这些故事也包含有某些历史真实方面的考虑。

顾先生对于神话原也有自己的见解，他曾说："古人对神和人原没有界限，所谓历史差不多完全是神话。"③ 如果他沿着这一思路，去仔细发掘古代神话中所包含的许多真的历史，便不致引发以后一系列的争论了。但不幸的是，他的这一思路不知何故却转到了另一个方向，成了他论证古史人物原本都是神、是人们奉祀的各种天神地祇乃至凶兽魖魅的出发点。他提出这些古史中人物（包括鲧、禹）皆是后来作伪的人们将上述神祇"人化"的产物，提出要"打破古史人化的观念"（同上），这就显得有些偏颇了。古史传说中既有被"人化"的神，也有被"神化"的人，顾先生只强调了由神演化为人的一面，忽略了由人演化为神的另一方面，致使他对古代神话所包含的真的历史视而不见，这实在是一种局限。

我们不否认禹治洪水故事带有神话的性质。就上文提到的《诗》、《书》这几篇最早的有关禹的文献记载看，便确实显现出了禹的某种"神性"，如下面这几句诗歌：

> 奕奕梁山，维禹甸之。（《诗·大雅·韩奕》）
> 信彼南山，维禹甸之。（《诗·小雅·信南山》）

---

① 参见《讨论古史答刘胡二先生》，载《古史辨》第一册，上海古籍出版社1982年版。
② 参见《鲧禹的传说》。
③ 《讨论古史答刘胡二先生》。

丰水东注，维禹之绩。（《诗·大雅·文王有声》）

"甸"训"治也"；"绩"即事迹、足迹之迹；梁山、南山（终南山）、丰水皆在今陕西境内。这几句诗出自周人之口，是说周王畿内这几处著名的高山大川都经过禹的治理。显然，他们都是在张大禹的神力。试想，如此高山大川，又不在夏统治的范围内，怎么能够用人工进行治理？如果不是把它们当作神话，实在无法解释。但即使是这样，我们也仍然可以窥见里面包含有肯定历史上禹治洪水之举的成分，因为治理高山大川和平治水土总还可以发生某些联系，诗作者不过是对禹的平治水土做了过分夸饰和神化而已。

和这几篇诗的年代大致相当的另外几篇文献则显示了禹的更多的"人性"，如《诗·商颂·长发》："洪水茫茫，禹敷下土方"，《书·吕刑》："皇帝清问下民……乃命三后恤功于民……禹平水土，主名山川。"这里谈到了禹的平治水土及主持对各地山川的命名，谈到了禹治洪水成功后给下界造成了许多可耕的土地（即"敷土"，这句话的解释见下文对燹公盨铭文的考证）。尽管这些语句仍未彻底摆脱"神性"，但已感觉它们主要是在讲历史了，是把禹治洪水当作真的历史故事加以叙说了。我们看当年顾先生对《诗》、《书》中这些涉及禹治洪水的字眼进行解释时，也无法将禹的"平水土"说成是某种神职，便透露出其中消息。

进入战国，有关禹治洪水的各种说法更多了起来，人们对禹治水的神化不是减少，而是更加剧了，出现了禹的"导山"、"导水"、凿通龙门及划定九州等带有神味的新的夸大其辞的说法，更出现了禹用息壤填塞洪水的神话。当然，对于这些神话，我们也能一一寻出其所由产生的根源，就是对所谓"息壤"说，也知道它不是平白无故地冒出来的，而是与以前禹的"布土"、"平水土"的说法有着密切的关系。这些，我们也将在下文讨论燹公盨铭文中一并加以说明。总之，所有关于禹治洪水的传说，无论其带有多少神话色彩，我们都可以寻出它原本所具有的历史素地，绝不可说它们仅仅是神话，与真的历史毫无干系。

顾先生第三个值得商榷的地方，是他仅仅因为文献称禹是受上帝命令来到下界治理洪水的，便断定禹是天神而非属于人。

顾先生所举的文献，一是《尚书·洪范》："天乃锡禹洪范九畴，彝伦攸叙"；二是《尚书·吕刑》："皇帝……乃命三后恤功于民：伯夷降典，折民惟刑；禹平水土，主名山川；稷降播种，农殖嘉谷。"他说：
"（《吕刑》中的）皇帝既是上帝，他所命的三后当然含有天神性，合之于
《洪范》所言，禹的治洪水，平水土，由于上帝的命令，自无可疑"，言
下之意，是说禹的平治水土，乃是受上帝（即天）之命所为，正表现了
禹属于天神而非属于人。[1] 他还引《诗·商颂·长发》"洪水茫茫，禹敷
下土方……帝立子生商"，说："看这诗的意义，似乎在洪水茫茫中，上
帝叫禹下来布土，而后建商国，然则禹是上帝派下来的神，不是人。"[2]

顾先生的这个推理，在当时就遭到一位叫刘掞藜的学者的反驳，他
说："若以为禹是神，不是人，则……《商颂·玄鸟》有'……古帝命武
汤，区域彼四方'，……汤又何尝是人呢？由《大雅·文王有声》言'文
王受命，有此武功'，《皇矣》亦说'帝谓文王，无然畔援，……帝谓文
王，予怀明德……'，看上帝给命与文王，又和文王这样地对语，然则文
王也是神，不是人么？"[3]

刘掞藜用商的先王汤、周的先王文王同样受到上帝"命"的例子，
来说明禹与商汤、周文王同样属于人王的道理。这个论证应当说是合乎逻
辑的。顾先生对之不得不加以应答，但回答得十分勉强。他说了两条商
汤、文王不是神而禹是神的理由：一是"武汤文王的来踪去迹甚是明白，
他们有祖先有子孙，……至于禹，他的来踪去迹不明，在古史上的地位是
独立的"；二是禹的故事具有普遍性，因为"他不是周族的祖先而为周族
所称，不是商族的祖先而亦为商族所称"。这两个"理由"都明显站不住
脚。文献记载禹作为夏的开国之君，自有其传授世系，不得说他是一位
"独立的"神。尽管这个夏的世系还需要加以证明，但至少禹的父鲧子启
的说法已见诸早期文献，不得谓"全出于伪史"。《国语·周语》称禹父
为崇伯鲧，他自己则叫作崇禹；"崇禹生开（即启）"的说法亦见于真
《周书》、《世俘》篇，这些较早的文献岂能都说成是"伪史"！至于禹的
故事为商周后人所称，也完全是很正常之事。人们之称道禹，是称颂禹的
功德，而非因他是自己的同族祖先。文献记周人称道商的祖先汤及其他圣

---

[1] 《讨论古史答刘胡二先生》。
[2] 《与钱玄同先生论古史书》，载《古史辨》第一册，上海古籍出版社1982年版。
[3] 刘掞藜：《读顾颉刚君〈与钱玄同先生论古史书〉的疑问》，载《古史辨》第一册，上海古籍出版社1982年版。

王，商的后人称道文武周公，这样的例子不在少数，他们也都是在称颂商汤文武周公的业绩，为何一提到禹，便说他是神仙呢？

其实，说天（或上帝）命禹、天命商汤、天命文王……都反映了周人思想中的"天命论"意识。周人认为，夏、商、周三代之君皆是接受了天的使命，才拥有对天下万民统治的权力的，他们之所以能够被授予这样的"命"，乃是因为他们都有德于民，做了有功于民的事情。禹之所以被命为下界众民的统治者，也是因为他受到了天给予他的平治水土的使命，有德于民的缘故，这在新发现的燹公盨铭文中有很好的说明。这里天（或上帝）是主宰人世间的至上神，而包括禹在内的三代统治者则是下界的人王，区分得十分清楚，岂能说下界人王因为接受了上帝给予的"命"便也成了天神！

顾先生文章更重要的一个问题，是他否认禹与夏的关系。

顾先生说："禹与夏的关系，《诗》、《书》上没说，《论语》上也没说，直至战国中期方始大盛，《左传》、《墨子》、《孟子》诸书即因此而有了'夏禹'的记载。"他因此断言道，将禹与夏联系起来，"是战国的伪史家维持信用的长技。"①

对于顾先生在这个问题上使用的论证方法，当年张荫麟先生曾有过批评，称顾氏仅凭着《诗》、《书》、《论语》未言及夏与禹的关系便做出禹与夏无关的断语是在使用"默证"，且违反了默证适用的限度。因为他所举的《诗》、《书》、《论语》中的这些篇章，或者"无说明禹与夏关系之可能"，或者"无说明禹与夏关系之必要"。② 我们认为张荫麟的这个批评是有一定道理的。《诗》、《书》、《论语》或因某种具体原因没谈到禹与夏的关系，焉知禹与夏就一定没有关系？这里，我们愿举出与《诗》、《书》同时代的古文字资料中言及禹与夏关系的正面材料，作为对顾先生的回应。这篇古文字资料乃大家熟悉的叔夷钟铭（或称齐侯钟铭），其中言及禹与夏的关系的一段为：

> 虩虩成唐（汤），有严在帝所，敷受天命，刻伐夏司（祀），败

---

① 见《讨论古史答刘胡二先生》。

② 张荫麟：《评近人对于中国古史之讨论》，载《古史辨》第二册，上海古籍出版社 1982 年版。

厥灵师，伊小臣惟辅，咸有九州，处禹之堵。

以上，基本据郭沫若之释。郭文题为"夏禹的问题"，收在其《中国古代社会研究》一书中。其中的"夏"字，原隶作颀；"刻伐"二字，他以为同于它书中的"翦伐"；"司"与祀通。他据此而指出："'翦伐夏祀'与'处禹之堵'相条贯，则历来以禹为夏民族之祖先之说，于金文上已得一证。"①

此钟铸作的时代，郭指出，是在齐灵公末年，时当春秋中叶。可见顾先生说夏与禹发生关系是在《论语》之后的战国时期的论点，是完全站不住脚的。

我们注意到，顾先生在写《鲧禹的传说》时，也引用了叔夷钟这段铭文，不过，他却有意略去了其中的"刻伐夏祀，败厥灵师，伊小臣惟辅"几句，改用省略号代替。我们认为，这样有意地删改文献中不利于自己论点的做法是十分不妥的。顾先生此文发表在郭文之后，他不可能看不到郭的释文。或者他对郭的释文有意见，然而我们又未见顾先生自己对之有新的解释。这只能说顾先生是在有意识地掩盖自己文章中的漏洞。

叔夷钟铭并不仅仅限于证明春秋时人已有了禹为夏民族祖先的观念，还可以证明《诗》、《书》中其他一些提到禹的篇章也包含了这样一种观念。

先来看《诗·商颂》中有关篇章。《商颂》为商族后人所写的诗，叔夷钟铭也为商族后人所作（据铭文，叔夷是宋穆公之孙），因而他们对商先世的看法应该是一致的。《商颂》中的《殷武》称："昔有成汤，自彼氐羌，莫敢不来享，莫敢不来王，曰商是常。天命多辟，设都于禹之绩，岁事来辟。"其首章言汤建立了商对天下的统治，这等同于叔夷钟铭提到的成汤翦伐夏祀而咸有九州，②故而其下言"多辟"各建都邑于其上的"禹之绩"，便显而易见也是汤从夏人手中接收过来的九州的土地，是《商颂》亦正显示出禹与夏不可分割的关系。

---

① 郭沫若：《中国古代社会研究》，人民出版社 1954 年版，第 275—276 页。
② 这个意思在《商颂·长发》中表现得更为清楚，其言"武王载旆，有虔秉钺……九有九截，韦顾既伐，昆吾夏桀"。武王指商汤，征伐夏桀及韦顾昆吾等于"翦伐夏祀"，"九有九截"等于"咸有九州"。

既然"禹绩"是禹所奠定的夏王朝曾经领有的天下九州的土地，那么《诗》、《书》中其他一些篇章提到的"禹绩"当然也可作如是观。如《书·立政》，"其克诘尔戎兵以陟禹之迹，方行天下，至于海表，罔有不服"，这里，周公谈到，希望成王能治理好军队，以登上禹对天下九州的统治地位，虽然句子中没有"夏"的字样，然而谁能否认这"禹迹"便是禹为夏奠定的九州疆土呢？我们看《立政》上文已经提到，作为"古之人"的"有夏"曾经拥有过对天下的统治，只是由于夏最后一位国王桀的"暴德"，才被商人取代了他们的统治；后来由于商的最后一位国王受（即纣）施行暴政，又才被周人再次取代了天下共主的统治资格，因而这里周公希望周成王能够顺利踏上的"禹迹"，便只能解释成为"有夏"曾经拥有的对于天下九州的统治。

《商颂》制作的年代，据王国维研究，是在"宗周中叶"；① 《立政》作为可信之《周书》，其制作年代也应在西周，是西周之人早已将禹与夏联系起来，并以禹作为夏对天下统治的奠立者，顾先生说直到战国中期以后，造伪者才将禹与夏联系起来，实在是疑古过甚的说法。

以上，我们对顾先生有关禹治洪水问题的一些错误主张进行了清理，这种清理实际也表现了我们对禹治洪水问题的大致看法。我们认为，在历史上相当于夏建立以前那个时期，在夏人居住的地域（不是整个天下九州），确实有过先民们在他们的首领禹（或鲧禹父子）的带领下，展开过对水患的治理，这应当是以后所有禹治洪水故事（包括神话故事）发生的渊源。夏代国家即是在禹治水的基础上建立起来的。当然，我们的认识也还需要进行补充论证：一是要证明夏在历史上的存在，二是要提供夏代先民与洪水抗争的证据。关于前者，笔者过去曾写过一系列文章，力证夏非周初人杜撰的朝代，并其始居地域就在过去王国维所指出的古河济之间。② 鉴于本文已拉得太长，这里不拟重复叙述，但有一项可以坐实夏王朝在历史上确实存在，且就在古河济之间的考古发现不得不再次提及，这就是近年考古工作者在河南濮阳高城遗址发现的夏前期的都城。濮阳为春秋卫国都城，亦为传说中的帝丘。《左传》僖公三十一年记刚迁居到这里的卫成公梦见卫康叔对他说："相夺予享"，这句话显示了卫成公把居邑

---

① 王国维：《说商颂》，载《观堂集林》卷二，中华书局 1959 年版，第 117 页。

② 王国维：《殷周制度论》，载《观堂集林》卷十，中华书局 1959 年版，第 451 页。

安在了夏初夏后相居住过的地方。所幸，卫成公所居的这座春秋卫国都城最近被考古工作者探寻出来了。值得关注的是，人们发现这座规模巨大的卫国都城最里面的一段夯土墙，竟然是龙山中晚期，也就是夏朝建立前后那个时期的墙体，并且还发现了城墙下面压着的大面积的龙山时期的居住遗址。这些发现适与上述文献记载相互印证，证明了春秋卫国都城确曾做过夏初时期夏后相的居邑。此考古发掘的简报已经发表，简报作者称，高城考古遗址的发现，"不仅为研究卫国历史提供了可靠的资料，同时也为研究五帝之一的颛顼以及夏商历史提供了重要线索"。① 明眼人可以看得出来，这里尽管没有明确指出高城遗址曾经为夏后相所居这一史实，但却实际表达了和我们一致的看法。

濮阳地当古河济地区的中心。这里地势低洼，池沼湖泊遍布，河流纵横，是传说中洪水发生的地区，② 也是以后历朝历代河水泛滥最集中的地区。我们因此可以断言，鲧禹的治水实在就是为了本部族居民的生存与发展。当然古河济地区不止生活着禹所在的夏后氏一个部落，还有一些别的氏族部落，包括夏的同姓与异姓，他们也都为了共同利益而在禹的带领下展开对洪水的斗争。我们看文献记载的夏时期一些著名的氏族部落，如有扈氏、有莘氏、斟灌氏、斟寻氏、有虞氏、有仍氏、昆吾氏、豕韦氏等等，他们所居住的位置，也都分布在古河济地区，而以濮阳为中心，这也从一个侧面显示了夏朝在历史上的真实存在。

夏代先民与水患作斗争，自然会留下不少遗迹。就目前的考古发现来看，这些遗迹最明显的，便是他们留存至今的居邑。这些居邑很显然都是他们抗御当时的水患而建造的。一类是丘。就是选择当地较高的地势，在上面层层加高居住面，或利用废弃建筑物之类生活垃圾，逐渐反复地垫高所居住的地面，最终堆积成的一个土丘。人们居住在上面，可以防止洪水的漂没。迄至今日，古河济地区仍有许多被称作某某丘（或某某堌堆）的地名，考古发现它们差不多全是龙山那个时期的遗址。笔者曾到鲁西南的菏泽地区调查，看见这些遗址满是龙山和岳石文化的堆积物，有的可厚

---

① 河南省文物考古研究所、首都师范大学历史学院、濮阳市文物保护管理所：《河南濮阳县高城遗址发掘简报》，《考古》2008 年第 3 期。

② 关于这一点，当年徐旭生先生就曾根据古代河患的沿革及《禹贡》中有关记载指出："洪水发生及大禹所施工的地域，主要的是兖州"，见所著《中国古史的传说时代》第三章"洪水解"，文物出版社 1985 年版。

达十余米，说明当时人们曾长期居住在上面，以防止不时来临的洪水。另一类是比丘面积大的城。就是利用宽厚结实的夯土墙把洪水挡在外面，以保障城内居民不受洪水的侵袭。城一般也建造在较高的台地上，但比丘类居邑能容纳更多的居民，也更安全，可能是部族首领居住的地方。今豫东鲁西，也就是古河济地区已发现一系列龙山那个时期的古城址（包括上面所提到的濮阳古城），其数远较周围其他地区的多而且集中，应该是可以说明问题的。和这项考古发现相印证，我国先秦时期的文献如《世本》等记"鲧作城郭"，不称别人而独称鲧发明城郭，再联系到不少传说将制作堤防抵御洪水的事迹也归到鲧的头上，则夏族先民通过建造城邑（也许还有堤防）来抗御洪水，是毋庸置疑的。总之，说禹（包括他的父亲鲧）在他们生活的那个时期率领自己的部族治理或抗御过所居地区屡屡发生的洪水，绝不是空穴来风，而是有相当的事实做根据的。

二　豳公盨铭文有关治水内容之诠释

豳公盨的出土地点不得而知，就其形制、花纹及铭文字体来看，它应是西周中期的作品。这件器物的重要意义，李学勤先生已经指出，就是它提供了大禹治水传说在文物中的最早例证。① 这当然是不容否认的。但笔者认为，它有关禹及禹治洪水故事的具体记叙却更值得我们关注。豳公盨铭是目前所见文献（包括地下出土文献及传世文献）中最早且最没有神性的这方面的故事记录，因而也最接近于历史真实，我们应当结合夏史暨夏文化研究，对之仔细地进行研究。

目前，已有不少学者，包括几位著名的古文字专家对豳公盨铭进行过考释，这无疑为大家今后的进一步研究打下了基础。不过各位专家对铭文的理解却并不一致，在一些关键字词的释读和解释上，还存在着不少分歧。特别是有的专家仍按过去顾颉刚先生对禹治洪水故事的认识套路，坚持把铭文相关内容往神话故事上引，这使笔者不得不步各位专家的后尘，也要对铭文来一番认真的清理，乃至于要班门弄斧地发表一些个人的见解。为紧扣主题，本文不拟对铭文全部内容进行考释，仅选择其中涉及禹治洪水的关键字词做一些必要的考察，以厘清禹时先民与水患作斗争的

---

① 李学勤：《论豳公盨及其重要意义》，《中国历史文物》2002 年第 6 期。

真相。

　　1. 释"燹公"

　　燹字的释读，如同李学勤先生所谓，对于理解全铭的性质颇有关系。因为铭文全篇所记，实际都是燹公一个人的训导之语，所以我们首先有必要弄清楚燹公的身份，才好更准确地把握铭文的主旨内容。不过李先生将此字释读为遂，称燹公为遂公，却不可取，还是应当相信多数学者的意见，将这个字释读为豳，燹公即豳公，如此，对于很多事情的理解将更为通顺。

　　这个字中的希与豕当为一字，豬亦可写作豵。古文字中有这两个字作形旁互相通用的例子，如豪字古文作㸯（见《说文·希部》）。燹下面的"火"字形旁，后讹作"山"，于是便成了豳字。燹或添"攴"字形旁，写作獙。燹或獙都属会意结构，过去徐中舒先生曾解释这个字说："金文《趞鼎》有'作豳自冢司马'语，豳作獙（《静簋》，《豳王盉》同），乃豳之繁文。此从二希与从二豕同意，'希，河内名豕也'（《说文·希部》）。此从火不误。从攴者，象持杖驱捕之意，即用火焚林而田猎取野猪的形象，非常明白清楚。"① 徐先生的说解十分到位。作为补充，《诗经·豳风·七月》中提到豳地确实有不少野猪，"言私其豵，献豜于公"是其证。

　　豳公即豳地的公，上引《七月》诗中的"公"就是一位豳公。诗末"跻彼公堂"句，说的也是豳地的庶民到得豳公的堂上。过去《毛传》及其他一些诗的训释者称《七月》是"周公陈王业也"，说这里面的豳公是公刘或大王，看来都是臆说。这首诗明显出自西周庶人之口，诗作者嗟叹自己一年四季的劳动生活之艰辛，也连带诉说上层贵族，包括"公"和"公子"加给自己和自己家庭的各种压迫之苦，这些，都很难与什么"王业"拉上关系，诗中的豳公也很难和时人心目中的公刘、大王相比拟。

　　豳在金文中又称作"豳师"。铭文记朝廷在其地设有武职"戍"（善鼎）和"冢司马"（趞簋），这似乎是因为其地迫近戎狄，需加强武备的缘故。铭文又记王曾率领吴、吕两个畿内的诸侯会合豳师与蠹师的邦君一道举行射礼（静簋），是显示出豳国族的邦君（也就是豳公）与王室特别亲近的关系。实际上，豳公这个称呼，也体现了他不同一般的贵族身份。

---

　　① 徐中舒：《先秦史论稿》，巴蜀书社 1992 年版，第 116 页。

李零先生疑豳公为王室大臣，① 是有道理的。我们这样强调豳公的身份，是要说明他作为周朝廷的重臣与他在豳公盨铭文中所讲述的内容的一致性。我们看铭文中豳公一再强调禹的德行，强调禹受"天命"为民平治水土而被立为王，吁民"好德"、"克用兹德"，这正与周统治者向来标榜"天命"，提倡"敬德"的做法是相吻合的。这也证明周人心目中的禹，一定是和周文王、周武王及商汤等受命之君一样，是一位人世间贤德的君王。

豂公为遂公的说法，可能出于误解。豂读为遂音是没有问题的，《春秋》经、传也有遂的国名（见庄公十三年），问题是这个遂国没有任何来历，一不知其族姓，二不知其爵位，杜预注仅仅提到它的所在位置，说"遂国在济北蛇丘县东北"，即今山东肥城县南，大概只是一个东夷小国。《左传》昭公三年记舜后有"虞遂"其人，昭公八年又记虞遂曾受到商的分封，直到周初的胡公满。学者或解此虞遂为商所封的"遂公"，此实误解。文献中从未有"遂公"的称呼。这个解释最早来源于唐张守节为《史记·陈杞世家》所作的《正义》，其可信度很差的。对此陈槃先生已在所著《春秋大事表列国爵姓及存灭表撰异·有虞》条下指出，《左传》文中的"遂"乃人名，不得解为封国名。② 看来张守节正是将人名的遂误当作国名，然后又与《左传》庄公十三年的遂国牵合在一起，才造成上述解释的错误。

2. 释"専土"

铭文开头称"天命禹専土，陚山，叡川"，用了"専土"、"陚山"、"叡川"六个字来概括禹平治水土之事。我们先讨论"専土"的含义。

"専土"同于文献中的"敷土"、"傅土"、"布土"，各家说法基本一致。"敷土"或"布土"，学者又多解释成"布放"或"布置"土地，亦有通俗解释成"部署与规划土地"的（李零）。前引顾颉刚先生《讨论古史答刘胡二先生》释作"铺放土地"，亦同于大家的解释。

"布放土地"或"铺放土地"，只是字面上的解释，可是禹治水却为何牵涉到布放土地？布放土地与治水的关系如何？禹又是怎样布放土地

---

① 李零：《论豂公盨发现的意义》，《中国历史文物》2002 年第 6 期。

② 陈槃：《春秋大事表列国爵姓及存灭表撰异》，上海古籍出版社 2009 年版，第 1327—1328 页。

的？学者或是语焉不详，或是回答得不那么令人满意。顾先生当年对此倒是有所解释的，他说"布土"就是用土地来填塞洪水。他是根据《诗·长发》"洪水茫茫，禹敷下土方"，以及《楚辞·天问》"洪泉极深，何以寘（填）之"这两条材料给出的上述解释。后来，他看到了《山海经》《淮南子》诸书有关鲧、禹用上帝所藏息壤（或称息土，即一种能不断生长的土壤）去埋塞洪水的描述，复又进一步说："鲧（禹）治洪水的方法是用息壤去埋塞，这便是所谓'布土'（'敷土'）。"如顾说，禹的"布土"只是一种用上帝给予的息壤去填塞洪水的方法。这种解说将禹治洪水完全归之于神话，是我们所不取的，因为它未曾揭示出禹治水故事所包含的真的历史素地。再则，将禹治水的方法简单地归为埋塞，也与传说中禹用疏导的方法不符。如燹公盨铭文，其在"布土"之下明言禹治水用的是"濬川"的方法，按顾先生的解释，岂不前后自相矛盾？

我们注意到，今学者在对燹公盨铭"敷土"的解释上仍有照搬顾先生的上述说辞的。如裘锡圭先生，他在文章中便明确地说："禹的'敷土'，其原始意义应指以息壤埋填洪水。"[①] 裘先生之所以采取顾先生的这种解释，大概是为了与他下文对"陻山"的解释保持一致。他将"陻山"解释为"堕山"，说"敷土"与"堕山"都属于"埋堙"的做法。但裘先生似乎未考虑到，所谓"埋堙"仍与"濬川"的说法是相矛盾的。同一篇铭文，不可能既说禹治水是用"埋堙"的方法，又用"濬川"的方法。

仔细体会铭文及诸书所言禹的"敷土"或"布土"，知其并不是指某种具体的治水方法，而是讲上帝给予禹的一项与治水同时需要完成的使命，或者说是需要通过治水最终达成的一项根本性任务。它与治水相辅相成，用今天通俗的话讲，就是指通过治水，重新恢复与布置给下民以耕作的土地。

我们看文献记禹从事的事业，或仅称之为"治水"，或仅称之为"平土"、"布土"，或合二者而称之为"平水土"、"平治水土"。这便是说禹的事业既包含治水，又包含着平土与治土（"布土"或训为"治土"）。其根本目的，则是为着众民能安居乐业，从事正常的农业生活。故文献又称禹是一位从事耕稼并因此而有天下的国王。（《论语·宪问》："禹稷躬稼而有天下。"）禹实在就是这样一位典型的农业国家的领导者，并没有

---

① 裘锡圭：《燹公盨铭文考释》，《中国历史文物》2002 年第 6 期。

什么特别神秘之处。

　　然则禹的治水与平土（布土）到底是一种什么关系？为何古人不是指别的从事耕稼的国王，而是指禹为平治水土的治水英雄？

　　文献提示给大家的禹治水与平治土地之间的关系，乃是禹在被淹没的洪涝地区采取了疏浚的方法，在用此法将低洼之处的积水引向更低处的湖泊或河水的干道之后，整个大面积滞积的洪水便自然跟着被排出，于是原来被淹没的土地便一一露了出来，人们便可以在上面重新从事农业耕作。这样重新露出或干出来的土地，甚至有可能比过去还有所扩大，亦似对土地重新布置了一番。这便是所谓"布土"。

　　此说解非笔者一人之臆呈，请看下列文献：

　　　　昔上古龙门未开，吕梁未发，河出孟门，大溢逆流，无有丘陵、沃衍、平原、高阜，尽皆灭之，名曰"鸿水"。禹于是疏河决江为彭蠡之障，干东土，所活者千八百国。（《吕氏春秋·爱类》）

　　　　舜之时，共工振滔洪水，以薄空桑。龙门未开，吕梁未发，江淮通流，四海溟涬，民皆上丘陵，赴树木。舜乃使禹疏三江、五湖，辟伊阙，道瀍涧，平通沟陆，流往东海。鸿水漏，九州干，万民皆宁其性。（《淮南子·本经训》）

　　　　古者沟防不修，水为民害。禹凿龙门，辟伊阙，平治水土使民得陆处。（《淮南子·人间训》）

　　我们先暂时不考虑这几条材料所提到的禹施工的具体位置，仅从禹施工的方法与其所导致的结果看，便可以很清楚地看出，正是禹所使用的疏导方法，才导致被淹没地区的土地最终得以干出，从而使民众最终也得以"陆处"。这样的结果，难道不可以说成是禹在给人民重新"布土"？

　　还有一些类似的记载，如《孟子·滕文公上》称"禹疏九河，瀹济、漯而注诸海，决汝、汉，排淮、泗而注之江，然后中国可得而食也"；《孟子·滕文公下》称禹治洪水，"掘地而注之海……然后人得平土而居之"。所谓"平土而居之"、"中国可得而食也"，皆是通过禹疏导洪水而后实现的，"平土"与"布土"亦是一个意思。《孟子》这两段话又与近年出土的竹书《容成氏》十分类似，那上面也是说禹掘通了各地的江河湖泽，使注之海，然后天下九州一个个的"始可居也"。竹书作者显然也认为九州的土地是禹通过疏浚各地的积水逐一给布下的。

上述文献对禹平治水土的具体描述在总体上应是可信的，但有一点必须指出，就是它们把禹治水的范围都说得太广大了，把禹治水的能力也夸张得太厉害了。禹不可能在天下九州的范围都展开治水，天下九州在那时也不能都有洪水，禹更不可能有凿通龙门、伊阙的神奇之举。这些，都是人们出于对禹的崇敬而夸大禹的伟业的结果，也出自于人们不明白古代社会的性质而对尧舜禹那个时期发号施令的性质及所施范围的不切实际认识的结果。

实际上，禹时洪水发生的地点主要是在《禹贡》九州中的兖州。上言徐旭生先生已很明确地指出了这一点，这是很不错的。只是徐先生没有交代清楚禹与洪水之间的关系，没有说清禹何以成为领导这场治水的首领人物，却令人遗憾。徐先生承认，当尧舜禹的时代，中国还是个氏族林立的社会。大家头上既然还没有一个统一的国家组织，所行之事便主要是为着本部族的利益，然则禹（包括鲧）的治水，也主要是为了使本部族的人民不受洪水的侵袭。可是按徐先生给出的鲧禹所任为首领的夏后氏（原称作"有崇氏"）的居处，却在"黄河以南的外方山根"，这却未免与他指出的禹时洪水发生在"伏牛、外方、太行各山脉东边的大平原"，也就是古兖州及附近地区的说法相矛盾。今学者多持与徐先生相同的看法，认禹所居的都邑在今河南登封县的阳城。然而这一带地处山区，不知何以会有汗漫的洪涝灾害发生！因此我们考虑禹时夏后氏的居处，只能是如当年王国维先生所指出的，在古河济之间，也就是古代的兖州。如此来看禹的治理洪水，便觉更加可信了。

如上所述，那时古河济地区还居住着许多其他氏族的居民，可以称得上是人口众多，生业繁庶。这当然也是人们要在这里努力抗御洪水的原因。为何这里有如此多居民呢？这却与那个时候气候环境的变迁有关。研究古气候环境的专家指出，从距今 5000 年左右开始的时候，我国许多地方的气候发生了一次大的转变：从过去较为温暖湿润的气候向干冷的方向转变。气候的转变导致一些地方的地理与生态环境也跟着发生变化。一些原来人口繁庶的地区出现了资源与能源的紧张。关中与豫西一些地方人口的减少，据信即与此有关。但是，对于地势原本低洼，到处是湖泊沼泽的古河济地区，这种气候变化却使之变为适合更多人群居住的地方。因为气候干冷使得海平面下降，导致河流侵蚀基准面也相应下降，新的河流阶地、冲积平原和河口三角洲堆积迅速发育，更导致这些地区湖泊沼泽大面积地减少。这一切，又都意味着这一地区耕地面积的扩大，意味着聚落和人口向这一地区的转移。据说，在距今 4800—4300 年的龙山时代中期，气温有所回升，人类在华北平原的活动有所减少，但在距今 4200 年左右，气候又再次大幅度地变干变凉，促使这一地区的河道与海岸线基本固定下来，湖沼面积也更急剧地缩小，整个豫东鲁西变得更加适合于人类居住。[①]

那么，古河济之间为何又屡屡发生洪灾呢？既然禹时气候在转向干凉，又怎么会出现降水量的增加以致引起洪涝灾害呢？我们说，气候的变迁乃是一个长时段的发展趋势，并不妨碍某些年份某些地方的雨量突然会有所增加。更重要的是，导致这里发生经常性的洪涝灾害的根本原因并不在气候的变化，而在于这里低洼的地势。如遇连绵大雨，四周高地的雨水一下子都涌向这里，河川水势顿涨，一时排泄不畅，便很可能造成一派汪洋的洪涝景象。因而人们要想在这里长期立足，保持与发展自己的文明，就得从根本上解除这种水患的威胁。由此来论禹领导的这场与洪水所作斗争的性质，实际就是要解决低地农业的生存与发展的问题。这是禹和古代夏族先民对我国农业所做出的杰出贡献。

于此，我们对于《山海经》诸书有关禹用息壤来平治洪水的神话也有了新的认识。所谓"息壤"，原本就是古河济地区由河水冲积或淤积而成的土壤。盖每次洪水之后，由于河水的淤积（因河水中带有大量泥沙），所露出的土地，都较过去的面积有所增长。这本来是黄河中下游平原形成的自然原因，可是由于禹对洪水进行了疏通，促使其尽早退去，给人的感觉，倒像是禹用了一种神奇的能够不断生长的土壤止住了洪水。这应当便是禹用息壤治平洪水故事的来历。其实，在顾先生所著《息壤考》一文中，也提到地质学家张幼丞先生谈到了这一现象，他说："世界上有两种显著的因素可以造成息壤，一种是水，一种是风。例如崇明岛是一千年前由于水的逐渐冲积而成，北方的黄土层则是风力造成。"张先生的说法可信但不周全，因为"北方的黄土层"非只是风力一个原因造成的，

---

①　以上参见曹兵武《从仰韶到龙山：史前中国文化演变的社会生态学考察》，《环境与考古研究》第 2 辑，第 26—28 页；燕生东《全新世大暖期华北平原环境、文化与海岱文化区》，《环境与考古研究》第 3 辑，第 79—80 页。

其黄河中下游的黄土平原部分，亦主要同于崇明岛，是由河水的冲积造成的。遗憾的是，顾先生对于这样一种"息壤"形成的科学解释并没有听进去，却反而将张先生认为"不属于此类"的一些地方传闻的土地石头的突然坟起当作了息壤神话产生的事实基础，这就使他失去了对文献所载"禹布土"重新正确认识的机会。

　　3. 释"陆山"

　　陆字从阜，从二又二土，会意。学者或释为"隋"，即"墮"（裘锡圭），或释为"随"（李学勤），或释为"陶"，即"陶"（朱凤瀚）。笔者以为前两种释读都是值得商榷的。

　　释作"隋"者，将该字比作《说文》中的"陸"（即墮）字。但"陸"据许书明显是个形声字，与该字作会意结构不可混为一谈。为解决这个矛盾，裘先生认为"陸"所从之"左"是由铭文此字右边的形旁"圣"讹变的结果。然而这个说法的根据何在呢？且如裘先生所说，"墮山"就是用手使"阜"上之土往下墮落，也就是"墮高埋庳"的意思，可是文献中"墮高埋庳"明明是共工和禹父鲧所使用的方法，已被禹视作"非度"（见《国语·周语下》），这怎么与铭文中禹所使用的"濬川"的治水方法相协调呢？禹一边疏浚河川，一边又向下墮土来埋塞河川，岂不互相矛盾吗？

　　李先生释此字为"随"，以"随山濬川"与文献（《书序》）中用语全同，从而强调盨铭与传世文献密切的关系，这确实是应当引起重视的。但关键问题是随字的释读仍然是依据了"陸"字的字形与其音读。《包山楚简》有作"随从"的"随"字，但与《说文》"随"字形体有着不小差别，与燹公盨铭"陆"字也有所差别。笔者怀疑《书序》称"随山濬川"，只是战国秦汉间人出于自己对禹治水故事的理解而对"陆山濬川"的一种误读。《书序》说"禹别九州，随山濬川"，"别九州"实为后起的观念。

　　朱凤瀚先生将这个字释作"陶"。他说："《说文解字》：'陶，再成丘也。'成，重也。'再成丘'就是双重之丘。本铭此字，从阜，从双'圣'会意。'圣'从土从又，示以手累土。上下作双'圣'，自有双重之意，与以上字书所云'陶'之字义相合。"① 这应当是唯一正确的释读。

――――――――――

　　① 朱凤瀚：《燹公盨铭文初释》，《中国历史文物》2002 年第 6 期。

两周金文中曾数见此"陶"字，如五祀卫鼎，其"陶"字的写法便与此完全一致。不其簋中亦有此字，只是其中所从之二"又"改从二"勹"，而写作⿰形。这个字又同于春秋时期齐鞄氏钟中"鞄"字的上半部分，而此"鞄"字在同时期的鰞镈铭文中又写作⿰。凡此，可以考见"陶"字形前后因袭变化之轨迹。或以为不其簋铭中的陶字是从二"勹"，而非从二"又"，不得用来解释铭文中的陶字。实际上，古文字中的"勹"字形旁本来就是表示用手包住的形状，故常连带画出手臂及手爪之形。如军字、旬字、匀字、匋字、匐字，其所从之"勹"，便多写作⿰的形状（也有写作⿰形的），所以陶字所从的二"又"，与从二"勹"实际上是没有区别的。

陶释作陶，还可以用殷墟甲骨文中的⿰字来加以补充说明。李学勤先生认为甲文此字可视作金文陶字形的渊源，这应当是不错的。然而甲文中此字实是人们熟知的⿰或⿰的异体字。过去张政烺先生对这个字有过考释，将它释作"哀"字。① 哀发"勹"的音，与"陶"的音读正完全相同。按张先生的说法，"哀"之义为"聚土"，这也与"陶"的"累土"之义相同。如是，甲文⿰字与铭文陶字在形、音、义三个方面都一脉相承，陶释作陶是完全说得过去的。

不过，朱先生对"陶山"的解释，却是笔者不赞成的。他称："'陶山'即'陶山'，陶在这里应该读作'导'，陶、导上古声、韵并同，皆定纽、幽部韵。《尚书·禹贡》言禹'导岍及岐，至于荆山'，《史记·夏本纪》作'导九山：汧及岐至于荆山'，是'导'即'道'，开山凿道。故《禹贡》亦言：'九山刊旅'，即九山皆刊除成道。"这个说法是有问题的。一则燹公盨铭中的陶（即陶）字在那时是否读作定纽幽部，即今天陶字的发音，尚难于给出肯定的回答。如上所述，"陶"直到春秋时期的鰞镈铭文仍念作"勹"的发音，⿰叔即鲍叔，是没有疑问的。其何时分化出定母幽部字的读音，还是一个待探讨的问题。二则"导山"的说法系晚出，它与其他有关凿通各地山路，以及"随山刊木"，开辟九州贡道之类说法，均是在禹治洪水故事基础上衍生出来的与"分州"说有关的另一类故事系统，不能与禹治水本身混为一谈。文献称禹因为治理好洪水而拥有"九州"之地，这个"九州"一开始只是泛指普天下所有的地盘，

---

① 张政烺：《卜辞"哀田"及相关诸问题》，《考古学报》1973 年第 1 期。

义同于《诗经》所称的"九有"、"九域"（叔夷钟铭中的"九州"亦是
这个意思）。只是到了战国以后，人们才根据当时政治地理划分的格局，
将"九州"落实成一个个具体的"州"，才从而有了凿通各地贡道的说
法。这一点过去顾颉刚先生已有说，还是应当肯定的。

那么，盨铭"陶山"到底应当如何理解呢？笔者以为，所谓"陶
山"，其实是讲加高当时民众为躲避洪水而居住的丘邑的一种做法。"山"
即是"丘"，古河济一带居民常将他们居住的土丘也称作山。如禹丘，亦
称作历山；楚丘，亦称作景山；昆吾之丘，亦称作昆吾之山；《山海经》
屡次出现的"青丘"，同书《南山经》又称作"青丘之山"。而"陶"字
有"累土"之义，又有"再成丘"的解释，故"陶山"亦即"陶丘"，
便是累土使丘加高的意思。今豫东地区的定陶县有地名仿山，来源甚古，
《定陶县志》对它的描述亦是"积壤之高，仿佛如山"。可以想见，当初
人们正是凭借着这些人工垒筑的山丘抵御那不期而至的洪水的。请看
《淮南子》中下列两条材料：

> 禹之时，天下大雨，禹令民聚土积薪，择丘陵而处之。（《淮南
> 子·齐俗训》）
> 舜之时，共工振滔洪水，以薄空桑……四海溟涬，民皆上丘陵，
> 赴树木。（《淮南子·本经训》）

这些丘陵，需要人不断地"聚土积薪"，这种做法，应当便是所谓的"陶
山"了。考古发掘证明，今豫东鲁西一带古夏人居住的区域，正到处都
分布着先民留下来的称作某丘的遗址，而这些称作某丘（或俗称作某某
堌堆）的遗址形成的年代，也大都在夏建立前后的龙山时期。前面已经
谈到，这些土丘均是在一些较高的地势上，通过层层加高原有的居住面，
最终累积而成的。这种情形，亦正同文献及古文字所称的"聚土"或
"累土"。在这一带长期从事考古发掘工作的袁广阔先生对之已有十分详
尽的介绍，不妨把他的论文找来一读。[①] 这里，笔者还想起《国语·周
语》对禹治洪水的描述，那上面称禹治水的方法是"高高下下，疏川导

---

① 袁广阔：《豫东北地区龙山时代丘类遗址与城址出现的原因初探》，《南方文物》2012 年
第 2 期。

滞"，斁公盨铭的"陶山"与下文"濬川"合在一起，不正符合《国语》
描述的"高高下下"的治水方法吗？

据了解，与中国上古文明同样历史悠久的古代两河流域、古埃及和古
代印度，在他们文明初期的时候，人们在河水经常泛滥的平原或河谷地区
的居址，也多建造在一些人工垒筑而成的土丘之上。这方面的材料不能具
引，只引述世界史研究学者拱玉书有关古代两河流域历史考古的一段介绍
以做参考。他说，从 20 世纪 30 年代开始，伊拉克考古工作人员对伊拉克
境内的遗址进行了普查，到 1949 年为止，已经在地图上标明了 5000 个遗
址的准确位置，它们大多数都是高出地面的土丘。他并且谈到这些土丘形
成的过程，称由于这里人们居住的房屋主要是用泥土盖成的，需要经常翻
修，方法是把旧房铲平，在原来的位置上再造新居，每翻修一次，地面就
要增高一些。这样，人们一代又一代，一个世纪又一个世纪地居住在同一
个地方，他们的住地也就逐渐地拔地而起，最后就形成了"丘"。① 这与
我们中国古代的两河流域——古河济之间的情况，何其相似乃尔。

4. 释"濬川"

"濬"字的解释，各家无歧义。"濬"今作"浚"，"濬川"即疏浚河
川。不过有一点必须提及，就是禹当时的濬川，绝不会是以后文献所夸称
的那样，对天下九州的大江大河都来一遍疏通，那时的人们大概也不具备
对大江大河直接进行施工的能力。另外，禹时的洪水也不是普天之下都遇
到的大洪水，历史上根本就没有过普天之下各地同时发生的大洪水，禹只
是因为自己所居住的那片区域地势低洼，常发水涝而采取的这样一种既消
除洪涝灾害，又保护和扩大耕地的疏浚积水的措施。其施工的对象只限于
一些小的河川，或大河的支流，当然也包括开挖一些排水渠以引走积水。
故《论语·泰伯》言禹治水而指其"尽力乎沟洫"。这就是禹治洪水原本
的真实情况。

结语

通过以上对禹治洪水问题的梳理，以及对斁公盨铭文有关禹治水内容
的考订，可以引导出我们对禹治洪水问题的总的认识：

---

① 拱玉书：《日出东方：苏美尔文明探秘》，云南人民出版社 2001 年版，第 44、42 页。

　　1. 古文献有关禹治洪水故事的记叙基本上是可信的，尽管这些记叙或多或少地带有夸张乃至神化禹的后人添加的成分，但只要去除这些虚夸的成分，仍可以看出其在历史上真实存在的素地。

　　2. 禹治洪水的地域只是在古代的河济之间，即我国历史上夏族居住的地域。禹治水的目的乃是通过治理这一地势低洼地区经常发生的洪涝灾害，保障这一地区民众的生命财产安全，同时解决这一地区低地农业的发展问题。

　　3. 禹治水的方法是“疏水”，即通过开挖排水沟渠将广漠平原上的积水排走，以恢复被淹没的耕地。在这个过程中，引导人们累高所居住丘邑上的积土，亦是抗御洪水侵袭的做法。

　　4. 禹是居住在古河济地区的夏后氏部族的首领，他正是在率领自己氏族及居住在这一地区的所有氏族部落共同抗御洪水的过程中，通过加强对各部族人力物力的控制，发展成为这一地区共同的部落集团的首领，并从而建立起夏后氏王朝的政权的。

　　目前，我国史学界、考古学界正在进行中国古文明起源的探讨，这项工作的一个重点，即是探讨我国第一个早期国家夏的形成过程。本文对禹治洪水问题的梳理，无疑是有助于这一探讨的。希望本文能够得到大家的批评、指正。

（作者单位：河北师范大学历史文化学院）

大保鼎与召公家族铜器群

朱凤瀚

一 大保鼎与成王方鼎

现藏天津博物馆的大保鼎（图一），[①] 是一件西周早期的青铜重器，其内腹壁上有"大保铸"三字铭文，大保即是召公。大保鼎的形制富有时代性，又非常有特色，其造型虽然仍保持殷末方鼎的大致形制，但腹底平，不似殷末商式方鼎腹底多已微凸，特别是四柱足，相对于甚浅的鼎腹来说，尤为细长而挺拔，使整个鼎形显得极端高耸而有尊贵感。

图一 大保方鼎（康王时。现藏天津博物馆）

---

① 吴镇烽：《商周青铜器铭文暨图像集成》（以下简称《铭图》），上海古籍出版社 2012 年版，01065。

　　大保鼎的特色还表现为双耳上各有二相向的伏兽。此前，耳上伏兽的造型只见于属商后期的江西新干大洋洲出土的铜器（如图二），但大洋洲器一耳上所立均是单兽。

图二　江西新干大洋洲商墓出土大方鼎（XDM：8）

　　该鼎另一可称为特色的是，其四柱足中部铸接有四个带鳞片纹的圆环，这在现存西周器物中更是绝少见到，此种构造近同于所谓"鼎形温食器"，是为了架设炭火盆以加热鼎实。

　　大保鼎在造型上体现出的特色艺术，证明周人在克商前，应已有了反映自己族群的审美意识的青铜器工艺。

　　与大保方鼎形制有某些共同处的是现藏美国纳尔逊美术馆的成王方鼎（图三）及现藏于旧金山亚洲艺术馆的𣪘𣪘方鼎（图四），它们均是西周早期的器物。[①] 此所谓"成王方鼎"是为祭成王所作鼎，并非成王所铸鼎，与通常以作器者名器名之原则不合，故严格而言，可称"成王障

_____

　　① 分别见《铭图》01064、02345。

（尊）方鼎"。两件鼎的耳上亦均为双伏兽的造型。

图三　成王方鼎（康王时。现藏纳尔逊美术馆）

图四　𣪕𣪕方鼎及铭文（西周早期。现藏旧金山亚洲艺术馆）

西周早期有作册大方鼎（图五）①，其铭文曰：

公来盠（铸）武王、成王异鼎，佳（惟）三月既生霸己丑，公赏作册大白马，大扬皇天尹大保宝，用作祖丁宝障彝，隹册册。

_____

① 《铭图》02393。

图五 作册大方鼎（现藏华盛顿弗利尔美术馆）

陈梦家先生曾以为，此作册大方鼎铭文所提到的召公所铸祭祀武王、成王的异鼎，可能就是大保鼎与"成王尊"方鼎，①但二者形制虽近同，仍有差异，而且其大小亦有较大的差别，大保方鼎高达 57.6 厘米，而"成王尊"方鼎高仅有 28.5 厘米。故陈先生又说"这两鼎（按，即指大保方鼎与'成王尊'方鼎）原非一对，但原来或有'大保铸''武王奠'和'大保铸''成王奠'的两对，异鼎之异或是比翼之义"。②

召公所铸的武王，成王鼎确可能如陈先生所言，是两对方鼎，即：

"大保铸"（A1）"武王障"（B1）
"大保铸"（A2）"成王障"（B2）

也许我们见到的仅是 A1 与 B2。

召公长寿，其在成王故去后仍在世。《论衡·气寿》言召公"至康王时，尚为太保"，故召公可为二王作器，作器时间自然应是在康王时。因而大保方鼎、成王方鼎皆可以此断定为康王时器。

---

① 陈梦家：《西周铜器断代》67 作册大方鼎，中华书局 2004 年版，第 93 页。
② 同上。

二　关于"梁山七器"

大保方鼎据传在清代出土于山东寿张东南之梁山县（今山东梁山，郓城县东北），同出有七器。《涵清阁金石记》曰："济宁钟养田（衍培）近在寿张梁山下得古器七种：鼎三、彝一、盉一、尊一、甗一，此（按：指宪鼎）其一也，鲁公鼎、牺尊二器，已归曲阜孔庙。"《缀遗斋彝器款识考释》则记曰："咸丰间山左寿张所出古器凡三鼎，一簋，一甗，一盉，其铭皆有'大保'及'召伯'等文，许印林（瀚）明经定为燕召公之器，而以出山左为疑。"

综合以上说法，此所谓梁山七器比较可能的内涵应包括：

1. 宪鼎　隹九月既生霸辛酉，在匽，侯易（赐）宪贝、金，扬侯休，用作召伯父辛宝障彝，宪万年子子孙孙永宝用。大保（图六）①

图六　宪鼎及其铭文（约康王末至昭王时期。现藏清华大学图书馆）

2. 大保方鼎　大保铸。（图一）
3. 有"大保"或"召公"字样的鼎一（下落不明）。
4. 大保簋　王伐录子圣，叔厥反，王降征令于大保，大保克敬亡

---

① 《铭图》02386。

（無）眘（譴），王侃大保，易休余土，用兹彝对命。（图七）①

图七　大保簋及铭文（约成王时。现藏华盛顿弗利尔美术馆）

5. 伯寯盉　白（伯）寯作召伯父辛宝障彝。（图八）②

图八　伯寯盉及其铭文（约康王末至昭王）

6. 小臣艅尊　丁巳，王省夔，享，王易（赐）小臣艅夔貝。隹

---

① 《铭图》05193。

② 《铭图》14752。

（惟）王来征夷方。惟王十祀又五肜日。（图九）①

图九　馫尊及其铭文（商末器。现藏旧金山亚洲艺术馆）

7. 大史峉甗　大史峉作召公宝隣彝。（图一○）②

图一○　大史峉甗及铭文（康王末至昭王。现藏日本泉屋博古馆）

---

① 《铭图》1785。
② 《铭图》03305。

　　以上七器中，除第六器小臣艅尊外，余六器从铭文可知均当为召公家族器。但六件器物并非同时之器，害鼎已作垂腹状，饰双弦纹，其年代应已至康王偏晚至昭王时，伯害盉年代亦当相同。大保鼎，应属康王时器。大史䵼甗已为召公作器，则不会早于康王晚期，或即在康、昭王之际。大保簋铭文记"王伐录子聖"，学者多以为"录子聖"即商王帝辛（纣）之子"录父"，应在成王时，是召公较早时所作器。

　　此七件器中，召公自作器当是被作为先人之礼器遗存于其家族，除小臣艅尊有可能是召公东征所获战利品外，余六件均属召公家族器，应是由召公后人伯憲或大史䵼集合在一起的。但召公家族之器，何以会在山东梁山出土，其实情已难以得知。或有召公后裔分封至此。

　　陈梦家先生认为"梁山七器"中的牺尊，即是现存日本白鹤美术馆的另一件大保自作器大保鹗卣（图一一），[1]但据白鹤美术馆记录，此卣"传河南省濬县出土"，如是，则与卫国有关。不在七器之中。

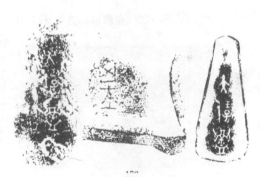

图一一　大保鸟形卣及铭文（日本白鹤美术馆藏）

三　召公器群与召公家族

　　梁山七器中的害鼎铭文对于了解召公家族之构成非常重要。该铭末之"大保"即是害的氏名，害以召公官职为氏，证明害即是召公之后人，属

---

① 陈梦家：《西周铜器断代》23 大保簋，中华书局 2004 年版，第 44、45 页。

召公家族之一支。但大保氏是否即畿内召氏，似还不能确定，可能是召氏另一称呼，但似乎更可能是与畿内召氏平行的一个召公家族支脉。

召公曾受封于燕，有房山琉璃河燕国墓地 M1193 出土的克罍、克盉二器铭文（图一二、一三）[①] 为证。其铭文有曰：

王曰：大保，惟乃明乃心，享于乃辟，余大对乃享，令（命）克侯于匽。

图一二　克罍及其铭文（成王时。现藏首都博物馆）

图一三　克盉及铭文（成王时。现藏首都博物馆）

---

① 《铭图》13831、14789。

　　"侯"在当时是王朝派驻边域兼有封君身份的军事长官，由此铭得知，"克"是第一代燕侯。在西周早期，王朝常册封重要的姬姓贵族作畿外封君，受封者多是家族之长子，而次子留居王畿，世代任王朝卿士，如鲁国伯禽为周公长子，受封为鲁侯，周公次子一支，则世代居王朝，为"周公"。因此外封的一支在家族内拥有较高的宗法地位。在疐鼎铭中可见疐作为召公后代，到了燕国，受燕侯赏赐，要扬燕侯之休，显然在召公家族内，燕侯的宗法地位要高于疐。所以如此，即当是因为在召公家族内，燕侯一支是召公长子所立，疐所在之大保氏则为小宗分支，疐虽未必在政治上受命于燕侯，但在本宗族内自当尊奉燕侯在召公家族内的地位。

　　疐鼎铭文中另一值得注意的问题是，疐所为作器者是"召伯父辛"。上举"梁山七器"中的伯疐盉也言"伯疐作召伯父辛宝尊彝"。"召伯父辛"究竟是何人？

　　在召公家族器群（即召公家族成员所作青铜器）中，以下诸器也是为"召伯父辛"或"父辛"所作：

　　伯龢作召伯父辛宝尊彝（鼎，现藏故宫博物院）（图一四）①

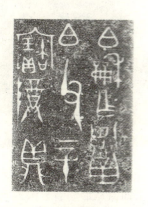

图一四　伯龢鼎及其铭文（约康王时。故宫博物院）

　　龢作召伯父辛宝尊彝（爵，现藏故宫博物院）（图一五）②

---

① 《铭图》01900。

② 《铭图》08569。

图一五　穌爵及其铭文（约康王时。故宫博物院）

匽侯旨作父辛尊（鼎，现藏上海博物馆）（图一六）①

图一六　燕侯旨鼎及铭文（约康昭之际。现藏上海博物馆）

旨作父辛彝（壶，香港私人收藏）（图一七）②

以上四器从形制看，匽侯旨鼎已显垂腹，作风素朴；伯穌鼎亦已显垂腹；穌爵腹微垂，双柱已接近鋬上；（匽侯）旨壶已属橄榄形。以上诸器年代均当在康王晚期至昭王时期，即康昭之际。

---

① 《铭图》01716。

② 御雅居编著：《吉金御赏》，香港，2012 年版，第 76 页。

图一七　旨壶（约康昭之际。现存香港私人藏家）

匽侯旨所作器，还有一件鬲鼎，今藏日本泉屋博物馆（图一八）[1]，其形制属西周早期偏早，亦当成王时，与克罍、克盉年代相距较近。匽侯旨继克为匽侯的时间既亦在成王时，那么克为匽侯的时间即较短。旨为其子或为其弟的可能都存在。

图一八　匽侯旨鼎及铭文（成王时期。日本泉屋博物馆）

---

① 《铭图》02203。

匽侯旨与前引克罍、克盉铭文所见第一代匽侯克的关系，是父子还是兄弟，也与"召伯父辛"为何人有直接关系。唐兰先生曾认为"召伯父辛应是召公之长子，为第一代燕侯，所以匽侯旨鼎只称父辛"。[1] 但如果是这样，非属匽侯支系的伯寯（属大保氏）、伯龢（可能属畿内召氏）即不大可能为已从召氏分出去另立宗氏的畿外封君匽侯作器。所以唐先生说的这种可能似当排除。如此，"召伯父辛"的身份只有两种可能性：

其一，"召伯父辛"只是伯寯、伯龢的父辈，并非"匽侯旨"所为作器之"父辛"。那么召公家族的世系关系即是：

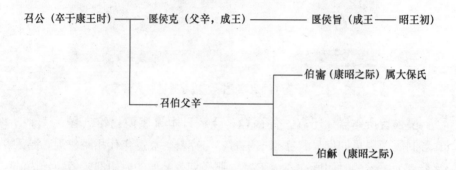

除召公外，括号中的年代均是根据所制青铜器的年代确定的。"召伯父辛"是留在畿内的召氏宗子，由于匽侯一支已独立于召氏之外，召氏自成宗氏，故召氏宗子可以"伯"为称。这一种可能的世系关系存在的问题是：史载召公长寿，应在康王时才去世，从伯寯与伯龢所作器来看，他们活动的年代都会早到康王，这样"召伯父辛"作"召伯"的年代即会过短。此外，匽侯克与其同辈的"召伯父辛"皆用共同的日名"辛"，也过于巧合。

其二，"召伯父辛"亦即是匽侯旨所为作器之"父辛"，是召氏、大保氏与匽侯这一支共尊奉同的先人，则这共同的先人只能是召公。匽侯旨所以只称"父辛"而不称"召伯父辛"，当是由于匽侯一支虽在理论上仍属召公家族，但西周时畿外封君实质上已是另立宗氏，不再以召氏为称，故虽仍要为召公作器，而名义上已不再属于召氏，因此亦不再称召公为"召伯"，只称为"父辛"，以示与召氏名义上的脱离。而伯寯以召公官职

---

① 唐兰：《西周青铜器铭文分代史徵》，中华书局 1986 年版，第 148 页。

大保为氏，称召公为"召伯"，亦是强调其家族与召公、召氏的关系。"召伯父辛"如是召公，则匽侯旨亦是召公之子，应该是作为召公长子的首任匽侯克之弟。

　　但是召公是否可以称"召伯"，还需要讨论一下。近年来发现的觐公簋铭文（图一九）曰：

图一九　觐公簋及其铭文（《考古》2007 年第 3 期）

　　觐公作𣪘姚簋，遣于王令易（唐）白（伯）侯于晋。唯王廿又八祀。①

　　此唐伯即是第一位晋侯燮父，为唐叔虞之子。唐叔并未称"唐伯"而是仍以在王室内辈分"叔"为称，表示其尚遵从王室内宗法制度，持小宗身份，其家族尚未完全从王室中分立出来。而自其子燮父这一代始，其家族才正式从所出的王族中脱开独立为宗，故燮父可以"唐伯"为称。此应该即是《礼记·大传》中讲周代宗法制时所云"别子为祖，继别为宗"。由此簋铭可知，西周时出身王室的始封君之第二代可以称"某（国名或氏名）伯"。召公可以称"召（氏名）伯"，显然也应是封于召（畿内地名）的封君的第二代。这说明，召公不会是武王的亲兄弟。

---

　　①　拙作《觐公簋与唐伯侯于晋》，《考古》2007 年第 3 期。

召公非武王亲兄弟，只是从兄弟，也和史籍记载相合。《史记·燕召公世家》曰："召公与周同姓，姓姬氏。"司马迁在《史记·鲁周公世家》中记周公时则曰："周公旦者，周武王弟也"，明显与讲召公时的笔法不同。《燕召公世家》集解引谯周曰："周之支族，食邑于召，谓之召公。"这些记载皆可证召公非武王同胞兄弟。北大汉简《周驯》言文王有子四人，应是即指亲子。

召公可称"召伯"，亦见《诗经·召南·甘棠》："蔽芾甘棠，勿剪勿伐，召伯所茇。蔽芾甘棠，勿剪勿败，召伯所憩。蔽芾甘棠，勿剪勿拜，召伯所说。"毛传曰："召伯，姬姓，名奭，食采于召"，孔颖达疏云："经三章皆言国人爱召伯而敬其树，是为美之也。"《史记·燕召公世家》亦言："召公巡行乡邑，有棠树，决狱政事其下，……召公卒，而民人思召公之政，怀棠树不敢伐，哥咏之，作《甘棠》之诗。"如此，则《甘棠》所颂"召伯"必是召公。是召公确亦称"召伯"。

这样，在认定"召伯父辛"即召公的情况下，召公家族结构及其与周王室的关系，即可以示意如下：

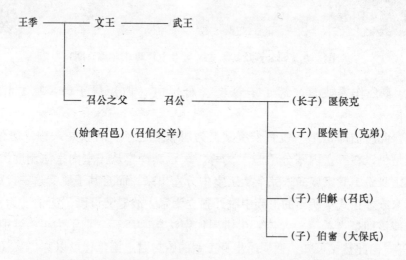

召公后裔留在王畿内世为"召公"者，其家族即称召氏，唯伯龢是否确属此召氏，未可确知，暂置于此。另一称"大保"氏的一支，如上文所述，其是否为召氏另一别称，尚不能定，此亦暂与召氏区别，作为与召氏平行的另一支。现存青铜器中除上面所提到的外，尚有其他为大保氏贵族所制器，如：

　　繡方鼎"繡作尊彝。大保"（图二〇，《商周青铜器铭文暨图像集成》01863，现藏日本黑川古文化研究所）。①

图二〇　繡方鼎及铭文（现藏日本黑川古文化研究所）

　　斿戈"大保"（内一面），"斿"（内另一面）（图二一，洛阳北窑西周墓地 M161：5）。②

正面　　　　　　　　　　　　　　　　　　　　背面

大保（内一面）、　斿（内另一面）

---

① 《铭图》01863。

② 《铭图》16494。

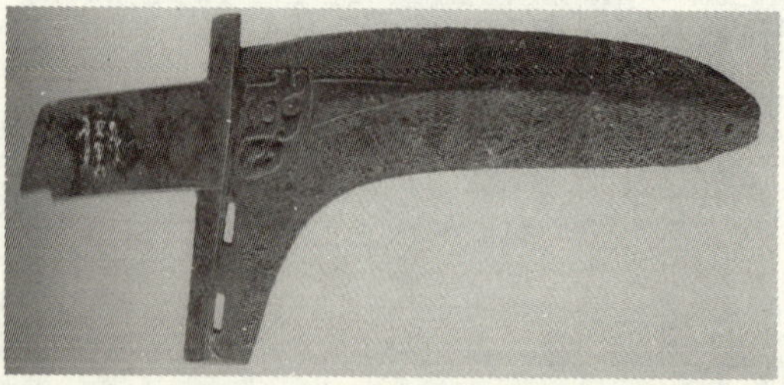

图二一　𣎆戈及其铭文（洛阳北窑西周墓地 M161：5）

𣎆戟“大保”（内一面），“𣎆”（内另一面）（图二二，河南濬县辛村出土，现藏华盛顿弗利尔美术馆）。①

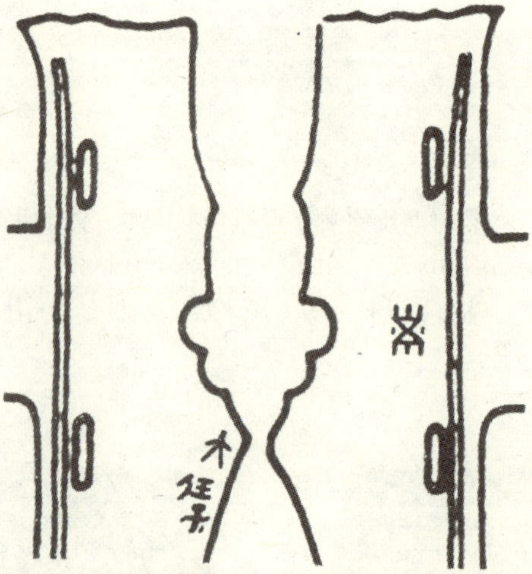

图二二　𣎆戟（河南濬县辛村出土。现藏华盛顿弗利尔美术馆）

无论以上两种可能何种为是，都存在一个问题，即“伯害”与“伯龢”皆为“召伯父辛”作器而均可称“伯”，这点实不好理解。“伯龢”如是召氏，或即召氏宗子，自然可称“伯”。伯害与伯龢二人只能是兄弟，但均可称“伯”，或说明此种情况下所使用的“伯”非为兄弟辈分之称。属大保氏之伯害所以亦可称“伯”，似是因为大保氏已独立，大保氏与召氏就像匽侯一支一样，亦已独立于召氏外了，成为一独立宗族，故作

① 《铭图》16495。

为其族长之裔，亦可称"伯"。这类"伯"称，亦可以认为是独立的家族族长之称，而非亲称。

　　由以上大保方鼎而讨论及召公器群，又进而论及召公家族世系，因而牵涉到西周封建家族与宗法制度的若干重要问题，由于资料限制，所论仍有一些推测之处与不尽明白之处，均有待再做更深入的探考。由以上论述亦可知，西周青铜器与作为"出土文献"之一种的青铜器铭文，对于西周历史研究的重要价值，当然这种价值需要我们对这些器物所附载之信息做深层次的钩沉来体现。

（作者单位：北京大学历史系）

利簋之利、墙盘上的烈祖为商反臣胶鬲说

陈立柱

一 利簋之利研究评议

1976 年，在陕西省临潼县零口公社发现一批西周时期的青铜器，其中一件铜礼器有铭文四行 32 字，记载了甲子日武王伐商之事，十分珍贵，被命名为"利簋"。利簋出土以来受到研究者的普遍关注，尤其是"甲子朝"以后的六个字，发表了大量的研究文章，至今仍未能取得一致的看法。① 我们要讨论的是作器者利何许人也。铭文如下：

> 珷征商，惟甲子朝，岁鼎，克，闻夙有商。辛未，王在阑师，赐右吏利金，用作檀公宝蹲彝。

该器作者名利，学界无异辞，而关于他的身份"右吏"，人们的意见颇为不同。唐兰读为"有事"即"有司"，说"利为檀公之后，……这个利可能就是檀伯达，利是名，伯达是字，为檀公之长子。……檀伯达可能是三卿（司空、司马、司寇）之类的有司，……可能就是与史佚一起迁鼎的南宫伯达"。因为有这样的认识与判断，唐先生有时就直称利为"檀利"了。② 于省吾说"右吏"为官名，乃武王的僚属。唐兰释为檀公的檀

---

① 最近的研究可参见张富祥《利簋铭文新释》，《山东大学学报》2010 年第 2 期；戴文涛：《利簋铭文汇释》，《安徽农业大学学报》（社科版）2008 年第 1 期。

② 唐兰：《西周青铜器铭文分代史征》，中华书局 1986 年版，第 10—11 页。

字，他认为释为"旌"可备一说。① 张政烺释"右吏"为"又事"，读为"有司"，认为他是主管具体事务工作的官吏。② 徐中舒认为利为占星师，其职属于右史，"周之将士，既无功可录，而利独受赏赐，无非因为他对于岁祭的安排，作了具体的建议，因而取得决定性的胜利。利可能就是古代占星家一流人物。"③ 黄盛璋读为"右史"，认为"利的职官是右史，正掌管贞卜祭祀等事，身份相当于甲骨卜辞中的贞人。由于甲子朝誓师，'岁贞：克，昏夙有商'是由他主持贞卜的，后来应验了，所以武王赐他金"。④ 读为"右史"为多数学人的意见。刘钊在新近的研究中也提出利的职官为"右史"，"显然其职掌正是负责天文历法。可以推想，在武王伐纣的过程中，'利'在天文占测上为武王出谋划策，贡献很大。武王能够不顾'兵忌'，反天道而行，很可能正是出于'利'的谋划。因此武王赐其以'金'，'利'才用此'金'制造了利簋。"⑤

　　以上诸说比较具有代表性。其他还有一些意见，⑥ 不具引。"右吏"读为有事、右史都有根据。卜辞中事、吏为一字，史又为事的初文，在商代王或上帝都有使者、办事人员，所以"史和臣在商人的心目中大体相当"⑦，"事、史、吏、使等字应为同源之字"。⑧ 上古官吏的职责分工肯定不如后世具体明细，大略有别而已。从此考虑，笔者以为读为"右使"、"右史"皆可，意思也相近。而说右使为周王的史官巫卜祝史，或者三公之类，没有任何证据。古代"凡公行，告于宗庙；反行，饮至，舍爵、策勋焉，礼也。"⑨ 诸侯或王有大事出行，回来告庙后会饮、书记功勋于策简。《孔丛子·问军礼》亦云："有功，于祖庙舍爵策勋焉，谓之饮至。"新发布的清华简《耆夜》开头就说："武王八年，征伐耆，大

　　① 于省吾：《利簋铭文考释》，《文物》1977 年第 8 期。

　　② 张政烺：《利簋释文》，《考古》1978 年第 1 期。

　　③ 徐中舒：《西周利簋铭文笺释》，《四川大学学报》1980 年第 2 期。

　　④ 黄盛璋：《利簋的作者身份、地理与历史问题》，载氏著《历史地理与考古论丛》，齐鲁书社 1982 年版。

　　⑤ 刘钊：《利簋铭文新解》，载《古文字研究》第 26 辑，中华书局 2006 年版。

　　⑥ 据朋友见告，还有学者提出利为史佚者，唯是没有看到讨论的文章。

　　⑦ 赵诚：《甲骨文简明词典》，中华书局 1988 年版，第 60 页。

　　⑧ 徐中舒：《甲骨文字典》，四川辞书出版社 2003 年版，第 316—317 页。

　　⑨ 《左传·桓公二年》，载杨伯峻《春秋左传注》（修订本），中华书局 1990 年版，第 91 页。

（戡）之，还，乃饮至于文大室"①，证明这一点。利簋辛未日为甲子后第七天，武王的军队还在各地征伐殷商的残余势力与附属国族，在此单独赏赐一个王身边的史官，没有道理可说，不符合"反行，饮至，舍爵、策勋焉"之礼。要说功劳大，只怕吕尚之类要更大，《诗经》中一些篇章对他特为歌颂。② 司马迁的总结也说："天下更始，师尚父谋居多"，武王"于是封功臣谋士，而师尚父为首封。"③ 还有，《荀子·儒效》载："纣卒易乡，遂乘殷人而诛纣。盖杀者非周人，因殷人也，故无首虏之获，无蹈难之赏。"杨倞注云："非周人杀之，因殷倒戈之势自杀之。周人无立功受赏者。"④ 这是就牧野之战本身而言的，周武王甲子日清晨与纣开战，一接战殷人便倒戈奔逃，战斗很快结束，⑤ 利簋"克闻夙有商"，即一早晚便战胜商纣也证明这一点。⑥ 所谓"因殷人也"，周人无获也无赏。所以如果说是因为牧野之战而奖励武王的部属，可能性不大，至少没有证据可言。学者们推测曰右史利为天文星官之类，以占卜吉利或反天道而行得武王赏赐。此一推测与文献记载大相矛盾。如天象不吉，占卜不利，散宜生、周公旦等提出不宜出兵，半路还有人提出退兵，是师尚父一再坚持出征。试引几段古文献记载。《盐铁论·卜筮》载：

> 武王伐纣，卜筮之，逆，占曰："大凶。"太公推蓍蹈龟而曰："枯骨死草，何知吉凶？"

《太平御览》卷十"天"部引《六韬》曰：

> 武王问散宜生："卜伐纣吉乎？"曰："不吉。钻龟龟不兆，数蓍交加而折。"将行之日，雨辎车至轸，行之日旗折为三。散宜生曰：

---

① 清华大学出土文献与保护中心编，李学勤主编：《清华大学藏战国竹简》（一），中西书局 2011 年版。

② 如《诗经·大雅·大明》有："牧野洋洋，檀车煌煌，驷騵彭彭。维师尚父，时维鹰扬。凉彼武王，肆伐大商，会朝清明。"

③ 《史记》之《齐太公世家》、《周本纪》，中华书局 1982 年版，第 1480、127 页。

④ 《荀子》，《二十二子》本，上海古籍出版社 1986 年版，第 302 页。

⑤ 详参见陈希红《"前徒倒戈"辨》，《江淮论坛》2010 年第 5 期。

⑥ 对于利簋此铭，还有说是清晨即打败商纣的军队，占领商城的。如此则更快。参见张富祥《利簋铭文新释》，《山东大学学报》2010 年第 2 期。

"此卜四不祥，不可举事。"太公进曰："是非子之所知也，祖行之
日，韬车至轸，是洗濯甲兵也。"

文献如此之类记载还有很多。可以看出，是师尚父吕尚在天象不利的
情况下坚持出征，而我们未曾听闻他任过右史之职。所以此类推测与文献
记载大相径庭，不可取。

武王在戎马倥偬中奖励一个叫利的人，他应该是一个很特别的人，或
者为牧野大胜做过贡献，或者对于维护新占有的商都地区的稳定起到一定
作用之类。从铭文看，利刻铭纪念有夸耀功劳的意思，所谓一早晚便战胜
大商而膺有天命，但又不明言其功劳具体为何，因此不像是随武王而来的
西土之人。从此考虑，笔者以为利最大的可能是胶鬲，他是殷纣王的辅
臣，但暗中交通西周而助其伐商，使其一举成功，即只有胶鬲符合这种情
况。先说胶鬲其人。

二　胶鬲的事迹与作为

文献中关于胶鬲的资料不是很多，过去也没有专门的研究，综合起来
约有以下数端。

1. 胶鬲被举于鱼盐之中。见于《孟子·告子下》：

> 舜发于畎亩之中，傅说举于版筑之间，胶鬲举于鱼盐之中，管夷
> 吾举于士，孙叔敖举于海，百里奚举于市。

焦循已指出"鱼盐则无可证"，又说：

> 赵氏佑《温故录》曰："古者，诸侯岁贡士于天子。文王之举胶
> 鬲，乃进之于纣，与伊尹五就桀而为汤进之桀、不复进用至五者同，
> 故得与微、箕并称纣辅相。而注言文王举之以为臣，背矣。"①

又《孟子·公孙丑》："微子、微仲、王子比干、箕子、胶鬲，皆贤

---

① 焦循：《孟子正义》，中华书局1987年版，第866页。

人也。"《盐铁论·相刺》："纣之时，内有微、箕二子，外有胶鬲、棘子。"

2. 胶鬲为商臣而与周公叔旦歃血为盟，与微子同。《吕氏春秋·诚廉》：

> 武王即位，观周德，则王使叔旦就胶鬲于（次）四内，而与之盟曰："加富三等，就官一列。"为三书同辞，血之以牲，埋一于四内，皆以一归。又使保召公就微子开于共头之下，而与之盟曰："世为长侯，守殷常祀，相奉桑林，宜私孟诸。"为三书同辞，血之以牲，埋一于共头之下，皆以一归。

微子开即微子启，汉时因皇帝刘启讳而改。

3. 殷纣使胶鬲来周索取玉版。《韩非子·喻老》：

> 周有玉版，纣令胶鬲索之。文王不予，费仲来求，因予之，是胶鬲贤费仲无道也，周恶贤者之得志也，故予费仲。[①]

4. 胶鬲接应周武王，约期甲子日交战于牧野。《吕氏春秋·贵始》：

> 武王至鲔水，殷使胶鬲侯周师，武王见之。胶鬲曰："西伯将何之？无欺我也。"武王曰："不子欺，将之殷也。"胶鬲曰："曷至？"武王曰："将以甲子至殷郊，子以是报矣。"胶鬲行，天雨，日夜不休，武王疾行不辍。军师皆谏曰："卒病，请休之。"武王曰："吾已令胶鬲以甲子之期报其主矣。今甲子不至，是令胶鬲不信也。胶鬲不信也，其主必杀之。吾疾行以救胶鬲之死也。"

5. 纣亡，微子、胶鬲即投周称臣。《左传》僖公六年：

> 蔡穆侯将许僖公以见楚子于武城。许男面缚，衔璧，大夫衰绖，士舆榇。楚子问诸逢伯，对曰："昔武王克殷，微子启如是。武王亲

---

① 今本《竹书纪年》纣王四十年有"周作灵台。王使胶鬲求玉于周"。

释其缚，受其璧而祓之。焚其榇，礼而命之，使复其所。"

《史记·宋微子世家》作：

> 周武王伐纣克殷，微子乃持其祭器造于军门，肉袒面缚，左牵
> 羊，右把茅，膝行而前以告。于是武王乃释微子，复其位如故。

又《艺文类聚》卷十二引《帝王世纪》文：

> 武王命召公释箕子之囚，赐贝千朋；命原公释百姓之囚，归琰台
> 之珠玉；命南宫适散鹿台之财，巨桥之粟，以赈贫民；命南宫伯达、
> 史逸迁九鼎于洛邑。命闳夭封比干之墓，命宗祝飨祀于军。微子、胶
> 鬲皆委质为臣。

6. 春秋时人认为，胶鬲是与伊尹亡夏一样的亡殷者。《国语·晋语
一》记载晋国史卜之官史苏的话说：

> 昔夏桀伐有施，有施人以妺喜女焉，妺喜有宠，于是乎与伊尹比
> 而亡夏。殷辛伐有苏，有苏氏以妲己女焉，妲己有宠，于是乎与胶鬲
> 比而亡殷。

韦昭注："胶鬲，殷贤臣也，自殷适周，佐武王以亡殷也。"又注"比"：
"比功也。伊尹欲亡夏，妺喜为之做祸，其功同也。"

由以上，胶鬲本为一贤能之人，不幸沦落为鱼盐小贩，周文王发现而
推举给殷纣王，贵为辅相，周武王继位后派遣周公旦与之歃血为盟，许诺
其高官厚利，所谓"加富三等，就官一列"。所盟何为？文献没有记述。
从周人伐纣，胶鬲亲到鲔水之滨与武王约定日期，谆谆告诫武王不可失期
看，他应该是做内应的。武王日夜急行军，甲子日清晨赶至牧野，先期到
达牧野的周国军队人数非常有限，并且疲惫不堪，伤残累累。然一接战，
纣兵就奔逃败北，周人大胜。何以然哉？前引《荀子》文说是前徒倒戈
造成的，《史记·周本纪》也有类似的记述。其实，这在周武王战前所作
的誓词《牧誓》里已可以看到一些蹊跷："……于商郊，不御克奔，以役

西土。"《史记集解》引郑玄的解释曰："御，强御，谓强暴也。克，杀也。不得暴杀纣师之奔走者，当以为周之役也"①，就是说，如果纣兵逃奔而去，不要杀戮，他们是受有我们周人的旨意。此《牧誓》文为司马迁看到的古本，较可信据。纣兵初战即败逃在周军战前的誓词中显露出来，难道是周武王能未卜先知？当然不是，秘密自然要到胶鬲与周武王的约定中寻找。而胶鬲与纣王的妃子妲己串通，春秋时人认为他是与帮助商汤亡夏的伊尹一样的亡殷者，与妲己朋比为奸，即做周人的间谍，可作为是他早有预谋的证据的补充。纣亡后微子、胶鬲又立即投奔周人委质为臣，想亦非无因，而箕子，武王不以为臣②正可以相互对照。周人依靠阴谋而胜殷，文献有大量记载，讨论的人很多，我们也有详细的讨论。③ 此不赘述。胶鬲明为殷纣之臣而实则为周谋事，正是周人分化瓦解殷王廷，使其为周所用的具体表现。前引古人如韦昭早已指明，只是因为孔子说微子为仁人，《管子》、《孟子》等认为胶鬲为大贤德长之人，④ 儒家之徒便讳言其和周人联手倒纣事，因而其反殷助周的种种作为也就为大家所视而不见了。

三　利是胶鬲的道理

在《微子封建考》一文中，我们曾经指出：商朝末年，纣王暴政不得人心，周族乘机发展起来。微子启等殷贵族为使殷族不被夷灭，祖先得以血食，纷纷投奔西周，暗中助其伐纣，企图得到周王的谅解，以达其"自献于先王"的目的。其所作为有：盟誓拥周，派族人参与伐纣、入周为史为谋，以及暗中使纣兵前徒倒戈，接应武王，促成殷纣王快速灭亡等。⑤ 而微子能与周人合作，胶鬲在其中充当了重要角色，这就是通过胶

---

① 《史记·周本纪》引《牧誓》文。

② 《史记·宋微子世家》："武王乃封箕子于朝鲜而不臣也。"

③ 陈立柱：《周文王"三分天下有其二"说献疑》，载《中华文史论丛》第79辑，上海古籍出版社2005年版。

④ 《管子·宙合》云："故微子不与于纣之难而封于宋，以为殷主，先祖不灭，后世不绝，故曰大贤之德长。"《孟子·公孙丑上》："又有微子、微仲、王子比干、箕子、胶鬲，皆贤人也。"

⑤ 陈立柱：《微子封建考》，《历史研究》2005年第6期。

鬲了解殷纣王内部的情况以反报于周。《吕氏春秋·贵因》载：

> 武王使人侯殷，反报岐周曰："殷其乱矣。"武王曰："其乱焉
> 至?"对曰："谗慝胜良。"武王曰："尚未也。"又复往，反报曰：
> "其乱加矣。"武王曰："焉至?"对曰："贤者出走矣。"武王曰：
> "尚未也。"又往，反报曰："其乱甚矣。"武王曰："焉至?"对曰：
> "百姓不敢诽怨矣。"武王曰："嘻!"遽告太公。太公对曰："谗慝胜
> 良，命曰戮；贤者出走，命曰崩；百姓不敢诽怨，命曰刑胜。其乱至
> 矣，不可以驾（加）矣。"

殷王廷小人当道，贤人出走，百姓怨谤，一片杀戮，其乱不可加也。
周王于是率军征讨，一举成功。可以看出，殷王朝内部君臣动态，西土周
国通过间谍弄得一清二楚。而胶鬲贵为辅相，又可以和妲己串通，则殷王
廷的情况自然是他提供的。只是这一切后世不便于传记，以至于要结合新
出土的当时文字才可以大略明白。

说胶鬲为微子的属下，前引《吕氏春秋·贵始》文记武王曰："吾已
令胶鬲以甲子之期报其主矣"已暴露出来。胶鬲的主人为谁? 过去多解
为殷纣王。可如为纣王许多地方不能说得通。如，周武王何以不顾自己将
士的生死而要急行军去解救商臣胶鬲? 还有武王说"我已令胶鬲……"
的话，如胶鬲之主人为纣王，周武王何以能"令"之? 更为关键的是，
胶鬲若真是为殷纣王服务的，即纣王的使者，何以要说西伯"无欺我"
的话? 种种迹象表明，胶鬲真正的主人不会是纣王，而是与胶鬲一起为西
周服务的人。结合他与妲己串通、与周人盟誓的材料看，胶鬲的主人只能
是微子，因为微子与周人也有相近的盟约，又派族人参与伐商的战斗。胶
鬲的主人为微子的情况，陈奇猷也有讨论，[①] 可参考。

如此，则胶鬲为周人布置在商纣内部的联系人，微子的属下，可以相
信。他也就是利簋上的利。具体理由可分三点来说：一则"利"与"鬲"
古音近甚，鬲在锡部来母，利在质部来母，双声，韵母接近，又都为入声
字，显系一音之异写。先秦时期假字（音）而写的情况甚常见。鬲又读
如隔，《广韵·麦韵》属之，与鼎鬲之鬲古音也甚近，当为一音之分化。

---

① 参见陈奇猷《吕氏春秋新校释》，上海古籍出版社 2002 年版，第 939—940 页。

胶当为他的氏出，或封邑名。① 二则铭文说"岁鼎克昏夙有商"，② 即一朝夕便打败了大商，其中颇有夸耀计谋很成功的意思，这大概也只有胶鬲、微子之功才可以当得，可以说正是他们合谋的结果。三则相约于甲子者，由前引《吕氏春秋》文看正是胶鬲，周人无立功受赏者，受赏而名"利"者只能是商之叛臣胶鬲了。《孟子·公孙丑上》说胶鬲、微仲、微子、箕子等皆贤人，赵岐注："微仲、胶鬲皆良臣也，但不在三仁中耳。"将二人排在"仁臣"之外，想非无因，殷之臣为周之用当然算不得"仁"，曰"良臣"也只能理解为事周乃择善而从之的良臣了。

此说如与微史家族铜器铭文对读，可以进一步说明之。

四　西周微史家族铜器铭文中的烈祖与胶鬲

1976 年在陕西扶风庄白发现微史家族青铜器窖藏，有 103 件之多。据史墙盘铭文记载，其高祖本住在微国，周人克商后其烈祖乃来见武王，武王让周公在周原给他安排了一个住地。铭文相关内容如下：③

> 青幽高祖在微灵处，雩武王既戗殷，微史烈祖乃来见武王，武王则令周公舍宇于周，卑（俾）处。惠乙祖述匹厥辟，远猷腹心，粦明亚祖祖辛，甄毓（育）子孙，繁被多釐，齐角炽光，义宜其禋祀。害犀（胡遟）文考乙公，竞爽贲屯无谏，农稫越历，唯辟孝友。史墙夙夜不坠，其日蔑历，墙弗敢沮，对扬天子丕显休命，用作宝尊彝。剌（烈）祖文考弋（式）𧾷授墙尔𪕸福，襄（怀）福泉（禄）、黄耉弥生，堪事厥辟。其万年永宝用。

结合其他微史家族器铭看，其家族六代的情况是：

> 高祖—烈祖—乙祖（乙公）—旂—丰—墙

① 郑樵：《通志·氏族略》，中华书局 1987 年版，第 476 页。
② 本句的隶写、断句与理解，学者间差异甚大，发表的文章也最多，详参见黄怀信《利簋铭文再认识》，《历史研究》1998 年第 6 期；张永山《利簋"岁鼎克闻"补证》，《清华大学学报》2001 年第 4 期；戴文涛《利簋铭文汇释》，《安徽农业大学学报》2008 年第 1 期。
③ 史墙盘铭文释文，学者间差异较大，此为我们综合多数学者的意见而厘定。

　　铭文说史墙的高祖在微国安静地居住着。武王克商后，微子派史墙的烈祖来见武王，王叫周公安排他在岐周的一个僻静的地方居住，以后这一家成为周的史官，努力作为，子孙繁衍，孝友惟恭。墙认为自己很努力，最后祈请烈祖文考赐福万年。可见烈祖的重要。其所任具体职任，裘锡圭考察烈祖为"辅助史官之长掌管'威仪'"者，[1] 大概相当于太史之下掌管礼仪的史官。结合利簋与胶鬲的事迹看，墙的这个"烈祖"应该就是胶鬲了：

　　一者武王克商后墙的烈祖去见武王，与利簋记载利的情况彼此相一致。

　　二者利为右史，而墙的烈祖也是史官之长或太史寮的属官，两者的身份比较一致。胶鬲为贤才，作为外姓投降过来的人，做史官也较合适。

　　三者胶鬲与微子一起投降周人，彼此为主从关系，而墙盘铭文说墙的高祖在微国居住得很好，后来微子命其烈祖来见武王，此烈祖与微子的关系也是主从关系，彼此的情况正相同。

　　四者武王叫周公安排墙之烈祖的居处，应该是考虑到周公当年曾与他歃血为盟，彼此较熟悉的缘故，熟悉了办起事来就方便得多。

　　基于以上，说微史家族铜器铭文上的烈祖为胶鬲，可能性非常之大。而高祖则是他的父辈，或祖上的统称，居住在微子国内，自是得到很好的保护。

　　微史家族为商之旧族，多数学者的意见倾向于这一点，其家族器物的器形、花纹、铭文显示的称谓特点等各方面都可说明之。而微为微子之国，商周间只有这一个。微史铜器之微为微子，最先提出者可能是徐中舒，以后尹盛平、李学勤、赵诚、朱凤瀚等很多学者都赞同此说。[2] 个别学者认为微为跟从武王伐纣的八国之一的微，属西部的少数民族。可是微史家族的铜器风格，商文化的因素非常明显。所以说此微是纣之庶兄微子之微，综合言之较可信据。

---

　　① 裘锡圭：《史墙盘铭文解释》，《文物》1978 年第 3 期。

　　② 参见尹盛平主编《西周微史家族青铜器研究》（文物出版社 1992 年版）所收诸论著的相关讨论，其中包括唐兰、于省吾、徐中舒、黄盛璋、李学勤、裘锡圭、于豪亮、戴家祥、洪家义、刘启益、伍士谦等人的文章；又朱凤瀚《商周家族形态研究》，天津古籍出版社 2004 年版，第 283—285、365—367 页。

五　结语

以上通过利簋、史墙盘铭与传世文献的对读研究，我们弄明白了周武王在大雪纷飞、兵疲势弱的情况下仍要坚持赶到商郊牧野，与严阵以待、"其会如林"① 的殷商之旅一决雌雄，并且一下子就打败商纣军队致其自杀身亡的过程。原来是微子与胶鬲暗中交通西周，又在商纣的军队中做内应工作，导致战争一开始纣兵前徒倒戈，结果一败涂地。胶鬲原本为一贤才，不幸沦为鱼盐小贩，被周文王推荐给商纣王，贵为辅相，周公旦与之歃血为盟，许诺"加富三等，就官一列"，使其甘心为周王廷剪商出力。事成后他受到了周武王的褒奖，并且成为周之史官而用事于王廷。过去普遍认为小邦周之所以能战胜大邦商，周文王时已"三分天下有其二"②，奠定了灭商的基础。经过近些年来的研究知道，周人胜殷"阴谋"之功大也，周文王阴谋而致众多的商王臣属投奔西周，周武王进一步通过微子、胶鬲的帮助而战胜殷纣。如此，则商周转移之一大因缘，或待胶鬲事迹显明而大白也。

（作者单位：安徽省社会科学院历史研究所）

---

① 《诗经·大雅·大明》。
② 语出《论语·太伯》。

"旃"地考

郑杰祥

周初《利簋》铭文云:"武王征商,隹(惟)甲子朝,岁鼎,克昏,夙有商。辛未,王才(在)阑师,易(赐)又(有)事(司)利金,用作壇(檀)公宝尊彝。"全文意谓:武王征伐商王朝,是在甲子日的早晨开始大举进攻的。此时岁星当空,当天就推翻了商王朝并攻占了商邑。第八日辛未,武王率军到达阑地,赏赐有司"利"铜料,"利"用此做了这件纪念祖先檀公的珍贵利器。

"阑"地所在,诸家说解不同,当以于省吾先生所说为是,"阑"地即"管"地,在今郑州市境。① 此簋的作器者"利",自称为壇公之子孙,唐兰先生以为"壇","就是《说文》'旃'字的或体'壇'字,此处应读为'檀'。"并说"利""为檀公作铜器,应是檀公后人。《左传》成公十一年说:'昔周克商,使诸侯抚封,苏忿生以温为司寇,与檀伯达封于河。'那么这个'利'可能就是檀伯达。'利'和'达'名与字可以相应。有司一般指司徒、司马、司空等官,跟苏忿生为司寇的身份也正相称"。② 此说可从。檀伯达文献又称南宫伯达,《逸周书·克殷解》:"乃命南宫忽振鹿台之财、巨桥之粟。乃命南宫百(伯)达、史佚迁九鼎三巫。"同书《和寤解》又云:"王乃厉翼于尹氏八士。"孔晁注:八士"武王贤臣也。"《论语·微子》:"周有八士:伯达、伯适,……"陈逢衡《〈逸周书〉补注》:按"伯达亦是尹氏八士之一,与括、忽俱赐氏南宫,故曰南宫伯达。"又云:"按檀伯达既与司寇苏公(忿生)同时,则

---

① 于省吾:《利簋铭文考释》,《文物》1977 年第 8 期。
② 唐兰:《西周时代最早的一件铜器〈利簋〉铭文解释》,《文物》1977 年第 8 期。

即此南宫伯达矣。盖檀是封邑，故又曰檀伯达。"唐兰先生也说："檀是封国之名，而南宫为氏族名。"

檀伯达与苏忿生俱"封于河"，其封地当在黄河沿岸，"苏忿生以温为司寇"，杜预注：温，"今河南温县"。即今河南省温县境，位于黄河北岸。檀地所在不详，或在与温县相对的黄河南岸一带，按今荥阳市境古有旃然水，《水经·济水注》："济水又东，索水注之，水出京县西南嵩渚山，与东关水合，同源分流，即古旃然水也。"此水以北还有檀山岗，《济水注》又云：器难之水"又北径京县故城西，入于旃然之水，……城北有坛山岗。"熊会贞疏引"《一统志》：檀山岗在荥阳县东十里，山多檀木，绵亘三十余里，《水经注》之坛山岗即此"。《说文·於部》：旃，"从於，丹声。……旜，或从亶"。丹与亶双声叠韵，檀以亶得声，故檀山岗也或以位于旃然水沿岸而得名。这里在春秋时期属于郑国，檀氏族人仍有任职于郑者，《左传·桓公十五年》："郑伯因栎人杀檀伯。"杜预注："檀伯，郑守栎大夫。"此檀伯或即周初檀伯达的后人。若此释不误，则《利簋》所记西周武王赏赐檀利所封的檀地，当在今荥阳市以东古旃然水和檀山岗一带。近年来，考古工作者在古檀地及其周围，即今荥阳市豫龙镇黑寨村、郝寨村、关帝庙村、蒋寨村和郑州市须水镇庙沟村一带，[1] 都发现有西周文化遗址，可能就是生活于此地的檀族留下来的遗物遗迹。

值得注意的是西周武王还在旃地即檀地举行了接受殷人箕子的投降仪式活动，陕西岐山县凤雏村出土的甲骨卜辞云："惟衣（殷）鸡（箕）子来降，其执遟乎吏，在旃尔卜曰：南宫辝其乍。"（H31：2）陈全方等先生释云："'衣'读'殷商'之'殷'；'鸡'疑假'箕'"，"然则'鸡子'即商纣诸父，名胥余，文献称'箕子'其人也。""'辝'从'台'得声，于此读'治'"，[2] 在此可引申为"管束"、"限制"之义。"乍"即"作"字，卜辞"乍"、"作"同字。《尔雅·释言》："作，为也。"郝懿行疏："为者，行也、成也、施也、治也、用也。"此辞全文大意当谓：殷人箕子率随行人员前来向西周武王举行投降仪式，武王囚禁其随行人员；并在旃地（即南宫受封的檀地）命尔占卜曰：使南宫加以看管。这

---

① 张松林：《聚落考古的实践与思考》，载《中国聚落考古的理论与实践——纪念新砦遗址发掘 30 周年学术研讨会论文集》第 1 辑，科学出版社 2010 年版。

② 陈全方等：《西周甲文注》，学林出版社 2003 年版，第 33 页。

位南宫可能就是南宫伯达，也就是《利簋》所记的檀利。这条卜辞说明：檀利所以受武王封赏，看管好箕子随行人员也是一个重要原因。箕子降周，是周初一个重大的政治事件，文献对此多记载，由西周卜辞可知，箕子降周是在旃地即今荥阳市以东古旃水一带向武王举行投降仪式开其端，因而旃地应是一处具有重要历史意义的地点。

（作者单位：河南省社会科学院）

宜侯夨簋与吴的关系研究的
历史回顾与再认识

张广志

　　1954 年 6 月某天，江苏省丹徒县龙泉乡下聂村（今属镇江市新区）农民于耕作中无意发现此器。此器虽非科学发掘所得，且经毁坏，但经拼合修复，原 120 余字的铭文仍存留 110 余字，内容基本完整、可观。此器是迄今发现具体记载周初分封情况的唯一重器，堪称国宝。兹参酌诸家说，将铭文释读如下：

　　惟四月辰在丁未，王省珷王、成王伐商图，遂省东或（国）图。王卜于宜□土南乡。王令虞侯夨曰：□侯于宜。锡🈐鬯一卣，商瓒一□，彤弓一彤矢百，旅弓十，旅矢千。锡土：厥川三百□，厥□百又□，厥宅邑卅又五，〔厥〕□百又卌。锡在宜王人□又七生（姓）。锡奠七伯，厥□□又五十夫。锡宜庶人六百又□六夫。宜侯夨扬王休，作虞公父丁瓒彝。（大意为：四月丁未这天，王察看了武王、成王伐商图，又察看了东方各国图，终于选定了宜这个地方，于是命虞侯夨说："就把你封在宜这个地方了！"王赐给夨香酒一坛，商瓒一枚，红弓一件，红箭百支，黑弓十件，黑箭千支。又赐疆土，计河流三百条……邑落三十五处……百四十。还赐给民众，计王人……七姓，管理官吏七个，……又五十名，庶人六百余人。宜侯夨为了宣扬王的美德，并纪念自己的父亲，便铸造了这件宝器。）

　　短短百多个字，所涉问题颇多。以下，姑抛开其他诸多争议问题不谈，仅围绕宜侯夨簋与吴国的关系一事谈点不成熟的看法。

一　年代

《文物参考资料》1955 年第 5 期于刊布江苏省文物管理委员会整理的《江苏丹徒县烟墩山出土的古代青铜器》一文的同时，还刊登了陈梦家、陈邦福撰写的考释研究文章。

陈梦家认为，其"形制和文饰，都是西周初期的。若根据簋铭，可以定为成王时，最晚是康王时"。① 在稍后的另一篇文章中，陈氏更明谓："作器者宜侯夨因成王之赏赐而作其父虘公父丁的祭器。"②

陈邦福认为，铭文中的"王令"，"指的是周成王册书命令。"③

岑仲勉未断此器为何王时物，仅谓"这个金铭是西周初期一篇极重要的文字"。④

郭沫若亦据"《夨令簋》与《夨令彝》，为周成王时器"，而"此宜侯夨或虞侯夨与彼二器之作册夨令，当系一人"，断此器为成王时物。⑤

唐兰认为，此铭中的"王既然可以省斌王成王的伐商图，显然已在成王以后"。"这个宜侯夨簋应在康王时期"，"是康王时期的铜器。"⑥

谭戒甫亦断此器为"康王时"物。⑦

陈直则认为此器"作于西周成王时期"。⑧

以上是 20 世纪 50 年代此器甫一问世的考释研究盛况，挥笔上阵的陈、陈、岑、郭、唐、谭、陈诸位，无一不是享誉学界的饱学之士，他们以此器为周初成王或康王时物，特别是唐兰的康王时物的论断，亦基本上

---

① 《宜侯夨簋和它的意义》，《文物参考资料》1955 年第 5 期。

② 《西周铜器断代》、《宜侯夨》，《考古学报》总第 9 期，1955 年。

③ 《夨簋考释》，《文物参考资料》1955 年第 5 期。

④ 《西周社会制度问题》附录一《〈宜侯夨簋〉铭试释》，上海人民出版社 1957 年版，第 150 页。

⑤ 《夨簋铭考释》，《考古学报》1956 年第 1 期。

⑥ 《宜侯夨簋考释》，《考古学报》1956 年第 2 期。

⑦ 《周初夨器铭文综合研究》丙《祖侯夨簋铭考释》，《武汉大学人文科学学报》1956 年第 1 期。

⑧ 《考古论丛》三《江苏镇江新出夨簋释文并说明》，《西北大学学报》（人文科学）1957 年第 1 期。

为后继的研究者们所接受，如刘启益的"宜侯矢簋的时代为康王"①，黄盛璋的"宜侯矢簋记康王改封虞侯矢于宜"②，李学勤的"矢"为"康王"时人③，沈长云的"周初康王曾亲自巡行至于江南俎地"④，王晖的"俎侯矢簋，为我们提供了周康王时代吴国所封之地的宝贵材料"⑤，彭裕商的"本器年代，唐兰先生已指出，应为康王时器。……我们同意唐兰先生的看法"⑥ 等，皆此，不再一一列举。当然，亦有不同看法，如何幼琦即认为"虞侯改封为宜侯"，当发生在周公东征胜利、洛邑也已建成之后，且是"周公亲自到宜册封"的，"宜的地望距洛邑不远"，宜侯矢簋根本不是什么吴器，其作为"传给子孙的册封纪念品，流入江南的时期，一定在昭，穆以后。"⑦

笔者认为，上引诸家说虽皆有一定依据，然准诸器形、纹饰以及铭文所揭时王与武王、成王之关系诸点，仍以唐兰的康王说为胜。

二 宜之地望

铭言"王令虞侯矢曰：囗侯于宜。"即王令矢由原封地虞徙封于宜。"宜"及与之相关的"虞"地在何方呢？这是一个至今争论不休的焦点问题。

铭中之"囗"，诸家释"宜"、释"俎"、释"胙"、释"柤"不一。

陈邦福释此字为"俎"，谓俎"可能是在洛邑边鄙几百里之间的一个地名"。⑧

陈梦家释此字为"宜"，说"宜地是否即器物的出土地尚不能确定"，

---

① 《西周矢国铜器的新发现与有关的历史地理问题》，《考古与文物》1982 年第 2 期。
② 《铜器铭文宜、虞、矢的地望及其与吴国的关系》，《考古学报》1983 年第 3 期。
③ 《宜侯矢簋与吴国》，《文物》1985 年第 7 期；《宜侯矢簋的人与地》，载《走出疑古时代》（修订本），辽宁大学出版社 1997 年版，第 261 页。
④ 《〈俎侯夨簋〉铭文与相关历史问题的重新考察》，《人文杂志》1993 年第 4 期。
⑤ 《西周春秋吴都迁徙考》，《历史研究》2000 年第 5 期。
⑥ 《西周青铜器年代综合研究》，巴蜀书社 2003 年版，第 246—247 页。
⑦ 《〈宜侯矢簋〉的年代问题》，载《西周年代学论丛》，湖北人民出版社 1989 年版，第 116、115、117 页。
⑧ 《矢簋考释》，《文物参考资料》1955 年第 5 期。

若"铭文中的宜是当地的话，则西周初期周人的势力范围已达及东南"。①

　　岑仲勉谓此字当"读如'胙'"，"胙"，"周公之胤也"，地在"今延津县北三十五里"。"依当日周人监视商族的政策及形势来看，似不能而且也无需伸展到长江南岸。"②

　　郭沫若谓"🄰是古宜字，其地望或即在今丹徒附近"。③

　　唐兰先释此字为"宜"，后又改释"俎"，先谓其地"可能就在丹徒或其附近地区"，后则十分肯定地说："此器发现在丹徒，则俎地即在此，在长江以南。"④

　　谭戒甫释此字为"柤"，谓"柤"地当去微山湖不远，"在今邳县和沭阳县的中间。"⑤

　　陈直释此字为俎，谓"此簋现时出于镇江，推原其故，……作器之夨，在成王灭武庚之后，……再从伐淮夷，事定之后，即家于江淮，亦未可知"。⑥

　　刘启益认为，"太伯建立的吴国"，"不在江苏"，而在"岐山以西"；"太伯死后无子，由其弟仲雍继任，仲雍三传到虞仲，武王灭纣以后，虞仲被封到晋南去做虞国的君长去了"；"虞侯夨在康王时被封于宜，他的子孙就在这一带定居下来。宜在今天的丹徒。"⑦

　　黄盛璋认为，"西周早期有徐与淮夷横亘于黄河与长江之间，长江下游丹徒一带非西周势力所能达到，以此地分割虞侯是无法想象的。""宜绝不能在丹徒一带，而应在王畿之内。""此宜当即后来之宜阳。"宜侯夨簋"出土于丹徒烟墩山墓葬，系后人带去"。⑧

---

　　①　《宜侯夨簋和它的意义》，《文物参考资料》1955 年第 5 期。
　　②　《西周社会制度问题》附录一《〈🄰侯夨簋〉铭试释》、附录三《再论🄰侯封地》，上海人民出版社 1957 年版，第 154、173 页。
　　③　《夨簋铭考释》，《考古学报》1956 年第 1 期。
　　④　《宜侯夨簋考释》，《考古学报》1956 年第 2 期；《西周青铜器铭文分代史征》，中华书局 1986 年版，第 154 页。
　　⑤　《周初夨器铭文综合研究》丙《柤侯夨簋铭考释》，《武汉大学人文科学学报》1956 年第 1 期。
　　⑥　《考古论丛》三《江苏镇江新出夨簋释文并说明》，《西北大学学报》（人文科学）1957 年第 1 期。
　　⑦　《西周夨国铜器的新发现与有关的历史地理问题》，《考古与文物》1982 年第 2 期。
　　⑧　《铜器铭文宜、虞、夨的地望及其与吴国的关系》，《考古学报》1983 年第 3 期。

李学勤认为，丹徒烟墩山、母子墩一带是吴国墓地，"宜的位置距此不会太远。""宜这个都邑在哪里，目前固然难于肯定，但所封国土应当包括苏南地区。"①

董楚平谓："仲雍始封为北虞国君，故称虞仲。本铭之虞公、虞侯矢父子，原为北虞君臣。周王封虞侯矢到南方为宜国君主，于是铭文结尾自称宜侯矢。为了纪念这次册封庆典，特此在北虞铸造此器，后来带到南方。因此，此簋无论铜质、形制、纹饰，皆属中原铜器。"②

沈长云名此器为"俎侯夨簋"，认为"俎侯夨就封的俎地就在器物出土的附近"，就在"丹徒"。"丹徒古称朱方，……朱方可单称朱，实际上丹徒二字的急音就是朱。而朱、俎二字古代的发音是很相近的。俎之古音属庄纽鱼部，朱则在章纽侯部。侯鱼二部音近。庄纽虽属齿音，与章纽属舌音似有别，但上古发齿音的字多读舌音，其中的庄纽字即有此种情形。……故俎地实即丹徒的古称。"③

谢元震认为，"丹徒烟墩山隔江为仪征县"，"'宜'地中心位置即在仪征"，"以古文字而论，仪宜同声通假。"④

王晖释此字为"俎"，此"俎"地即《春秋》中沭水与沂水之间的租地，"即今离山东地界不远的江苏邳县北略偏西之'加口'或作'泇口'。""从西周康王时到西周晚期吴国一直以俎为其国都。""春秋初期，吴取邗（干）国而建都于邗，此即今扬州一带。邗为吴都一直到吴王诸樊时代。"后诸樊为避楚国锋芒，才不得不把都城迁到江南去。对于此器之在丹徒出土，王晖的看法是："器物出土地不一定与其居地有必然的所属关系。"⑤

综上，宜之地望，已有丹徒说、仪征说、邳县说、邳县与沭阳之间说、洛邑边鄙说、延津说、宜阳说种种。就目前材料言，诸说虽皆有一定立论依据，但大都有欠坚实，几十年过去了，诸说仍只能是各守自家营垒，破他说乏术，兀自各说各的。这种情况，近期恐亦无法改变。

---

① 《宜侯矢簋与吴国》，《文物》1985 年第 7 期；《宜侯矢簋的人与地》，载《走出疑古时代》（修订本），辽宁大学出版社 1997 年版，第 262 页。

② 《吴越徐舒金文集释》，浙江古籍出版社 1992 年版，第 21 页。

③ 《〈俎侯夨簋〉铭文与相关历史问题的重新考察》，《人文杂志》1993 年第 4 期。

④ 《〈宜簋〉考辨》，《东南文化》1993 年第 4 期。

⑤ 《西周春秋吴都迁徙考》，《历史研究》2000 年第 5 期。

三　关于夨其人

关于作器者夨这个人，同样是个聚讼纷纭的棘手问题。

1929 年洛阳邙山出土一组令器。郭沫若断为成王时器，谓铭中"伯丁父即丁公，夨令之父也"。及《宜侯夨簋》出，郭遂谓："往年曾出《夨令簋》与《夨令彝》，为周成王时器。彼夨令在《夨令彝》中亦单称夨，其父亦为父丁。然则此宜侯夨或虞侯夨与彼二器之作册夨令，当系一人。"①

陈梦家谓："夨令最初在成周为作册之官，在周公子明保（明公）之下。其后他与明公同成王东征，至于鲁、炎，最后他与成王到了宜，封为侯。""作器者夨亦见于洛阳出土的《令方彝》、《令尊》和《令簋》。此诸器并同出的《作册大鼎》在铭末都有'鸟形册'的族铭，乃是一家之器。此簋之父为父丁，与《令方彝》、《令尊》相同，而据《令簋》夨令曾从王东征至于炎。然则此簋的宜侯和《令方彝》、《令簋》的作册夨令应是一人。"②

岑仲勉谓："据郭氏及梦家氏说，丁公之子为'作册夨令'，夨令之子为'作册大'，所有《令彝》、《令簋》、《作册大鼎》和这新发现的簋都是他父子作的。按胙国的考证若不错，则依前引僖公九年《左传》，并计其年代，丁公应是周公旦的儿子；据《令彝》，令曾佐周公子明保（郭氏说即伯禽）办事，说明他是明保的侄儿，也很合事理。可是有人却认夨令为殷遗民，就不能不展开讨论。"③

唐兰认为，"虞公父丁可能是《史记》的叔达，是周章和虞仲的父亲"，"虞侯夨应该就是周章。""周章在武成之间封为虞侯，隔三十多年到康王时封为宜侯。"④

---

①　《两周金文辞大系图录考释》下册，上海书店出版社 1999 年版，第 4 页；《夨簋铭考释》，《考古学报》1956 年第 1 期。

②　《宜侯夨簋和它的意义》，《文物参考资料》1955 年第 5 期；《西周铜器断代》、《宜侯夨簋》，《考古学报》总第 9 期，1955 年。

③　《西周社会制度问题》附录一《〈夨侯夨簋〉铭试释》，上海人民出版社 1957 年版，第 155 页。

④　《宜侯夨簋考释》，《考古学报》1956 年第 2 期。

谭戒甫亦认为《榴侯矢簋》与1929年洛阳邙山所出令器"确是矢氏一家之器",谓"矢令是齐国丁公级之子,周公摄政时,他任作册职务。""当成王即政时期,他隶属于明保部下,还是作册原职。"后来,"他不知何时做到了虞侯","现在他又由虞侯升为匽侯了。""他的父丁公在摄政四年封齐侯,此又称虞公,大约虞是一个采邑。"①

陈直认为,矢簋及诸令器"皆为矢为祭父丁而铸造"。"矢之父名丁,虞公是其封爵,矢本人官作册,初袭封虞公,后改封匽侯,令为矢之字,矢之子名大,亦官作册,矢三代的名位,大略如此。"②

李学勤初谓"周章是吴国事实上的始封之君,簋铭'虞(吴)公'很可能是他,而矢是辈分相当康王的熊遂";后又修正曰:"虞公、父丁","应该是两代"。周章"是吴国始封之君,当即铭中的虞(吴)公,父丁是他的儿子熊遂,作器者就该是熊遂之子柯相"。③

尹盛平认为,在今宝鸡渭水两岸到凤县一带,曾经存在过一个外族方国——弜国,其国名从弓从鱼,应当是弜氏。弜氏是巴族的一支,原居于江汉之间的荆山地区,商代晚期迁到宝鸡的渭水两岸。因为弜氏原来是荆山地区的巴族,所以被称为"荆蛮"。太伯奔荆蛮,就是向西逃到弜国。《汉书·地理志》说:"吴山在西。古文以为汧山,《国语》所谓虞也。"吴山又名岳山,位于汧河以西,在今宝鸡以北35公里,地近陇县。而据考古发现证实,今陇县、千阳县的汧水两岸到宝鸡一带正是矢国所在地。正因为太伯、仲雍奔到此地,所以后世才有吴山之名。吴山地处矢地,所以"虞"字从矢,而虞字读音则来自于弜。康王把虞侯矢改封到宜,于是就改称为"宜侯矢"。一直到寿梦时吴才改用祖先的族号,称"工敔"、"攻敔",等等。④

彭裕商则从另一角度对已在学界产生广泛影响的郭沫若、陈梦家、唐

<hr />

① 《周初矢器铭文综合研究》丙《榴侯矢簋铭考释》,《武汉大学人文科学学报》1956年第1期。

② 《考古论丛》三《江苏镇江新出矢簋释文并说明》,《西北大学学报》(人文科学)1957年第1期。

③ 《宜侯矢簋与吴国》,《文物》1985年第7期;《宜侯矢簋的人与地》,载《走出疑古时代》(修订本),辽宁大学出版社1997年版,第261页。

④ 《关于太伯、仲雍奔"荆蛮"问题》,载《吴文化研究论文集》,中山大学出版社1988年版;《西周史征》第一章第三节《西周的弜国与吴太伯、仲雍奔"荆蛮"》,陕西师范大学出版社2004年版,第38—71页。

兰、李学勤诸氏的观点提出不同看法。他说："关于宜侯夨，有学者认为与令方尊、方彝的夨令是一人，我们不同意这种看法。姑且不说夨令作为周王朝的作册之官是否有可能封为东南海滨之地的诸侯，就以古代世官而论，其说也难以成立。因为由本铭可知，夨在封宜之前本为虞侯，不是作册之官。其次，作册夨令和其父辈大所作之器都有相同的族氏铭文'鸟形册'，表示作册为其世官，而宜侯夨簋却没有这样的铭文，所以，我们认为将二者视为一人，还缺乏充分的依据。又有学者认为宜侯原为虞侯，虞为姬姓，宜与吴古音又极近，故宜应即吴之始封地。我们认为这也不可靠，因为本铭有'父丁'称谓，……以天干称其父祖是商人的特点，周人没有这样的传统，则宜侯夨不应为周族人，而应是商代遗族。""本器出于丹徒，所以有学者认为是吴国最早的铸品，将其与吴文化联系起来。但也有学者认为本器为中原所铸，系输入品。我们同意后者的看法。"①

这样，在夨这个人究系何方人士这个问题上，学者们又为我们开列了诸如周公子明保部下，周公孙、明保侄儿，齐丁公伋之子，仲雍后周章、熊遂、柯相，乃至商之遗族等种种说法。这些说法，一如前引诸家对宜地的论定一样，虽都有一定因由、依据，但总的说来，似皆嫌证据不足，揣测居多。

这种情况，促使部分学者不得不抛开太史公以来的传统成说另辟解决问题的蹊径。

早在20世纪60年代，张亚初即提出："根据文献、考古材料和民族学材料综合研究的结果，认为春秋时期南方的吴国的始祖，并不是太伯、仲雍。太伯、仲雍奔吴说是吴国托始于中原的结果，是攀龙附凤的结果。"且谓："我们对文献记载决不能'照单全收'，象太伯、仲雍奔吴的近于神话的记载，我们应该象铁面无私的法官一样逐页检查，以便做到'物归原主，各得其所'，这是使历史成为科学的必不可少的一步。"②

刘建国认为，"出有宜侯夨簋的大墓，以至于江南地区其他青铜器大墓，根据他们的葬制以及遗物的特征，其墓主人皆应属土著首领或方国君主，而实与宗周封国的周人贵族无缘。""我们认为，丹徒一带在西周时期并不属宗周所封的宜国、吴国。""丹徒，古称朱方"，"所谓朱方，应

① 《西周青铜器年代综合研究》，巴蜀书社2003年版，第249、248页。
② 《吴史新证》，《江海学刊》1963年第8期。

就是位于丹徒及其附近的一个商代方国的名字。""朱方国民，无疑是以湖熟文化的创作者为其主体。""西周时期，朱方国应是继续存在。……《后汉书·东夷传》曾记载，'徐夷僭号，乃率九夷，以伐宗周，西至河。'……如果说朱方国的军队也曾参加过徐国率领的远征宗周的战争，并与地处中原的宜国发生过接触或遭遇，并俘获了宜侯矢簋等宜国重器，然后又被随葬于朱方国君的墓葬之中，这样的设想大概不是完全没有可能的。"后来，吴自寿梦起国势渐强，才西向兼并了朱方。①

周国荣也认为，"太伯仲雍奔东吴于历史实际是不可能的"，"吴国统治集团非周人而是土著族（夷）。"②

看来，事情的真相较之一些学者揭示给人们的，距离尚远，情况颇为复杂。

情况之复杂以及这种复杂给学者所带来的困惑和窘迫甚至在某些权威性的著作中都得到了反映，如由郭沫若主编的《中国史稿》即有谓："周朝在东南方最远的同姓诸侯国是吴国（今江苏无锡东南）。传说吴国是季历之兄太伯、仲雍率领一部分周人跑到那里，和当地居民相结合而建立的。""吴国是周朝追封的，同周朝的来往不多。附近还有一个宜国，是成王把西部的虞侯改封到那里的。江苏丹徒出土的一批周初青铜器中有一件矢簋，在铭文中详细地记载了虞侯矢改封为宜侯的事迹。"③

吴与宜，到底是一回事，还是两回事，二者关系如何，以及与吴并立于江南的这个宜以后又到哪里去了，等等，既说不清也道不明，只好权作两个并列的国家含混处理了。这也难怪作者，材料所苦嘛。

以上笔者对半个世纪以来学者对宜侯矢簋与吴的关系的研究情况做了一番简要的回顾，至于笔者浅见，说来惭愧，至今还拿不出。如果一定要笔者表示个倾向性看法的话，笔者只能说：唐兰等把此器的年代定为康王时期应该是成立的。至于宜之地望，不少学者把他定在丹徒境或附近地区，恐难成立。第一，宜作为地名，在丹徒地区是既无来龙，又无去脉，从地名学的角度不好解释，有学者借助音韵学将之与吴、虞、朱等联系起来，略嫌牵合。第二，从葬制、器物组合等看，烟墩山出土宜侯矢簋等器

---

①　《宜侯矢簋与吴国关系新探》，《东南文化》1988 年第 2 期。

②　《说吴族》，《苏州大学学报》（哲学社会科学版）1991 年第 1 期。

③　《中国史稿》第一册，人民出版社 1976 年版，第 228—229 页。

物的那块地方根本不像得到周王如此高封厚赐的诸侯级的大墓（姑不论该处是不是墓葬都还值得怀疑），作为重器的宜侯夨簋很可能是从外地流入的。第三，也是更为重要的，周初（武、成、康时期）虽经周公东征践奄，淮河流域的广大地区基本上还是徐人、淮夷的天下，苏南恐尚非周人势力所能达及。据此，说宜在畿内、近畿处、或距鲁不远的苏北一线，似皆比丹徒说为胜。宜地若不在江南，不少学者所主张的作器者夨为太伯、仲雍之后说恐怕也就无从谈起了。当然，这都只不过是笔者的一孔之见，是否成立连自己心里都没底。笔者之所以要写这篇了无新意的文章，不过是想告诉广大关心这个问题的读者，此一问题尚复杂得很，切莫一看到一篇文章就被作者牵着鼻子走。笔者向来主张，学问贵真，在材料尚不足以做出结论的情况下，把真实情况如实告诉读者，把问题留待来日，远比强作解人，轻下结论为好。笔者这样说，丝毫没有抹杀半个世纪以来学者们在此问题上倾注大量心血的意思，已有的研究，即使不够完美，但它们毕竟是这个问题解决道路上的一环，会给后人留下继续前进的基石，至少也是某种启迪、借鉴。

笔者过去在所著《西周史与西周文明》① 及所承担的《江苏通史》② 先秦卷夏商西周史相关章节中，对宜侯夨簋的处理有从众、跟风处，现回到存疑的立场上来，看似倒退，实则是认识之深化。

（作者单位：青海师范大学）

---

① 《西周史与西周文明》，上海科学技术文献出版社 2007 年版。
② 《江苏通史》，凤凰出版社 2012 年版。

论西周金文中师酉、师询关系
及相关器物时代

——兼论"非子受封"在"嬴秦"
历史中的地位

曹定云

一 《师酉簋》铭文及其考释

传世西周金文中，有四件《师酉簋》，其中三件藏于故宫博物院，一件藏于中国国家博物馆。四件铭文相同（图一，见《殷周金文集成》8·4288，以下简称《集成》）[①]，其文曰：

> 唯王元年正月，王在吴（虞），各吴（虞）大庙，公族鸿𧱊入右（佑）师酉，立中廷，王平（呼）史墙册命师酉：嗣（嗣）乃祖，啻（嫡）官邑人、虎臣、西门尸（夷）、𩁜尸（夷）、秦尸（夷）、京人（夷）、㢋（弁）身尸（夷），新赐女（汝）赤芾、朱黄（衡）、中絅（裂）、攸（鋚）勒、敬夙夜勿灋（废）朕令（命）。师酉拜頴首，对扬天子不（丕）显休令（命），用乍（作）朕文考乙伯、宄姬尊簋，酉其万年，子子孙孙永宝用。

---

① 中国社会科学院考古研究所编：《殷周金文集成释文》，香港中文大学中国文化研究所2001年版。

图一　《师酉簋》铭文

《师酉簋》铭文中，有下列问题须要作些说明：（1）"公族𪚕"，此字左从"工"，右边实际上是"一只大鸟"，故隶定为"𪚕"是合适的，此人很可能出自"鸟图腾"氏族；（2）师酉所祭之"文考乙伯、㝮姬"，此字有的隶作"㝮"，有的隶作"宫"。细看铭文，当隶作"㝮"，应是"形声兼会意字"。

这是一件西周天子命大臣史墙册命师酉之器。铭文的中心意思是：让师酉继续继承祖先职权，管理邑人、虎臣和西门夷等民众。在师酉的管辖中，实际上是两部分人：一部分是邑人、虎臣；另一部分是西门夷、秦夷、京夷等夷人。之所以称"夷"，是因为他们地位低下，原属于东夷族中的一部分，曾参加过西周初年武庚的叛乱，受到过西周王朝的镇压，是周公东征中重点对象之一。如今，这五种"夷人"仍受师酉的"管辖"，以防止他们继续作乱。可见，师酉应是一员统兵的武将，他的先人（父或祖）在周公东征过程中，曾做出过重要贡献。师酉家族在西周王朝中应是"显赫家族"之一。

《师酉簋》铭文中的"秦夷"，应是文献记载中的"畎夷"，亦即"畎夷"。《后汉书·东夷列传·王制》云："东方曰夷。……夷有九种，曰畎夷、于夷、方夷、黄夷、白夷、赤夷、玄夷、风夷、阳夷。""九"是"众多"的意思，实际上"东夷"也不限于此九种。"秦夷"之所以称"犬夷"，应与该氏族图腾崇拜有关。嬴秦可能崇拜"犬"，以"犬"为氏族徽号。他们居住的地方往往称"犬丘"、"西犬丘"就是佐证。

二　《师询簋》、《询簋》铭文及其考释

传世西周铜器铭文中，有一件《师询簋》，源于宋代著录，只见摹本（图二，《集成》8·14342），不见器物和铭文拓片。现根据前人考释，将铭文抄录如下：

> 王若曰：师訇，不（丕）显文武，膺受天令（命），亦则于女（汝）乃圣祖考克尃（辅）右（佑）先王，乍（作）厥爪（肱）殳（股），用夹召（绍）厥辟，莫大令（命），嫠屚（穌）雩（于）政，绰皇帝亡臭（斁），临保我有周，雩四方民亡不康静（靖）。王曰：师訇，哀才（哉），今日天疾畏（威）降丧，首德不克夐（画），古（故）亡承于先王，乡（飨）女（汝）伇屯（纯）恤周邦，妥（绥）立余小子，配（载）乃事，唯王身厚稽，今余唯醽（申）臺（就）乃令（命），令女（汝）叀（惠）擁（雍）我邦大小猷，邦弜潢辪（燮），敬明乃心，率以乃友干（捍）菩（御）王身，谷（欲）女（汝）弗以乃辟圅（陷）于艰，赐女（汝）秬鬯一卣、圭瓒、尸（夷）允（讯）人訇頴首，敢对扬天子休，用乍（作）朕剌祖乙伯、同益姬宝簋。訇其万囟（斯）年，子子孙孙永宝。用乍（作）州官宝，唯元年二月既望庚寅，王各于大室，癸（荣）内（入）右（佑）訇。

这是一件很重要的西周铜器铭文。遗憾的是，我们已经看不到原件和拓本。我们能看到的就是宋人的摹本。出于当时的水平，摹本中有不少字失真。例如："先"摹作"芳"，"绰"摹作"补"，"有"摹作"𝓏"，"年"摹作"夰"等，都失真。其他失真的字还不少，学者一看就清楚，不必一一指出。尤其是铭文中"皇帝"一辞，有学者提出了质疑。黎东方先生说："我摒弃了师询簋，因为该器的铭文中有'皇帝'二字。'皇帝'这个名词是秦始皇创造出来夸耀他自己的……郭沫若以为在秦始皇以前也有人用过这个名词。的确，汉朝人相授受的《今文尚书》的《吕

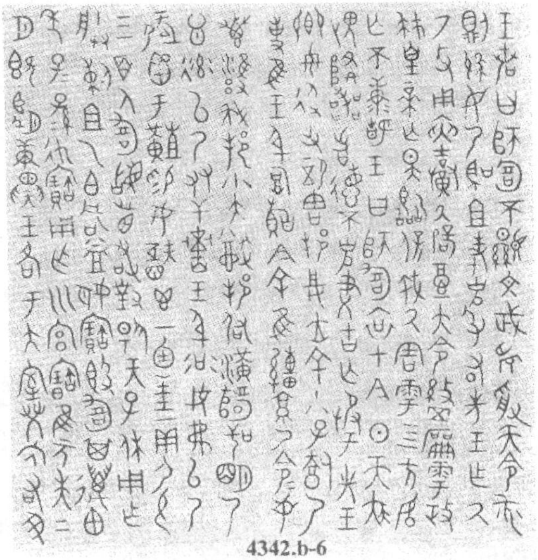

4342.b-6

图二　《师询簋》铭文

刑》篇，有'皇帝'二字。然而，即使在汉朝，也未尝没有若干手抄本，只载一个'帝'字，不载'皇帝'二字。"①黎先生的"摒弃"是"事出有因"的。

平心而论，尽管铭文中有些字失真，"皇帝"二字也确实令人"生疑"。但这件器物应该是真的，铭文中的器主"询"，在1959年陕西兰田出土的《询簋》中，再次出现。它不是偶然的"巧合"，应是历史真实的再现。《师询簋》铭文中出现的问题，应是当时摹者失误或失真造成的。这个问题已经没有办法解决，因为器物和拓本今已不存，我们无从查证。由于《师询簋》铭文有相当重要的历史价值，故本文还是用之。

该铭文的重要历史价值在于：（1）它记述了新王即位之前，西周王朝经历了一次大的灾难，"天疾畏降丧，首德不克夒（画），故亡承于先王"；（2）记述了师询的先祖辅佑西周王朝有功，是西周王朝的左膀右臂，"临保我有周，雯四方民亡不康静（靖）"，所以新王即位后，要让询继承先祖职位，为"干（悍）善（御）王身"做出新的贡献；（3）新王对师询给予赏赐，"赐女（汝）秬鬯一卣、圭瓒、尸（夷）允（讯）三

---

①　黎东方：《西周青铜器铭文中之年代学资料》，载《西周诸王年代研究》，朱凤瀚、张荣明编《夏商周断代工程丛书》31，贵州人民出版社1998年版，第122页。

百人"，一次赏赐"尸允"三百，在西周王朝历史上，并不多见。

1959 年，陕西省兰田县寺坡村出土一件《询簋》（《集成》8·4321），其铭文为：

> 王若曰：旬（询），不（丕）显文、武受令（命），则乃祖奠周邦，今余令（命）（汝）啻（嫡）官嗣（嗣）邑人、先虎臣，后庸：西门尸（夷）、秦尸（夷）、京尸（夷）、豪尸（夷）。师笭策新（薪）：口华尸（夷）、弁豸尸（夷）、斸人、成周走亚、戍、秦人、降人、服尸（夷）。赐女（汝）玄衣黹屯（纯），截（缁）芾、同（嚮）黄（衡）、戈珊截、歇（厚）必（柲）、彤沙（緌）、鑾（鑾）旂、攸（鋚）勒，用事。旬頫首，对扬天子休令（命），用乍（作）文祖乙伯、同姬尊簋，旬万年，子子孙孙永宝用。唯王十又七祀，王在射日宫，旦，王各，益公入右（佑）旬。

从上面的铭文记述不难看出，《师询簋》器主"师询"和《询簋》器主"询"实际上是一个人。因"师"是"职称"，其名字都是"询"。过去已有学者提出过这种看法。[①] 本文在此基础上，做进一步论证：

1. 器主所祭之"祖父"名称相同

《师询簋》铭文云："用作朕剌祖乙伯、同益姬宝簋。"而《询簋》铭文云："用作文祖乙伯、同姬尊簋。"其祖父"庙号"都是"乙伯"；其"祖母"，师询称"同益姬"，询称"同姬"，基本相同。"同益姬"可能是"同姬"与"益姬"的合称。古代贵族多妻，法定配偶也有好几个，一件器物铭上同时记两个"祖母"，是在情理之中。

2. 职位相同

"师询"是"师（武将）"职，其职能是保护"王"和"王朝"的安全，维护地方平安。《师询簋》铭文云："令女（汝）更（惠）拥（雍）我邦大小猷，邦弘潢辥（嬖），敬明乃心，率以乃友干（捍）菩（御）王身，谷（欲）女（汝）弗以乃辟舀（陷）于艰。"重点在保护"王"的安全。而《询簋》铭文云："今余令（命）女（汝）啻（嫡）官嗣（嗣）邑人、先虎臣，后庸：西门尸（夷）、秦尸（夷）、京尸（夷）、豪尸

---

① 辛怡华：《早期嬴秦与姬周关系初探》，2004 年 1 月 9 日，中国经济网。

（夷）。师笒策新（薪）：口華尸（夷）、弁豸尸（夷）、斸人、成周走亚、戍、秦人、降人、服尸（夷）。"重点在维护地方平安。时隔十七年，侧重点自然会有不同，但都是"武将（师）"职权范围所在。

3. 铭文体例、文风相同，时间上有内在联系

《师询簋》云："王若曰：'师訇（询），不（丕）显文武，膺受天令（命），亦则于女（汝）乃圣祖考克尃（辅）右（佑）先王。'"而《询簋》铭文云："王若曰：'訇（询），不（丕）显文、武受令（命），则乃祖奠周邦。'"铭文开头雷同，好像出自一人之手。《师询簋》作于"唯元年二月"；而《询簋》作于"唯王十又七祀"，前后相隔十七年，对一个人的生命历程而言，完全可以包括其中。

根据以上三点，可以肯定：《师询簋》与《询簋》中的"询"是同一个人。

三　师酉与师询父子关系考

《师询簋》与《询簋》是同一个人所作，那师酉与师询又是什么关系？这是本文探讨的又一个问题。关于师酉与师询的关系，过去已有学者做过研究，李学勤先生曾认为"师酉与师询是父子关系"[①]；夏含夷先生认为不是"父子关系"[②]；后来，李学勤先生又改变看法，认为"师询是师酉之父"[③]；辛怡华先生认为"师询是师酉的孙子"。[④] 截至目前，学界并无定论。而搞清这一问题又十分重要，它不仅关系到这两个人的血源关系，而且关系到西周历史与西周铜器断代。

《师酉簋》和《师询簋》（含《询簋》）铭文，内容上联系密切，反映出器主之间存在着血源关系。师酉应该是师询之父，其证据是：

1. 铭文中所祭先祖"庙号"相同

《师酉簋》铭文云："用作朕文考乙伯、冗姬尊簋，酉其万年，子子

---

① 李学勤：《西周中期青铜器重要标尺》，《中国历史博物馆馆刊》1979 年第 1 期，第 35 页。

② 夏含夷：《父不父、子不子：试论西周中期询簋和师询簋的断代》，《古文字与古文献》（试刊号，台湾）1999 年 10 月。

③ 李学勤：《西周青铜器研究的坚实基础》，《文物》2000 年第 5 期。

④ 辛怡华：《早期嬴秦与姬周关系初探》，2004 年 1 月 9 日，中国经济网。

孙孙永宝用。"

《师询簋》铭文云："用乍（作）朕剌祖乙伯、同益姬宝簋。匍其万囡（斯）年，子子孙孙永宝。"

《询簋》铭文云："用作朕文祖乙伯，同姬尊簋，匍其万年，子子孙孙永宝用。"

师酉所祭的是"父"，故称"文考乙伯"（伯是爵位）；询所祭的是"祖"，故称"剌祖乙伯"（《师询簋》）或"文祖乙伯"（《询簋》）。这不是偶然的"巧合"，而是内在血缘关系的必然反映，说明"师酉"是"师询"之父。我们从铭文"庙号"分析，"师酉"与"师询"就是父子关系，他们的职称（师）也是相同的，这是殷周时代世袭制的反映。

2. 师酉和询（师询）的权力、地位基本相同

《师酉簋》铭文云："王乎（呼）史墙册命师酉：嗣（嗣）乃祖，啻（嫡）官邑人、虎臣、西门尸（夷）、酨尸（夷）、秦尸（夷）、京人（夷）、畁（弁）身尸（夷）……"

《询簋》铭文云："今余令（命）（汝）啻（嫡）官嗣（嗣）邑人、先虎臣，后庸：西门尸（夷）、秦尸（夷）、京尸（夷）、象尸（夷）。师笭策新（薪）：口華尸（夷）、弁豸尸（夷）、酨人、成周走亚、戍、秦人、降人、服尸（夷）……"

上面是"师酉"和"询"在受周王册封时所授予的权限范围。如果以《询簋》铭文中"师笭"为界，则"师酉"所管辖的"人"与"询"所管辖的前面一部分基本相同，而"询"所管辖的后面一部分，则是比"师酉"多出的，正好说明"询"的权力比"师酉"更多、更大了。

3. 师酉和询受到的"赏赐"比较

《师酉簋》铭文："新赐女（汝）赤芾、朱黄（衡）、中絅（絭）、攸（鋚）勒。"

《询簋》铭文："赐女（汝）玄衣黹屯（纯），載（缁）芾、同（蔕）黄（衡）、戈琱戴、歔（厚）必（柲）、彤沙（苏）、緐（鑾）旂、攸（鋚）勒。"

从上面的比较可以看出："师酉"所受的"赏赐"，其子"询"基本上都有；而"询"受到的"赏赐"则比"师酉"多得多。这进一步说明，"询"的权力和地位比其父"师酉"更高更重了。

从上面的三项对比可以看出，师酉确为询（师询）之父，这不仅有称谓上的证据，而且有权力和"赏赐"上的证据。这一家族的地位愈来

愈高，权力越来越重要。这是合乎逻辑的结果。有些学者提出，师酉所祭之母是"宂姬"；而询（师询）所祭之祖母是"同姬"。二者谥号不同，故文考乙伯和文祖乙伯不是同一个人。此说欠妥：一是古人用字不是很严格，尤其字音上把握得不是很准确，同一个人名、地名，在不同时期和不同地方，写法就是有差别，这在古文字中很常见。如今很难说："宂姬"与"同姬"不是"同一个人"，因为时隔四五十年，儿子称母和孙子称祖母，叫法出现差异，本属自然，重要的是，都是"姬"姓女子。退一步说，即使"宂姬"与"同姬"不是"同一个人"，那也改变不了"文考乙伯"与"文祖乙伯"是同一个人的事实。因为古代多妻，法定配偶可以有好几个。凡法定配偶都可以受祭。儿子所祭母亲与孙子所祭祖母不是同一个人，也在情理之中。

四　"嬴秦"称呼变化与"非子受封"关系考

《师酉簋》铭文中的"师酉"与《询簋》铭文中的"师询"，他们所管辖的"民众"中，都有"嬴秦"，但称呼却发生了变化。现将"变化"列述如下：

《师酉簋》铭文云："嗣（嗣）乃祖，啻（嫡）官邑人、虎臣、西门尸（夷）、薰尸（夷）、秦尸（夷）……"《师酉簋》在铭文中称"嬴秦"为"秦夷"，"秦夷"即"犬夷"，是东方"九夷"之一。而《询簋》铭文云："今余令（命）（汝）啻（嫡）官嗣（嗣）邑人、先虎臣，后庸：西门尸（夷）、秦尸（夷）……口华尸（夷）、弁豸尸（夷）、厥人、成周走亚、戍、秦人、降人……"《询簋》铭文中，"询"（师询）所管辖的"嬴秦"，前面一部分称"秦夷"，后面一部分称"秦人"。这是地位不相同的两部分"嬴秦"：前面的"秦夷"应该就是《师酉簋》铭文中的"秦夷"，即东方"九夷"中的"畎夷"，因其特殊的政治原因，他们一直受其压抑，实际上是"种族奴隶"；而后面的那一部分称为"秦人"，其地位肯定高于"秦夷"。文献中常常有"晋人"、"鲁人"、"邾人"等，这些"晋人"、"鲁人"、"邾人"都是有"国"的人，尽管"国"的大小和地位并不等同。如今，《询簋》铭文中出现了"秦人"，说明"嬴秦"已经有其"国"了。这透露出一个重要的"历史信息"，说明"嬴秦"的政治地位已经有了根本的改变。

"嬴秦"政治地位的改变，源于"非子受封"。非子是商末飞廉的后人，飞廉之子恶来在武王伐纣之战中被斩杀，西周初年恶来之子女房出于自保，就投奔到亲周受宠又居"赵"的叔父季胜那里。自女房以下经五世到非子。为了谋求自身的发展，非子之父大骆带着非子这一支族人，从"赵城"继续向西迁徙，到了今日甘肃的"犬丘"。《史记·秦本记》载："非子居犬丘，好马及畜，善养息之。犬丘人言之周孝王，孝王召使主马于汧渭之间，马大繁息。……于是孝王曰：'昔伯翳（益）为舜主畜，畜多息，故有土。赐姓嬴。今其后世亦为朕息马，朕其分土为附庸。'邑之秦，使复续嬴氏，号曰秦嬴。"非子受封是"嬴秦"立国的开始。自此以后，这一部分"嬴秦"不再是"秦夷"，而是"秦人"了。《询簋》铭文中同时记载有"秦夷"和"秦人"：前者在东方，后者在西方。这两部分"嬴秦"都受"询"的管辖。这是历史变化的结果，而《询簋》铭文所反映的，恰恰是这一历史的真实。

"非子受封"发生在西周孝王时。而《师酉簋》铭文中只有"秦夷"，说明《师酉簋》的时代在"非子受封"之前；而《询簋》铭文中既有"秦夷"，又有"秦人"，说明《询簋》的时代在"非子受封"之后。故师酉为父，师询为子是合于逻辑的、正确的结论。

五 《师酉簋》、《师询簋》、《询簋》之时代

关于《师酉簋》的时代，学术界一直存有争议：有的认为"属孝王元年"；① 有的定为宣王元年；② 有的则笼统定为西周中期。③ 笔者认为，由于《师酉簋》铭文中称"嬴秦"为"秦夷"，说明《师酉簋》的制作在"非子受封"之前，再根据铭文字体，当以西周中期的孝王元年为是。

《师询簋》与《询簋》是"询"在同一个王世所作之器，故可以一起考查。关于《询簋》的时代，学界曾有不同的意见。王辉先生将该器

---

① 吴其昌：《金文疑年表》，载《金文历朔疏证》卷6、卷7，国立武汉大学丛书，商务印书馆1936年版。

② 刘雨：《金文䜌祭的断代意义》，载朱凤瀚等编辑的《西周诸王年代研究》第361页表一，贵州人民出版社1998年版。

③ 中国社会科学院考古研究所：《殷周金文集成》（修订增补本），中华书局2007年版，第3418页。

定为共（恭）王，① 辛怡华先生定为懿王，② 刘雨先生定为宣王。③ 中国社会科学院考古研究所编著的《殷周金文集成》定在西周晚期。④ 笔者认为，《询簋》铭文中既然有"秦人"，那该器的时代一定是在"非子"受封之后，故共王和懿王均不可能，再结合铭文字体特征，定为宣王是合适的。《师询簋》当为宣王元年（公元前827年），《询簋》当为宣王十七年（公元前811年）。

《师询簋》铭文云："王曰：师訇，哀才（哉），今日天疾畏（威）降丧，首德不克夒（画），古（故）亡承于先王。"这是新即位的宣王，向师询讲述王朝刚刚经历的"天灾人祸"：宣王之父是厉王，而厉王末年（公元前858年—前853年）连年大旱，农业歉收，农民逃亡，生产力受到极大破坏；天灾肆虐，厉王无道，激起国人反抗，引发了"彘之乱"（公元前841年），以共伯和为首的"叛乱"者，驱逐厉王，组成新政府，这就是有名的"共和"。厉王逃亡到"彘"地，后死于"彘"。太子静继位于"彘"，号曰"宣王"。《师询簋》铭文所记的"天灾人祸"就是这段历史。宣王是在"逃亡"中继承王位的，故铭文说"亡承于先王"。这段"苦难"的经历，对宣王也许有好处：他即位后，进行改革，励精图治，实现了"宣王中兴"。因此，将《师询簋》定为宣王元年器，与西周历史是完全吻合的。

师酉受封是在孝王元年，师询受封是在宣王元年，而询受"赏赐"是在宣王十七年。孝王与宣王之间，尚隔有夷王、厉王和共和三个时期。孝王、夷王、厉王在位年数，目前尚未定论。依《今本竹书纪年》，从孝王元年到宣王元年共43年。这个时间数与师酉父子"接班"相距时间大致能够吻合。当然，这个年数（43年）仍然是推断，确切年数待考于将来。

（作者单位：中国社会科学院考古研究所）

---

① 王辉：《商周金文》（中国古文字导读），文物出版社2006年版。

② 辛怡华：《早期嬴秦与姬周关系初探》，2004年1月9日，中国经济网。

③ 刘雨：《金文禴祭的断代意义》，载朱凤瀚等编辑的《西周诸王年代研究》第361页表一、表二，贵州人民出版社1998年版。

④ 中国社会科学院考古研究所：《殷周金文集成》（修订增补本），中华书局2007年版，第3422页。

金文所见"邾"、"鼀"等字及相关问题探讨

罗卫东

一　问题的提出

在《春秋》、《左传》以及《史记》等传世文献中有邾国的记载。例如：

> 《春秋·宣公元年》：邾子来朝。①
> 《左传·隐公元年》：邾子使私于公子豫。②
> 《史记·项羽本纪》：立芮为衡山王，都邾。
> 张守节《正义》引《括地志》：故邾城在黄州黄冈县东南二十里，本春秋时邾国。③

"邾"作为国名或者氏族名，在文献中屡见。前贤还仔细梳理了邾氏源流：

> 《通志·氏族略二》：邾氏，颛顼帝玄孙陆终第五子曰安，赐姓为曹，其子孙亦以为氏。周武王时，封安之苗裔曰邾挟为附庸，居于邾，今兖州仙源东南四十五里，古邾城是也。挟以下至仪父，名字始

---

① 《十三经注疏》，中华书局 1980 年版，第 1865 页。
② 同上书，第 1718 页。
③ ［日］泷川资言：《史记会注考证》卷七，日本东方文化学院东京研究所 1955 年再版，第 39 页。

见《春秋》。齐桓公霸，仪父附从，进爵称子。十四代孙文公，徙于绎，今兖州邹县北峄山是也。邾自桓公革以下，春秋后八世，而楚灭之。又小邾国，亦出邾挟之后，姓曹，其子孙亦以姓为氏。挟七世孙夷父颜，有功于周，其子友别封为附庸，居郳。曾孙黎邾，始见《春秋》，附从齐桓，以尊周室，命为小邾子。《晋志》云："蕃县，隋改曰滕，今隶沂州，县之东南郳城是。"乐史云："郳城在承县。自小邾子穆公之孙惠公以下，春秋后六世，而楚灭之。"①

对于和"邾"相关的"朱氏"，郑樵是这样分析的：

　　《通志·氏族略第二》：朱氏。本邾也，姓曹，其世系见于邾。邾既失国，子孙去"邑"，以"朱"为氏。②

在有的文献中，"邾"、"朱"是异文的关系。例如：

　　《春秋·襄公三十一年》：邾庶其以漆、闾丘来奔。③
　　李富孙《异文释》：《古今人表》邾作朱。朱为邾之省。④

"邾"的异文还有"驺"、"邹"等。

　　《左传·哀公八年》：吴为邾故。
　　《异文释》：《吴世家》作"为驺"，《鲁世家》作"为邹"。⑤

《左传》记载邾国国君，有异于记载其他诸侯国国君通例的地方。例如：

　　《左传·隐公元年》：三月，公及邾仪父盟于蔑。邾子克也。未

---

①　（宋）郑樵：《通志·氏族略第二》，中华书局1995年版，第57页。
②　同上书，第58页。
③　《十三经注疏》，中华书局1980年版，第1970页。
④　宗福邦等：《故训汇纂》，商务印书馆2003年版，第2324页。
⑤　同上。

王命，故不书爵。曰"仪父"，贵之也。①

而《公羊传》则是这样记载的：

> 《公羊传·隐公元年》：三月，公及邾娄仪父盟于眜。……仪父
> 者何？邾娄之君也。何以名？字也。曷为称字？褒之也。②

而顾炎武先生这样解释经典称邾子克之字：

> 邾仪父之称字者，附庸之君无爵可称，若直书其名，又非所以待
> 邻国之君也，故字之。与萧叔朝公同一例也。《左氏》曰"贵之"，
> 《公羊》曰"褒之"，非也。【原注】此亦史家常例，非旧史书"邾
> 克"，而夫子改之为"仪父"也。③

黄汝成《集释》引【雷氏曰】：

> 《左》及《穀梁》皆以邾为附庸国，未确。《公羊传》谓邾娄颜
> 得罪于天子，天子杀颜而立其弟术。天子崩，术仍致国于颜之子夏
> 父。夏父五分其国，而以滥封术。《世本》谓邾颜居邾，肥徙郳。宋
> 衷注云："邾颜别封小子肥于郳，为小邾子。"《世族谱》云："夷父
> 颜有功于周，其子友别封为附庸，居郳。"据此则邾非附庸可知。传
> 言鲁赋八百乘，邾赋六百乘，二国尝相难，且其地东有翼偃离姑，在
> 今之费县；西有訾娄虫类，在今之济宁；北界于鲁；南界楚荆，绝长
> 补短，地方百数十里，有郳、滥，以为附庸，此岂不能自达于天
> 子者。④

邾国在史书中有前述记载。关于郳、滥的记载也有多处，《春秋》和

---

① 《十三经注疏》，中华书局 1980 年版，第 1715 页。
② 同上书，第 2197 页。
③ （清）顾炎武等：《日知录集释》，岳麓书社 1994 年版，第 121—122 页。
④ 同上。

《左传》庄公五年都提及:

　　"郳犁来来朝。"① 《穀梁传》也提及:"郳,国也。黎来,微国之君。未爵命者也。"② 在《公羊传》中,"郳"写作"倪":

　　《公羊传·庄公五年》:倪者何? 小邾娄也。③

　　《公羊传·庄公五年》:倪犁来来朝。④

　　至于"滥"是邑名还是国名,前人已经有争议:

　　《春秋·昭公三十一年》:黑肱以滥来奔。

　　正义曰:《公羊》《穀梁》亦以滥为邾邑,而《传》解其无邾之意。言邾人以滥封此黑肱,使为别国,故不系于邾。⑤

　　综合历史文献以及考古发现,现当代学者对邾国历史进行了深入研究。1933 年 4 月,山东滕县安上村陈氏兄弟掘地得青铜器 14 件,考古学家王献唐先生调查后定为邾国彝器。1934 年,王献唐先生撰写《春秋邾分三国考》,指出"一为邾、一为小邾、一为滥,同出一系"。⑥ 李学勤、何光岳、郭克煜、王洪军、徐少华、杨朝明以及赵满海等先生也都论及邾国历史。⑦ 邾国有着复杂的历史,那么邾国金文反映出哪些历史现象呢? 本文试从文字的角度做初步分析。

---

① 《十三经注疏》,中华书局 1980 年版,第 1764 页。

② 同上书,第 2381 页。

③ 同上书,第 2227 页。

④ 同上。

⑤ 同上书,第 2126 页。

⑥ 王献唐:《春秋邾分三国考·三邾疆域图考》,齐鲁书社 1982 年版,第 1 页。

⑦ 参见李学勤《谈祝融八姓》,《江汉论坛》1980 年第 2 期,第 77 页;何光岳《曹姓诸国的来源与迁徙——祝融八姓考释之五》,《东岳论丛》1985 年第 3 期,第 74—75 页;郭克煜《邾国历史略说》,载山东古国史研究会编《东夷古国史研究》第 1 辑,三秦出版社 1988 年版,第 245—246 页;王洪军等《邾鲁春秋》,齐鲁书社 1990 年版,第 75 页;徐少华《祝融八姓之妘姓、曹姓诸族历史地理分析》,《湖北大学学报》(哲学社会科学版)1996 年第 2 期,第 17—19 页;赵满海《赵岐"孟子时邾国改称邹国"说驳议》,《北京师范大学学报》(社会科学版)2007 年第 6 期,第 136—138 页。

二　金文所见记录邾国族名称的形体及其他

现存邾国有铭青铜器，包括传世和出土两部分。出土地点有山东滕县东郭镇安上村（1933 年）、山东邹县峄山镇纪王城村邾国故城址（1972 年）、山东滕县姜屯镇庄里西村（1981 年）、山东枣庄市山亭区东江春秋小邾国墓地（2002 年）。

唐兰先生在论及春秋时期文字特点时指出：

春秋以后，王室的势力衰落，各个国家都在发展它本国的文化，除了秦国还继承西周文字，北方的大国如齐跟晋，南方的像徐跟楚，都有过很高的文化，虢、郑、鲁、卫、陈、宋、邾、莒、滕、薛，几乎各有各的文字，最后一直发展到吴越。①

从不同地点出土的以及传世的邾国金文，大体和同时期其他地域的文字相同，只是在个别字符上有差别。

首先我们谈谈记录"邾"这一国族名的文字形体。金文所见记录的邾国族名称的字形有：

（一）邾

■《寻伯匜》（西周晚期，传世）■《邾公釛钟》（春秋晚期，传世）

■《邾大司马戈》（春秋晚期，传世）■《越邾盟辞镈乙》（春秋晚期，传江西临江县出土）

该组字形皆由形符"邑"加声符"朱"构成。

（二）䣕

■《䣕伯鬲》（西周晚期，传世）■《䣕讨鼎》（春秋早期，传世）

■《杞伯鼎·盖》（春秋早期，传世）

■《䣕友父鬲》（春秋早期，2002 年 6 月，山东枣庄市山亭区东江春秋小邾国墓地出土）

■《䣕义白鼎》（春秋早期，1933 年春，山东滕县东郭镇安上村出土）

---

① 参见唐兰《中国文字学》，上海古籍出版社 2001 年版，第 131 页。

□《鼍庆鬲》（春秋早期，2002 年 6 月，山东枣庄市山亭区东江春秋小邾国墓地 3 号墓出土）

□《鼍公子害簠》（春秋早期，2002 年 6 月，山东枣庄市山亭区东江古墓群出土）

□《鼍大宰簠》（春秋晚期，1959 年从上海冶炼厂废铜中拣选）

该组字形由形符"黾"加声符"朱"构成。

（三）羧

□《杞伯鼎·器》（春秋早期，传世）

□《妊爵》（西周早期，1981 年山东滕县姜屯镇庄里西村出土。"妊作羧（邾）嬴彝"）

该字形由形符"殳"加声符"朱"构成。有学者认为此字与《中山王䍄壶》的"戜"（□）为同词异体字。① 张政烺先生认为"以戜（诛）不（顺）"中"从戈，朱声"之字，是"诛之异体"。② 在《妊爵》中用来记录国族名称，是通假字。

（四）朱

□《曾孟□鼍姬簠》（春秋晚期，1990 年 3 月，河南淅川县仓房镇沿江村徐家岭春秋墓葬出土）

"朱"由象形字"木"加指示符号构成。在上列器物铭文中被假借来记录国族名称。

与邾国历史相关的郳，在金文中有这样的形体：

（一）兒

□《兒庆鼎》（春秋早期，2002 年 6 月，山东枣庄市山亭区东江春秋小邾国墓地出土）

《说文解字》："兒，孺子也。从儿，象小儿头囟未合。"在《兒庆鼎》中，被假借来记录国族名称。

（二）郳

□《郳嬭母鬲》（春秋早期，传世）

□《郳右戈》（春秋，传出土于山东临沂县西乡）

□《韦又惕镈》（春秋晚期，2011 年 8 月见于海外古玩店）

① 参见张世超等《金文形义通解》，日本中文出版社 1996 年版，第 3133 页。

② 参见张政烺《甲骨金文与商周史研究》，中华书局 2012 年版，第 320 页。

▨《郳犷权》（春秋时期，传世）

该组字形由形符"邑"加声符"兒"构成。

郳国金文有其自己的特点，在一些字形结构上与齐金文有异。①
例如：

▨《齐侯盂》（春秋晚期，1959 年河南孟津出土）

▨《洹子孟姜壶》（春秋晚期，传世）

齐国金文的"寿"，字形上面是"老"的省形，如上列拓片，"老"
字头写作"▨"。郳国金文的"寿"字"老"字头有少数与齐国金文写法
相同。例如：

▨《鼄君庆壶》（春秋早期，2002 年 6 月，山东枣庄市山亭区东江春
秋小邾国墓地出土）

可是郳国金文的"寿"字"老"字头大都写作"▨"。例如：

▨《鼄公子害簋》（春秋早期，2002 年 6 月，山东枣庄市山亭区东江
春秋小邾国墓地出土）

▨《鼄大宰簋》（春秋晚期，1959 年从上海冶炼厂废铜中拣选）

▨《鼄友父鬲》（春秋早期，2002 年 6 月，山东枣庄市山亭区东江春
秋小邾国墓地 3 号墓出土）

▨《鼄友父鬲》（春秋早期，传世）

▨《郳公鈛钟》（春秋晚期，传世）

▨《鼄公华钟》（春秋晚期，传世）

与郳国相邻的鲁国金文也是如此。

▨《鲁司徒仲齐匜》（春秋早期，1977 年山东曲阜市鲁国古城望父台
春秋墓葬出土）

在论及东周铜器铭文的区域特征时，高明先生曾以寿、孝、老等字为
例，说明在古文字中从"彳"者，在山东诸国的彝铭中多写作"亐"。② 而
从郳国金文实际分析，"老"字头多写作"▨"。

鼄、郳两国的金文，个别文字的写法有异。例如：

▨《鼄友父鬲》（春秋早期，传世）

---

① 有关齐系金文的资料，在下参见了陈鹏宇《春秋齐系金文异形字研究》，硕士学位论文，
北京语言大学，2010 年；孙刚《东周齐系题铭研究》，博士学位论文，吉林大学，2012 年。
② 参见高明《中国古文字学通论》，北京大学出版社 1996 年版，第 368 页。

🔲《鼁伯鬲》（西周晚期，传世）

🔲《兒（郳）庆鬲》（春秋早期，2002 年 6 月，山东枣庄市山亭区东江春秋小邾国墓地 2 号墓出土）

🔲《郳嬭母鬲》（春秋早期，传世）

上揭字形显示：无论传世还是出土铜器铭文，郳国金文的"鬲"都有形符"曰"。其他国家的"鬲"则无。

三　余论

《说文解字》："邾，江夏县，从邑朱声。"金文有"邾"，同于篆文。金文也有从黾朱声的"鼁"。陈直先生谓"前者为楚国之邾，后者为鲁附庸之邾，邹县者也"。[①] 而《说文解字》"邹"字："邹，鲁县，故邾国。帝颛顼之后所封，从邑刍声。"后来学者也有关注"邾"、"鼁"字形的。陈公柔先生将金文中的"郳"和"邾"定为小邾国，"鼁"定为"邾国"。[②] 郳为小邾，在传世的颜真卿《家庙碑》也有记载："其先出于颛顼之孙祝融。融孙安，为曹姓。其裔邾武公，名夷甫，字颜。子友别封郳，为小邾子，遂以颜为氏。"近李学勤先生在论及祝融八姓时提及：

> 据《楚世家》正义引《括地志》，邾原在今湖北黄冈东南一百二十一里，后迁至山东邹县东南二十六里。……曹姓由湖北北部北迁，散布于山东地区。[③]

张世超等先生认为：

> 二邾国同为曹姓，陆终氏之后。江夏之邾为其始封之地，邹鲁之邾则其分派而出者也。金文作"邾"与"鼁"，与郜国之上郜字作

---

　① 参见陈直《金文拾遗》第 5—6 页，转引自张世超等《金文形义通解》，日本中文出版社 1996 年版，第 1611 页。

　② 参见陈公柔《滕国、邾国青铜器及其相关问题》，载《中国考古学研究——夏鼐先生考古五十周年纪念文集》，文物出版社 1986 年版，第 180—187 页。

　③ 李学勤：《谈祝融八姓》，《江汉论坛》1980 年第 2 期，第 75 页。

"郑"，下郑字作"蛞"若"蘁"者正同。①

黄德宽等先生认为"邾"、"竈"无别：

> 邾，春秋金文邾，国名，在今山东邹县东南。②
> 竈，春秋金文竈，均读邾，古国名，在今山东邹县境。③

从文字学角度分析，如果"邾"、"朱"、"竈"对应不同的国族，那么它们是记录不同词的文字符号。这几字的字际关系是否判定为通假字还需要讨论。④"殳"与"竈"同见于《杞伯鼎》的器、盖，而"殳"常用为"诛杀"义，此处为避重文，借为"竈"。前贤已经注意到语言文字中的这一现象：

> 《五经》中，文字不同多矣。有一经之中而自不同者，如"桑葚"见于卫诗，而鲁则为"黮"；……况于钟鼎之文乎！《记》曰"书同文"，亦言其大略耳。⑤

（作者单位：北京语言大学汉字研究所）

---

① 参见张世超等《金文形义通解》，日本中文出版社 1996 年版，第 1611 页。
② 参见黄德宽等《古文字谱系疏证》，商务印书馆 2007 年版，第 1095 页。
③ 同上书，第 989 页。
④ 参见王辉《古文字通假释例》，中华书局 2008 年版，第 156 页，竈（侯端 zhu）文献或作邾（侯端 zhu），双声叠韵。或作侏（侯照 zhu）、朱（侯照）；或作邹（侯庄 zou）、驺（侯庄 zou），皆叠韵，端照准双声，庄照邻纽。朱姓疑亦作絑（侯照）。
⑤ 参见（清）顾炎武著，（清）黄汝成集释，秦克诚点校《日知录集释》，岳麓书社 1994 年版，第 158 页。

"析子孙"铭研究

殷玮璋　曹淑琴

一　问题的提出

在商周时期的青铜器中，铸有"析子孙"字样铭的铜器数量之多给人留下很深印象。但是，对"析子孙"铭的释读，历代学者存在不同说法，长久未有共识。

吕大临在《考古图》中说：铭纯作画像，盖造书之始，其象形。又说"其文有若大小人形者，盖谓孙与子也，小者孙，大者子"。他还说"析者作祈，谓祈祝为子孙所有事也"。这是有关析子孙铭见到的最早解读。

王黼在《博古图录》中说：析子孙乃贻厥子孙之意。薛尚功云："上一字博古云是祈字。爵以饮福贻元子孙者故曰析子孙。"清代的《西清古鉴》、《宁寿鉴古》、《西清续鉴》及阮元、吴荣光、吴大澂、方濬益、刘心源等人，在他们著述的书中均沿用宋人的说法。直至今天，研究者仍以"析子孙"名之者居多。

不过，也有学者提出一些其他说法，如：

王国维说："自宋以来，均释为析子孙三字，余谓此乃一字，象大人抱子置诸几间之形。"罗振玉说：析子孙"象大人抱子在两几间，实一字。前人释为析子孙，心知未安，然无以易之，兹仍旧释而作一字计"。他在《三代》一书中也将此类铭文称作"析子孙"并以一字计。吴闿生认为这是"上古民族间所用为标识符记，数数见之，或著于名首或置于末，犹后世签名印押耳……其义为何，不可强说"。丁山认为"析子孙"为一字，即说文所云之冀字，"则冀实殷时国名"。郭沫若说："此等图形文字乃古代国族之名号，盖所谓图腾之孑遗或转变也。"他说："此字当即異之初文，亦即冀州之冀。"白川静指出员鼎之析子孙"乃员之族徽，卜辞屡见，亦为国族之名"。他又说：殷之多子之后用此图象者为多。余意此即与子相同，乃用为出自殷室之身份之称号者，小子小臣之器中多见此图。于省吾说此字应读为举。

《殷周金文集成》一书有关析子孙一类铭文均从于氏说隶定，亦作一字处理。

从上面的介绍中可以看出：

1. 把"析子孙"铭作三字解是宋代学者提出的，清代学者大多继续沿用。长久以来围绕析子孙铭的讨论，主要集中在析字的字形上。由于它不见于文献记载，研究者多借用许慎"析木以炊"的话，释读此字为"析木形"或"析"或"鼎"字。"孙"字也是研究者不识之字，视其与子连用，又视其作举双手向上，双腿站立的人形像抱子之形，以大、小之别而引申出"子孙"二字。

2. "析子孙"一说延续了七八百年，到了清末王国维提出它是一个字，像大人抱子置于几间，并用《周礼》设俎祭尸来解释。由此，宋代以来的"析子孙"铭就变成了玉几、俎等等。"析子孙"是设俎祭尸之义，是玉几说的由来。

3. 进入 20 世纪，随着西方文化的传入，"析子孙"铭的研究又出现了新的内容，那就是族徽与图腾说。这一说发端于吴闿生提出的上古民族用为标识、符记，犹后世的签名印押。郭沫若说："此等图形文字乃古代国族之名号，盖所谓图腾之孑遗。"从此以后，"析子孙"是族徽的说法盛行起来。

应该说，无论是"析子孙"说、玉几说，还是族徽说，他们对下面这个双手上举的人形字都未能展开深入讨论。提出它是異字的初文，即冀州之冀，则是丁山和郭沫若。

于省吾从三方面考证说析子孙的不同形态，都是举字的古文，并将它作为一个字统计。

目前举字说、族徽说比较盛行，"析子孙"说从内容上似已被摒弃。但"析子孙"铭文尚未释出，问题并未解决。所以，人们多以"析子孙"相称。在许多研究者看来，各种解释均有未解成分，只得借用这一形式上的名称。

其实，要想破解"析子孙"铭的谜底，首先要讨论的是：它究竟是三个字还是一个字？从上面介绍中可以看出，"析子孙"说将其视作三个字，玉几说、族徽说和举字说则将其视作一个字。也有视为两个字的，比如丁山，他将析子释作保，将下面举手人形释作异。但最后他又将保和异合起来释作冀，作为一个字。他实际上和郭沫若的意见是一致的，只是他未提图腾之类做解释。

从以上介绍可以看出：围绕"析子孙"铭展开的研究，无论是释文还是字数，至今均未解决。本文拟对这一问题试做探讨。

二　析子孙铭文的形态学分析

据我们不完全统计，各书著录的"析子孙"铭铜器至少有 245 件。从铭文书写的情况看，它的字体虽有一些差异，但结构基本是相同的。若能破解"析子孙"的真实含义，对"析子孙"铭铜器群的研究是很有意义的。

我们以为：要想解开"析子孙"铭的谜团，不是主观地设定它是一个字、两个字或三个字，并据此去解读与作出释文。首先的工作应该是从基础材料中考察"析子孙"铭出现的各种情况，看它的出现有没有规律。这种规律可在出土的完整组合中总结、寻找，一旦找到其规律，此铭究竟是一个字还是三个字就容易解答了。

应该说，正确判定"析子孙"铭的字数，对这个问题的解决具有重要的意义。

"析子孙"铭的字数之谜解开之后，再对铸有"析子孙"铭的大量材料进行科学的整理与综合分析，距离对"析子孙"铭的确切含义给出一个恰当的结论恐怕就不会太远了。

那么，"析子孙"铭究竟是一个字还是三个字呢？

当然，要讨论这个问题，必须明确一个前提：即"析子孙"铭是商周之际的文字。它不是图画或图画文字。

在讨论中还需要考虑：（1）在确认"析子孙"铭是几个字时，它的每个字必须与金文乃至甲骨文中出现的相同字的字形、释读都一致。（2）如果有省文或重文，都应该指出它是省文或重文的道理或规律。

提出这几个方面作为研究的基点，是为了把"析子孙"铭的讨论纳入特定的时空范围，使研究循着正确的轨道行进。这么做是为了使结论尽可能做到有理有据。

要解开"析子孙"铭是一个字、两个字还是三个字的谜题，必须从基础材料的分析入手。

我们注意到："析子孙"铭经常在一起出现，它和铭文中的其他内容没有太多关系。它有时出现在长铭文之首，或夹在铭文之中，多数置于全铭之尾。

在长铭器中，"析子孙"铭的出现还有省、简之分。《殷周金文集成》10.5417之卣铸有45字长铭，器内无"析子孙"字样。但它的盖铭在"母辛"二字之上铸有"析子孙"铭，说明它有时是可以省略的。如果该器失盖，会以为此器与"析子孙"铭铜器群没有关系。

在"析子孙"铜器群中，长铭文者数量较少；大多数只有四五个字的铭文，常见的是"析子孙"加上父某、祖某、兄某、母某等名号。

在考古发掘的未经盗崛的墓中，成组青铜器上都能见到铭文有长有短之别，这是同组器中铸铭时的省文现象。众多实例表明：长铭中出现省文在当时是个通例，作器者在铸造成组铜器时均照此办理。

"析子孙"铭铜器群的情况与之相同。

为了弄清"析子孙"铭的确切字数，我们把"析子孙"铭铜器群及其铭刻的情况做了一次全面的梳理。内容涉及三个部分：即宋代以来有"析子孙"铭的各类传世铜器；新中国成立后出土的及流散到国外的"析子孙"铭铜器。我们按它们的形制、花纹、铭文内容及字体等等，用考古方法恢复原来的组合，并判定每组器的作器年代。它们的年代上限可到殷墟二期即商王武丁时期，下限约当西周的昭穆时期。其中，年代最早的和最晚的铜器相对较少。

我们先从考古资料中寻找证据。例如：

1957年山东省长清县复河出土一组析子孙器群：有方鼎、卣各两件，罍、觯、瓠各一件，爵五件。其中方鼎两件与贯耳卣的铭文完全相同：均为"析子孙且辛禹亚〔形中〕夔"八字。同出之罍省去一"亚"的字形。大腹卣省去了"且辛禹"三字。四件爵都省去"析且辛禹"四字。而觯、瓠和一件爵都只见有一个"孙"字。这一实例说明"析子孙"可省作"子孙"和"孙"。

1985年河南安阳殷墟刘家庄9号墓出土鼎、觯、爵各一件：鼎、觯铭为"析子孙父癸",而爵铭则作"孙父癸"。这说明"析子孙"铭可以省去"析子"二字,而只剩下一个"孙"字。

在用考古方法对传世铜器进行分析时,在同组器中也可看到哪些是长铭者之省文。如"析子孙父丁"铭之外,还出现"子孙父丁"、"孙父丁"、"析父丁"等不同情况。

出现这种情况,跟同组器中的器类不同、器形大小、铸铭的部位不同等密不可分。

这些实例说明:对"析子孙"铭本是三字连用之铭,只是有时可以省作二字或一字的不同形式。如果尊重这一事实,那么把"析子孙"铭作一个字处理显然不妥。

在这三个字中,第一个字有时以对称重字出现;有时有竖书和横书的差异。

第二个字是子字。子字在金文、甲骨文中是个常见字,应无疑义。但器铭中有时出现子字的并列重字。

第三个字在甲骨文、金文中也较多见。

说"析子孙"铭是三个字,还有以下原因:

1. "析子孙"三字可一起连用,亦可省作二字或一字。这说明这三个字各具独立性。如果它是一个字,是不可以拆分而单独使用的。

2. 说它们是三个字,在于这三个字的流传各有源、流。商代的甲骨文中有这三个字独立存在的实例,在西周中、晚期及以后的金文中仍可见到。若是一字,它在商代和西周中期以后均不见此字,岂非成了无源、无流之字,焉能说通?

3. 作三个字释读,不仅在"析子孙"铭铜器群内能够读通,而且在其他铭文中也能读通。反之,若作为一个字释读,不仅在其他铭文中读不通,就是在析子孙器群内也不能解释和读通。

综上所述,有理由确认"析子孙"铭是三个字无疑。

那么,"析子孙"铭究竟如何释读?它们的寓意是什么?在对"析子孙"铭铜器群作多视角的综合研究之后或可给出一个比较接近于真实的结论。

限于篇幅,当另文讨论。

(作者单位:中国社会科学院考古研究所)

西周的诸侯与邦君

邵 蓓

封侯建邦是西周分封制度的主要内容。传统文献记载西周的诸侯分为公、侯、伯、子、男五等，西周金文所显示的情况却与这种记述有相当的距离，由此引发了学者关于周代是否存在五等爵的争论。[①] 诸家看法各有差异，不过大部分学者肯定了"侯"是周代诸侯的一种爵称。西周文献和金文中还有与"诸侯"相关的"邦君"一词，学者亦有不同看法，大部分学者在行文中常将"邦君"等同于诸侯。本文旨在对西周金文所见的诸侯与邦君再进行一番梳理，祈请专家指教。

一 西周金文中的诸"侯"

殷墟甲骨文中已经有了"侯"、"伯"、"田"的记录。《尚书·酒诰》文："自成汤咸至于帝乙……越在外服，侯、甸、男、卫、邦伯"；《召诰》："越七日甲子，周公乃朝用书，命庶殷侯、甸、男、邦伯"；《君奭》："天惟纯佑命则，商实百姓、王人，罔不秉德明恤。小臣屏侯甸，矧咸奔走"。又大盂鼎（《集成2837》）铭文："我闻殷述（坠）命，唯殷边侯、田（甸）雩（与）殷正百辟。"是殷商已有侯、甸、男、卫、邦伯，同属外服。矢令方尊（《集成》6016）铭文："眔诸侯：侯、田、

---

① 否定周代存在五等爵的代表学者有傅斯年（《论所谓五等爵》，《历史语言研究所集刊》第 2 本，1930 年）、郭沫若（《金文所无考》，载《金文丛考》，人民出版社 1954 年版）、赵伯雄（《周代国家形态研究》，湖南教育出版社 1990 年版）等，主张周代存在五等爵的代表学者有王世民（《西周春秋金文中的诸侯爵称》，《历史研究》1983 年第 3 期）、陈恩林（《先秦两汉文献中所见周代诸侯五等爵》，《历史研究》1994 年第 6 期）等。

男。"《尚书·金滕》:"四方民大和会,侯、甸、男、邦、采、卫";《康王之诰》:"庶邦:侯、甸、男、卫……"可见,西周早期继承殷制,其诸侯包括侯、甸、男等称号,而不是公、侯、伯、子、男五等。这些反映西周早期历史的文献和彝铭中所列的诸侯称号,在西周金文中,除有许男(许男鼎《集成》2549,西周晚期)外,甸、卫、采等都还缺乏确证,只有侯是明确的诸侯称谓。下面我们来看西周金文中的诸"侯"。

己侯,即文献中的纪侯,姜姓,始封君不详,封地在今山东寿光县南。铜器有己侯簋(《集成》3772)、己侯貉子簋盖(《集成》3977),时代在西周中期;己侯虤钟(《集成》14)、己侯鬲(《集成》600),时代在西周晚期。

曾侯,姬姓,始封君不详,封地在今湖北随州叶家山一带。2011 年,湖北随州叶家山发现了西周早期曾国墓地,出土了铭文有"曾侯"和"曾侯谏"的西周早期铜器。[①]

应侯,姬姓,始封君为武王之子,[②] 封地在河南平顶山市北滍一带。考古工作者已在平顶山市郊区薛庄乡北滍村的滍阳岭上发现了西周时期的应国墓地。铜器有时代在西周中期和晚期的"应侯"器、"应侯再"和"应侯见工"诸器,收录于《殷周金文集成》(以下简称《集成》)、《新收殷周青铜器铭文暨器影汇编》[③] 和《首阳吉金》。[④] 对于这些器物学者多有研究。[⑤]

蔡侯,姬姓,始封君是文王之子蔡叔度,三监之乱后,周成王复封其

---

① 湖北省文物考古研究所、随州市博物馆:《湖北随州叶家山西周墓地发掘简报》,《文物》2011 年第 11 期;黄凤春等:《湖北随州叶家山新出西周曾国铜器及相关问题》,《文物》2011 年第 11 期。

② 《左传》僖公二十四年:"昔周公吊二叔之不咸,故封建亲戚以藩屏周……邘、晋、应、韩,武之穆也。"

③ 钟柏生等编:《新收殷周青铜器铭文暨器影汇编》,艺文印书馆 2006 年版。以下简称《汇编》。

④ 首阳斋、上海博物馆、香港中文大学文物馆编:《首阳吉金》,上海古籍出版社 2008 年版。

⑤ 相关研究可参见李家浩《应侯再簋》,载《保利藏金》,岭南美术出版社 1999 年版,第73 页;李学勤《论应侯视工诸器的时代》,载《文物中的古文明》,商务印书馆 2008 年版;朱凤瀚《中国青铜器综论》,上海古籍出版社 2009 年版,第 1351—1355 页;王龙正等《新见应侯见工簋铭文考释》,《中原文物》2009 年第 5 期;李学勤《探寻久被遗忘的周代应国》,《文史知识》2010 年第 11 期;黄益飞《应侯簋流传及相关问题》,《华夏考古》2012 年第 4 期。

子胡于蔡。封地在今河南上蔡。① 铜器有蔡侯鼎（《集成》2441）、蔡侯匜（《集成》10195），时代在西周晚期。

齐侯，姜姓，始封君为齐太公师尚父。初封于营丘，胡公徙都蒲姑，献公时徙都临淄。铜器有齐侯甗（《汇编》1089），时代在西周晚期到春秋早期。

康侯，即文献中的卫侯，姬姓，始封君为文王子康叔封。始封于康，② 后徙封于朝歌，地在今河南淇县。潜司徒迭簋（《集成》4059）铭文"征令康侯鄙于卫"证明了文献改封康叔于卫的记载。20 世纪 30 年代在河南浚县辛村发现了西周卫国墓地。金文中并无"卫侯"之称，铜器有康侯鬲（《集成》464）、康侯丰鼎（《集成》2153）、康侯矛（《集成》11450）、康侯斧（《集成》11778）、康侯刀（《集成》11812）等，时代均在西周早期。

鲁侯，姬姓，始封君为周公长子伯禽，封地在今山东曲阜，现已发现曲阜鲁国故城及西周、东周时期的墓葬。③ 铜器有鲁侯熙鬲（《集成》648），时代在西周早期；鲁侯鬲（《集成》545）、鲁侯壶（《集成》9579），时代在西周晚期；鲁侯鼎（《汇编》1067）、鲁侯簋（《汇编》1068），时代在西周晚期到春秋早期。

匽侯，即文献中的燕侯，姬姓，始封君为召公奭长子克，封地在今北京琉璃河一带。出土于琉璃河西周墓地的大保盉（《汇编》1367）铭文有"令克侯于匽"，是为证。现已发掘的琉璃河西周墓地为西周早期燕国墓地，④ 出土有西周早期的匽侯器，收录于《殷周金文集成》和《新收殷周青铜器铭文暨器影汇编》。

陈侯，妫姓，始封君为帝舜之后胡公满，封地在今河南淮阳。铜器有陈侯簋（《集成》3815），时代在西周晚期。

---

① 参见郑杰祥《新蔡的由来及其在蔡国历史上的地位》，《黄河科技大学学报》2010 年第 4 期。

② 康地不详，但学者都认为在西周畿内，有学者认为在今河南禹州，参见陈昌远、陈隆文《"三监"人物疆地及其地望辨析——兼论康叔的始封地问题》，《河南大学学报》2004 年第 2 期。

③ 山东省文物考古研究所等：《曲阜鲁国故城》，齐鲁书社 1982 年版。

④ 北京市文物研究所：《琉璃河西周燕国墓地 1973—1977》，文物出版社 1995 年版。

　　敕侯，归姓，始封君不详，封地在今安徽阜阳，即文献中的胡国。①
遇甗（《集成》948）和荣仲方鼎（《汇编》1567）铭文记有敕侯，时代
在西周中期。

　　滕侯，姬姓，始封君为文王之子，② 封地在今山东省滕州市。铜器有
滕侯方鼎（《集成》2154）、滕侯簋（《集成》3670），出土于1982年庄
里西村西周墓，③ 时代在西周早期。

　　献侯。献侯鼎（《集成》2626、2627）铭文记载了献侯参加成王在宗
周举行的祭祀，受到赏赐，为丁侯作器。敕隩作丁侯鼎（《集成》2346）
也是为丁侯作器。三器铭文末都有"天黾"族徽。故学者认为两器是一
家之作。敕隩作丁侯鼎据称出土于陕西乾县"甘谷之西峰巨场中"，"丁
侯之家并献侯的采邑当在此附近"。④"天黾"是殷商著名的国族之一，献
侯应是殷商旧族，在周初又得到分封认定，其封地可能在西周腹地。⑤

　　薛侯，妊姓，封地在今山东滕州东南。薛亦是旧族，《左传》定公元
年有"薛之皇祖奚仲居薛，以为夏车正……仲虺居薛，以为汤左相"之
说。铜器有薛侯鼎（《集成》2377）、薛侯盘（《集成》10133）、薛侯匜
（《集成》10263），时代在西周晚期。现已发现东周时期的薛国故城和
墓葬。⑥

　　敧侯。西周早期的敧侯鼎（《集成》2457），1964年出土于陕西长安
张家坡墓葬，其铭文为"敧侯获巢俘厥金……"

　　曩侯。金文中的曩侯有二，一是山东地区的姜姓曩侯器，实际就是己
侯，也就是文献中的纪侯。铜器有曩侯弟鼎（《集成》2638），时代在西
周晚期；曩侯簋（《汇编》1462），时代在西周晚期到春秋早期。二是出
土于北京、辽宁的西周早期曩器，有"曩侯"、"亚矣"铭文，李学勤先生
认为这是以曩侯为氏，即曩侯的支裔，与姜姓曩侯无关，是文献中微、箕

---

　　① 李学勤：《从新出青铜器看长江下游的文化发展》，《文物》1980年第8期。

　　② 《左传》僖公二十四年："昔周公吊二叔之不咸，故封建亲戚以藩屏周。管、蔡、郕、
霍、鲁、卫、毛、聃、郜、雍、曹、滕、毕、原、酆、郇，文之昭也。"

　　③ 滕县博物馆：《山东滕县发现滕侯铜器墓》，《考古》1984年第4期。

　　④ 陈梦家：《西周铜器断代》，中华书局2004年版，第63页。

　　⑤ 参见曹淑琴、殷玮璋《天黾铜器群初探》，载《中国考古学论丛——中国社会科学院考
古研究所建所40年纪念》，科学出版社1993年版。

　　⑥ 山东省济宁市文物管理局：《薛国故城勘查和墓葬发掘报告》，《考古学报》1991年第4
期。

的箕。① 若然，则此鼻侯乃是族氏之称，与西周分封诸侯无关。

井侯，即文献中的邢侯。姬姓，始封君为周公之子，② 封地在今河北邢台。西周早期的麦方尊（《集成》6015）记录了邢侯被封于邢之事。现已发现葛家庄西周邢国墓地。③

噩侯，噩，即文献中的鄂，妘姓，封地在今湖北随州安居一带。有关鄂的所在向有分歧，2007 年，随州市博物馆在安居羊子山抢救发掘了一座西周古墓，出土的大部分青铜器铭文有"鄂"或"鄂侯"字样，西周早期的鄂国封地可能就在随州安居一带。④ 2012 年，河南南阳又发现了西周晚期到春秋早期的鄂国贵族墓地。⑤ 鄂亦为殷商旧族，《史记·殷本纪》记载商纣以西伯昌、九侯、鄂侯为三公。噩侯簋（《集成》3928—3930）铭文"鄂侯作王姞媵簋"，则是噩与周王室通婚的证据。西周晚期噩侯驭方曾叛乱反周，被周师伐灭。⑥ 铜器有西周早期鄂侯弟所作器物（《集成》3668、5325）及噩侯驭方所作鼎（《集成》2810）。

䣄侯。伯晨鼎（《集成》2816）铭文记载周王命䣄侯伯晨"嗣乃祖考侯于䣄"，并赏赐器物事。

象侯。善鼎（《集成》2820）铭文记载周王命善辅佐象侯，"监䜌师戍"，䜌，即豳，地在今陕西旬邑一带，则象侯的封地应在旬邑附近。

晋侯，姬姓，始封君为成王之弟唐叔虞，封地在今曲沃一带。两周的晋国考古资料丰富。⑦ 北赵晋侯墓地现已发现西周时期 9 组 19 位晋侯及夫人墓葬，出土了多件铭文有"晋侯"的青铜器。

宜侯，姬姓。出土于丹徒的宜侯夨簋（《集成》4320）记载周康王将虞侯夨徙封于宜为宜侯之事。唐兰先生认为宜在丹徒或其附近地区，虞侯

① 晏琬：《北京、辽宁出土铜器与周初的燕》，《考古》1975 年第 5 期。
② 《左传》僖公二十四年："昔周公吊二叔之不咸，故封建亲戚以藩屏周……凡、蒋、邢、茅、胙、祭，周公之胤也。"
③ 任亚珊等：《1993—1997 年邢台葛家庄先商遗址、两周贵族墓地考古工作的主要收获》，载《三代文明研究》（一），科学出版社 1999 年版。
④ 黄凤春等：《湖北随州叶家山新出西周曾国铜器及相关问题》，《文物》2011 年第 11 期。
⑤ 《南水北调中线工程南阳夏响铺鄂国贵族墓地发掘成果》，《中国文物报》2013 年 1 月 4 日第 8 版。
⑥ 事见禹鼎（《集成》2833）铭文。
⑦ 参见刘绪《晋文化》，文物出版社 2007 年版。

矢之虞就是吴越的吴。① 此说得到了多数学者的认可。黄盛璋先生认为西周早期周的势力还不能到达长江下游丹徒一带，他提出宜近郑，在周王畿内，地在今宜阳，而虞在山西平陆北一带。② 鄙以为黄先生的说法更为可信，试作申论。宜侯矢簋铭文称周王赐宜侯矢"在宜王人囗又七姓"，"王人"一词又见于《春秋经》与《左传》的记载，李学勤先生认为王人就是周人，③ 还不够准确，应该说王人是周室直接控制下的周人。《左传》僖公二十五年所记周襄王赐晋文公阳樊、温、原、攒茅之田，"阳樊不服，围之。苍葛呼曰：'……此，谁非王之亲姻，其俘之也？'乃出其民"。《国语·晋语四》亦云："阳人有夏、商之嗣典，有周室之师旅，樊仲之官守焉，其非官守，则皆王之父兄甥舅也。""在宜王人"应和文献中的"阳人"一样，在周室的直接控制下，与周王有很密切的关系。很难想象丹徒会有周室直接控制下的周人，所以黄盛璋先生的看法更为合理。虽则还不能就定宜在宜阳，但宜有"在宜王人"，又是周王审视东国图之后定下来的封地，所以宜应在成周王畿内。阳樊、温、原、攒茅本是周王畿内之邑，赐给晋文公后即为晋所有。周康王将宜赐于宜侯矢，就类似于此，宜授予宜侯矢后，就不再为周王直接控制。学者囿于周王畿内不当有"侯"的认识，所以未想到宜可能在王畿之内，其实周王畿也可封侯，"康侯"就是其例。

莽侯。铜器有莽侯簋（《集成》3589），时代为西周晚期。莽侯又见于士山盘（《汇编》1555）。朱凤瀚先生认为其封地在陕西商洛地区，④ 黄锡全先生认为在商南。⑤

牀侯。西周铜器有牀侯簋（《集成》3752），有学者认为即是柞侯，但柞字从"乍"，此字左半并不是"乍"，应不是柞侯。

量侯。铜器有西周早期的量侯簋（《集成》3908）。

楷侯。李学勤先生据献簋（《集成》4205）铭文推断楷的始封君为毕

① 唐兰：《宜侯矢簋考释》，《考古学报》1956 年第 2 期。
② 黄盛璋：《铜器铭文宜、虞、矢的地望及其与吴国的关系》，《考古学报》1983 年第 3 期。
③ 李学勤：《宜侯矢簋与吴国》，《文物》1985 年第 7 期。
④ 朱凤瀚：《士山盘铭文初释》，《中国历史文物》2002 年第 1 期。
⑤ 黄锡全：《士山盘铭文别议》，《中国历史文物》2003 年第 2 期。

公别子，地在今志丹、延安一带。① 2006 年山西黎城发掘西周墓地，出土了楷侯壶、鼎，器主为"楷侯宰"，时代在西周晚期。发掘者认为楷即黎，黎城即为西周楷国之所在。② 张天恩先生据《吕氏春秋·慎大览》的记载推断黎为帝尧之后。③ 张懋镕先生认为楷先封于志丹、延安一带，后在戎人的压迫下，楷侯逃到了山西黎城。④ 其实，楷侯不必等同于献簋所载楷伯，西周异地异族同名的现象并不少见，从简报来看，黎城墓地葬俗并非周人葬俗，楷侯可能并非姬姓封侯。西周铜器尚有楷侯簋盖（《集成》4139）、楷侯壶（《集成》9553），时代在西周中期。

軝侯。軝侯见于出土于河北元氏西张村墓葬的叔趯父卣（《集成》5428），臣谏簋（《集成》4237）铭文有"唯戎大出于軝，邢侯搏戎"，是軝应在邢台附近，与邢国相邻。

榗侯。西周晚期有榗侯壶（《集成》9586、9587）。

筍侯，即文献中的郇，姬姓，始封君为文王之子，封地在今山西临猗西南。⑤ 铜器有西周晚期的筍侯盘（《集成》10096）。

相侯。西周早期器有相侯簋（《集成》4136），相侯还见于作册折尊（《集成》6002）和折方彝（《集成》9895）。

杨侯，姬姓，始封君为周宣王子长父。四十二年逨鼎（《汇编》745）铭文："余肇建长父侯于杨。"封地在今山西洪洞。

蓋侯。禽簋（《集成》4041）铭文："王伐蓋侯，周公……"陈梦家先生认为蓋即周公东征所伐之奄，⑥ "王伐蓋"又见于冈劫尊、卣（《集成》5977、5383）。则蓋侯即奄君，其可能在商即为侯，西周建立后归顺于周，又被周室重新册封认定，后因叛乱被周伐灭。

魯侯，西周中期有魯侯鼎（《汇编》1598）。

周王分封某人到某地做侯，即可以称为某侯。没有被封到某地做侯，则不能称为侯。夨公簋铭文有"王令唐伯侯于晋"，是燮父"侯于晋"之

---

① 李学勤：《䔨簋铭文考释》，《故宫博物院院刊》2001 年第 1 期。

② 《山西黎城黎国基地》，载《2007 中国重要考古发现》，文物出版社 2008 年版。

③ 张天恩：《晋南已发现的西周国族初析》，《考古与文物》2010 年第 1 期。

④ 张懋镕：《新见西周金文丛考》，载《新出金文与西周历史》，上海古籍出版社 2011 年版。

⑤ 杨伯峻：《春秋左传注》，中华书局 1993 年版，第 422 页。

⑥ 陈梦家：《西周铜器断代》，中华书局 2004 年版，第 28 页。

前并未受封为侯，故只能称唐伯。① 而卫康叔在"啚于卫"之前已经受封为侯，故可以称为"康侯"。如宜侯夨簋铭文所记，封侯要经过授民授疆土和封赐物品的程序。侯可以世代相继，伯晨鼎中伯晨即是继他的祖考而为酁侯，应侯见工钟（《集成》107）铭文有"用作朕皇祖应侯大林钟"，是应侯见工也是继自己的祖辈为应侯。西周金文中的这些侯，大部分是与周王室同源的姬姓封侯，还有一些异姓封侯。这些异姓封侯有的是助周灭商的功臣，如齐侯；有的是褒封的先代之后，如陈侯；另有一些归顺的异姓封侯，如默侯。他们有的是西周新立的诸侯，如齐侯、陈侯；有的可能在商就已经被封侯，入周后被周室重新册封认定，如献侯、噩侯、盖侯。异姓封侯中有些与周室联姻，如齐、陈、噩。这些地方封国，它们是和周邦"类似而规模更小的政治组织"，"完全具备了一个国家的全部职能"。②

从金文来看，西周封侯的主要意义在于军事上的护卫。封侯参加周与戎夷的战事。应侯见工曾受王命征伐南夷芓③（应侯见工鼎《汇编》1456），蔡侯曾受虢仲之命跟随柞伯"搏戎"，④ 纪国的军队曾参与周对淮夷、南夷的战事（师衮簋《集成》4313、史密簋《汇编》636），鲁侯参与了周讨伐东国的战事（明公簋《集成》4029），螱侯有"获巢俘厥金"之事，邢侯曾"搏戎"（臣谏簋《集成》4237），晋侯苏率军队参加了由周王亲自指挥的伐夙夷、淖列夷等的军事行动（晋侯苏钟《汇编》870—885）。

从地理位置上看，这些封侯地理位置非常重要。如默，李学勤先生指出穆王时某些记述周师东征淮夷的铜器铭文，多次提到默，"淮夷侵周，穆王命伯冬戈带领成周的武装戍守，在默国遇敌搏战，取得胜利。这个默国……是自成周通往淮水流域的必经要地"。⑤ 又如蔡，驹父盨盖（《集成》4464）铭文记载驹父受命出使南诸侯、南淮夷，回来后至蔡，"作旅盨"，是蔡也是周王朝与淮水流域交接的要地。周初，为控制燕山地区并

---

① 朱凤瀚：《贋公簋与唐伯侯于晋》，《考古》2007 年第 3 期。

② 李峰：《西周的政体》，生活·读书·新知三联书店 2010 年版，第 253 页。

③ 此字《汇编》释为"丰"，也有学者释为"毛"，李学勤先生释为"芓"（《探寻久被遗忘的周代应国》），更为合理，今从李先生释。

④ 朱凤瀚：《柞伯鼎与周公东征》，《文物》2006 年第 5 期。

⑤ 李学勤：《从新出青铜器看长江下游的文化发展》，《文物》1980 年第 8 期。

进而向东北发展，于北京一带建立了燕国，由燕国通往周王朝中心的道路，经过太行山东侧，很容易被从诸陉突出的戎狄诸族所隔断。"因此，很需要在今河北中南部设立与周王朝有密切联系的诸侯国，作为燕、卫两处重镇之间的枢纽。"① 这就是邢侯封立的原因。菁簋（《汇编》1891）铭文记载了楷侯的臣下菁"搏戎"，"执讯获馘"，受到楷侯赏赐的事，是楷侯受封也是为了防御戎狄。又，记载"邢侯搏戎"的臣谏簋铭文有"戎大出于軝"，则軝侯受封应也与防御戎狄有关。文献中亦记载："建尔元子，俾侯于鲁，大启尔宇，为周室辅"（《诗经·鲁颂·閟宫》）；"昔召康公命我先君太公曰：'五侯九伯，女实征之，以夹辅周室'"。② 康叔封于卫更是在三监之乱后，为了加强对殷人旧地的监控。

这些侯，大部分封于周人所说的东国和南国，但也有一些设于西周腹地，如彔侯。韩巍先生认为周"王畿的界限并非基于后世那样的行政区划，而是由封君的职能来决定的：当外来压力需要封君承担更多的军事职能时，他就可能从'内服'转化为'外服'，其封地也就相应转变为'诸侯国'"。③ 此说很有见地。在周王的直接控制区，宗周、成周也可以封侯，建侯之后，该地就由侯所控制，如宜侯、康侯。所以诸侯的身份并不是由他们受封于王畿之外而定的，而是由他们所承担的职事所决定的，古人称侯"为王者斥候"，实是至论。

侯所在之地是军事重地还体现在周王朝在某些封侯之地或其附近设有"自"。于省吾先生说："凡金文中地名之称'某自'者，'自'的上字为原有地名，'自'字则由于时常为师旅驻扎而得名。"④ 西周早期的静鼎（《汇编》1795）铭文有"在曾、噩自"，中甗（《集成》949）铭文有"在噩自次"，是在曾、噩两地都驻有周师。善鼎铭文记载周王命善辅佐彔侯，同时"监𤔲（幽）师戍"，彔侯的封地附近也应该驻有周师。浚县辛村墓葬出土的西周早期卫师盾饰（《集成》11838、11839）、卫师铜泡（《集成》11858、11859）铭文为"卫自锡"，则在卫也驻有周师。金文中还有"齐自"（妊小簋《集成》4123）。从金文来看，这些周师是由周王

---

① 李学勤：《麦尊与邢侯的初封》，载《邢台历史文化论丛》，河北人民出版社1990年版。
② 《左传》僖公四年。
③ 韩巍：《新出金文与西周诸侯称谓的再认识》，"二十年来新见古代中国青铜器国际学术研讨会"论文，2010年11月，芝加哥。
④ 于省吾：《略论西周金文中的六自和八自及其屯田制》，《考古》1964年第3期。

委任臣下进行管理，由周王直接控制的，而不是由所在地之侯掌控。静鼎铭文记载周王任命静"司在曾、噩𠂤"，善鼎铭文记载周王任命善辅佐㽙侯，"监𤉲（豳）师戍"，趞簋（《集成》4266）铭文记载周王任命趞为"𤉲𠂤冢司马"。高青陈庄出土的引簋铭文记载周王任命引"更乃祖"管理齐师，① 则引的家族可能世代掌管齐师。史密簋和师寏簋铭文分别记载了周王命令史密、师俗、师寏率领齐师和遂人、族人以及㠱（纪）、釐（莱）、僰（偪）人的军队征伐南夷、杞夷、舟夷和淮夷的事。学者多认为两篇铭文中的齐师是齐国的军队，结合引簋和其他铜器铭文来看，齐师实际是驻扎在齐地而由周王直接掌控的周师，周王派史密、师俗、师寏这样的王臣统率齐师自然顺理成章。齐称师而㠱（纪）、釐（莱）、僰（偪）不称师，是因为只有齐地驻扎周师，其他地区并没有驻扎周师。在侯的封地驻有师，却又不由侯，而由周王直接管控，这大概是周王朝既要加强封侯之地的军事力量，又要防范封侯坐大的举措。

综上所述，西周封侯，"建侯树屏"的目的非常明确。侯所在之地都是护卫周王朝的军事重地，正因如此，受封为侯的大多是周王的至亲，这正是文献所说的"封建亲戚以藩屏周"。②

侯是不是一种爵称呢？有学者根据《酒诰》、《召诰》、大盂鼎、小盂鼎（《集成》2839）和矢令方彝的铭文否定西周存在五等爵制，西周诸侯应是侯、田（甸）、男、卫、邦伯。我们说，周初的诸侯之制是承袭殷制而来，而殷制的诸侯：侯、田、男，并不是一个爵制系统，而是一个职事系统，也就是说诸侯不同的称谓体现的是他们不同的职事而非爵级。而文献中的公、侯、伯、子、男五等爵制，不同的称谓体现的是诸侯的等级高低，即"王者之制禄爵，公侯伯子男，凡五等……天子之田方千里，公侯田方百里，伯七十里，子男五十里"（《礼记·王制》）；"上公九命为伯，其国家、宫室、车旗、衣服、礼仪，皆以九为节；侯伯七命，其国家、宫室、车旗、衣服、礼仪，皆以七为节；子男五命，其国家、宫室、车旗、衣服、礼仪，皆以五为节"（《周礼·春官·典命》）等一系列具体禄秩仪节上的差异。两者结合，就是我们所说的服制和爵秩，相关文献中表述最为简洁明了的当属《逸周书·职方解》："乃辨九服之国：方千里

---

① 李学勤：《高青陈庄引簋及其历史背景》，《文史哲》2011 年第 3 期。

② 《左传》僖公二十四年。

曰王圻。其外方五百里为侯服，又其外方五百里为甸服，又其外方五百里曰男服，又其外方五百里为卫服，又其外方五百里曰蛮服，又其外方五百里为镇服，又其外方五百里为藩服。凡国，公侯伯子男，以周知天下。"所谓爵称是一系统，服制则是另一个系统。所以考察侯是不是一种诸侯爵称应该把他放入爵秩的等级序列中考察。不得不说，从现在的金文中我们还找不到一个五等爵制的序列，或者一个包括"侯"在内的诸侯的等级序列。凡封侯都要得到"侯于某"的册命，这里的侯更可能是一个表示职司而非爵位的动词，西周晚期的四十二年逨鼎铭文也还是如此。不过同样，虽然有大盂鼎等铜器铭文，我们在西周金文中也找不到实质性的田（甸）、男的材料。从金文来看，只有经过"侯于某"分封所立的方国君主，才可以称为侯，所以在西周金文中，与其说诸侯是西周地方封国的一种泛称，不如说它是受封为侯的地方封国的一种专称。

尽管金文的证据指向侯并非一种爵称，我们还可以考虑得更深入一些。西周金文中还有另一个广泛使用的身份词"伯"，除了王畿内的王官有大量的伯，地方也有称为伯的封君，如曹伯、倗伯、霸伯。韩巍先生认为西周诸侯国中出现"国名＋伯"式称谓，一般指的都是尚未继承侯位的储君，一些位于王畿之外的小邦之君也称"伯"，"这类小邦的伯应该就是《尚书》的《酒诰》、《召诰》两篇中列入外服的邦伯，排在侯、甸、男、卫之后，地位显然低于真正的诸侯。这些小邦大多是当地土著，大概没有资格受周王册命为侯，多数只能作为诸侯国的附庸"。[1] 侯与伯是否形成了一个等级序列呢？

《左传》僖公二十四年记载："昔周公吊二叔之不咸，故封建亲戚以藩屏周。管、蔡、郕、霍、鲁、卫、毛、聃、郜、雍、曹、滕、毕、原、酆、郇，文之昭也。邘、晋、应、韩，武之穆也。凡、蒋、邢、茅、胙、祭，周公之胤也。"这其中既有鲁、邢、韩、应这样的封侯，也有毛、原、胙、祭这样的王畿内封君，也还有曹伯这样的地方封君。他们都是周王的子孙，他们的受封都被称为"封建亲戚以藩屏周"。韩巍先生的说法需要修正的一个地方是，地方之伯并不一定都是当地的土著，如曹，就是

---

① 韩巍：《新出金文与西周诸侯称谓的再认识》"二十年来新见古代中国青铜器国际学术研讨会"论文，2010 年 11 月，芝加哥。

姬姓，其始封君是文王之子。从《左传》的这段文字中我们看不出侯与伯的差别。

侯与伯有等级上的差异吗？从金文中，我们还找不到这方面的证据。继北赵晋侯墓地之后，在晋南的绛县横水和翼城又发现了倗国墓地[①]和霸国墓地。[②] 一般认为西周的诸侯墓葬都有墓道，在琉璃河燕国墓地、浚县辛村卫国墓地、葛家庄邢国墓地、平顶山应国墓地都发现了带有墓道的大墓，晋侯墓地的 19 座晋侯及其夫人墓都有墓道。霸国墓地 M1、M1027 随葬品丰富，都出土了有"伯作"铭文的青铜器，M1027 还出土了铭文中有"霸伯"的铜簋、铜盂，这两座墓应该是霸伯的墓。两墓都没有墓道，从这个角度看规格上比晋侯墓低一级。但是 M1 出土了 24 件铜鼎和 9 件铜簋，M1027 出土了 13 件铜鼎和 6 件铜簋，超过了同时期的晋侯墓葬，[③] 从这个角度看其规格并不低于晋侯墓葬。横水 M2 倗伯墓随葬 3 鼎 1 簋，从随葬礼器数目上说规格比晋侯墓葬低，但是该墓有墓道，墓室大小也不逊于晋侯墓葬，从这个角度看其规格又不低于晋侯墓葬。对于晋南这两个国族，有学者认为它们并非地方封国，而是晋卿采邑，属于周初分封给晋的怀姓九宗。[④] 从出土青铜器铭文看，霸与燕、周等都有联系，能直接上达天子，倗伯、霸伯的墓葬规格和晋侯墓葬相比并没有明显的降低，不像是普通的卿大夫。众所周知，诸侯立家在春秋时代才开始普遍。所以个人认为还是将这两地视为与晋一样的地方封国为好，不过他们没有晋的军事地位重要，与周王室的关系也不如出自王室的晋国亲密，周王室对他们的倚重远逊于晋。但是如果说他们和晋国之间存在高低等级差异，似乎还不易看出。侯与伯的差别可能就是侯的战略地位更为重要，对王朝的藩屏意义更大，故其军事力量和封国大小可能要超过伯，但他们之间是否已经构成一种等级序列，在西周还是要存疑的。

---

① 山西省考古研究所等：《山西绛县横水西周墓地》，《考古》2006 年第 7 期。

② 山西省考古研究所大河口墓地联合考古队：《山西翼城县大河口西周墓地》，《考古》2011 年第 11 期。

③ 北赵晋侯墓地唯一资料完整的早期晋侯墓 M9，宋玲平先生称随葬 8 件鼎（《晋系墓葬制度研究》，科学出版社 2007 年版，第 66 页），刘绪先生称随葬鼎十余件（《晋文化》第 158 页），若是，则与霸国墓地 M1027 随葬鼎数持平。

④ 张天恩：《晋南已发现的西周国族初析》，《考古与文物》2010 年第 1 期。

二　西周金文的邦君

对于西周金文和文献中的邦君，学者有不同的看法。任伟先生曾对这个问题做了细致研究，他认为周室大分封后，王畿之内的封君泛称邦君，王畿之外，被周王“授民授疆土”的新封之君，爵称多为侯，故泛称诸侯；未被周王“授土授民”的邦国之君，则被称为邦君，他们是在原有邦国范围内被周王重新册命的旧邦之君。西周晚期之后，邦君与诸侯的概念逐渐被混在了一起。①

西周金文中，“邦君”一词见于静簋（《集成》4273）、班簋（《集成》4341）、义盉盖（《集成》9453）、五祀卫鼎（《集成》2832）、豆闭簋（《集成》4276）、梁其钟（《集成》187—188）、文盨。② 班簋铭文记述周王命令毛公“以邦冢君、土（徒）驭”等伐东国，下文又称“王令吴伯曰：以乃师左比毛父”，“王令吕伯曰：以乃师右比毛父”。可见上文中的“邦冢君”就是下文中的吴伯、吕伯。刘雨先生认为班簋的吴伯、吕伯就是静簋的吴𠂔、吕犅。③ 静簋铭文记述“邦君射于大池”，则王畿内的封君确实可以称为邦君。五祀卫鼎中的“邦君厉”就是这样一个畿内封君，他拥有周王授予的土地。畿内邦君的属官是由周王任命的，豆闭簋铭文记载周王任命豆闭继其祖考，担任“邦君司马”，铭文邦君前的两字，学者认为是邦名。邦君之中似乎有正长，梁其钟载梁其“身邦君大正”，应该就是担任邦君之长。

义盉盖铭文记载周王在鲁，“卿（佮）即邦君、诸侯、正、有司大射”，这里的邦君有可能是跟随周王出去的畿内封君，也有可能是鲁地附近的封君。文盨铭文称“王命士曶父殷南邦君、诸侯”，这里的邦君一定是畿外的封君了。从《左传》僖公二十四年的记述来看，西周“封建亲戚以藩屏周”即包括封侯，也包括封伯，他们都属于授民授疆土的分封。未被封为侯的地方国君，类似晋附近的倗伯、霸伯应该就被称为邦君。周初受封的曹伯也应该被称为邦君，而非诸侯。可以说，西周金文中的诸侯

① 任伟：《西周金文与文献中的“邦君”及相关问题》，《中原文物》1999 年第 4 期。

② 李学勤：《文盨与周宣王中兴》，《文博》2008 年第 2 期。

③ 刘雨：《西周金文中的射礼》，《考古》1986 年第 2 期。

是一个含义比较明确的称谓，只有被周王册命"侯于某"的封国之君才可以称诸侯，而邦君则相对是一个笼统的称谓，可以指称除了侯之外的一切封君，其分布遍于王畿内外，包括新受封的封君和重新认定的旧邦之君。虽然诸侯也是封国之君，但是从金文中邦君、诸侯并称来看，西周的邦君和诸侯还不能混称。

《论语·八佾》："邦君树塞门，管氏亦树塞门。邦君为两君之好，有反坫，管氏亦有反坫"；《季氏》："邦君之妻，君称之曰夫人，夫人自称曰小童，邦人称之曰君夫人。"文字中的邦君即诸侯，没有差别。而在《左传》的文字中没有邦君，诸侯包括侯、伯、子、男各种称谓的邦国之君。可能春秋时期邦君和诸侯的概念至少在周王畿之外已经混同。

这里提一下清华简《系年》。《系年》第二章简文："……（幽王）及伯盘乃灭，周乃亡。邦君诸正乃立幽王之弟舍（余）臣于郑（虢），是嶲（携）惠王。立廿又一年，晋文侯戭（仇）乃杀惠王于郑（虢）。周亡王九年，邦君诸侯焉始不朝于周，晋文侯乃逆坪（平）王于少鄂……"①简文前一个"邦君"应该是指周王畿之内的封君，携惠王是由王畿内的王官（邦君诸正）所拥立的，拥立之地为虢。这一拥立可能未得到诸侯的拥护，所以立二十一年后，携王被晋文侯袭杀。此可以与《左传》昭公二十六年孔颖达疏引《纪年》文相参看。其文云："平王奔西申，而立伯盘以为太子，与幽王俱死于戏。先是，申侯、鲁侯及许文公立平王于申，以本太子，故称天王。幽王既死而虢公翰又立王子余臣于携。"②是携王被立之前，诸侯已拥立平王于申，故周有一段时间处于二王并立情况。简文的后一个与诸侯一起"不朝于周"的"邦君"应该是指和诸侯一起的畿外封君，其后晋文侯迎立周平王。可见周平王的确立和诸侯有很大的关系，这也可以与《左传》昭公二十六年王子朝所称的"携王奸命，诸侯替之，而建王嗣，用迁郏鄏"相参看。《系年》释文释"邦君为诸侯"，则似乎是诸侯先立携王，又出尔反尔再立平王，与文意可能就有偏差了。上博简《天子建州》文："凡天子建之以州，邦君建之以都，大夫

<hr>

① 李学勤主编：《清华大学藏战国竹简》（贰），中西书局2011年版，第138页。
② 《春秋左传正义》，载《十三经注疏》下册，中华书局1991年版，第2114页。

建之以里，士建之以室……"① 这里的邦君即诸侯，所述正是我们通常说的天子、诸侯、大夫、士的序列。由此可知，《系年》中保存了更早而可贵的史料。

综上所述，西周金文中的诸侯是指被周王册命侯于某地的封国之君，他们对周王朝的藩屏倚仗作用非常明显，所在之地都是对王朝具有重要战略意义的地区，周王朝在侯国的所在之地或其附近驻有中央直接控制的师旅。侯在西周更接近于一个职事词，而非爵称。西周金文的邦君含义较广，既包括周王畿之内的封君，也包括未被周王册命为侯的地方君长。两周之际邦君和诸侯的含义还有不同，春秋以后两者的含义逐渐相混，到战国时代已经没有差别。

（作者单位：中国社会科学院历史研究所）

---

① 马承源主编：《上海博物馆藏战国楚竹书》（六），上海古籍出版社 2007 年版，第 311 页。

季姬尊铭与西周兵民基层组织初探

王 晖

　　徐中舒先生曾经指出先秦时期有两种公社组织：一种是"家族公社"组织，另一种是"农村公社"组织。他引用《周礼·大司徒》说明公族的组织情况：

> 令五家为比，使之相保；五比为闾，使之相受；四闾为族，使之相葬；五族为党，使之相救；五党为州，使之相赒；五州为乡，使之相宾。

徐先生以此为据解释说："闾二十五家，四闾为族，族则以百家为单位，族与党保存的家族公社关系是较多的。"① 他根据《周礼·遂人》所说"遂人掌邦之野。……五家为邻，五邻为里，四里为酂，五酂为鄙，五鄙为县，五县为遂"，分析"农村公社"，② 说"这种组织里就没有族、党等名称，说明遂和乡不同的地方正在于遂是没有血缘关系的"。③ 徐先生对先秦时期两种公社组织的概括具有学术大家的眼光。不过徐先生所引用的都是成书于战国时期的《周礼》一书，时代比较晚且缺少西周时期资料的证明，也不一定让学者都能接受这种公社组织的说法。有幸的是，西周金文资料为我们提供了一些新资料，证明这种基层公社组织的存在，也

---

① 徐中舒：《先秦史论稿》，巴蜀书社 1992 年版，第 290—294 页。
② 徐中舒先生说："社是地缘关系的组织。……西周初年周人征服了广大地区分封建国……他们所统治的对象是原来住在被征服地区的村社共同体，而不是个别的家族或个人，这些共同体分布在野外，称为野人或遂人。"（见氏著《先秦史论稿》第 297 页）
③ 徐中舒：《先秦史论稿》，巴蜀书社 1992 年版，第 298 页。

使我们对这种基层公社组织有了一些新认识。

一　季姬方尊铭文的释读问题

季姬方尊据说是 1946 年冬季出土于洛阳老城东北的北窑西周贵族墓地。[①] 其尊上铭文先后经蔡运章、李学勤、董珊、李家浩、陈絜[②]等学者释读，但由于各家释读不一，笔者认为有必要对其铭文再做些考察。季姬方尊铭有 8 行，79 字，下依原每行字数释读如下：

佳（唯）八月初吉庚辰，君命宰蒱
易（赐）幽季姬眆（佃）臣于空木，
厥师夫曰丁，以厥友廿又五家
折（誓），易（赐）厥田。以（贻）生（牲）：马十又□匹、
牛六十又九僗赦（挈）、羊三百又八十
又五僗（挈）、禾二墙（仓）。其对扬王
母休，用乍（作）宝障（尊）彝，
其迈（万）[年子子]孙孙永宝用。

上引数家对该器铭文字的隶定释读皆有贡献。举大者说，李学勤先生释第 1 行第 8 字为“君”，第 11 字为“蒱”，第 2 行第 5 字为“眆”并读为“佃”，释第 4 行第 1 字为“折”并读为“誓”，读第 5 行第 6 字为“赦”并从陈世辉之说释为“挈”[③]（李家浩读为“挈”[④]），是对的。李家浩把第 4 行第 6 字“生”读为“牲”是对的，但他把“生（牲）”和“马”连读，则不妥（详下）；把第 6 行第 6 字“墙”读为“仓”；认为

---

① 蔡运章、张应桥：《季姬方尊铭文及其重要价值》，《文物》2003 年第 9 期。

② 李学勤：《季姬方尊研究》，《中国史研究》2003 年第 4 期；董珊：《周秦文明学术研讨会论文集》，2003 年；李家浩：《季姬方尊铭文补释》，载《黄盛璋先生八秩华诞纪念文集》，中国教育文化出版社 2005 年版；陈絜：《周代农村基层聚落初探》，载朱凤瀚主编《新出土金文与西周历史》，上海古籍出版社 2012 年版，第 116—124 页。

③ 李学勤：《季姬方尊研究》，《中国史研究》2003 年第 4 期。

④ 李家浩：《季姬方尊铭文补释》，载《黄盛璋先生八秩华诞纪念文集》，中国教育文化出版社 2005 年版。

季姬方尊铭文（采自吴镇烽《铭文与图像集成》）

命赐者是"君"，亦即下文的"王母"，是被赐者的祖母，被赐者是"季姬"，两者是祖母与孙女的关系。① 这些说法都是对的。

至于第 2 行第 8、9 两字，最初释读的蔡运章等学者释为"空木"，可从，② 有人释为"空桑"是不对的。陈絜认为这一邑落"大概坐落在以当时的东都成周为中心的伊洛地区"，③ 可从，这一问题后面再议。

笔者认为，第 4 行第 5 字"以"，应读为"贻"。过去学者认为"以"是连词，释之为"与"，不妥。"贻"、"以"皆为古韵之部，喻母，可以通假。"贻"以"台"为声符，"台"又以"以"、"目"为声符，故可通

　　① 李家浩：《季姬方尊铭文补释》，载《黄盛璋先生八秩华诞纪念文集》，中国教育文化出版社 2005 年版。

　　② 蔡运章、张应桥：《季姬方尊铭文及其重要价值》，《文物》2003 年第 9 期。

　　③ 陈絜：《周代农村基层聚落初探》，载朱凤瀚主编《新出土金文与西周历史》，上海古籍出版社 2012 年版，第 123 页。

用。笔者曾经指出，甲骨文中"以"常常通"贻"，表示赠送、馈赠的意思。① "以生（牲）"是说把马牛羊等牲品赠送给季姬以便去祭祀先祖。而且应在"以生"后断句，并加上冒号（：），表示下文是对这个"生（牲）"字的解释。

以上所举各位学者对季姬尊铭的研究，除了陈絜之外，多在释读考订文字、疏通词义方面做了大量工作，至于它在史学上的重要价值，还未加更多关注。鄙人不揣浅陋，拟对其文所涉及的重要历史意义作些揭示、分析，不当之处，敬请批评。

二 "以厥友二十五家"与周代聚族而居的基层单位：闾

1. 季姬所封之地

季姬尊铭云："君命宰茀易（赐）虏季姬畋（佃）臣于空木，厥师夫曰丁，以厥友廿又五家折（誓），易（赐）厥田。"周礼所赐虏季姬之地是"空木"，从西周金文散氏盘铭（《殷周金文集成》10176）可知，西周时期以树木之名命名的地名相当多，如"边柳"、"楮木"、"桥"、"棹"、"棫"等，从"空木"之名顾名思义，大概是因一棵大树内中有空洞而命名。这种因特殊树木命名的地名是不好和古书上具体地名相联系的。

但是笔者认为，据传说，这件季姬尊是1946年冬季出土于洛阳老城东北的北窑西周贵族墓地，② 大概虏季姬所嫁给家族也就在洛阳老城东北的北窑一带，西周时期这里是成周洛邑。季姬的夫家也应该就是洛邑城中

---

① 例如："贞：乎（呼）龙以羌？勿乎（呼）龙以羌？"（《合集》272反）"屮（侑）来自南以龟？不其以？"（《合集》7076正）"贞：儒不其以龟？"（《合集》8998正）"贞：追弗其以牛？"（《合集》4454）"贞：妥以羊？"（《合集》6947正）"我以千。妇井示三十。争。"（《合集》116反）笔者指出，"我以千"（《合集》116反）、"追以牛"这类句子中应读作"贻"。《广雅·释诂》："以，与也。"（清）王念孙《广雅疏证》卷三下《释诂》云："以者，《召南·江有汜》篇云'不我以'，又云'不我与'，郑笺：'以犹与也。'"《周易·鼎》："初六，鼎颠趾，利出否，得妾以其子。""以其子"就是赠予、给予其子的意思，"以"借为"贻"或"诒"，表示"馈赠"、"赠予"之义。（拙作《从甲骨文"目"、"以"字形看考古资料中的"粗"器——兼论甲骨文中"目"、"以"字的几种用法》，刊《陕西历史博物馆馆刊》第18辑，陕西出版集团三秦出版社2011年版。）

② 蔡运章、张应桥：《季姬方尊铭文及其重要价值》，《文物》2003年第9期。

的大贵族，不会嫁到太偏远的地方。陈絜所说这一邑落"大概坐落在以当时的东都成周为中心的伊洛地区"①，与笔者看法是相近的。

根据季姬尊的出土之地，𣄰季姬所封之地在成周洛邑，则亦属于"国"中之地，其居民组织也与国中相同。

2. "厥友廿又五家"与西周"间"的基层单位

季姬尊铭前说"易（赐）𣄰季姬叹（佃）臣于空木"，后说"易（赐）厥田"，可知"廿又五家"就是在洛邑郊区"空木"一带从事农业生产的佃农。李学勤先生说："佃臣共二十五家，相当《周礼·大司徒》说的一间，其名'丁'之长即《周礼》的间胥。"此说是对的。《周礼·地官·大司徒》说："令五家为比，使之相保；五比为间，使之相受；四间为族，使之相葬；五族为党，使之相救；五党为州，使之相赒；五州为乡，使之相宾。"西周时期是否完全按照《大司徒》之文所说以比、间、族、党、州、乡来编排，我们还缺乏充分的资料来加以证明；但是"厥友廿又五家"的数目正好与"五家为比"、"五比为间"的家族组织吻合，我们不能不予以充分的关注。"厥友"之"友"，陈絜释之为"兄弟、族兄弟之类的同宗亲属"，可从。季姬尊铭"厥友廿又五家"，正是一间二十五家的同宗亲属组成的集成组织。

有一个问题，我们还需要做些讨论。季姬尊铭说叫作"丁"的师夫"厥友廿又五家"，这二十五家包不包括"丁"一家呢？如果不包括，那么所赐佃臣就有二十六家；② 如果包括，就只有二十五家。③

笔者认为，从"以厥友廿又五家折（誓）"一句看，应该是包括在内的。此句中的"以"是"率领"之义，见之于《左传》僖公二十六年："公以楚师伐齐，取谷。凡师，能左右之曰以。"这里所说"厥友廿又五家"，一家不止一人，至少包括妻子和儿女，甚至也包括老人和众弟（余夫），师夫丁率领他所属宗族亲友去宣誓效忠新主子𣄰季姬，应包括自己的家庭成员，因此这"厥友廿又五家"应该包括丁一家人在内。

① 陈絜：《周代农村基层聚落初探》，载朱凤瀚主编《新出土金文与西周历史》，上海古籍出版社 2012 年版，第 121 页。

② 同上书，第 118 页。

③ 李学勤：《季姬方尊研究》，《中国史研究》2003 年第 4 期。

三 "厥友廿又五家"与西周基层军事组织:两

1. "佃臣"之长称名"师夫"之因

从季姬尊铭所说"君命宰荥易（赐）弔季姬叹（佃）臣于空木,厥师夫曰丁,以厥友廿又五家折（誓）"可知,赐给弔季姬佃臣二十五家的长官名"丁",其官职叫作"师夫"。过去有的学者认为"师夫"之"师"是"长"的意思,笔者认为此说虽然近是,但并不准确。

"师"在西周金文中甚多,一般作长官之义时往往是指军事长官,似乎还没有例外。在这里就不应作一般的佃臣之长来解释。

笔者以为在季姬尊铭中的"师夫"之"师",仍然应按照军事长官来解释。但为什么佃臣之长要用军事长官的"师"来称呼,笔者认为这就是两周时期军民合一的性质决定的。李学勤先生曾说:"西周金文的'六师'、'八师'只能以当时军事制度与行政制度的合一来解释。'六师'、'八师'不仅指军队,也通指军的乡,乃是释读有关金文的关键。"[1] 此说甚是。这种现象在反映春秋时期历史的古文献中仍然可见。《国语·周语上》云:

> 是时也,王事唯农是务,无有求利于其官,以干农功,三时务农而一时讲武,故征则有威,守则有财。

《左传》隐公五年鲁国大夫臧僖伯也说:

> 故春蒐、夏苗、秋狝、冬狩,皆于农隙以讲事也。三年而治兵,入而振旅,昭文章,明贵贱,辨等列,顺少长,习威仪也。

这些古文献中也明确说农民在一年中是春、夏、秋三时从事农业生产,这一时期不能用一般的其他事情干扰农事活动;但一年中还有一个时段——冬季是"讲武":以狩猎活动来训练军事技术。其目的是征伐战争时则有军威可示;保卫国都则可守住财产。根据《左传》隐公五年可见,国

---

① 李学勤:《论西周金文中的"六师"、"八师"》,《华夏考古》1987 年第 2 期。

中农民一年四季中，利用农业活动的间隙狩猎，春季叫"蒐"，夏季叫"苗"，秋季叫狝，冬季叫狩，一方面是为农作物除害，但更重要的是为了演习军事技术而进行的活动。三年则有一次军事大治兵，是为了振兴军威。这些记载都说明西周春秋时期兵农是合一的。农民平时是民，战争时则是兵；农民春、夏、秋三季是从事农业生产，冬季则以狩猎活动来训练军事战争的实战能力：农民在狩猎活动中能杀死虎豹豺狼，在战争中就能杀死敌人。而且正如《左传》隐公五年臧僖伯所说，在狩猎的演习中可以培养上下尊卑的关系和秩序井然的礼仪习惯。这些资料说明，农民与士兵是一身而兼有二任，农业生产和军事战争都是由国中之民来承担的；同样，管理农民及其农田的长官，也是军事战争的长官。

这种现象在西周金文中有很多的资料，例如西六师和成周八师是军事组织无疑，但在西六师、成周八师担任长官的不仅有"司马"，还有"嗣（司）土（徒）"、"嗣（司）工（空）"，而"嗣（司）土（徒）"是管理依附于土地之上的农民，同时又属于"八师"的一级组织。智壶云"王乎（呼）尹氏册令智曰：更（赓）乃且（祖）考乍（作）冢嗣（司）土（于）成周八师"（《三代吉金文存》12·29·3，4）。"嗣（司）工（空）"之职依扬簋铭文所说"王若曰：'扬，乍（作）嗣（司）工（空），官（管）司量田佃，眔（暨）嗣（司）宩（位），叹（暨）嗣（司）刍，眔（暨）嗣（司）寇，眔（暨）嗣（司）工事'"（《集成》4292），此与东汉郑玄注《考工记》所说"司空，掌营城郭，建都邑，立社稷宗庙，造宫室车服器械，监百工者"的执掌之事相似。而盠方彝铭云："王册令尹易（赐）盠赤市、幽亢、攸勒，曰：用嗣（司）六自（师）王行、参（三）又（有）嗣（司）：嗣（司）土（徒）、嗣（司）马、嗣（司）工（空）。王令盠曰：䣄嗣（司）六自（师）眔（暨）八自（师）埶（艺）。"（《集成》6013）从盠方彝铭可知，司徒、司马、司空皆属"六师"所辖官职之列，这也表明西周时期兵民组织是合为一体的。

季姬尊铭所见佃臣之长与军列之官合一的现象，在新近出现西周晚期金文䚖鼎铭文也可见到：

　　䚖曰：不（丕）显天尹，匐保王身，谏（管）辥（乂）四方。

在朕皇高且（祖）师要、亚且（祖）师夆、亚且（祖）师𡫏、亚且（祖）师仆、王父师彪于（与）朕皇考师孝，献乍（作）尹氏童妾、甸（佃）人，𢍰（得，德）屯（纯，倒文）亡（无）敃（泯），世尹氏家，𢍰𢍰……①（《铭文暨图像集成》②5·2439）

上面𢍰鼎铭文中器主人𢍰的高祖、三位亚祖、王父和父亲皆是以"师某"相称：师要、师夆、师𡫏、师仆、师彪、师孝，显然是军事长官，与其他西周金文资料中的用法完全相同，但在铭文的叙述之中，说其族人"乍（作）尹氏童妾、甸（佃）人"，"童妾"是指做尹氏家臣和小妾，"甸人"是指其家族世世为尹氏"佃人"。参照季姬尊铭可知，𢍰鼎𢍰的父祖世袭"师"职官，是掌管"佃"人的；也是因为兵农合一的关系，既是农夫之长，又是军事长官：春、夏、秋是农业生产的长官，农隙和冬季是主管狩猎和军事演习的军事长官，遇到战争，便率领这支小队伍加入某师的行伍之中成为正式编制的士兵。

2."师夫"丁所率二十五家与西周基层军事编制：两

前面说了，西周时国中基层组织是按比、间、族、党等单位来组合的。但我们还应注意的是，这时还有一套与之相配套的军事组织，二者是相互呼应的。《周礼·地官·小司徒》："五人为伍，五伍为两，四两为卒，五卒为旅，五旅为师，五师为军。"同样，《夏官·叙官》云："乃会万民之卒伍而用之。五人为伍，五伍为两，四两为卒，五卒为旅，五旅为师，五师为军。以起军旅，以作田役，以比追胥，以令贡赋。"郑注云："伍、两、卒、旅、师、军，皆众之名。两二十五人，卒百人，旅五百人，师二千五百人，军万二千五百人。此皆先王所因农事而定军令者也。"（按，西周时期的军事组织设置是否如此，我们还不得而知。但从我们目前所见的材料来看，"军"在西周时似乎还没有出现，但两、卒、旅、师的名称在西周春秋时期的金文和文献中都出现了。卒百人，旅五百，在反映春秋历史的《左传》中可见；师二千五百人则难以证实。"五

---

① 吴镇烽：《高祖、亚祖王父考》，《考古》2006年第12期；吴镇烽：《𢍰鼎铭文考释》，《文博》2007年第2期；陈絜：《周代农村基层聚落初探》，载朱凤瀚主编《新出土金文与西周历史》，上海古籍出版社2012年版，第133页。

② 吴镇烽编著：《商周青铜器铭文暨图像集成》（1—35），上海古籍出版社2012年版，下简称《铭文暨图像集成》。

人为伍，五伍为两"在季姬尊铭以及其他相关的西周金文中可以得到落实。"两"的长官《周礼·地官·大司徒》以为是"中士"，而西周金文则仍称之为"师"或"师夫"。）

季姬尊铭所说君命宰莆赐给虎季姬二十五家，在战争的情况下，一家出一人组军，则有二十五人，正好相当于《周礼·地官·小司徒》和《夏官·叙官》所说"五伍为两"的军事卒列。当然这二十五人与前面计算一间的方法一样，应包括叫作"丁"的"师夫"在内。按照西周时期的军车，一般是一车步卒十人，武士二人；两辆车分一正一副，正车上有一个指挥官，一个驾驭者，一个车右；副车上则只有驾驭者和车右。因此，"两"的初义大概是指两辆战车及其所属士卒。

汉唐古注疏皆说先秦时期一乘车步卒有72人，甲士3人，共75人。其实这大概是战国早期的情况，在西周春秋早期远不是如此。西周晚期禹鼎铭文说："肆武公乃遣禹率公戎车百乘，斯（厮）驭二百，徒千。"（《集成》2833）以此铭文来看，一车和厮驭、步卒的配合是：

车	厮驭	徒（步卒）
100 乘	200 人	1000 人
1 乘	2 人	10 人

也就是说，一乘车上，有厮驭二人，步卒十人。"厮"其实就是古文献上所说的车右，"驭"就是御车人。但是这种计算方法并没有把指挥者计算在内，两乘车则有一位指挥者，如果计算上指挥者，这样算来两乘车也正好是25人。《尚书·牧誓序》云："武王戎车三百两，虎贲三百人，与受战于牧野，作《牧誓》。"《吕氏春秋·简选》："武王虎贲三千人，简车三百乘，以要甲子之事于牧野，而纣为禽。"虽然这些古文献未记述步卒的数量，但三百乘配备三千虎贲（甲士），也正好与禹鼎铭"公戎车百乘，斯驭二百，徒千"的比例相合。

这种车辆和士卒的配备情况一直到春秋早期仍然如此。《左传》闵公二年记载，齐侯派公子无亏"率车三百乘，甲兵三千人以戍曹"，这也是一车步卒十人的配备方式。《管子·大匡》："大侯车二百乘，卒二千人；小侯车百乘，卒千人。"《左传》僖公二十八年晋文公在城濮大战之后，"丁未，献楚俘于王，驷介百乘，徒兵千"。这说明楚国到春秋中期仍然是一乘车十步卒的配备形式。①

3. 从出土考古资料看西周时代军事组织的基层建制

2006 年在陕西省扶风县五郡村出土了一组西周时期的铜矛，共有 12 件，通长 35.2 厘米。现藏陕西省扶风县博物馆。这次出土的 12 件铜矛是属于窖藏，锋利如初，应是有意识埋藏起来的，也应是完整的一套兵器。这对于我们探讨西周时期军事组织的基层建构是大有帮助的。

按照西周兵车徒御相配这一比例来看，在陕西省扶风县五郡村所出土的这 12 件青铜矛刚好是一乘兵车甲士及其所率领步兵的武器总数。这 12 件青铜矛，应是一乘兵车所配备的武器，一辆兵车有 2 个甲士，各人手持一矛；10 个步卒，也是一人手持一矛，正好是 12 件铜矛。笔者认为这种情况不是巧合，而是西周军队基层建制情况的反映。

总之，根据新出土西周金文资料季姬尊、𧽚鼎铭以及古文献资料、考古资料互证，可知西周时"国"中是以 25 家为一从事佃农生产的基层单位，其佃农组织可能是"五家为比，五比为闾"的组织结构；其长官称

---

① 《周礼·地官·小司徒》郑玄注引《司马法》云："革车一乘士十人，徒二十人。"这种情况可能反映了春秋中期以来有些诸侯国家对车辆和步卒的配备情况。《诗经·鲁颂·閟宫》曰："公车千乘，朱英绿縢，二矛重弓，公徒三万。"据此则一革车所配士卒有 30 人，与《司马法》所说相同。《閟宫》据《诗序》所说是反映鲁僖公时代的诗篇，说明春秋中期鲁僖公时代有的诸侯已把一车配备的士卒扩大了，但有的诸侯还没有扩大。

"师夫"，表明这又是一个基层军事组织，说明西周时国中实行的是兵农合一的制度。一年中有春夏秋三季从事农业生产，冬季以狩猎形式进行训练；有战争则以二十五家的正夫组为基层军事组织。其军事组织是一家出兵一人，并以"五人为伍，五伍为两"的编制形式。这样的基层军事组织有25人：正好是两辆车的武士步卒，每辆车步卒10人，厮1人，御者1人，主车上有指挥官1人。

（作者单位：陕西师范大学历史文化学院）

论盂形簋

张懋镕

　　西周时期是青铜簋大发展的时期，形式多样，按耳分有四耳簋、附耳簋、衔环耳簋、贯耳簋，按腹部与圈足分则有豆形簋、盂形簋等等。盂形簋的数量虽然不多，但有一定的特点，值得做专门研究。

　　首先将目前所知的盂形簋资料整理如下（资料引自《商周青铜器铭文暨图像集成》，下面列出编号者，均采自该书）：[1]

　　1. 戈簋（03514）：通高 20.3 厘米。颈部饰涡纹间夔龙纹，圈足饰夔龙纹。铭文一字："戈"。商代晚期器。

　　2. 举簋（3455）：通高 14.8 厘米、口径 21.5 厘米、腹深 12.0 厘米。颈部饰斜角目纹。铭文一字："举"。西周中期器。

　　3. 顾龙纹簋：1975 年陕西临潼南罗西周墓出土。通高 16.5 厘米、口径 24.5 厘米。颈部饰顾龙纹，腹部饰瓦楞纹。[2] 西周中期器。

　　4. 弦纹簋：1980 年陕西长安花园村 15 号西周墓出土。通高 15.0 厘米、口径 20.0 厘米、腹深 12.0 厘米，重 2.5 公斤。颈、腹交界处有弦纹两道。[3] 昭王时器。

　　5. 弦纹簋：情况同上。

　　6. 伯簋（04124）：1973 年陕西扶风刘家沟水库西周墓出土。通高 15.1 厘米、口径 21.2 厘米、腹深 11.5 厘米，重 2.17 公斤。颈部饰变形

---

　　① 吴镇烽：《商周青铜器铭文暨图像集成》，上海古籍出版社 2012 年版。
　　② 赵康民：《临潼南罗西周墓出土青铜器》，《文物》1982 年第 1 期，第 88 页，图一七。
　　③ 陕西省文物管理委员会：《西周镐京附近部分墓葬发掘简报》，《文物》1986 年第 1 期，第 10 页，图版壹，3。

夔纹。铭文："伯作旅簋。"西周中期器。①

7. 仲簋（04127）：通高 15.8 厘米、口径 21.5 厘米。颈部饰云雷纹衬底的变形夔纹。铭文："仲作宝簋。"西周中期器。

8. 叔簋（04128）：通高 15.5 厘米、两耳间距 25.5 厘米。颈部饰云雷纹衬底的分尾鸟纹。铭文："叔作宝簋。"西周中期器。

9. 伯戜簋（04226）：1975 年陕西扶风庄白村墓葬出土。通高 15.5 厘米、口径 23.9 厘米，重 2.57 公斤。颈部饰分尾鸟纹，腹部饰瓦纹，圈足饰两道弦纹。铭文："伯戜作旅簋。"西周中期器。②

10. 仲师父簋（04362）：颈部饰云雷纹衬底的顾龙纹。铭文："中（仲）师父作旅簋。"西周中期器。

11. 叔宾父簋（04462）：通高 14.4 厘米、腹深 11.3 厘米。腹部饰兽面纹。铭文："叔宾父厥子子孙。"西周中期器。

12. 滋簋（04697）：通高 24.5 厘米、口径 23.0 厘米。颈部饰两道弦纹。其铭曰："滋乍（作）盂簋，其万年子子孙孙永宝用。"西周中期器。

13. 伯百父簋（04778）：通高 4、腹深 3、口径 6.7 寸。颈部饰云雷纹衬底的分尾鸟纹。铭文："伯百父作周姜宝簋，用夙夕享，用祈万寿。"西周中期器。

14. 不寿簋（05008）：通高 15.8 厘米、宽 33 厘米，重 3.14 公斤。颈部饰窃曲纹。铭文："隹（唯）九月初吉戊辰，王在大宫。王姜易（赐）不寿裘。对扬王休，用乍（作）宝。"西周中期器。

15. 伯椃簋（05078）：颈部饰云雷纹衬底的分尾鸟纹，圈足饰两道弦纹。铭文："伯椃作厥宫室宝簋，用追孝于厥皇考，唯用祈桒万年孙孙子子永宝。"西周中期器。

16. 命簋（05082）：通高 24.1 厘米、口径 21.6 厘米。盖沿、颈部饰云雷纹衬底的分尾鸟纹，圈足饰回首鸟纹。铭文："隹（唯）十又一月初吉甲寅，王在华。王易（赐）命鹿，用作宝彝，命其用以多友簋飤。"西周中期器。

17. 旂伯簋（05147）：通高 14.5 厘米、口径 23.0 厘米、腹深 11.8 厘米。颈部饰云雷纹衬底的鸟纹。铭文："隹（唯）正月初吉辛未，王客

① 曹玮：《周原出土青铜器》第 6 册，巴蜀书社 2005 年版，第 1211—1216 页。
② 同上书，第 7 册，第 1351—1375 页。

奠（郑）宫。王易（赐）旂伯贝十朋，旂伯对扬王休，用作尊宝簋，子子孙孙其万年宝。"西周中期器。

18. 旂伯簋（05148）：通高 14.5 厘米、口径 22.8 厘米、腹深 11.2 厘米。颈部饰云雷纹衬底的鸟纹。铭文："隹（唯）正月初吉辛未，王客奠（郑）宫。王易（赐）旂伯贝十朋，旂伯对扬王休，用作尊宝簋，子子孙孙其万年宝。"西周中期器。

19. 戫簋（05295）：通高 13.7 厘米、口径 21.0 厘米。颈部饰云雷纹衬底的顾龙纹。铭文 73 字："隹（惟）廿又八年正月既生霸丁卯，王才（在）宗周，各（格）大（太）室，即立（位）。毛白（伯）入右（佑）戫（戫），立中廷，北向。王令乍（作）册高（宪）尹易（赐）戫（戫）繺（銮）旗，用足（胥）毃师嗣（司）田（甸）人。戫（戫）拜首稽首，对扬天子休，用乍（作）朕文考□（?）父宝毁（簋），孙子万年宝用。"① 西周中期器。

20. 抢簋：通盖高 19.5 厘米、盖高 6.0 厘米、器高 13.5 厘米、口径 21.3 厘米、腹深 12.0 厘米、两耳间距 24.5 厘米。口沿下有弦纹一道，颈、腹交界处有弦纹两道，盖沿与盖面上各有弦纹一道。器、盖对铭，各有铭文三行 26 字："隹（唯）廿年又四年才（在）八月既望丁巳，易（赐）敓（廪）卤百车，夆（抢）用乍（作）厥文考宝簋。"② 西周中期器。

以上共得盂形簋 20 件。盂形簋是在盂和簋相互影响下产生的新品种。盂形簋都有附耳，附耳恰恰是盂的主要特征之一。也有个别盂的双耳作半环状，例如亚长盂（06203），但在其腹部有一对附耳，与颈部的附耳相似。显然盂形簋很像盂。当然稍加分析，它还是更接近簋。这类盂形簋的共同特点是：

1. 形制如盂。腹较深，腹部两侧线较直，圈足不高，且都有附耳，与盂几乎没有什么差别。滋簋铭曰："滋乍（作）盂簋。"盂簋连言，可见盂形簋与盂关系之密切。这是盂形簋易与盂混淆的一个重要原因。

2. 体量较小。盂形簋与盂的主要区别在器的大小，陈梦家先生早就

---

① 张懋镕：《新见金文与穆王铜器断代》，《文博》2013 年第 2 期，第 21 页。

② 张懋镕：《抢簋及相关问题研究》，待刊。

说过，大者为盂，小者为簋，诚斯言也。① 盂通常高在 40 厘米以上，口径 55 厘米以上，如商代晚期的妇好盂（06201）通高 43.9 厘米、口径 54.5 厘米，重 32.9 公斤。寝小室盂（06205）通高 41.3 厘米、口径 40.2 厘米，重 41.8 公斤。也有比较小的盂，如亚长盂（06205），通高 29.5 厘米，重 12.9 公斤，但还是比一般的盂形簋大。西周早期的迭盂（06212），通高 41.8 厘米、宽 56.5 厘米。西周中期的永盂（06230），通高 46 厘米、口径 58 厘米、腹深 37 厘米，重 36 公斤。西周晚期的丹叔番盂（06213），通高 27.7 厘米、口径 39.9 厘米、腹深 25.2 厘米，重 11 公斤。春秋晚期的齐侯盂（06225），通高 43.5 厘米、口径 75 厘米、腹深 65.5 厘米。

盂形簋通高在 15 厘米上下，口径在 20 厘米左右，重量只有 2—3 公斤。

3. 盂形簋与盂的差别也表现在纹饰上。盂形簋的颈部纹饰通常饰有夔龙纹、顾龙纹、斜角目纹、分尾鸟纹，而腹部很少装饰花纹，即使有也主要是瓦楞纹，这一点与簋很相似。盂的腹部则多有花纹，常见有垂叶纹、大环带纹，而这几种纹饰恰恰不见于盂形簋上。究其原因，一是盂的腹部宽大，适合装饰垂叶纹、大环带纹这样需要较大空间的纹饰。另外，盂形簋兴盛的时期在西周中期，此时青铜器的装饰崇尚简约，无论是鼎还是簋，往往在口沿下布局带状纹饰，至于腹部有没有装饰，并不重要。

簋与盂相互影响，愈晚，二者愈像。如西周中期的伯盂（06206），形制与虢簋几乎一样，颈部也饰顾龙纹，只是体量大，通高 28.7 厘米、口径 42.8 厘米，重 12.2 公斤。并且铭文道出了它的身份："白（伯）乍（作）宝盂"，是可以与簋区分的。

4. 要区分盂形簋与盂，还有一个好办法，就是看它们在墓葬青铜器组合中的位置。譬如伯簋于 1973 年出自扶风刘家沟水库一号西周墓，墓葬出土青铜礼器除伯簋外，还有一件弦纹鼎，鼎、簋组合，证明伯簋只能是簋，而不是盂。伯戈簋于 1975 年出自扶风庄白村墓葬，墓葬出土青铜饪食器除伯戈簋外，还有两件鼎、一件簋，两鼎配两簋，正合适，说明这件伯戈簋是簋而不是盂。

当我们了解了盂形簋的基本特点后，就不会将它们与盂相混淆。

研究盂形簋的意义是多方面的。

---

① 陈梦家：《西周铜器断代》，中华书局 2004 年版。

首先，有利于西周青铜器的断代研究。盂形簋的流行时间不长，自商代晚期始出，但数量极少，主要在西周早期晚段至西周中期，有18件盂形簋是西周中期器。盂形簋上不见西周中晚期流行的重环纹，也说明盂形簋的年代不会很晚，西周晚期似乎未见。例如虎簋的年代，我们认为是穆王时期的器物。但由于铭文字形书体与近期面世的吴盉很接近，而后者或被认为是宣王时期的器物，因此关于虎簋的年代也存在争议。[①] 如上所述，虎簋这样的盂形簋主要流行于西周中期，不会晚到西周晚期的宣王时期，这样就从器物发展的角度，为虎簋穆王说提供了新的证据。

其次，有利于了解西周礼制的特点。盂形簋流行于西周中期，与周人重食文化有关。我们在讨论豆形簋时，曾说到自西周早期始，鼎、簋成为墓葬出土青铜器组合中的核心器物，簋的数量和形式都十分丰富。周人在承袭旧有的簋式时，也在不断创制新的簋式，豆形簋即为其中的一类，[②] 现在看来盂形簋也是其中的一类。

盂形簋与豆形簋有相似的地方，一是体型都不大，二是流行时间差不多。它们的衰落时间在西周中期以后，这时随着西周礼制的全面确立，鼎簋制度要求青铜簋形态一致，从而抑制了器物的多样化，不占据主导地位的其他形式的铜簋遭到淘汰。与豆形簋不同的是，盂形簋消失的时间更早了一点。究其原因，在于豆形簋模仿的是豆，而在西周中晚期，豆正处于上升阶段，而盂形簋模仿的是盂，盂在西周中晚期则处于衰落阶段，盂尚且自身难保，又何况盂形簋呢。

再次，有利于盂形簋与盂的区分。日本学者林巳奈夫将包括上述盂形簋在内的95件青铜簋划入盂内，称之为“小型盂”，显然不妥当。[③] 如前所言，青铜簋的内涵十分复杂，除了盂形簋，还有豆形簋等等。

箙盂（06202）通高只有22.5厘米，况且没有通常盂所具备的附耳，应称之为簋。燕侯盂（06207）也没有附耳，通高仅18.7厘米，很多书籍称之为盂，是因为它的铭文“匽（燕）侯乍（作）旅盂”，自称为盂。

---

① 张懋镕：《新见金文与穆王铜器断代》，《文博》2013年第2期，第23页。

② 张懋镕：《关于青铜器定名的几点思考——从伯湄父簋的定名谈起》，《文博》2008年5期。

③ 林巳奈夫：《殷周青铜器综览》，东京：吉川弘文馆1984年版，第137—147页。

关于这一点，我们已经有专文讨论过，这是两种器类相互影响的结果。[①]
依据形态，应称之为燕侯簋。同是燕侯的器物，另一件燕侯盂（06209）
才是盂，一是体量较大，通高24.5厘米、口径33.8厘米，重6.45公斤，
二是装饰风格与部位特别，腹部装饰大顾龙纹，与盂形簋有别。

　　最后，有利于对青铜簋的深入研究。商周青铜簋很多，在3000件以
上，仅次于鼎。要深入了解它，就必须将其进一步分类，譬如盂形簋、豆
形簋、四耳簋、附耳簋、衔环耳簋、贯耳簋等等，一小部分一小部分地搞
清楚各自的内涵，方能对商周青铜簋有新的认识。否则连簋与盂、簋与豆
的界限也不能区分，如何把握青铜簋的性质？本文的写作就是一种尝试。
（任雪莉博士提供部分资料，谨致谢忱）

（作者单位：陕西师范大学历史文化学院）

---

① 张懋镕：《试论中国古代青铜器器类之间的关系》，载《华学》第8辑，紫禁城出版社
2006年版。

《周颂》所见重言词与两周金文互证*

（香港）邓佩玲

一　前言

　　"重言"是传统训诂学的术语，今又称迭音词或重迭词，乃指由两个相同汉字所构成的词。从现代语法学角度区分，重言词又可细分为迭音单纯词及重迭式合成词两类。① 重言是《诗》语言的重要特色，能加强作品的艺术感染力，南朝刘勰《文心雕龙·物色》曾述其修辞作用云："故'灼灼'状桃花之鲜，'依依'尽杨柳之貌，'杲杲'为出日之容，'瀌瀌'拟雨雪之状，'嗥嗥'逐黄鸟之声，'喓喓'学草虫之韵。"② 此外，清人王筠撰有《毛诗重言》，全书分上、中、下三篇，专门探讨《诗》之重言现象，该书开首评述其重言特点云："重言之不取义者为尤多，或同字而其义迥别，或字异音同而义则比附，此正例也。"③ 重言之所以重在比附，大概是由于部分迭音词之单字字义与整词词义不尽相同，故往往需要根据具体语境决定词义。

　　《诗序》尝言："颂者，美盛德之形容，以其成功，告于神明者

---

　　* 本论文为香港特别行政区大学资助委员会优配研究金（General Research Fund）资助项目成果之一（RGC Ref No 844811），谨此致谢。
　　① 除迭音单纯词及重迭式合成词外，古汉语尚有单音词之重迭结构，例子有如"行行"、"朝朝"、"家家"等；但此等例子均属单音词重迭所构成之短语，并非重言词，《周颂》中亦未见有相关用例，故本文并不会对有关例子做出探讨。
　　② （梁）刘勰著，范文澜注：《文心雕龙注》，人民文学出版社1958年版，第693—694页。
　　③ （清）王筠：《毛诗重言》，载《续修四库全书》第69册，上海古籍出版社1995年版，第327页。

也。"①《颂》乃祭祀乐歌，由于创作背景不同，《颂》又分为《周颂》、《鲁颂》及《商颂》三部分。其中，《周颂》凡31篇，前人考证多以为是西周初年的作品。至于金文是指刻或铸在青铜器上的文字，年代大致遍及殷晚至春秋战国。《周颂》属传世文献，金文则是出土资料，在表面上，两者似为截然不同之材料，但倘若再细审其性质，便知两者仍存在不谋而合及可参照之处：金文有不少习用语见于《周颂》，《周颂》是上古祭祀诗，合诗、乐、舞为一体，而金文之载体乃青铜器，是先秦皇室贵族用于祭祀追孝、朝聘赏赐、燕飨祝嘏的礼器，此等礼仪活动均多配以乐舞。从此角度而言，《周颂》与金文在产生时代、背景用途、应用对象、遣词造句等诸方面均有相类之处。

在《周颂》中，重言词尤为习见。综观各重言用例，部分于先秦典籍颇为常见，故于意义之判别上较为容易；但是，亦有部分重言词于经传中较鲜使用，甚或未尝出现。王国维先生亦尝言："其成语之意义，与其中单语分别之意义又不同"②，重言既为《诗》所见成语之一，后代经学家于其训释上遇到一定困难，故重言之运用或是构成《周颂》艰涩难解原因之一。

1925年，王国维先生于清华大学提出"二重证据法"，倡议以"地下之材料"与"纸上之材料"相互参证，借以印证、补充，甚至修订传世古籍之记述。③自宋代以来，青铜彝器大量出土，铭辞用语确有不少可资与《诗》参照，而借助传世古书及出土文献"二重证据"间之比对，亦可补苴先儒训释之阙漏。其实，前贤在《周颂》所见重言词之训释上已具一定成果，并均提出不少宝贵意见；但是，或因材料之囿限，往往仍难以有所突破。今人幸得地下材料之发现，并借出土青铜彝铭补足前人之诂训。有鉴于此，本文以出土金文材料与《周颂》作相互印证，结合古书之注疏训释，对诗中所见重迭词作重新探索，冀能为相关之研究提供新资料。

---

① 《毛诗正义》，载《十三经注疏（整理本）》，北京大学出版社2000年版，第21页。

② 王国维：《与友人论〈诗〉〈书〉中成语书》，载《观堂集林》，中华书局1959年版，第75页。

③ 王国维：《古史新证》，载《古史新证——王国维最后的讲义》，清华大学出版社1994年版，第1—59页。

二　恭敬威仪之形容——"济济"、 "穆穆"、"肃肃"及"桓桓"

《清庙》云："济济多士，秉文之德。"① "济济"为美称之属，该辞于古书中经常出现，所形容之对象相当广泛，当中包括君王及群臣。《诗序》尝言："《清庙》，祀文王也。周公既成洛邑，朝诸侯，率以祀文王焉。"② 《清庙》是祭祀文王之诗，故"多士"当指执祭之人，朱熹《集传》："多士，与祭执事之人也。"③ 又《小雅·楚茨》记祭事云："济济跄跄，絜尔牛羊，以往烝尝。"④ "济济"亦用于形容执祭之人。至于《大雅·文王》："济济多士，文王以宁。"⑤ "济济多士"可与前文"思皇多士，生此王国"⑥ 相参照，"多士"指群臣贤士，朱熹《集传》："美哉此众多之贤士，而生于此文王之国也。"⑦ 又《鲁颂·泮水》云："济济多士，克广德心。"⑧ 郑玄《笺》："多士，谓虎臣及如皋陶之属。"⑨ "济济多士"乃对贤臣武将之赞颂。除此之外，"济济"亦见于《书·大禹谟》："济济有众，咸听朕命。"⑩ 《大禹谟》所记乃大禹征伐苗民前之誓师，"有众"当指当时之诸侯群臣。此外，"济济"亦有用以称美君王者，如《大雅·棫朴》云："济济辟王，左右趣之。"⑪ 又曰："济济辟王，左右奉璋。"⑫ 郑玄《笺》以为"辟"即"君"，"辟王"乃指文王。⑬

"济济"是先秦古书之常用词汇，且其修饰作用相当广泛。在古籍中，"济济"可用于称美辟王群臣，但是，倘若再细审经传诂训，则知

---

① 《毛诗正义》，第 1507 页。
② 同上书，第 1503—1504 页。
③ （宋）朱熹集注：《诗集传》，中华书局 1958 年版，第 223 页。
④ 《毛诗正义》，第 950 页。
⑤ 同上书，第 1125 页。
⑥ 同上。
⑦ 《诗集传》，第 176 页。
⑧ 《毛诗正义》，第 1649 页。
⑨ 同上。
⑩ 《尚书正义》，载《十三经注疏（整理本）》，北京大学出版社 2000 年版，第 116 页。
⑪ 《毛诗正义》，第 1168 页。
⑫ 同上书，第 1170 页。
⑬ 郑玄《笺》："辟，君也。君王，谓文王也。"（参见《毛诗正义》，第 1168 页。）

"济济"存有二训：其一，"济济"乃仪态容止之形容，言其威仪也，如毛《传》尝言："济济，多威仪也。"① 郑玄《笺》云："跄跄济济，士大夫之威仪也。"② 孔颖达《正义》亦引孙炎曰："济济，多士之容止也。"③ "容"指仪貌，"止"亦即"礼"，④ "容止"言其仪容举止，即其威仪也。⑤《鲁颂·泮水》有所谓"敬慎威仪"，⑥ 执礼者自其容貌举止彰显威仪风度，以示恭敬谨慎，故"济济"遂亦可训为"敬"，如《广雅·释训》云："济济，敬也。"⑦《广韵·荠韵》曰："济，亦济济多威仪。"⑧ 其二，亦有论者以为"济济"即众貌，"济济多士"乃形容贤臣之众盛，如朱熹《集传》尝言："济济，众也。"⑨ 又曰："济济，多貌。"⑩ 孔安国亦尝释"济济有众"云："济济，众盛之貌。"⑪ 此外，蔡沈更认为"济济"兼有整齐、和谐之意，《集传》云："济济，和整众盛之貌。"⑫

《说文·水部》尝言："济，水。出常山房子赞皇山，东入泜。"⑬ "济"之本义或为水名，其后复有渡水、成就诸义，如《邶风·匏有苦叶》"济有深涉"下毛《传》云："济，渡也。"⑭ 又《左传·文公十八年》"世济其美"下杜预注："济，成也。"⑮ "济"常见用于先秦典籍中，

① 《大雅·文王》"济济多士"下毛《传》。（参见《毛诗正义》，第 1125 页。）
② 《大雅·公刘》"跄跄济济"下郑《笺》。（参见《毛诗正义》，第 1311 页。）
③ 《大雅·文王》"济济多士"下孔《疏》。（参见《毛诗正义》，第 1126 页。）
④ 《广雅·释言》："止，礼也。"参见（清）王念孙《广雅疏证》，中华书局 1983 年版，第 152 页。
⑤ 《孝经》"容止可观"下唐玄宗注："容止，威仪也。"《孝经注疏》，参见《十三经注疏（整理本）》，北京大学出版社 2000 年版，第 42 页。
⑥ 《鲁颂·泮水》云："敬慎威仪，维民之则。"（参见《毛诗正义》，第 1648 页。）
⑦ 《广雅疏证》，第 176 页。
⑧ （宋）陈彭年等重修：《校正宋本广韵：附索引》，艺文印书馆 1986 年校正六版，第 268 页。
⑨ 《周颂·清庙》"济济多士"下朱熹《集传》。（参见《诗集传》，第 223 页。）
⑩ 《大雅·文王》"济济多士"下朱熹《集传》。（参见《诗集传》，第 175 页。）
⑪ 《书·大禹谟》"济济有众"下孔安国《传》。（参见《尚书正义》，第 116 页。）
⑫ 《书·大禹谟》"济济有众"下蔡沈《集传》。（宋）蔡沈：《书经集传》，参见《四库全书》第 58 册，上海古籍出版社 1987 年版，第 18 页上。
⑬ （汉）许慎撰，（清）段玉裁注：《说文解字注》，上海古籍出版社 1988 年第 2 版，第 540 页下。
⑭ 《毛诗正义》，第 163 页。
⑮ 《春秋左传正义》，载《十三经注疏（整理本）》，北京大学出版社 2000 年版，第 665—666 页。

其用法虽然不一而足，但却从未见有用以指称威仪或数目众多者，经籍何以用"济济"形容君王辟士？又孰为"济济"之确诂？以下将就殷周金文"济济"相关用例做进一步剖析。

复观乎两周金文，"济济"一词见于战国晚期之《中山王礜壶》铭，其云：

> 佳（唯）十四年，中山王礜命相邦贮斊（择）郾（燕）吉金，剀（铸）为彝壶，节（即）于醴（禋）䣩（禱），可灋（法）可尚（常），以郷（饗）上帝，以祀先王。穆穆济济，严敬不敢飤（怠）荒。

"醴（禋）䣩（禱）"，言其祭祀也；"穆穆济济，严敬不敢飤（怠）荒"，形容其于祭事上恭敬谨慎，毋敢荒怠，"穆穆"应该是美辞之属。《中山王礜壶》以"济济"、"穆穆"二词连言，其实，"穆穆"一词亦见于《周颂》，乃其诚敬态度之形容，如《雍》云："有来雍雍，至止肃肃。相维辟公，天子穆穆。"① "肃肃"、"穆穆"对言，可知二词意义相当，均有诚敬之意，郑玄《笺》云："肃肃，敬也。……，肃肃然者，乃助王禘祭百辟与诸侯也。天子是时则穆穆然。于进大牡之牲。"② 又《尔雅》中更有同训之例，《释训》云："穆穆、肃肃，敬也。"③ "肃肃"、"穆穆"用例亦时见于其他先秦作品，经传多训之为"敬"，如《周南·兔罝》云："肃肃兔罝，椓之丁丁。"④ 毛《传》："肃肃，敬也。"⑤ 又《大雅·思齐》曰："雍雍在宫，肃肃在庙。"⑥ 朱熹《集传》："肃肃，敬之至也。"⑦ 然而，检诸两周金文，"肃肃"数量较少，仅存两例，均见于春秋齐器：

---

① 《毛诗正义》，第 1567 页。
② 同上。
③ 《尔雅注疏》，载《十三经注疏（整理本）》，北京大学出版社 2000 年版，第 104 页。
④ 《毛诗正义》，第 58 页。
⑤ 同上。
⑥ 《毛诗正义》，第 1186 页。
⑦ 《诗集传》，第 183 页。

用旛（祈）寿老母（毋）死，保虘（余）兄弟，用求丂（考）命弥生，<u>肃肃义政</u>，儤（保）虘（余）子姓。（春秋早期《齘镈》）

女（汝）考寿万年永虘（保）其身，卑（俾）百斯男而觌（执）斯字，<u>肃肃义政</u>，齐侯左右，母（毋）疾母（毋）已。（春秋晚期《叔尸钟》）

"肃肃义政"，言其敬慎于政事也。至于"穆穆"，亦即"敬"也，如《书·多方》云："尔尚不忌于凶德，亦则以穆穆在乃位……"① 孔颖达《正义》引《释训》曰："穆穆，敬也。"② 又蔡沈《集传》云："穆穆，和敬貌。"③《荀子·大略》云："言语之美，穆穆皇皇。朝廷之美，济济鎗鎗。"④ 杨倞注引郭璞云："穆穆，容仪谨敬也。"⑤ 而于两周彝铭中，"穆穆"之例屡见不鲜，其使用最早见于西周中、晚期金文，历春秋战国而不衰，例如：

至于辝（台）皇考邵白（伯），趚趚<u>穆穆</u>，懿歔不曆曶（召）匹晋侯，用韸王令（命）。（西周中期—春秋早期《戎生钟》）

汸（梁）其曰：不（丕）显皇且（祖）考，<u>穆穆</u>异异，克质（慎）乓（厥）德，农臣先王，得屯（纯）亡敃。（西周晚期《汸其钟》）

罤朕皇考龚叔，<u>穆穆</u>趚趚，穌旬（均）于政，明陉（齐）于德，亯（享）辟剌（厉）王。（西周晚期《逨盘》）

襘亯（享）是台（以），祇盟尝宦，佑受母（无）已，禣（齐）韻（嘉）整謙（肃），籟（抚）文王母，<u>穆穆</u>叔叔，恩宪欣旇（畅），威义（仪）游游，霝颂托商，康谐穌好。（春秋晚期《蔡侯申尊》及《蔡侯盘》）

中韓（翰）叔（且）旇（扬），元鸣孔諲。又（有）严<u>穆穆</u>，敬事楚王。（春秋晚期《王孙诰钟》）

---

① 《尚书正义》，载《十三经注疏（整理本）》，北京大学出版社2000年版，第548页。

② 《尚书正义》，第549页。

③ 《书经集传》，第116页上。

④ （清）王先谦撰，沈啸寰、王星贤点校：《荀子集解》，中华书局1988年版，第494页。

⑤ 同上。

　　从上列诸例可知，金文"穆穆"时与其他重言连用，组成 AABB 重迭式。《中山王䝮鼎》言"穆穆济济"，而其他彝铭则又曰"趡趡穆穆"、"穆穆异异"、"穆穆趒趒"及"穆穆䝿䝿"等，其实，借各例间之相互参照，或能对"济济"之意义具更确切认识。"穆穆异异"、"穆穆趒趒"均见西周晚期彝铭，两者实为一词，"异"上古为余母职部字，① 前人多读"异异"、"趒趒"为"翼翼"，具恭敬之意，② 如《大雅·常武》"绵绵翼翼"下毛《传》云："翼翼，敬也。"③ 又《大雅·文王》"厥犹翼翼"下毛《传》："翼翼，恭敬。"④ 此外，《尔雅》更尝将"肃肃"、"翼翼"同训为"恭"，益知"翼翼"与"穆穆"、"肃肃"意义大致相同，如《释训》云："肃肃、翼翼，恭也。"⑤ 今彝铭既谓"穆穆翼翼"，应当是同义词之迭用，从而加强诚敬之意。此外，蔡侯器亦有"穆穆䝿䝿"一词，"**䝿䝿**"应即传世古籍所见之"亹亹"，⑥《大雅·文王》尝言："亹亹文王，令闻不已。"⑦ 毛《传》曰："亹亹，勉也。"⑧ 郑玄《笺》："亹亹，勉勉乎不倦，文王之勤用明德也。"⑨ "亹亹"大致是指其态度之勤勉恭敬。

　　从以上金文中各个"穆穆"用例可知，金文中凡"AA 穆穆"或"穆穆 BB"结构均为其态度之描述；至于《中山王䝮鼎》铭有所谓"穆穆济济"，复与以上用例相对比，"济济"亦当与"翼翼"、"亹亹"性质相同，皆是容貌举止之形容。本文由是认为，前贤将"济济"视为数量众多之形容，有关说法似可商榷。其实，"济济"，威仪也，亦即经籍中之"敬"，有关说法复可从《戎生钟》铭得以证成。《戎生钟》有"趡趡

　　① 郭锡良：《汉字古音手册》，北京大学出版社 1986 年版，第 65 页。
　　② 上海博物馆商周青铜器铭文选编写组：《商周青铜器铭文选（二）》，文物出版社 1986 年版，第 273 页。
　　③ 《毛诗正义》，第 1475 页。
　　④ 同上书，第 1125 页。
　　⑤ 《尔雅注疏》，第 104 页。
　　⑥ 于省吾："'䝿䝿'典籍皆讹作'亹亹'。《诗·文王》的'亹亹文王'，毛传：'亹亹，勉也。''穆穆䝿䝿'系敬恭黾勉之义。"（于省吾：《寿县蔡侯墓铜器铭文考释》，载《古文字研究》第 1 辑，中华书局 1979 年版，第 45 页。）
　　⑦ 《毛诗正义》，第 1122 页。
　　⑧ 同上。
　　⑨ 同上。

穆穆"一词，有关"趯趯"之释读，学者间意见较为分歧，如李学勤以为"趯"即《说文》"趩"，训为"便捷之貌"①；裘锡圭读"趯趯"为《王风·兔爰》"有兔爰爰"之"爰爰"，解作宽舒娴雅；②而马承源则以为"趯趯"当即"晏晏"，为尊敬皇考之美辞。③其实，《礼记·祭义》尝言：

> 济济者，容也，远也。漆漆者，容也，自反也。容以远，若容以自反也，夫何神明之及交？夫何济济漆漆之有乎？反馈乐成，荐其荐俎，序其礼乐，备其百官，君子致其济济漆漆，夫何慌惚之有乎？夫言岂一端而已，夫各有所当也。④

此记孔子与子贡论祭祀之态度，孔子以为天子诸侯之祭需"济济漆漆"，并就"济济"之内涵云："济济者，容也，远也。"⑤郑玄注："言非所以接亲亲也。"⑥孔颖达《正义》云："言济济者，是容貌自疏远。"⑦孔氏据《祭义》以为"济济"乃指容貌之疏远。然而，天子诸侯致祭，何以祭者需"容貌自疏远"？此大概或亦与威仪诚敬有关。孔子尝指出，天子诸侯之祭事虽需"容也远也"，但祭亲则不然，否则无法与挚亲神明交通。天子诸侯祭祀时态度"济济漆漆"、"容也远也"，目的是为显示其威仪。《祭义》既言"济济者，容也远也"，而今《戎生钟》曰"趯趯穆穆"，《中山王䂮鼎》又有"穆穆济济"，因疑"趯趯"或当读为"远远"，而"趯趯穆穆"与"穆穆济济"之意义亦大致相近，言其容止态度之威仪恭敬也。

"济济"既与众盛貌无关，"济"本为水名，后复有渡水、成就诸义，但"济济"何以能形容诸士威仪恭敬之貌？此大概或与"齐齐"有关。

---

① 李学勤：《戎生编钟论释》，载保利藏金编辑委员会编著《保利藏金》，岭南美术出版社1999年版，第376页。
② 裘锡圭：《戎生编钟铭文考释》，载《保利藏金》，第368—369页。
③ 马承源：《戎生钟铭文的探讨》，载《保利藏金》，第363页。
④ 《礼记正义》，载《十三经注疏（整理本）》，北京大学出版社2000年版，第1534—1535页。
⑤ 《礼记正义》，第1534页。
⑥ 同上。
⑦ 同上书，第1535页。

"济"字从"齐","齐"、"济"二字古通,《礼记·祭义》尝言:"齐齐乎其敬也,愉愉乎其忠也,勿勿诸其欲其飨之也。"① 《公羊传·桓公八年》何休注则引"齐齐"作"济济"②;又《大戴礼记·五帝德》云:"敏给克济,其德不回,其仁可亲,其言可信。"③《孔子家语·五帝德》引作"敏给克齐"。④ "齐"本有整齐之意,其重言则可用于形容礼仪之整齐,亦表"敬"也,如前述《祭义》尝言"齐齐乎其敬也",孔颖达《正义》云:"齐齐,谓整齐之貌。"⑤ 类似例子尚有《少仪》"祭祀之美,齐齐皇皇"⑥ 及《玉藻》"凡行,容惕惕,庙中,齐齐,朝廷,济济、翔翔"。⑦ "惕",敬惧也,⑧《玉藻》之"惕惕"亦即"翼翼",言其处事之恭敬谨慎,而"庙中齐齐"则言宗庙之整齐,实亦其威仪之形容。因此,"济济"之所以训为威仪,实亦大致来源及引申自表示整齐之"齐齐"。至于朱熹等以"多貌"训释"济济",或许亦是受到《诗》、《书》中"多士"、"有众"诸词之影响,而《载芟》亦谓"载获济济,有实其积,万亿及秭"⑨,《大雅·旱麓》曰:"瞻彼旱麓,榛楛济济"⑩,当中之"济济"似皆指农获及榛、楛数量之众多,但倘若再细审两诗之性质,便知"济济"或亦威仪之形容,如《诗序》云:"《载芟》,春籍田而祈社稷也。"⑪ 该诗是周王于秋收后祭祀宗庙时所诵唱之乐歌;又《诗序》亦云:"《旱麓》,受祖也。周之先祖,世修后稷、公刘之业。大王、王季,申以百福干禄焉。"⑫ 此亦记文王祭祖得福,当中不少诗句皆记祭祀求福之情

---

① 《礼记正义》,第 1532 页。

② 《春秋公羊传注疏》,载《十三经注疏(整理本)》,北京大学出版社 2000 年版,第 107 页。

③ (清)王聘珍撰,王文锦点校:《大戴礼记解诂》,中华书局 1983 年版,第 124 页。

④ (三国·魏)王肃编著:《孔子家语》,中州古籍出版社 1991 年版,第 114 页。

⑤ 《礼记正义》,第 1532 页。

⑥ 同上书,第 1198 页。

⑦ 同上书,第 1078 页。

⑧ 《书·盘庚》"不惕予一人"下江声《集注音疏》云:"惕,敬惧也。"(清)江声:《尚书集注音疏》,载《续修四库全书》第 44 册,上海古籍出版社 1995 年版,第 451 页上。

⑨ 《毛诗正义》,第 1598 页。

⑩ 同上书,第 1176 页。

⑪ 同上书,第 1591 页。

⑫ 同上书,第 1175 页。

况，如"福禄攸降"①、"以享以祀，以介景福"②、"求福不回"③ 等。因此，二诗既均与祭祀祝祷有关，由是或疑当中之"济济"亦是当威仪庄重之形容，以示祭祀之隆盛也。

在《周颂》中，除了"济济"、"穆穆"及"肃肃"外，用以形容威仪之重言尚有"桓桓"一词，《桓》云："桓桓武王，保有厥士。于以四方，克定厥家。"④ 郑玄《笺》："我桓桓有威武之武王，则能安有天下之事。"⑤ "桓桓"于古书中时有出现，乃威武勇猛之形容，如《书·牧誓》曰："尚桓桓，如虎如貔、如熊如罴，于商郊。"⑥ 孔安国《传》云："桓桓，武貌。"⑦ 又《鲁颂·泮水》曰："桓桓于征，狄彼东南。"⑧ 毛《传》："桓桓，威武貌。"⑨ 《尔雅·释训》亦言："桓桓、烈烈，威也。"⑩ 郭璞注："桓桓、烈烈，皆严猛之貌。"⑪ 参诸两周金文，"桓桓"尝见于西周晚期彝铭，如：

> 不（丕）显<u>趄趄（桓桓）</u>皇且（祖）穆公，克夹盨（绍）先王，奠四方。（西周晚期《禹鼎》）
>
> 是吕（以）先行，趄洛之阳，折首五百，执讯五十，是吕（以）先行，<u>趄（桓）趄（桓）</u>子白，献馘（馘）于王，王孔加（嘉）子白义。（西周晚期《虢季子伯盘》）

金文之"桓"皆书作从"走"之"趄"，金文"趄（桓）趄（桓）"之用法似乎亦与《桓》所见者相同，皆形容先祖诸侯之威仪勇武。

---

① 《毛诗正义》，第 1177 页。
② 同上书，第 1180 页。
③ 同上书，第 1182 页。
④ 同上书，第 1614 页。
⑤ 同上。
⑥ 《尚书正义》，第 339 页。
⑦ 同上。
⑧ 《毛诗正义》，第 1649 页。
⑨ 同上。
⑩ 《尔雅注疏》，第 105 页。
⑪ 同上。

三　和谐乐声之形容——“喤喤”与“将将”

《执竞》云：“钟鼓喤喤，磬筦将将，降福穰穰。”[①] 又《有瞽》云：“喤喤厥声，肃雍和鸣，先祖是听。”[②] “喤喤”之词义于诗中较为明晰，应该是乐声之形容。其实，在先秦古籍中，“喤喤”一词时见，根据过去经学家之解释，“喤喤”除纯粹模拟乐声外，亦显示音乐之和谐悦耳，如“钟鼓喤喤”下毛《传》云：“喤喤，和也。”[③] 郑《笺》复云：“武王既定天下，祭祖考之庙，奏乐而八音克谐……”[④] “喤喤”除从“口”外，文献中尚有从“金”作“锽锽”者，亦应该与钟鼓乐声有关，可能是“喤喤”之本字，如《说文·金部》云：“锽，钟声也。从金，皇声，诗曰：钟鼓锽锽。”[⑤] 段玉裁《注》：“锽，今《诗》作喤。”[⑥] 又如《尔雅·释训》尝云：“锽锽，乐也。”[⑦] 邢昺《疏》：“锽、喤音义同。”[⑧]

形容乐声之“喤喤”于两周金文经常出现，但其写法与传世文献所见不尽相同，或书作“皇皇”、“韹韹”、“皝皝”、“皝皝”及“趪趪”，如：

乍（作）龢钟，中（终）倝（翰）𠭯（且）昜（扬），元鸣孔皇，孔嘉元成，……惠于明（盟）祀，𢾊（余）㠯（以）匽（宴）㠯（以）喜，㠯（以）乐嘉宾，及我父蚬（兄）、庶士，皇皇趣趣（熙熙），釁（眉）寿无朞（期），子孙永保鼓之。（春秋晚期《沇儿镈》）

……中（终）䜭（翰）𠭯（且）諹（扬），元鸣孔皇，其音䜌（悠）闻于四方，韹韹䣓䣓（熙熙），釁（眉）寿无諆（期），子子孙

① 《毛诗正义》，第1537页。

② 同上书，第1562页。

③ 同上书，第1537页。

④ 同上。

⑤ 《说文解字注》，第709页下。

⑥ 同上。

⑦ 《尔雅注疏》，第113页。

⑧ 同上。

孙，万枼（世）鼓之。（春秋晚期《徐王子旃钟》）

　　自乍（作）龢钟，中（终）諆（翰）叔（且）旛（扬），<u>元鸣孔皇</u>……用匽（宴）台（以）喜，用乐嘉宾父旣（兄），及我倗（朋）友，余怎訋心，征永余德，龢鍨民人，余専昀于国，<u>皇皇趄趄</u>，万年无諆（期），枼（世）万孙子，永保鼓之。（春秋晚期《王孙遗者钟》）

　　中（终）翰（翰）叔（且）旛（扬），<u>元鸣孔煌</u>，穆穆龢钟，用匽（宴）已（以）喜，用乐嘉宾、大夫及我倗（朋）友，<u>皇皇趄趄</u>，万年无諆（期），釁（眉）寿母（毋）已，子子孙孙，永保鼓之。（春秋晚期《许子𥷥师𨱐》）

　　中旆（翰）叔（且）旛（扬），<u>元鸣孔韹</u>。又（有）严穆穆，敬事楚王……已（以）乐楚王、者（诸）侯、嘉宾及我父旣（兄）者（诸）士，<u>趩趩趄趄</u>，迈（万）年无冀（期），永保鼓之。（春秋晚期《王孙诰钟》）

金文"皇皇"主要见用于春秋晚期钟铭，并且经常与"熙熙"连用，此为传世文献所未见。徐中舒尝认为"皇皇熙熙"流行于东周时期徐许一带，具强烈之时地特色。[①] 事实上，除了徐许二地出土彝铭外，"皇皇"尚见于楚国《王孙遗者钟》及《王孙诰钟》。有关"皇皇熙熙"之意义，过去大部分学者均综合释为和乐钟声之形容；不过，亦有论者将"皇皇"与"熙熙"分开解释，认为"皇皇"仅是拟声词之属，和乐之意来源自"熙熙"一词。例如，《铭文选》尝读"皇皇"为"锽锽"，并援引《说文·金部》云："锽，钟声也"，复又解释"熙熙"为"形容钟声之和乐"[②]；又陈双新于考释《沇儿钟》铭时提出"皇皇"是"钟声洪亮之形容"，"熙熙"则指"钟声之和谐"。[③]

　　"熙熙"为和谐钟声之说应毋庸置疑，"熙"于经传中本有光明、兴

---

　　① 徐中舒：《金文嘏辞释例》，载《徐中舒历史论文选辑》，中华书局 1998 年版，第 563 页。

　　② 《铭文选》："鍠鍠熙熙，沇儿钟作皇皇趄简，王孙遗者钟铭作皇皇趄趄，义同，形容钟声之和乐。"《商周青铜器铭文选（四）》，文物出版社 1988 年版，第 383 页。

　　③ 陈双新：《两周青铜乐器铭辞研究》，河北大学出版社 2003 年版，第 144 页。

盛之意，如《礼记·大学》云："《诗》云：'穆穆文王，于缉熙敬止。'"① 朱熹《章句》曰："熙，光明也。"② 又《书·尧典》云："允厘百工，庶绩咸熙。"③ 陆德明《释文》云："熙，兴也。"④ "熙熙"之选用乃形容乐声之和谐，如《左传·襄公二十九年》记吴公子季札观周乐云："为之歌大雅。曰：'广哉，熙熙乎！曲而有直体，其文王之德乎！'"⑤ 杜预注："熙熙，和乐声。"⑥ 此外，"熙熙"亦可指称和乐、和盛之貌，如《荀子·儒效》云："熙熙兮其乐人之臧也，隐隐兮其恐人之不当也。"⑦ 杨倞注："熙熙，和乐之貌。"⑧《逸周书·太子晋解》云："万物熙熙，非舜而谁能？"孔晁注："熙熙，和盛。"⑨

毛《传》尝言："喤喤，和也。"⑩ 然而，部分古文字学家却以为"喤喤"仅是钟鼓声音之摹拟，两者训释似乎有不尽相同之处。细审两周金文中"皇"之用法，"皇"用为美称者甚多，如"隹（唯）皇上帝、百神保余小子"（《默钟》）、"其用追孝于皇考己白（伯）"（《兮仲钟》）、"受皇天大鲁令"（《五祀默钟》），《书·汤诰》"惟皇上帝"下孔安国《传》尝言："皇，大。"⑪ 又《诗·小雅·正月》"有皇上帝"下朱熹《集传》亦曰："皇，大也。"⑫ "皇"于诸铭中可训作"大"，实为美称之属。此外，春秋金文尚有"元鸣孔皇"一语，其所有用例均与"皇皇熙熙"出现于同篇铭文中，或能为"皇皇"之解释提供进一步的资料。过去论者大多将"元鸣孔皇"简单解释为悠扬美好钟声之形容，并亦有学

---

① 《礼记正义》，第 1861 页。

② （宋）朱熹：《四书章句集注》，中华书局 1983 年版，第 5 页。

③ 《尚书正义》，第 35 页。

④ 同上。

⑤ 《春秋左传正义》，第 1267 页。

⑥ 同上。

⑦ 《荀子集解》，第 133 页。

⑧ 同上。

⑨ 黄怀信、张懋镕、田旭东：《逸周书汇校集注》，上海古籍出版社 1995 年版，第1094—1095 页。

⑩ 《毛诗正义》，第 1537 页。

⑪ 《尚书正义》，第 238 页。

⑫ 《诗集传》，第 130 页。

者认为不宜将"元鸣孔皇"与"皇皇熙熙"所见"皇"字混为一谈者。①
不过，倘若再参考《王孙诰钟》铭文，则知"元鸣孔皇"之"皇"应与
"皇皇熙熙"有关。"元鸣孔皇"之"皇"于《王孙诰钟》作从"言"之
"謹"，书作"![字]"之形。审诸传统古籍，"謹"之用例甚鲜，仅见于古
字书中，如扬雄《方言》卷十二及《玉篇·言部》均言："謹，音也。"②
"謹"应该与声音有关；又《徐王子旃钟》有"諻諻熙熙"一词，王念孙
《广雅疏证·释诂四》云："鍠、瑝、喤、韹、諻、况、鐄，并字异而义
同。"③ 在古文字中，"音"、"言"、"口"作偏旁时可以互用，由是亦可
证明"謹"与"韹"、"喤"相通。④ 因为"謹"、"韹"二字古通，复从
《王孙诰钟》"元鸣孔謹"与《徐王子旃钟》"韹韹"相互参照可知，两
辞中"謹"、"韹"之训释亦应相同，并且亦应与《执竞》"喤喤"之
"喤"无异。

　　由是观之，倘若能对"元鸣孔謹（皇）"中"謹"之语义作出厘清，
定能有助于"謹（皇）謹（皇）"含义之理解。饶宗颐先生尝援天水秦
简所见"中鸣"及"后鸣"提出"元鸣"是乐律之一，⑤ 其说可聊备参
考；至于"孔皇"之"孔"于先秦文有作程度副词，相当于现代之"非
常"、"十分"，如《书·皋陶谟》"何畏乎巧言令色孔壬"下孔安国
《传》："孔，甚也。"⑥ 又《诗·小雅·角弓》"如酌孔取"下陈奂《传
疏》亦云："宜、孔皆语词耳。孔，甚也。甚取，言取酌之多。"⑦ "孔
皇"之"孔"是程度副词，⑧ 故被其修饰之"皇"应当是形容词，在此
情况下，倘若"皇"仅是描摹乐声之拟声词，在语义结构上实难以解释。

　　① 林嘉铃：《近出殷周金文集录所收钟器铭文研究》，硕士学位论文，台南大学国语文学
系，2007 年，第 121 页。
　　②《方言》卷十二："謹，音也。"（汉）扬雄著，周祖谟校：《方言校笺及通检》，科学出
版社 1956 年版，第 78 页。又《玉篇·言部》云："謹，音也。"参见（梁）顾野王《大广益会
玉篇》，中华书局 1987 年版，第 43 页上。
　　③ 见《广雅·释诂》"鍠，声也"下王念孙《疏证》。（参见《广雅疏证》，第 122 页。）
　　④ 高明：《中国古文字学通论》，北京大学出版社 1996 年版，第 136 页。
　　⑤ 饶宗颐：《论天水秦之"中鸣"、"后鸣"与古代以章律配合时刻制度》，载李学勤主编
《简帛研究》第 2 辑，法津出版社 1996 年版，第 134—137 页。
　　⑥《尚书正义》，第 124 页。
　　⑦ 陈奂：《诗毛氏传疏》第 20 卷，商务印书馆 1934 年再版，第 57 页。
　　⑧ 有关金文"元鸣孔皇"中"孔"之副词用法，详可参见张连航《"元鸣孔煌"新解》，
载安徽大学古文字研究室编《古文字研究》第 22 辑，中华书局 2000 年版，第 125—128 页。

由此角度观之，"元鸣孔皇"之"皇"不应仅是纯粹摹状钟声，而且更兼有形容性质，可以理解为和谐、美好钟声之形容。在"元鸣孔皇"一语中，除悠扬乐声之形容外，"孔皇"亦显示乐器、音调与音符间之和谐配合。因此，钟铭将"皇"、"熙"迻言为"皇皇熙熙"，"皇皇"除具状声作用外，亦兼是和谐乐声之形容，"熙熙"则有美好、光盛之意。

《执竞》续言："磬筦将将"①，"磬"为打击乐器，"筦"则是管乐，"磬筦将将"描述奏乐之声音，乐声之"将将"亦见《小雅·鼓钟》："鼓钟将将，淮水汤汤。"② 诗中"将将"意义虽然甚为明晰，但毛《传》却予以特殊释义，其云："将将，集也。"③ "集"本有集结、集合之意，与乐声本无关系，因此，唐孔颖达撰《正义》时为阐述毛义，遂将"集"解释为乐声之聚集："喤喤、将将，俱是声也，故言'和'与'集'。"④ "将将"于先秦典籍中主要用为声音之形容，如《墨子·非乐》云："启乃淫溢康乐，野于饮食，将将铭，苋磬以力，湛浊于酒，渝食于野，万舞翼翼，章闻于大，天用弗式。"⑤ 孙诒让《间诂》引孙云："将将，作乐声也。"⑥ 除乐声之外，"将将"亦用于描述金玉碰击之声，如《郑风·有女同车》云："将翱将翔，佩玉将将。"⑦ 毛《传》："将将鸣玉而后行。"⑧ 陆德明《释文》："将将，玉佩声。"⑨ 又《秦风·终南》曰："佩玉将将，寿考不忘。"⑩ 朱熹《集传》："将将，佩玉声也。"⑪ 此外，鸾铃声音亦能以"将将"摹状，如《小雅·庭燎》云："君子至止，鸾声将将。"⑫ 毛《传》："将将，鸾镳声也。"⑬

---

① 《毛诗正义》，第 1537 页。
② 同上书，第 941 页。
③ 同上书，第 1537 页。
④ 同上。
⑤ 吴毓江撰，孙启治点校：《墨子校注》，中华书局 1993 年版，第 383 页。
⑥ （清）孙诒让撰，孙启治点校：《墨子间诂》，中华书局 2001 年版，第 262 页。
⑦ 《毛诗正义》，第 350 页。
⑧ 同上。
⑨ 同上。
⑩ 同上书，第 500 页。
⑪ 《诗集传》，第 77 页。
⑫ 《毛诗正义》，第 777 页。
⑬ 同上。

古籍中尚有"锵"字，《大雅·烝民》尝言："四牡彭彭，八鸾锵锵。"① 又《大雅·韩奕》曰："八鸾锵锵，不显其光。"②《礼记·玉藻》云："周还中规，折还中矩，进则揖之，退则扬之，然后玉锵鸣也。"③ 郑玄注："锵，声貌。"④《玉篇·金部》曰："锵，锵锵，声。"⑤《集韵·耕部》："锵，形容铿锵，声也。"⑥ "锵"所从之"金"应为后增添之形符，用以显示字义与金玉碰击之关系。此外，《诗》有"将将"、"锵锵"二词之异文，可知两者应该相通，或属古今字关系，如王先谦《三家义集疏》于《有女同车》下云："鲁将作锵。"⑦ 又陆德明《经典释文》曰："将，本或作'锵'。"⑧ 李富孙《诗经异文释》云："《楚辞·九歌》注引作锵锵。案将、锵古今字。"⑨

"将将"或"锵锵"未见于两周金文，但是，用于形容乐声之"鎗鎗"则有数例，均见于西周晚期以后钟铭，如：

> 汈（梁）其敢对天子不（丕）显休扬，用乍（作）般且（祖）考龢钟，鎗鎗鏓鏓，鍴鍴鑪鑪，用邵各喜侃前文人。（西周晚期《陵其钟》）

> 我佳（唯）司配皇天，王对乍（作）宗周宝钟，仓（鎗）仓（鎗）恩恩，觋觋雕雕，用邵各不（丕）显且（祖）考先王。（西周晚期《㝬钟》）

> 遫敢对天子丕显鲁休飘，用乍（作）朕皇考龚吊（叔）龢钟，鎗鎗恩恩，推推鑪鑪，用追孝邵各喜侃前文人。（西周晚期《遫钟》）

> 其音赢（嬴）少（小）劓（则）汤（荡），龢（和）平均（韵）

---

① 《毛诗正义》，第 1438 页。

② 同上书，第 1452 页。

③ 《礼记正义》，第 1065 页。

④ 同上。

⑤ 《大广益会玉篇》，第 84 页下。

⑥ （宋）丁度等编：《宋刻集韵》，中华书局 2005 年第 2 版，第 69 页上。

⑦ 《诗·郑风·有女同车》"佩玉将将"下王先谦《诗三家义集疏》。参见（清）王先谦撰，吴格点校《诗三家义集疏》，中华书局 1987 年版，第 354 页。

⑧ 《毛诗正义》，第 777 页。

⑨ （清）李富孙：《诗经异文释》，载《续修四库全书》第 75 册，上海古籍出版社 1995 年版，第 161 页上。

訊，霝色若华，散（比）者（诸）礐（馨）硅（磬），至者（诸）长
銞（竽），逾（会）平仓（鎗）仓（鎗）。（春秋晚期《齱钟》）

　　取厇（厥）吉金，用乍（作）宝赫鍥（协）钟，厇（厥）音離
離（雍雍）鎗鎗鋪鋪，琅琅楄楄既酥（和）叔（且）盅（淑），余用邵
（绍）追孝于皇。（西周中期—春秋早期《戎生钟》）

"鎗鎗"，又或书作"仓仓"，《说文·金部》云："鎗，钟声也。"① 《玉
篇·金部》："鎗，金声也。"② "鎗"应该是钟声之形容，并多选用为
"鎗鎗恩恩"，而《戎生钟》作"鎗鎗鋪鋪"，"鐓"、"鋪"古音相近，可
通。③ "恩"应即古籍所见之"鐓"，又作"鐓"，"鎗鐓"是古汉语中的
联绵词，用于摹拟钟声，如《说文·金部》尝言："鐓，鎗鐓也。从金，
恩声。一曰大凿中木也。"④ 在传世文献中，形容钟声之"鎗"屡见，如：

　　君子之听音，非听其铿鎗而已也，彼亦有所合之也。（《礼记·
乐记》)⑤

　　鎗然击金，士帅然。笯桐鼓从之，舆死扶伤，争进而无止。口满
用，手满钱，非大父母之仇也，重禄重赏之所使也。（《管子·轻重
甲》)⑥

　　范氏之败，有窃其钟负而走者，鎗然有声，惧人闻之，遽掩其
耳。（《淮南子·说山训》)⑦

　　君子之听音，非听其铿鎗而已也，彼亦有所合之也。（《史记·
乐书》)⑧

　　巴俞宋蔡，淮南于遮，文成颠歌，族举递奏，金鼓迭起，铿鎗铛

①《说文解字注》，第709页下。
②《大广益会玉篇》，第83页下。
③ 李学勤："'恩'古音为清母东部，从'甬'的字有的在邪母东部，彼此音近，'鎗鎗鋪
鋪'实即'鎗鎗鐓鐓'。"（李学勤：《戎生编钟论释》，第376页。）
④《说文解字注》，第709页下—710页上。
⑤《礼记正义》，第1315—1316页。
⑥ 黎翔凤撰，梁运华整理：《管子校注》，中华书局2004年版，第1437页。
⑦ 何宁：《淮南子集释》，中华书局1998年版，第1124页。
⑧（汉）司马迁：《史记》，中华书局1959年版，第1225页。

磬，洞心骇耳。（《史记·司马相如列传》）①

　　汉兴，乐家有制氏，以雅乐声律世世在大乐官，但能纪其铿鎗鼓舞，而不能言其义。（《汉书·礼乐志》）②

　　若乃阳阿衰斐之晋制，闿鼍华羽之南音，所以洞荡匈臆，发明耳目，疏越蕴慉，骇恫底伏，锽锽鎗鎗，奏于农郊大路之衢，与百姓乐之。（《后汉书·马融列传》）③

从上述诸例可知，"鎗"之出现较晚，多见于春秋以后古籍；然而，《诗经》却有"玱"、"鸧"二字，用法与"鎗"相同。如《小雅·采芑》云："方叔率止，约𫐉错衡，八鸾玱玱。"④《说文·玉部》："玱，玉声也。"⑤"玱"从"玉"，本为玉声之形容，但《采芑》"八鸾玱玱"之"鸾"则是青铜銮铃，大概由于金、玉碰撞之声音均清脆悦耳，故"玱"兼可形容鸾铃之声。其实，有关用法亦可从"将将"之类似情况得以证成，前述"佩玉将将"（《终南》）及"鸾声将将"（《庭燎》）便分别以"将将"形容金、玉碰击声音。又《商颂·烈祖》云："八鸾鸧鸧，以假以享。"⑥"鸧"从"鸟"，本是鸟名，《尔雅·释鸟》云："鸧，麋鸹。"⑦郝懿行《义疏》："鸧，今莱阳人谓之老鸹，南方人谓之鸧鸡。"⑧"鸧"应读"鎗"，即"锵"，陆德明《释文》云："鸧，本又作'锵'。"⑨其实，"将"、"锵"、"鎗"、"玱"三字上古均属阳部，古音相近可通，古书中之"将将"、"锵锵"、"鎗鎗"、"玱玱"实属一词，例如《执竞》之"磬筦将将"于《荀子·富国》作"管磬玱玱"，⑩《风俗通义·声音》则

---

① 《史记》，第 3038 页。

② （汉）班固：《汉书》，中华书局 1962 年版，第 1043 页。

③ （南朝·宋）范晔撰，（唐）李贤等注：《后汉书》，中华书局 1965 年版，第 1967 页。

④ 《毛诗正义》，第 752 页。

⑤ 《说文解字注》，第 16 页上。

⑥ 《毛诗正义》，第 1692 页。

⑦ 《尔雅注疏》，第 342 页。

⑧ （清）郝懿行：《尔雅郭注义疏》，载《续修四库全书》第 187 册，上海古籍出版社 1995 年版，第 661 页上。

⑨ 《毛诗正义》，第 1692 页。

⑩ 《荀子集解》，第 187 页。

作"磬管镪镪"。①

《小雅·鼓钟》云："鼓钟将将，淮水汤汤。"② 毛《传》："将将，集也。"③ "将将"本为拟声词之属，毛《传》却训之为"集"。倘若再细审《诗》，则知"集"之解释实来源自"跄跄"一词，《小雅·楚茨》云："济济跄跄，絜尔牛羊，以往烝尝。"④ 又《大雅·公刘》云："跄跄济济，俾筵俾几。"⑤ 毛《传》："济济跄跄，言有容也。亨，饪之也。"⑥ "跄"于文献材料中较晚出现，如《说文·足部》云："跄，动也。"⑦ 两周金文虽未有"将"，但彝铭中"匚"、"匚"均应读为"将"，除了作时间副词外，当中亦有不少用例乃表示"行"、"进"之意，如《史颂鼎》云："颂其万年无强（疆），日遅（将）天子覜令，子子孙孙永宝用。"又《史惠鼎》谓："史叀（惠）乍（作）宝鼎，叀（惠）其日遘（就）月匚（将）……"《周颂·敬之》有"日就月将"一词，可证明以上鼎铭所见"匚"、"匚"均应读"将"，⑧ 毛《传》云："将，行也。"⑨ 孔颖达《正义》曰："《释言》云：'将，送也。'孙炎曰：'将行之送。'是将亦行之义，故为行也。"⑩ 朱熹《集传》亦云："将，进也。"⑪ 因此，早在两周时期，"将"已有行走之意，训"动"之"跄"则较为晚出，其实，"跄跄"亦即"将将"，如《礼记·曲礼下》"士跄跄"，⑫ 《文选·东京赋》李善注引作"士将将"，⑬ 陆德明《释文》亦云："跄，或作镪。"⑭ 或疑"将"由"行"义复可引申至聚集之意，故"将将"遂可训为"集"。而且，先秦文献中部分"将将"例子确可解释为聚集，如《荀子·赋》云：

---

① （汉）应劭撰，王利器校注：《风俗通义校注》，中华书局1981年版，第267页。

② 《毛诗正义》，第941页。

③ 同上书，第1537页。

④ 同上书，第950页。

⑤ 同上书，第1311页。

⑥ 同上书，第950页。

⑦ 《说文解字注》，第82页上。

⑧ 陈颖：《长安县新旺村出土的两件青铜器》，《文博》1985年第3期，第89页。

⑨ 《毛诗正义》，第1584页。

⑩ 同上书，第1585页。

⑪ 《诗集传》，第233页。

⑫ 《礼记正义》，第170页。

⑬ （梁）萧统编，（唐）李善注：《文选》，中华书局1977年版，第57页下。

⑭ 《礼记正义》，第170页。

"道德纯备，谗口将将。"① 王念孙《读书杂志》："将将，集聚之貌也。"②
又 "将将" 可用于指称祭祀中礼器、祭品之聚集，亦兼为盛美、庄严之
形容，如《诗·鲁颂·闷宫》曰："白牡骍刚，牺尊将将。"③ 孔颖达《正
义》引王肃曰："将将，盛美也。"④ 文献之 "将将" 复可用为美辞，如
《诗·大雅·绵》云："乃立应门，应门将将。"⑤ 毛《传》："将将，严正
也。"⑥《广雅·释训》亦云："锵锵，盛也。"⑦ 王念孙《疏证》云："美
貌谓之将将。"⑧《文选·张衡〈东京赋〉》尝言："穆穆焉，皇皇焉，济
济焉，将将焉，信天下之壮观也。"⑨ 李周翰注："穆穆、皇皇、济济、将
将，皆盛美之貌。"⑩ 由是可见，"将将" 于古文献中除可用于模拟声音
外，亦兼含盛美之意，是美辞之属。

四　重言之叹词——"嗟嗟"

"嗟嗟" 一词见于《臣工》，其云："嗟嗟臣工，敬尔在公。"⑪ 又云：
"嗟嗟保介，维莫之春。"⑫ 另《商颂·烈祖》亦有 "嗟嗟" 一词，其云：
"嗟嗟烈祖！有秩斯祜。"⑬ 有关 "嗟嗟" 之意义，经学家多释之为感叹
之词，如毛《传》云："嗟嗟，勑之也。"⑭ "勑" 古与 "敕" 同，有训诫
之意，如《书·皋陶谟上》云："天叙有典，勑我五典五惇哉。"⑮ 孙星

---

①《荀子集解》，第 481 页。

②（清）王念孙:《读书杂志》，载《续修四库全书》第 1153 册，上海古籍出版社 1995 年
版，第 413 页上。

③《毛诗正义》，第 1661 页。

④ 同上书，第 1666 页。

⑤ 同上书，第 1160 页。

⑥ 同上。

⑦《广雅疏证》，第 185 页下。

⑧ 同上书，第 186 页下。

⑨《文选》，第 57 页下。

⑩（梁）昭明太子萧统编，（唐）李善等注:《六臣注文选》，载《四库全书》第 1330 册，
上海古籍出版社 1987 年版，第 67 页上。

⑪《毛诗正义》，第 1542 页。

⑫ 同上书，第 1544 页。

⑬ 同上书，第 1691 页。

⑭ 同上书，第 1542 页。

⑮《尚书正义》，第 129 页。

衍《今古文注疏》："勑同敕，《说文》云：诫也。"① 毛《传》将"嗟嗟"视为感叹词，用以启导训诫之词。后代学者多袭毛《传》，如孔颖达《正义》云："将戒，先嗟而又嗟，重叹以呼之曰：……"② 又朱熹《集传》云："嗟嗟，重叹以深敕之也。"③ 此外，马瑞辰则径将"嗟嗟"视为发端之语，表示美叹之意："嗟嗟本咨叹之声，……则又为美叹之词。"④ 又曰："今按此诗及《烈祖》诗并言嗟嗟，皆当为发端之语，故'臣工'、'保介'、'烈祖'并可言嗟嗟耳。"⑤

古书中"嗟嗟"迭用较鲜，除了《臣工》及《烈祖》三例外，其余两例均见于《楚辞》，唯用法与《诗》所见者稍有差异，如《九章·悲回风》云："曾歔欷之嗟嗟兮，独隐伏而思虑。"⑥ 又《九思·悼乱》曰："嗟嗟兮悲夫，殽乱兮纷挐。"⑦ 从文意可知，《楚辞》之"嗟嗟"除了叹息之外，亦表忧伤之意。此外，在先秦古籍中，"嗟"之单独使用亦可表示忧叹，如《易·离》"则大耋之嗟"下王弼注："嗟，忧叹之辞也。"⑧ 又《慧琳音义》卷六十九"嗟惋"注引《古今正字》云："嗟，忧叹也。"⑨ 虽然如此，根据《臣工》及《烈祖》内容可知，《诗》中迭用之"嗟嗟"应表示一般之感叹，具有发声之作用。

其实，"嗟"字未见于两周金文中，唯与之用法相类者有"叡"，其使用主要集中于西周时期，如：

> 白（伯）懋父乃罚得鼻古三百孚（锊），今弗克氒（厥）罚，懋父令曰：义（宜）敚（播），叡，氒（厥）不从氒（厥）右征，今母（毋）敚（播），期（其）又（有）内（纳）于师旂。（西周早期或

---

① （清）孙星衍撰，陈抗、盛冬铃点校：《尚书今古文注疏》，中华书局1986年版，第85页。

② 《毛诗正义》，第1542页。

③ 《诗集传》，第227页。

④ （清）马瑞辰撰，陈金生点校：《毛诗传笺通释》，中华书局1989年版，第1063页。

⑤ 同上。

⑥ （宋）洪兴祖撰，白化文等点校：《楚辞补注》，中华书局1983年版，第157页。

⑦ 《楚辞补注》，第322页。

⑧ 《周易正义》，载《十三经注疏（整理本）》，北京大学出版社2000年版，第160页。

⑨ （唐）释慧琳：《一切经音义》，载《续修四库全书》第197册，上海古籍出版社1995年版，第370页上。

中期《师旂鼎》)

　　王若曰：盂，不（丕）显玟（文）王，受天有（佑）大令，……
叀，酉（酒）无敢酖（酖），有髭（祡）蒷（蒸）祀，无敢醾
（醺）。……（西周早期《盂鼎》）

　　它曰：拜韻首，敢眖卲（昭）告殸（朕）吾考，……乌虖（乎），
佳（唯）考耿又念自先王先公，乃妹（昧）克卒告刺（烈）成工
（功）。叀，吾考克渊克，乃沈子其顗褒（怀）多公能福。（西周早期
《沈子它簋盖》)

　　叀，卺（厥）佳（唯）颜林，我舍颜陈大马两，舍颜始（姒）
虡各，舍颜有嗣（司）寿商圈（貂）衮、盉钅，矩乃罙瀿粦令寿商罙
啻（西周中期《卫鼎》)

　　佳（唯）十又二月既朢（望），辰才（在）壬午，白（伯）犀
父休于县改曰：叀，乃任县白（伯）室，易（赐）女（汝）妇爵、
觇之弋周（瑒）玉、黄圊。（西周中期《县改簋》)

　　王令䍅曰：叀，淮尸（夷）敢伐内国，女（汝）其曰（以）成周
师氏戍于舭（次），白（伯）雒（雍）父蔑录曆，易（赐）贝十朋。
（西周中期《录尊》)

　　佳（唯）三月既死霸甲申，王在夆上官，白（伯）扬父遁（乃）
成貿（劾），曰：牧牛，叀，乃可（苛）湛（甚），女（汝）敢曰
（以）乃师讼，女（汝）上邳先誓，今女（汝）亦既又（有）钌
（御）誓，尃（薄）趡啬親僳……（西周晚期《僳匜》)

有关金文中用于句首之"叙"，自阮元释为"徂"后，① 其后学者如孙诒
让②、徐中舒③、容庚④等均读为"徂"，训为"往"。不过，杨树达尝指
出此字于金文中"恒用于语首"，并以为"叙盉即经传叹词之嗟字也"。⑤

---

① 阮元：《积古斋钟鼎彝器款识》，商务印书馆 1937 年版，第 320 页。
② 孙诒让：《古籀余论》，载《古籀拾遗·古籀余论》卷 3，中华书局 1989 年版，第 19
页。
③ 徐中舒：《遹敦考释》，载《徐中舒历史论文选辑》，中华书局 1998 年版，第 182—204
页。
④ 容庚：《善斋彝器图录》，燕京大学哈佛燕京学社 1936 年版，第 11 页。
⑤ 杨树达：《积微居金文说》（考古学专刊甲种第一号），中国科学院 1952 年版，第 18 页。

而郭沫若更直接视之为发声词，① 白川静亦认为"叡"于金文中"多用为发语词，亦含有咏叹"②。事实上，"叡"字多见于两周金文，字形有作"𤔲"、"𤔲"或"𤔲"者，根据金文文例，"叡"所从之"且"、"虍"均为声符之属，如《许子䵼师镈》有"中（终）翰（翰）叡（且）䧮（扬）"一语，"叡"读为"且"，而《莒叔之仲子平钟》亦言"中（仲）平善叝叡（祖）考，铸其游鍊（钟）"，当中之"叡"该读"祖"。检诸上古音，"且"为清母鱼部字，③ "虎"是晓母鱼部，④ 而"嗟"则属精母歌部，⑤ 清、精二母同属舌头音，上古鱼、歌二部通转，故"叡"、"嗟"两字之读音应相当接近。此外，出土材料所见通假用例亦能为"叡"、"嗟"之关系予以佐证。在战国楚简中，从"虘"与从"差"之字时有互通之情况，如葛陵楚简所见"叡"、"瘥"、"癠"诸字皆当读作"瘥"，言疾病之痊愈，如甲二 25 云："☐占之曰：吉。隶（尽）八月疾叡（瘥）蠤。"又甲三 173 云："蠤无咎。疾犀（迟）瘥（瘥）蠤。"甲一 24 云："蠤疾，尚遬（速）癠（瘥）。"由是益证"叡"、"嗟"二字古音应相当接近。因此，上述金文诸例所见"叡"字位于句首，其用法与古书之"嗟"应当无异，均属于上古之叹词，具有发声之作用。⑥ 例如《吕氏春秋·知化》云："嗟乎，吴朝必生荆棘矣。"⑦ 高诱注："嗟，叹辞也。"⑧ 又《诗·周南·卷耳》："嗟我怀人，寘彼周行。"⑨ 马瑞辰《传笺通释》云："经传中又以嗟为语词。"⑩

除此之外，《书·费誓》复有"徂兹"一词，疑亦当即《诗》之"嗟嗟"，其云：

---

① 郭沫若：《两周金文辞大系》第 3 册，大通书局 1971 年版，第 24 页。

② 白川静：《金文通释·小盂鼎》，载《金文诂林补》林洁明译文。（参见周法高编撰《金文诂林补》，"中央"研究院历史语言研究所 1982 年版，第 1611 页。）

③ 《汉字古音手册》，第 37 页。

④ 同上书，第 94 页。

⑤ 同上书，第 38 页。

⑥ 杨树达云："叡《玉篇》音侧家切，亦读麻部音。据此，知叡嗟音同，可以了然于经传作嗟，彝铭作叡之故矣。"（《积微居金文说》，第 18 页。）

⑦ 许维遹撰，梁运华整理：《吕氏春秋集释》，中华书局 2009 年版，第 629 页。

⑧ 同上。

⑨ 《毛诗正义》，第 44 页。

⑩ 《毛诗传笺通释》，第 42 页。

公曰："嗟！人无哗，听命。<u>徂兹</u>淮夷、徐戎并兴。善敕乃甲胄，敿乃干，无敢不吊……"①

孔安国《传》："今往征此淮浦之夷……"② 又蔡沈《集传》云："徂兹者，犹曰往者云。"③ 过去经学家多训"徂"为"往"，将"兹"解作"此"。其实，杨树达早已指出"徂兹"同于《尚书大传》之"兹子"，均是"叹词表声"。④ 倘若再细审金文及古书中"叔"之用法，便知"徂兹"其实亦即《诗》之"嗟嗟"。首先，金文中"嗟"字多见于上级对下级之训诫中，说话人多属掌操权位者，如上述诸铭之"王"（见《盂鼎》、《录尊》）、"懋父令"（见《师旗鼎》）、"沈子它"（见《沈子它簋盖》）、"县改"（见《县改簋》）及"白（伯）扬父"（见《儠匜》）等，"嗟"不仅是口语中习见之叹词，亦时常用于引出训诫之词，如《臣公》"嗟嗟臣工，敬尔在公"中"嗟嗟"用法与此相同，带引出群臣勉力于政务之告诫。以上《费誓》诰命文字乃是鲁僖公对兵士披甲抗敌之劝勉，说话者先以"嗟"字引入，叮嘱诸士谨遵公命，然后再以"徂兹"训告其当奋勇对抗淮夷及徐戎等诸敌，故《费誓》"徂兹"性质似乎与金文"叔"、《臣工》"嗟嗟"有类近之处。此外，"徂兹"之"徂"从"且"，上古读音应与"嗟"相近，"兹"上古属精母之部，⑤ 与歌部之"嗟"为旁转关系，且古书中"兹"又有与"且"通假之例，如《晏子春秋·内篇·问上》云："兹于兑"，王念孙以为"兹于兑"即《左传·襄公二十三年》之"且于之隧"，⑥ 而《说文·口部》复收录"嗞"字云："嗟

① 《尚书正义》，第661—662页。
② 同上书，第661页。
③ 《书经集传》，第137页下。
④ 《积微居金文说》，第59页。
⑤ 《汉字古音手册》，第58页。
⑥ 王念孙云："案'兑'读为'隧'，'兹于兑'者，且于之隧也（且，子余反）。此言庄公还自伐晋，遂袭莒，入且于之隧也。'且于'、'兹于'声相近，'隧'、'兑'声相近，但上有脱兑耳。《檀弓》'齐庄公袭莒于夺'，郑注曰：'鲁襄二十三年，齐侯袭莒是也。春秋传曰：杞殖华还载甲夜入且于之隧。''隧'、'夺'声相近，或为'兑'。《释文》'夺，徒外反'，注：'兑同。'故知'兹于兑'即《左传》'且于之隧'，《檀弓》之'夺'，郑注之'兑'也。"（参见吴则虞《晏子春秋集释》，中华书局1962年版，第176—177页。）

也。"① "嗞"、"嗟"应属声训关系。因此，"且"、"兹"既然相通，"嗟"、"兹"、"且"三字读音亦应接近，因此或疑《费誓》所见之"徂兹"亦当即《诗》之"嗟嗟"。

五　旗与铃之形容——"阳阳"、"央央"

《周颂·载见》云："龙旗阳阳，和铃央央。"② 古书中"阳"之训释多与向阳有关，复引申有明亮、显露、温暖等意，但《载见》却以"阳阳"修饰"龙旗"，于语意上似乎难以配合，且类似例子亦未尝见于先秦古籍。因此，过去经学家多勉强为之解说，如毛《传》尝从声训角度将"阳阳"解释为"言有文章也"，③ 其后学者亦多申毛意，如郑玄《笺》以为："曰求其章者，求车服礼仪之文章制度也。交龙为旗。"④ 孔颖达《正义》云："以此之故，其所建交龙之旗阳阳然而有文章；……"⑤ 宋朱熹《集传》则另辟蹊径，以为"阳"有"明"意，言其龙旗之明亮。⑥ 至于《载见》言"和铃央央"，传诂训多解释"央央"为拟声词，如孔颖达《正义》云："其在轼之和与旗上之铃，央央然而有音声；……"⑦ 而朱熹《集传》更指出"央央"与"鞗革有鸧"之"有鸧"意义相同，"皆声和也"。⑧ 马瑞辰《传笺通释》阐述毛义，援《文选·东京赋》"和铃鉠鉠"指出"央央"当即三家诗之"鉠鉠"，⑨ 王先谦更于《诗三家义集疏》明确指出"鉠鉠"属于鲁诗异文。⑩

其实，"阳阳"一词虽时见于古书，但却多与龙旗无关，如《王风·君子阳阳》云："君子阳阳，左执簧，右招我由房，其乐只且。"⑪ 毛

---

① 《说文解字注》，第 60 页下。
② 《毛诗正义》，第 1570—1571 页。
③ 同上书，第 1571 页。
④ 同上。
⑤ 同上。
⑥ 朱熹《集传》："阳，明也。"（参见《诗集传》，第 231 页。）
⑦ 《毛诗正义》，第 1571 页。
⑧ 《诗集传》，第 231 页。
⑨ 《毛诗传笺通释》，第 1085 页。
⑩ 《诗三家义集疏》，第 1031 页。
⑪ 《毛诗正义》，第 302 页。

《传》："阳阳，无所用其心也。"① 又孔颖达《正义》曰："阳阳是得志之貌。"② "阳阳"乃指和乐、得志之样子。又《楚辞·九怀·尊嘉》云："季春兮阳阳，列草兮成行。"③ 洪兴祖《补注》曰："三月温和，气清明也。"④ "阳阳"大致指季春之温暖。至于"央央"于《诗》另有三例：

> 王命南仲，往城于方。出车彭彭，旗旐央央。（《小雅·出车》）⑤
>
> 织文鸟章，白斾央央。（《小雅·六月》）⑥
>
> 方叔莅止，其车三千，旗旐央央。（《小雅·采芑》）⑦

以上三例"央央"均用于形容"旗"，言其颜色之鲜明也，如毛《传》尝言："央央，鲜明也。"⑧ 参诸两周金文，"央央"虽然未见，但却有"其央"一词，西周晚期《虢季子白盘》云：

> 王睗（赐）乘马，是用左（佐）王，睗（赐）用弓、彤矢，其央；睗（赐）用戉（钺），用政（征）蠻（蛮）方，子子孙孙万年无强（疆）。

在先秦古籍中，"其"可置于单音节形容词之前，作为该形容词之重言标志。⑨ 故"其央"亦即"央央"，乃用以形容"用弓"、"彤矢"颜色之鲜明。

《载见》言"和铃央央"，但"央央"于《诗》及金文中均用为颜色鲜明貌之形容，两者之训释颇嫌扞格不通。事实上，陈奂《传疏》早已

---

① 《毛诗正义》，第 302 页。

② 同上。

③ 《楚辞补注》，第 274 页。

④ 同上。

⑤ 《毛诗正义》，第 701 页。

⑥ 同上书，第 744 页。

⑦ 同上书，第 752 页。

⑧ 《诗·小雅·出车》"旗旐央央"下毛《传》。（参见《毛诗正义》，第 701 页。）

⑨ 杨伯峻、何乐士：《古汉语语法及其发展》，语文出版社 2001 年修订版，第 481 页。

指出"和铃央央"用法之殊异:"央央,状和铃之声,与训鲜明者不同。"① 然而却未有解释为何《载见》以"央央"形容"和铃"。过去虽有学者以为"央央"即"鉠鉠",然而,复稽诸经传诂训,"鉠"字出现确实很晚,主要见于《玉篇》、《广韵》、《集韵》等字书及韵书之中,如《玉篇·金部》云:"鉠,铃声。"② 又《集韵·阳韵》云:"铃声谓之鉠。"③ 另《唐韵》亦曰:"鉠,鉠鉠,铃声。"④ "鉠"既于先秦两汉古籍中未见有具体用例,"央央"即"鉠鉠"之说亦甚为可疑。

其实,金文材料或能为"龙旗阳阳,和铃央央"之探讨予以更多数据。在两周彝铭中,"阳阳"一词虽然未见,但与"阳"读音相近之"汤"、"易"、"旟"等却时见,并多用作钟声之形容,主要见用于春秋晚期钟铭:

> 歔箨(择)吉金,盠(铸)其反(编)钟,其音薲(赢)少(小)劓(则)汤(扬),龢(和)平均(韵)訧,……(春秋晚期《歔钟》)

> 佳(唯)正月初吉丁亥,郐(徐)王庚之惥(淑)子沇儿箨(择)其吉金,自乍(作)龢钟,中(终)臷(翰)叝(且)易(扬),元鸣孔皇,孔嘉元成。……(春秋晚期《沇儿钟》)

> 佳(唯)正月初吉丁亥,王孙寚(诰)箨(择)其吉金,自乍(作)龢钟。中旟(翰)叝(且)旟(扬),元鸣孔諻。(春秋晚期《王孙诰钟》)

> 佳(唯)正月初吉丁亥,郹(许)子牁筟(师)箨(择)其吉金,自乍(作)铃钟,中(终)韅(翰)叝(且)旟(扬),元鸣孔煌,穆穆龢钟,……(春秋晚期《许子牁师镈》)

> 曰(以)乐嘉宾、倗(朋)友、者(诸)叝(贤),兼曰(以)父虬(兄)、庶士,曰(以)宴曰(以)喜,中(终)諥(翰)叝(且)昜(扬),元鸣孔皇,其音管(悠)闻于四方……(春秋晚期

---

① 《诗毛氏传疏》卷26,第31页。
② 《大广益会玉篇》,第84页上。
③ 《宋刻集韵》,第64页上。
④ 同上书,第65页下。

《徐王子旃钟》）

佳（唯）正月初吉丁亥，王孙遗者羃（择）其吉金，自乍（作）
龢钟，中（终）謯（翰）貯（且）旐（扬），元鸣孔皇，……（春秋
晚期《王孙遗者钟》）

《斢钟》云"其音赢少（小）劓（则）汤"，但在 M10：73、74 号钟铭中，
"汤"书作"旐"。① 古文字学家于"赢"、"汤"二字之释读较为分歧，
裘锡圭读"赢"为"嬴"，通"盈"；② 赵世纲又读"汤"为"荡"，以为
有广大深远之意；③ 张亚初认为"赢"是"能"字，读"笞"，训"捶
击"，"汤"则读为"荡"，训动、震荡和广大；④ 李家浩释"赢"为
"嬴"，"嬴小"指声音过大或过小，"汤"则通"荡"，有"放荡"之
意；⑤ 冯胜君读"赢少"为"盈缩"，即《吕氏春秋·适音》之"巨小"，
指乐音之高低，"汤"乃形容钟声激越飞扬。⑥ 而陈双新大致同意冯说，
以为"汤"是形容乐音之高扬。⑦ 其实，冯、陈二氏读"汤"为"扬"
之说较为可取，盖因"其音赢（嬴）少（小）劓（则）汤（扬）"可与
春秋晚期钟铭习用语"终翰且扬"相互参照。"终翰且扬"之"扬"，铭
文有作"昜"、"旐"或"谒"者，徐中舒以为该词与《诗》"终风且
暴"、"终温且惠"、"终窭且贫"、"终和且平"、"终善且有"等语法相
同，"翰扬"犹言"干扬、激扬"。⑧《说文·手部》云："扬，飞举
也。"⑨"扬"本有高扬、飞扬之意，先秦典籍时有用"扬"形容声音之

① 河南省文物研究所、河南省丹江库区考古发掘队、淅川县博物馆：《淅川下寺春秋楚墓》，文物出版社 1991 年版，第 260、262 页。

② 参赵世纲引裘锡圭说。（赵世纲：《淅川下寺春秋楚墓青铜器铭文考察》，载《淅川下寺春秋楚墓》，第 362 页。）

③《淅川下寺春秋楚墓青铜器铭文考察》，第 362—363 页。

④ 张亚初：《金文新释》，载《第二届国际中国古文字学研讨会论文集》，香港中文大学中国语言及文学系 1993 年版，第 303—309 页。

⑤ 李家浩：《斢钟铭文考释》，载《著名中年语言学家自选集·李家浩卷》，安徽教育出版社 2002 年版，第 72 页。

⑥ 冯胜君：《斢钟铭文解释》，载吉林大学古籍整理研究所编《吉林大学古籍整理研究所建所十五周年纪念文集》，吉林大学出版社 1998 年版，第 40—45 页。

⑦ 陈双新：《两周青铜乐器铭辞研究》，河北大学出版社 2003 年版，第 241—242 页。

⑧ 徐中舒：《攀氏编钟考释》，载《徐中舒历史论文选辑》，第 213—214 页。

⑨《说文解字注》，第 603 页上。

高扬，如《荀子·法行》云："扣之，其声清扬而远闻，其止辍然，辞也。"① 又《晏子春秋·景公成柏寝而师开言室夕晏子辨其所以然》云："师开对曰：'东方之声薄，西方之声扬。'"② 除此之外，典籍中尚有"扬声"一词，用以表示发出高声，如《晏子春秋·景公将伐宋曹二丈夫立而怒晏子谏》云："汤质皙而长，颜以髯，兑上丰下，倨身而扬声。"③ 又如《景公问善为国家者何如晏子对以举贤官能》曰："观之以其游，说之以其行，君无以靡曼辩辞定其行，无以毁誉非议定其身，如此，则不为行以扬声，不掩欲以荣君。"④

由是可见，无论在金文材料抑或传世文献中，"扬"均用于表示声音之高扬，而"央央"则是色彩鲜明之形容，而今《载见》云："龙旗阳阳，和铃央央。""龙旗"绘有交龙图案，其颜色本应鲜艳夺目，文献中"央央"又多用于表示旗帜之鲜明；至于"和铃"之声音清晰，碰撞间之声响高扬悦耳。但是，在《载见》诗中，"阳阳"与"央央"两形容词却有倒置之情况。稽诸上古音，"阳"、"央"同属阳部字，"阳"在古书中常有与"扬"相通之情况，如《易·夬》"扬于王庭"⑤ 汉帛书本"扬"作"阳"。⑥ 又《诗·小雅·正月》"燎之方扬"，⑦《汉书·谷永传》引"扬"作"阳"，⑧"扬"、"阳"同从"易"得声，上古音应当相当接近，两字可通。因此，未知是否传抄过程之讹误？本文实在怀疑《载见》之"阳阳"、"央央"或许是倒文，"龙旗阳阳，和铃央央"本应或作"龙旗央央，和铃扬扬"，"龙旗央央"表示绘有交龙图案旗帜之颜色鲜明，"和铃扬扬"则形容悬挂于旗上之铜铃随风摆动而发出清晰高扬

① 《荀子集解》，第536页。

② 《晏子春秋集释》，第380页。

③ 同上书，第80页。

④ 《晏子春秋集释》，第212页。"扬扬"于古书中仍有其例，但用以形容得意貌，如《荀子·儒效》"则扬扬如也"下杨倞注："扬扬，得意之貌。"但本文以为，倘若"和铃央央"当作"和铃扬扬"，则此"扬扬"与《儒效》所见并不相同，此"扬扬"实为高扬义之重言，以加强其表实之效果。

⑤ 《周易正义》，载《十三经注疏（整理本）》，北京大学出版社2000年版，第211页。

⑥ 廖名春：《马王堆帛书周易经传释文》，载《续修四库全书》第1册，上海古籍出版社1995年版，第10页。

⑦ 《毛诗正义》，第835页。

⑧ 《汉书》，第3459页。

之声响。

六　总结

重言词为《诗》语言之重要特色，过去学者如王筠①、周法高②、徐昂③等均尝从不同角度对有关语言现象作出论述。本文以《周颂》为主要材料，采用互证方法对《周颂》与金文共见之重言词作出详细剖析，并为其词义训释及相关问题做进一步探讨。《周颂》重言词凡廿多例，本文仅选取当中可资予金文对照之九例作探讨对象，而其余未作讨论之十多例则有两类：第一，部分重言用例仅见于《周颂》而未尝于金文出现，故本文未能作出互证探讨，相关例子如"斤斤"、"反反"、"嬛嬛"、"高高"、"泽泽"、"驿驿"等；第二，部分用例虽同见《周颂》与金文，但前人已对其词义作出较深入分析，故本文暂拟不对有关例子作出论述。例如，《执竞》"降福简简"可与东周金文如"柬柬畏畏"（《令狐君嗣子壶》）、"阑阑龢钟"（《王孙遗者钟》）、"阑阑兽兽"（《王子午鼎》）等对照；又《酌》"我龙受之，蟜蟜王之造"又可参诸春秋晚期《邵黡钟》"乔乔其龙"一词，"龙"当读为"宠"，"蟜蟜"应有强盛之意。④

本文探讨之重言词共有九例，分别为"济济"、"穆穆"、"肃肃"、"桓桓"、"喤喤"、"将将"、"嗟嗟"、"阳阳"及"央央"。总括而言，本文之研究结果大致可从以下两方面作出说明：

（一）互证研究

本文借《周颂》与金文间之参照，从互证角度对当中之重言词作出详细讨论。本文互证结果有三：

第一，本文借《周颂》与金文间之参照，对《周颂》部分重言词之训释问题提供进一步数据，并解决当中词义理解之问题。例如，经传训诂

---

①　王筠：《毛诗重言》，载《续修四库全书》，上海古籍出版社 1995 年版，第 69 册。

②　周法高：《中国古代语法·构词》，"中央"研究院历史语言研究所，1961—1962 年，第 114—128 页。

③　徐昂：《诗经形释》，文听阁图书有限公司 2008 年版，第 43—54 页。

④　（清）潘祖荫：《攀古楼彝器款识》，载《续修四库全书》第 903 册，上海古籍出版社 1995 年版，第 7 页。

中"济济"尝存"威仪"及"众"二训，本文参诸《中山王𰯂鼎》"穆穆济济"铭文，提出"济济"应只是容止态度之形容，并且进而探讨"穆穆"、"肃肃"、"桓桓"三词之用法。又如"喤喤"，本文结合金文"元鸣孔𠰶"一语，提出"喤喤"不仅是纯粹之拟声词，亦是乐声和谐之形容。又"将将"于《诗》中亦作"锵锵"，即金文所见之"鎗鎗"，"将"于金文中尝有"行"、"进"之义，或与毛《传》训"将将"为"集"有关。

　　第二，本文亦透过《周颂》与金文间之互证，解决部分金文词汇之训释问题。例如，西周金文时见有用于句首之"叔"，本文从"嗟"、"叔"二字之具体用例及上古读音两方面作出分析，指出"叔"即《诗》习见之"嗟"，论证《书·费誓》之"徂兹"或当即《臣工》之"嗟嗟"。

　　第三，文献在历代传抄过程中，发生讹误之情况屡见，本文借助《周颂》与金文间重言词之互证，提出疑似讹误之例子。例如，《载见》有"龙旗阳阳，和铃央央"一语，但审诸《诗》及金文材料，"央央"多用以形容颜色之鲜明，而金文"汤"、"易"、"𤄷"诸字又多读为"扬"，表示乐声之悠扬，本文由是提出《载见》极可能是"龙旗央央，和铃阳阳"之讹，"阳阳"或应即"扬扬"。

（二）重言词之时地特色

本文借着与两周金文间之相互参照，尝试探讨金文中部分词汇之时地特色。在年代特点上，金文中部分词汇之特色较为明显，如"叔（嗟）"仅见于西周时期彝器，"桓桓"则只出现于西周晚期，"鎗鎗"见于西周晚期至春秋期间之钟铭，"肃肃"则仅见于春秋时期，"皇皇"之使用又集中于春秋晚期。而且，部分重言词亦反映若干之地域特征，如"肃肃"主要见于齐器，"皇皇"则流行于徐、许及楚国一带。

过去学者大致以为《周颂》为西周初年之作品，但以上之重言用例却大多出现于西周晚期至东周时期彝铭，故两种材料在时代上似有相抵牾之处。事实上，以上重言词之所以主要见于西周晚期或以后金文，或许可从两方面作出解释：首先，西周早期金文未见有关词汇，或许是与彝铭之性质有关。重言词多属修饰与描述性质，以上诸词又大多见于钟铭，而迄今所见出土之铜钟大多属西周中期或以后，而当时虽已出现长篇金文，但大部分彝铭之篇幅均较短，内容偏重于实用，故具修饰作用之重言词可能因而较少出现。其次，重言词使用时代上差异或许亦与《诗》之传抄及编纂有关。现今所见之《诗》主要是西汉流传之毛氏版本，但从近年出土竹简可知，无论在篇目及文句上，先秦时期流传之《诗》版本与今日之传世本应该存在一定之分别，《诗》经过历代之流传，各部分之作者及成书年代已经难以推测，故未知是否由于传抄过程而导致之差异，致使《周颂》与金文在重言词之使用上出现不尽相同之情况。

（作者单位：香港大学中文学院）

葛陵楚简的年代及其相关问题

蔡运章

1994 年，在河南新蔡县葛陵村东北发掘的平夜君墓，是一座战国晚期楚国贵族的墓葬。该墓出土的大批竹简里有九条"纪年"大事，为研究这批竹简和墓葬的年代提供了重要依据。[①] 然而，关于这批竹简的年代，学术界尚存在不同的认识。本文谨就葛陵楚简的年代及其相关问题，略做考述。

一　引言

葛陵楚简的具体内容，大多是墓主人平夜君成晚年卜筮祭祷的记录。关于这批楚简和墓葬的年代，《新蔡葛陵楚墓》从墓葬的地层关系、随葬器物的形制以及竹简的具体内容进行综合分析，认为这座"楚墓的年代约相当于战国中期前后，即楚声王以后，楚悼王末年或稍后，绝对年代约为公元前 340 年左右"。[②]

有学者认为，简文"'大莫敖阳为晋师战于长城之岁'是楚声王四年"，即公元前 404 年。并依据简文"王徙于鄩郢之岁"的历日排列，推定平夜君成的卒年"只能是公元前 377 年，就是楚肃王四年"。也就是说，葛陵楚简年代的下限是在公元前 377 年，属"战国中期偏早"。[③] 这

---

①　河南省文物考古研究所：《新蔡葛陵楚墓》，大象出版社 2003 年版。

②　同上书，第 181 页。

③　刘信芳：《新蔡楚墓的年代及相关问题》，《长江大学学报》（社会科学版）2004 年第 1 期。李学勤：《论葛陵楚简的年代》，《文物》2004 年第 7 期。

种看法，为不少学者所信从。① 有学者对这种说法加以修订，认为"'大莫嚣阳为、晋师战于长城之岁'，是楚声王五年（前403年），如果此年是葛陵楚简九个纪年中最早的一年，那么最晚一年即'王徙于郢郢之岁'当在悼王七年（前395年）前后……属于战国早中期之交才更准确"。② 然而，上述推断不但缺乏可靠的文献佐证，而且难以通读相关"纪年"的简文和人物。因此，关于这批楚简的年代问题，有必要进一步开展深入的研究。

我国古代盛行"以事纪年"的社会习俗。葛陵楚简有"××之岁"的纪年简文，共涉九个重大事件。这些"纪年"大事，大都是楚国当时发生的重大事件。这些事件不但发生的时间应前后连贯，相对集中，而且在战国秦汉史籍中也会有线索可寻。如果单从某一个"纪年"大事去断章取义，联想发挥，可能会得出很多不同的说法。但是，每一种解说若不能通读其中大多数"纪年"事件及其相关人物，那就应当认真考虑这种解读的可信性。因此，能否切实依靠战国秦汉史籍，来通读这些"纪年"大事和相关人物，应是研究葛陵楚简年代及其相关问题的基本原则。

我们认为，葛陵楚简中的九件"纪年"大事，多为战国晚期早段的重大事件，也是楚国由盛转衰的关键因素。它们的绝对年代，当从楚怀王二十四年（前305年）"秦昭王与楚婚"开始，到楚襄王三年（前296年）楚怀王"死于秦而归葬"结束，前后共历九年时间。若能将这些事件及相关人物做系统的梳理解读，将具有重要意义。

二 葛陵楚简"纪年"事件考略

要想澄清这批楚简的具体年代，就必须把这些"纪年"简文透露的诸多信息，从古史记载里勾勒出来，仔细观察它们的真实面貌。有鉴于此，我们兹就这批"纪年"简文，逐条略做梳理考释：

---

① 罗运环：《葛陵楚简郢郢考》，载《古文字研究》第27辑，中华书局2008年版；陈絜：《谈谈新蔡葛陵楚墓竹简中的"丘"》，载《纪念徐中舒先生诞辰110周年国际学术研讨会论文集》，巴蜀书社2010年版。
② 宋华强：《新蔡葛陵楚简初探》，武汉大学出版社2010年版，第135页。

1. "萎茖受女于楚之岁"

    （1）《葛陵》甲三：42 号简文曰："萎（楼）茖（落）受女于楚之岁，远閻（夕）之月，丁酉之日。"

    （2）《葛陵》甲三：34 号简文曰："［萎茖受女］于楚之岁，远閻（夕）之月，丁酉［之日］。"

这是楚简中常见的"以事纪年"的句式。简文中的"萎茖"，是秦国的大臣，"萎"是其姓，"茖"乃是其名。他可能就是秦昭王时的丞相楼缓。

我国古代人物的名、字，盛行义相关联的联因字。"萎"，通作楼。因艸、木义近，在古文字的义符里常相通用，兹不赘举。"茖"，通作落。因茖、落皆读"各"声，在古文字里可以通假。沈括《梦溪笔谈》卷十九《器用》说："茖即古落字也。"是其佐证。战国时期的人名，常用通假字。据《史记·甘茂传》记载，楚怀王"尝用召滑于越"。《集解》引徐广曰："滑，一作'涓'。"楚国灭越的功臣"召滑"，《韩非子·内储说下》作"邵滑"、《战国策·楚策四》作"卓滑"、《赵策三》作"淖滑"、《秦始皇本纪》作"昭滑"，可以为证。故简文"萎茖"，当读如楼落。落、缓义相联因。《说文·艸部》："落，凡草曰零，木曰落。"《孟子·万章上》："放勋乃徂落。"朱熹集注："落，降也。"颜师古《汉书·霍去病传》注："落，坠落。"焦循《周易·杂卦传》章句："缓，犹慢也。"《玉篇·糸部》说："缓，迟缓也。"树叶落下，随风飘荡，缓缓而降，从容自然。因此，简文"萎茖"与秦相楼缓当是一人，"茖"是其名，"缓"乃是其字。

楼缓（亦称"楼子"）是战国时期著名的纵横家，《史记·秦始皇本纪》称其为"六国之士"。《战国策·齐策二》载："秦攻赵，赵令楼缓以五城求讲于秦，而与之伐齐。齐王恐，因使人以十城求讲于秦。楼子恐，因以上党二十四县许秦王。""求讲"，求和。《战国策·赵策四》载：赵主父为"结秦连宋之交，令仇赫相宋，楼缓相秦。"《史记·赵世家》也说：赵武灵王二十年（前 306 年）"使楼缓之秦"。楼缓本是赵国人，侍奉赵武灵王和秦昭王，积极推行秦、楚联合，来对抗齐、韩、魏三国联盟的连横战略。因此，他在秦昭王元年（前 306 年），受命来到秦国从事纵横活动。

　　据《战国策·秦策四》记载："三国攻秦，入函谷。秦王谓楼缓曰：'三国之兵深矣，寡人欲割河东而讲。'对曰：'割河东，大费也。免于国难，大利也。此父兄之任也。'……卒使公子池以三城讲于三国，三国之兵乃退。"这是公元前296年，秦昭王采纳楼缓的谋略，以较小代价退却齐、韩、魏三国联军的故事。《史记·穰侯列传》载："赵人楼缓来相秦。"《史记·秦本纪》说：秦昭王十年（前297年）任"楼缓为丞相。""十二年（前295年），楼缓免，穰侯再为相。"由此可见楼缓在秦国的重要地位。

　　"受女于楚"："受"，读如授。郑玄《仪礼·特牲馈食礼》注："今文授为受。"俞樾《诸子评议·管子三》按："古受、授得通言也。"是其佐证。《说文·手部》："授，予也。"《孟子·滕文公下》："不授者杀之。"朱熹集注："授，与也。""受女于楚"就是把女子嫁给楚国王室。

　　秦国"受女于楚"的事，史书有明确记载。楚怀王二十三年公元前306年，楚国乘越国内乱，灭掉越国。[①]当时，楚国地大物博，国力强盛，并与齐国结盟来对抗秦国，具有统一六国的雄厚实力。秦昭王即位后，采取拉拢楚国的连横策略，以破坏楚、齐联盟。据《史记·屈原列传》记载："时秦昭王与楚婚。"《史记·楚世家》载：楚怀王"二十四年（前305年），倍齐而合秦。秦昭王初立，乃厚赂于楚。楚往迎妇。"《史记·甘茂列传》说："齐使甘茂于楚，楚怀王新与秦合婚而欢。"《集解》引徐广曰："昭王二年，时迎妇于楚。"此"迎"有逢送之义。这是说秦昭王二年（前305年），秦国送妇与楚。《史记·楚世家》还说：楚怀王二十九年（前300年），秦昭王遗楚王书曰："寡人与楚接境壤界，故为婚姻，所从相亲久矣。"因此，楚国"倍齐而合秦"。这说明楚国前往秦国"迎妇"的故事，发生在公元前305年。

　　从这两则简文可知，两次占卜的时间都是在"远栾之月"即"远夕"之月，也就是楚三月。楼缓是在秦昭王元年（前306年）来到秦国的，故他到楚国"受女"的具体时间，应在前305年初的一、二月间。这是楚、秦关系史上的一件大事，故楚国便以此事来纪年。

---

　　① 杨宽：《战国史》，上海人民出版社1991年版，第330页。

2. "大莫嚣阳（唐）为晋师战于长城之岁"

《葛陵》甲三·36 号简文曰："大莫嚣阳为［晋战］于长城之［岁］。"

《葛陵》甲三·296 号简文曰："［大］莫嚣易为晋师战于长［城之岁］。"

简文中的"莫嚣"读如莫敖，是楚国的执政长官。"易"，读如阳。故"大莫嚣阳"、"［大］莫嚣易"当是一人，都是指阳姓的大莫敖讲的。

必须指出的是，《曾侯乙墓》纪年有"大莫敖阳为适猵（甫）之春"语。① "莫敖"的官职，始见于《左传·襄公十五年》、《战国策·楚策一》等文献。《史记·曹相国世家》有"大莫敖"。《集解》："大莫敖，楚之卿号。"颜师古《汉书·曹参传》注引张晏曰："莫敖，楚卿号。""大莫敖"是对"莫敖"职官的懿美之称。

"阳"是大莫敖的姓。阳氏是楚国出自穆王（前 625 年—前 614 年）的世家大族。《左传·昭公十七年》载："阳匄为令尹。"杜预注："阳匄，穆王曾孙令尹子瑕。"孔颖达疏引《世本》："穆王生王子扬，扬生尹，尹生令尹匄。"楚国贵族势力强大，长期垄断楚国政权。这就是阳氏家族可以世代位居楚国权力核心的重要原因。故所谓"大莫敖阳"，就是"阳"姓大莫敖之义。简文只举其姓，未列其名。

"为"，有学者以"大莫嚣阳为"断句，认为"阳为"是大莫敖的姓名，实误。这里的"为"乃介词。《经传释词》卷二说："为，犹'于'也。"故此处的"为"可译为现代汉语的"在"，并非"大莫敖阳"的名字。这句简文的大意是说，大莫敖阳在春天去甫地的这一年。其时在楚惠王五十六年（前 433 年）。②

有学者依据▨羌钟铭文和古本《竹书纪年》的记载，认为"'大莫敖阳为晋师战于长城之岁'是楚声王四年，公元前 404 年，上去'大莫敖阳为适猵之春'27 年"③。然而，楚国是否参与古本《竹书纪年》记载晋

① 湖北省博物馆：《曾侯乙墓》，文物出版社 1989 年版，第 490、501 页。
② 李学勤：《论葛陵楚简的年代》，《文物》2004 年第 7 期。
③ 同上。

烈公十二年（前 404 年）韩、赵"伐齐，入长城"的战事，尚缺乏直接可靠的文献佐证。因此，把《葛陵》简文中"大莫嚣阳为晋师战于长城之岁"解为"楚声王四年"发生的故事，有待商榷。

其实，《葛陵》简文"大莫嚣阳为晋战于长城之岁"中的"大莫嚣阳"与《曾侯乙墓》简文中的"大莫嚣阳"，虽然出自同一家族，但并非同时，更非一人。《葛陵》简文中的"大莫嚣阳"当是楚国赫赫有名的大将军唐眛。

"阳"，通作唐。《春秋·昭公十二年》载："齐高偃帅师纳北燕伯于阳。""阳"，《左传》作唐。杜预注："阳，即唐，燕别邑，中山有唐县。"《战国纵横家书·苏秦献书赵王章》载："过燕阳、曲逆。"《战国策·赵策一》作"通之于燕之唐、曲吾"。皆是其证。

"为"，连词。《经传释词》卷二说："为，犹'与'也。"《孟子·公孙丑下》载："得之为有才。"杨伯峻注引王念孙《读书杂志》云："言'得之与有财'也。"[1]《管子·戒》："自妾之身之不为人持接也。"尹知章注："为，与也。"因此，这里的"为"也不是"大莫嚣易"的名字。

"晋"、"晋师"指韩、魏等国的军队。"长城"指春秋战国时期楚国修筑的防御工事，亦名"方城"。《左传·僖公四年》载："楚国方城以为城，汉水以为池。"《水经注·潕水》说：楚国长城"东至潕水，达沘阳界，南北联，联数百里，号为方城，一谓之长城云"。楚国的长城东半部西起鲁关（今河南省鲁山县西南鲁阳关），向东经犨县（今鲁山县东南）到达潕水，折向东南，到达沘水北岸（今河南泌阳县），形成规模宏大的矩形防御工事，故称"方城"。[2]

楚国本与齐"从亲"，因楚怀王与秦昭王结盟，而背叛齐国。据《史记·楚世家》，楚怀王二十六年（前 303 年）"齐、韩、魏为楚负其从亲而合于秦，三国共伐楚"。这是三国首次共同讨伐楚国。《吕氏春秋·处方篇》说："齐令章子将而与韩、魏攻荆，荆令唐蔑将而拒之……果杀唐蔑。""唐蔑"即"唐眛"，亦省作"眛"。《史记·秦本纪》载：秦昭王八年（前 299 年）"齐使章子、魏使公孙喜、韩使暴鸢共攻楚方城，取唐眛"。《史记·楚世家》记载：楚怀王"二十八年（前 299 年），秦乃与

---

① 杨伯峻：《孟子译注》，中华书局 1984 年版，第 99 页。
② 杨宽：《战国史》，上海人民出版社 1991 年版，第 296 页。

齐、韩、魏共攻楚，杀楚将唐眜，取我重丘而去"。公元前 299 年，齐、韩、魏联军再次伐楚，攻至楚国的长城，两军夹沘水列阵。结果，三国联军在沘水旁的垂沙大败楚军，杀楚将唐眜。[①]《战国策·楚策一》称此役为"眜之难"。据《史记·天官书》，楚国的"唐眜"还是一位天文学家。楚将"唐眜"被杀，是楚国刻骨铭心的一件大事。因此，这则简文指的应是唐眜率军在楚国长城旁，与齐、魏、韩三国联军作战的那一年，即公元前 299 年。

3. "大城此方之岁"

（1）《葛陵》甲三：8、18 号简文曰："大城此（兹）邡（方）之岁，夏夷之月，癸亥之日……"

（2）《葛陵》乙一：14、23、32 号简文曰："句邦奠（郑）余教大城此（兹）方之岁，屈栾（夕）之月，癸未之日。"

（3）《葛陵》乙四：21 号简文曰："城此（兹）方之岁。"

简文中的"此邡"读如"此方"，即兹方。《史记·楚世家》载：楚"肃王四年（前 377 年），蜀伐楚，取兹方"。《正义》引《古今地名》云："荆州松滋县古鸠兹地，即楚兹方是也。"故城在今湖北松滋县西。"大城兹方"就是大肆修筑兹方的军事防御工程。这便是有学者认为，葛陵楚墓的年代当为"肃王四年（前 377 年）"的主要依据。

然而，据《楚世家》记载：楚怀王"十七年（前 312 年），与秦战丹阳，秦大败我军，斩甲士八万，虏我大将军屈匄、裨将军逢侯丑等七十余人，遂取汉中之郡"。楚国的汉中郡在今陕西东南的汉中地区。《史记·秦本纪》载：秦昭王六年（前 301 年）"蜀侯辉反，司马错定蜀"。公元前 301 年，秦国利用蜀国的内乱，出兵占领巴蜀地区。《华阳国志·蜀志》记载司马错等人的话说：蜀国"水通于楚"，秦"得蜀则得楚。楚亡则天下并矣"。这说明秦得到巴蜀地区后，便可顺江而下，攻击楚国。

据《楚世家》上，楚"顷襄王横元年（前 298 年），秦要怀王不可得地，楚立王以应秦。秦昭王怒，发兵出武关攻楚，大败楚军，斩首五万，取析十五城而去"。《正义》引《括地志》曰："邓州内乡县城本楚析

---

① 杨宽：《战国史》，上海人民出版社 1991 年版，第 333 页。

邑。""析邑"在今河南内乡县西北。秦国占领楚国的汉中、析邑和巴蜀地区后,对楚国形成居高临下之势,直接威胁着楚国的安全。"兹方"位于长江南岸,是长江出三峡后的重要门户,军事地位险要。因此,自公元前301年后,楚国为了加强西北边境的防御,阻止秦国沿长江水道攻击楚国,大肆修筑"兹方"的军事防御工程,则是很自然的事。相比楚"肃王四年,蜀伐楚"的事,秦国占领巴蜀后对楚国的威胁则更为严重。因此,简文所说的楚国"大城此邨岁",当是公元前301年秦国占领巴蜀后的事。

　　4. "王尾(徙)于郚郢之岁"

　　(1)《葛陵》甲一:3号简文曰:"王暹(徙)于郚郢之岁,八月丁巳之日,㤿以大央为坪[夜君贞]。"

　　(2)《葛陵》甲二:13、14号简文曰:"王暹(徙)于郚郢之岁,(八月)辛酉之日,东口口誃生以口口为君贞。将逾(瘉)。"

　　(3)《葛陵》甲三:113、114号简文曰:"[王暹(徙)于]郚郢之岁,夏栾(夷)之月,乙卯之日,应嘉以卫侯之筮为平夜君贞:既有疾,尚速瘥,毋有……"

　　(4)《葛陵》甲三:240号简文曰:"王自肥遗郢,暹(徙)于郚郢之岁,亯(享)月。"

　　这里的"王",当指楚怀王。"暹",亦见于《包山楚简》:250、259和楚帛书。何琳仪说:"帛书'暹',读徙",认为是"徙"字的"古文"。①《新蔡葛陵楚墓出土竹简释文》(以下简称《葛陵楚简释文》)从其说。《论语·颜渊》:"主忠信,徙义。"邢昺疏:"徙,迁也。"杨倞《荀子·成相》注:"徙,迁也。"《国语·晋语四》:"成而不迁。"韦昭注:"迁,离散也。"《诗·小雅·巷伯》毛传:"迁,去也。"《穀梁传·庄公十年》说:"迁,亡辞也。"《诗·秦风·车邻》毛传:"亡,丧弃也。"《广雅·释言》:"迁,移也。"又说:"移,遗也。""遗"有弃义。是"徙"有离去、遗弃之义。

---

　　①　何琳仪:《战国古文字典》,中华书局2004年版,第883页。

"鄩郢"：有学者认为"鄩郢即汉代的寻阳县，在今湖北黄梅县西南"。① 我们认为，"鄩"，通作寻。是因"寻"用作地名时，增置邑符的缘故。《方言》卷一说："寻，长也。"《吕氏春秋·论大》："万夫之长。"高诱注："长，大也。"《吕氏春秋·知度》："此神农之所以长。"高诱注："长，犹盛也。"孔颖达《礼记·表记》疏："长，谓国祚久远。""郢"是楚国的都城，在今湖北江陵县西北的纪南城。故"鄩郢"有伟大、昌盛的郢都之义。因此，"王徙于鄩郢之岁"是说，楚王离开盛大的郢都那一年。

"王自肥遗郢"："王"，楚王。"自"，《说文·王部》谓"始也"。"肥"，有学者释为地名，未确。肥，通作腓。焦循《周易·遁》章句："肥，与腓同。"《周易·咸》："咸其腓。"《经典释文》："腓，荀作肥。"王念孙《尔雅·释亲》疏证："腓之言肥也。"可以为证。《诗·大雅·生民》："牛羊腓之。"《经典释文》："腓，避也。"《广雅·释诂三》说："腓，避也。"是"腓"有避开之义。"遗"，《葛陵楚简释文》隶定为"还"，宋华强依其构形释为"遗"，宋说可从。《楚辞·九歌·湘君》："遗余佩兮醴浦。"王逸注："遗，离也。"《庄子·天运》："夫德遗尧舜而不为也。"成玄英疏："遗，忘弃也。"张湛《列子·说符》注："遗，弃也。"是"遗"有离弃之义。因此，"王自肥（腓）遗郢、遏（徙）于鄩郢之岁"的大意是说，楚王开始避弃郢都、离开盛大的郢都那一年。

我们注意到，这个纪年在葛陵楚简中出现 30 余次，是这批"纪年"简文中使用最多的一种。它说明这一年平夜君成的病情严重，占卜次数特别多。同时也说明楚王离开郢都，是楚国一个特别重大的事件。这个"纪年"讲的就是楚怀王被秦国拘留的那件大事。

据《战国策·楚策二》，"秦败楚汉中。楚王入秦，秦王留之。"这件事《史记·楚世家》有较详细的记录：

> 三十年（前 299 年），秦复伐楚，取八城。秦昭王遗楚王书曰："始寡人与王约为兄弟，……而今秦楚不欢，则无以令诸侯。寡人愿与君王会武关，面相约，结盟而去，寡人之愿也。敢以闻下执事。"楚怀王……于是往会秦昭王。昭王诈令一将军伏兵武关，号为秦王。

---

① 罗运环：《葛陵楚简鄩郢考》，载《古文字研究》第 27 辑，中华书局 2008 年版。

楚王至，则闭武关，遂与西至咸阳，朝章台，如蕃臣，不与亢礼……
秦因留楚王，要以割巫、黔中之郡。楚王……不复许秦，秦因留之。

公元前299年，秦昭王用邀请相会的欺骗手段，把楚怀王拘留在秦国。这是楚国民众深感耻辱和伤痛的一件大事。当时，楚国用"王自肥（腓）遗郢，遇（徙）于郚郢"的委婉表述，来称述这件大事，是可以理解的。因此，简文"王徙于郚郢之岁"，当是指楚怀王被秦国诱骗离开郢都那一年，即公元前299年。

5. "王复于蓝郢之岁"

（1）《葛陵》甲三：297号简文曰："王复于蓝郢之［岁］。"

（2）《葛陵》乙四：63、147号简文曰："［王］复于蓝郢之岁，冬夏栾（夕）之月，丁爂（亥）之日，郑［安］以驳灵为君［贞］。"

这种纪年还见于《葛陵》零294、482、乙四：129，零421，乙四：54 三则简文。这里的"王"，指楚襄王。"复"，《尔雅·释言》谓"返也"。《左传·僖公三十三年》："复与之冀。"《经典释文》说："复，还也。"是"复"有返回之义。

"蓝郢"：是楚国郢都的别称。《包山楚简》7号简文有"王廷于蓝郢之游宫"句。注："蓝郢，楚别都之一。《左传·定公五年》记有蓝尹，可能是蓝县之尹，蓝郢或许就在蓝县一带。"① 未确。"蓝"，通作篮。《说文·竹部》："篮，大篝也。"《说文·竹部》："篝，宋楚谓竹篝墙以居也。"又说："篝，宋楚谓竹篝墙以居也。"《方言》卷五说："篝，陈楚宋魏之间谓之墙居。"自古以来，陈楚地区盛产大竹，当地百姓常在房屋周围用竹杆编成篱笆墙来加强安全。"篮郢"是说楚国郢都居民房屋周围盛行竹篱笆墙，形成一种特殊的建筑风景。这就是楚国郢都被称为"篮郢"的缘由。②

---

① 《包山楚简》，第17、40页，图版四。

② 《包山楚简》中的戚郢、偭郢、郍郢、栽郢等，大都是楚国郢都的别称，而不是楚国的"别都"。

"王复于蓝郢"当是指楚襄王从齐返回楚国的大事。据《史记·楚世家》：楚怀王"二十九年（前 300 年），秦复攻楚，大破楚，楚军死者二万，杀我将景缺。怀王恐，乃使太子为质于齐以求平。"次年，因秦国把楚怀王扣留在秦都咸阳（在今陕西咸阳市东北），要挟楚国割让"巫、黔中之郡"。这时，齐国"归楚太子。太子横至，立为王，是为顷襄王。乃告于秦曰：'赖社稷神灵，国有王矣'"。这说明太子横返回楚国，被立为王，就是楚襄王。这是楚国在危难之际，应对强敌秦国侵略和安定社稷的重大事件。故简文"王复于蓝郢之岁"应是楚襄王元年，即公元前 298 年。

6. "齐客陈异至（致）福于王之岁"

（1）《葛陵》甲三：20 号简文曰："齐客陈异至（致）福于王之岁，献［马之月］。"

（2）《葛陵》甲三：27 号简文曰："齐客陈异至（致）福于王之岁，献［马之月］。"

（3）《葛陵》甲三：33 号简文曰："齐客陈异至（致）福于王之岁，献马之月，鉝口以龙灵为君卒岁［贞］。"

这种纪年还见于《葛陵》零：19、165，零：214，甲三：27，甲三：217，甲三：272 五则简文。这里的"齐客"，指齐国使者。"陈异"，是齐国使者的姓名。"至福"："至"，读如致。《说文·夂部》："致，送诣也。"《公羊传·庄公三十二年》载："吾将焉致乎鲁国。"何休注："致，与也。"《汉书·武帝纪》："存问致赐。"颜师古注："致，送至也。""福"，《国语·晋语二》载："必速祠而归福。"韦昭注："福，胙肉也。"《礼记·祭统》："福者，备也。"郑玄注："世所谓福者，谓受鬼神之祐助也。贤者之所谓福者，谓受大顺之显名也。"《诗·小雅·瞻彼洛矣》："福禄如次。"孔颖达疏："凡言福者，大庆之辞。""致福"是赠送祭神时的胙肉，表示会受到神灵祐助，以示庆贺的意思。"王"，当指楚襄王。"献马之月"为楚十二月。这种纪年简文是说：齐国使者陈异向楚襄王赠送胙肉表示庆贺那一年。

齐国使者向楚襄王赠送胙肉表示庆贺，古史里亦有线索可寻。《战国策·楚策二》记载：

　　楚襄王为太子时，质于齐。怀王薨，太子辞于齐王而归。齐王隘之曰："予我东地五百里，乃归子。子不予我，不得归。"……太子入，致命齐王曰："敬献地五百里。"齐归楚太子。太子归，即位为王。齐使车五十乘，来取东地于楚。

　　"齐王"，指齐湣王。这是说齐湣王乘楚太子横急于归国即位之机，要挟索取楚"东地五百里"，太子横无奈只得答应。太子归国即位不久，齐国就派遣"使车五十乘，来取东地"五百里。齐国来使的声势浩大，虽然目的是来索取楚国"东地"，但表面上则是以"致福"的名义，向楚襄王即位表示祝贺的。当时，楚国被齐湣王要挟割让"东地"，实为不光彩的窝囊事，楚国君臣自在讳言之列。故简文选其光彩的一面来纪事，称之为"齐客陈异致福于王之岁"。因此，这件事当发生在齐襄王元年，即公元前 298 年。

　　7. "致师于陈之岁"

　　　　(1)《葛陵》甲三：37 号简文曰："至（致）师［于陈］之岁，十月，壬戌。"
　　　　(2)《葛陵》甲三：49 号简文曰："致师于陈之岁，十月，壬［戌］。"

　　简文中的"致"，郑玄《仪礼·聘礼》注谓"至也"。《广雅·释诂一》说："致，至也。"《淮南子·主术训》："何足以致之。"高诱注："致，犹胜也。""师"，军旅、军队。"陈"，通作田。春秋末年，陈公子完因陈国内乱而逃奔齐国。《左传·昭公三年》："齐其为陈氏矣。"《史记·田敬仲完世家》作"田氏"。《左传·哀公十四年》："陈恒。"《汉书·古今人表》作"田恒"。因"陈"、田二字声相近，陈完后裔遂以为田氏。战国初年，姜姓的齐国政权遂被陈氏取代。因此战国时期的齐国，就被称为"田齐"或"陈"国。可见简文中的"陈"当是指齐国讲的。

　　据《战国策·楚策二》，齐国使者来索要楚国"东地"时，楚襄王告慎子曰："楚使来求东地，为之奈何？"慎子建议说：

> 王发上柱国子良车五十乘，而北献地五百里于齐。发子良之明
> 日，遣昭常为大司马，令驻守东地。遣昭常之明日，遣景鲤车五十
> 乘，西索救于秦。

楚襄王采纳慎子的谋略，"乃遣子良北献地于齐"。第二天，就遣大司马昭常"使守东地"。接着，"又遣景鲤西索救于秦"。因此，"齐王大兴兵，攻东地，伐昭常"。然而，齐军尚未到达楚国疆域，秦国就以兵"五十万临齐右壤"。齐王恐惧，只得和解。楚国遂"东地复全"。

这里记载楚襄王派大司马昭常率军"往守东地"，抵挡齐国"大兴兵攻东地"的举措，与简文楚国"致师于陈"的事件相合。故简文"致师于陈之岁"，就是指楚国派军队对齐国作战取得胜利那一年。"十月壬戌"是筮占的时间，可知楚国"致师于陈"的事，当发生在这年"十月"之前。因此，这件事当发生在楚襄王回国即位不久，也应在公元前298年。

　　8. "公城郢之岁"

《葛陵》甲三：30号简文曰："公城郢之岁，亯（享）月。"

简文"公"当指平夜君成，也就是葛陵楚墓的主人。《淮南子·览冥训》载："鲁阳公与韩构难，战酣日暮，援戈而挥之。"高诱注："鲁阳，楚之县公，楚平王之孙、司马子期之子，《国语》所称鲁阳文子也。楚僭称王，其守县大夫皆称公，故曰鲁阳公。"因此，楚国的贵族平夜君成称为"公"，符合楚国官制。

"城郢"：修建都城。《左传·昭公二十三年》载："囊瓦为令尹，城郢。"杜预注："楚用子囊遗言，已筑郢城矣。今畏吴，复增修以自固。"《左传·庄公二十八年》说："邑曰筑，都曰城。""郢"当是郢郢之省，指楚国的郢都。"城郢"就是增修郢都的防御设施。

如上所述，公元前303年，齐、韩、魏"三国共伐楚。楚使太子入质于齐而求救"。公元前301年，秦国出兵占领巴蜀地区。公元前298年，秦昭王发兵"出武关攻楚，大败楚军，斩首五万"。这时，楚国面临强敌的进攻，加强郢都的防御设施，是很自然的事。而平夜君成作为楚国的世家大族，主持（或参与）郢都的城防建设，也是很可能的。

9. "我王于林丘之岁"

《葛陵》甲三：1 号简文曰："我王于林丘之岁，九月。"

简文"我王"，指楚王。《诗·豳风·伐柯》："我觏之子。"朱熹《集传》："我，东人自我也。"《诗·大雅·民劳》："以定我王。"郑玄注："言我者，同姓亲也。"

"于"，介词，可译为现代汉语的"被"，用作补语。①

"林丘"是中国古代君王墓葬的通称。《诗·小雅·宾之初筵》毛传："林，君也。"《尔雅·释诂上》也说："林，君也。"是"林"有君王之义。《说文·木部》："林，平土有丛木曰林。"《释名·释山》："山中丛木曰林。"《白虎通·五行》："林，众也，万物成熟，种类众多也。""林"可指帝王墓地树木众多之义。"丘"，是指封土高大的墓葬。《说文·丘部》说："丘，土之高也。"《说文·土部》："墓，丘也。"《方言》卷十三说："冢，秦晋之间谓之坟，自关而东谓之丘。冢……大者谓之丘。"《战国策·东周策》载："薛公故主，轻忘其薛，不顾其先君之丘墓。"这说明"丘"与冢、坟的含义相通，都是指筑有高大封土的墓葬而言。《吕氏春秋·安死》载："世之为丘垄者，其高大若山，其树之若林……尧葬于谷林，通树之。"高诱注："本蕖生曰林也。"《三国志·魏书·文帝纪》载：黄初三年"冬十月甲子，表首阳山东为寿陵……昔尧葬谷林，通树之"。因此，简文"林丘"当是指楚王的墓葬而言。②

这位被埋葬于"林丘"的楚王，当是楚怀王。《史记·屈原列传》载：秦"因留怀王，以求割地。怀王怒，不听。亡走赵，赵不内。复至秦，竟死于秦而归葬"。《史记·秦本纪》载：秦昭王"十一年（前 296 年），楚怀王走之赵，赵不受，还之秦，即死，归葬"。《史记·楚世家》也说："顷襄王三年（前 296 年），怀王卒于秦，秦归其丧于楚。楚人皆怜之，如悲亲戚。"因此，简文所说"我王于林丘之岁"，当是指楚怀王被埋葬的那一年，即公元前 296 年。

---

① 韩峥嵘：《古汉语虚词手册》，吉林人民出版社 1984 年版，第 542 页。

② 蔡运章：《我国古代墓葬名称考略》，载《洛阳汉魏陵墓研究论文集》，文物出版社 2009 年版。

三　"郑卜子求"其人考略

《葛陵》楚简里有两条"郑卜子求"和"奠（郑）求"为平夜君贞卜的简文。如果能在古史里找到"郑卜子求"与上述"纪年"大事的直接联系，那将是很有意义的。兹将这两则简文摘录如下：

> (1)《葛陵》乙四：98 号简文曰："八月乙卯之日，郑卜子悇以□頁之□为君三岁贞。"
>
> (2)《葛陵》乙四：105 号简文曰："□□之月，丁亥之日，奠（郑）求以长苇为君卒岁贞。"

简文"悇"，从心、求声，乃是"求"以增置意符"心"，来加强其"索取"、"贪得"心理诉求的寓意。这种为加强表意成分而增置意符的现象，在古文字里屡见不鲜，亦不赘举。故它当是"求"字的异构。"君"指平夜君成，"三岁贞"是占问三年内的休咎，"卒岁贞"是占问到岁末的祸福。"长苇"是用芦苇制作的筮占工具。这些为平夜君成贞问较长时间休咎的筮占活动，只有那些具备较高水准的筮官才能胜任。由此可见"郑求"在楚国的重要地位。

简文"郑卜子求"与"郑求"实为一人。"郑"是其姓，"卜"是其职官，"子"是尊称，"求"则是其名。这位"郑求"就是大诗人屈原拜访过的"太卜郑詹尹"。据《楚辞·卜居》记载：

> 屈原既放，三年不得复见。竭知尽忠，而蔽鄣于谗。心烦虑乱，不知所从。乃往见太卜郑詹尹曰："余有所疑，愿因先生决之。"詹尹乃端策拂龟曰："君将何以教之。"屈原曰："吾宁悃悃款款朴以忠乎？……吁嗟默默兮，谁知吾之廉贞？"
>
> 詹尹乃释策而谢曰："夫尺有所短，寸有所长。物有所不足，智有所不明。数有所不逮，神有所不通。用君之心，行君之意，龟策诚不能知事。"

这里的"太卜"是主管卜筮的长官，"郑"是其姓，"詹"是其字。《左

传·宣公十二年》："沈尹将中军。"孔颖达疏："楚官多名为尹。"是
"尹"有长官之义。

　　简文中的"郑卜子求"与《卜居》中的"太卜郑詹尹"，不但职官、
姓氏相同，而且"求"与"詹"的含义亦相联因。《战国策·齐策一》：
"欲有求于我也。"高诱注："求，索也。"郑玄《礼记·檀弓上》注：
"求，犹索物。"《孟子·公孙丑上》："勿求于气。"赵岐注："求者，取
也。"是"求"有索取之义。《论语·子罕》："不忮不求。"皇侃疏：
"求，贪也。"《淮南子·说山》："刍狗待之而求福。"高诱注："求，得
也。"是"求"亦有贪得之义。《史记·孝景本纪》载："长信詹事为长
信少府。"《集解》引应劭曰："詹，给也。"《尔雅·释诂上》说："詹，
至也。"高诱《吕氏春秋·适音》注："詹，足也。"《说文·八部》：
"詹，多言也。"是"詹"有给至、足多诸义。由此可见，"求"、"詹"
义相联因，一名一字，正相吻合。

　　据《史记·屈原列传》，屈原名平，本是楚国同姓，在楚怀王时期任
左徒的职官。他"博闻强识，明于治乱，娴于辞令。入则与王图议国事，
出以号令。出则接遇宾客，应对诸侯。王甚任之"。后因遭到谗言，而被
怀王疏远。楚"顷襄王立，以其弟子兰为令尹。楚人既咎子兰以劝怀王
入秦而不反也。屈平既嫉之，虽放流"。这说明屈原在楚襄王即位后便遭
到流放。他"往见太卜郑詹尹"问卜的具体时间，与葛陵简文记载事件
的年代正相符合。因此，简文中的"郑卜子求"与《卜居》里的"太卜
郑詹尹"，当是同一个人物。

　　顺便说明的是，东汉王逸《楚辞章句》说："《卜居》者，屈原之所
作也。"因《楚辞》中的《卜居》和《渔父》两篇，都是采用对话形式
表达作者思想，体裁介于诗歌与散文之间，是楚辞文体的一个变种，具有
很高的艺术价值。王逸说这两篇都是"屈原所作"。然而，近代学者大多
认为这"两篇都不是屈原所作"。《卜居》写屈原向郑詹尹问卜，《渔父》
写屈原与渔父交谈。有学者遂认为，"这些可能是事实，也可能是作者的
虚构"。① 葛陵楚简"郑卜子求"的发现，证明当时楚国确有"太卜郑詹
尹"其人。由此推测，王逸认为《卜居》为"屈原所作"的看法，是有
道理的。

---

　　① 董楚平：《楚辞译注》，上海古籍出版社 2012 年版，第 119 页。

四　结语

　　战国早中期，楚国本是与秦、齐两国三足鼎立的强盛国家。由于楚怀王晚年对外政策的失误，导致楚国走向衰落。新蔡葛陵楚墓的主人平夜君成，是战国晚期楚国的封君。平夜君见于曾侯乙墓竹简和包山楚简，是楚昭王（前515—前489年在位）后裔的支族。我们通过对葛陵楚墓出土九个"纪年"简文及其相关人物的综合梳理，可以得出三点初步认识：

　　1. 这批简文中的九个"纪年"大事，从"蒌荅受女于楚"到"我王于林丘之岁"，都与古史所载楚怀王二十四年（前305年）"秦昭王与楚婚"到楚襄王三年（前296年）楚怀王"死于秦而归葬"，这九年间的重大事件基本吻合。

　　2. 简文"蒌荅受女于楚"与"秦昭王与楚婚"本指同一回事，"蒌荅"就是秦相"楼缓"。"大莫嚣阳为晋师战于长城"，讲的就是"齐、韩、魏共攻楚，杀楚将唐眛"的事，"大莫嚣阳（唐）"乃是楚将"唐眛"。"齐客陈异至（致）福于王"和"致师于陈之岁"中的"齐"、"陈"，指的就是齐国。简文中"王徙于鄩郢"和"我王于林丘之岁"的"王"，指的就是楚怀王。而"王复于蓝郢"和"齐客陈异至（致）福于王"中的"王"，指的则是楚襄王。"郑卜子求"就是《楚辞·卜居》中的"太卜郑詹尹"。他们都是这些重大历史变革的亲历者和见证人。

　　3. 葛陵楚墓的主人平夜君成与包山楚墓的主人平夜君佗，同属一个家族。《包山楚简》记载的是从楚怀王六年（前323年）到十三年（前316年）七年间的事情。葛陵楚记载的则是从楚怀王二十四年（前305年）到楚襄王三年（前296年）九年间的事件。也就是说，葛陵楚墓比包山楚墓晚十年左右。由此推测，平夜君佗应是平夜君成的前辈（或兄长），葛陵楚墓的年代当在公元前296年末或者稍晚。

　　综上所述，《葛陵》楚简记载的九个"纪年"大事，都与古史记载从楚怀王二十四年（前305年）"秦昭王与楚婚"，到楚襄王三年（前296年）楚怀王"死于秦而归葬"，九年间发生的重大事件及相关人物相吻合。这些事件正是楚国由强盛转向衰落的关键因素。这批简文把当时楚与秦、齐诸国关系发生急剧变化的故事，简要地记录了下来。这些重要发现，为研究战国晚期早段的历史提供了可靠的文献资料，因而具有极为重要的史料价值。

（作者单位：洛阳市文物考古研究院）

郭店竹简字迹研究简述[*]

刘传宾

对古文字字迹进行研究肇始于甲骨，并逐渐发展成为甲骨文科学分类的重要标准。随着大批简帛材料的出现，简帛字迹研究也越来越受到学界的关注。1993 年郭店竹简出土，其文本保存比较完整，字迹清晰、形体优美，充分展现了文字的丰富性和多样性，为字迹研究提供了非常好的素材，学者纷纷撰文论说。本文试将学界关于郭店竹简字迹研究的概况进行系统的整理和总结。

一　字迹研究的方法及存在的问题

在专门研究郭店竹简字迹的论作中，各家使用的方法不尽相同，这些方法又各有其利弊。下面，我们将各家在郭店竹简字迹研究中所使用的方法加以总结，并就存在的问题进行商讨。

1. "书体"说

整理者在描述郭店竹简字迹特点时使用这一概念。早在 1933 年，董作宾先生在《甲骨文断代研究例》中就提出了"书体"作为甲骨文断代

---

　　* 本文由笔者博士学位论文《郭店竹简研究综论（文本研究篇）》第四章第一节"郭店竹简字迹研究"（博士学位论文，吉林大学，2010 年）删改而成。

标准之一。① 后来被应用到金文与简帛文字字迹研究中。②

"书体"与"字体"，学者往往混而不别，《汉语大词典》中对"书体"的第一个解释就是"字体"。李松儒先生认为二者应区分使用："'字体'是按照文字结构、笔画形态等方面特征对文字进行宏观上的分类，如甲骨文、金文、小篆、隶书、楷书、草书、行书等。……'书体'主要是从书法角度而言，是对同一字体体系内的文字进行的分类，虽然也是从宏观角度对文字的分类，但书体较字体的特征更具体些，如楷书中有颜体、柳体、赵体等等。"③

2. "字体"说

周凤五先生在《郭店竹简的形式特征及其分类意义》一文中使用了"字体"这一概念：

> 本文所说的字体，包含文字的"形体结构"与"书法体势"。前者指独体字的取象与合体字的部件，属于文字学的范畴。后者的"体"指体类，即篆书、隶书、楷书、行书、草书等书体的分类；"势"指技巧所形成的书法风格，即用力的轻重、速度的快慢所造成的笔划线条的长短、方圆、肥瘦等。体与势的搭配有其书法美学的基本原则，但也不排除例外。④

---

① 董作宾：《甲骨文断代研究例》，《庆祝蔡元培先生六十五岁论文集》上册，1933 年，第 323—424 页。

② 张懋镕：《金文字形书体与二十世纪的西周铜器断代研究》，载《古文字研究》第 26 辑，中华书局 2006 年版，第 188—192 页；李峰：《古代的复制和书体的变异——西周同铭青铜器研究》（"Ancient Reproductions and Calligraphic Variations：Studies of WesternZhou Bronzes with 'Identical Inscriptions'"，*Early China*，Vol. 22，1997）；陈松长、吴振红：《上博楚简〈昔者君老〉书体特征浅析》，《文物鉴定与鉴赏》2010 年第 9 期，第 24—29 页。

③ 李松儒：《战国简帛字迹研究——以上博简为中心》，博士学位论文，吉林大学，2012 年，第 21 页。

④ 周凤五：《郭店竹简的形式特征及其分类意义》，载《郭店楚简国际学术研讨会论文集》，湖北人民出版社 2000 年版，第 57 页。【按】周先生后来在《楚简文字的书法史意义》（《古文字与商周文明——第三届国际汉学会议论文集文字学组》，"中央"研究院历史语言研究所，2002 年，第 196 页注 4）一文中对这段讨论有所修改：本文所说的字体，包含文字的"形体结构"和"书法体势"。前者指独体字与合体字的结构成分，属于文字学的范畴。后者的"体"指体类，即一般所说的篆书、隶书、楷书、行书、草书等书体的分类；"势"指用笔形成的书法风格，即用力的轻重、速度的快慢所造成的笔画的长短、方圆、肥瘦等。

　　"字体"这一概念并非周氏首创，1956 年，陈梦家先生在《甲骨断代学》一文中将"字体"作为断代的一个标准，包括字形的构造和书法、风格等。① 周凤五先生对"字体"这一概念重新做了诠释，提出了"形体结构"与"书法体势"两个方面的内容，赋予其不同于以往的新内涵。概括地说，周先生既有对已有观点的总结和继承，也有自己的独创和发展。因为材料的不同，"字体"所包含的内容也有所不同，甲骨文字更多地体现刻写者的特点，而竹简文字一定程度上还体现了文字在抄写过程中所受到的影响。

　　"字体"这一概念在简牍字迹研究中使用得比较广泛，如林素清先生就在周凤五先生研究的基础上，从"形体结构"和"书法体势"两方面比较上博《缁衣》与郭店《缁衣》两个抄本，认为上博《缁衣》的字体具有"非楚"色彩。② 福田哲之先生也对"字体"进行界定，认为其意涵包括三个方面：有关形体（笔画）上差异的字形结构、有关式样上差异的书写体样，以及有关个人风格上差异的书写风貌。③ 其所谓"字体"的含义又与周凤五不同。此外，李零先生也依据"字体"对郭店竹简文字进行分类；李天虹先生使用"字体"这一概念研究上博简文字；④ 陈伟先生也将"字体"作为竹简编连的一个重要因素。⑤ 但是这几位学者并未对其所谓的"字体"加以解说。

　　周凤五先生所谓的"形体结构"和"书法体势"，实际上是将简文的"地域特点"和"字迹特征"统归于"字体"这个大的范围内统一讨论。不可否认，不同的书手书写同一个文字时形体结体存在差异，但是周凤五先生所言的"形体结构"还包含简文的"地域特点"。而郭店竹简属于抄录性质的，并非原创书籍，简文的"地域特点"很可能是受到底本的影响，若是如此，则反映在文字"形体结构"上的差异并不是书手书写特

　　① 陈梦家：《甲骨断代学》，《燕京学报》第 40 期，燕京大学燕京学报社 1951 年 6 月出版，第 6 页。

　　② 林素清：《郭店上博〈缁衣〉简之比较——兼论战国文字的国别问题》，载《新出土文献与古代文明研究》，上海大学出版社 2004 年版，第 83—96 页。

　　③ 福田哲之：《字体分析在出土文献研究上的意义——以郭店楚简〈语丛三〉为中心》，载《出土文献研究方法论文集（初编）》，台湾大学出版中心 2005 年版，第 189 页。

　　④ 李天虹：《简本〈缁衣〉字体比较初探》，载《古文字研究》第 25 辑，中华书局 2004年版，第 334—338 页。

　　⑤ 陈伟：《郭店竹书别释》，湖北教育出版社 2002 年版，第 83—84 页。

点的本质显现。这种情况在笔迹学中定义为"非自述性笔迹"。所谓"非自述性笔迹",特点是这些文本的书手所写的是别人的言语,不能反映书手自己的语言运用技巧和习惯。"其抄写笔迹的特征,易受原稿字迹形体,写法的影响,从而与其平时的笔迹可能有所不同。"①

3. "字迹"说

李松儒先生在《郭店楚墓竹简字迹研究》一文中使用"字迹"的概念,将竹简字迹研究的方法归纳为五点:② 书写水平、书法体势、写法特征、羡笔、字的整体布局。后来李松儒先生进一步对简帛字迹研究方法做了修正和补充:概貌特征、用字写法特征、形态特征、错字特征、搭配比例特征、运笔特征、标识符号特征。③

"字迹"这一概念,是建立在现代笔迹学中"笔迹"一词的基础上的。笔迹学最先由黄天树先生引入来研究甲骨文的分类和断代;④ 在其影响下,张世超先生最早将古人书(刻)写活动的文字遗迹称为"字迹"——包括墨书字迹和契刻字迹,以别于现代刑侦学研究的"笔迹"。⑤现代笔迹学中对"笔迹"一词的定义是:

> 笔迹通常指字迹,……笔迹是通过书写活动形成的具有个人特点的文字符号的形象系统。或者说,笔迹是个人书写技能和书写习惯,通过书写活动外化成的文字符号的形象。⑥

"笔迹学,或者说笔迹鉴定,是基于手写文字的外形特征的分析,以认定文字书写个人为目的的技术系统。一般来说,每个人的笔迹就像指纹一样有着独一无二的特征(特异性),而且我们知道其特征是恒常反复出现的(恒常性)。笔迹学注重这样的一般原则,并将此应用到个人的认定工作

---

① 公安部政治部编:《笔迹检验》,警官教育出版社1999年版,第2页;李松儒:《郭店楚墓竹简字迹研究》,硕士学位论文,吉林大学,2006年,第34页。

② 李松儒:《郭店楚墓竹简字迹研究》,硕士学位论文,吉林大学,2006年,第7—16页。

③ 李松儒:《战国简帛字迹研究——以上博简为中心》,博士学位论文,吉林大学,2012年。

④ 黄天树:《殷虚王卜辞的分类与断代》,文津出版社1991年版,第4—5页。

⑤ 张世超:《殷墟甲骨字迹研究——自组卜辞篇》,东北师范大学出版社2002年版。

⑥ 公安部政治部编:《笔迹检验》,警官教育出版社1999年版,第1页。

中。笔迹鉴定的具体步骤是，一般首先把清楚书写者的数据（对象数据）和书写者不明的数据（鉴定数据）进行比较，判断它们是否是同一人物书写的资料，并得出'是'、'否'、'不明'中的一个判断。"①

出土文献中的字迹研究（刻、书写出的文字）并不能完全使用笔迹学的研究方法。首先，范畴不同："笔迹学"不包括刻写的甲骨文字；广义的笔迹包括绘画；竹简字迹研究的对象是出土的毛笔墨书于竹简上的文字。② 其次，方法和目的有所不同：笔迹学通过"对象数据"（标本数据）和"鉴定数据"（被检数据）的对照，用"是"或"否"来判定两份资料是不是同一人所书写，其目的和方法比较简易。与此相反，出土文献字迹研究所要求的是，在杂然多样的字迹中辨析出个人的字迹这样一种研究工作，其方法上的复杂性与难度要远远高于一般的笔迹鉴定。③ 所以，张世超先生、李松儒先生等在借鉴笔迹学理论的同时，对其研究的内容又加以严格地界定。

4."手迹"说

李孟涛先生在《试谈郭店楚简中不同手迹的辨别》一文中指出："我们有必要在理解和描述简帛手迹的过程中，尽可能清晰地区别出文字类型、文字风格、手迹三个层面的内涵。"（1）"文字类型"是指那些文字中一贯具有的相同的形态学性质……汉字中不同类型的古文字通常是指那些在不同的文字发展过程中特有的、具有典型代表性的文字，或者是指特定地域或特殊用途的特有文字（均与书写材料的质地及当时流传文献的实际情况有关）。郭店楚简的文字类型应当属于战国楚系文字。（2）"文字风格"是在特定文字类型中所蕴含的某种文字模式。文字风格随着文字的字体结构或单个笔画统一性和精确性不同程度的变化而变化。（3）"手迹"是指文字在某种特定文字风格中多种相同特点的表征化，不

---

① 高泽则美：《计测数量化による笔者识别に关する研究》，《科学警察研究所年报》1999年3月，东京。【按】转引自崎川隆《宾组甲骨文字体分类研究》，博士学位论文，吉林大学，2009年，第39页。

② 张世超：《殷墟甲骨字迹研究——自组卜辞篇》，东北师范大学出版社2002年版，第17—18页；李松儒：《郭店楚墓竹简字迹研究》，硕士学位论文，吉林大学，2006年，第2页。

③ 崎川隆：《宾组甲骨文字体分类研究》，博士学位论文，吉林大学，2009年，第39页。

同的手迹必须在那些比特定文字风格特征更加细微的环节中才能寻找到。①

　　李孟涛先生将竹简文字研究区分出三个层面是可取的，特别是对"文字风格"和"手迹"范围的界定，更是有积极的意义，我们下文对郭店竹简文字做总体分类即采用"文字风格"这一理论内涵。在研究郭店竹简字迹过程中，李孟涛先生使用的是"手迹"这一概念，他认为笔迹学理论不适于竹简字迹研究，指出"刑事鉴识笔迹学的目的则针对于伪作的鉴别，因而更多地注重于抄写者有意识地对其书法所起的影响"②。导入笔迹学理论研究书（刻）写文字字迹是有益的，这一点张世超先生、李松儒先生已经作过说明。李孟涛先生将辨别不同手迹的设想和适用原则归纳为七条，并且重点介绍了怎样利用"文字中笔画间的相互位置关系"来辨别不同的手迹。③"文字中笔画间的相互位置关系"确实能够体现抄手个人的书写特点，但在具体的研究过程中文字的整体倾斜度也应当予以考虑。

　　5. "字形"说

　　西山尚志先生在《关于郭店楚简〈老子〉三本、〈太一生水〉的抄者——字形种类的统计分析》中提出以"字形"来判断"抄手"。他反对考察抄写"风格"的方法，认为这种方法存在两个问题：（1）目前大部分考察抄写"风格"的方法缺乏科学性。所以研究结果只有精通书法的一部分研究者才能理解。因而即使抄写"风格"的考察结果不同，专家也无法互相讨论。（2）运用抄写"风格"考察时，抽取样本不一定是随机的。笔者并不怀疑各研究者的研究态度，但是当探讨抄写"风格"时所抽取的样本字（或者样本部分），难免让人怀疑是为了得出预定的结论而选出的（对此研究者也无计可施）。如此，在由样本推广到总体的考察

---

　　① 李孟涛：《试谈郭店楚简中不同手迹的辨别》，载《简帛研究二〇〇六》，广西师范大学出版社 2008 年版，第 10—29 页。

　　② 同上书，第 14 页。

　　③ 【按】李孟涛在《试探马王堆载有〈老子〉等篇的帛书中的假借字与异体字的布局》（《亚洲文明》2005 年第 59 卷第 1 期，第 169—207 页）一文中还提到了"文本布局"的重要性。（Matthias Richter, "Towards a Profile of Graphic Variation: On the Distribution of Graphic Variants within the Mawangdui Laozi Manuscripts", siatische Studien/Études Asiatiques LIX. 1 (2005), pp. 169 – 207.）

过程中，会造成相互矛盾的结论。①

　　作为判断基准，西山尚志先生"不采用考察'笔迹'、'书体'、'风格'之类的模糊方法，只关注字形，② 加以统计学的解析方法，探讨《老子》三本与《太一生水》四篇文献的抄者关系"。具体研究方法是：将比较检验分为（1）"甲"、"乙"；（2）"甲"、"丙"；（3）"甲"、"太"；（4）"乙"、"丙"；（5）"乙"、"太"；（6）"丙"、"太"共六组，提出一个假设："如果以上各组中的两篇文献是由同一个抄者抄写的，则这两篇中同一文字采用相同字的比率会十分接近。"对此假设本文将运用似然比检验（likelihood ratio test）加以解析。③

　　我们认为"字形"在字迹研究中的确起着重要的作用，但是过分强调甚至以之为唯一的标准是不可取的。李孟涛先生曾举了这样一个例子："与"字的底部从 ⺆ 到 ⺮ 字形变化是非常明显的，同在《老子甲》第 35号简（第 19、24 字）的两个"与"字底部即是如此，但是这枚竹简看不出有他人抄写的迹象，所以这种变化不能作为区别不同字迹的标准。④ 同样的例子再比如《成之闻之》简 1，"之"字出现四次，"但没有一个写法是相同的，都有变化"⑤。这两个例子可以很好地说明"字形"在字迹研究中的不足。关于字迹的判别标准上文各家已经介绍了许多，多是经验之谈，是可以凭信的。至于"文字风格"问题，虽然不能仅据此来推断

----

　　① 西山尚志：《关于郭店楚简〈老子〉三本、〈太一生水〉的抄者——字形种类的统计分析》，2009 年 8 月 1 日，简帛研究网站（http：//jianbo. sdu. edu. cn/admin3/2009/xishanshang-zhi001. htm）。【按】日文版名《郭店楚简〈老子〉三本·〈太一生水〉における抄者の关系について——字形のバリエーションの统计学的考察》，《郭店楚简の思想史研究》第 6 卷，2003年 2 月刊行，第 33—49 页。

　　② 【按】"广义的字形"是"字体"、"书体"的综合体（铃木敦：《甲骨文字におけるセリエーション把握》，《中国古代文字と文化》，1999 年 8 月），但是西山尚志只关注狭义的"字形"。

　　③ 【按】后来，西山尚志先生将《语丛四》也纳入对比的范围：（1）"甲"、"语四"；"乙"、"语四"；"丙·太"、"语四"。西山尚志：《郭店楚简〈老子〉、〈太一生水〉与〈语丛四〉的抄者关系》，2010 年 6 月 27 日，简帛研究网站（http：//www. jianbo. org/admin3/2010/xishan002. htm）。【按】日文版名《郭店楚简〈语丛四〉の抄者について——字形的バリエーションの统计学的考察》，《书学书道史研究》第 17 号，书学书道史学会，2007 年 9 月。

　　④ 李孟涛：《试谈郭店楚简中不同手迹的辨别》，载《简帛研究二〇〇六》，广西师范大学出版社 2008 年版，第 18—19 页。

　　⑤ 横田恭三：《郭店楚简的书法风格特征》，载《全国楚简帛书法艺术研讨会暨作品展论文集》，湖北人民出版社 2009 年版，第 9 页。

简文的抄手，但是"文字风格"是判断简文抄手的一个标准是毋庸置疑的。

对郭店竹简字迹进行细致研究且提出系统的研究方法的主要是周凤五先生、李松儒先生、李孟涛先生三家，西山尚志先生也就郭店竹简部分内容，提出新的判断抄手与字迹问题的标准。其他一些学者多是就其中的一篇或几篇进行讨论，在方法上也未能超出上述几家的范围。各家意见各有利弊，可互为补充。从周凤五先生的"书法体势"和"形体结构"两项标准，到李松儒先生的"七点内容"，再到李孟涛先生的"文字中笔画间的相互位置关系"，学者们在进行字迹分析时，研究视野已趋于从对文字的概括印象转向具体细节；不仅注重文字自身的特点，同时也关注与文字相关的其他方面所提供的信息，如文字的布局等。这表明对郭店竹简字迹研究更加地深入、细致。

从各家的讨论中我们可以看到一个明显的问题，即"字迹研究的标准不统一"，学者在研究过程中往往有自己的一套系统和准则。李孟涛先生已经看出了这个问题，指出："简帛文献中不同手迹的区别迄今面临着一些特殊的问题。其中最尖锐的一个应当就是，在古文字书法研究中特别缺乏基于已被验证或实践过的准则。"[①]"标准不统一"直接的结果就是"结论的不一致"。我们后文会谈到，无论是对郭店竹简"文字风格"的总体归类，还是对具体简文抄手与字迹的研究，学者之间的差异很大。所以，对于竹简字迹研究而言，急需确立一套科学而系统的研究方法。

二　文字风格的总体分类

郭店竹简文字风格多样，李零、周凤五等学者对此做过研究和分类，下面我们先将各家意见绘制成表格（按：仅对郭店竹简中的部分简文做过研究的不列入其中），以便更好地看到各家说法的差异：

---

① 李孟涛：《试谈郭店楚简中不同手迹的辨别》，载《简帛研究二〇〇六》，广西师范大学出版社 2008 年版，第 14 页。

郭店竹简文字风格总体分类诸家意见对比表

分类篇名	李零	周凤五	李孟涛	横田恭三	李松儒
《老子》（甲、乙、丙）、《太一生水》	A	A	A	A	A
《语丛四》	A	A	A/A＊	A	B
《缁衣》、《鲁穆公问子思》、《穷达以时》、《五行》①	B	A	A＊	A	B
《唐虞之道》、《忠信之道》	C	D	B	B	D
《成之闻之》、《尊德义》、《性自命出》、《六德》	D	B	C	C	E
《语丛（一、二、三）》	E	C	D	D	C

【说明】表中"行"为郭店竹简篇名，"列"为各家对简文字体所做的分类。字体类别用英文大写字母表示，其中"A＊"表示"风格 A 之不规则、草体形式"，"A/A＊"表示"介于 A 与 A＊之间的风格"。②

　　从上表我们可以看出：周凤五先生、横田恭三先生意见相同，只是各类字迹排列顺序略有不同；李孟涛先生意见亦与之相似，但进一步将第一类字迹细化。李松儒先生颇赞同李零先生的意见，而将《语丛四》归为第二类。总的来说，学界争论的焦点在于郭店简《老子》（甲、乙、丙）、《太一生水》、《语丛四》、《缁衣》、《鲁穆公问子思》、《穷达以时》、《五行》这几篇是归为一类还是分为两类。中村伸夫从书法风格角度，将郭

---

　　① 【按】如果仅从字迹的角度来看，将《五行》篇与《缁衣》等篇归为一类，是可以接受的。但从形体结构和用字特点来看，《五行》篇中包含了不少非楚文字因素，与《缁衣》等篇有明显区别，无论如何也不宜归为一类（冯胜君：《郭店简与上博简对比研究》，线装书局 2007 年版，第 327 页）。

　　② 李孟涛：《试说郭店楚简中不同手迹的辨别》，载《简帛研究二〇〇六》，广西师范大学出版社 2008 年版，第 13 页。

店竹简分为七类，新分出来的几类应出自上述存在争议的几篇。① 除此之外，濑简宽之将"郭店楚墓竹简样式"与"异体使用频度"抽出来的"异体使用频度浓缩表"加以书法风格的分类。分类的结果基本同于周凤五。② 福田哲之认定周凤五的分类恰当，同时用自己的方法再作详细划分。以《老子》三篇、《太一生水》、《语丛四》五篇为例，其将《老子甲》划为一类，《老子》乙、丙和《太一生水》划为一类，《语丛四》划为一类。③ 新井仪平认为郭店竹简"十六种的书法风格大致可分为至少三种以上"。④ 因为这些学者的文章未得寓目，所以这里不展开讨论。总之，各家关于郭店竹简的字迹分类只是一种宏观的把握，每一类中仍有差异。

　　此外，李零先生、李松儒先生还对残简字迹做了归类。《郭店楚墓竹简》一书收有 27 枚竹简残片，"从字体判断，绝大多数都是出自《语丛三》或《语丛一》"。李零结合自己对郭店竹简文字风格做的总体分类，对这些竹简残片进行了归类：⑤

　　第一类字迹：简 20、21，共计 2 枚简。

　　第二类字迹：简 17、22、23、27，共计 4 枚简。

---

　　① 中村伸夫：《〈郭店楚简〉にみえる字形の简化について》，载书学书道史学会编《国际书学研究》，2000 年。【按】中村伸夫先生认为《老子》甲、《语丛四》为一类；《老子》乙、丙和《太一生水》为一类。【又按】横田恭三先生开始也将郭店竹简书法风格分为七类，他认为《老子》甲、《语丛四》、《鲁穆公问子思》、《穷达以时》、《五行》为一类；《老子》乙、丙和《太一生水》为一类（横田恭三：《战国楚系简帛文字の变迁》，载书学书道史学会编《书学书道史研究》第八号，1998 年）。后来又改变了自己的意见，将这几篇划归为一类，指出："检点'甲'‘乙'‘丙'的书法风格，并非不能看出用笔法、造型上的微妙的区别。但是没有确证能断定抄者不同，所以总括起来处理（《郭店楚简における书风の特征》，载《郭店楚简の研究（三）》，大东文化大学郭店楚简研究班，2001 年 3 月；中文版《郭店楚简的书法风格特征》，载《全国楚简帛书法艺术研讨会暨作品展论文集》，湖北人民出版社 2009 年版，第 5—11 页）。这两位学者的意见亦可参见西山尚志《郭店楚简〈老子〉、〈太一生水〉与〈语丛四〉的抄者关系》，2010 年 6 月 27 日，简帛研究网站（http://www.jianbo.org/admin3/2010/xishan002.htm）。

　　② 濑简宽之：《郭店楚简の文字の研究》，载《青山杉雨记念赏第五回学术奖励论文选》，青山杉雨记念赏实行委员会，2002 年 12 月。

　　③ 福田哲之：《郭店楚简、上博楚简の字体と形制》，载《新出土资料と中国思想史》，《中国研究集刊》别册，第三十三号，2003 年 6 月。

　　④ 新井仪平：《郭店楚墓竹简の书法と字形についての考察》，载《郭店楚简の研究（一）》，大东文化大学 1999 年版。

　　⑤ 李零：《郭店楚简校读记》，载《道家文化研究》第 17 辑，生活·读书·新知三联书店 1999 年版，第 541—542 页。

第三类字迹：简 24，共计 1 枚简。

第四类字迹：简 1—16、18、19、25、26，共计 20 枚简。

李松儒也对竹简残片做了相应的归类：①

第一类字迹：简 20、21，共计 2 枚简。

第二类字迹：简 23、27，共计 2 枚简。

第三类字迹：简 1—19、22、25、26，共计 22 枚简。

第四类字迹：简 24，共计 1 枚简。

李零先生与李松儒先生对残简分类最大的差别在于残 17、22。李零先生认为这两枚残简字迹应该与《缁衣》、《鲁穆公问子思》、《穷达以时》、《五行》四篇同，李松儒先生不同意这种意见，她认为"残简 17 中'则'字作'𥝶'，这样的写法仅在《语丛三》C 组字迹中出现过"；"專"字残 22 作"𡒀"，与《语丛》一至三篇作"𡕷"（语二 5）、"𡕴"（语一28）、"𡕵"（语一 82）等写法最为接近。

三　简文的书写情况

（一）同篇简文由不同抄手完成

陈梦家先生在整理武威汉简时曾指出，武威《仪礼》简中"有一篇由一人一次抄齐的，有由数人数次抄成的（或由数人同时分抄，或由数人先后抄成的）。即使是同一人所抄写，在同一篇中（甚至同一行中）对于同一个字可以有不同写法，可知书手并不如经师那么固守师法家法"②。这种情况在郭店竹简中体现得也十分明显。下面，我们总结一下学界有关郭店竹简"同篇简文由不同抄手完成"这种情况的讨论意见：

《老子》甲：李孟涛先生认为《老子》简 5、6 不同于其他各简。③

《缁衣》：李松儒先生认为《缁衣》是由两个抄手抄写完成的。④（【按】第 40 号简背面的补文"苟有言必闻其声"，字迹又与正文不一样，

---

① 李松儒：《郭店楚墓竹简字迹研究》，硕士学位论文，吉林大学，2006 年，第 76—79 页。

② 陈梦家：《由实物所见汉代简册制度》，载《汉简缀述》，中华书局 1980 年版，第 299 页。

③ 李孟涛：《试谈郭店楚简中不同手迹的辨别》，载《简帛研究二〇〇六》，广西师范大学出版社 2008 年版，第 15—19 页。

④ 李松儒：《郭店楚墓竹简字迹研究》，硕士学位论文，吉林大学，2006 年，第 44—47 页。

很可能是读者阅读时所填写的，或是由书籍校勘的人来填补的，可以另列一类字迹。）

《五行》：李松儒先生认为《五行》篇简文是由三个抄手抄写完成的。第一种字迹的抄手书写较为工整，善用直笔与饰点；第二种字迹的抄手书写较为随意，善用曲笔；第三种字迹（10 号简和 11 号简的上部）的抄手书写水平相对前两种字迹的抄手书写水平低些，其用字也比较奇怪，可能是因为比较尊重底本的原型造成的。[①] 冯胜君也指出："10 号简和 11 号简上部，从书法体势上看与全篇其他简文完全不同，显然是另一个人所抄写。"[②]（【按】《五行》篇简 4、简 44 补写的三个"之"字与其他简文字迹不同，可以另列一类字迹。）

《性自命出》：李天虹先生曾对该篇竹简的抄写和容字情况做过说明：一至三五号简，字体较为粗放，字之间架较为疏阔，每简平均所书字数较少……三六至六七号简，字体较为秀丽，字之间架相对紧密，每简平均所书字数较多。在书写上，《性自命出》前后也存在一定的差异，或非同一人所抄，抑或系同一人异时而书。[③]（【按】李松儒先生认为《性自命出》篇为同一人所抄写，[④] 若此，则该篇不可以作为"同篇简文由不同抄手完成"的例证。另外，如果该篇确为同一抄手所为，那么这种疏密不同的抄写方式或许是受了底本的影响。）

《六德》：第 30 号简"友"字作、，第 28 号简不用这个写法，作。李孟涛先生根据几个其他文字的不同书写风格估计，第 30 号简和第 28 号简书手可能不是同一个人。[⑤]

《语丛四》：李松儒先生分为两种字迹。[⑥]

学界对郭店竹简同篇抄手（字迹差异）问题讨论最多的是《语丛三》

① 李松儒：《郭店楚墓竹简字迹研究》，硕士学位论文，吉林大学，2006 年，第 47—52 页。

② 冯胜君：《郭店简与上博简对比研究》，线装书局 2007 年版，第 323—324 页。

③ 李天虹：《郭店竹简〈性自命出〉研究》，湖北教育出版社 2003 年版，第 11—12 页。

④ 李松儒：《郭店楚墓竹简字迹研究》，硕士学位论文，吉林大学，2006 年，第 75 页。
【按】原文是说《成之闻之》、《尊德义》、《性自命出》、《六德》四篇，李松儒认为这四篇字迹一致，应该是出自同一抄手之笔。

⑤ 李孟涛：《试探书写者的识字能力及其对流传文本的影响》，载《简帛》第 4 辑，上海古籍出版社 2009 年版，第 401 页注①。

⑥ 李松儒：《郭店楚墓竹简字迹研究》，硕士学位论文，吉林大学，2006 年，第 53—57 页。

篇。就研究成果而言，① 从方法上来说可以分为两大类。第一类是以分析句读符号为切入点，从而对字迹进行区别。李零先生根据句读符号的不同，将《语丛三》的竹简分为三类：②

（一）章号作小短撇者：简 1—16、50、51，共计 18 枚简。

（二）章号作小短横者：简 17—47、55—58、60—63，共计 39 枚简。

（三）章号作小方点者：简 48、49、52—54、59、64—72，共计 15 枚简。

虽然对竹简做了分类，但并没有明确指出竹简分类与字迹之间的关系。

福田哲之先生基本同意李零先生的分类方法，在此基础上进一步认为《语丛三》三个分类之间"存有书写风貌上的差异"：

第一类是细笔画，文字长度较短；第二类是粗笔画，文字长度较长；第三类是细笔画，文字长度较长。这种书写风貌上的差异因为被视为表示书写者之不同，所以可以得知，以句读符号为指针的李零教授三分类与排列上之区分的对应关系，其实是起因于三位书写者所造成。③

由上引文可知，福田哲之先生将《语丛三》字迹分为三类，"起因于三人（按：疑'个'字之误）书写者而形成的明显的字体分别"。④ 每一类包含的简文如下：

---

① 【按】李孟涛先生认为《语丛三》很难鉴别其中哪些部分是由同一书写者书写而成的（《试谈郭店楚简中不同手迹的辨别》，载《简帛研究二〇〇六》，广西师范大学出版社 2008 年版，第 20 页）。

② 李零：《郭店楚简校读记（增订本）》，人民大学出版社 2007 年版，第 191—205 页。【按】新发现的一枚遗简未算在内。

③ 福田哲之：《字体分析在出土文献研究上的意义——以郭店楚简〈语丛三〉为中心》，载《出土文献研究方法论文集（初编）》，台湾大学出版中心 2005 年版，第 192 页。

④ 同上书，第 197 页。

第一类：简 1—16、48、50、51、57，共计 20 枚简。

第二类：简 26—47、54、55、58、60—63，共计 29 枚简。

第三类：简 17—25、49、52、53、56、59、64—72，共计 23 枚简。

这种分类方法对李零先生的意见有部分修正。① 裘锡圭先生曾指出，郭店竹简中的简牍符号"墨块大都是抄写时所加的，小横大都是阅读时所加的"。② 抄写者与阅读者又往往并非同一人，所以在利用"简牍符号"时应该慎重。从我们的观察来看，《语丛三》篇的简牍符号绝大多数位于一段或一句话的结尾处，后留白，其作用大致相当于李零所谓的"章号"。从其所处的位置及作用来分析，这些符号基本上还应该是抄写者所为，而并非阅读者所加。③ 所以，上述意见是有一定道理的。

第二类是直接以分析字迹特征为主。龙永芳先生根据简文"字形上的差异"和"不同的书写风格"，将《语丛三》字迹分为六种：④

第一种：简 1—8，共计 8 枚简。

第二种：简 9—16、48—51、遗简，⑤ 共计 13 枚简。

第三种：简 22—25，共计 4 枚简。

第四种：简 17—21、56、64—72、残 13，共计 16 枚简。

第五种：简 26—47、54、55、59—63、残 3、残 14，共计 31 枚简。

第六种：简 52、53、57、58，共计 4 枚简。

---

①　【按】李零与福田哲之关于《语丛三》竹简分类的异同，请参见福田哲之《字体分析在出土文献研究上的意义——以郭店楚简〈语丛三〉为中心》附表 2 "《语丛三》竹简类别对照表"，载《出土文献研究方法论文集（初编）》，台湾大学出版中心 2005 年版，第 200--202 页。

②　裘锡圭：《郭店〈老子〉简初探》，载《中国出土文献十讲》，复旦大学出版社 2004 年版，第 193 页。

③　【按】如果存在阅读者所加的情况，那么简 14—16 的"小短撇"可能性大一些。

④　龙永芳：《关于郭店楚简〈语丛三〉分篇与重新编连的思考》，载《古墓新知——纪年郭店楚简出土十周年论文专辑》，国际炎黄文化出版社 2003 年版，第 261—278 页。

⑤　龙永芳：《湖北荆门发现一枚遗漏的"郭店楚简"》，《中国文物报》2002 年 5 月 3 日。

龙永芳先生的意见增加了一枚遗简和两枚残简的内容。①

李松儒先生在龙永芳先生研究的基础上把《语丛三》的字迹分为四组:②

A 组:简 1—7、9—16、48—51、57,共计 20 枚简。

B 组:简 8、17—25、52、56、64—72,共计 21 枚简。

C 组:简 26—47、54—55、58—63,共计 30 枚简。

D 组:简 53,共计 1 枚简。

A 组字迹书写谨慎,其字形比其他组字形略短;B 组字迹笔画较长,是这些组字迹中字形最长的一组,其书法体势与《语丛一》和《语丛二》相同;C 组字迹善用圆点作为装饰,书写时用墨也较浓;D 组字迹结构松散,用字也与其他组类字迹有所不同,不过此组字迹仅出现一例,位于第 53 号简上。

(二) 多篇简文由同一抄手完成

同一抄手可以抄写多篇简文,这在郭店简中有很明显的体现。

《鲁穆公问子思》、《穷达以时》两篇:整理者认为两篇书体全同。③多数学者赞同此说,如李松儒先生认为两篇为"同一抄手在同一时期内书写的"。④横田恭三先生则进一步认为《语丛四》与这两篇简文书法风格十分接近,"当是出自一人之手"。⑤

《成之闻之》、《尊德义》、《性自命出》、《六德》四篇:李松儒先生认为这四篇字迹一致,应该是出自同一抄手之笔。"该抄手运笔速度较快,应该是有善用草书抄写的习惯,用墨浓重,侧锋起笔,并有顿笔,收锋时不做任何处理,随文字笔划的方向而有意出锋,使全篇字迹看起来头

---

① "残简"为残 13、残 14。

② 李松儒:《郭店楚墓竹简字迹研究》,硕士学位论文,吉林大学,2006 年,第 61 页。

③ 荆门市博物馆:《郭店楚墓竹简》,文物出版社 1998 年版,第 145 页。

④ 李松儒:《郭店楚墓竹简字迹研究》,硕士学位论文,吉林大学,2006 年,第 44 页。

⑤ 横田恭三:《郭店楚简的书法风格特征》,载《全国楚简帛书法艺术研讨会暨作品展论文集》,湖北人民出版社 2009 年版,第 8 页。

粗尾细，富于动感"。① 王博先生认为"从书体上看，《成之闻之》、《尊德义》、《性自命出》、《六德》四篇竹简并不相同"，同时又指出"《六德》与《尊德义》两篇基本相同"；② 李孟涛先生也认为这四篇文字风格相同，却未必出自同一人之手；③ 横田恭三先生认为《性自命出》、《六德》两篇与《成之闻之》、《尊德义》两篇相比，"有些文字要小一些，线的抑扬变化也少些，……不能否定存在由多个人抄写的可能性"；④ 陈剑先生则认为四篇"书体有别"。⑤

《语丛一》与《语丛二》两篇：李松儒先生认为具备同一字迹的特征，是由同一位抄手抄写完成，从用字习惯上看，这两篇文献抄写完成的时间也应该相差不远。⑥

关于是否为同一抄手问题，争议比较多的是《老子》三篇与《太一生水》。关于《老子》三篇，黄钊先生认为："三组竹简所抄《老子》文，可能出自一人之手。"⑦ 更多的学者认为三篇是由不同的抄手完成的，如王博先生认为："甲组与乙组、丙组可能由不同的编者在不同的时间完成"；⑧ 谷中信一先生认为"三本竹简的形态各不相同，笔迹亦相异"；⑨

---

① 李松儒：《郭店楚墓竹简字迹研究》，硕士学位论文，吉林大学，2006 年，第 75 页。

② 王博：《关于郭店楚墓竹简分篇与连缀的几点想法》，载《中国哲学》第 21 辑，辽宁教育出版社 2000 年版，第 258、262 页。

③ 李孟涛：《试谈郭店楚简中不同手迹的辨别》，载《简帛研究二〇〇六》，广西师范大学出版社 2008 年版，第 11 页。【按】李孟涛先生（20 页）又指出，《语丛一至三》、《成之闻之》、《尊德义》、《性自命出》、《六德》几篇，文字风格端庄、富于修饰，由于写者在个别笔画上有意识地做了处理，其手迹特征显示出的是更多有意识的变化，因此，很难鉴别其中哪些部分是由同一书写者书写而成的。

④ 横田恭三：《郭店楚简的书法风格特征》，载《全国楚简帛书法艺术研讨会暨作品展论文集》，湖北人民出版社 2009 年版，第 10 页。

⑤ 陈剑先生在复旦大学所做的"简帛古书拼缀杂谈"讲座稿本（2010 年 6 月 28 日），讲座简介参见复旦大学出土文献与古文字研究中心网站（http：//www. gwz. fudan. edu. cn/srcShow_NewsStyle. asp？Src_ ID=1203），2010 年 6 月 30 日。

⑥ 李松儒：《郭店楚墓竹简字迹研究》，硕士学位论文，吉林大学，2006 年，第 60 页。

⑦ 黄钊：《竹简〈老子〉的版本归属及文献价值探微》，载《郭店楚简国际学术研讨会论文集》，湖北人民出版社 2000 年版，第 485 页。

⑧ 裘锡圭《郭店〈老子〉初探》（《道家文化研究》第 17 辑，生活·读书·新知三联书店 1999 年版，第 27 页）中引文。

⑨ 谷中信一：《从郭店〈老子〉看今本〈老子〉的完成》，载《郭店楚简国际学术研讨会论文集》，湖北人民出版社 2000 年版，第 436—444 页。

丁四新先生指出："甲、乙、丙三组是由书法水平不同的三个抄手抄写的。"① 彭浩先生开始认为："《老子》甲组和乙组可能是出自于同一抄手";② 后来改变了自己的看法，认为"《老子》甲、乙、丙的字体、字间距离也各不相同，应是各自抄写、编连成册的"。③

关于《老子》丙与《太一生水》两篇，整理者指出"其书体相同";④ 裘锡圭先生、彭浩先生认为《老子》丙组与《太一生水》出于同一抄手;⑤ 西山尚志先生通过对两篇"字形"的考察，得出相同的结论;⑥ 李孟涛先生也认为《老子》丙与《太一生水》书写"手迹"相同。关于这两篇的抄手问题，学者的意见较为一致，少有争议。

一些学者综合四篇简文来考察抄手问题，有不同于上文所引述的意见。中村伸夫先生认为《老子》甲、《语丛四》为一个抄手;《老子》乙、丙和《太一生水》为一个抄手。⑦ 李松儒先生对比各篇的特征字迹，认为《老子》三篇与《太一生水》为同一抄手在不同时期内书写完成

① 丁四新:《郭店楚墓竹简思想研究》，东方出版社 2000 年版，第 5—6 页。
② 邢文编译:《郭店老子与太一生水》，学苑出版社 2005 年版，第 91 页。【按】裘锡圭先生有相同的意见，参见其在美国达慕思大学举行的"郭店《老子》国际学术研讨会"上的发言。转引自西山尚志《关于郭店楚简〈老子〉三本、〈太一生水〉的抄者——字形种类的统计分析》，2009 年 8 月 1 日，简帛研究网站（http://jianbo. sdu. edu. cn/admin3/2009/xishanshangzhi001. htm）。
③ 彭浩:《郭店一号墓的年代与简本〈老子〉的结构》，载《道家文化研究》第 17 辑，生活·读书·新知三联书店 1999 年版，第 13—21 页。
④ 荆门市博物馆:《郭店楚墓竹简》，文物出版社 1998 年版，第 125 页。
⑤ 【按】在美国达慕思大学举行的"郭店《老子》国际学术研讨会"上的发言。转引自西山尚志《关于郭店楚简〈老子〉三本、〈太一生水〉的抄者——字形种类的统计分析》，2009 年 8 月 1 日，简帛研究网站（http://jianbo. sdu. edu. cn/admin3/2009/xishanshangzhi001. htm）。裘锡圭后来在《〈太一生水〉"名字"章解释——兼论〈太一生水〉的分章问题》（《古文字研究》第 22 辑，中华书局 2000 年版，第 219 页）一文中表达了相同的意见。
⑥ 西山尚志:《关于郭店楚简〈老子〉三本、〈太一生水〉的抄者——字形种类的统计分析》，2009 年 8 月 1 日，简帛研究网站（http://jianbo. sdu. edu. cn/admin3/2009/xishanshang-zhi001. htm）。
⑦ 中村伸夫:《〈郭店楚简〉にみえる字形の简化について》，载书学书道史学会编《国际书学研究》，2000 年。【按】转引自西山尚志《关于郭店楚简〈老子〉三本、〈太一生水〉的抄者——字形种类的统计分析》，2009 年 8 月 1 日，简帛研究网站（http://jianbo. sdu. cn/admin3/2009/xishanshangzhi001. htm）。

的。① 横田恭三先生也认为这四篇是由同一个抄手抄写的;② 李零先生也将四篇归为一种"字体"。③

从我们的讨论可以看出，有关《老子》三篇与《太一生水》的抄手问题，学界倾向性意见是：《老子》甲为一个抄手；《老子》乙为一个抄手；《老子》丙、《太一生水》两篇为一个抄手。而关于这四篇简文是否为同一个抄手，学者之间还没有达成共识。

(三) 简文抄写的历时性差异

简文抄写的历时性差异不是简单的抄写先后问题，而是在字迹特点、语言特色等方面一定程度上体现了语言文字的历史发展状况。王博先生在达慕思大学"郭店《老子》国际学术研讨会"上指出："甲组与乙组、丙组可能由不同的编者在不同的时间完成"④；丁四新先生通过考察《老子》甲、乙、丙三篇的异文现象，将三篇区别为三个时期三种不同的抄本，并认为《老子》甲、乙、丙三篇呈时间的先后关系。⑤ 这两位学者的观点，除了指出《老子》三组简文具有历时性特点以外，还认为并非由同一个抄手完成。

李松儒先生将《太一生水》也纳入讨论的范围，与王博、丁四新等先生不同的是，她认为《老子》甲、乙、丙三篇及《太一生水》这四篇简文字迹是出自同一抄手之笔。这四篇简文之间的字迹差异是历时与底本的不同，因为一个人在不同的时期书写的字迹是有变化的，这些文献或许向我们展现了这位抄手在不同时期的书写变化。又推测该抄手是熟练掌握楚国文字的人，其书写水平在不同时期表现也不尽相同，对文字的处理也是随时间的变化而越发娴熟。⑥

周守晋先生从语言方面去寻找《老子》三本存在历时差异的证据。

---

① 李松儒：《郭店楚墓竹简字迹研究》，硕士学位论文，吉林大学，2006 年，第 40—41 页。

② 横田恭三：《郭店楚简的书法风格特征》，载《全国楚简帛书法艺术研讨会暨作品展论文集》，湖北人民出版社 2009 年版，第 7 页。

③ 李零：《郭店楚简校读记（增订本）》，北京大学出版社 2002 年版，第 3—5 页。

④ 裘锡圭《郭店〈老子〉初探》（《道家文化研究》第 17 辑，生活·读书·新知三联书店1999 年版，第 27 页）中引文。

⑤ 丁四新：《郭店楚墓竹简思想研究》，东方出版社 2000 年版，第 9 页。

⑥ 李松儒：《郭店楚墓竹简字迹研究》，硕士学位论文，吉林大学，2006 年，第 37—41 页。

他对郭店道家文献中"是"、"此"指示代词的使用做了统计:《老子》甲本中"是"字共 11 见,"此"字 4 见;《老子》乙本中"是"字 5 见,未出现"此"字;《老子》丙本"是"字 4 见,未见"此"字;《太一生水》"是"字 8 见,"此"字 2 见。战国中期以后,指示代词"是"逐渐对"此"进行了替换,"是"出现的次数要明显多于"此"。周守晋先生认为"《郭店楚简》各篇指示代词用'此'还是用'是'在一定程度上反映语言面貌的时代先后"。①

(作者单位:天津师范大学文学院)

---

① 周守晋:《出土战国文献语法研究》,北京大学出版社 2005 年版,第 10—12 页。

"玄之又玄之"和"损之又损之"

——北大简《老子》研究的一条进路

曹 峰

一

新近公布的北京大学藏西汉竹书《老子》①（以下简称"北大简《老子》"）是极为珍贵的资料，对于《老子》文本及思想变迁的研究具有重大的意义。我们注意到，和其他文本相比，其中有一些比较特殊的表现方式，下经第一章的"玄之又玄之"和上经第十一章的"损之又损之"就是值得研究的现象。这里先举出相关的材料。

北大简《老子》第四十五章（即下经第一章，王弼本第一章）如下所示：

> 道可道，非恒道殹。名可命，非恒名也。无名，万物之始也。有名，万物之母也。故恒无欲，以观其眇（妙）；恒有欲，以观其所徼（徼）。此两者同出，异名同谓。玄之有（又）玄之，众眇（妙）之门。

马王堆帛书《老子》甲本相应文字如下所示：

---

① 北京大学出土文献研究所编：《北京大学藏西汉竹书（贰）》，上海古籍出版社 2012 年版。

　　道，可道也，非恒道也。名，可名也，非恒名也。无名，万物之始也。有名，万物之母也。〔故〕恒无欲也，以观其眇（妙）；恒有欲也，以观其所噭（徼）。两者同出，异名同胃（谓）。玄之有（又）玄，众眇（妙）之〔门〕。①

王弼本《老子》第一章如下所示：

　　道可道，非常道。名可名，非常名。无名天地之始。有名万物之母。故常无欲，以观其妙，常有欲，以观其徼。此两者同出而异名，同谓之玄。玄之又玄，众妙之门。（第1—2页）②

　　从中可以看出，北大简《老子》和马王堆帛书《老子》最为接近，但也有一个很大的区别，那就是包括马王堆帛书《老子》在内，几乎所有文本作"玄之又玄"的地方，③北大简《老子》作"玄之又玄之"。即使这一章内容已经亡佚的严遵本，相应部分很可能也是"玄之又玄"。④

　　因此我们首先怀疑，这里是否抄写者不小心多抄了一个字，但这种可能性比较小，首先，北大简《老子》出错的比率较低，⑤其次，与"玄之又玄之"相似的表现方式也见于北大简《老子》第十一章（即上经第十一章，王弼本第四十八章）的"损之又损之"：

---

　　①　马王堆帛书《老子》乙本有些残缺，内容基本相同。

　　②　王弼注，楼宇烈校释：《王弼集校注》，中华书局1980年版。以下引用此书原文，仅注页码，不再出注。

　　③　马王堆帛书以外的文本情况，可参见岛邦男《老子校正》，汲古书院1973年版，第54页。

　　④　北宋陈景元的《道德真经藏室纂微篇》有"严君平曰：五千文之蕴，发挥自此数言，实谓玄之又玄，神之又神也"。参见岛邦男《老子校正》，第55页。

　　⑤　北大简《老子》整理者韩巍认为，北大简《老子》书法极为精美，抄写极为认真，和马王堆帛书《老子》甲、乙本衍文、错字、漏字比比皆是相比，堪称"善本"。他指出："汉简本抄写者的文化水平要高得多，而且态度一丝不苟，通篇基本不见衍文、漏字，错字也屈指可数。我们推测，汉简本的抄写者应非寻常以抄书为生的书手，甚至不排除学者亲自校订手录的可能。"（参见北京大学出土文献研究所编《北京大学藏西汉竹书（贰）》，第215页。）出土所见汉简本经书中，可与之媲美的是1959年出土的甘肃武威磨咀子6号西汉墓《仪礼》简，此墓推定埋葬于西汉末年王莽时期，《仪礼》简字体优美，篇题、篇次、尾题字数完整，很可能是儒家经师用于教学的范本。

　　为学者日益，为道者日损，【损】① 之有（又）损之，至于无
【为，无为而无不为。取天下者恒以】② 无事。及其有事，有（又）
不足以取天下。

郭店楚简《老子》乙本相应部分如下所示：

　　学者日嗌（益），为道者日员（损），员（损）之或（又）员
（损），以至亡（无）为也，无为而无不为。

马王堆帛书《老子》甲本相应部分残损严重，无法对比。如下所示，马
王堆帛书《老子》乙本相应部分也有一些残损，但还是保存了相当多的
内容：

　　为学者日益，闻道者日云（损），云（损）之有（又）云
（损），以至于无□□□□□□□。取天下恒无事。及亓（其）有事
也，□□足以取天□。

可见郭店楚简和马王堆帛书《老子》作"损之又损"，王弼本也作"损之
又损"。然而，作"损之又损之"的本子也不在少数。《庄子·知北游》
引"黄帝曰"时有："故曰：为道者日损，损之又损之，以至于无为，无
为而无不为也。"从"故曰"看，应该是对那个时代所见《老子》的引

---

　　① 　这里，"损"字下应有一个重文符号，可能是漏抄或磨灭了。【　】内是补字。以下同。
　　② 　需要说明的是，这里使用的是北大简整理者的文本。整理者认为"无"下面约残缺 11
字，依据图版，也确实如此。然而却依据郭店楚简本和其他诸本补了 13 字，恐不可取。在笔者
看来，不做补字最为慎重的。如果要补，以下两种都有可能，一种是据严遵本"至于无为而无
以为。将欲取天下者，常以无事"，补为"至于无【为而无以为。取天下者恒以】无事"，即去
掉"将欲"二字。另一种是据郭店楚简本"以至无为也，无为而无不为"，再结合马王堆帛书乙
本"取天下恒无事"，补为"至于无【为，无为而无不为，取天下恒】无事"。然而，王弼本中，
"无为而无不为"二见，即第三十七章和第四十八章，马王堆帛书甲、乙本第三十七章首句不是
"无为而无不为"，而是"道恒无名"，第四十八章因残缺而不可知。北大简第三十七章首句也不
是"无为而无不为"，而是"道恒无为"，因此，笔者以为第四十八章残缺部分，无论马王堆帛
书甲、乙本还是北大简，接近严遵本的可能性更高一些。

用。其他如严遵本、《想尔》本、玄宗本、傅奕本、范应元本均作"损之又损之"。① 河上公本虽作"损之又损",但据治要本、意林本、敦煌本、景福碑,可知应补为"损之又损之"。其他如东汉陈相边韶老子碑铭、《牟子理惑论》、《涅槃无名论》、《文选·东京赋》注也都作"损之又损之"。

　　不管是"损之又损"还是"损之又损之",其解释并无大的差别,"损"是动词,可理解为否定或减损。"损之又损之"指的是对"之"这一对象做不断的否定或减损。因此,"损之又损之"应该比"损之又损"说得更清楚。那么,"之"指的是什么呢? 从"为学者日益"看,应该指的是"为学者"通过不断的学习和知识的积累日渐增加的东西。如果依据《庄子·知北游》,那可能指的是"仁"、"义"、"礼",因为《庄子·知北游》所引"故曰:为道者日损,损之又损之"的前面还有"仁可为也,义可亏也,礼相伪也。故曰:'失道而后德,失德而后仁,失仁而后义,失义而后礼。礼者,道之华而乱之首也。'"可见为道者需要不断减损的是"仁"、"义"、"礼"这些儒家所鼓吹的东西。对于此章,严遵本的解释是:"是以圣人,释仁去义,归于大道,绝智废教,求之于己。所言日微,所为日寡,消而灭之,日夜不止。包以大冥,使民无耻。灭文丧事,天下自已。损之损之,使知不起。遁名亡身,保我精神。秉道德之要,因存亡之机。不为事主,不为知师。寂若无人,至于无为。"② 可见要"消而灭之"的不仅有"仁"、"义",还有"智""教","损之损之"的目的在于"使知不起"。河上公本的解释是"学谓政教礼乐之学也。日益者,情欲文饰日以益多"。"日损者,情欲文饰日以消损。"③ 后世的注释者几乎都是从这样几个角度去解释减损的对象,第一是"仁"、"义"、"礼"这些具体之物。第二是相应的知识与智慧。第三是引发这些知识与智慧的欲望。因此,"损之又损之"可以说是一种工夫论,即通过不断减损的工夫,最后进至"无为"的境界。

　　南北朝时期佛教般若学学者僧肇在其《涅槃无名论·明渐》中,既

---

　　① 详参见岛邦男《老子校正》,第 156 页;朱谦之:《老子校释》,中华书局 1984 年版,第 193 页。

　　② 严遵著,王德有点校:《老子指归》,中华书局 1994 年版,第 37 页。

　　③ 王卡点校:《老子道德经河上公章句》,中华书局 1993 年版,第 186 页。

使用利用《老子》"玄之又玄"构建起来的"重玄"概念，又同时使用《老子》"损之又损之"说，为其佛教理论服务：

> 夫群有虽众，然其量有涯，正使智犹身子，辩若满愿，穷才极虑，莫窥其畔。况乎虚无之数，重玄之域，其道无涯，欲之顿尽耶！书不云乎，为学者日益，为道者日损。为道者，为于无为者也。为于无为而日日损，此岂顿得之谓？要损之又损之，以至于无损也。[1]

其要旨是，要靠"损之又损之"这种渐悟的方式才能理解"虚无之数"，到达"重玄之域"。这里的"重玄之域"看上去是一种玄远的境界，其实结合下文的论述可知，"重玄"也是一种不断减损的工夫论。可见在僧肇心目中，"玄之又玄"与"损之又损之"显然是相关的。

我们认为，"玄之又玄之"文本的出现，决不是偶然的现象。首先，这种表现方式和"损之又损之"恰好形成对照，[2] 促使我们去思考这样一种可能性，即"玄之又玄之"中的"玄"也应该读为动词，"玄"同样应该理解为减损或否定，"之"是"玄"所减损或否定的对象，在北大简《老子》下经的首章中有着工夫论的内容。而这一切，在《老子》解释史上、在道家思想史上并非没有蛛丝马迹，有相当多的材料可以证明，"玄之又玄之"的文本具有合理性，由"玄之又玄之"引发的解释路线，很可能引发了后世"双遣"说、"重玄"说的产生。

二

历史上对于"玄之又玄"的解释，和前面"此两者同出而异名，同

---

[1] 石峻等编：《中国佛教思想资料选编》第 1 卷，中华书局 1981 年版，第 164 页。

[2] 太田晴轩云："玄之又玄，谓其幽玄之尤至也。本书第四十八章曰，损之又损，以至于无为。《庄子·天地篇》，深之又深，而能物焉；神之又神，而能精焉。同上《达生篇》，精而又精，反以相天。语例全相同，可并考也。"（太田晴轩：《老子全解》卷一，第 6 页，载严灵峰编《无求备斋老子集成续编》，艺文印书馆 1972 年版，第 240 页）这只能说是形式上的相同，如果将"玄"作为形容词，的确与"深之又深"、"神之又神"、"精而又精"类似，但和"损之又损"并不相同。如果将"玄"作为动词理解，则与"深之又深"、"神之又神"、"精而又精"无关，和"损之又损"相同，也与《管子·内业》"思之思之，又重思之"类似。

谓之玄"有很大关系。而"此两者同出而异名，同谓之玄"一句，马王堆甲、乙本和北大本均作"此两者同出，异名同谓"。也就是说，很可能正因为有"同谓之玄"，引发了解释者把"玄"看作是一个形容词或名词。把"同谓之玄"的"玄"及"玄之又玄"的"玄"朝着黑暗、幽远、深远、深奥方向去理解，并进而将其指代为神妙的道。例如，王弼在《老子指略》中说：

> 夫"道"也者，取乎万物之所由也；"玄"也者，取乎幽冥之所出也；"深"也者，取乎探赜而不可究也；"大"也者，取乎弥纶而不可极也；"远"也者，取乎绵邈而不可及也；"微"也者，取乎幽微而不可睹也。然则"道"、"玄"、"深"、"大"、"微"、"远"之言，各有其义，未尽其极者也。然弥纶无极，不可名细；微妙无形，不可名大。是以篇云："字之曰道"，"谓之曰玄"，而不名也。然则言之者失其常，名之者离其真。（第 196 页）

就是说，"玄"和"道"、"深"、"大"、"微"、"远"一样，不过是"道"的代名词之一，"玄"侧重的仅是"幽冥"这一"道"的特征，后世的注解大多由此而来。王弼又说道"不名"，"名之者离其真"，即道不可名状，一旦赋予名称，就"离其真"了。可见，王弼《老子指略》的重点在于"谓之"上，他把"谓之"和"字之"联系起来考虑。正因为"玄"具有"道"的性质和意义，所以他要把"此两者"理解为"天地之始"与"万物之母"的"始"与"母"。而"此两者"所指代的意义，历来充满争议，这一点在后文中还将详述。但马王堆甲、乙本和北大本却没有"同谓之玄"，这就使得王弼说失去了解释的必要。

河上公本"同谓之玄，玄之又玄"的解释是：

> 玄，天也。言有欲之人与无欲之人，同受气于天。天中复有天也。禀气有厚薄，得中和滋液则生圣贤，得错乱污辱则生贪淫也。①

河上公把"玄"等同于"天"，因此把"玄之又玄"读解成"天中复有

---

① 王卡点校：《老子道德经河上公章句》，中华书局 1993 年版，第 2 页。

天"也就成立了。这种解释可能和道教的重天信仰和升仙观念有关。① 但这种注解把"玄"变成一种物体，使得"玄"不再具有形而上的终极性和不可知性，面对"玄之又玄之"，这样的解释也无能为力。

后世的道教则直接把"玄"等同于"道"，例如《抱朴子·内篇》的第一章为《畅玄》，其开篇云：

> 玄者，自然之始祖，而万殊之大宗也。眇昧乎其深也，故称微焉。绵邈乎其远也，故称妙焉。

这就把"玄"看作天地万物生成的总根源和存在的总依据，"玄"作为一个概念实际上等同于"道"了。此文下面，《畅玄》对于"玄"之作用和性能的描述，和道家文献中关于"道"的描述完全相同。即便是用"玄"替代"道"，究其根源，仍然可以上溯到《老子》首章"同谓之玄"、"玄之又玄"的解释系统，只不过把"玄"从"道"的名称之一变成"道"之替身了。②

虽然将"玄"理解为黑暗、幽远、深远、深奥，将其和"道"的特征联系起来是《老子》首章解释史的主流，但还有一条解释路线，是把"玄之又玄"理解为朝着"道"的方向不断接近的过程。因此，这就主要不是指道体自身的性质，而是人主观上面向"道"的一种体认工夫和追寻努力了。有别于王弼上述解释，王弼在其《老子道德经注》第一章的注释中，对于"玄之又玄"是这样解释的：

> 同谓之玄者，取于不可得而谓之然也。不可得而谓之然，则不可以定乎一玄而已；若定乎一玄，则是名则失之远矣，故曰"玄之又玄"也。众妙皆从玄而出，故曰"众妙之门"也。（第2页）③

陶鸿庆认为，王弼之所以要用"谓之玄"，而不用"名曰玄"，是因为

---

① 参见张敬梅《从"玄之又玄"到"重玄"的演变》，《宗教学研究》2004年第1期，第134页。

② 王弼在《老子指略》中说"妙出乎玄，众由乎道"。"玄，谓之深者也；道，称之大者也。"已经有将"道"、"玄"并列的倾向。见第197—198页。

③ 此处文字据陶鸿庆说有增补，见第5页，注〔21〕。

"不可得而谓之然",亦即"无以称之,强以此称之而已。既无称而强以此称,则不可定乎一玄"。(第6页)这里,需要注意王弼提出了"一玄"和"又玄"相对的概念,这样"玄之又玄"就不是简单的反复或强调,而是用"又玄"来否定前"玄",从而使"道"彻底摆脱被命名、被当作一个确定概念看待的可能。这和前面的"道可道,非常道。名可名,非常名"是正相呼应的。在《老子指略》中,王弼也有相应阐说:

> 名号生乎形状,称谓出乎涉求。名号不虚生,称谓不虚出。故名号则大失其旨,称谓则未尽其极。是以谓玄则"玄之又玄",称道则"域中有四大"也。(第198页)

因此,在王弼这里"玄之又玄"可以理解为,对"道"的追求过程,同时就是不断摆脱名号称谓束缚的过程,以不断否定的方式,最后返归于"道",这和"损之又损"显然是同一原理,王弼对"为道日损"的解释就是"务欲反虚无也"(第126页)。可以说王弼的这种解释开启了后来"重玄"说的先声。

重玄学既有道家道教的,也有佛教的,是两者相互利用对方思想资源、相互激发之后产生的学说,作为一种工夫论,无论是道家道教的,还是佛教的,都希图利用重玄之道破除外在的执着与束缚,在不断减损、不断提升的过程中,使主体能够心无挂碍、自然无滞地直契真道,进入重玄仙境。在《道德经疏义》中成玄英将重玄之道概述为:

> 有欲之人,唯滞于有;无欲之士,又滞于无。故说一玄,以遣双执。又恐学者滞于此玄,今说又玄,更去后病。既而非但不滞于滞,亦乃不滞于不滞,此则遣之又遣,故曰玄之又玄。①

---

① 成玄英:《道德经疏义》,参见蒙文通《道书辑校十种》,巴蜀书社2001年版,第377页。李荣的《道德经注》也说:"道德杳冥,理超于言象,真宗虚湛,事绝于有无。寄言象之外,托有无之表,以通幽路,故曰玄之。犹恐迷方者胶柱,失理者守株,即滞此玄,以为真道,故极言之,非有无之表,定名曰玄。借玄以遣有无,有无既遣,玄亦自丧,故曰又玄。又玄者,三翻不足言其极,四句未可致其源,寥廓无端,虚通不碍,总万象之枢要,开百灵之户牖,达斯趣者,众妙之门。"李荣:《道德经注》,参见蒙文通《道书辑校十种》,第566页。

可以看出，这也是"一玄"和"又玄"（即重玄）相对的思路，但明确显示出否定的思维进程，"一玄"，即第一次否定，遣除"有"和"无"，但如果"滞于此玄"，仍然不够，须再遣此"玄"，"遣之又遣"，经历多重否定。通过对自身执滞的不断遣超，冥灭一切欲望，在圆融无碍中获得精神上的绝对自由。

就"遣之又遣"这种"双遣"说而言，一般认为最早见于西晋玄学家郭象，他对《庄子·齐物论》"今且有言于此，不知其与是类乎？其与是不类乎？类与不类，相与为类，则与彼无以异矣"一段的注如下所示：

> 今以言无是非，则不知其与言有者类乎不类乎？欲谓之类，则我以无为是，而彼以无为非，斯不类矣。然此虽是非不同，亦固未免于有是非也，则与彼类矣。故曰类与不类又相与为类，则与彼无以异也。然则将大不类，莫若无心，既遣是非，又遣其遣。遣之又遣之以至于无遣，然后无遣无不遣而是非自去矣。（第 79 页）①

虽然郭象没有用"重玄"一词，但从"既遣是非，又遣其遣"看，这和"重玄"说并无二致。因为典型的"重玄"说可表述为"既遣有无，复遣其遣"。"'双遣'实际上是指对有、无以及'遣'本身的三重否定的思想方法，又称'三翻之式'，这种思想方法可以应用于是非、有无、此岸与彼岸等一切相对的范畴，从而达到对一切无所执着的境界。"② 郭象的"双遣"说来自何处，有无外在的影响姑且不论，郭象受《庄子·齐物论》本文的影响，觉得用"双遣"的方式最能表达庄子原意，是毋庸置疑的。在上述《庄子·齐物论》那段文字之后，庄子展开了那段著名的推论：

---

① 郭庆藩：《庄子集解》，中华书局 1961 年版。以下引用此书，不再出注，仅标出页码。成玄英疏为"类者，辈徒相似之类也。但群生愚迷，滞是滞非。今论乃欲反彼世情，破兹迷执，故假且说无是无非，则用为真道。是故复言相与为类，此则遣于无是无非也。既而遣之又遣，方至重玄也。"（第 79 页）则将"双遣"和"重玄"直接联系了起来。

② 参见张敬梅《从"玄之又玄"到"重玄"的演变》，《宗教学研究》2004 年第 1 期，第 135 页。

虽然，请尝言之。有始也者，有未始有始也者，有未始有夫未始有始也者。有有也者，有无也者，有未始有无也者，有未始有夫未始有无也者。俄而有无矣，而未知有无之果孰有孰无也。今我则已有谓，而未知吾所谓之其果有谓乎，其果无谓乎？（第79页）

池田知久认为，这段话表示，"追溯'有'的否定根源到'无'，又追溯其'无'的否定根源到'无之无'，再又追溯其'无之无'的否定根源到'无之无之无'……就这样，依据对否定根源之溯及，'有'的性质被彻底地否定、排除，最后到达的是'俄而有无矣'，即绝对的'无'。"①

有着类似精神的话，也见于《庄子·知北游》："予能有无矣，而未能无无也，及为无有矣，何以至此哉。"和《淮南子·俶真》："予能有无，而未能无无也。及其为无无，至妙何从及此哉。"（《淮南子·道应》也有类似内容）。池田知久指出，这一系列文献的作者希望"通过反复的、彻底的批判，最终达到了'一之无'即'齐同的非存在'的境界，'无'之我直接和'无'之世界相融合，成为一体，最终确立了作为终极根源之本体的'道'。要做到这种境界，在于'我'完全'无谓'、'无言'，此时的'我'便如同'天地与我并生，而万物与我为一。'能毫无障碍地、完整地与'天地'、'万物'相融合。"②

也就是说，"道"的确立，某种意义上讲，是人之工夫（即不断地否定与减损）的产物，是一种圆融无碍的、精神上的绝对自由。③《庄子》之《齐物论》、《知北游》以及《淮南子》之《俶真》、《道应》相关文字虽然没有类似"双遣"的字眼，但在先秦时期，已经产生出了将外在的"物"和主体的"我"不断加以否定、排遣的工夫论，这是毋庸置疑的。因此，突出强调"玄之又玄之"、"损之又损之"这种《老子》文本的存在，也是可以理解的。而且，"玄之又玄之"只有按照《庄子·齐物论》郭象注、成玄英《道德经疏义》去解释，才能得到正确的理解。在思想

---

① 池田知久：《道家思想的新研究——以庄子为中心》，王启发、曹峰译，中州古籍出版社2009年版，第184页。

② 同上书，第185页。

③ 不仅仅上引这段文字，可以说《庄子·齐物论》整篇都充满了各种否定，可参见池田知久《道家思想的新研究——以庄子为中心》，王启发、曹峰译，第五章第二节"对感情判断、价值判断、事实判断的否定与排除"，第171—179页。

史上，使用"玄之又玄之"、"损之又损之"的《老子》文本、《庄子·齐物论》及其相关文献，应该是"重玄说"、"双遣说"①的真正源头，或者说"重玄说"、"双遣说"是本已有之的思想传统。

三

关于今本《老子》第一章，学者一般倾向于认为其中心是"道"的宇宙论、本体论。例如陈鼓应认为："本章旨在说明：一、'道'具有不可言说性，'道'是不可概念化的东西。二、'道'是天地万物的根源和始源。其余的文字，都是一些形容词。"②也有一些学者注意到这一章还有工夫论的层面，即人如何接近和回归于道的问题。例如李若晖即认为："本章的主旨即人如何回归道。人现实地生存在万物之中，并且不可能抛弃万物而生存。与物的关系必然产生欲。老子希望以其教导开启道之门，但这教导本身又使人进入名言的世界。于是如何对待'名'与'欲'，便成为我们首先必须面对的问题。在老子看来，只有放弃循名责实的为学之途，才能由道言而为道；只有通过绝学而弃知，才能经无我而达无欲。"③从强调"玄之又玄之"、"损之又损之"的北大简《老子》看，这一解释有其合理性。

在"玄之又玄"的注释上，直接从刻意减损、不断否定的角度去做解释者是池田知久，他对马王堆帛书《老子》甲本的"两者同出，异名同胃（谓）。玄之有（又）玄，众眇（妙）之〔门〕"做了如下翻译："'道'与'万物'两者，来自同一的真正的根源，即便名称不同，实质没有区别。如果一边否定此两者，一边溯及真正的根源，不断作出否定，一步步溯及真正之根源的话，那么，就会到达那个隐藏着无数宝藏的门。"④他认为不论从语法上讲还是从思想上讲，将"玄之又玄"理解为形容词或名词，都是不合适的，这里只能理解为动词。他也同样将"玄

---

① 类似的表述还有"双损"、"双非"、"兼忘"等等，均有关联。

② 陈鼓应：《老子注译及评介》，中华书局1984年版，第63页。

③ 李若晖：《道之隐显（下）——〈老子〉第一章阐微》，载《哲学门》总第21辑，北京大学出版社2010年版，第191—192页。

④ 池田知久：《马王堆出土文献译注丛书：〈老子〉》，东方书店2006年版，第180页。译文是笔者所作。

之又玄"和"损之又损"联系起来解读，认为"玄之又玄"是道家系统思想家为到达那个终极的目标而采取的反复的思想活动，即首先从现状出发对现状作出否定，面向根源作出第一步回溯（玄之），接着，对已抵达的高境界也加以否定，进一步向着根源回溯（又玄），通过反复进行的彻底的否定活动，向着终极（众妙之门）不断超越，最终到达真正的根源性的"道"。① 可以说，这一解释的合理性现在得到了北大简《老子》的印证。

那么，北大简《老子》要"玄"的对象"之"究竟代表什么呢？要解决这个问题，首先需要回答"此两者同出，异名同谓"中的"此两者"究竟指的是什么？历史上关于"此两者"有多种说法，② 或曰"有欲"与"无欲"；或曰"始"与"母"；或曰"有"与"无"；或曰"常有"与"常无"；或曰"其妙"与"其徼"；或曰"道"与"名"；或曰"恒道"与"可道"；或曰"无名"与"有名"。③ 其实，还可以举出"有形"与"无形"、④"名"与"欲"，⑤ 以及上引池田知久的"道"与"万物"等数种。马王堆帛书本没有"此"字，刘笑敢认为这样"'两者'可不限于紧接之上句，对于解释文意就好像少了一点限制"。他进而认为，"本章所讨论的主要对象就是'万物之始'、'万物之母'，而概括其特征的主要概念就是'无名'与'有名'，'两者同出'所指就是'无名'与'有名'。"⑥ 廖名春为了证明"'无'乃是《老子》书中哲学的最高范畴，宇宙本体"，证明"无"高于"有"，"无"和"有"两者"同谓之玄"，甚至认为两个帛书本的"同谓"后面都有脱字，至少脱了一个"玄"字，

---

① 参见池田知久《马王堆出土文献译注丛书：〈老子〉》，第179页。笔者对其论述做了概括。

② 在《老子》首章自古及今的解释史上，存在许多充满争议的难点，"道可道，非常道。名可名，非常名"究竟何意？"名可名，非常名"为何与"道可道，非常道"相并列？究竟是"无名天地之始。有名万物之母。故常无欲，以观其妙，常有欲，以观其徼"，还是"无，名天地之始。有，名万物之母。故常无，欲以观其妙，常有，欲以观其徼"？"两者"代表什么？"玄之又玄"究竟何解？都有无数种意见。

③ 刘笑敢：《老子古今》上卷，中国社会科学出版社2006年版，第95页。

④ 任继愈：《老子新译》，上海古籍出版社1985年版，第62页。

⑤ 李先耕：《老子今析》，中国社会科学出版社2002年版，第10页；李若晖：《道之隐显（下）——〈老子〉第一章阐微》，第180页。

⑥ 刘笑敢：《老子古今》上卷，中国社会科学出版社2006年版，第95、100页。

原文当作"同谓〔玄〕"。① 北大简的出现，证明了两个问题，第一，"此两者"表明"两者"并非没有特指，最有可能的就是直接上承前文的"无欲"、"有欲"及"其眇（妙）"和"其所徼（徼）"。第二，北大简证实了帛书本"两者同出，异名同谓"并无脱文，相反，没有"同谓之玄"，解释起来更为顺畅，帛书本也应该照北大简的方式去理解。

既然没有了"同谓之玄"的牵制，那么，"玄"就不需要做形容词或名词解，不需要理解为道体的特征，"玄之又玄之"就完全可以理解为具有实践意义的工夫论，即对外物影响以及主体执着的排除和否定。因此，"玄"要否定的"之"正是"有欲"和"无欲"，即首先"玄之"否定的是人外在的各种欲望，如果与"损之又损之"及《庄子·知北游》联系起来看，那就指的是"仁"、"义"、"礼"这些儒家所鼓吹的东西及相应的知识与智慧，当然，这里的范围可能更宽一些。其次，"又玄之"否定的是对"有欲"、"无欲"二元因素作出思考的主体思维活动本身。那么，这里是否像后世重玄学说阐述的或像《庄子·齐物论》所推导的那样，可以直接理解为对"有"和"无"的遣除呢？笔者认为还操之过急。因为，如果我们认为北大简《老子》和马王堆帛书本《老子》更具相似性，那么，马王堆帛书本《老子》"无名，万物之始也。有名，万物之母也。〔故〕恒无欲也，以观其眇（妙）；恒有欲也，以观其所噭（徼）"的断句证明了这里尚未出现作为独立概念使用的"有"和"无"。那种对"有"、"无"以及"遣"本身作出三重否定的思想方法，即"三翻之式"，北大简《老子》也尚未达到这样的思辨高度。

总之，北大简《老子》的出现，为我们提供了一种新的、具有自身逻辑统一性的首章（在北大简这里是《老子》下经首章）文本，"玄之又玄之"指的是一种不断减损、否定的工夫论。"玄"应该做动词解。② 它

---

① 廖名春：《〈老子〉首章新释》，《哲学研究》2011 年第 9 期，第 42、41 页。

② 当然我们并不否认，其他地方的"玄"应该做形容词理解，如"玄德"（下经第五十三章，上经第十四、二十九章）、"玄牝"（下经第五十章）、"玄鉴"（下经第五十三章）、"玄达"（下经第五十八章）、"玄同"（上经第十九章）。但需要注意的是，"玄德"是老子对无为实践的一种评价。如上经第十四章的"生而弗有、为而弗持、长而弗宰"。上经第二十九章更强调"与物反矣，乃至大顺"，即"玄德"可以带着"物"返璞归真，从而进入"大顺"之境地，这和"玄之又玄之，众妙之门"异曲同工。上经第十九章"知者弗言"、"塞其兑、闭其门、和其光、同其尘、挫其锐、解其纷"的"玄同"更是一种不断减损的工夫论。

消除了其他文本容易导致解释混乱的因素（如"同谓之玄"），对于后世"双遣"说及"重玄"说，可能发生过直接的影响。至于后世为何"同谓之玄"、"玄之又玄"的文本会大行其道，的确值得我们思考。

（作者单位：清华大学人文学院哲学系）

清华简《祭公》毛班与西周毛氏[*]

陈颖飞

清华简《祭公》有"毛公",即"毛班",《穆天子传》讹作"毛般",是周穆王时期三公之一。毛氏是西周时期重要的世族,西周初期已活跃于政坛。传世文献中,西周毛氏的材料很少,皆为西周早期毛叔、毛公。西周金文有不少毛氏的记载,且不限于西周早期。本文试从清华简《祭公》的毛班切入,在以往研究的基础上,① 系统梳理与考辨西周毛氏材料,讨论西周毛氏的若干问题。主要包括:一、毛氏源起与西周早期的毛公。二、清华简《祭公》毛公班及西周中期毛氏。三、西周晚期的毛氏。四、综合以上论证,排列毛氏世系谱。

一　西周早期的毛叔、毛公

清华简《祭公》有"毛班",是简文中的三公之末,即"毛公"。

西周时期的毛氏,源于文王。《左传》僖公二十四年曰:

> 管、蔡、郕、霍、鲁、卫、毛、聃、郜、雍、曹、滕、毕、原、酆、郇,文之昭也。

---

* 本文系教育部哲学社会科学研究重大课题攻关项目"出土简帛与古史再建"(09JZD0042)、国家社科基金重大招标项目"清华简《系年》与古史新探"(10&ZD091)、清华大学文科振兴基金研究项目后期资助"《清华藏战国竹简(壹)》若干人物与世族研究"的阶段性成果。

① 毛氏的研究,以金文为中心,随新材料的发现而推动。

《元和姓纂》依据这条材料的顺序，算上文王长子伯邑考及武王，曰："文王第九子"。排行为叔。

毛叔是否嫡出，文献有不同记载。《左传》定公四年曰：

> 武王之母弟八人，周公为太宰，康叔为司寇，聃季为司空，五叔无官，岂尚年哉？

杜注："毛叔聃也"，以毛叔为嫡出。《书·顾命》正义引王肃的说法：

> 毕、毛，文王庶子。

班簋的发现解决了这一问题。铭文有"文王、王姒圣孙"，李学勤指出："簋铭提到太姒，证明杜预是而王肃非"，① 即毛叔为嫡子。

毛叔的名字，记载也不同。《逸周书·克殷》曰：

> 毛叔郑奉明水。

毛叔名"郑"。《史记·周本纪》、《史记·齐太公世家》、《汉书·古今人表》皆同。上引《左传》定公四年杜注则曰：

> 毛叔聃也。

以毛叔名"聃"。梁玉绳已引陆粲说辨明其误，"杜注……则误也。明陆粲《左传附注》曰：'聃季是毛叔弟，何容乃取兄名为封国之号，斯必不然'。"②

"叔郑"见于西周初期的周公庙甲骨卜辞，③ 陆粲、梁玉绳等的裁断正确，毛叔确实名"郑"。问题是，杜预注为什么误为"毛叔聃"？

---

① 李学勤：《班簋续考》，载《古文字研究》第 13 辑，中华书局 1986 年版，第 186 页。
② 梁玉绳：《史记志疑》，中华书局 1981 年版，第 88 页。
③ 孙秀丽：《周公庙遗址新出土西周甲骨专家座谈会在京召开》，《中国文物报》2009 年 3 月 18 日。

杜预此说所注为《左传》定公四年的这条材料：

> 聃季为司空。

将聃季、毛叔并为一人，是依据《顾命》：

> 乃同召太保奭、芮伯、彤、毕公、卫侯、毛公、师氏、虎臣、百
> 尹、御事。

孔安国传曰：

> 司空第六，毛公领之。

疑杜预以此条材料解读《左传》"聃季为司空"，合并聃季、毛叔为一人，得出"毛叔聃"的结论。

毛叔郑参加了武王伐纣的战争，灭商成功后的祭祀仪式上，与周公、召公、师尚父等伐商的重臣一起，他参加了仪式，并"奉明水"，《克殷》载：

> 及期，百夫荷素质之旗于王前，叔振奏拜假，又陈常车，周公把
> 大钺，召公把小钺，以夹王，散宜生、泰颠、闳夭皆执轻吕以奏王，
> 王入，即位于社，太卒之左，群臣毕从，毛叔郑奉明水，卫叔封傅
> 礼，召公奭赞采，师尚父牵牲……

周公庙卜辞"叔郑"的出现，证明毛叔郑确实参加了伐纣的战争。[①]

毛叔郑与《顾命》的毛公是否同一人，历来有争议。《汉书·古今人表》将"毛公"、"毛叔"分置为两人。郭沫若则持一人说，认为"《顾命》之毛公，亦即文王之子毛叔郑"。[②] 陈梦家、唐兰认同《汉书·古今人表》的说法，唐兰进一步指出《顾命》中的"毛公"是第二代的

---

① 周公庙考古队：《周公庙考古工作汇报暨新出西周甲骨座谈会纪要》，《中国文物报》
2009 年 3 月 27 日。

② 郭沫若：《两周金文辞大系》，第 21 页。

毛氏，[①]"乃毛叔郑之子袭爵者，与成王为同辈"。[②] 疑后说的可能性更大。

二　清华简《祭公》毛公班及西周中期毛氏

简本《祭公》的毛公，即毛班，今本《祭公》讹作"毛般"。毛班见于《穆天子传》卷四：

> 命毛班、逄固先至于周以待天之命。

郭璞注："毛班，毛伯卫之先也。"《穆天子传》卷五另有"毛公"：

> 毛公举币玉。

郭璞注："毛公即毛班也。"郭璞未有切实的证据，《穆天子传》的毛公与毛班是否一人尚需重新考辨。西周中期著名的班簋有助于解决这一问题。

集成 4341

① 唐兰：《西周铜器断代的"康宫"问题》，《考古学报》1962 年第 1 期，载《唐兰先生金文论集》，第 154 页。

② 唐兰：《西周青铜器铭文分代史征》，第 349 页。

毛班，见于金文，即班簋的器主班。班簋是传世器，曾破损严重，据《西清古鉴》的摹本图形修复。铭文曰：

佳（唯）八月初吉，才（在）宗周，甲戌。

王令毛白（伯）更虢城公服，粤（屏）

王立（位），乍（作）四方亟，秉緐蜀巢

令。易（赐）铃勒。咸。王令毛公以

邦冢君土（徒）驭载人伐东或（国）

瘖戎。咸。王令吴白（伯）曰：以乃

师左比毛父。王令吕白（伯）曰：

以乃师右比毛父。趞令曰：

以乃族从父征，倄（诞）城卫父

身。三年静（靖）东或（国），亡不成，旻

天威，否（不）畀屯（纯）陟。公告厥（厥）事

于上。佳（唯）民亡倄（延）才（哉）！彝昧（昧）天

令，故亡。允才（哉）显！佳（唯）苟（敬）德亡

卣（攸）违。班拜稽首曰：乌（呜）虖（呼）！不

杯孔（极）皇公受京宗懿釐，毓（育）

文王王姒圣孙，隥（登）于大服，广

成厥（厥）工。文王孙亡弗褱（怀）井（型），

亡克竟厥（厥）剌（烈）。班非敢觅，佳（唯）

乍（作）卲（昭）考爽益（谥）曰大政，子子孙

多世其永宝。

班簋的年代主要有成王、穆王之争，焦点集中于"伐瘖戎"究竟是成王东征淮夷还是穆王伐东国，郭沫若、陈梦家持前说，[①] 刘心源、于省吾、杨树达、唐兰、李学勤师等持后说。[②] 后说可信。"瘖"，应如唐兰所说，

---

① 郭沫若"咸王"连读为"成王"。郭沫若：《两周金文辞大系》，第22页；郭沫若：《班簋的再发现》，《文物》1972年第9期；陈梦家：《西周铜器断代》，第24—27页。

② 刘心源：《古文审》卷五，第1—6页；于省吾：《毛伯班簋考》，《辛巳文录》；杨树达：《毛伯班簋跋》，载《积微居金文说》，中华书局1997年版，第103—104页；唐兰：《西周铜器断代的"康宫"问题》，载《唐兰先生金文论集》，第150—155页；李学勤：《西周中期青铜器的重要标尺》，载《新出青铜器研究》，第90页。

读为"偃","伐瘠戎"即《穆天子传》所言的"攻徐偃王，灭之"。也见于古本竹书纪年"伐纡，大起九师，东至于九江，比鼋以为梁"（《太平御览》卷三〇五征伐部引《纪年》）。朱右曾《汲冢纪年存真》已指出："'纡'当作'纾'，形近而讹，'纾'、'舒'通用"、"'舒'、'徐'古字通"，"穆王之伐纡当即伐徐"。① 事件《秦本纪》、《赵世家》皆有记载。

班簋是班为颂扬"昭考"事迹而作的祭器，铭文可分为三节：1. 篇首至"诞城卫父身"，追述王对毛伯（毛公）的任命，并令吴伯、吕伯、班协助他"伐瘠戎"；2. "三年靖东国"至"亡克竟烈"，征伐成功后毛公"告坴事于上"，班颂扬祖先；3. "班非敢觅"至篇尾，记述作器目的。

铭文中的毛伯、毛公、毛父、班四称是否同一人有争论。刘心源、于省吾、杨树达、唐兰早期都认为四称同指一人。② 唐兰后期则认为毛伯、班是同一人，"与穆王同辈"，毛公、毛父是一人，"当是毛伯班之父"。③ 陈梦家认为"毛伯、毛公、毛父是一人"，"班是毛伯、毛公的子辈"。④ 李学勤师也持此说。⑤

与毛伯、毛公、毛父、班相关的，还有"趞"是否人名之争。唐兰认为不是人名，训为动词"发也"。郭沫若、杨树达、李学勤师等都认为是人名，但所指不同。郭沫若认为其即前文的"虢城公"。⑥ 杨树达则说"'遣令'谓'令遣'也，文倒言之"。⑦ 李学勤师据孟簋"毛公、遣仲征无需"一文而指出"趞"即西周金文多见的趞仲，与孟簋、趞尊、趞卣的器主是同一人；⑧ 后来又采纳杨树达的倒言说，并明确指出"趞"系器主

① 方诗铭：《古本竹书纪年辑证（修订本）》，上海古籍出版社 2006 年版，第 34 页。
② 刘心源：《古文审》卷五，第 1—6 页；于省吾：《穆天子传新证》，《考古学社社刊》1937 年第 6 期，第 275—285 页；杨树达：《毛伯班簋跋》，载《积微居金文说》，中华书局 1997年版，第 103—104 页；唐兰：《西周铜器断代的"康宫"问题》，载《唐兰先生金文论集》，第 153 页。
③ 唐兰：《西周青铜器铭文分代史征》，第 349、350、352 页。
④ 陈梦家：《西周铜器断代》，第 25 页。
⑤ 李学勤：《班簋续考》，载《古文字研究》第 13 辑，中华书局 1986 年版，第 181—188 页。
⑥ 郭沫若：《两周金文辞大系》，第 21 页。
⑦ 杨树达：《毛伯班簋跋》，载《积微居金文说》，中华书局 1997 年版，第 104 页。
⑧ 李学勤：《西周中期青铜器的重要标尺》，载《新出青铜器研究》，第 90 页。

"班"，即趞仲，是毛公（毛伯、毛父）的第二个儿子。①

陈梦家、李学勤师说可从。从铭文内容看，前两节应是追述，作器时毛公已亡，故称为"昭考"，毛伯、毛公、毛父是同一人，班是其子。毛伯、毛公、毛父、班四人一称的说法，难以解释"以乃族从父征，诞城卫父身"、"作昭考"等文。唐兰修改前说，或也是从这些方面考虑，但毛伯不是班。毛伯"更虢城公服……作四方亟"之后便位居卿，可称公，故后文称"毛公"。

需要补充的是，班簋的"遣"与"班"并非同一人。遣氏器西周多见，其中遣叔吉父盨铭有"遣叔吉父作虢王姞旅盨"、城虢遣生簋铭等皆可证遣氏与虢氏通婚。② 虢是姬姓，遣不可能是姬姓，当然不是毛班。那么，"遣"究竟如何解释？有两个可能。或是唐兰的动词说，但也有问题，李学勤师已指出"西周金文前期常见'遣'，都未写作从'走'"，③而且遍查西周铭文的"遣"，表示人名与动词的"遣"不相混淆，前者从"走"，后者从"辶"。"另一种可能就是遣"即"遣仲"，铭文中的"以乃族从父征"是他对自己儿子下的命令，这是描述战争的过程。此说的缺点是，班作祭器颂扬祖先，为什么记载"遣"这一他氏的事迹，而未记"班"自己的功绩，这与金文的常例不合。

班簋的毛公、毛父为一人，班是其子，与《穆天子传》的记载也比较合适。《穆天子传》的毛公疑非毛公班，而是其父，即班簋的毛公。穆王在位时间较长，疑如井公、井利一样，毛公、毛班两代同于穆王时期出仕。换言之，穆王时先后有两代毛公，班簋铭文中的"毛公"为"父"，应是穆王父辈，与昭王同辈；简本《祭公》的毛公已是毛班，与穆王同辈。据此推算，第一代毛氏毛叔郑与武王同辈；第二代毛氏，即《顾命》所记成康之际的毛公，与成王同辈；第三代毛氏，与康王同辈，文献缺载。

据班簋铭可知，"毛公"任公之前称为"毛伯"。西周中期有毛伯戈一件，1965 年出土于洛阳北窑西周墓 M333。④ 铭为：

---

① 李学勤师金文课，2009 年 9 月 30 日。

② 参见韩巍《西周金文世族研究》，第 33 页。

③ 李学勤：《班簋续考》，载《古文字研究》第 13 辑，中华书局 1986 年版，第 181—188 页。

④ 洛阳市文物工作队：《洛阳北窑西周墓》，文物出版社 1999 年版。

毛伯戈①

毛白（伯）戈。

（新收348）

此器前半残，直援、有脊、椭圆銎下有开口、短内。从形制看，与穆王前后相合，有可能与班簋所称"毛伯"是同一人，也不排除是毛班称公前器的可能。

班簋铭的"毛公"，另见于孟簋。器共3件，同铭，1961年出土于陕西长安县张家坡窖藏，同出的有铭铜器另计29件，即元年师旋簋4、五年师旋簋3、伯喜簋4、伯梁父簋4、伯庸父器9、伯壶1、媵器3件。② 除媵器外，孟簋等应是同一家族器，疑即五年师旋簋"文祖益仲"所称益氏器。③ 孟簋铭文曰：

孟曰：朕文考眔毛公
遣中（仲）征无需，毛公易（赐）
　朕文考臣自厈（厥）工。对
　扬朕考易（锡）休，用铸兹
彝，乍（作）厈（厥）子子孙其永宝。

集成4162

铭文记孟的父亲因随同毛公、遣仲征伐无需有功而受到毛公的赏赐。此器饰垂冠大鸟纹，李学勤师将其与庄白一号墓出土的同一纹饰的丰尊、丰卣

---

① 图片引自吴镇烽《殷周金文通鉴》16915。

② 郭沫若：《长安县张家坡铜器群铭文汇释》，《考古学报》1962年第1期；中国科学院考古研究所：《长安张家坡西周铜器群》，文物出版社1965年版。

③ 参见韩巍《西周金文世族研究》，第167—167页。

比较，指出"丰尊、丰卣和班簋、孟簋，铭文字体风格都相近，其为同时制作"，而"征无需"则与班簋出征是同一事。①

孟簋②

此说可从。铭文中的毛公与班簋毛公应为同一人。

西周中期的毛公器另有传世器毛公旅鼎。铭文曰：

毛公鄦旅車（旅）鼎，亦
佳（唯）殷。我用餴（饮）厚
罙我友。匋其
用客（侑），亦引唯
考（孝）。辪母（毋）又（有）弗
巂（諆），是用匽（寿）考。

集成 2724

这篇铭文比较特殊。唐兰已指出，铭文不全，仅存后半，"前半疑当在盖上"，并说"此铭似有韵"。③从铭文的字体看，如公、其等字，应是西周中期器。这与其形制纹饰是一致的。如下图。

① 李学勤：《西周中期青铜器的重要标尺》，载《新出青铜器研究》，第90页。
② 图片引自吴镇烽《殷周金文通鉴》04652。
③ 唐兰：《西周青铜器铭文分代史征》，第345页。

毛公旅鼎①

𢼸方鼎乙②

　　毛公旅鼎是椭方形鼎，平口、附耳、腹倾垂、四柱足上粗下细，口下饰一周斜角变形夔纹。形制与庄白所出𢼸方鼎乙最近似，𢼸器群学界普遍认为是穆王时器③，和毛公旅鼎的时代应相近，疑为穆王前后器。不过，前文已论，仅穆王时期便有两位毛公，因此器主可能是毛班或其父。

　　除班簋外，西周中期铭文中另有"毛父"，见于师毛父簋。

　　佳（唯）六月既生霸戊
戊。旦，王各（格）于大室，
　　师毛父即立（位），
井（邢）白（伯）右（佑），
大史册命。易（赐）赤市。
对扬王休。用乍（作）宝毁
其万年子子孙其永宝用。

集成4196

　　这也是一件传世器，图形、文字仅有摹本。器形如下图。

---

　　① 图片引自吴镇烽《殷周金文通鉴》01741。

　　② 图片引自吴镇烽《殷周金文通鉴》01841。

　　③ 参见李学勤师《西周中期青铜器的重要标尺》，载《新出青铜器研究》，第90页；王世民等《西周青铜器分期断代研究》，第18页。

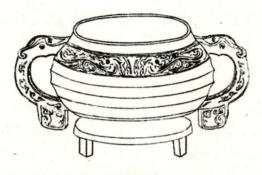

师毛父簋①

　　摹本圈足以下疑不可靠。器为鼓腹、兽首双耳，耳下饰方珥，颈饰一圈垂冠回首夔纹，腹饰瓦纹。器的时代，主要有穆王、共王、夷厉三说。② 穆王说恐失之太早，圈足下加三矮足的簋，流行于西周中后期，早不到昭王时期。夷厉说则似太晚，这种垂冠回首夔纹穆共时期已流行。从形制纹饰看，共懿时期更可能。师毛父的右者"井伯"有多代，共王至懿王时期常为右者，师毛父很可能活动于这一时期，可能是毛公班的子辈。

　　西周中期铭文中，除了"毛伯"、"毛公"、"毛父"外，还有"毛叔"，见于师汤父鼎。铭文曰：

佳（唯）十又二月初吉　　　　
丙午·王才（在）周新官，
才（在）射庐。王乎（呼）宰膺（？）
易（赐）盏弓、象弭、矢
臸、彤砍（干）。师汤父拜
稽首，乍（作）朕文考
毛弔（叔）𣪘彝。其万　　　　**集成 2780**
年子子孙孙永宝用。

　　① 图片引自吴镇烽《殷周金文通鉴》04686。

　　② 白川静持昭穆说，郭沫若、陈梦家、唐兰、刘启益皆持共王说，彭裕商持夷厉说。白川静：《金文通释》卷二，第 65 页；郭沫若：《两周金文辞大系图录考释》，第 87 页；陈梦家：《西周铜器断代》，第 152 页；唐兰：《西周青铜器铭文分代史征》，第 421 页；刘启益：《西周纪年》，第 272 页；彭裕商：《西周青铜器年代综合研究》，第 388 页。

这是师汤父为父亲毛叔作的祭器。汤父职官为"师",与师毛父鼎的毛父职官一致,证明毛氏任"师"一职。器的时代,主要有共王、懿孝、夷厉三说。陈梦家据"新宫、射庐之称多共懿时器",而又以腹饰大鸟纹"不晚于共王",而将其定为共王器,并指出形制与师望鼎最近。[①] 李学勤师排列强家窖藏所出铜器的世系,将师望鼎定为懿孝时期,认为师汤父鼎与其相当。[②] "师汤父"又见于仲枏父器,后者是西周晚期器,彭裕商认为师汤父鼎时代应与其接近,而"器形与史颂鼎、克鼎等近同,推测仲枏父器为师汤父有司在其晚年,约当宣王前期,本器之作在其前,约当厉王前期,上限可到夷王"。[③] 以上三说,懿孝说更可信。"新宫"还见于虎簋盖、十五年趞曹鼎、师遽簋盖、殷簋、士山盘、望簋等器,时间从穆王三十年(虎簋盖)至厉王十三年(望簋),不限于共懿时期。鼎腹饰垂冠大鸟纹,陈公柔、张长寿将其定为Ⅱ8式,指出"此式大鸟纹之冠羽、尾羽,其构图渐趋图案化,而近于窃曲纹,可认为此式大鸟纹是大鸟纹中之较晚者",定为共懿以后。[④] 已出现蹄足、腹较浅,也是较晚的标志,但是腹部有倾垂,与史颂鼎、克鼎并不相近,恐不能晚到夷厉时期,以懿孝时期似更合适。

师汤父鼎[⑤]

① 陈梦家:《西周铜器断代》,第162页。
② 李学勤:《西周中期青铜器的重要标尺》,载《新出青铜器研究》,第92页。
③ 彭裕商:《西周青铜器年代综合研究》,第478—479页。
④ 陈公柔、张长寿:《殷周青铜器上鸟纹的断代研究》,载《西周青铜器分期断代研究》,第205页。
⑤ 图片引自吴镇烽《殷周金文通鉴》01797。

仲枏父器上的"师汤父"，与师汤父鼎器主恐非同一人。① 如果此说成立，师汤父活动于懿孝时期，"文考毛叔"则系共懿时期人物。

三　西周晚期的毛氏

西周晚期，尤其是宣王时期，毛氏铭的器物有多件，其中最为著名的是毛公鼎，王对"毛公"称为"父"。铭文曰：

> 王若曰：父厝！不（丕）显文武，皇天引
> 猒（厌）氒（厥）德，配我有周，膺受大命，衔（率）褢（怀）
> 不廷方，亡不闬于文武耿光。唯天酋（将）
> 集氒（厥）命，亦唯先正畧辥氒（厥）辟，愙菫（勤）大命。
> 緯皇天亡罗（斁），临保我有周。不（丕）巩（拱）先王配命，
> 敃（旻）天疾畏（威）。司余小子弗彶，邦酋（将）害（曷）
> 吉。雔用用四方，大
> 从（纵）不静（靖）。乌（呜）虖（呼）！趄余小子湛于囏（艰），永巩（拱）先
> 王。王曰：父厝！[今] 余唯肇（肇）坙（经）先王命，命女（汝）辥（乂）我邦
> 我家内外，憃（惷）于小大政，粤（屏）朕立（位），虩许上下若否，
> 雩四方死（尸）母（毋）童（动），余一人才（在）立（位）。引唯乃智，余
> 非墉（庸）又（有）翻（昏）。女（汝）母（毋）敢妄（荒）宁，虔夙夕惠我一人，
> 齂（雍）我邦小大猷。母（毋）折咸（缄），告余先王若德，用
> 印（仰）邵（昭）皇天，龤（申）圈（恪）大命，康能四国，俗（欲）我弗乍（作）
> 先王忧。王曰：父厝！雫（零）止庶出入事于外，尃（敷）命尃

---

① 韩巍：《西周金文世族研究》，第69页。

（敷）

政，埶（艺）小大楚赋。无唯正䎽（昏），引其唯王智，乃

唯是丧我或（国），历自今，出入尃（敷）命于外，氒（厥）非

先告父厝，父厝舍命，母（毋）又（有）敢惷（惷），尃（敷）命于外。王

曰：父厝！今余唯䌢（申）先王命，命女（汝）亟一方。㽙（弘）

我邦我家，母（毋）顀于政，勿雝（壅）逮庶□贾。母（毋）

敢龏橐，龏橐乃敄（侮）鳏寡。譱（善）效乃友正。母（毋）

敢湛（湎）于酒。女（汝）母（毋）敢家（坠）才乃服，圂（恪）夙夕，敬念王

畏不睗（易）。女（汝）母（毋）弗帅用先王乍（作）明井（型）。俗（欲）女（汝）弗

以乃辟圅（陷）于艱（艰）。王曰：父厝！巳！曰彶（及）兹卿

事寮大史寮于父即尹。命女（汝）䙴𤔲公

族，雩（雩）参有𤔲、小子、师氏、虎臣，雩（雩）朕亵事，

以乃族干（捍）吾（敔）王身。取貴卅寽（锊），易（赐）女（汝）……

用岁用政。毛公厝对扬天子皇

休，用乍（作）障（尊）鼎，子子孙孙永宝用。

目前学界公认毛公鼎“为宣王时期的标准器”。[①] 宣王称毛公为“父”，毛公厝疑为他的父辈。毛公职掌“卿事寮大史寮”，应是宣王时期的执政。

毛公厝在称公之前，应称“毛伯”。西周晚期铭文中有“毛伯”，见于鄠簋。这是传世器，《考古图》已录，传出于“藏于京兆孙氏”（陕西扶风）。[②] 铭文曰：

① 王世民等：《西周青铜器分期断代研究》，第47页。

② 吕大临：《考古图》。

隹（唯）二年正月初吉，
王才（在）周邵
官。丁亥，王各（格）于宣射（榭）。
毛白（伯）内（入）
门，立中廷，右祝鄦。……

集成 4297.1A

这是件三足簋，鼓腹、圈足、兽首双耳，圈足下有三个兽面扁足，耳下饰方形垂珥，颈饰窃曲纹，腹饰瓦纹，圈足纹饰不清。如下图。

鄦簋①

器的时代主要有夷、厉、宣、幽四种说法。② 宣王说更可信。第一，四要素与宣王的历法相合。第二，从形制纹饰而言，这类三足簋流行于西周晚期，但这种足尖外卷呈象鼻状，与颂簋、史颂簋相同，后者系宣王时器，鄦簋时代应接近。铭文中的毛伯是器主的右者，地位颇高。结合毛公鼎，

---

① 图片引自吴镇烽《殷周金文通鉴》04787。

② 唐兰持夷王说，王世民等定为厉王前后器，白川静、刘启益、彭裕商认为是宣王时器，郭沫若、韩巍等定于幽王。唐兰：《西周青铜器铭文分代史征》，第495页；王世民等：《西周青铜器分期断代研究》，第90页；白川静：《金文通释》卷三（下），第735页；刘启益：《西周纪年》，第400页；彭裕商：《西周青铜器年代综合研究》，第444页；郭沫若：《两周金文辞大系图录考释》，第155页；韩巍：《西周金文世族研究》，第71页。

或与毛公厝是同一人，也不排除是其父辈的可能。

除了"毛公"、"毛伯"外，西周晚期铭文还有"毛叔"。1975 年陕西岐山县董家村 1 号窖藏出土青铜器 37 件，[1] 有铭器 30 件，其中此鼎 3 件、簋 8 件，同铭，"毛叔"为右者，官居司徒。铭文曰：

佳（唯）十又七年十又二月既
生霸乙卯。王才（在）周康宫徲
宫。旦，王各（格）大室，
　即立（位），嗣土（徒）
毛弔（叔）右此入门，立中廷。王
　乎（呼）史翏册令此……

集成 2821

王世民等将此鼎（簋）定为"宣王前后器"，[2] 是合适的。此器与鄂簋一样，四要素俱全，且历法皆可排入宣王。形制纹饰也相合。此鼎立耳、球腹、蹄足，口下饰两周弦纹，与颂鼎同。此簋形制与鄂簋相近，是流行于西周晚期的三足簋，不同的是，此簋颈饰横鳞纹，三个兽面扁足未外卷成象鼻状。如下图。

此鼎甲[3]

此簋甲[4]

---

① 庞怀清等：《陕西省岐山县董家村西周铜器窖藏发掘简报》，《文物》1976 年第 5 期。
② 王世民等：《西周青铜器分期断代研究》，第 90 页。
③ 图片引自吴镇烽《殷周金文通鉴》01838。
④ 图片引自吴镇烽《殷周金文通鉴》04793。

铭文中的"司徒毛叔"有可能是毛公厝的弟弟，他们同朝身居高位，宣王时期毛氏家族的显赫可见一斑。

　　董家村窖藏所出的裘卫家族器，与此鼎（簋）同一器主的，还有伯辛父鼎和旅伯鼎，李学勤师已指出，"旅伯、此、伯辛父的官职都是膳夫，其实是一个人"，"名'此（柴）'可以字'辛（薪）'"。① 旅伯鼎记录了与毛氏通婚的关系。铭文曰：

蕭（膳）夫旅白（伯）乍（作）
　毛中（仲）姬障（尊）鼎。
　　其迈（万）年子孙
　　永宝用言（享）。

集成 2619

这是旅伯为夫人毛仲姬作的器，可证毛氏确为姬姓。旅伯鼎立耳、球腹、蹄足，口下饰一圈大小相间的重环纹，下有一圈弦纹。从形制纹饰看，与山西黎城墓地所出楷侯宰鼎基本相同，近于毛公鼎。如下图。

旅伯鼎②

楷侯宰鼎③

① 李学勤：《试论董家村青铜器群》，载《新出青铜器研究》，第99页。
② 图片引自吴镇烽《殷周金文通鉴》01636。
③ 图片引自国家文物局《2007中国重要考古发现》，第44页。

不过，旅伯鼎比毛公鼎、此鼎、楷侯宰鼎的腹稍浅，应比后者晚，即晚于宣王十七年。宣王在位时间较长，这位"毛仲姬"既可能是毛公厝的姐妹，也可能是其子辈，后者的可能性似更大。

此外，西周晚期还有一件毛舁簋，应属毛氏器。铭文曰：

集成 4028

佳（唯）六月初吉

丙申·毛舁乍（作）

宝敲。舁其子子

孙孙万年永宝用。

这也是传世器，有摹本器形图。

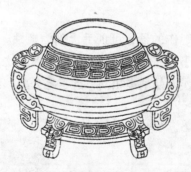

毛舁簋①

这也是西周晚期流行的三足簋，鼓腹、兽首双耳，耳下有方形垂珥，圈足下有三个兽面扁足，颈饰两周横鳞纹，腹饰瓦纹，足饰一周横鳞纹。形制纹饰与元年师兑簋、三年师兑簋相同，后者是厉王前后器，毛舁簋时代应与此相当。

---

① 图片引自吴镇烽《殷周金文通鉴》04518。

四　毛氏世系

综上所述，西周毛氏的世系可排列如下：

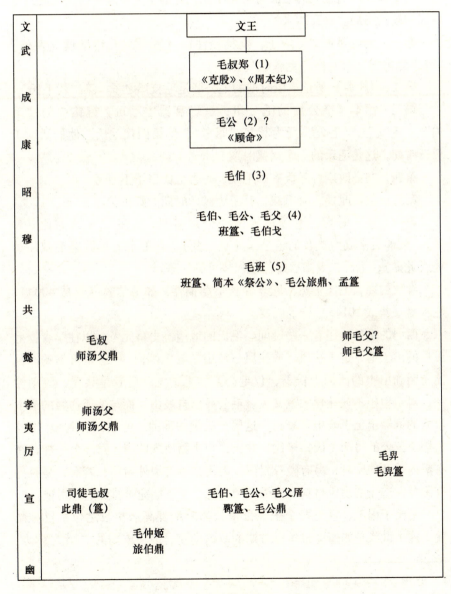

毛氏世系图

五 余论

毛氏是文王之后，西周时期的一大重要世族。简本《祭公》的记载，与传世文献、西周金文的毛氏材料相印证，有助于重新理解西周毛氏乃至西周的政治格局。研究结果如下：

第一，毛叔郑是文王嫡子，疑杜预注以《顾命》孔传解读《左传》"聃季为司空"而误作"毛叔耽"。

第二，《顾命》所记成康时期的毛公疑是毛叔郑之子，第二代毛氏。

第三，简本《祭公》的毛公班，系班簋器主毛班。簋铭中的"毛伯"、"毛父"、"毛公"疑为其父"昭考"，即第四代毛氏。他们活动于穆王时期，这是毛氏的一个兴盛时期。

第四，共懿时期，毛氏有师毛父，是否毛氏宗子不可考。

第五，共懿时期，有毛叔，其子为懿孝时期的师汤父。

第六，宣王时期，毛氏进入另一个兴盛期。宣王二年的毛伯（鄂簋），疑即后来成为执政的毛公厝（毛公鼎），宣王十七年其弟毛叔任司徒（此鼎），毛氏二人高居卿位，权势可见一斑。

春秋初期，毛氏仍然活跃。春秋早期铜器，如毛伯簋（集成4009）、毛叔盘（集成10145）皆毛氏器。

西周的毛氏，还有一些疑问。毛氏的地望，史籍无考。以往学者据毛氏器的出土地，定于扶风，或扶风、岐山二县范围内。① 这是可信的。目前有明确出土的西周毛氏器，仅毛公鼎、毛伯戈，后者是兵器，流动性大，对于地望不如礼器的意义大。毛公鼎出自岐山，而与毛氏通婚的裘卫家族的铜器出土于岐山董家村。这属于王畿的范围。但是，《祭公》中同为穆王三公的另两个氏，毕氏、井氏，与史籍所载的周、召二公一样，在有畿内采邑的同时，另有畿外封国。毛氏是否有畿外封国，若有，是否另有国名？迄今的毛氏材料，尚无此类信息，但不能完全排除这种可能。

毛氏于穆王、宣王两个王在位最长的时期都高居执政之位，权势鼎盛。这一世族是如何度过孝夷时期的政治动荡、厉王末期的"国人暴动"

---

① 陈槃：《春秋大事表列国爵姓及存灭表撰异》，第606页；韩巍：《西周金文世族研究》，第72页。

以及共和行政，而延续成为强宗大族的？这也是目前文献未能回答的问题。毛伯、毛公、毛叔皆见于宣王时期，作为宣王执政的毛氏，无疑在宣王中兴的过程中起了重大作用，可能在共和至宣王即位的过程中也扮演了重要角色。

（作者单位：清华大学出土文献研究与保护中心）

清华简札记二则

陈 絜

一 是年若丂

《周武王有疾周公所自以代王之志》乃清华简中异常重要的一篇儒家文献，其文字内容与今《尚书·金縢》极其接近，可称之为古文《金縢》，故整理者径以"金縢"命名之。该篇文字的发现，可以解决《尚书》学中的诸多问题，某些自汉代以来便已存在的经学与经学史上争议，借此或可得到某种程度的平息，其学术意义之重大，自毋须赘言。在此，笔者要讲的只是一个极为简单的句读与文字训释的问题，希望专家同人多予批判指正。

《周武王有疾周公所自以代王之志》有一段周公祝告先王之辞，曰：

> 尔元孙发也嫠害虐疾尔母乃又备子之责在上▄佳尔元孙发也▄不若但也▄是年若丂能多才▄多埶▄能事鬼神命于帝庭尃又四方以奠尔子孙于下地▄。(简3—5)

上引文字虽自身带有一些句读标识符，但使用不甚严格，故某些关键处解读起来还是存在一定的窒碍。整理者在综合参考今本《尚书·金縢》及汉唐以来的相关注疏文字后，将上述段落断读如下：

> 尔元孙发也，嫠（遘）遘（害）盧（虐）疾。尔（尔）母（毋）乃又（有）备子之责在上。佳（惟）尔（尔）元孙发也，不若但（旦）也。是年若丂能，多才多埶（艺），能事鬼神。命于帝庭，尃

（溥）又（有）四方，以奠（定）尔（尔）子孙于下地。

总体而言，这样的标点与理解基本可从。但"是年若丂能多才多艺能事鬼神"13 字究竟应该怎样断读，如何解释，似存商榷之余地。整理者自注有曰：

> 是年若丂能，今本作"予仁若考能"。年读为同泥母真部之"佞"，佞从仁声，训为高才。若，王引之《经传释词》附录一："而也。"江声、曾运乾并云巧之古文作"丂"，能字应上属。此周公称己有高才而巧能。一说能字应连下读。①

显然，其句读的主要依据就是江声与曾运乾的训释。按今本《金滕》云：

> 惟尔元孙某，遘厉虐疾。若尔三王，是有丕子之责于天，以旦代某之身。予仁若考，能多材多艺，能事鬼神。乃元孙不若旦多材多艺，不能事鬼神。乃命于帝庭，敷佑四方，用能定尔子孙于下地。四方之民，罔不祗畏。

江声注谓：

> "仁若"，衍字也。薛季宣《书古文训》"考"字作"丂"。丂，古文巧。俗读丂为考，或且改作考字，非也。能字属丂读，丂能，故多材艺也。②

而曾氏则云：

> 仁若，柔顺也。考，古文盖本作"丂"。《史记·鲁世家》读为"巧"，晚出孔《传》读为"考"，今依史读为"巧能"。下云"多材

① 清华大学出土文献与保护中心编，李学勤主编：《清华大学藏战国竹简（壹）》下册，中西书局 2010 年版，第 160 页。
② 转引自皮锡瑞《今文尚书考证》，中华书局 1989 年版，第 292 页。

多艺"，即"巧能"也。①

事实上，江、曾二氏所提出的"亏能"联读与"仁若"二字衍文之说，是建立在《史记·鲁周公世家》所引今文《尚书》基础之上而作出的，并无其他更确凿的依据。而随着竹简的出土，其中的"仁若"衍文之说业已不攻自破。至于"巧"、"能"二字之关系，还得返回到《史记》所引文字本身，故抄录相关字句施加标点如下，以便分析：

> 惟尔元孙王发，勤劳阻疾。若尔三王，是有负子之责于天，以旦代王发之身。旦巧，能多材多艺，能事鬼神。乃王发不如旦多材多艺，不能事鬼神。乃命于帝庭，敷佑四方，用能定汝子孙于下地。四方之民，罔不敬畏。

"旦巧能多材多艺能事鬼神"11 字，一般都断读为"旦巧能多材多艺，能事鬼神"，② 这显然是一种无法判断而采用的模糊处理之办法。但从字里行间还是能体会到某些学者之意向的。例如泷川资言《史记会注考证》在断读上与他人并无区别，但他在考证中却说："《尚书》'旦巧'作'予仁若考'。史公训考为巧，故以巧字易之。巧考皆从亏，声例得相通。"③ 从中似能看出，泷川氏更倾向于将"旦巧"二字单独成句。窃以为，其理解较之他人更胜一筹。

按周代金文中习见"万年永宝用"、"万年无疆"之类的嘏辞，其中的"万年"不乏写作"万人"者，例如"乎其万人永用"（蝇乎簋，《殷周金文集成》4157）、"成伯邦父作叔姜万人壶"（成伯邦父壶，《殷周金文集成》9609）、"用万人享孝厥皇公姑④，万人子子孙孙宝用"（季姒肆罍，《殷周金文集成》9827）、"甫人父作旅匜，万人用"（甫人父匜，《殷周金文集成》10206）、"伯富父作宝盨，万人用叔犀父为"（叔犀父盨，《文博》2008·2⑤），等等。金文"万人"基本可读作"万年"，这

---

① 曾运乾：《尚书正读》，华东师范大学出版社 2011 年版，第 150 页。
② 如中华点校本《史记》即如此处理。
③ ［日］泷川资言：《史记会注考证》，宏业书局 1994 年版，第 552 页。
④ 按：有学者将其中的"皇"字视作"多"或"小子"之合文，恐有误。
⑤ 吴镇烽：《近年新出现的铜器铭文》，《文博》2008 年第 2 期。

已是学界公认的常识，其理由便是人乃年字之谐声偏旁。

　　而上引《史记》"旦巧"一句，也恰好为"是年若丂"的正确释读找到了线索。众所周知，司马迁在援引古籍时，往往会将旧文献中的古奥文词改为当时通行的文字。其所谓"旦"者，窃以为便是改"是年（人）"而成。或许司马迁以为"若"为虚词，故予省略。当然也有可能原本保留了"若"字，后经传抄而脱落。按：若可训为顺，与其后的"能事鬼神"语相呼应。巧从丂声，巧者能也，即所谓"多材多艺"者是也。

　　总的说来，"是年若丂"作一句读，"能"字属下，可能更符合竹简原义。同样，今本《金縢》与《史记》也应如此断读。而今本《金縢》中的"予仁若考"一句，显然也不如简本"是年若丂"来得通顺。

二　𤔲余一人

　　清华简《皇门》篇中有一"𤔲"字，在行文中前后反复多次出现，如：

> 以𤔲厥辟，董（勤）恤王邦王家。（简2—3）
> 是人斯𤔲王共明祀。（简4）
> 是人斯既𤔲厥辟，董（勤）劳王邦王家。（简5）
> 乃惟作区以答，畁（俾）王之亡依亡𤔲。（简9）
> 夫明尔德，以𤔲余一人。（简12）

按"𤔲"字为新见文字，整理者隶定为"嬴"，曰：

> 嬴字今本即作"助"。李学勤云："金文𤔲字均为协助之义，见何尊、禹鼎等器。"（《试论董家村青铜器群》，载《新出青铜器研究》，文物出版社1990年版，第98—105页）黄天树则将𤔲字释作"叀"，训为"助"（《禹鼎铭文补释》，载张光裕、黄德宽主编《古文字学论稿》，安徽大学出版社2008年版）。嬴字所从与此字类。①

---

① 清华大学出土文献与保护中心编，李学勤主编：《清华大学藏战国竹简（壹）》下册，第166页。

又云:

> 𢔶,读为"助",见上注 [一二]。此句今本作"人斯是助王恭
> 明祀"。①

按"𤲞"字形构非常清晰,可分析为从𢆶从月从力,或从𢆶从肋。显而易
见的是,肋字是无法读作"助"的。故简单地用古今文本的对照来确定
竹简文字中的某字之读音,其方法似不足取。𢆶即金文所见之𢆶,只是尾
部笔画略有变化。黄天树先生将𢆶字释作"叀",窃以为完全可从。笔者
在相关的文字中也曾讨论过,② 这里就不再多说了。西周晚期金文毛公鼎
铭文(《殷周金文集成》2841)中有这样一句话值得注意,曰:

> 女毋(毋)敢妄(荒)宁,虔宿夕𢆶(叀=惠)我一人。

金文"叀我一人"与竹简"𤲞余一人"句式结构完全相同,而𤲞字又从
叀,故该字无疑是以叀字为声符,而所从之"肋"恰恰是战国时人添加
的义符,笔者推测"肋"或即"脅(協)"字之省构。当然也有可能是
"力"为义符,而左下所从之"月",仅仅为一种增饰符号,与𤲞字之词
义、字音均无关系。《尔雅·释诂》曰:"惠,顺也。"说某人顺从某人,
自然有那么点佐助的意思。所以在周代金文中亦见"左右余一人"之
词,如:

> 用虔恤不易(惕),左右余一人。(叔尸钟,《集成》274)
> 虔恤不易(惕),左右余一人。(叔尸镈,《集成》285)

其含义与《皇门》简12及毛公鼎铭近似。

总之,《皇门》中的"𤲞"字当分析为从肋(脅之省)叀声的形声
字,其含义相当于金文习见之"叀(惠)"字,作动词用时可训为顺、左

---

① 李学勤主编:《清华大学藏战国竹简(壹)》下册,第167页。
② 参拙文《关于"叀"字本义的一个假说》,载《古文字研究》第27辑,中华书局2008
年版。

右、佐助之类的意思。至于今本《皇门》中的"助"字，窃以为是传抄过程中所产生的讹变之结果。

　　通过上述两例，笔者想再简单说说竹简的整理与释读问题。今人在整理竹简时，难免有一种以简文牵合今本的倾向，有时候甚至达到刻板的程度，这需要引起大家足够的重视与反思。鄙意以为，年代与竹简相对接近的两周金文材料之作用，在某些时候往往大于经过两千余年辗转传抄刊刻的今本古文献，整理竹简之时，两周彝器铭文是不能忽视的。此外，对于那些存在于今古文本中的异文、异词，最好不要做过多的牵合，先予存疑也不是什么坏事。

（作者单位：南开大学古籍与文化研究所）

清华简《程寤》与文王受命综考[*]

杜 勇

  《程寤》曾被收入《逸周书》，后在流传过程中散佚，以致有目无文。至清华简出，复得《程寤》完篇，弥足珍贵。该篇叙述太姒做梦、文王占梦、太子发受诫等内容，与文献艳称的文王受命有关。关于文王受命、称王、改元诸问题，学界聚讼越两千年，迄无定论。即使竹书《程寤》的再现，亦未消除认识上的种种分歧。本文拟从《程寤》的著作年代入手进而对文王受命有关问题再加探索，以求教正。

一 清华简《程寤》的著作年代

  文献的制作年代，与其史料价值密切相关，不妨先做讨论。

  在《清华大学藏战国竹简》第一册中，所收《程寤》、《皇门》、《祭公》三篇文献最初都被编入《逸周书》中。《逸周书》作为文献汇编，各篇拟有篇题始可成书。清华简《程寤》、《皇门》时无篇名，《祭公》称《祭公之顾命》亦与《逸周书》所称《祭公》有别，说明《逸周书》汇编成书当不早于竹书载体的年代即战国中晚期。《左传》引《逸周书·大匡》、《程典》、《常训》的文句，或曰出自《周志》，^① 或与《尚书》同称为《书》，^② 是《逸周书》某些篇章成书虽早，但当时尚未合为一编。至《韩非子》、《吕氏春秋》引用《逸周书》，例同《汉书·艺文志》一律称

---

  * 本文为国家社科基金项目"清华简与古史寻证"（12BZS018）的阶段性成果之一。
  ① 《左传·文公二年》。
  ② 《左传·襄公十一年》、《左传·襄公二十五年》。

《周书》，则《逸周书》当结集于战国晚期，初名《周书》，其后《说文》始用今称，及至《四库提要》书名乃定。但今本《逸周书》在宋元以后略有散佚和补缀，已非先秦旧貌。

清华简《程寤》记述文王占梦受命之事，是否可以依其内容视为商末周初的作品，这是需要讨论的一个问题。该篇若非当世史官所录，则为后世制作之文，二者的史料价值是不可等量齐观的。现在，我们就来考察一下清华简《程寤》的制作年代，以期对其史料价值有一个正确的评估。

第一，从《程寤》纪时方式看。简文开篇即云："惟王元祀正月既生魄"，[①] 所涉历日要素有王年（元祀）、月序（正月）、月相（既生魄），而无记日干支。"既生魄"在西周金文中作"既生霸"，与初吉、既望、既死霸同为月相纪时词语。从目前所见资料看，月相词语早在商末周初即已出现，如周原甲骨文的"既吉"、"月望"、"既死〔霸〕"，周公庙遗址商末周初卜甲的"哉死霸"，均其雏形。但以王年、月序、月相、纪日干支（或缺）等历日要素融为一体，依次排序置于篇首的纪时方式则兴起于西周穆王、共王时期。例如：

穆世《庚嬴鼎》："唯廿又二年四月既望己酉，王格琱宫。"（《集成》[②] 02748）

穆世《虎簋盖》："唯王卅年四月初吉甲戌，王在周新宫。"（《近出》[③] 491）

穆世《鲜簋》："唯王卅又四祀，唯五月既望戊午，王在荥京。"（《集成》10166）

共世《裘卫盉》："唯三年三月既生霸壬寅，王爯旂于丰。"（《集成》09456）

共世《九年卫鼎》："唯九年正月既死霸庚辰，王在周驹宫。"（《集成》02831）

---

① 李学勤主编：《清华大学藏战国竹简》（一）下册，中西书局 2010 年版，第 136 页。释文尽量用通行字，下引不另注。

② 《集成》为《殷周金文集成》的简称，计 18 册，中国社会科学院考古研究所编，中华书局 1984—1994 年版。

③ 《近出》为《近出殷周金文集录》的简称，全四册，刘雨、卢岩编著，中华书局 2002 年版。

共世《七年趞曹鼎》："唯七年十月既生霸，王在周般宫。"（集成 02783）

其中《庚嬴鼎》有学者定为康世器似嫌偏早，当以唐兰定为穆王时器较为合宜，① 其纪时方式与其他穆世器相同即其旁证。《鲜簋》称"唯王"且以年作祀与《程寤》同，《七年趞曹鼎》不像《裘卫盉》等在月相之后有纪日干支，与《程寤》亦同。这种以历日要素置于篇首的情况，在穆共以前的西周金文中从未见及。即使商末周初周人的甲骨文有将月序、月相、纪日干支置于篇首者，也不涉及王年。如周原甲骨："唯十月既死［霸］，亡咎。"（H11：55）② 周公庙遗址卜甲："［唯］五月哉死霸壬午……"，③ 均其例。而周初金文虽有几篇记有王年，但置于篇末，其月序、月相或纪日干支则与之分离，置于篇首或篇前。例如：

成世《何尊》："唯王初迁于成周，复禀武王礼，福自天，在四月丙戌，……唯王五祀。"（《集成》06014）

康世《小盂鼎》："唯八月既望，辰在甲申……唯王廿又五祀。"（《集成》02839）

康世《大盂鼎》："唯九月……唯王廿又三祀。"（《集成》02837）

铭文将王年置于篇末，与商末金文同例，但添加月相以精确纪日则是周人的创造。清华简《程寤》以王年、月序、月相融为一体并置于篇首的纪时方式，不同于西周早期金文而与穆共时期的彝铭相吻合，说明《程寤》的著作年代当不早于穆共时期。

如果从"既生魄"作为月相词语的使用情况看，《程寤》的制作则不早于西周。《左传·昭公七年》言及"既生魄"，但取魂魄之意，非谓月相。这是由于春秋时代历法的进步，人们通过推步已知月朔，故月相词语

---

① 唐兰：《西周青铜器铭文分代史征》，中华书局 1986 年版，第 388 页。
② 曹玮：《周原甲骨文》，世界图书出版公司 2002 年版，第 44 页。
③ 李学勤：《周公庙遗址祝家巷卜甲试释》，载《文物中的古文明》，商务印书馆 2008 年版，第 175—179 页。

用于纪时再无必要，故随之告别历史舞台。而真正以"既生魄"作为月相词语来使用的文献，实际只有《逸周书》一种。例如：

> 《程典》："维三月既生魄，文王合六州之侯，奉勤于商。"
> 《大开》："维王二月既生魄，王在酆。"
> 《柔武》："维王元祀一月既生魄，王召周公旦。"
> 《小开武》："维王二祀一月既生魄，王召周公旦。"
> 《大戒》："维正月既生魄，王访于周公。"
> 《谥法》："维三月既生魄，周公旦、太师望相嗣王发。"①
> 《本典》："维四月既生魄，王在东宫。"

　　上述七篇文献与清华简《程寤》一样，说的都是商末周初的事情。但是，周人的甲骨金文和真正的西周文献有用"既生霸"、"既旁生霸"、"哉生霸"、"既死霸"、"哉死霸"者，却从来不将"霸"字写作"魄"字。周原甲骨有"既魄"（H11：13）②一词，或谓即"既生魄"。③然魄从鬼白声，魄当从鬼贝声，白与贝韵部相远，未见通假之例，不宜视为一字。在可靠的西周文献中，月相词语"魄"字亦写作"霸"。此即《汉书·律历志》引《周书·武成》云："惟四月既旁生霸，粤六日庚戌，武王燎于周庙。"又引《顾命》云："惟四月哉生霸，王有疾不豫。"前者即今本《逸周书·世俘》，文作"时四月既旁生魄，越六日庚戌，武王朝至燎于周。"④后者在今文《尚书·顾命》中作"惟四月哉生魄，王不怿。"是知"魄"是"霸"的异文。《说文》："霸，月始生魄然也。……从月霎声。"由于魄与霸音义俱通，故可假借。过去把这种异文常常理解为今文与古文的不同，以今观之，似不尽然。因为清华简《程寤》本身就是较早的古文文本，不存在今文学派改字的问题，但同样称作"既生魄"。这说明月相词语"霸"与"魄"的使用不是随意的，应是文献时代特征有所不同的反映。《武成》、《顾命》是公认的西周作品，其祖本不用

---

① 按今本《逸周书·谥法》无"维三月既生魄"语，此据王应麟《困学纪闻·书卷》所引《周书·谥法》之文。
② 曹玮：《周原甲骨文》，世界图书出版公司 2002 年版，第 13 页。
③ 徐锡台：《周原甲骨文综述》，三秦出版社 1987 年版，第 23 页。
④ 黄怀信等：《逸周书汇校集注》（修订本）上册，上海人民出版社 2007 年版，第 436 页。

"魄"字。西周金文"既生霸"、"既死霸"广为所见，亦无一例假作"魄"字。清华简《程寤》以及《逸周书》诸篇言及月相，称"既生魄"而不称"既生霸"，说明它们并非真正的西周文献。

第二，从《程寤》明堂占梦看。简文说："币告宗祊社稷，祈于六末山川，攻于商神，望，烝，占于明堂。"这是说经过一番告神仪式后，周文王在明堂举行占卜活动，卜问太姒之梦所预示的吉凶。明堂形制在历史上颇多争议，对其功能的看法却较为一致。按照《周礼·考工记》的说法，夏后氏世室，殷人重屋，周人明堂，其名虽异，但都是都城宫殿性质的礼制建筑。《孝经·圣治章》说："昔者周公宗祀文王于明堂，以配上帝。"《礼记·乐记》说："祀乎明堂，而民知孝。"《逸周书·月令》说："天子居明堂太庙"，又《明堂》说："明堂者，明诸侯之尊卑也。故周公建焉，而朝诸侯于明堂之位。"这是说明堂为周公所建，具有祭祀、布政、朝觐等多种功能。然而，如果明堂为周公所建，文王在世不得有明堂；明堂既为"天子布政之宫"，[①] 又是诸侯朝觐之所，则文王时非天子，亦不得有明堂。更为重要的是，明堂一词不见于反映西周史实的《诗》、《书》等古籍，也不见于西周金文，可见其名后起，当非西周所实有。当然，这不是说西周无明堂一词，也就不存在具有相同功能的礼仪建筑。只是文献和金文资料显示，这样的建筑不称明堂而是名之曰"太室"。

《尚书·洛诰》说："王宾，杀禋，咸格，王入太室祼。"是说成王在太室行祼鬯之礼，即浇酒于地以告神灵。《吕氏春秋·古乐》说："武王即位，以六师伐殷……归，乃荐俘馘于京太室。"是武王克商后曾在太室行献俘之礼。《逸周书·世俘》记载此次献俘礼内容甚详，则称武王"格于庙"、"燎于周庙"或"告于周庙"，表明太室是与周人宗庙有关联的礼仪建筑。《礼记·月令》说："天子居大庙大室"，郑注："大庙大室，中央室也。"《吴方彝盖》说："王在周成大（太）室，旦，王格庙。"（《集成》09898）反映的即是这种情况。《塱方鼎》、《小盂鼎》、《敔簋》所见献俘礼在周庙举行，实与荐俘于太室无异。《剌鼎》说："王禘，用牡于大（太）室，禘昭王。"（《集成》02776）这是在太室祭祀祖先。《穆公簋盖》说："唯王……饗醴于大（太）室。"（《集成》04191）这是周王在太室举行赏赐穆公的甜酒宴饮礼。《戴簋盖》说："唯正月乙子（巳），

---

① 陈直：《三辅黄图校证》，陕西人民出版社1980年版，第112页。

王格于大（太）室，穆公入右繛，立中廷，北向，王曰：'令汝作司土，官司耤田，錫汝织衣、赤⊙袍、銮旂、楚走马，取𧨊五锊，用事。'"（《集成》04255）这是周王布政于太室，册命繛作司土，并给予诸多赏赐。《君夫簋盖》说："王在康宫大室，王命君夫。"（《集成》04178）这是周王在太室册命大臣。西周金文所见王廷"太室"者多达40余篇，有的只称"太室"，有的"太室"与庙相连，有的"太室"与宫一体，其具体形制不可详考，但具有祭祀、布政、朝觐等功能却与明堂别无二致。既然西周太室是处理国家大事极为重要的政事之堂，则不可能另有明堂发挥同一作用而为金文所不见。

　　顾颉刚先生曾从营造法式上对大室与明堂的称谓加以比较，认为"此类屋宇以容积言，谓之'大室'；以方向言，又可谓之'明堂'。"① 实际是说大室与明堂无非一物二名而已。这固然不无道理，但就西周时期来说，毕竟并无可靠史料证明大室又名明堂。传世文献言及明堂者，最早见于《左传·文公二年》所引《周志》："勇则害上，不登于明堂。"引文与今本《逸周书》第三十七《大匡》（或曰《文匡》）略同，说明《大匡》以及《作洛》、《月令》、《明堂》有关明堂的各种说法是春秋中晚期才逐渐盛行开来的。因此，《程寤》等文献有关文王占梦于明堂的说法，无非是春秋以后的人们比况当时情形对占梦地点所做的推测，并非来自史官实录。

　　第三，从《程寤》语言特征看。《程寤》文辞古奥，解读非易。文中有一种曰何曰非的四字排比句十分醒目，可与其他文献对照分析。简文云：

　　　　何敬（警）非朋，何戒非商，何用非树……何监非时，何务非和，何禤（襄）非文，何保非道，何爱非身，何力非人。

这种句式除《尚书》、《孟子》各有一见外，大量文例出现在《逸周书》中，自成特色。《尚书·吕刑》云："何择非人，何敬非刑，何度非及。"意即慎用典刑之人，谨行五刑之事，审度量刑之宜，要与慎刑有关。这里的排比句围绕同一个具体的主题展开，较少抽象的意味。《孟子·公孙丑

---

① 顾颉刚：《史林杂识初编·明堂》，中华书局1963年版，第148页。

上》、《万章下》云："何事非君，何使非民？"是说伊尹在任何情况下都可以事君使民，亦有特定的语境。而《逸周书》使用曰何曰非的句式，则多带抽象与哲理的色彩，以致语义颇显晦涩，与《尚书》和《孟子》大相异趣。例如：《逸周书·小开》："何修非躬，何慎非言，何择非德？……何向非翼？……何敬非时，何择非德？……何异非义，何畏非世，何劝非乐？……何监非时，何务非德，何兴非因，何用非极？"《逸周书·文儆》："何向非利？……何向非私？……何慎非遂？……何葆非监？"《逸周书·大开武》："何畏非道？何恶非是？"《逸周书·宝典》："何脩非躬？……何择非人？……何有非谋？……何慎非言？"《逸周书·成开》："何乡非怀？"其例甚多，蔚成风尚。

以上各篇曰何曰非之言，大都不与篇中语境相呼应，很像是经过抽象概括而形成的一种带有哲理性的语言。在这一点上，《程寤》与之无异，如谓"何监非时"即见于《小开》，"何爱非身"与《宝典》、《小开》"何修非躬"语意相近，而"何保非道"与《大开武》"何畏非道"其义相通。《程寤》与《逸周书》这些篇章具有近同文句或修辞方式，其著作时代亦应相若。

细绎上引《逸周书·小开》等五篇文献，颇具春秋以后的语言特征。一是以数为纪。如《大开武》所谓"四戚、五和、七失、九因、十淫"；《宝典》所谓"四位、九德"、"十奸"、"三信"；《成开》所谓"五典"、"九功"、"六则、四守、五示、三极"，均其例。据赵伯雄先生研究，这种"以数为纪"表达方式的广泛流行，"是春秋战国以后的事情"。[①] 二是以朔纪日。如《宝典》谓："维王三祀二月丙辰朔"，即与《春秋》经传记时方式相同。如《春秋·桓公三年》："七月壬辰朔"，《左传·庄公二十五年》："六月辛未朔"，即其例。西周历法尚处观象授时阶段，春秋历法始可推步求朔。这种不用月相而以朔日纪时的方式也是春秋以后才出现的。三是言称五行。五行说大致形成于西周末年，到春秋以后才逐渐流行。[②]《成开》说："地有九州，别处五行。"此与《左传·昭公三十二年》称"地有五行"，《国语·鲁语上》称"地之五行"一样，没有具体阐释，都是一种集合名词的运用，当是五行说流行以后的产物。四是顶真

①　赵伯雄：《先秦文献中的"以数为纪"》，《文献》1999 年第 4 期。

②　杜勇：《〈洪范〉制作年代新探》，《人文杂志》1995 年第 3 期。

辞格。如《小开》："德枳维大人，大人枳维公，公枳维卿，卿枳维大夫，大夫枳维士。……君枳维国，国枳维都，都枳维邑，邑枳维家，家枳维欲无疆。"《文儆》："利维生痛，痛维生乐，乐维生礼，礼维生义，义维生仁。……私维生抗，抗维生夺，夺维生乱，乱维生亡，亡维生死。"这种顶真修辞方法在《诗经》中尚属雏形，"而在战国时代的散文中，则已蔚然成风"。① 五是习语"日不足"。"日不足"分见《逸周书·小开》、《大开》以及清华简《保训》、《程寤》，语义大致相同，都是强调要夜以继日勤于政事。《大开》、《小开》、《保训》是战国时代写定的作品，②《程寤》也不会太早。从这些语言特征看，清华简《程寤》与《逸周书·小开》等五篇文献一样，虽然均言西周之事，实非西周之文，其制作年代不会早于春秋中晚期。

　　从以上对清华简《程寤》月相纪时方式、明堂占卜制度、语言特征的分析来看，它并非出自先周或周初史官之手，很可能是数百年后战国时期的作品。对于后世制作的作品来说，其形成过程相当复杂，至少有三种可能性：一是依照档案整理成篇，二是根据传说敷衍成章，三是仅凭想象杜撰成文。显而易见，《程寤》的材料不是取自王室档案，因为要忠实地运用档案资料，就不会出现那些后世才有的礼仪制度和语言特征。但是，《程寤》亦非全不靠谱的杜撰之文，因为关于文王占梦受命还有诸多旁证，这一点容后再做分析。这样，《程寤》是根据传说资料编撰的作品，就有了很大的可能性。按照顾颉刚先生的说法，传说也是一种史料。③ 不过这种史料常常真赝相杂，非经严密审查而不可用。就拿《程寤》来说，全文大体可以分为两个部分：从篇首至"受商命于皇上帝"为第一部分，之后为第二部分。前一部分讲文王占太姒之梦，应来自长期流传下来的文王受命有关传说，由作者运用当时的文化知识整理成文。后一部分为文王对太子发的诫辞，多以四字为句，语义抽象晦涩，且与文王受命之事关联

---

① 周玉秀：《〈逸周书〉的语言特征及其文献学价值》，中华书局 2005 年版，第 225 页。
② 杜勇：《关于清华简〈保训〉的著作年代问题》，《天津师范大学学报》（社会科学版）2010 年第 4 期。
③ 顾颉刚：《战国秦汉间人的造伪与辨伪》，载吕思勉、童书业编《古史辨》七（上），上海古籍出版社 1982 年版，第 1 页。

不大，当为"战国处士私相缀续"① 的附益之辞。清唐大沛说《逸周书》
"真伪相淆，纯杂不一，诚不可不分别观之也"。② 这是就《逸周书》整
体状况而言的，其实具体到某一篇目，情况何尝不是如此。西汉刘向认为
《逸周书》"周时诰誓号令也，盖孔子所论百篇之余"。③ 基本否定它的史
料价值；而东汉班固对于"《周书》七十一篇"，则以为是"周史记"，④
全盘肯定它的史料价值，均缺乏辩证分析的眼光。这在我们今天的研究中
是应当尽量避免的。

二 文王受命称王史征

先秦古籍与西周金文对文王受命广有言说，无疑是周人政治思想的核
心内容之一。如今清华简《程寤》又涉此事，促使我们重新思考以往有
关的学术争议，以期形成更为真切的历史认识。

（一）关于文王受命的方式问题

清华简《程寤》说："太姒梦见商廷惟棘，乃小子发取周廷梓树于厥
间，化为松柏棫柞。寤惊，告王。"⑤ 太姒之梦出现两个政治场景，一为
商廷，荆棘丛生；一为周廷，梓树繁茂。太子发把梓树移植到商廷，顷刻
间化为松、柏、棫、柞等各种大树。这个梦象预示着什么样的吉凶？经过
巫师一系列消灾祈福的祭祀活动后，文王占卜得知，此为预示天命转移的
大吉之梦。"王及太子发并拜吉梦，受商命于皇上帝。"⑥ 这是说，皇天上
帝通过太姒之梦传达其旨意，把统治天下的大命从商人那里转交给了文
王。这样，文王受命就不是一句空洞无物的政治口号，而是有其具体的受

---

① （唐）李泰：《传写周书跋》，载黄怀信等《逸周书汇校集注》（修订本）下册，上海古
籍出版社 2007 年版，第 1186 页。

② 黄怀信等：《逸周书汇校集注》（修订本）下册，上海古籍出版社 2007 年版，第 1225
页。

③ 《汉书·艺文志》颜注引。

④ 《汉书·艺文志》。

⑤ 李学勤：《清华大学藏战国竹简》（一）下册，中西书局 2010 年版，第 136 页。释文尽
量用通行字，下引不另注。

⑥ 与此相关的《逸周书·程寤》佚文，于唐宋类书《艺文类聚》、《太平御览》均有所见，
文字略异。

命方式宣示神谕，给周人取代商朝的统治披上了神圣而合法的外衣。

或许以这种受命方式宣示神谕还不够神异，待谶纬之风起，对于文王受命的具体形式又生出许多说法，如《河图》、丹书等都被说成文王受命的介体。《易乾凿度》："（文王）伐崇，作灵台，改正朔，布王号于天下，受箓应《河图》"；《中侯·我应》："赤雀衔丹书入丰，止于昌户。"① 较之纬书这些荒诞不稽的说法，《程寤》占梦受命说显得更近于事实。这个事实当然不是说文王负有代商而有天下的使命真为上天所授，而是说在周人的精神世界里有这样的宗教思维，认为皇天上帝决定着人间祸福与王朝兴替，并可通过对梦象的占卜获知其意。在殷周时代，占梦以求神谕不是个别现象，而是普遍的社会风尚。如卜辞有云：

> 己亥卜，争，贞梦，王亡祸。（《合集》17443）
>
> 壬戌卜，争，贞王梦佳祸。（《合集》17407）
>
> 王占曰：有祟有梦，其有来艰。七日己丑，允有来艰自……戈化
>
> 呼……方征于我示……（《合集》137 反）

这是商王贞问有关梦象是否预示灾祸发生。占辞"有祟有梦"表明梦为凶梦，果然七日后得到方国进犯商朝的消息。可见这类凶梦所示不限于普通灾祸，有时还关乎军国大事。除凶梦外，尚有吉梦。如卜辞云：

> 王梦，吉。其惟庚吉。（《合集》14128 反）
>
> 子有梦，惟……吉。（《花东》165）
>
> 丙辰卜，宾，贞乙卯向丙辰王梦自西。王占曰：吉，勿惟祸。
>
> （《合集》17396）

以上所言，不管是凶梦还是吉梦，都不是由梦象直接知之，而是通过占卜预测的结果。这与《程寤》所记太姒做梦、文王占梦的程序适相一致。《诗·小雅·斯干》云："乃寝乃兴，乃占我梦。吉梦维何？维熊维罴，维虺维蛇。大人占之：维熊维罴，男子之祥；维虺维蛇，女子之祥。"是说梦见熊罴象征生男，梦见虺蛇象征生女，也是间接从梦象占卜

---

① 《诗·大雅·文王》疏引。

得到神谕。

除占梦可与神明沟通外，也可从梦中直接得到上帝之命。清华简《说命中》说：

> 说来自傅岩，在殷。武丁朝于门，内（入）在宗。王原比厥梦，曰："汝来惟帝命。"①

傅说为武丁梦中所见圣人，故"以象梦求四方之圣贤"，② 而后得之傅岩，任作宰辅。武丁说这是梦中"帝命"使然。又《左传·昭公元年》说："当武王邑姜者方震（娠）大叔，帝梦谓己：'余命而子曰虞，将与之唐，属诸参，而蕃育其子孙。'及生，有文在其手曰虞，遂以命之。"这说明无论殷人还是周人，都可在梦中直接得到上帝的神谕，作为国家大事的决策依据。

以今天的科学知识来看，做梦是人类一种正常的生理现象，无所谓吉凶祸福，更非神灵给予什么启示。但在上古时代，人们对做梦却是普遍抱有迷信思想的，故有占梦以卜吉凶的习俗。《汉书·艺文志》说："众占非一，而梦为大。"殷人不能破此藩篱，周人亦然。只有具备共同的宗教观念，才能有效地借此进行政治宣传，达到凝聚人心、瓦解敌方意志的目的。从这一点来看，《程寤》所说文王占梦得其吉兆，受命于皇天上帝，将代殷而有天下，符合当时的社会思潮，故可形成强大的舆论攻势和广泛流行的传说。《逸周书·大开武》云："天降寤于程，程降因于商。商今生葛，葛右有周。"前人以为"天降寤于程"，所指即太姒之梦。如清人凌曙说："商郊生葛，周之所以兴也，故曰右周。《程寤解》太姒梦商庭产棘，葛生之兆也。"③ 另据《吕氏春秋·诚廉》记载，周人灭商以后，伯夷、叔齐入周观道，结果大失所望，谓武王"扬梦以说众，杀伐以要利，以此绍殷，是以乱易暴也"。毕沅以为这里的"扬梦"，即是宣扬的太姒之梦。④ 凡此说明，太姒之梦作为文王受命的标志性事件，在周初作

---

① 李学勤主编：《清华大学藏战国竹简》（三）下册，中西书局2012年版，第125页。

② 《国语·楚语上》。

③ 黄怀信等：《逸周书汇校集注》（修订本）上册，上海古籍出版社2007年版，第262页。

④ 许维遹：《吕氏春秋集释》，中华书局2009年版，第268页。

为收揽人心的思想武器曾被大肆宣传，广为人知。

　　然而，《程寤》占梦受命说似乎并未得到后世的普遍认同。如司马迁写作《史记》之时，曾取《周书》素材，却对《程寤》文王占梦受命之事只字未提，仅谓"诗人道西伯，盖受命之年称王而断虞芮之讼"。① 所谓"诗人道西伯"，当即《诗·大雅·绵》云："虞芮质厥成，文王蹶厥生。"毛传："虞、芮之君，相与争田，久而不平，乃相谓曰：'西伯，仁人也，盍往质焉？'乃相与朝周。入其竟，则耕者让畔，行者让路。入其邑，男女异路，班白不提挈。入其朝，士让为大夫，大夫让为卿。二国之君，感而相谓曰：'我等小人，不可以履君子之庭。'乃相让，以其所争田为闲田而退。天下闻之而归者四十余国。"周人境内的和谐仁美景象，使虞、芮之君大受感动，不待文王做出裁断，便自动放弃了多年相持不下的争执。这件事传播开来，竟有四十余国因受文王德业的感召弃商归周。这意味着文王受命前后已得到不少方国诸侯的拥戴，组成了一个强大的反殷阵营。虽然虞芮质成是文王受命之年发生的一件大事，但这与文王占梦受命的方式并无关系。司马迁用一疑词"盖"字，意味深长，应是其秉承孔子"不语怪力乱神"② 的传统，以文王受命方式为可疑的理性思维所致。其实，对文王占梦受命之事，用理性思维看是一回事，用历史思维看又是另一回事。若仅以理性思维来透视事实的真相，则有可能偏离历史的轨道。所以司马迁对文王受命的犹疑，并不影响《程寤》所载文王占梦受命作为一种客观史实的存在。

（二）关于文王受命的内涵问题

　　关于文王受命的具体内涵如何？历史上也有不同说法。饶有趣味的是，东汉郑玄一人即持两种意见。《诗·大雅·文王》序云："《文王》，文王受命作周也。"郑笺云："受天命而王天下，制立周邦。"又对诗中"文王在上，于昭于天"解释说："文王初为西伯，有功于民，其德著见于天，故天命之以为王，使君天下也。"这是说文王受天命建立强大的周邦，以取代殷人对天下的统治。但是，郑玄注《尚书·无逸》"文王受命惟中身，厥享国五十年"又提出另外一种说法："中身，谓中年。受命，

---

　　① 《史记·周本纪》。
　　② 《论语·述而》。

谓受殷王嗣立之命。"① 这是说文王继位由殷王册命。同是一个"文王受命",竟被郑玄弄出两种意蕴来,让人不知就里。清人陈奂不信郑说而另作新解,谓"受命者,受命为西伯也"。今日学者多从郑玄"受天命而王天下"说,② 鲜有主张"受殷王嗣立之命"者,只有个别学者同意陈奂的说法,认为《史记·殷本纪》所言殷纣"赐弓矢斧钺,使得征伐,为西伯",才是"真正意义上的文王受命"。③

其实,《诗》、《书》及西周金文中每每可见的文王受命或文武受命,内涵极为清楚。就其要义言之,不外以下三个方面。

一是所受之命来自天帝。《诗·大雅·文王》云:"文王在上,于昭于天。周虽旧邦,其命维新。"上博简《孔子诗论》(第2简)亦云:"诗也,文王受命矣。"④ 《尚书·大诰》:"天休于宁(文)王,兴我小邦周。"《尚书·君奭》:"我道惟宁(文)王德延,天不庸释于文王受命。"《大盂鼎》:"丕显文王,受天有大命,在武王嗣文作邦。"(《集成》02837)《师询簋》:"丕显文武,膺受天命。"(《集成》04342)清华简《祭公》:"皇天改大邦殷之命,惟周文王受之,惟武王大败之,成厥功。"⑤ 这些材料说明,周邦不是一个新建立的国家,但自从文王"膺受天命"之后,国家开始走向强大。武王继承文王所受大命,结束大邦殷对天下的统治,使小邦周重开建国新局。这个大命来自皇天上帝,不是失去天帝信任的殷王。

二是代殷而为天下共主。《诗·大雅·文王》:"穆穆文王,于缉熙敬止。假哉天命,有商孙子。商之孙子,其丽不亿。上帝既命,侯于周服。"《大雅·大明》:"有命自天,命此文王,……笃生武王,保右命尔,燮伐大商。"《尚书·康诰》:"天乃大命文王,殪戎殷,诞受厥命越厥邦厥民。"《何尊》:"肆文王受兹大命,唯武王既克大邑商,则廷告于天。"(《集成》06014)《师克盨》:"丕显文武,膺受大命,匍有四方。"(《集

---

① 《诗·大雅·文王》疏引。

② 晁福林:《从上博简〈诗论〉看文王"受命"及孔子的天道观》,《北京师范大学学报》(社会科学版)2006年第2期。刘国忠:《走近清华简》第十章,高等教育出版社2011年版,第109—120页。

③ 祝中熹:《文王受命说新探》,《人文杂志》1988年第3期。

④ 马承源:《上海博物馆藏战国楚竹书》(一),上海古籍出版社2001年版,第127页。

⑤ 李学勤主编:《清华大学藏战国竹简》(一)下册,中西书局2010年版,第174页。

成》04467）《逨盤》："文王武王达殷，膺受天鲁命，甸有四方。"① 所言文王受命有着神圣的使命，即"燮伐大商"、"殪戎殷"、"达殷"，意即推翻商王的统治，使周人成为天下共主。在新建立的政治共同体中，不仅商之子孙变成周人的臣民，而且天下四方"厥邦厥民"都要接受周人的"维新"统治。

三是受命者克堪用德。《诗·大雅·文王》："维此文王，小心翼翼。昭事上帝，聿怀多福。厥德不回，以受方国。"《尚书·君奭》："在昔上帝割申劝宁（文）王之德，其集大命于厥躬。"《多方》："惟我周王，灵承于旅，克堪用德。惟典神天，天惟式教我用休。简畀殷命，尹尔多方。"《文侯之命》："丕显文武，克慎明德。昭升于上，敷闻在下。惟时上帝，集厥命于文王。"《史墙盘》："曰古文王，初龢龢于政，上帝降懿德大甹（屏），甸有上下。迮（会）受万邦，䛆圉武王，遹征四方，达殷畯民。"（《集成》10175）《毛公鼎》："丕显文武，皇天厌厥德，配我有周，膺受大命。"（《集成》02841）可见文王受命意味着上帝不再眷顾殷人，而是把统治天下的大命转交给了周人。但是，天命转移是有条件的，这就是"克堪用德"。文王、武王拥有上帝降下的"懿德"，又"克慎明德"，所以上帝才"集厥命于文王"，使之"甸有上下，合受万邦"。

文王受命所具有的上述内涵，即使撇开金石竹帛资料，亦可通过《诗》、《书》等文献形成正确的认知。为什么博学多识的郑玄对此竟会做出两种不同的解释？这就需要回到《尚书·无逸》有关文句的诠释上来。

关于《无逸》"文王受命惟中身，厥享国五十年"之语，郑玄以"中年"释"中身"，伪孔传言之更为具体，谓"中身，即位时年四十七"。此后经学家陈陈相因，迄无新解。那么，这个"中年"或"年四十七"的断案是怎么来的呢？毋庸细考，即知源自《礼记·文王世子》有关文王、武王年寿的传说。该篇说武王曾做一梦，梦见上帝给了他九十岁的年龄。文王对他说：我一百岁，你九十岁，我给你三岁吧！结果"文王九十七乃终，武王九十三而终"。依此经文，郑玄把"中身"解作"中年"，可与"文王九十七乃终"相应。这样，"文王受命"若不释作文王"受殷王嗣立之命"，则文王不可能"享国五十年"。郑玄掉进了自己的逻辑陷

---

① 陕西省文物局等：《盛世吉金——陕西宝鸡眉县青铜器窖藏》，北京出版社2003年版，第33页。

阱，以致与其解《诗》谓"文王受命为七年"① 而不是五十年发生严重矛盾，也都无所顾及了。对于郑玄的受命嗣位说，唐孔颖达《无逸》正义即有驳议："殷之末世，政教已衰，诸侯嗣位何必皆待王命？受先君之命亦可也。"事实正是如此。《史记·吴太伯世家》说："太王欲立季历以及昌，于是太伯、仲雍二人乃奔荆蛮……以避季历。"这说明太王不仅具有册立太子的自由意志，而且对姬昌也早有政治安排，并非接受商王之命始可嗣立为君。

关于文王、武王的年寿，《文王世子》既言上天注定，又言可以人为增减，已属荒诞，而依此推算则"文王十三生伯邑考，十五生武王"，②更与人类生理规律相违。但文王长寿似为事实，《孟子·公孙丑上》说："且以文王之德，百年而后崩。""百年"是个成数，顾颉刚认为"也许他活到九十岁以上"。③ 不过，武王的年寿则绝非九十三岁。考《逸周书·度邑》武王之言："惟天不享于殷，发之未生，至于今六十年"，可证古本《竹书纪年》谓"武王年五十四"，④ 远较"武王九十三而终"为可信。不过，这还不是问题的关键，更重要的是，《无逸》"文王受命惟中身，厥享国五十年"两句实际各说一事，并不构成前后依存的内在逻辑关系，全无必要把文王的年寿牵扯进来加以诠释。《史记·鲁世家》约引《无逸》之文，称"文王日中昃不暇食，飨国五十年"。在这里，"文王受命惟中身"已被略去，但并不影响文王"享国五十年"独立成句。换言之，文王年寿几何，享国几许，均不构成训释"中身"的前提条件。

"中"已见于甲骨文，本为表意字，像建中之旗，后借以表示中间之"中"。故《说文》云："中，内也。"段注："中者，别于外之辞也，别于偏之辞也，亦合宜之辞也。"文献显示，"中"作为动词用，常有"合"、"应"等义。《穆天子传》卷二"味中廥胃而滑"，郭璞注："中，犹合也。"《左传·定公元年》"未尝不中吾志也"，《战国策·西周策》"去柳叶者百步而射之，百发百中"，均其例。《礼记·月令》："律中大簇。"郑玄注："中，犹应也。"由此看来，所谓"中身"无非是说文王接

---

① 《诗·豳谱》疏引。

② 《诗·豳谱》疏引《大戴礼·文王世子篇》。

③ 顾颉刚：《武王的死及其年岁和纪元》，载《顾颉刚古史论文集》卷10（下），中华书局2011年版，第1161页。

④ 方诗铭、王修龄：《古本竹书纪年辑证》，上海古籍出版社2005年版，第44页。

受天命合其自身志向，或者说天降大命与文王心志相应。在文献中，与此义近的有《尚书·君奭》云："其（文王）集大命于厥躬"，《文侯之命》云："惟时上帝集厥命于文王。"可见"文王受命惟中身"，与文王年龄无关，亦与文王享国五十年无关，更不涉及受殷王嗣位之命的问题。

（三）关于文王受命与称王问题

与文王受命相关的另一个问题，是文王生前是否称王。《史记·周本纪》说："诗人道西伯，盖受命之年称王而断虞芮之讼。后十（七）年而崩，谥为文王。"按照司马迁这种说法，诗人所称文王是其谥号。谥号有其先决条件，即生前已经称王，死后临葬制谥，始称某王。与此不同的另一种说法是，文王生前并未称王，其王号是死后追加的。如《礼记·大传》说，武王克商后，"追王大王亶父、王季历、文王昌，不以卑临尊也。"①

关于殷商末年文王是否称王，自汉迄今聚讼不已。清梁玉绳作《史记志疑》历陈前人之辩，应劭、孔颖达、刘知己、欧阳修诸大儒尽走笔端，其中尤以欧阳修《泰誓论》斥文王受命称王为妄说，深为梁氏所推许，断言"凡经言文王，并后世追述之，曷尝有改元称王之说哉?"② 唐宋以降，这种意见一直是学术界的主流。观诸家所言，所谓文王不曾称王的理由主要有两条：一是据《论语·泰伯》言文王"三分天下有其二，以服事殷"，③ 提出"使西伯不称臣而称王，安能服事于商乎?"④ 二是就政治制度来说，"天无二日，民无二王，岂得殷纣尚在而称周王哉?"⑤

---

① 《史记·周本纪》说："（文王）追尊古公为太王，公季为王季。"《礼记·中庸》说："周公成文武之德，追王大王、王季，上祀先公以天子之礼。"可见追加古公、公季王号者或文王、或武王、或周公，说法不一。然据《天亡簋》铭称"衣祀于王丕显考文王"，可证武王在世即称文王谥号，故追号太公、王季者亦当以武王为是。

② 梁玉绳：《史记志疑》，中华书局1981年版，第80页。

③ 除《论语》外，这方面的材料还有：《左传·襄公四年》说："文王率殷之叛国以事纣。"《吕氏春秋·顺民》说："文王处岐事纣，冤辱雅顺。"近出上博简《容成氏》亦云："文王闻之曰：虽君无道，臣敢勿事乎? 虽父勿道，子敢勿事乎? 孰天子而可反?"（马承源主编：《上海博物馆藏战国楚竹书》〔二〕，上海古籍出版社2002年版，第287页。）所谓"事纣"、"事殷"之说，无非是殷人统绪尚存，仍为天下共主，并不意味这些"叛国"还真把殷纣奉为国家领袖，一心追随之。

④ （宋）欧阳修：《欧阳文忠公文集》卷18《泰誓论》，四库全书本。

⑤ 《尚书·泰誓》正义。

　　近人王国维一反成说，依据金文材料提出"古诸侯称王说"，认为
"世疑文王受命称王，不知古诸侯于境内称王，与称君称公无异。……盖
古时天泽之分未严，诸侯在其国自有称王之俗"。① 此说甚有理致，然于
学者仍有异议。如张政烺先生说："周时称王者皆异姓之国，处边远之
地，其与周之关系若即若离，时亲时叛，而非周时封建之诸侯。文王受命
称王，其子孙分封天下，绝无称王之事……称王在古代是一件严重的事
情，决非儿戏，如果把《古诸侯称王说》当作原则，任意推测，就会演
绎出许多错误了。"② 应该说，张先生对王国维的批评有正确的一面，也
有不恰当的一面。正确的一面是说王国维此说的证据仅限于周时异姓之国
而不及殷商之事，颇有以偏概全之嫌。不恰当的一面是张先生未能顾及有
关周原甲骨文资料，即对古诸侯称王说予以断然否定。实际上，商代的情
况与周代相比差别不大，异姓诸侯与殷王室的关系也是"若即若离，时
亲时叛"，即使服事殷王，也不妨碍自行称王。这与当时商朝的国家结构
是有密切关系的。

　　从国家结构形式看，商朝既是一个对本土进行统治的独立的贵族统治
单元，又是一个代表中央政权而凌驾于万国之上，以贵族国家作为统治形
式的早期统一国家。③ 在这种国家结构形式下，虽然众多方国诸侯加入了
统一的政治联合体，但自身仍是一个独立的政治实体，在很大程度上对各
自的国家拥有治事权和统治权。至于这些附庸国的诸侯取何种名号，比起
对宗主国的时叛时服来说，问题的严重性要小得多。即以商族先公为例，
见于甲骨文的王矢、王恒、王亥等在夏王朝统治下亦冠有王号。即使这些
王号是追称，是时殷人尚未代夏而有天下，按说也是犯忌的，但事实上却
安然无恙。商朝的国家结构比起周朝要松散得多，异姓诸侯称王，并不是
一件不可思议的事情。《逸周书·程典》说："文王合六州之侯，奉勤于
商。"④《论语·泰伯》称文王"三分天下有其二，以服事商"。是说当时
众多诸侯人心归周，并非文王拥有九州之内三分之二的疆域。不管文王的
政治势力如何强大，如何与殷商势不两立，只要殷朝作为天下共主存在一

---

　　① 王国维：《观堂集林》（外二种），河北教育出版社 2001 年版，第 779 页。

　　② 张政烺：《矢王簋盖跋》，载《古文字研究》第 13 辑，中华书局 1986 年版。

　　③ 杜勇：《商朝国家结构新论》，载《中国古代文明与国家起源学术研讨会论文集》，科学
出版社 2011 年版。

　　④ 黄怀信等：《逸周书汇校集注》，上海古籍出版社 2007 年版，第 165 页。

天，曾经加入国家联合体的成员国，即包括周邦在内的诸多方国都只能是其藩属诸侯，至少名义上还是如此。因此，文王即使以"王"作为名号，在未推翻商朝统治之前，文献称"以服事商"、"奉勤于商"，并不足异。那种以后世大一统专制统治的观念，来比况夏商周三代的政治结构，自然无法理解地有二王的情形。晚清俞樾说："殷商之存，无损于周之王也。非如后世之争天下者，必灭其国而后可代之兴也。"① 其说不为无见。尤其是王国维说"古时天泽之分未严"，尤具卓识，在某种程度上已触及了当时贵族国家结构的实质，对于说明古诸侯称王现象具有不可忽视的理论意义。

理论不是空中楼阁，而是事实的抽象。那么，文王称王的事实何在？就在周原甲骨文中，只是王国维当年无缘看到而已。在引证周原甲骨文之前，还有必要提及清华简中有关文王称王的材料。清华简《程寤》称"惟王元祀正月既生魄"，《保训》称"惟王五十年"，这种纪年方式实已透露出文生前称王的信息。只是据我们研究，这两篇文献大体晚至战国前期成书，其史料价值无法与当时第一手资料即周原甲骨相比，故在此先对周原甲骨略做分析。

周原甲骨文是周人的占卜或记事材料，其中有"王"与"周方伯"并出共见的辞例。这个王是商王还是周王，学者意见颇为分歧，不在这里讨论。但下面几条材料意思是清楚的，应可作为文王生前称王的可靠证据。如：

> 王若商。（H11：164）②
> 衣（殷）王田，至于帛，王唯田。（H11：3）③
> 今秋，王由（斯）克往宲（密）。（H11：136）④

"王若商"一辞的"若"字，其义为顺。《尔雅·释言》："若，顺也。"《尚书·尧典》"钦若昊天"，伪孔传："使敬顺昊天"。本辞所说服顺于

---

① （清）俞樾：《达斋丛说·文王受命称王改元说》，载俞樾《九九销夏录》，中华书局1995年版，第325页。
② 徐锡台：《周原甲骨文综述》，三秦出版社1987年版，第88页。
③ 曹玮：《周原甲骨文》，世界图书出版公司2002年版，第3页。
④ 徐锡台：《周原甲骨文综述》，三秦出版社1987年版，第82页。

商的王，当然只能是周王。在商朝末年，只有两位周王活动于商纣统治时期，那就是文王和武王。武王继位后，周人对商朝形成战略进攻态势，不会留下柔顺于商的记录，所以这个王当指文王。《周易·明夷》"利艰贞"，《象》曰："内文明而外柔顺，以蒙大难，文王以之。"此与"王若商"所示文王韬光养晦的策略适相印合。"衣（殷）王田"一辞，"殷王"与"王"对言，这个王也只能是周王。若"殷王"与"王"为同一人，则首尾两句语义重复，似成赘疣。殷墟卜辞有云："周叶，令惟擒。"（《合集》10976）文献亦称"武乙猎于河渭之间"，[1] 均为殷王至周地田猎的记录。本辞所说商王田猎至于帛地，前来合猎的王也应是柔顺于商并虚与委蛇的文王，不过二王合猎可能是文王称王不久发生的事情。"王斯克往密"一辞的"密"，文献又作"密须"，为古国名，其地望在今甘肃灵台县西。《史记·周本纪》说："明年，（文王）伐密须。"《尚书大传》亦有文王三年伐密须的说法。已有专家指出，此片卜甲的内容是"指文王伐须密的事"。[2] 是西伯受命于天，生前称王，有传世文献与古文字资料的二重证据，殆无可疑。

总而言之，文王受命不是向壁虚构的妄说，而是一种历史的客观存在。太姒之梦沟通了文王膺受天命的渠道，代殷而有天下成为天帝赋予文王的使命，称王改元则是文王奉行天命的政治宣言书。历史上的周革殷命，由此奏响了东进的序曲。

三 文王、武王纪年问题

关于文王、武王的纪年，由于文献记载良多歧异，致使 2000 年来仁智互见，迄不能决。清华简《程寤》、《保训》有关文王纪年的出土资料，为我们考索周人克殷前后的年代问题提供了新的契机。

（一）文王称王的时间问题

清华简《保训》说："唯王五十年"，[3] 文王病重，召太子发告之遗

---

① 《史记·殷本纪》。

② 徐锡台：《周原甲骨文综述》，三秦出版社 1987 年版，第 83 页。

③ 李学勤主编：《清华大学藏战国竹简》（一）下册，中西书局 2010 年版，第 143 页。

训。此与《尚书·无逸》、《史记·周本纪》谓文王在位五十年相印合。《吕氏春秋·制乐》说："文王即位八年而地动，已动之后四十三年，凡文王立国五十一年而终。"陈奇猷认为："已动之后四十三年，乃自地动之后、即即位后第八年起算，正合五十。后人误以八加四十三为五十一，因增'一'字耳。"① 这里的"一"字是否为后人所加不好判定，但算法不同以示新异的可能性是有的，不必为此纠结。虽然《保训》再次证明了文王在位五十年，且生前业已称王，但是否"印证了文王即位之初即已经称王的史实"，② 尚有必要细加分析。

应该承认，依照金文有关文例，《保训》"惟王五十年"确有文王继位即已称王的含义。但是，这需要一个前提，那就是《保训》为史官即时实录。若非实录，则另当别论。据我们研究，《保训》是战国时期的一篇托古言事之作，自与史官实录有别。由于作者所要拟作的是周文王遗言，遗言当然只能发生在文王在位的最后一年，所以用"惟王五十年"意在交代这样一个时间。至于这种纪年方式是否附带说明文王称王始于何年，恐怕不是作者撰作本文所要深思熟虑的问题。《保训》所言多与商末周初的实际情形不合，其纪年方式亦不例外。越是过度开发其史料价值，越有可能远离事实的真相。

清华简《程寤》的情况要好一些。虽然它也是晚出之作，但其内容（主要是第一部分）符合商周时代占梦以卜天命的习俗，可信度实非《保训》可比。唐宋类书曾保留《逸周书·程寤》佚文，与今出竹书相勘，有多处异文需要注意。简文称"惟王元祀正月既生魄，太姒梦见商廷惟棘"，而《太平御览》引《周书》曰："文王去商在程。正月既生魄，大姒梦见商之庭产棘。"③ 更早的《帝王世纪》亦略引其文："十年正月，文王自商至程，太姒梦见商庭生棘。"④ 这说明《程寤》本有系年，或佚或讹，致失其真。如今清华简《程寤》有此"惟王元祀"，对于我们考索文王何时称王改元自有重要价值。简文以"惟王元祀正月既生魄"开篇，继言太姒做梦，文王占梦，始得"受商命于皇上帝"。从行文的逻辑关系

① 陈奇猷：《吕氏春秋新校释》上册，上海古籍出版社 2002 年版，第 359 页。
② 刘国忠：《周文王称王史事辨》，《中国史研究》2009 年第 3 期。
③ 《太平御览》卷 397《人事部》引。
④ 《太平御鉴》卷 84《皇王部》引。

看，似乎在太姒做梦、文王占梦之前，文王已经称王改元，所以有学者认为这个"惟王元祀"应该是"周文王即位的元年"。① 这是一种可能。但细味简文，应该还有另一种可能性存在，即文王占梦受命在当年正月，随后即称王改元，确定"元祀"从当年岁首起始。其后追记其事，便形成文王改元在前、受命在后这样一种假象。两相比较，似以后一种可能性为大。兹述理由如下：

第一，太姒梦象与文王继位时的情势不合。太姒以周梓取代商棘的梦象，象征意义是周人要取代商朝的统治。正所谓日有所思，夜有所梦，周人这种想法恐怕不是文王继位之初就有的。文王是在"文丁杀季历"② 的特殊背景下继位的，是时周人处于绝对劣势，尚不具备取代殷商统治的实力。《古本竹书纪年》记载，"帝乙处殷二年，周人伐商。"③ 这是商周之间第一次正面的武装冲突，明显带有对"文丁杀季历"的复仇性质，不过事态很快平息。等到商纣统治时，周文王借助西伯名义掌握一方杀伐之权，势力日渐强大，此时有取殷而代之的想法就比较现实。《左传·襄公三十一年》说："纣囚文王七年，诸侯皆从之囚，纣于是乎惧而归之。"《史记·殷本纪》说："纣囚西伯羑里……西伯归，乃阴修德行善，诸侯多叛纣而往归西伯。西伯滋大，纣由是稍失权重。"纣囚文王，反而激起了众多诸侯归附文王，反殷同盟进一步扩大，以致"纣由是稍失权重"，意味着殷周力量的对比已发生根本变化。只有到这个时侯，才有可能真正形成《程寤》所说的"商戚在周，周戚在商"的政治态势。若谓季历新亡，文王继位，即对商朝带来严重威胁和忧戚，恐与史实不合。

第二，太子发不可能在文王继位之年册立。立嗣问题关系部落国的发展与前途，周人对此是极为慎重的。譬如古公亶父发现姬昌有治国兴邦之才，欲以其父季历为储，以便姬昌将来有机会成为部族首领。古公长子太伯、次子虞仲知其意向，便双双亡入荆蛮，给季历立为太子提供机会。这个传说表明周人对立嗣考虑较多的是现实政治需要，并非部族首领一继位就把立嗣问题匆匆提上日程。退一步讲，即使文王即位后马上册封太子，亦当为嫡子伯邑考而非次子发。《史记·管蔡世家》说："唯发、旦贤，

---

① 刘国忠：《走近清华简》，高等教育出版社 2011 年版，第 114 页。

② 《晋书·束晳传》引。

③ 《太平御览》卷 83《皇王部》引。

左右辅文王，故文王舍伯邑考而以发为太子。及文王崩而发立，是为武王。伯邑考既已前卒矣。"无论是"文王舍伯邑考"，还是"伯邑考既已前卒"，武王立为太子都不可能是文王继位之年的事情。由于武王年仅54岁，假定他一出生即被立为太子，待文王辞世时至少也到了50岁，余下4年可做的事情只有两件：三年服丧，一年伐纣。这样，就不可能再有时光在"既克商二年"①身染沉疴，以致周公为其请命，藏告神册书于金縢之匮。从武王发的年寿条件可见是不可能在文王即位之年即被册立为太子的。

第三，文王占梦在程并非即位之初的岐都。《逸周书·程寤》佚文"文王去商在程"一语未见于简文，或经删削，致成异本。至于此句又被引作"文王在翟"，②当为传写之误。因为只有太姒"在程"梦寤，始与《程寤》篇名相应。《诗·大雅·皇矣》正义云："《周书》称文王在程，作《程寤》、《程典》。"《逸周书·大匡》云："维周王宅程三年，遭天之大荒。"③都说明文王由岐迁丰之前，曾一度宅居程邑。④程之地望，或谓"在岐州（周）左右"，⑤或谓"毕郢即程"，⑥均非是。《汉书·地理志上》载右扶风"安陵"，颜注："本周之程邑也。"《括地志》亦云："安陵故城在雍州咸阳东二十一里，周之程邑也。"⑦程在西周宣王时是司马伯休父的封邑，故《诗·大雅·常武》谓之"程伯休父"。程邑位于渭水北岸，作为都邑的时间不长，文王便南渡渭水，迁往与程相距不远的丰邑。或以此故，司马迁不言文王宅程，径称太公"止于岐下"，文王"作丰邑，自岐下而徙都丰"。⑧不管怎样，文王占梦既在程邑而非岐下，则意味着这已不是他即位之初的事情了。

从以上三个方面的分析可以看出，清华简《程寤》所言文王占梦受

---

① 《尚书·金縢》。

② 《艺文类聚》卷89《木部下》引；《太平御览》卷533《礼仪部》引。

③ 黄怀信等：《逸周书汇校集注》上册，上海古籍出版社2007年版，第144页。

④ 此外，《路史·国名纪》说："程，王季之居。"《今本竹书纪年》说："（文丁）五年，周作程邑。"其事无征，均不可信。

⑤ 《逸周书·大匡》孔晁注，黄怀信等：《逸周书汇校集注》，上海古籍出版社2007年版，第144页。

⑥ （清）梁玉绳：《史记志疑》，中华书局1981年版，第77页。

⑦ 《史记·太史公自序》正义引。

⑧ 《史记·周本纪》。

命一事，并非发生在文王继位之年，故其"惟王元祀"只能是文王即位后的称王改元之年。文王称王改元的政治动因，则是占卜太姒之梦"受商命于皇上帝"。《帝王世纪》云："文王即位，四十二年，岁在鹑火，文王于是更为受命之元年，始称王矣。"① 皇甫谧于此肯定文王受命九年说未必可信，但他对于文王受命与称王改元的联动关系的认识却是正确的。孔颖达说得更为肯定：文王"其称王也，必在受命之后"。② 结合《尚书·酒诰》来看，文王受命与称王改元的因果关系是清楚的。《酒诰》说："乃穆考文王肇国在西土，厥诰毖庶邦庶士，越少正御士，朝夕曰祀兹酒。惟天降命，肇我民，惟元祀。"这里的"元祀"，《尚书》今古文无说，伪孔传解为"祭祀"，孔疏以为"言酒惟用于大祭祀"。后世学者续有阐发，但基本不出其窠臼。至晚清俞樾始出新说，认为"元祀者，文王之元年。上文曰'肇国在西土'，肇国者，始建国之谓，故知是文王元年也。"③ 继后王国维又从"天降命"的角度出发，认为："降命之命，即谓天命，自人言之，谓之受命；自天言之，谓之降命。……天之降命如何？'肇我民惟元祀'是也。元祀者，受命称王、配天改元之谓。"④ 细味经文，王国维对"惟元祀"的分析比俞樾以为文王继位元年更中肯綮，也正确揭示了"天降命"与"惟元祀"的逻辑关系。依此看来，《程寤》"惟王元祀正月既生魄"，虽为太姒做梦的具体时间，但实际改元却在文王占梦获得天命之后。只因这个配天改元的元年从当年岁首肇始，其后追记其事便出现了改元在前、受命在后的情况。文王受命、称王、改元三位一体，成为公开的政治宣言书，表明了周人东进克商的意志与决心。

如果说文王称王改元为其晚年之事，那么，称王之前他作为周部落国的首领又使用何种名号呢？这个问题没有直接的史料可以说明，只能间接做一推测。《史记·周本纪》说："古公卒，季历立，是为公季。……公季卒，子昌立，是为西伯。"从季历称"公季"、古公称"公亶父"以及更早的"公刘"来看，文王继承父位，当承祖制，仍以"公"称。《周本纪》又说："公季卒，子昌立，是为西伯。"似乎"西伯"是文王继位之

---

① 《诗·大雅·文王》正义引。
② 《诗·大雅·文王》正义。
③ （清）俞樾：《群经平议》卷5，续修四库全书本。
④ 王国维：《观堂集林（外二种）》（下），河北教育出版社2000年版，第772页。

初就有的封号，亦不必然。《吕氏春秋·顺民》说："文王处岐事纣，冤
侮雅逊，朝夕必时，上贡必适，祭祀必敬。纣喜，命文王称西伯，赐之千
里之地。文王载拜稽首而辞曰：'愿为民请［去］炮烙之刑。'"《史记·
殷本纪》说："西伯出而献洛西之地，以请除炮格之刑。纣乃许之，赐弓
矢斧钺，使得征伐，为西伯。"是知文王称西伯，势力日渐强大，是其历
经文丁、帝乙两朝之后，迟至商纣时的事情了。

（二）文王改元后的积年

文王在位五十年是没有问题的，但后期改元后的积年，文献则有两
说：一是七年说，二是九年说。至于《史记·周本纪》云："诗人道西
伯，盖受命之年称王而断虞芮之讼。后十年而崩，谥为文王。"所言"十
年"，前人或据《逸周书·文传》以为"十当为九"，① 或据别本以为
"十年作七年为是"，② 并不构为一种自成体系的独立见解，可置勿论。

文王受命七年说始自伏生，司马迁、郑玄同之，但依据各有不同。伏
生《尚书大传》说：

> 文王受命，一年断虞芮之讼，二年伐邗，三年伐密须，四年伐犬
> 夷，五年伐耆，六年伐崇，七年而崩。③

稍后司马迁在《史记·周本纪》说：

> 西伯阴行善，诸侯皆来决平。于是虞、芮之人有狱不能决，乃如
> 周……俱让而去。诸侯闻之曰"西伯盖受命之君"。明年，伐犬戎。
> 明年，伐密须。明年，败耆国。……明年，伐邗。明年，伐崇侯虎。
> 而作丰邑，自岐下而徙都丰。明年，西伯崩。

---

① 《史记·周本纪》正义。
② ［日］泷川资言：《史记会注考证》（壹），新世界出版社 2009 年版，第 243 页。
③ 《尚书·西伯勘黎》、《诗·大雅·文王》疏引。又《左传·襄公三十一年》疏引《尚书
传》云："文王一年质虞芮，二年伐邗，三年伐密须，四年伐犬夷，纣乃囚之。四友献宝，乃得
免于虎口，出而伐耆。"此言纣囚文在受命改元之四年，与《史记·周本纪》置于改元之前不
同。然《左传·襄公三十年》说："纣囚文王七年，诸侯皆从之囚，纣于是乎惧而归之，可谓爱
之。文王伐崇，再驾而降为臣。"是知文王被囚七年，必在受命改元之前，司马迁所言当得其实。

司马迁所述文王受命七年之事与伏生相同，只有"五伐"的次第略异。新出上博简《容成氏》言及文王伐九邦，计有丰、镐、郍（舟）、豐（石邑）、于（邘）、鹿、耆、崇、密须氏，[①] 或即《礼记·文王世子》所说文王平抚的西方"九国"，其中有四邦与文王"五伐"之国相同。可见伏生、司马迁的说法不是空穴来风，他们接触的材料当然也不限于《容成氏》一种。东汉郑玄也是主张文王受命七年说的，故注《尚书·金縢》云："文王十五生武王，九十七而终。终时，武王八十三矣，于文王受命为七年。"[②] 前已言之，大、小戴《礼》关于文王、武王年岁的记载，言多虚妄，郑玄这里的有关推算自然不可凭信，但他坚持文王受命七年说，意见是明确的。

关于文王受命九年说，是由西汉末年刘歆正式提出来的。《汉书·律历志下》引其《世经》云：

> 文王受命九年而崩，再期，在大祥而伐纣，故《书序》曰："惟十有一年，武王伐纣，〔作〕《太誓》。"八百诸侯会。还归二年，乃遂伐纣克殷，以箕子归，十三年也。故《书序》曰："武王克殷，以箕子归，作《洪范》。"《洪范》篇曰："惟十有三祀，王访于箕子。"自文王受命而至此十三年，岁亦在鹑火。

从司马迁到刘歆相距不过百年，其间没有剧烈的社会动荡，传世文献未遭厄难，所以司马迁能够看到的资料，刘歆不可能盲无所见。而且因为古文献的不断发现，刘歆看到的资料可能比司马迁还要多。然而，刘歆提出文王受命九年说，却未拿出新的证据，只是将文献有关文武纪年的材料，按照自己的意见另外做了一番年历上的编排。如《书序》说十一年武王伐纣，刘歆却指为九年的八百诸侯观兵盟津。《洪范》言十三祀武王访于箕子，事在克商后二年，刘歆却将其曲解为武王克殷之年。更有甚者，刘歆言武王克商历日，竟称："一月戊午，师度于盟津，至庚申，二

---

① 马承源：《上海博物馆藏战国楚竹书》（二），上海古籍出版社2002年版，第285—287页。

② 《诗·豳谱》疏引。

月朔日也。四日癸亥，至牧野，夜陈，甲子昧爽而合矣。"① 一月戊午师渡盟津，《书序》记为十一年事，却被刘歆用来整合十三年武王伐纣的日程。刘歆根据文献历日资料，利用三统历以考武王克商之年，固有发凡起例之功，但他所用三统历并不合天，对月相词语的认识亦有舛误，故其结论不免悬空。② 而推考过程中又以不同年份的历日相杂糅，更是一病。这些情况表明，刘歆首倡的文王受命九年说，缺少科学依据，实难取信。

尽管如此，后世仍有不少经学家相信刘歆的说法，贾逵、马融、王肃、韦昭、皇甫谧、孔颖达诸儒悉同之。如皇甫谧《帝王世纪》即引《逸周书·文传》"文王受命九年，惟暮之春，在镐召太子发"，③ 以作补证。《文传》是战国时人虚拟的文王遗言，④ 一望即知，刘歆已弃而不取，何待皇甫谧来发现它的价值。而梅本古文《尚书·武成》袭此文意，称"惟九年，大统未集"，就更不可据为典要。孔颖达不知晚书《武成》为伪作，决然引此以助刘说，还批评"郑（玄）不见《古文尚书》，又《周书》遗失之文难可据信"，⑤ 致有文王受命七年之说。就算郑玄不见《古文尚书》，而刘歆则是要立《古文尚书》于学官的人，他为何也不引梅本《武成》做证据呢？事情很清楚，刘歆看到的孔壁《武成》并无文王受命九年这样的文字，而梅本《武成》晚出于东晋，离开人世几百年的刘歆、郑玄当然不可能据以立论。可见后世经学家虽然推崇刘歆的九年说，实际并未帮他找到任何可靠的证据。

要言之，刘歆的文王受命九年说矛盾重重，并不比伏生、司马迁的七年说来得可靠。虽然他们依据的原始材料今不可见，但其叙文王受命七年之说，事多有征，不像是没有根据的信口之言。此外，司马迁与伏生关于文王"五伐"的次第微有不同，也说明当时另有材料可据，否则司马迁就只有照搬伏生的说法了。

① 《汉书·律历志下》引刘歆《世经》。
② 杜勇、沈长云：《金文断代方法探微》，人民出版社 2002 年版，第 167—171 页。
③ 《诗·大雅·文王》疏引。
④ 杜勇：《关于〈保训〉的著作年代问题》，《天津师范大学学报》（社会科学版）2010 年第 4 期。
⑤ 《诗·大雅·文王序》孔疏。

（三）武王在位年数

武王在位年数可分为两段。前一段是克商前的在位年数，后一段为克商后（包括克商之年）的在位年数。武王克商之年一般认为是西周起始之年，以此年起算，武王在位计为三年，此有另文讨论，[①] 兹不赘言。这里重点探讨克商前的武王在位年数。

武王继位延续文王纪年，不曾改元，汉唐学者是深信不疑的。如刘歆引据大小戴《礼》关于文王、武王年岁的说法，谓"伐纣克殷，以箕子归，十三年也。……自文王受命至此十三年"。[②] 这是第一次正式提出武王延续文王纪年说。唐代孔颖达从之，谓"文王改元，须得岁首为之，武王未及改元，唯须正名号耳"。[③] 并据《泰誓》序细加分析说："知此十一年非武王即位之年者，《大戴礼》云'文王十五而生武王'，则武王少文王十四岁也。《礼记·文王世子》云：'文王九十七而终，武王九十三而终。'计其终年，文王崩时武王已八十三矣。八十四即位，至九十三而崩，适满十年，不得以十三年伐纣。知此十一年者，据文王受命而数之。必继文王年者，为其卒父业故也。"[④] 刘、孔之说，被宋代欧阳修斥为妄说，清崔述作《武王不冒文王元年》补论"其误之所由"，在于"《戴记》之文本不足信"，[⑤] 有其合理的一面。

近人王国维先生力主武王未尝改元说。他说："武王即位克商，未尝改元。《洪范》称'惟十有三祀，王访于箕子。'十有三祀者，文王受命之十三祀，武王克殷后之二年也。自克商后计之，则为第二年。故《金縢》曰'既克商二年'，称年不称祀者，克殷之时未尝改元故也。"[⑥] 王国维对《文王世子》所载文王、武王年岁亦有质疑，认为"俱为周秦以后不根之说"，[⑦] 是其卓见。但他以为称祀为文王纪年，称年为未改元之

---

① 杜勇：《清华简〈金縢〉有关历史问题考论》，《古籍整理研究学刊》2012 年第 2 期。

② 《汉书·律历志下》引《世纪》。

③ 《诗·大雅·文王》序疏。

④ 《尚书·泰誓》序疏。

⑤ （清）崔述：《崔东壁遗书》，上海古籍出版社 1983 年版，第 181 页。

⑥ 王国维：《周开国年表》，载《观堂集林（外二种）》，河北教育出版社 2001 年版，第 773 页。

⑦ 同上书，第 776 页。

证，亦不可信。周初金文有如《何尊》称年者，亦有大、小《盂鼎》称祀者，并不划一。即使同一人作器，称年可，称祀亦可，如《五祀卫鼎》与《九年卫鼎》即是。可见王氏对于武王未尝改元的论证同样难于成立。但是，这并不意味说武王未尝改元说即为虚妄。

其一，九年观兵盟津为文王受命九年。《史记·周本纪》云："武王即位……师修文王绪业。九年，武王上祭于毕，东观兵，至于盟津。为文王木主，载以车，中军。武王自称太子发，言奉文王以伐，不敢自专。"又《齐太公世家》、《鲁周公世家》所言略同。此"九年"者，清人梁玉绳说："乃武王即位为西伯之九年，下文曰'十有一年'，乃武王之十一年，与《书序》合，甚为明划，其言亦必有所据，与文王不相涉。"① 诚然，一般说来既言武王即位，之后所言纪年自当为武王纪年。但殷周之际情况特殊，伐纣克商是周人大局所在，纪年问题既不像后世那样严肃，也不如尽快夺取天下来得重要。出于政治宣传的需要，高举文王受命的大旗，延续文王改元后的纪年，作为一种政治策略，以增强伐商的正义性和号召力，并无不可。此次观兵载文王木主，武王自称太子发，言奉文王以伐，必是文王辞世未久的事情。屈原《天问》云："载尸集战，何所急？"② 是说武王服丧未毕，即兴兵伐纣，何致于如此急切？武王处处都是打着文王的旗号，对于纪年问题自无改元更张的必要。如果这个"九年"是武王改元后的年数，为何中间八年竟无事可记？须知文王在世时，早已拉开伐殷的大幕，武王继位后形势更为严峻，可谓箭在弦上，不得不发，何待九年之后才挥师伐纣？事实上，文王殁时年寿已高，所谓"五伐"之役多半由武王率师征讨。故文王殁后不久，已有丰富军事经验的武王可以东向观兵盟津，以察时势，捕捉决战时机。是此"九年"当指文王受命九年，可证武王未尝改元。

其二，十一年师渡盟津伐纣，仍为文王纪年的延续。《史记·周本纪》说："十一年十二月戊午，师毕渡盟津。……二月甲子昧爽，武王朝至于商郊牧野，乃誓。"又《齐太公世家》："十一年正月甲子，誓于牧野，伐商纣。"又《鲁周公世家》："十一年，伐纣，至牧野。周公佐武王，作《牧誓》。"《书序》说："惟十有一年，武王伐殷。一月戊午，师

---

① （清）梁玉绳：《史记志疑》，中华书局1981年版，第82页。
② （宋）洪兴祖：《楚辞补注》，中华书局1983年版，第114页。

渡盟津，作《泰誓》三篇。"古本《竹书纪年》："十一年庚寅，周始伐商。"① 上博简《容成氏》："（武王）戊午之日，涉于孟津。"② 这些记载都说武王伐纣在十一年，只是师渡盟津与牧野伐纣所系月份有所不同。由于戊午与甲子仅相距六日，则十二月有戊午，次年二月则无甲子，是知《史记》"十二月戊午"与"二月甲子"两个月份必有一误。《汉书·律历志》引《武成》篇："惟一月壬辰旁死霸，若翌日癸巳，武王乃朝步自周，于征伐纣"，"粤若来三月既死霸，粤五日甲子，咸刘商王纣。"所言"三月"孔颖达《尚书正义·武成》引作"二月"，与《周本纪》系月相同。《逸周书·世俘》保留了《武成》的部分内容，篇中亦云："越若来二月既死魄，越五日甲子朝至，接于商，则咸刘商王纣。"由此可知《齐世家》"正月甲子"当为"二月甲子"之误，非如徐广所说"周之正月，殷之二月"，③ 只是周正与殷正不同纪年的差异。武王伐纣克殷既在"二月甲子"，这就只剩下《周本纪》"十二月戊午"有可能发生错误了。王国维以为"十二"两字乃"一"字之误，④ 如此可与《书序》相合。"一月戊午"与"二月甲子"相距六日，但系于一年在历法上是可能的，刘歆以三统历考武王伐纣之年即是如此。但是，刘歆的考年工作谬误甚多，说明"戊午"所在月份还有别的可能。窃以为，《周本纪》"十二月戊午"的"二"字不误，"十"字为衍文，《书序》"一月戊午"当为"二月"之讹。这就是说，武王师渡盟津与牧野伐纣都发生在同一个月，即十一年二月。这在历法上不无可能。据我们研究，武王克商在公元前1045 年，⑤ 取本年建亥，依张培瑜《中国先秦史历表》，上引文献所涉历日可排谱为：

正月丁卯朔，"壬辰旁死霸"为二十六日，"翌日癸巳"为二十七日。

---

① 《新唐书·历志》引一行《历议》。然"庚寅"二字非《纪年》原文，乃一行据其大衍历推算所得。

② 马承源：《上海博物馆藏战国楚竹书》（二），上海古籍出版社 2002 年版，第 290 页。

③ 《史记·周本纪》集解引。

④ 王国维：《周开国年表》，载《观堂集林（外二种）》，河北教育出版社 2001 年版，第775 页。

⑤ 杜勇、沈长云：《金文断代方法探微》，人民出版社 2002 年版，第 268 页。

二月丁酉朔，"二月戊午"为二十二日，"二月既死霸，粤五日甲子"为二十八日。

武王伐纣于癸巳日出师，计二十六日到达盟津，三十二日至商郊牧野，"咸刘商王纣"。此与"孟津去周九百里，师行三十里"① 大体相应，也与王国维倡导的月相四分说密相吻合。这说明以十一年作为伐纣之年，相关历日均可得到合理措置，不能认为只有刘歆的方案才能对相关历日资料作出排定。

《吕氏春秋·首时》篇云："（武王）立十二年，而成甲子之事。"清人梁玉绳以为"盖并其为天子之年数之耳"。② 梁氏是主张武王即位改元说的，故对"立十二年"有此调停之议。然而，若以"十一年"为武王继位后的年数，则与《尚书·多方》有关记载发生冲突，此为梁氏所未察。《多方》说："天惟五年，须暇之子孙，诞作民主，罔可念听。"这是说在殷亡之前，上天还等待了五年时间，让商纣继续做万民之主，冀其改过自新。武王知天未丧殷，顺意未伐。这个"五年"，经学家都说是文王殁后的五年，但计算的起点各有不同。郑玄说："五年者，文王受命八年至十三年也。"③ 伪孔传云："武王服丧三年，还师二年。"孔颖达疏："五年者，以武王伐纣，初立即应伐之，故从武王初立之年，数至伐纣五年。文王受命九年而崩，其年武王嗣立。……从九年至十三年，是五年也。"前已言之，文王受命计为七年而非九年，故此"五年"当从文王七年数至十一年武王伐纣，此与《史记》、古本《竹书纪年》、《书序》相关记载吻合无间。而郑玄虽主文王受命七年之说，但他对《多方》的解释却明显有误。清皮锡瑞指出："《史记》以为文王受命七年，其后五年武王伐纣，为十一年。刘歆以为文王受命九年，其后五年武王伐纣，为十三年。今古文说不同，而先后五年之数则一。郑既用今文受命七年之说，又用古文十三年伐纣之说，则首尾凡七年，与须暇五年之数不合矣。"④ 既然从文王辞世到武王伐纣，其间只有五年岁月，故"十一年伐纣"只

① 《汉书·律历志》引刘歆《世经》。
② （清）梁玉绳：《史记志疑》，中华书局1981年版，第84页。
③ 《诗·大雅·皇矣》疏引。
④ （清）皮锡瑞：《今文尚书考证》，中华书局1989年版，第398页。

能是延续文王纪年，而非武王即位十一年。

其三，十三祀武王访于箕子，是克商后犹未改元。《尚书·洪范》云："惟十有三祀，王访于箕子。"《书序》说："武王胜殷，杀受，立武庚，以箕子归，作《洪范》。"刘歆据此认为，武王"伐纣克殷，以箕子归，十三年也。"[①] 三国时谯周从其说，称"史记武王十一年东观兵，十三年克纣"。[②] 刘歆为了证明他用三统历所考武王伐纣之年历日的可靠性，据《洪范序》首创十三祀为武王伐纣说。《书序》言《尚书》诸篇旨意，多有不确，尤须细心分辨。此言"胜殷杀纣"不过交代事件的大背景，并不是说王访箕子就发生在武王克商之年。武王胜殷杀纣之后，立武庚之嗣，复微子之位，释箕子之囚，封比干之墓，对殷遗采取的是怀柔感化政策。释箕子之囚既在争取人心，则不会把他作为俘虏带走。以箕子对殷朝的忠诚与眷恋，宁可佯狂为奴，也不随殷王室大师、少师弃殷归周，故不可能待武王一到，就立即成为降臣。牧野战后，诸事万端，武王此时亦无闲暇垂询箕子，访以天道。是箕子入周，武王访之，必当局势渐定之后。《尚书大传》说："武王释箕子之囚，箕子不忍周之释，走之朝鲜。武王闻之，因经朝鲜封之。箕子既受周之封，不得无臣礼，故于十三祀来朝。武王因其朝而问洪范。"[③] 箕子是否走之朝鲜，由武王顺势册封，尚待研究。但箕子朝周，有周原甲骨文（H31：2）可证："唯衣（殷）雞（箕）子来降，其执众厥史，在斿，尔卜曰：南宫郜其乍（酢）。"[④] 此辞说"箕子来降"，伴有史官随行，武王根据占卜结果，派大臣南宫郜设宴酬酢。说明武王伐纣事毕，先已返周，其后箕子至周，始可称其"来降"，并以客礼相待。主客间这种从容有序和彬彬有礼的气氛，似非充满刀光剑影的克商之年所应有。故箕子来朝或来降，不会是克商当年之事。

对于刘歆用《洪范序》来证明十三年伐纣克商，后世赞同者也不看好，他们试图拿出更为权威的证据来，这就是梅本古文《尚书·泰誓》云："惟十三年春，大会于盟津。"最典型的是唐张守节作《周本纪》正义笃信孔颖达之说，引此谓"言十三伐纣者，续文王受命年，欲明其卒

---

① 《汉书·律历志》引《世经》。
② 《史记·周本纪》集解引。
③ 《尚书·洪范》正义引。
④ 曹玮：《周原甲骨文》，世界图书出版公司 2002 年版，第 137 页。

父业故也"，还讥讽"太史公云九年王观兵，十一年伐纣，则以为武王即位年数，与《尚书》违，甚疏矣"。① 殊不知，张氏所谓的《尚书》即梅本《武成》实为后世伪作，更不成证据。只是当时学界不知此案，诚可谅解，我们不能用"甚疏"一类字眼反过来嘲笑他们。《史记·周本纪》说："武王已克殷，后二年，问箕子殷所以亡。箕子不忍言殷恶，以存亡国宜告。武王亦丑，故问以天道。"此言武王访于箕子为既克商二年之事，是《洪范》"惟十有三祀"非克商之年甚明。据《尚书·金縢》记载，武王卒于"既克商二年"，亦即访箕子之年。是年又称十三祀，则表明武王自始至终不曾改元。

　　从上述分析可见，武王未尝改元说虽由刘歆首次提出，但并未做出可信的论证。于今转换视角，并非无证可求，知旧说仍不可废。基于武王即位未尝改元这个判断，可对武王在位年数给予年表式的回答，即文王七年继位，九年观兵，十一年伐纣，十三年病故。其积年计为七年，克殷前为四年，克殷后（含克殷之年）为三年。

　　讨论至此，可将本文主旨略做概括如下：清华简《程寤》是制作于战国时期的一篇出土文献，其最大的价值在于提供了文王占梦受命的真实资料。所谓文王受命，既非受殷王嗣立之命，亦非受封西伯之命，而是受皇天上帝之命以取代殷人对天下的统治。文王受命、称王、改元三位一体，奏响了东进伐商的序曲。文王受命凡七年，五伐殷商与国，未及接商而终。武王于文王七年即位，承其纪年，继其遗志，于十一年告成伐纣之功。周人取代大邦殷成为新的天下共主，从而揭开了中国古代文明持续向前发展的历史新篇。

（作者单位：天津师范大学历史文化学院）

---

① 《史记·周本纪》正义。

清华简《程寤》与文王占梦、解梦研究[*]

吕庙军

　　《清华大学藏战国竹简》整理报告到目前为止，已经出版凡三辑。这是一件惠泽学林、大快人心的事情。其中，《清华大学藏战国竹简》整理报告第一辑收录了九篇书类性质的篇章。在这九篇当中，即有属于《逸周书》逸文的清华简《程寤》完整篇什。简本《程寤》为我们展现了较为完整的《逸周书·程寤》全貌。时逾三载，学界于《程寤》研究渐趋平静。归纳以往研究，学者多集中于《程寤》简文中字与词的释读、句读、段落的疏通。在这方面的重要文章有李学勤《〈程寤〉、〈保训〉"日不足"等语的读释》①、黄怀信《清华简〈程寤〉解读》②、子居《清华简〈程寤〉解析》③、袁莹《清华简〈程寤〉校读》④；在对清华简《程寤》释读基础上，阐发此篇意旨及相关历史问题的重要成果有李学勤《清华简九篇综述》⑤、申超《清华简〈程寤〉主旨试探》⑥、陈颖飞《清华简

　　* 本论文写作得到 2012 年国家社科基金项目"清华简与古史寻证"（12BZS018）支持。

　　① 李学勤：《〈程寤〉、〈保训〉"日不足"等语的读释》，《清华大学学报》（哲学社会科学版）2011 年第 2 期。

　　② 黄怀信：《清华简〈程寤〉解读》，《鲁东大学学报》（哲学社会科学版）2011 年第 4 期。

　　③ 子居：《清华简〈程寤〉解析》，《学灯》第 19 期，Confucious 2000 网站论文，2011 年 7 月 1 日。

　　④ 袁莹：《清华简〈程寤〉校读》，复旦大学出土文献与古文字研究中心网站论文，2011 年 1 月 11 日。

　　⑤ 李学勤：《清华简九篇综述》，《文物》2010 年第 5 期。

　　⑥ 申超：《清华简〈程寤〉主旨试探》，《管子学刊》2013 年第 1 期。

〈程寤〉与文王受命》①、沈宝春《论清华简〈程寤〉篇太姒梦占五木的象征意涵》② 诸篇。本文将在以上学者对清华简《程寤》研究成果的基础上，结合传世《逸周书·程寤》逸文详细比读简本，以探讨《程寤》篇版本性质和流传的若干问题；然后进一步阐发文王占梦的过程、方法、特征以及功能等问题。

一　清华简《程寤》与传世本《逸周书·程寤》逸文

《程寤》曾是《逸周书》中的一篇，现今传世《逸周书·程寤》（以下简称传世本）不见全文。据黄怀信先生研究，《逸周书》卷二凡十五篇，存七亡八，存者均有注③，《程寤》即属八篇中亡佚之篇。《汉书·艺文志》著录的《周书》（即《逸周书》）七十一篇，录有《程寤》。东汉王符的《潜夫论》、晋代的皇甫谧《帝王世纪》与张华的《博物志》均见征引《程寤》之文。后来此篇佚失，只在《太平御览》等类书中保存了一些文字。而目前发现的清华简《程寤》（以下简称简本）却是相当完整的篇章。简本"共简 9 支，简长 44.5 厘米，原无篇题，没有次序编号"④。总的来看，简本要比传世本逸文详细得多，并且又多出了文王和太子发拜毕吉梦之后对太子发告诫的一大段文字。文王对太子发告诫似乎是简本《程寤》的重心所在。

现就依照散见于多种典籍文献的传世本《程寤》逸文与简本逐一比对，以发现两种版本记载内容的异同，同时分析其中所蕴含的历史信息。传世本主要以《潜夫论》、《博物志》、《尔雅翼》、《帝王世纪》、《文选·石阙铭》注、《宋书·符瑞志上》、《艺文类聚》、《太平御览》、《册府元龟》、《白氏六帖》、《梦占逸旨》、《梦占类考》征引《程寤》逸文为主，

---

①　陈颖飞：《清华简〈程寤〉与文王受命》，《清华大学学报》（哲学社会科学版）2013 年第 2 期。

②　沈宝春：《论清华简〈程寤〉篇太姒梦占五木的象征意涵》，复旦大学出土文献与古文字研究中心网站论文，2011 年 3 月 14 日。

③　黄怀信：《〈逸周书〉源流考辨》，西北大学出版社 1992 年版，第 2 页。

④　李学勤：《清华简九篇综述》，《文物》2010 年第 5 期，第 52 页。

简本主要以清华大学整理小组报告注释本为据①，采取复旦大学出土文献与古文字中心研究生读书会关于清华简《程寤》简序调整的意见。下文分类归纳、对读简本与传世本逸文。

二　关于太姒之梦的时间

太姒之梦是简本《程寤》与传世《程寤》逸文的重要引子和线索。梦始终贯穿文中，文王也主要围绕太姒之梦实施宗教祭祀仪式，并进行占梦、拜梦、解梦及告诫太子发的一系列程式。其中关于太姒之梦或文王占梦时间的记载简本与传世逸文的记载不尽一致。

简本记作：隹王元祀贞（正）月既生魄，大（太）姒梦见商廷隹（惟）棘。

传世逸文：

1.《太平御览》卷三百九十七引《周书》：……正月既生魄，大姒梦见商之庭产棘。

全文作：文王去商在程。正月既生魄，大姒梦见商之庭产棘。小子发取周庭之梓树乎阙间，梓化为松柏棫柞。寤惊，以告文王。王及太子发并拜，告梦，受商之大命于皇天上帝。

2.《太平御览》卷八十四引《帝王世纪》：十年正月，文王自商至程。太姒梦见商庭生棘。

全文作：十年正月，文王自商至程。太姒梦见商庭生棘，太子发取周庭之梓，树之于阙间，梓化为松柏柞棫。觉而惊，以告文王。文王不敢占，召太子发，命祝以币告于宗庙群神，然后占之于明堂，及发并拜吉梦，遂作《程寤》。

3.《册府元龟》卷八百九十二：周文王去商在程，正月既生魄，太姒梦见商之庭产棘。

全文作：周文王去商在程，正月既生魄，太姒梦见商之庭产棘，小子

　　①　关于《清华大学藏战国竹简（壹）》之《程寤》篇简序安排，学者间有不同的意见，主要集中在简文第6、7支简的先后次序上。详细请参见复旦大学出土文献与古文字研究中心研究生读书会《清华简〈程寤〉简序调整一则》，复旦大学出土文献与古文字研究中心网站，2011年1月5日。

发取周庭之梓，树于门间，梓化为松柏棫柞，寤惊，以告文王，文王及太子发并拜吉梦，受商之大命于皇天上帝。

简本明确记载太姒做梦是在文王受命元年正月初三、初四到十五的这段时间，可谓详细备至。《太平御览》所引《周书》，此当即为《逸周书》，与《帝王世纪》关于太姒之梦时间的记载不尽一致，对照简本，《周书》和《册府元龟》对此引文均与之相同。《周书》和《册府元龟》引文记载太姒之梦的时间均为"正月既生魄"恰与简本吻合，故传世本与出土文献可得相互印证。然而《帝王世纪》曰"十年正月"，与《周书》、《册府元龟》及简本所载月份相同，而纪年不同，不知何据。①

传世逸文记载太姒之梦时间与简本不完全符合，原因可能是《程寤》在久远传流过程中发生讹误，也可能是两者来源本来就属于不同的版本。

三　关于太姒之梦的地点

太姒之梦地点的记载在传世逸文中多有反映，而在简本中却不见记载。传世逸文对太姒之梦的地点的看法多是在"程"，但也有少数逸文认为在"翟"。

简本：无。

传世逸文：

1.《太平御览》卷三百九十七、卷五百三十三引《程寤》：文王在翟，太姒梦见商之庭产棘。

全文：文王在翟，太姒梦见商之庭产棘，小子发取周棫庭之梓树于阙间，化为松柏棫柞，惊以告文王。文王曰："召发。"于明堂拜，告梦，受商之大命。

2.《艺文类聚》卷八十九引《周书·程寤》：文王在翟，梦商庭生棘。

全文：文王在翟，梦商庭生棘，小子发取周庭之梓于阙间，化松柏棫柞。惊以告文王，文王召发于明堂。拜吉梦，受商大命，秋朝士。

---

① 黄怀信先生亦认为，《太平御览》卷八十四引《帝王世纪》"十年正月，文王自商至程，太姒梦商庭生棘"，以为"十年"，不知所据。

3.《太平御览》卷三百九十八引《周书》：文王去商在程……大姒梦见商之庭产棘。

4.《太平御览》卷八十四引《帝王世纪》：……文王自商至程。太姒梦见商庭生棘。

5.《册府元龟》卷八百九十二：周文王去商在程，正月既生魄，太姒梦见商之庭产棘。

6.《文选·石阙铭》注引《周书》：文王至自商，至程，太姒梦见商之庭生棘。

全文：文王至自商，至程，太姒梦见商之庭生棘，太子发取周庭之梓，树之于阙间，化为松柏。

传世逸文有关于太姒做梦地点的记载，而简本无。清华简《程寤》疑有脱文，按《逸周书》诸篇名多于文中或篇首命题，在简文中却不见"程"这一地点。《程寤》之程当指程邑，寤，觉醒，"寐觉而有言曰寤"，程，程邑，寤，睡醒，做于程，故曰"程寤"。如《竹书纪年》记载，"文丁五年，王季作程邑。帝辛三十三年，文王迁于程。三十五年，周大饥。"又见《逸周书·大开解第二十七》引周公拜曰："天降寤于程，降因于商。商今生葛，右有周。"[1] 另《逸周书·大匡解第十一》开首曰："维周王宅程之三年，遭天之大荒，作《大匡》，以诏牧其方。"[2] 现《逸周书》中有《程典》全文，这个"程"地无疑是文王发展周族势力的一个重要据点。

太姒做梦地点之记载，简本与诸多引文主要集中在"翟"还是"程"两者，黄怀信先生指出"程，地名，古毕程氏之墟，在今陕西咸阳东"[3]。按黄说是，地名"翟"与"程"关系待考。《太平御览》卷五百三十三引《程寤》、《艺文类聚》卷八十九引《周书·程寤》记载太姒之梦地点"翟"与程寤之名矛盾，陈颖飞认为两地"疑系讹误"。[4] 这可能仅是一种推测，另外一种可能就是"翟"与"程"是同一的关系，"翟"地可能属于程邑的一个更具体地名。笔者怀疑"翟"与"毕"古音通假，当

---

① 黄怀信：《逸周书校补注译》，西北大学出版社1996年版，第135页。

② 同上书，第73页。

③ 同上。

④ 陈颖飞：《清华简〈程寤〉与文王受命》，《清华大学学报》（哲学社会科学版）2013年第2期。

为一地，系同一地名。故在《太平御览》及《艺文类聚》中都出现关于"翟"与"程"的记载。以上推测当否，尚需验证。

通过逐一对比上引诸文关于太姒之梦地点的记载，应以太姒随文王"自商至程"即在程邑做梦为是，这不仅与《逸周书·程寤》篇名相合，而且弥补了简本缺失太姒之梦所在地的记载。简本原无标题，但据记载内容来看确实是长久以来佚失的《逸周书·程寤》篇什。如是，简本关于文王占太姒之梦的历史记载愈显更加完整了。

四　关于太姒梦境

太姒之梦实是《程寤》篇什开端和创作的重要源起。而太姒的梦境中人和事又非一般人梦象所可以比拟。文王占梦和解梦的"故事"所以能够得到继续和展开，太姒的梦境及梦象起着重要的作用。

简本：大（太）姒梦见商廷隹（惟）棘，乃小子发取周廷梓树于厥间，化为松柏棫柞。

传世逸文：

1. 《艺文类聚》卷八十九引《周书·程寤》：梦商庭生棘，小子发取周庭之梓于阙间，化松柏棫柞。

2. 《太平御览》卷八十四引《帝王世纪》：太姒梦见商庭生棘，太子发取周庭之梓，树之于阙间，梓化为松柏或柞。

《太平御览》卷九百五十八引《周书》：太姒梦太子发取周庭之梓树，于商阙间化为松柏棫柞。

3. 《博物志》卷八：太姒梦见商之庭产棘，乃小子发取周庭梓树，树之于阙间，梓化为松柏棫柞。

全文作：太姒梦见商之庭产棘，乃小子发取周庭梓树，树之于阙间，梓化为松柏棫柞。觉，惊以告文王。文王曰："慎勿言。冬日之阳、夏日之阴，不召而万物自来。天道尚左，日月西移；地道尚右，水潦东流。天不享于殷，自发之生于今十年，夷羊在牧，水潦东流，天下飞蝗满野，命之在周，其信然乎。"

4. 《尔雅翼》卷十二：大姒梦见商之庭产棘，小子发取周庭梓树，植之于阙间，梓化为松柏柞棫。

全文：周之兴，大姒梦见商之庭产棘，小子发取周庭梓树，植之于阙间，梓化为松柏柞械。觉惊，以告文王。文王曰："勿言。冬日之阳、夏日之阴，不召而物自来。"以为宗周兴王之道。

5.《文选·石阙铭》注引《周书》：太姒梦见商之庭生棘，太子发取周庭之梓，树之于阙间，化为松柏。

6.《宋书·符瑞志上》：文王之妃曰太姒，梦商庭生棘，太子发植梓树于阙间，化为松柏械柞。

全文作：文王之妃曰太姒，梦商庭生棘，太子发植梓树于阙间，化为松柏械柞。以告文王，文王币告群臣，与发并拜告梦。

7.《册府元龟》卷八百九十二：太姒梦见商之庭产棘，小子发取周庭之梓，树于门间，梓化为松柏械柞。

8.《白氏六帖》卷七"树梓"条：《周书》太姒梦见商之庭产棘，小子发取周庭之树梓，化为松柏械柞。

9.《梦林玄解》卷二十九《梦原》：太姒有松柏械柞之梦。

10.《梦占逸旨》卷一：太姒梦周庭之梓化为松柏械柞。

11.《梦占逸旨》卷二：汲冢周书《程寤》篇曰：太姒梦见商之庭产棘，太子发植梓于阙，化为松柏柞械。

12.《梦占逸旨》卷八：太姒梦商棘周梓。

13.《梦占类考》卷四引《周书》：太姒梦商庭产棘，太子发移周庭之梓树于阙，梓化为松柏柞械。

太姒梦境的象征蕴涵，对于理解文王受命、文王解梦等问题至关重要。诸多逸文有关太姒梦境及梦象的记载，详略均有所见。传世本与简本关于太子发、商庭、阙间、棘、梓、松、柏、械、柞的记载基本一致。不过，有些传世逸文引用则略显简洁、概括。学界集中于太姒梦境"六木"、"五木"、"四木"、"二木"的象征意义，已经从象征和材质层面做了一些阐述。如清华简整理者认为"以棘比喻奸佞朋党，以松柏比喻贤良善人"①，申超认为"棘引申为商纣王及其所宠幸的佞臣，梓代指太子发，松柏械柞指周的贤臣"②，袁莹认为棘、械、柞比喻小人庸才，梓、

---

① 李学勤主编：《清华大学藏战国竹简（壹）》，中西书局 2010 年版，第 137 页。
② 申超：《清华简〈程寤〉主旨试探》，《管子学刊》2013 年第 1 期。

松、柏比喻贤良善人①，沈宝春认为梓是天命王权的象征，松柏械柞四木象征四极、四维。② 综合诸家论述，太姒之梦的梦境在文王、太姒看来是具有某种象征意义的，这是没有疑义的。问题的关键不是我们后人的随意猜测，而是应该回到简本最后文王解梦的释读理解上。

细绎以上征引诸文，无一例外都记载了太姒之梦境玄而又玄的景象：商朝的庭院长满了荆棘，太子发将周庭院落的梓树种在商的阙间，竟然变成了松柏械柞四种树木。这种梦中奇怪现象似乎才是太姒睡醒感到惊讶并告诉文王的原因，而不是如某些学者说的"因为太姒梦中化为的是'松柏械柞'，并不都是'松柏'这种美好的事物，所以太姒才会'痦惊'"。③ 对于文王来说，他是一个谨慎持重之人，又是一个熟悉占梦之人，"不敢占"实际是指不能马上占，而需要在占梦之前做一些程式和仪式的工作。

五　关于太姒梦醒之后太姒、文王反应

梦醒之后的反应，是梦者对梦中情景或吉或凶的主观反应。就太姒之梦来说，很难一下判断是吉梦抑或是凶梦。文王对此梦的态度表现出了一个宗教家和政治家的本色。文王不像梦者太姒的惊惧，而是采用了宗教祭祀除凶的仪式，除却梦中的不利的因素，当然就剩下吉利的因素了。郑重地在明堂占梦，突出梦的上天启示意义。这就是文王之所以成为文王的重要政治素质的原因。

简本：痦惊，告王。

传世本逸文：

1.《艺文类聚》卷八十九引《周书·程寤》曰：惊以告文王，文王召发于明堂。

《艺文类聚》卷七十九引《周书》作：寐觉，以告文王。

---

① 袁莹：《清华简〈程寤〉校读》，复旦大学出土文献与古文字研究中心网站论文，2011年1月11日。

② 沈宝春：《论清华简〈程寤〉篇太姒梦占五木的象征意涵》，复旦大学出土文献与古文字研究中心网站论文，2011年3月14日。

③ 袁莹：《清华简〈程寤〉校读》，复旦大学出土文献与古文字研究中心网站论文，2011年1月11日。

2.《太平御览》八十四引《帝王世纪》：觉而惊，以告文王。文王不敢占，召太子发。

3.《博物志》卷八：觉，惊以告文王。文王曰："慎勿言。冬日之阳、夏日之阴，不召而万物自来。天道尚左，日月西移；地道尚右，水潦东流。天不享于殷，自发之生于今十年，夷羊在牧，水潦东流，天下飞蝗满野，命之在周，其信然乎。"

4.《尔雅翼》卷十二：觉惊，以告文王。文王曰："勿言。冬日之阳、夏日之阴，不召而物自来。"以为宗周兴王之道。

5.《潜夫论·梦列》：太姒有吉梦，文王不敢康吉，祀于群神，然后占于明堂，并拜吉梦。

6.《宋书·符瑞志上》：以告文王，文王币告群臣，与发并拜告梦。

7.《天中记》卷十二引《尚书帝命验》：太姒梦商庭生棘，太子发植梓树于阙间，化为松柏械柞。以告文王，文王币，率群臣与发并拜告梦。

8.《艺文类聚》卷七十九灵异部、《广博物志》卷十一：寐觉，以告文王，文王乃召太子发。

9.《艺文类聚》卷八十九木部中：惊，以告文王，文王召发。

10.《太平御览》卷三百九十八引《周书》：寤惊，以告文王。

11.《太平御览》卷三百九十七、卷五百三十三引《程寤》：惊以告文王。文王曰："召发。"

12.《太平御览》卷八十四引《帝王世纪》：觉而惊，以告文王。文王不敢占，召太子发。

13.《册府元龟》卷八百九十二：寤惊，以告文王。

14.《白氏六帖》卷七"树梓"条：惊寤，告文王，文王召太子发。

15.《梦占逸旨》卷二：汲冢周书《程寤》篇曰：寐觉，以告文王，文王乃召太子发。

16.《梦占类考》卷四引《周书》：觉，以告文王，召太子发。

太姒做梦醒后，将梦告诉文王。简本的记载是"寤惊"，太姒的梦后反应与多数传世逸文记载一致，但也有些逸文如《艺文类聚》卷七十九灵异部、《广博物志》卷十一、汲冢周书《程寤》等篇并无太姒如此吃惊反应的记载。这也许与不同的《逸周书·程寤》版本传流系统有关。单纯从语句表达上看，似乎简本较接近保留了《逸周书·程寤》的原貌；而《太平御览》所引《周书》、《程寤》逸文句式多有变换，字数或增或减，往往在语言句式上不与简本吻合，推测原《逸周书·程寤》历时传流过程中经过了不同的改写，从而形成了不同的版本，因而今天所见的类书引用《程寤》逸文才出现不同的叙述方式，然而在基本主旨内容反映上却是一致的。从《太平御览》卷三百九十七、卷五百三十三引《程寤》："……惊以告文王。文王曰：'召发'"，及《太平御览》卷三百九十八引《周书》："寤惊，以告文王"无召太子发的记载；从《太平御览》卷八十四引《帝王世纪》"觉而惊，以告文王。文王不敢占，召太子发"，及《梦占逸旨》卷二汲冢周书《程寤》篇曰："寐觉，以告文王，文王乃召太子发"中均可得到这般认识和了解。

从诸多引文中，起初文王不敢占太姒之梦的原因，很可能是文王对太姒之梦的复杂梦象预示的吉凶一时难以裁断，其中《潜夫论·梦列》云："太姒有吉梦，文王不敢康吉，祀于群神，然后占于明堂，并拜吉梦"可做证明，当然文王"不敢康吉"的原因还和他本人的谨慎、持重的性格和为人有关。文王之所以"召太子发"是因为太子发是这个梦的主角。因此，梦的预示作用对于太子发的意义非凡。文王在占梦过程中，太子发确实也担当了具体的布置和组织的角色，"此梦的内涵是太子发将会率周的贤臣占领商都，推翻商朝"①。

六　关于文王占梦的细节、过程及结果

简本记载文王占梦的细节及过程的详细程度大大胜于传世逸文，其中提及的宗教祭祀仪式包括祓祭、币告、祈祷、攻神、望祭、烝祭等，多数不为传世逸文所见。可见清华简《程寤》应该是一种较为晚出的《逸周书·程寤》版本，至少晚于未曾散失的传世《逸周书·程寤》。

简本：王弗敢占，诏太子发，卑（俾）灵名凶，祓。祝忻祓王，巫率祓大（太）姒，宗丁祓大（太）子发。敝（币）告宗方（祊）社稷，祈于六末山川，攻于商神，望、承（烝），占于明堂。王及大（太）子发并拜吉梦，受商命于皇上帝。

传世本逸文：

1.《博物志》卷八：文王曰："慎勿言。冬日之阳、夏日之阴，不召

①　申超：《清华简〈程寤〉主旨试探》，《管子学刊》2013年第1期。

而万物自来。天道尚左，日月西移；地道尚右，水潦东流。天不享于殷，自发之生于今十年，夷羊在牧，水潦东流，天下飞蝗满野，命之在周，其信然乎。"

2.《尔雅翼》卷十二：文王曰："勿言。冬日之阳、夏日之阴，不召而物自来。"以为宗周兴王之道。

3.《潜夫论·梦列》：太姒有吉梦，文王不敢康吉，祀于群神，然后占于明堂，并拜吉梦。

4.《宋书·符瑞志上》：文王币告群臣，与发并拜告梦。

5.《天中记》卷十二引《尚书帝命验》：文王币，率群臣与发并拜告梦。

6.《艺文类聚》卷七十九灵异部、《广博物志》卷十一：占之于明堂，王及太子发，并拜吉梦，受商之大命于皇天上帝。

7.《太平御览》卷三百九十八引《周书》：王及太子发并拜，告梦，受商之大命于皇天上帝。

8.《艺文类聚》卷八十九木部中：文王召发，于明堂拜吉梦，受商大命，秋朝士。

9.《太平御览》卷三百九十七、卷五百三十三引《程寤》：于明堂拜，告梦，受商之大命。

10.《太平御览》卷八十四引《帝王世纪》：命祝以币告于宗庙群神，然后占之于明堂，及发并拜吉梦，遂作《程寤》。

11.《册府元龟》卷八百九十二：文王及太子发并拜吉梦，受商之大命于皇天上帝。

12.《白氏六帖》卷七"树梓"条：占之于明堂，王乃与太子发并拜吉梦，受商之大命于皇天。

13.《梦占逸旨》卷二：占之于明堂，王及太子发，并拜吉梦，受商之大命于皇天上帝。

14.《梦占类考》卷四引《周书》：占之吉，是受商之大命。

简本与传世本逸文相比，有关文王占梦细节和过程的记载最为详细。其中除了"币告"、"占于明堂"记载内容外，简本还出现了灵、祝、巫、宗等宗教职业者，被祭、祈祷、攻神、望、烝等祭祀形式。

简本关于文王占梦细节具体过程可做如下理解：文王占梦是占梦之吉凶。起初，文王可能感觉到太姒之梦吉凶之象具存，因此不敢贸然占之，于是进行一些除凶祭祀的一系列工作。先让太子发使巫者灵说出凶象所在①，然后进行除凶祓祭，分别由祝忻对文王、巫率对太姒、宗丁对太子发进行除凶；然后祈祷日月星辰四方，币告宗庙社稷诸神，责让商神，又进行望祭和烝祭。这些活动完成后，文王才占梦于明堂，结果为吉。于是，文王和太子发一起拜受吉梦，从皇天上帝那里接受商代天命，也就是周要取代商之政权。

七 关于文王以解梦形式告诫太子发

文王和太子发拜毕吉梦接受天命之后，在传世逸文中全篇似乎告终。然而在简本中意犹未尽，文王对太子发解梦，即文王根据梦象解释梦之为吉或凶原因，以告诫太子发的施政方针，并勉励太子发继承完成周族事业。

简本：於（呜）呼！可（何）敬（警）非朋？可（何）戒非商？可（何）用非树？树因欲，不违材。女（如）天降疾，旨味既用，不可药，时不远。佳（惟）商戚在周，周戚在商，择用周，果拜不忍，绥用多福。佳（惟）梓敝不义，芫于商，卑（俾）行量亡乏，明明在向（上），佳（惟）容内（纳）棘，意（抑）欲佳（惟）柏，梦徒庶言述，引（矧）又勿亡秋明武威，女（如）械柞亡根。於（呜）呼！敬哉！朕闻周长不贰，务亡勿用，不恶，思（使）卑柔和顺，眚（生）民不灾，怀允。於（呜）呼！可（何）监非时？可（何）务非和？可（何）畏非文？可（何）保非道？可（何）爱非身？可（何）力非人？人谋强，不可以藏。后戒后戒，人用女（汝）谋，爱日不足。

传世逸文：

1. 《博物志》卷八：文王曰："慎勿言。冬日之阳、夏日之阴，不召而万物自来。天道尚左，日月西移；地道尚右，水潦东流。天不享于殷，自发之生于今十年，夷羊在牧，水潦东流，天下飞蝗满野，命之在周，其信然乎。"

---

① 对于简本"卑灵名凶"句，学者解释纷纭。军按，黄怀信先生的读释较为通达，故采其说，请参见黄怀信《清华简〈程寤〉解读》，《鲁东大学学报》（哲学社会科学版）2011 年第 4 期。

2.《尔雅翼》卷十二：文王曰："勿言。冬日之阳、夏日之阴，不召而物自来。"以为宗周兴王之道。

3.《艺文类聚》卷八十九引《周书·程寤》曰：拜吉梦，受商大命，秋朝士。

经过文王占梦之后，知道太姒之梦为吉，因此文王与太子发并拜吉梦以接受皇天上帝之命。似乎到了这里，《程寤》篇内容由此告终。多数传世逸文似乎如此。但也有一些传世逸文如《博物志·卷八》、《尔雅翼·卷十二》、《艺文类聚》卷八十九引《周书·程寤》保留了更多的信息，但与简本内容、句式、主旨难以吻合。况且上述佚文多散见于《逸周书》其他篇章。

文王"慎勿言。冬日之阳、夏日之阴，不召而万物自来。天道尚左，日月西移；地道尚右，水潦东流。天不享于殷，自发之生于今十年，夷羊在牧，水潦东流，天下飞蝗满野，命之在周，其信然乎"等预卜之言，与清华简文不同。其中《逸周书·武顺解第三十二》有"天道尚左，日月西移；地道尚右，水潦东流"等相同文字。① 另《大聚解第三十九》也有"譬之若冬日之阳、夏日之阴，不召而民自来"类似文字记载；② 又《度邑解第四十四》记载（武）王曰："呜呼，旦！ 惟天不享于殷，发之未生至于今六十年。夷羊在牧，飞鸿过野，天自幽，不享于殷，乃今有成。"与传世逸文"天不享于殷，自发之生于今十年，夷羊在牧，水潦东流，天下飞蝗满野，命之在周，其信然乎"等文字同，但说话者的主角已经变成武王了。

简本以上文字在传世本逸文中不见相同记载，仅有些类似句式散见于传世文献《逸周书》一些篇章之中。陈颖飞认为这部分文字为新见材料，系主要文王解梦训发内容，③ 这个看法是正确的。清华简《程寤》是记载文王占梦尤其是解梦的珍贵资料。传世逸文及其他文献虽不乏文王占梦的记录，但与简本记载文王通过详细解梦告诫太子发的出土材料来说，实为弥足珍贵。鉴于该部分文字是文王根据太姒梦象详细解梦并告诫太子发的

---

① 黄怀信：《逸周书校补注译》，西北大学出版社 1996 年版，第 162 页。

② 同上书，第 208 页。

③ 陈颖飞：《清华简〈程寤〉与文王受命》，《清华大学学报》（哲学社会科学版）2013 年第 2 期。

主要内容，简本多处古奥艰涩，兹分为若干段落解析附下：

发，女（汝）敬圣（听）吉梦。朋棘戭（毒）梓松，梓松柏副，
械覆柞，柞化为膝。

接着，文王根据太姒之梦的梦象具体说明其象征意义，也可以说解释
了太姒之梦属于吉梦的原因。相互缠绕的灌木丛对梓树松树极为不利，或
对梓树松树毒害、或以之为匹对，但由于梓树松树柏树互相辅助，械树包
裹柞树，使得柞树涂上丹膝而成为有用之材。这个梦境的象征意义可能是
朋棘代表离心离德的商，而梓松柏械柞代表日益获得民心并逐渐走向强大
的周，并将会以周代商。

於（呜）呼！可（何）敬（警）非朋？可（何）戒非商？可
（何）用非树？树因欲，不违材。女（如）天降疾，旨味既用，不可
药，时不远。佳（惟）商戚在周，周戚在商。择用周，果拜不忍，
妥（绥）用多福。佳（惟）杅（梓）敚，不义（宜）芃于商。卑
（俾）行量亡乏，明　（明明）才（在）向，佳（惟）容内（纳）
棶（棘），意（抑）欲佳（惟）柏。梦徒庶言述，引（矧）又勿亡秋
明武威，女（如）械柞亡根。朕闻周长不弍（贰），务亡勿甬
（用），不忍，思（使）卑柔和顺，眚（生）民不灾，怀允。

文王告诫太子发要警朋，警惕商朝那些朋比小人；要戒商，以商代暴
政离德为诫；要用有用之材，根据树的材质使用它，不违背它的材用，实
际上文王强调发是要人尽其才、善于用人的问题。这就像上天给人降下疾
病一样，天下美味用尽之后，还不能治好病，死期也就不远了。这个比方
说明上帝抛弃了对商王的保佑，即将走向灭亡，已无可救药。文王指出商
周之间互为心头之患的关系形如剑拔弩张的激烈对峙形势。对于这种严峻
的政局，文王告诫发要谨慎周密行事，坚决去除不忍之心（犹豫），以求
多福。要有梓树破坏，不宜比商庭的荆棘还繁盛的忧患意识，使得法度无
犯，在上包容朋比小人，还是打算使用大臣，一般民众对太姒之梦不理
解，何况在庄稼还没有收获粮食的时候，宣扬武威，实行战事，就如械柞
树没有树根一样。我听说谋划周密之策，没有失误，执行无失，就没有怨

恨，是卑下柔弱都和谐顺服，百姓就不会有祸害，这样就能心怀诚信。这里文王告诫太子发要利用太姒之梦统一民众的思想，动员人民的力量，奠定一定的物质基础，早日争取伐商战争的胜利。

> 於（呜）呼！可（何）监非时？可（何）务非和？可（何）畏非文？可（何）保非道？可（何）爱非身？可（何）力非人？人谋强，不可以藏。后戒后戒，人用女（汝）谋①，爱日不足。

最后文王告诫发要观察时机，追求和谐之道，敬畏制度条文，保持正道，爱惜身体，利用人力。指出谋划争强，不可以善做到。以后要经常警戒自己，人们给你出谋献策，一定要爱惜，像珍惜时间感到不足一样。

八　结语

清华简《程寤》篇主要围绕太姒之梦的问题而得以展开，从而形成文王占梦、解梦以及告诫太子发三个方面重要内容。可以说简本的主题以梦的形式向人们传递了"文武之政"的重要信息。传世典籍中记载文王、武王、周公占梦的传说多有所见，可是以往的关于这些梦的记载均属于梦者对自我梦境的认识和理解，从可信性上来说，似乎不如对他者之梦的解析更具有权威性。如今，简本《程寤》的发现为我们研究古代"梦"的历史提供了一个极好范本。同时文王的占梦、解梦的记载向我们明示文王在周人生活中的宗教和政治的首脑地位，周人代替商人天命政权透过文王之妃太姒的梦境、梦象等丰富的象征蕴含在文王的占梦的仪式、程式过程中进一步落实，并强化了太姒之梦是上帝的启示的观念，从而太姒之梦通过文王的指使和阐释完全纳入其政治话语系统。是太姒之梦而不是文王或武王之梦，显然这样来得更为可信，巧妙地突出了文王占梦的政治和宗教功能，无论对商人还是周人来说，都具有极大的可信度，此梦政治、宗教教化功能的发挥可谓淋漓尽致。

---

①　清华简整理者及以往学者将此句理解为一般的陈述句，解为"人们使用你的计谋"。其实，此句可以理解为倒装句式即"人用谋汝"，"用"作"以"，即"人们给你出谋划策"之义，与上下文语境更为合拍。

中国上古史上不乏梦的记载，但像清华简如此完整、详细甚为难得。

1. 为什么是太姒之梦，而不是文王之梦？

他者之梦与自我之梦相比，文王对他者之梦进行占卜，显然在可信度上来说，比对他者之梦的占卜和解释政治效果会更好。何况太姒之梦不是一般的"他者"，一方面文王对占梦解梦的过程及结果易引起周人关注和重视，另一方面也突出了文王的政治和宗教权威地位。"清华简《程寤》篇之所以锁定梦主人为'太姒'而非'文王'或'太子发'……系与母体诞孕生育的象征意义有关，也即是她象征周国诞生的'国母'形象。"①增加了太姒之梦的神圣性及其体现的政治功能。

2. 为什么太姒梦境中的主角是太子发？

太姒之梦中的唯一人物主角是太子发，他是将周庭梓树移植商人阙间的主要使动者。这自然给人产生不少联想，最后完成取而代商任务的是太子发，实际的历史发展结果也是如此。如果联系到文王占卜太姒之梦为吉后，他和太子发并拜吉梦，"文武受命"含义十分明显。

3. 文王是占梦的权威

文王占梦的地点选在程邑的明堂，明堂一般认为是王者布政之所，地点的选择如此正式和庄重，可见太姒之梦的重要性。由此，太姒之梦的宗教意义最终上升到政治层面，当然不排除太姒是太子发之母，具有孕育天下事物的母体特征，似乎更为重要的是其体现的政治功能的属性。

4. 为什么是文王和太子发并拜吉梦？

传世逸文和简本都提到文王及太子发并拜吉梦，接受天命的问题，如何看待这个问题其实关涉到"文王受命"、"文武受命"的历史事实问题。陈颖飞认为周代商始于文王而终于武王，因此有强调受命之始的"文王受命"、强调整个过程的"文武受命"，并认为前者流行于西周早期，后者则盛行于西周中晚期。② 如果此结论属实，那么文王及太子发并拜吉梦的记载则反映了"文武受命"尤其"文王受命"的史实。这种记载可能是"文武受命"的一个肇端。因此，简本《程寤》的成篇时间大约在西

① 沈宝春：《论清华简〈程寤〉篇太姒梦占五木的象征意涵》，复旦大学出土文献与古文字研究中心网站论文，2011 年 3 月 14 日。

② 陈颖飞：《清华简〈程寤〉与文王受命》，《清华大学学报》（哲学社会科学版）2013 年第 2 期。

周早中期较为合理。

5. 文王占梦、解梦对后世的影响如何？

历史上有文王梦熊的记载，《逸周书》之《文儆》、《寤儆》、《武儆》篇也都有文王、武王之梦的记载。但这些梦与简本记载相比，太姒之梦是一个非常系统的重要的富有政治和宗教教化意义的"上帝的启示"，对周人乃至商人思想的影响是不可忽视的。文王的这种宗教手段以后成为武王、周公政治权力的重要组成部分。文王的占梦、解梦为以后周公占梦、解梦史事的研究提供了重要线索和依据。

（作者单位：邯郸学院历史系）

清华战国竹简《楚居》中的"夷屯"初探

高江涛

《清华大学藏战国竹简》（壹）中《楚居》篇较为详细地记载了自季连始至楚悼王共二十三位楚公、楚王徙居与世系①，是研究楚文化尤其早期楚文化十分重要的文献资料。其中楚先王熊绎至熊渠所居均为墨屯（为方便简写为"夷屯"），而传统文献一般记载周初熊绎封居所在为丹阳，从未提及夷屯。那么，丹阳与夷屯是何关系？夷屯又在何处？这些成为早期楚文化及楚都研究中十分关键的新问题。

一 丹阳与夷屯

李学勤先生认为《楚居》中夷屯即丹阳，楚先王熊绎时徙居丹阳，至熊渠均居于此②，夷屯为何在其他文献中从未言及，甚至未见蛛丝马迹？笔者认为还是应该重新审视相关可信文献。关于楚都丹阳较早且较为可信文献总结起来有以下几处，主要是关于丹阳之战的记载。

《史记》多处记载为：

(1)《史记·韩世家》："二十一年，与秦共攻楚，败楚将屈匄，斩首八万于丹阳。"

(2)《史记·秦本纪》："十三年，庶长章击楚于丹阳，虏其将屈

---

① 清华大学出土文献研究与保护中心编，李学勤主编：《清华大学藏战国竹简》（壹），中西书局 2010 年版。

② 李学勤：《论清华简〈楚居〉中的古史传说》，《中国史研究》2011 年第 1 期。

匀，斩首八万；又攻楚汉中，取地六百里，置汉中郡。"

（3）《史记·楚世家》："十七年春，与秦战丹阳，秦大败我军，斩甲士八万，虏我大将军屈匀，裨将军逢侯丑等七十余人，遂取汉中之郡。"

（4）《史记·楚世家》又说："熊绎当周成王之时，举文、武勤劳之后嗣，封熊绎于楚蛮，……居丹阳。楚子熊绎、鲁公伯禽、卫康叔子牟、晋侯燮、齐太公子吕伋俱事成王。"

（5）《史记·张仪列传》："秦、齐共攻楚，斩首八万，杀屈匀，遂取丹阳、汉中之地。"

由以上文献本身可见"丹阳"往往与"汉中"相对应并称，而汉中显然不是一个具体的地点，而是一个地理区域名称，因此丹阳也很可能是一个区域概念，非具体地点。丹阳若为丹水之阳来解释的话，显然也是个地区名称，不是具体的某一都邑名称。值得注意的是，同是《史记》所载，而《屈原贾生列传》则云："怀王怒，大兴师伐秦。秦发兵击之，大破楚师于丹、淅，斩首八万，虏楚将屈匀，遂取楚之汉中地。"同一事件，则言秦楚战于"丹、淅"，替代通常所记之丹阳、丹淅明显为地域名。可见，丹阳为一个地理区域概念，非具体都邑地点。另外，在研究历史地理尤其是先秦历史地理时，有两点要特别注意：一是要区别国或族的疆域和他们的活动区域，二是要区别活动地点和固定所居或都，所居或所都应该是较为固定的地点，而活动的地点则是变换非固定场所。《楚居》开篇提到的季连频繁活动的地点如騩山、爰波、汌水、方山等等或山或水显然都非具体指实地点，而且言"处"某地也不一定是具体地点，但凡言"徙"或"居"某地显然都是具体的地点，夷屯即为具体的地点。这样，丹阳应为当时楚都所在大区域称谓，夷屯为楚都之名称，是处于丹阳之地的楚王所都。因此，丹阳非夷屯，夷屯却处丹阳地域内。

《楚居》载："至酓绎与屈紃，思（使）都嗌卜徙于夷屯，为楄室，室既成，无以内（纳）之，乃窃都人之犝以祭。"相比较之前楚公或楚王所居之地，夷屯有明显的区别而显得重要特殊。第一，夷屯是"卜徙"，是经过占卜而有意选择之地，与周初卜建新都"洛邑"相像。《尚书·召诰》："越三日戊申，太保朝至于洛，卜宅。厥既得卜，则经营。"召公经营洛邑，先卜宅相宅。周公甚至还"复卜"申视，《史记·周本纪》："成王在丰，使召公复营洛邑，如武王之意。周公复卜申视。卒营筑，居九鼎焉。"《周礼·大卜》云："国大迁，大师，则贞龟。"国都迁徙须贞卜，夷屯如洛邑亦为"卜徙"，足见其重要地位。第二，在夷屯"为樻室"，并且举行祭祀活动。樻室，李学勤先生认为是以肉供奉宗庙之"燔室"。①樻室即便室，也有学者认为是楚人用于祭祀先公、先王的宗庙②，汉代所谓"便房"、"便室"、"便殿"的前身。③无论如何，樻室属宗庙一类建筑应该无疑。《左传》庄公二十八年载："凡邑，有宗庙先君之主曰都，无曰邑。"④《墨子·明鬼下》载："昔者虞夏商周三代之圣王，其始建国营都，日必择国之正坛，置以为宗庙。"夷屯为樻室，建有宗庙，可见应属都城。

　　夷屯为楚国早期重要都城，处于丹阳之地，丹阳所在一直是早期楚文化研究中争议最大的问题之一。近年来，随着考古材料的丰富和研究的深入，关于丹阳所在集中于丹淅说、枝江说、秭归说三种看法，近年枝江说和秭归说也面临挑战，有许多不能解决的问题⑤，尤其秭归说随着三峡考古资料的发现及研究的深入有逐渐被抛弃的趋势。这样剩余的枝江说和丹淅说成为了主流观点⑥，也就是现在通常所言的"南说"与"北说"。相较而言，从较大区域看，江汉平原基本不见西周早期楚文化的踪影，西周中期偏晚后出现了一些零星的楚文化遗存。周初分封诸侯既可便于封疆统治，又使诸侯成为确保王朝腹地安全的屏障。西周早期周、楚关系密切，楚熊绎事成王封丹阳显然也是为了周王朝南土的统治。鉴于此，丹阳必在周疆界内或相邻区域，且又与周腹地相距不应太远。在空间地域上，枝江一带离周王朝腹地明显较远。而丹淅一带却较近，且空间地域上相邻，溯丹江而上可直入关中。文献中的楚国丹阳之地在丹淅之会，恐非空穴来

　　①　李学勤：《论清华简〈楚居〉中的古史传说》，《中国史研究》2011 年第 1 期。
　　②　陈伟：《清华简〈楚居〉"樻室"故事小考》，载《〈清华大学藏战国竹简〉（壹）国际学术研讨会论文集》，清华大学出版社 2011 年版。
　　③　高崇文：《释"便樿"、"便房"与"便殿"》，《考古与文物》2010 年第 3 期；赵平安：《〈楚居〉的性质、作者及写作年代》，《清华大学学报》（哲学社会科学版）2011 年第 4 期。
　　④　杨伯峻：《春秋左传注》（修订本），中华书局 2005 年版，第 242 页。
　　⑤　张昌平：《早期楚文化探索之检讨》，《中华文化论坛》1996 年第 4 期；王力之：《早期楚文化探索》，《江汉考古》2003 年第 3 期。
　　⑥　徐少华：《楚都丹阳地望探索的回顾与思考》，载《荆楚历史地理与长江中游开发——2008 年中国历史地理国际学术研讨会论文集》，湖北人民出版社 2009 年版，第 51—63 页。

风。换言之，西周早中期的早期楚文化中心分布区域应该在丹淅流域，因此夷屯亦应在丹淅流域或言丹淅一带。

那么具体地点文献中有无线索呢？笔者以为清华简中的夷屯可能就是甲骨卜辞中的"陕廪"。

（1）"乙未卜，贞令多马亚、𠂤、遣、祗省陕廪，至于仓侯。从榧川。从🌸侯。"（《合集》5708 正）

（2）"乙未卜，……多马亚……祗省陕廪，至于仓侯。……"（《合集》5709 正）

（3）"贞令……𠂤、遣……廪，……仓侯。从榧川……"（《合集》4366）

从辞例内容看，辞（2）、辞（3）应与辞（1）大体相同。其中仓侯、🌸侯应为商朝附属国族。仓侯应为《左传》哀公四年所言"左师军于菟和，右师军于仓野"之仓野①，据杨伯峻注云"在商县（今商州）东南一百四十里"。②🌸侯地望有学者推测在晋南豫西地区③，可信。榧川在仓侯与🌸侯二者之间。

上述三辞"省陕廪"，由陕廪至仓侯，再至榧川，又至🌸侯，显然是一组行程。《水经注》："丹水自苍野，又东历兔和山，又东南过商县南，又东南至于丹水县，入于均。"兔和即上文《左传》之菟和，苍野即仓野。仓侯在商县丹水一带，🌸侯在晋南豫西，可见这组行程大体是由东南向西北沿丹江而上，最后至晋南豫西，即陕廪→仓侯→榧川→🌸侯，仓侯在商县丹水一带，甚至商县东南一百多里，因此陕廪当在商县丹水更东南的下游一带，而这一带恰属丹淅流域，与上述三辞显示的行程与方向正相合。故笔者认为卜辞中"陕廪"当在丹淅一带。

此外，陕廪也很可能似卜辞中常见的"南廪"等因"廪"得名，属于商王十分重视、经常巡视的仓廪所在或者蓄粮地。甲骨"廪"本为谷禾满积谷堆之形，仓廪之义。屯在卜辞中除常表示数量词外，在一些商王

---

① 李孝定：《甲骨文字集释》，北京光华书店 1983 年版，第 1788 页。

② 杨伯峻：《春秋左传注》（修订本），中华书局 1990 年版，第 1627 页。

③ 孙亚冰、林欢：《商代地理与方国》，中国社会科学出版社 2010 年版，第 344—345 页。

"省田"的辞例中还见到"屯日亡戋","屯"有满盈之意①,《广雅·释诂》:"屯,满也。"从本义上讲,屯亦为谷穗丰盈之状,满盈丰收之义。由此而言,廪与屯本义上基本相同,因此不排除"陕廪"是"陕屯"(即"塞屯")称谓来源的可能。若然,"塞屯"即原"陕廪"。"陕廪"在丹淅一带,而塞屯恰也在丹淅一带,今言夷屯很可能即是商代之陕廪。

另外,清华简《楚居》言:"至酓只、酓䵣、酓樊及酓锡、酓渠,尽居夷屯。"《楚居》熊绎至熊渠世系为:酓绎、酓只、酓䵣、酓樊及酓锡、酓渠。《史记·楚世家》则为:熊绎、熊艾、熊䵣、熊胜及熊杨②、熊渠。二者基本相对应,未见相异。所以,《史记》中居丹阳之夷屯的楚王世系应可信,计五代六王。一般认为熊绎约当周成王或成、康之时,而熊渠《楚世家》等言:"及周厉王之时,暴虐,熊渠畏其伐楚,亦去其王。"熊渠约当周厉王时。换言之,丹阳之夷屯历时基本是从西周早期至西周晚期前段或早段。从考古学的角度来说,相关考古遗存也应至少从西周早期延续到西周晚期前段。值得注意的是,河南淅川下王岗遗址西周时期遗存的年代恰也是从西周早期延续至西周晚期偏早阶段③,出土文献与考古遗存反映的年代情况惊奇地一致,兴迁同步。迄今为止,除丹淅流域外的其他被认为是丹阳所在的地区未见到年代能从西周早期延续至晚期偏早阶段的遗址。从这一点而言,下王岗遗址虽非丹阳之夷屯所在,但却侧面反映了夷屯应在丹淅流域一带的事实。

二　涉汉伐楚与楚都夷屯

昭王伐楚是西周早期的大事,《左传》、《史记》、《吕氏春秋》等皆有记载,而且经过几代学者的研究,找到了一系列的有关昭王伐楚的铜铭,甚至区分出了昭王十六年与昭王十九年两次伐楚,具体不再赘述。有先生认为昭王十九年第二次南征对象并不一定是荆楚,有可能是汉水流域的一些方国。④ 更有先生认为西周时期有荆、楚两个国家,荆强楚弱,实

①　姚孝遂、肖丁:《小屯南地甲骨考释》,中华书局1985年版,第183—184页。
②　熊胜与熊杨是兄终弟及。
③　中国社会科学院考古研究所山西队、河南省文物局南水北调办公室:《河南淅川县下王岗遗址西周遗存发掘简报》,《考古》2010年第7期。
④　卢连成:《斥地与昭王十九年南征》,《考古与文物》1984年第6期。

力不一，昭王南征虽伐了楚，但主要目的是伐荆。① 徐少华先生也持有大体相同的观点，认为昭王第一次南征是"俘金"，第二次在对弱小的楚国征伐中"丧六师于汉"的可能性不大，楚绝非王师所向的主要目标。② 从有关"昭王南征"的文献材料看，征伐对象多"楚荆"，也见有伐"荆"、伐"楚"分开而言。单从文献记载本身虽不排除荆与楚为两个国家的可能，但考虑到文献中荆楚多合在一起，《楚居》言"啻栽赅亓（其）鼺（脅）以楚"，因用楚（荆条）来缠包妣畞之脅而称楚，荆、楚或楚荆均应指楚。明白了这一点是进一步考虑楚地所在的前提，实际上昭王伐楚与其时楚地所在有着一定的关系，主要是昭王伐楚提到了一个地标性的线索，即"涉汉"。

古本《竹书纪年》曰：

> 周昭王十六年，伐楚荆，涉汉，遇大兕。③

又曰：

> 周昭王十九年，天大曀，雉兔皆震，丧六师于汉。

《吕氏春秋·音初》言：

> 周昭王亲将征荆，辛余靡长且多力，为王右。还反涉汉，梁败，王及祭公拢于汉中。辛余靡振王北济，又反振祭公。

昭王两次伐楚，两次均提及涉汉，《吕氏春秋》更有较为详细描述，且言"还反涉汉"。不仅是这些传统文献言及涉汉，最近李学勤撰文在一件流散青铜尊铭文中也见有"涉汉伐楚"的记载，铜尊铭言："王涉汉伐楚，王又畞工，京师畯自斤工釐贝，用作日庚宝尊彝。"为昭王伐楚时铜

---

① 王光镐：《楚文化源流新证》，武汉大学出版社1988年版，第113—117页。
② 徐少华：《周代南土历史地理与文化》，武汉大学出版社1994年版，第252页。
③ 方诗铭、王修龄：《古本竹书纪年辑证》，上海古籍出版社1981年版。

器。① 这样，涉汉伐楚应是不争事实，不可回避。李学勤先生在上文中表明观点认为楚应该在汉水的南面，昭王必须渡过汉水，才能攻击楚人，并进一步断言不管丹阳是不是在今丹淅一带，昭王时的楚都只能是在汉南了。随着清华简《楚居》的问世，方知楚国早期的楚都称夷屯，且属于西周早期的周昭王时期楚都也是夷屯。李先生遂言昭王时楚都为夷屯，在汉水以南。

　　笔者以为问题的关键是怎么理解"涉汉伐楚"。谨慎而言，涉汉伐楚只能说是渡过汉水，攻击楚人。"涉汉"不等于就到了楚国的腹地，而"伐楚"更不能等于征伐了楚都，自然也不能轻言"楚都只能在汉南"。涉汉伐楚丧六师也很可能发生在楚国势力控制范围边缘的楚地，或径言楚国的边境地区而非楚国核心腹地楚都所在。其时楚国腹地在丹淅一带，而其势力已逐渐扩张至所言之汉江沿岸。昭王十六年南征，学者们已有较多论述认为目的是"俘金"，而非真正意义上征伐，自然发生地可以不是楚以丹阳为核心的区域，更可能是属于楚势力边缘地区的汉水沿岸，属于南征的钛驭簋、过伯簋、蕭簋等铜铭中未有征伐招灾的记载似乎也反映了这一点。另外值得注意的是，虽然昭王是两次南征伐楚，但《左传》与《史记》却仅言及十九的"南征不复"或"南巡不返"，对十六年之征均未提只字片语，似乎也表明此次征伐不是真正意义的征讨，或许只是普通的狩猎索财而已。

　　十九年伐楚"涉汉"地点也应属楚国边境地区，甚至很可能在楚国疆域以外。《左传》僖公四年载齐桓公伐楚时，责问楚曰："昭王南征而不复，寡人是问。"楚成王对曰："贡之不入，寡君之罪也，敢不共给？昭王之不復，君其问诸水滨。"《史记·齐太公世家》："三十年春，齐桓公率诸侯伐蔡，蔡溃。遂伐楚。楚成王兴师问曰：'何故涉吾地？'管仲对曰：'昔召康公命我先君……楚贡包茅不入，王祭不具，是以来责。昭王南征不復，是以来问。'楚王曰：'贡之不入，有之，寡人罪也，敢不共乎！昭王之出不復，君其问之水滨。'"杜预注："昭王时汉（水）非楚境，故不受罪。"《左传》与《史记》中齐桓公以昭王陨于汉水不返一事责备楚国，而楚国认为昭王陨命汉水之处非楚境，故对答说"君其问诸水滨"，虽是推诿之词，但也从一个侧面反映了昭王第二次南征涉汉之地

---

① 李学勤：《由新见青铜器看西周早期的鄂、曾、楚》，《文物》2010 年第 1 期。

甚至都不属于楚国境域。

可见，南征涉汉之地应该发生在楚国边境区域，甚至边境外，涉汉并不表明昭王就进入了楚国的腹地。换言之，楚国此时的腹地在丹淅，而其势力很可能已逐步扩张到了汉水南岸，西周中期偏早阶段，早期楚文化的分布范围已至汉水沿岸就是最好的证明（后文详述）。故涉汉伐楚可以伐楚之汉南边境之地，并非必伐楚国都城腹地。因此，涉汉伐楚与楚国腹地在丹淅流域也并不矛盾，自然不能由"涉汉"简单地推断出汉水以南是楚国的中心腹地，并进一步断言楚都夷屯在汉水以南。夷屯处于丹淅流域或言丹阳之地，以此为都，长期安定下来，不再频迁流离，逐渐由弱变强，夷屯中晚期势力扩张至汉水沿岸，引起周王室警戒，才有了形式上的南征。

《左传》昭公九年述及周初疆域时云："及武王克商，薄姑、商奄，吾东土也；巴、濮、楚、邓，吾南土也。"巴、濮、楚、邓显然是一组有明确地理顺序的国名，巴一般认为在汉中，濮在汉水上游汉南武当山一带，而邓在襄樊一带，可见这组地名实际上是沿汉江流域由上至下自西向东再向南有序分布的几个周初小国，周初的楚位于濮与邓之间，因此不可能越过襄樊一带的邓而到汉水下游入江的宜昌、枝江一带。

三　夷屯所在的大背景及其考古学观察

夷屯是楚国都城，是当时的政治、文化中心，应处于楚文化分布的腹地，而非边缘。夷屯历时西周早期至西周晚期早段，属于早期楚文化的时间范畴。因此，夷屯应该大体上处于西周早期至晚期早段楚文化分布的腹地，离开这一大时空背景探索夷屯或者丹阳必然失去根基而成臆想。考古学材料是探索早期楚文化及其都城所在的最直接、最有力的实据，这就需要我们着力考察年代属于西周时期，尤其是西周早、中期的楚文化遗存的分布。从考古材料来看，目前属于西周早期及中期的楚文化遗存集中分布于丹淅流域，另在鄂西北的汉水沿岸及丹江上游地区也有零星分布。

近年来，南水北调中线工程文物保护项目相关遗址的发掘与新发现为这一问题的突破提供了新的线索和新的考古资料。迄今，丹淅流域发现的西周文化遗存主要有河南淅川下王岗①、双河镇②、盆窑③、下寨④、龙山岗⑤等遗址。此外，1993—1994年李维明先生围绕早期楚文化在豫南及邻境地区对南阳盆地的考古调查中发现较多数量的西周时期遗址，年代上早、中、晚均有发现，且大多集中于丹淅流域，至少有十余处遗址。⑥

　下王岗遗址位于淅川县盛湾镇河扒村东北，丹江河旁台地上，其西周时期遗存十分丰富，遍及整个遗址。不仅有地层堆积，而且还可进一步分为两层，此外还有许多层位关系明确又互有打破关系的灰坑。陶器可分三期五段，演变序列清晰，年代从西周早期至西周晚期偏早阶段，且早、中、晚延续相连，一脉相承。下王岗遗址西周早期文化遗存姬周文化特征占主流，而进入中、晚期后的陶鬲等器物逐渐变为典型楚文化特点⑦。考虑到西周早、中、晚遗存一脉相承的特点，早期遗存亦应是楚国时期遗存。

　　双河镇遗址位于淅川县老城镇岵山铺村，丹江河旁台地上，其西周时期遗存也比较丰富，在16平方米的试掘面积中既有灰沟，也有地层堆积。陶器鬲、甗、盆、豆、瓮等都能在下王岗遗址找到同类器，所谓A型罐在下王岗遗址中被称为直领罐。灰沟G出土的鬲、鬲足等与下王岗西周中期同类器明显相近，其锥柱足为下王岗西周早期偏晚阶段至西周中期常见的截尖锥形Ⅱ式足和Ⅲ式鬲足。内锥足外包绳纹足的特点也在下王岗西

① 河南省文物研究所、长江流域规划办公室考古队河南分队：《淅川下王岗》，文物出版社1989年版；中国社会科学院考古研究所山西队、河南省文物局南水北调办公室：《河南淅川县下王岗遗址西周遗存发掘报告》，《考古》2010年第7期。

② 北京大学考古学系、南阳市文物考古研究所：《河南省淅川双河镇遗址发掘简报》，《考古与文物》2002年增刊《先秦考古》。

③ 河南省文物局：《河南省南水北调中线工程文物保护项目年报（2009—2010）》，2011年，第124—126页。

④ 曹艳朋、楚小龙：《淅川县下寨新石器时代夏两周及汉唐遗址》，载《中国考古学年鉴（2011）》，文物出版社2012年版；楚小龙、曹艳朋：《河南淅川下寨新石器至夏代遗址》，载《2010中国重要考古发现》，文物出版社2011年版，第45—49页。

⑤ 梁法伟、聂凡：《河南淅川龙山岗新石器时代遗址》，载《2010中国重要考古发现》，文物出版社2011年版，第29—32页；河南省文物局：《河南省南水北调中线工程文物保护项目年报（2009—2010）》，2011年，第124—126页。

⑥ 李维明：《豫南及邻境地区青铜文化》，线装书局2009年版，第476—482页。

⑦ 中国社会科学院考古研究所山西队、河南省文物局南水北调办公室：《河南淅川县下王岗遗址西周遗存发掘报告》，《考古》2010年第7期。

周中期鬲足中常见。遗址西周晚期遗存鬲、鬲足、盆、瓮等也在下王岗同期陶器中见到。双河镇遗址的西周遗存年代为西周中期至晚期，相当于下王岗遗址西周中期至晚期的楚文化遗存，只是其以灰沟 G 为代表的一类遗存特征偏早，属于西周中期偏早阶段。

盆窑遗址、下寨遗址和龙山岗遗址的西周遗存均是近年南水北调工程抢救发掘中的新发现。盆窑遗址位于淅川县滔河乡盆窑村，丹江西岸的二级阶地上，出土了比较丰富的西周到春秋时期的考古材料，包括大量的灰坑、灰沟、祭祀坑、房屋基址以及窑址，可复原陶器较多，从西周中期到春秋中期都有典型遗存可详细分期，对于楚文化的渊源及早期楚文化的研究有着重要意义。下寨遗址位于淅川县滔河乡下寨村北，丹江支流滔河与丹江交汇处的河旁台地上，发现西周时期灰坑 21 个，另有残陶窑，祭祀坑 1 座，出土有鬲、豆、罐、瓮等，时代为西周晚期。从灰坑出土的鬲的形制看，有早晚之分，西周晚期的偏早的鬲在下王岗遗址中也见有同类器。龙山岗遗址位于淅川县滔河乡黄楝树村西，早年发掘称黄楝树遗址，遗址处于丹江支流肖河东岸台地上。遗址也发现有西周时期遗存，目前仅见 1 个灰坑，另有 10 座墓葬，是一处小型西周墓地，墓葬均为小型长方形土坑竖穴墓，随葬器物有陶鬲、石钺、石玦、骨簪等，从灰坑和墓葬出土的陶鬲看，时代应为西周中期。

从上述材料看，第一，这些早期楚文化遗存集中分布于丹江中游与淅水下游的河谷平原台地上，遗存比较丰富的下王岗遗址与双河镇遗址恰处于丹水和淅水交汇处。第二，聚落呈密集分布的特点，南北最大直径不足 20 公里的范围内，密集分布有至少 5 处聚落，而且聚落之间距离很近，下王岗与双河镇遗址间距不足 5 公里，下寨与龙山岗之间亦不足 5 公里，下寨与盆窑遗址间距更近。第三，遗存的年代整体上贯穿西周早期至晚期，未见缺环，其中下王岗遗址最典型。

丹淅一带以外其他区域也发现有早期楚文化遗存，主要见有鄂西北山地汉江沿岸、襄宜平原、沮漳及江陵地区、西陵峡区和丹江上游等几个区域。鄂西北山地汉江沿岸一带的西周时期遗址主要郧县辽瓦店子[1]、

---

① 王然：《郧县辽瓦店子遗址》，载《湖北省南水北调工程重要考古发现 I》，文物出版社 2007 年版，第 116—123 页。

白鹤观①、十堰张湾区大东湾②、均县朱家台③、丹江口市观音坪④等。辽瓦店子西周时期遗存主要是早期与晚期，早期遗存极少；白鹤观遗址据简讯言发现有零星西周时期遗存，具体不详；大东遗址发现有西周中期遗存；均县朱家台遗址年代属于西周中期至春秋早期；观音坪遗址西周遗存年代为西周中晚期。

襄宜平原发现西周遗存的遗址主要是襄樊真武山⑤、宜城郭家岗⑥、肖家岭⑦等。真武山遗址周代遗存年代为西周中期到战国早期；郭家岗遗址周代遗存年代为西周晚期至春秋早期；肖家岭年代为春秋早期至战国早期。沮漳及江陵地区的遗址有当阳磨盘山⑧、江陵张家山⑨、荆南寺⑩、梅槐桥⑪等，这些遗址的周代遗存主要属于春秋时期，一些零星的陶器最早能到西周晚期，且多是晚期偏晚阶段特征，更不排除个别遗存已进入春秋早期。西陵峡区西周时期遗存的年代、分期及文化属性歧义很大，笔者以为与早期楚文化密切相关的是以秭归官庄坪⑫为代表的一类遗存，年代最早也属西周晚期偏晚阶段。丹江上游地区的商州市紫荆、陈塬、东龙山、商南县过凤楼、丹凤县巩家湾等遗址发现有西周遗存。年代上，西周早期

---

① 陆成秋：《郧县白鹤观遗址》，载《湖北省南水北调工程重要考古发现Ⅰ》，文物出版社2007年版，第162—167页。

② 赵丛苍、王志友：《张湾区大东湾遗址》，载《湖北省南水北调工程重要考古发现Ⅰ》，文物出版社2007年版，第195—197页。

③ 中国社会科学院考古研究所长江工作队：《湖北均县朱家台遗址》，《考古学报》1989年第1期。

④ 湖北省文物考古研究所、十堰市博物馆：《2008年湖北省丹江口市观音坪遗址发掘报告》，《江汉考古》2010年第2期。

⑤ 湖北省文物考古研究所、襄樊市博物馆：《湖北襄樊真武山周代遗址》，载《考古学集刊》第9集，科学出版社1995年版。

⑥ 武汉大学历史系考古教研室、湖北省宜城市博物馆：《湖北宜城郭家岗遗址发掘》，《考古学报》1997年第4期。

⑦ 湖北省文物考古研究所、宜城县博物馆：《湖北省宜昌县肖家岭遗址的发掘》，《文物》1999年第1期。

⑧ 宜昌地区博物馆：《当阳磨盘山西周遗址试掘简报》，《江汉考古》1984年第2期。

⑨ 陈贤一：《江陵张家山遗址的试掘与探索》，《江汉考古》1980年第2期。

⑩ 荆州博物馆：《荆州荆南寺》，文物出版社2009年版，第149—152页。

⑪ 湖北荆州地区博物馆、北京大学考古系：《湖北江陵梅槐桥遗址发掘简报》，《考古》1990年第9期。

⑫ 湖北省博物馆：《秭归官庄坪试掘简报》，《江汉考古》1984年第3期；国务院三峡工程建设委员会办公室、国家文物局：《秭归官庄坪》，科学出版社2005年版。

仅紫荆一处，西周中期为过凤楼遗址；其余遗址均属西周晚期，西周中期以来过凤楼、巩家湾、东龙山等西周遗存有别于关中周文化，很可能是早期楚文化遗存。①

可见，丹淅以外其他区域与早期楚文化密切相关的西周遗存有一些值得注意的特点。第一，年代上属于西周早期的遗存极少且零碎，5个不同区域明确属于此期的仅见辽瓦店子与紫荆遗址，襄宜平原、沮漳及江陵地区、西陵峡区均是西周晚期以后遗存。第二，遗存堆积缺少延续性，一个遗址西周时期的遗存多是其某一个阶段，少见西周早期延续至晚期及春秋早期。第三，从分布上看，丹淅一带处于中间区域，其他区域处于其周边，呈发散式分布。而且结合年代早晚看，凡是离丹淅一带距离近的区域，其遗存就多见偏早遗存，越远的区域遗存年代越晚。鄂西北山地汉江沿岸离丹淅一带最近，实际上也均属于今丹江库区，其遗存就比较相近，能多见较多的属于西周早中期的遗存，丹江上游地区依然，故有学者就将这三个区域的西周遗存称之为同一个文化类型即"过凤楼"类型。② 而距离较远些的襄宜平原、沮漳及江陵地区、西陵峡区少见到属于西周早、中期的楚文化遗存，均是西周晚期以后的遗存，其中襄樊真武山发现西周中期遗存，而其恰在丹淅一带以南最近处。第四，与丹淅一带相比较而言，其他区域的西周聚落分布就显得分散，未见明显的密集集中分布的特点。据目前材料，即使是鄂西北山地汉江沿岸，其几处遗址却也是零星分布于郧县、十堰张湾区、均县、丹江口市等几个县市的较广大区域，丹江上游亦是如此，其他区域更甚，不似丹淅一带一个淅川县的不足20公里的范围内就密集分布有至少5处聚落，呈明显的聚落群集中分布的形态。

因此，我们认为丹淅一带应该是早期楚文化的腹地。这是早期楚都存在的最基础背景，夷屯不可能处于一个非属早期楚文化腹地的背景中。另外，前文已言夷屯所在的年代是属于西周早期至西周晚期前段，显然那些楚文化最早遗存年代才到西周晚期的区域如襄宜平原、沮漳及江陵地区、西陵峡区等就根本不可能是楚都夷屯所在。有学者认为夷屯即"夷陵"，

---

① 丹江上游提及各遗址参见张天恩一文，不再详细分注。张天恩：《丹江上游西周遗存与早期楚文化关系试析》，载《周秦文明论丛》（第2辑），三秦出版社2001年版，第80—87页。

② 张天恩：《丹江上游西周遗存与早期楚文化关系试析》，载《周秦文明论丛》（第2辑），三秦出版社2001年版，第80—87页；何晓琳、高崇文：《试论"过凤楼类型"考古学文化》，《江汉考古》2011年第1期。

代指"丹阳",在宜昌东。① 同样的道理,宜昌一带无论是普通楚文化遗存还是城址遗存年代都基本属于东周时期时间范畴,怎么可能是年代为西周的夷屯或丹阳呢?

　　综上所述,笔者以为丹阳为一个区域概念,非具体地点,丹阳非夷屯,夷屯却处于丹阳。周昭王涉汉伐楚之地应该发生在楚国边境区域,涉汉并不表明昭王就进入了楚国的腹地,与楚国腹地在丹淅流域并不矛盾,自然不能由"涉汉"简单地推断出汉水以南是楚国的中心腹地,并进一步断言楚都夷屯在汉水以南。夷屯仍应在丹淅一带,有着较为可信的考古学遗存的背景依据。

　　　　　　　　　　　　　　　　(作者单位:中国社会科学院考古研究所)

---

① 李家浩:《谈清华战国竹简〈楚居〉的"夷屯"及其他——兼谈包山楚简的"地人"等》,载《出土文献》第 2 辑,中西书局 2011 年版。

从楚蒍(蔿、远)氏渊源及清华简《楚居》等再论商末周初楚文化源头[*]

刘俊男

在 2011 年由中国先秦史学会、清华大学楚简研究中心、武汉大学区域历史文化研究所举办的"楚简·楚文化与先秦历史文化国际学术研讨会"上,笔者交流了《关于楚史的几个问题》一文,该研讨会论文集正在出版。在该文中,笔者发表了"郑,祝融之墟"(《左传·昭公十七年》)中的"祝融"指天帝,楚祖女禄(位于湘水支流渌水流域的古渌国之女,颛顼妃)所生老童留在母方氏族,其后裔祝融(吴回)也生活于湖南南岳附近地区,商末周初的楚文化中心在湖南,并从楚式鬲、甬钟、编钟的演变印证楚文化中心从湖南向湖北的迁转等一系列观点。本文拟从与蒍国、蒍氏有关的一组通假字,从《楚居》"盘"字之义,以及炭河里遗址等进一步探讨商末周初时楚文化渊源。

一 "蒍(蔿)"氏一组词相通之证

关于古蒍国的历史,文献记载较少,《史记·楚世家》有熊挚、熊延的记载,但其将熊挚记为熊挚红,曰:"熊渠卒,子熊挚(红)立,挚(红)卒,其弟弑而代立,曰熊延。"《国语·郑语》韦昭注云:"蒍、越,芈姓之别国也,楚熊绎六世孙曰熊挚,有恶疾,楚人废之,立其弟熊延。挚自弃于蒍,其子孙有功,王命为蒍子。"按:清华简《楚居》作

* 国家社科基金"中国南北两大生业区早期文明进程比较研究",编号:13XZS030。

"熊挚徙居旁峈"，可见夒之地原名旁峈。《左传·僖公二十六年》载："夒子不祀祝融与鬻熊。楚人让之，对曰：'我先王熊挚有疾，鬼神弗赦而自窜于夒。吾是以失楚，又何祀焉？'秋，楚成得臣、斗宜申帅师灭夒，以夒子归。"《正义》曰："《传》言熊挚有疾，是以失楚，明是嫡子，有疾不得嗣位。《楚世家》无其事，不知熊挚是何君之适，何时封夒。按《郑语》孔晁注云：熊绎玄孙曰熊挚，有疾，楚人废之，立其弟熊延。熊挚自弃于夒，子孙有功，王命为夒子。亦不知何所据。"这些记载较为模糊，不过，夒国是楚直系裔孙熊挚或其子[1]所建大体可信。那么，这个直系裔孙所建的国家为什么称为"夒"？夒姓渊源到底可追溯至何时、何地？

在楚国，有个"夒（蔿）"氏系列的宗族。田成方先生在《考古资料中的楚氏宗族及其谱系探析》论证了远氏、蔿氏、伿氏其实就是一个宗氏，是同一个宗族的大宗与小宗的分别，这几个字在古代是相通的。本目拟在田文的基础上，做进一步论证。

田成方先生说，出土材料中，远氏的氏称有四种写法：

（1）▨，从邑从正反两虎相对之形（李零先生释作远[2]，可从。下寺报告认为此字从两母猴相对之形，是蔿字[3]，有误）。见下寺 M2：51、55、56、63。（引者按：此字从两母猴相对之形，隶定为远是对的，也当与蔿字通用，其猴形即为"蔿"字原形，亦即"夒"字原形，详下。）

（2）▨，从邑从蔿，释作蔿。[4] 见下寺 M3：1、2。

（3）▨，从邑从化。见下寺 M2：60、61，徐家岭、和尚岭 24 处铭文均作伿。流失海外有伿氏铜簠。[5] 另见新蔡简甲三 343—1。

① 李守奎：《根据〈楚居〉解读史书中的熊渠至熊延世序之混乱》，《中国史研究》2011 年第 1 期。

② 李零：《"楚叔之孙佣"究竟是谁——河南淅川下寺二号墓之墓主和年代问题的讨论》，《中原文物》1981 年第 4 期。

③ 河南省文物研究所等：《淅川下寺春秋楚墓》，文物出版社 1991 年版，第 322 页。

④ 李零：《化子瑚与淅川楚墓》，《文物天地》1993 年第 6 期。

⑤ 李学勤：《海外访古续谈（四）》，《文物天地》1993 年第 2 期。

（4）**遠**，从袁从辵。见包山简28、56、89、90、164、193。①

……

蓮、蔿相通，蓮氏和蔿氏同族，为历代学者认同，《左传》僖公二十三年："子文以为之功，使（成得臣）为令尹。叔伯"，按：即《左传》僖公二十八年"蔿吕臣"。曰："子若国何？"杜注："叔伯，楚大夫蓮吕臣也。"杜预之后的学者多从此说，将蓮氏等同于蔿氏。比如唐人张参《五经文字》，艹部"蔿"条②：

《春秋传》及《释文》或作蓮，与蔿同。

《古今姓氏书辩证》卷21，纸韵"蓮"条③："或云蓮、蔿一也，字通于蔿，故子冯及其子掩，亦或以为氏。"清人梁玉绳也认为蓮、蔿相通，他还列举了一些证据："襄十五传蔿子冯，廿二、廿四、廿五传作蓮。襄廿五、卅传蔿掩，昭十三作蓮。可证。"④

淅川铜器铭文也表明蓮氏和蔿氏是同一宗族。从这个意义上讲，古代学者将蓮、蔿等同看待似乎无可厚非。但是，蓮、蔿不仅古文写法不同，在传世典籍中亦有区别，不能视而不见……

田先生总结说：

综上所述，文字资料中的蓮、蔿、仰，代表了蓮氏宗族的不同族系，其中蓮氏为大宗，蔿、仰为小宗。蔿氏小宗在春秋中期一度强盛，但在灵王时期遭受沉重打击，一蹶不振。仰氏在春秋晚期和战国早期维持中下层贵族地位，之后也日益式微。蓮氏大宗在灵王时期实现政治复兴，楚简中的远氏即直接来自大宗。至战国中晚期，尽管远氏已经远离国家政权上层，但较之蔿、仰的衰靡，部分远氏尚能够维

---

① 湖北省荆沙铁路考古队：《包山楚简》，文物出版社1991年版。

② （唐）张参：《五经文字》卷中，艹部"蔿"条，载《文渊阁四库全书》，台湾商务印书馆1983年影印本，第224册。

③ （宋）邓名世撰，王力平点校：《古今姓氏书辩证》，江西人民出版社2006年版，第306页。

④ （清）梁玉绳：《人表考》，载《史记汉书诸表订补十种》（下册），中华书局1982年版，第597页。

持中下等贵族之地位。①

　　笔者以为，"蔿氏"氏称的四种写法，其中第二、第三个为两个猴形（或简省形）加"邑"部，即"蔿"字加邑部，第一个只为两猴形不带邑部、第四个则已经抽象化，与"蔿"字接近。这表明上述之字与楚简中其他众多字②一样，或加邑部或不加邑部，都是楚国同一氏号之称，而这个宗氏之号都与"为"字关系密切。

　　其实，按《说文》，这个猴形字就是"为"或"夒"：《说文》："为，母猴也。其为禽好爪，爪，母猴象也。下腹为母猴形。王育曰：'爪，象形也。'㺑，古文为，象两母猴相对形。"章太炎在《小学问答》中说："夒即猴身，其字上象有角，下即夒字。亦母猴。则夒特母猴有角者尔。"唐兰先生在《殷墟文字记》中补充道："《说文》对夒的解释，或曰一足，或曰龙，或曰如牛，皆神话也。以字形核之，知必不然矣。"许慎《说文解字》夒："贪兽也。一曰母猴，似人。从'页'，'巳、止、夂'其手足也。"段玉裁《说文解字读》："谓夒一名母猴。……母猴与沐猴、猕猴一语之转。母猴，非父母字。《诗经·小雅》作'猱'。《乐记》作'獶'。"《殷墟甲骨文实用字典》："夒字像侧视之猴子形，本义是猴。"

　　因此，我们认为蔿、夒、为，原本皆为猕猴形，为同源分化字，古音义皆同。

　　田先生考证了蔿、蔿、仰几个楚氏姓相通的问题，很有见地。我们认为这一组同源分化字还与沩、韦（围）、郿、郑、归、危、騩等相通假，并皆与楚祖老童、吴回、季连等有关。

　　湖南宁乡有沩山、沩水，"沩"，《说文》所无，为后起字，也为"为"声，故可与蔿、夒相通，只是作为水名加了水旁，其为水部用作山名似有不妥，作山名当作"为山"，作邑名当作"郑"。"沩"为歌韵匣纽，与"围"皆为匣纽，韵相近，故可通。在湘楚方言里，"围"、"为"、"沩"音同，皆读［uei②］③，相通的例证如"沩山"又作"围

_____

　　① 田成方：《考古资料中的楚蔿氏宗族及其谱系探析》，2009 年 6 月 9 日，简帛网（http://www.bsm.org.cn/show_article.php? id=1071）。

　　② 如《清华大学藏战国竹简》第 2 册第 141 页之殷字、第 170 页之随字、第 180 页之召、虢等字均加了邑部，后世均无邑部。

　　③ 李珍华等：《汉字古今音表》，中华书局 1999 年版，第 42、55 页。

山"。湖南醴陵有小沩山，宁乡有大沩山。《舆地广记》（卷26）："宁乡县……有大沩山，青阳山，沩水。"宋·张君房撰《云笈七籤》（卷27）："第十三：小沩山洞，周回三百里……在潭州澧陵县。"《湖广通志》（卷11）："醴陵县……小沩山在县东三十里。"这个"沩山"又作"围山"，如清代傅泽洪的《行水金鉴》（卷154）"浏阳县在醴陵之北，有渭水源出大围山，经县前入湘江"，又如《说郛》（卷66）："大围山周回三百里……在潭州醴陵县。"由于在湖南有两个围山（沩山），名称相同，所以才有大、小之分，以相区别，今人作地图则以沩、围二字相区别，宁乡的作"沩山"，浏阳至醴陵的作"围山"，但至今醴陵东堡乡还有个沩山村。这个围山（沩山）与吴回、老童有关，在前一篇论文中，我们已经论证了湘江支流渌水地区（今醴陵）的古渌国公主女禄氏嫁为帝颛顼妻，生下老童，并将老童留在母亲部落，老童之子祝融也生活在南岳附近。因此，湖南的围山、沩山当与楚祖有关。

"围"与"鄬"古相通。甲骨文"围"作𝍀、𝍀，即"韦"，金文作𝍀、𝍀，像人围攻或围守之形①，上古为微韵匣纽，而鄬当读畏声，"畏"，微韵，影纽，匣纽、影纽同为喉音，可相通。王辉云："韦读为畏。上博楚竹书《孔子诗论》简17：'《将仲》之言，不可不韦也。'影本韦读畏。所评论者为《诗·郑风·将仲子》，诗云：'仲可怀也，父母之言，亦可畏也。''人之多言，亦可畏也。'"②"畏"又与"威"通，如《毛公鼎》："旻天疾畏。"《诗·小雅·雨无正》作"旻天疾威"。《书·皋陶谟》："天明畏，自我民明威。"③"鄬"也与"威"通，如包山简133："子宛公命鄬右司马彭怿为仆券等"，刘信芳说："鄬读为威，《玺汇》0318'……鄬大夫……''鄬大夫'即'威大夫'，乃墓区中管理楚威王墓地的大夫。'鄬右司马'与鄬大夫同例。"④可见，围山、沩山即《清华大学藏战国竹简·楚居》中的"鄬山"。

田成方先生已经指出"远"与"蓬"、"䓕"相通。刘信芳先生《〈包山楚简〉中的几支楚公族试析》一文也指出包山楚简中的"远氏"

---

① 汤可敬：《说文解字今释》，岳麓书社1997年版，第847页。
② 参见王辉《古文字通假字典》，中华书局2008年版，第496—497页。
③ 同上书，第157页。
④ 刘信芳：《楚简帛通假汇释》，高等教育出版社2011年版，第258页。

即文献中的"薳氏"。① 《通志·氏族志》云："蚡冒之后薳章食邑于蒍，故以命氏。"也可见"薳"氏与"蒍"邑的关系。"远"、"薳"、"蒍"也当与"郢"相通，这可证之于《楚居》中降于郧山的季连所生的"远仲"。② 《左传·隐公八年》曰："天子建德，因生以赐姓，胙之土而命之氏。"远仲生于郧山，故姓"远"（薳、蒍、为），当读"为"声，他当然就是薳氏宗族的大宗，直接来源于降于"郧山"的季连氏。楚宗族中"为"字系列字皆当出于季连所降之郧山，抑或来源于更早的楚祖"吴回"。

"回"古与围、韦、畏等皆相通。如，回通韦，《弟子问》："韦（回），来，吾告女（汝）。"《君子》："韦（回），蜀（独）智，人所恶也……"③ 又如上博简六《申公臣灵王》："王子回（围）夺之，陈公争之"，刘信芳说："'回'读为围，'王子回'，经史多作'王子围'，后继位为楚灵王"。④

此外，淅川下寺春秋楚墓 M2 还出土了铭文为"郑"子的缶、浴、篚三件，M3 出土郑中姬丹曾匜。赵世纲先生说："郑，从邑从为，同蒍。蒍，地名。春秋时蒍地有三：其一在郑之北，属郑……其二在郑之南，也属郑……其三为楚地。"《史记·楚世家》载："吴回生陆终。陆终生子六人……四曰会人。"《索引》引《系本》云："四曰求言，是为郐人。郐人者，郑是。"⑤ 因此，郑子也当是这个宗族成员。邑名当从为从邑，作"郑"，分属吴回后裔郐国与楚国。

"悗"，读畏，通"夒"，如郭店楚简《唐虞之道》（简 12）："□豊，悗（夒）守乐，孙（逊）民教也。"按"悗（夒）"字从陈伟《郭店楚简别释》。⑥ "为"字声系，后世读为"为［wéi］"、"为［wèi］"与"妫［guī］"等音，因此，与"为"相通的字，也有围、畏、归等。因而夒

① 刘信芳：《〈包山楚简〉中的几支楚公族试析》，《江汉论坛》1995 年第 1 期。
② 季连所生二子，只有远仲姓远，关于这一点，可参见湖北省社科院尹弘兵先生 2011 年 10 月 29 日在武汉"楚简·楚文化与先秦历史文化国际学术研讨会"所做的一种解释，即有些民族曾实行"幼子继承制"，只有幼子才能继承祖居地。而上古又多以居地名为姓氏之称。
③ 参见白于蓝《简牍帛书通假字字典》，福建人民出版社 2008 年版，第 156 页。
④ 刘信芳：《楚简帛通假汇释》，高等教育出版社 2011 年版，第 258 页。
⑤ 赵世纲：《淅川下寺春秋楚墓青铜铭文考索》，载河南省文物研究所主编《淅川下寺春秋楚墓》，文物出版社 1991 年版，第 369 页。
⑥ 陈伟：《郭店楚简别释》，湖北教育出版社 2002 年版，第 67 页。

国，又称隗国或者归国。《后汉书·郡国志》载："秭归，本归国。"刘昭《注》引杜预说："夔国。"《水经注》引宋忠说："归即夔，归乡，盖夔乡矣。"

此外，"畏"、"为"还通"危"、"騩"等等，也与老童或吴回有关。如《山海经·西山经》："三危之山……又西一百九十里曰騩山……神耆童居之。注：耆童老童，颛顼之子。"①

总之，"夔"、"为"一系楚氏是楚之大氏，源自楚嫡亲远祖吴回、季连，最早的"远"（"为"）氏当数降于郧山的季连所生的远仲。

二　从清华简《楚居》及宁乡炭河里遗址看楚祖季连的居地

按《大戴礼》等书，楚国是祝融后裔季连所建之国。楚国起源于何时、何地，皆有争议，有 20 多种不同意见。② 新近出土的清华简《楚居》③ 是战国中晚期的竹简，记叙了楚祖先的地望，但理解起来也有分歧。其文曰：

> 季繏（连）初降于郹（騩）山，氐（抵）于空（穴）窮（穷）。遝（前）出于乔（骄）山，宅（宅）尻（处）爰波（陂）。逆上汌水，见盘庚之子，尻（处）于方山，女曰比（妣）隹，秉兹衒（率）相，詈胄四方。季繏（连）聞（闻）亓（其）又（有）聘（聘），从，

① 这记在西山经中，可能与老童后裔西迁有关。《山海经·大荒西经》记载了祝融后裔处西方的理由："有芒山，有桂山，有榣山，其上有人，号曰太子长琴。颛顼生老童，老童生祝融，祝融生太子长琴，是处榣山。""颛顼生老童，老童生重及黎，帝令重献上天，令黎邛下地。下地是生噎，处于西极，以行日月星辰之行次。"（引者按：这个"噎"是否即上引"材料一"中炎帝、祝融后裔"噎鸣"？二者同为祝融之后，皆为天文官，值得注意。）以上可知，祝融（黎）之子太子长琴（上段引文中又名"噎"）处西极是为了"以行日月星辰之行次"，即观测天象。祝融是高辛氏的天文官，祝融氏家族世世代代为天文官，其子（这个"子"当指后代）曾被派往西方观察天象。《尚书·尧典》也可证派出四人去四方观天象。因此，虽然老童之神居西方的騩山，那可能是祝融后裔"噎"带去的，祝融本人还是处长江中游的南岳附近。

② 高介华、刘玉堂：《楚国的城市与建筑》，湖北教育出版社 1995 年版，第 71—86 页。

③ 清华大学出土文献研究与保护中心编，李学勤主编：《清华大学藏战国竹简》（壹），中西书局 2010 年版。

及之盤（泮），爰生緹白（伯）、远中（仲）。媱（毓）裳（徜）羊（祥），先尻（处）于京宗。

穴酓遲（迟）遷（徙）于京宗，爰旻（得）她歐（列），逆流哉（载）水，乒（厥）殠（状）聖（聂）耳，乃妻之，生侸害（叔）、丽季。丽不从行，渭（溃）自脅（胁）出，她歐（列）宾于天，晉（巫）巤（咸）賅（该）亓（其）脅（胁）以楚，氐（抵）今日楚人。

至酓惶（狂）亦居京宗。至酓霖（绎）与屈約（紃），思（使）若（都）蒝（嗌）卜遷（徙）于塺（夷）宅（屯）……

此段文字告诉我们，季连出生在郿山。穴熊或认为与《楚居》中的"穴穷"有关，即穴熊所处之地，季连与穴熊为两兄弟。① 《楚居》首句云，出生于郿山的季连到达其兄弟穴熊的处所穴穷。由于季连"先处于京宗"，穴熊（按：楚简的"酓"字在古文献中皆作"熊"）"迟徙于京宗"，到穴熊之孙熊狂"仍居京宗"。至熊狂之子熊绎才"徙居夷屯"。

那么，这个京宗、夷屯在哪里？有学者认为京宗之名有可能与《中山经》的景山有关，景山即荆山首，在湖北房县西南二百里；夷屯就是丹阳……

笔者以为，《楚居》中郿山的"郿"《说文》所无，其字为地名，当从邑，畏声。笔者疑即湖南宁乡之"沩山"，湖南方言里又作"围山"，上文已论及这组字相通的问题。

《楚居》所谓"京宗"，亦当即"郿"地，当即"荆宗"，亦即楚祖庙所在地。"京"属见母阳部，"荆"属见母耕部，声母相同，韵部也有关系，而且荆本来就有耕部、阳部两种读音。② 除《殷契粹编》1315·4·1中出现的"楚京"二字外，李家浩先生曾提出厵羌钟铭文"𩰱夺楚京"的"楚京"可能当读为"楚荆"，《竹书纪年》、墙盘、叔簋、驭簋、子犯钟等皆将楚写作"楚荆"。上古"荆"、"京"可通，例如：《文选》

---

① 参见陈民镇《清华简〈楚居〉集释》，复旦大学出土文献与古文字研究中心网站论文，链接：http://www.gwz.fudan.edu.cn/SrcShow.asp? Src_ ID = 1663。

② 李家浩：《释上博战国竹简〈缁衣〉中的"𥅆臣"合文》，载中山大学古文字研究所编《康乐集——曾宪通教授七十寿庆论文集》，中山大学出版社2006年版，第21—26页。

卷27颜延年《始安郡还都与张湘州登巴陵城楼作》"前瞻京台囿"李善注:"《说苑》曰:'楚昭王游于荆台,司马子期谏曰:"荆台左洞庭,右彭蠡。"'荆或为京。"按李注所引《说苑》曰文字,见于《说苑》的《正谏》篇。"荆台"是楚国的一座台名,《淮南子·道应》作"强台",《文选》卷42应休琏《与满公淡书》李善注引作"京台",《太平御览》卷468引作"荆台"。据此,颇疑铭文的"楚京"应该读为"楚荆"。①②因此,我们认为《楚居》中的"京宗"即"荆宗",又荆即楚,因而即"楚宗"。宗者,祖庙也。如:"宗,尊祖庙也"(《说文》),"汝作秩宗"(《虞书》),传:"主郊庙之官","凡师甸用牲于社宗"(《周礼·肆师》),"既燕于宗"(《诗·大雅·凫鹥》)等等。《左传·庄公二十八年》:"凡邑有先君宗庙之主曰都,无曰邑。邑曰筑,都曰城",《魏书》卷60:"按《春秋》之义,有宗庙曰都;无则谓之邑。"京宗,犹言荆楚国祖庙所在的地方,即楚都。周都有"宗周"、"成周"之分,《楚居》之"京宗"当如周之"宗周"。京宗亦当为季连所降之郳(汜)山。有学者认为"京宗"即荆山之首的景山,如泰山之称为岱宗。笔者以为,泰山之所以又称岱宗,是因为泰山有宗庙,又称岱庙。又景山为荆山之首,为沮、漳等河的源头,楚不可能将都城设于河源之高山,这可以新石器时代以来各大遗址都位于河之泮为证。

我们再从《楚居》上下文义来做分析:

逆上沺水,见盘庚之子,尻(处)于方山,女曰比(妣)佳,秉兹銜(率)相,嗇胄四方。季繼(连)聙(闻)亓(其)又(有)哻(聘),从,及之盤(泮),爰生緄白(伯)、远中(仲)。妣(毓)緍(徜)羊(徉),先尻(处)于京宗。

关于其中一句的释读,整理者作"季繼(连)聙(闻)亓(其)又

———————

① 宋华强:《清华简〈楚居〉1—2号释读》,2011年1月15日,武汉大学简帛研究中心网站(http://www.bsm.org.cn/show_article.php?id=1391)。

② 李家浩:《释上博战国竹简〈缁衣〉中的"茲臣"合文》,载中山大学古文字研究所编《康乐集——曾宪通教授七十寿庆论文集》,中山大学出版社2006年版,第21—26页。

(有)嗙(聘),从,及之盤(泮),爰生绖白(伯)、远中(仲)"①,并指出"从,追赶;及,追上"。② 陈伟先生则认为"从及之盤,疑作一句读"。③ 复旦大学出土文献与古文字研究中心研究生读书会原从整理者说④,后据其他学者意见改作"季繠(连)聝(闻)亓(其)又(有)嗙(聘),从及之盤(泮),爰生绖白(伯)、远中(仲)"⑤,陈民镇从之。⑥ 这里有一个关键词"盤",对它的解释可以带来对"京宗"的不同的理解:

整理者:读为"泮",水涯。⑦

李学勤:"盤"应读为"泮",即水滨,结合上文即洲水之滨。⑧

陈伟:盤,读为"班",返还义。⑨

守彬:"盤"当读如本字,与前文"盘庚"呼应。⑩

宋华强:"盤"疑当训为"乐"。《书·无逸》"文王不敢盘于游田",孔疏引《释诂》:"盘,乐也。""盘游(游)"经常并言,如《逸周书·柔武》"盘游安居",伪古文《书·五子之歌》"乃盘游无度"。字又作"般",如《尔雅·释诂上》:"般,乐也。"《荀子·仲尼》"般乐奢汰",《孟子·公孙丑上》"般乐怠敖",《尽心下》"般乐饮酒"。上文说比佳好

---

① 清华大学出土文献研究与保护中心编,李学勤主编:《清华大学藏战国竹简》(壹),中西书局 2010 年版,第 181 页。

② 同上书,第 183 页。

③ 陈伟:《读清华简〈楚居〉札记》,2011 年 1 月 8 日,武汉大学简帛研究中心网站(http://www.bsm.org.cn/show_article.php? id=1371)。

④ 复旦大学出土文献与古文字研究中心研究生读书会:《清华简〈楚居〉研读札记》,2011 年 1 月 5 日,复旦大学出土文献与古文字研究中心网站(http://www.gwz.fudan.edu.cn/SrcShow.asp? Src_ID=1353)。

⑤ 参见程少轩、邬可晶主编、复旦大学出土文献与古文字研究中心研究生编"清华简字形辞例检索数据库 1.1 版"《释文索引》。

⑥ 陈民镇:《清华简〈楚居〉集释》,复旦大学出土文献与古文字研究中心网站论文,链接:http://www.gwz.fudan.edu.cn/SrcShow.asp? Src_ID=1663。

⑦ 清华大学出土文献研究与保护中心编,李学勤主编:《清华大学藏战国竹简》(壹),中西书局 2010 年版,第 183 页。

⑧ 李学勤:《论清华简〈楚居〉中的古史传说》,《中国史研究》2011 年第 1 期。

⑨ 陈伟:《读清华简〈楚居〉札记》,2011 年 1 月 8 日,武汉大学简帛研究中心网站(http://www.bsm.org.cn/show_article.php? id=1371)。

⑩ 守彬:《读清华简〈楚居〉季连故事》,2011 年 1 月 10 日,武汉大学简帛研究中心网站(http://www.bsm.org.cn/show_article.php? id=1382)。

游，故季连"及之盤"，盖谓季连和比佳一起盘游享乐。颇疑"及之盤"是男女交媾的一种委婉语，故下文接着说"爰生緢伯、远仲"。①

笔者以为，如果释"盤"为"泮"，即"盘庚之子"所处的"方山"附近的河泮，那么，他们成亲的地方应当在"方山"附近，不宜在河源之高山"景山"。如果将其释为"乐"，虽然《尔雅·释诂》确有此释，但几个有"乐"义的古字也还有用法上的区别，就像"崩、薨、无禄、卒、殂落、殪，死也"，这几个字虽都有死义，但不能混淆一样。《尔雅·释诂》："怡、怿、悦、欣、衎、喜、愉、豫、恺、康、妉、般，乐也"。邢昺疏："皆谓喜乐，怡者和乐也……怿者悦乐也……悦者心乐也……欣者笑喜之乐也……衎者饮食之乐也……喜者《说文》云不言而悦也……愉者安闲之乐也……豫者逸乐也……恺者康乐也……康者安乐也……妉者乐之久也……般者游乐也……""妉"，本作"媅"，又作"耽"，一般用于言男女之乐，如："耽于女乐，不顾国政，则亡国之祸也"（《韩非子·十过》），"于嗟女兮，无与士耽"（《诗·卫风·氓》）。邢昺疏云："妉者乐之久也"，只是言中了其中部分含义，尚未揭示其基本含义。《说文》："媅，乐也。从女，甚声。"汤可敬《说文解字今释》云："徐灏《段注笺》：'甘部：甚，尤安乐也。乃媅之本字。因为过甚之义所专，故又增女旁作媅耳。'后作妉。"从中我们可知，"甚"是"媅"的本字，而《说文》云："甚，尤安乐也。从甘，从匹耦也。"何谓"匹耦"？《辞源》、《辞海》均未收，"百度百科"、"汉典"等做了如下解释：

1. 投合。《诗·大雅·假乐》"率由群匹"汉郑玄笺："循用群臣之贤者，其行能匹耦己之心。"唐孔颖达疏："循用群臣之匹耦己志者。"

2. 指雌雄的一方。后多指配偶，夫妻。《诗·齐风·南山》"雄狐绥绥"汉郑玄笺："雄狐行求匹耦于南山之上。"《左传·成公十一年》"己不能庇其伉俪而亡之"唐孔颖达疏："伉俪者，言是相敌之匹耦。"宋·苏舜钦《诸目四》："幽闭怨旷之人，皆得匹耦，摅散积

---

① 宋华强：《清华简〈楚居〉1—2 号释读》，2011 年 1 月 15 日，武汉大学简帛研究中心网站（http：//www. bsm. org. cn/show_ article. php? id＝1391）。

阴之愤，以召至和之气。"章炳麟《訄书·序种姓上》："婚姻亦以氏别，虽崔、郭、唐、杜，灼然知出于一姓，犹相与为匹耦。"

3. 雌雄配对。多喻指婚配。《诗·小雅·鸳鸯》"鸳鸯于飞"唐孔颖达疏："相匹耦而扰驯，则易得也。"《二刻拍案惊奇》卷九："打鸭惊鸳鸯，分飞各异方。天生应匹耦，罗列自成行。"清蒲松龄《聊斋志异·窦氏》："（南三复）转念农家岂堪匹耦？姑假其词以因循之。"

4. 相当于。《明史·魏元传》："传闻宫中乃有盛宠，匹耦中官。"

如上可知：甚（媅），从甘（甜蜜），从匹耦（雌雄），言男女之乐也。因此，如果言男女之乐，应用"妉"、"媅"、"耽"等字，而不宜用"盤"字。

盤与般本是两个不同的字，按《说文》，"槃，承槃也。从木，般声。古文从金，籀文从皿"，"般，辟也。象舟之旋，从舟，从殳，殳所以旋也"，王筠《句读》引《投壶》曰："宾再拜受，主人般旋曰辟"，汤可敬译"般，般旋。象船的旋转，所以从舟，从殳，殳是使之旋转的篙类工具"。"盤"、"般"古相通用。因"般"有旋转、往返之义，因此，般之乐指过分的"游乐"，它常与"游"并用。邢昺疏《尔雅》云"般者，游乐也"是很正确的。因此，《楚居》"及之盤"之"盤"释为"男女交媾"之乐，似有不妥。不过，如果将"及之盤"的"盤"解释为"游乐"也与前后文不顺。

我们认为，"京宗"与季连应聘时所行走的地方似无关，与其妻所在的"方山"也无关，而似与其出生地郳山有关，所以生下的儿子名为远（为）仲。于是"盤（盘）"理解为"班"，即"返还"为最佳释读。盤，般声，上古与"班"皆帮母元韵，同音通用。《说文段注》引《释言》曰："般，还也。"班，也为还义，如《左传·襄公十年》："请班师"，注："班，还也。"盘通般，也有"还"义，如盘桓、盘旋。般、盘、班通用之例，如："颜般《史记》作颜班，般、班古字通用。朱注：公输子名班，《礼记》作公输班，一作公输盘，一作公舒班"（明代陈士元《孟子杂记》卷三），又《汉书·礼乐志》："灵之来，神哉沛，先以雨，般（班）裔裔"，师古曰"般读与班同，班，布也"。因此，根据学者们的释

读和笔者的理解,《楚居》前段话可以这样翻译:

> 季连降生在騩(为)山。某日,他抵达其兄弟穴熊所处的穴穷之地。再向前来到乔山,沿途居住在河岸临时居所。再逆上均水,见到盘庚的后裔处在方山。盘庚后裔之女名叫比佳,比佳有美善之德,声名远扬。季连是得知比佳要招亲("闻其有聘(娉)"),于是前去应聘的("从")。等到他们返回到騩山之后("及之盘"),便生下了緎(郢)伯、远(为)仲两个儿子。生产得很顺利[婡(毓)鬵(徜)羊(徉)],季连首先居住在京宗(为山)……穴熊后来也徙居在京宗……直至熊狂仍旧居京宗。

当然,最能说明问题的还是看地下遗存证据。为研究楚国早期都城,考古界做了大量的工作,但并未在湖北找到相应的城址。近年在湖南宁乡炭河里遗址发现了商末周初的遗址及城址。① 该遗址位于宁乡黄材镇寨子村(现改名为栗山村),沩水与南来的楚江在附近相汇,沩山即在遗址西面,为沩水所出。地望与安化熊山相邻。《史记·五帝本纪》黄帝"南至于江,登熊、湘"。沩山、熊山过去皆属益阳县,湘山则为洞庭湖边的君山,当为古"熊湘"所辖范围。其地名"沩"与《楚居》之騩当为同一地方,南面的楚江也说明这与楚都有关。该遗址位于山间盆地,城域面积14.5万平方米,有高规格的宫殿及墓葬,有铜作坊的可能,从城的规模上说比盘龙城大,从宫殿四周有回廊看,等级较高。从时间上说,该遗址第一期为商末,二至四期为西周,"城址始建年代不早于商末周初,使用年代主要为西周早中期"。发掘者向桃初先生说建城时代的墓葬"都随葬铜器和玉器,在湘江流域目前所见商周墓葬中规格是最高的……炭河里西周墓葬规格很小"。该遗址"均受到了以中原地区为代表的外来文化的较大影响。但是,从整体文化面貌看,又绝对不属于商文化或周文化范畴……应该是一支地方青铜文化……我们认为炭河里城址是湘江流域西周时期某一地方青铜文化的中心聚落,或者说是西周时期独立于周王朝之外

---

① 湖南省文物考古研究所等:《湖南宁乡炭河里西周城址与墓葬发掘简报》,《文物》2006年第6期。

的某个地方方国的都邑所在地。"① 刘彬徽先生认为城址可早到商代。②

笔者认为，此城年代与鬻熊至熊狂时代正相当，皆为商末周初。其早期墓葬规格高，而至西周时规格很小，则又说明建城以后不久，高级贵族已经另有新居，留下了中小贵族居此旧邑（京宗），这与熊绎迁夷屯（或丹阳）正相合。该城是目前发掘的江汉地区商末及西周时期所建的唯一城址，其为楚之都城是可能的。

在炭河里城址及周边，发掘了众多商代青铜器，有些可能源于商都。这当与楚、商联姻有关。在武丁之时，商曾"奋伐荆楚"，但因制服不了楚，转而如《楚居》所示，采取招亲联姻方式。周文王用"文"的方法与商对抗时，楚祖鬻熊为周文王师，周、楚关系良好，而至周武王用"武"的方式与商作对，而楚又与商联了姻，这样楚就不参与周对商的作战，《牧誓》中未见楚加入周军。商人被周战胜后，大量流入楚境，炭河里城及周边发现的大量商朝青铜器即为明证。葛陵楚简："昔我先出自䢼道（追），宅兹汧（雎）、章（漳）"，即表明了楚人对出于商朝的女性祖先的尊重。不过，这句话并非说䢼道（追）宅于雎漳，而是说楚祖先出于䢼道（追），楚祖先熊绎等宅于雎、漳。

湖南中、北部与湖北中、西部大体都是楚的本土。我们读《史记·楚世家》就能明确这一点。从《楚世家》可以看出楚征伐诸国的大体路线，首先是伐庸、扬越，并占领了鄂。庸就在沮漳河旁边，扬越当指扬州及古越。商时扬越当在湖北东部至江西及以东地区。扬越不应包括湖南，因为《禹贡》云"荆及衡阳唯荆州"，属荆州。然后进一步北伐、东伐。对于湖南地区则不用"伐"，湖南西北部地区商代时属濮，楚濮关系良好，如《楚世家》："熊霜六年卒，三弟争立，仲雪死；叔堪亡，避难于濮……三十五年……于是开濮地而有之。"此言"开"不言"伐"，开，开发也。《楚世家》不见伐湖南地区的记载，但湖南地区却有楚之黔中郡、洞庭郡、苍梧郡（见《史记·苏秦列传》），这也说明湖南地区本来就是楚的国土。

过去，学者多认为楚文化入湘是西周中晚期以后的事。他们认为西周

———————

① 向桃初：《炭河里城址的发现与宁乡铜器群再研究》，《文物》2006 年第 8 期。

② 刘彬徽：《关于炭河里古城址的年代及其和宁乡青铜器群年代相互关系的思考》，载《湖南省博物馆馆刊》（第 5 辑），岳麓书社 2009 年版。

中期至战国末期，楚形成了具有特色的文化，称为楚文化，然后考察这种特征的文化是什么时期入湘的。笔者认为，这只能考察西周中晚期以后的楚文化入湘的问题，解决不了西周前期楚人的迁徙状况，因为西周早期，学者们所称的"楚特色文化"尚未形成。

既然楚文化是商末周初从湖南向湖北迁转的，那么就必然要有地下遗存的证据来说明。关于这一点，笔者在 2011 年"楚简·楚文化与先秦历史文化国际学术研讨会"上交流的《关于楚史的几个问题》一文已经从普通人使用的楚式鬲、宫廷贵族使用的甬钟的演变等做了论证。在此不赘。

三　余论

《路史·后纪八》说："伯禹定荆州，季芈宅居其地"。按：此荆州当指禹时"荆及衡阳唯荆州"之"荆州"，季芈即季连，说明禹之时，楚国已经建立。《越绝书》（三）说："汤献牛荆伯。伯者，荆州之君也。汤行仁政，敬鬼神，天下皆一心归之。当是时，荆伯未从也，汤于是乃饰牺牛以事荆伯，乃委其诚心。"这说明商初之时，楚国很强大，商汤需要献牛以事之。《诗·商颂·殷武》："挞彼殷武，奋伐荆楚，罙入其阻，裒荆之旅。有截其所，汤孙之绪"，从商代达到鼎盛之时的国王武丁需要"奋伐"荆楚可知，楚在商代是很强大的。那么，从夏至商，楚的国都在哪里？楚灭亡后，陈胜、吴广起义建立"张楚"政权，项羽灭秦后称为"西楚霸王"，刘邦包围项羽之时"四面楚歌"，由此使人联想到楚到底是一姓之楚还是几姓之楚？这些都值得进一步研究。傅聚良先生对比武汉盘龙城城址、江西樟树吴城城址、湖南宁乡炭河里城址遗物后认为，此三个城就是同一个文化的三个发展阶段，[①] 言之成理，可备一说。然而，吴城遗址是否又与太伯、虞仲奔荆蛮，荆蛮义之，从而归之千余家组建的"吴"国相联系？是否是荆楚由吴城迁往宁乡后即将吴城赐给了太伯？这一系列的问题还需要更多的研究。不过，本文所言商末周初之时，楚国国都在宁乡炭河里城址当有较多可能性。

总之，楚国有蔿氏、蓬氏、远氏、仳氏、夒氏等一组文字相通的宗

---

① 傅聚良：《盘龙城、新干和宁乡》，《中原文物》2004 年第 1 期。

族，这几个氏，氏相通用，源出一脉，皆当为祝融（吴回）嫡系宗亲。从清华简《楚居》及湖南宁乡炭河里遗址等可知，季连所建的楚国很可能在湖南安化、宁乡一带。从楚文化前身的标志物"楚式鬲"及楚重器甬钟的演变轨迹等，可证周初之时楚文化由湖南向湖北的迁转。

（作者单位：重庆师范大学历史与社会学院）

《说命》对读

黄怀信

清华简《说命》三篇与《古文尚书·说命》三篇记事虽或不同，但毕竟有可比性，分篇对读，可以清楚地了解各自之性质与真伪。

说命上

清华简《说命上》开篇曰"惟殷王赐说于天，庸（用）为失（佚）仲使人"，《古文尚书·说命上》无此二句。清华简接下来曰"王命厥百工向，以货徇求说于邑"，较简略。而《古文尚书》文开篇曰"王宅忧，亮阴三祀。既免丧，其惟弗言。群臣咸谏于王曰：'呜呼！知之曰明哲，明哲实作则。天子惟君万邦，百官承式。王言惟作命，不言臣下罔攸禀令。'王庸作书以诰，曰：'以台正于四方，惟恐德弗类，兹故弗言。恭默思道，梦帝赍予良弼，其代予言。'乃审厥象，俾以形旁求于天下"，于事情的原委交代比较清楚。

接下来清华简曰"惟弼人得说于傅岩，厥俾绷弓绅关辟（庳）矢。说方筑城，滕降庸力。厥说之状，鹃（鸢）肩女（如）惟（椎）"，较详细具体。而《古文尚书》作"说筑傅岩之野，惟肖，爰立作相"，又较笼统。

接下来清华简曰"王乃讯说曰：'帝抑尔以畀余，抑非？'说乃曰：'惟帝以余畀尔，尔左执朕袂，尔右稽首。'王曰：'旦（亶）然。'天乃命说伐失仲。失仲是（氏）生子，生二牡豕。失仲卜曰：'我其杀之？我其已勿杀？'勿杀是吉。失仲违卜，乃杀一豕。说于围伐失仲，一豕乃旋保以逝，乃践（翦），邑人皆从。一豕遂仲之自行，是为赤

（赦）俘之戎。其惟说邑，才（在）北海之州，是惟员（圜）土。说逨（来），自从事于殷，王用命说为公"，为另一具体事件。而《古文尚书》作"王置诸其左右，命之曰：'朝夕纳诲，以辅台德。若金，用汝作砺；若济巨川，用汝作舟楫；若岁大旱，用汝作霖雨。启乃心，沃朕心。若药，弗瞑眩，厥疾弗瘳；若跣，弗视地，厥足用伤。惟暨乃僚，罔不同心，以匡乃辟。俾率先王，迪我高后，以康兆民。呜呼！钦予时命。其惟有终。'说复于王曰：'惟木从绳则正，后从谏则圣。后克圣，臣不命其承，畴敢不祗若王之休命'"，为真正命说之事，所记完全不同。

以上可见，两篇《说命上》虽有可对照处，但记事侧重点不同，应该属于不同史官所记之不同篇章。

说命中

清华简《说命中》开首曰："说来自傅岩，在殷。武丁朝于门，入在宗。王原比厥梦，曰：'汝来惟帝命。'说曰：'允若时。'"基本上是重复上篇所记之事。《古文尚书·说命》开首为"惟说命总百官，乃进于王曰"一大段，均傅说之言，以下有"王曰：'旨哉！说，乃言惟服。乃不良于言，予罔闻于行。'说拜稽首曰：'非知之艰，行之惟艰。王忱不艰，允协于先王成德。惟说不言，有厥咎。'"可见主要为傅说告王之辞，似与"说命"（即"命说"）之名不合，但观开首"惟说命总百官"之言，似仍可以为名。清华简记"武丁曰：'来格汝说，听戒朕言，渐之于乃心。若金，用惟女（汝）作砺。故（古）我先王灭夏，燮强，捷蠢邦，惟庶相之力胜，用孚自迩。敬之哉，启乃心，日沃朕心。若药，女（如）不瞑眩，越疾罔瘳。朕畜女（汝），惟乃腹，非乃身。若天旱，女（汝）作淫雨。若津水，女（汝）作舟。女（汝）惟兹说砥（底）之于乃心。且天出不祥，不徂远，才（在）厥落，女（汝）克暄见（视）四方，乃俯见（视）地。心毁惟备。敬之哉，用惟多德。且惟口起戎出好，惟干戈作疾，惟衣载病，惟干戈生厥身。若诋（抵）不见（视），用伤，吉不吉。余告女（汝）若时，志之于乃心'"，似确为告命之辞。

《古文尚书》此命则在上篇，曰："朝夕纳诲，以辅台德。若金，用汝作砺；若济巨川，用汝作舟楫；若岁大旱，用汝作霖雨。启乃心，沃朕心。若药，弗瞑眩，厥疾弗瘳；若跣，弗视地，厥足用伤。惟暨乃僚，罔不同心，以匡乃辟。俾率先王，迪我高后，以康兆民。呜呼！钦予时命。其惟有终。"可见命辞又不尽相同，清华简之文颇有超出《尚书》者。如"武丁曰：'若金，用惟女（汝）作砺'"下多"故（古）我先王灭夏，燮强，捷蠢邦，惟庶相之力胜，用孚自迩。敬之哉，启乃心，日沃朕心"；"若药，女（如）不瞑眩，越疾罔瘳"下多"朕畜女（汝），惟乃腹，非乃身"。又"若天旱，汝作淫雨。若津水，女作舟"在上，且辞略不同。以下"女惟兹说之于乃心"，"且天出不祥，不徂远，才（在）厥落，女（汝）克暄见（视）四方，乃俯见（视）地。心毁惟备。敬之哉，用惟多德"均不见《古文尚书》。这里的问题之一是清华简多出之文，与其上文似皆不协，如"故（古）我先王灭夏，燮强，捷蠢邦，惟庶相之力胜，用孚自迩"，与"若金，用惟女（汝）作砺"无关；"朕畜女（汝），惟乃腹，非乃身"，与"若药，女（如）不瞑眩，越疾罔瘳"无关。

问题之二，简文"且惟口起戎出好，惟干戈作疾，惟衣载病，惟干戈生厥身"数句，《尚书》确在《说命中》篇，而其文曰："惟说命总百官，乃进于王曰：'呜呼！明王奉若天道，建邦设都，树后王君公，承以大夫师长，不惟逸豫，惟以乱民。惟天聪明，惟圣时宪。惟臣钦若，惟民从乂。惟口起羞，惟甲胄起戎。惟衣裳在笥，惟干戈省厥躬。王惟戒兹，允兹克明，乃罔不休。惟治乱在庶官。官不及私昵，惟其能；爵罔及恶德，惟其贤。虑善以动，动惟厥时。有其善，丧厥善；矜其能，丧厥功。惟事事，乃其有备；有备无患。无启宠纳侮，无耻过作非。惟厥攸居，政事惟醇。黩于祭祀，时谓弗钦。礼烦则乱，事神则难。'"可见又为傅说（悦）告王之言。我们知道，武丁徇求傅说，本欲"朝夕纳诲"，不可能又不让傅说（悦）说话。所以，"惟口起羞"等语必不能是武丁之言，而应是傅说之语。可见《古文尚书》作傅说之言是合理的。所以，清华简此文必有讹误。另外《国语·楚语上》及《孟子·滕文公上》所引"《书》曰'若药不瞑眩，厥疾不瘳'"，亦与《古文尚书》文更接近。所以，《古文尚书》之《说命上》应该是原作。

以上可知，清华简此篇基本上相当于《古文尚书·说命》之上篇，而文有讹误。同时可知，《古文尚书》此篇不晚于清华简。

说命下

　　清华简《说命下》为七小段"王曰"，即七段武丁命傅说之辞，如其后二段曰："王曰：'说，昔在大戊，克渐五祀，天章之用九德，弗易百姓。'惟时大戊谦曰：'余不可辟万民。余罔坠天休，式惟三德赐我，吾乃敷之于百姓。余惟弗雍天之叚（碬）命。'王曰：'说，毋蜀（独）乃心，敷之于朕政，欲女（汝）其有友勒朕命哉。'"可见确合乎《说命》之题。《尚书·说命下》共四段，首段"王曰"主要是命傅说训己，如曰"尔惟训于朕志：若作酒醴，尔惟曲蘖；若作和羹，尔惟盐梅。尔交修予，罔予弃。予惟克迈乃训"。第二段为傅说答言，如曰"王，人求多闻，时惟建事。学于古训，乃有获。事不师古，以克永世，匪说攸闻。惟学逊志，务时敏，厥修乃来。允怀于兹，道积于厥躬。惟敩学半，念终始典于学，厥德修罔觉。监于先王成宪，其永无愆。惟说式克钦承，旁招俊乂，列于庶位"。第三段又为王曰，如云"呜呼，说，四海之内咸仰朕德，时乃风。股肱惟人，良臣惟圣。昔先正保衡作我先王，乃曰：'予弗克俾厥后惟尧舜，其心愧耻，若挞于市。'一夫不获，则曰：'时予之辜。'佑我烈祖，格于皇天。尔尚明保予，罔俾阿衡专美有商。惟后非贤不乂，惟贤非后不食。其尔克绍乃辟于先王，永绥民"。最后一段为"说拜稽首曰：'敢对扬天子之休命'"。可见基本上还是王命说，所以，名《说命》也无不可。

　　如此可见，二《说命下》之文全然不同。而问题是《礼记·学记》篇引《兑命》曰"敩学半"，"念终始典于学"；《文王世子》篇亦引《兑命》曰"念终始典于学"，《学记》篇又引《兑命》曰"敬孙务时敏，厥修乃来"，均见于《古文尚书》此篇，而不见清华简《说命》。《学记》与《文王世子》均先秦作品，可见先秦北方所传《说命》与《古文尚书》同，而不与清华简同。

　　如此则清华简《说命》又当如何解释？我们认为，清华简《说命》三篇除中篇有错简讹误外亦属真书，属古《书》之传楚者。因为《书》本是史官之记录，原本篇目一定很多，而百篇之《书》，则为后人删定之本。这一点，《逸周书》作为"删《书》之余"，即是明证之一。《汉书·艺文志》引刘歆《七略》曰："《书》之所起远矣，至孔子纂焉。上断自尧，下迄于秦，凡百篇，而为之序。"应该有可信度。而此《书》之流传，无疑是从北方开始。但孔子以前即未删之《书》，又不能无传，尤其是在南方。《左传》昭公二十六年（公元前516年）载："十一月辛酉，晋师克巩。召伯盈逐王子朝，王子朝及召氏之族、毛氏得、尹氏固、南宫嚚奉周之典籍以奔楚。"此所谓"周之典籍"，必含《书》篇。可见原《书》确曾传楚。清华简虽无明确出土地点，但据简质其出南方楚地则无疑问。所以，清华简之《书》当是尚未删定之书。这一点，我们在讨论《保训》篇时已曾提出。

还有一个证据，就是《书序》。《尚书·说命》之序曰："高宗梦得说，使百工营求诸野，得诸傅岩，作《说命》三篇。"是《说命》三篇因梦而起。而今《古文尚书·说命上》篇正载："王庸作书以诰曰：'以台（我）……梦帝赉予良弼，其代予言。'乃审厥象，俾以形旁求于天下。说筑傅岩之野，惟肖，爰立作相。"清华简《说命中》篇虽亦有"梦"字，但其文曰："说逨（来）自傅岩，在殷。武丁朝于门，入在宗。王原比厥梦，曰：'女（汝）逨惟帝命。'说曰：'允若时。'""梦"在后，《书序》不可能据之而作。所以，《古文尚书》之《说命》，必是作序者所据见之篇。

（作者单位：曲阜师范大学孔子研究所）

清华简《说命》考论

杨善群

自清华简整理、公布以来，学术界各方的争议非常热烈。仁者见仁，智者见智，探索真相，畅所欲言，这对于史学的繁荣与进步，无疑是十分有益的。最近，清华大学出土文献研究与保护中心编撰的《清华大学藏战国竹简》第 3 卷也由上海中西书局出版了。在这一卷中，最引人注目的是《说命》上、中、下三篇，这是先秦时期的重要典籍《尚书》中的一部分。据编者介绍，今传《十三经注疏》中由唐孔颖达纂定《尚书正义》中的三篇《说命》，"前人已考定为伪书"；而此次发现的清华简《说命》三篇，与上述伪书"全然不同"。① 不言而喻，这清华简《说命》，当然是《尚书》的真品了。

然而在阅读完这三篇竹简、释文和注释后，使人疑窦丛生，实在无法相信，它是《尚书·说命》的原本。为探明清华简《说命》的真实情况，本文拟从以下四方面做一考论，与有关专家学者们共同探讨。

一 神怪故事——非《尚书》所宜有

清华简《说命上》有这样一段记载：

> 天乃命说伐失仲。失仲是生子，生二戊（牡）豕。失仲卜曰：

---

① 清华大学出土文献研究与保护中心编：《清华大学藏战国竹简》（叁），下册，载《说命上·说明》，上海中西书局 2012 年版，第 121 页。下引清华简《说命》的"说明"、"释文"、"注释"，均出自该书第 121—131 页。

"我其杀之；我其已，勿杀：勿杀是吉。"失仲违卜，乃杀一豕。说
于围伐失仲，一豕乃旋保以逝。乃践，邑人皆从。一豕随仲之自行，
是为赤俘之戎。①

这里所叙述的，应该是戎狄部落的一支"赤俘之戎"如何诞生的神怪故
事。据说傅说原来是"失仲使人"，即失仲的役夫。但某日"天乃命说伐
失仲"，当时失仲正要"生子"，却生了两头公猪。失仲要杀掉他们，然
而占卜说"勿杀是吉"，最后失仲还是违卜而"杀一豕"。当傅说围伐失
仲时，剩下的一豕进行保卫，然后逃走。于是失仲之邑被伐灭，邑人皆服
从傅说。而一豕随失仲"自行"至某地，在那里繁衍生息，这样就成为
"赤俘之戎"。

此神奇故事有许多怪点：一怪"天乃命说伐失仲"，试问"天"是怎
样下命令的呢？二怪"失仲是生子"，却"生二牡豕"，即两头公猪。人
而生猪，何等神奇！三怪失仲杀其一子即一豕，另一豕在傅说来伐时
"保以逝"，即进行保卫然后逃逸，其动作如人而有灵性。四怪一豕随失
仲"自行"至某地而繁衍，成为"赤俘之戎"，即戎狄部落中的一支。

像这样讲述某戎狄部落形成的奇异过程，它不可能是《尚书·说命》
的原文，整部《尚书》从没有记录如此怪诞的故事，它与《尚书》固有
的实录风格是水火不容的。《论语·述而》记："子不语怪、力、乱、
神。"朱熹《四书章句集注》曰："怪异、勇力、悖乱之事，非理之正，
固圣人所不语；鬼神造化之迹，虽非不正，然非穷理之至，有未易明者，
故亦不轻易语人也。"② 如果孔子教授《诗》、《书》，遇到《说命》中此
神怪故事，他一定会进行抵制而"不语"，并将其删除。

查整部《尚书》中，仅《金縢》一篇记载有西周初年成王得周公书
的神奇故事，其文曰：

> 秋，大熟未获，天大雷电以风，禾尽偃，大木斯拔，邦人大恐。
> 王与大夫尽弁以启金縢之书，乃得周公所自以为功代武王之说……王
> 执书以泣曰："……今天动威以彰周公之德……"王出郊，天乃雨，

---

① 为便于排版和阅读，文中古字一律改为现今通行字，编者标点错置者亦予改正。

② 朱熹：《四书章句集注》，中华书局 1983 年版，第 98 页。

反风，禾则尽起……岁则大熟。

上述"天动威"的故事，也许是自然现象的巧合，在当时生活中是完全有可能的。但清华简《说命》所记："天命说伐失仲"，人而"生二牡豕"，豕如人有灵性而进行"保"卫，豕"自行"至某地繁衍而成"为赤俘之戎"。这些神奇怪语，都是好事者的编造，在历史上不可能发生这样荒诞的现象。故清华简《说命》所记此神怪故事，为整部《尚书》所从来没有的，与《金縢》所记的自然变化，不可同日而语。

还应该指出，清华简《说命》所记"天乃命说伐失仲"而成"为赤俘之戎"的故事，与整篇《说命》之文是脱节的，前后没有连续性。也就是说，这个神怪故事是游离于《说命》这篇记述王命傅说过程的文章之外，似乎是生硬地插进去的。

根据各方面的情形进行推断，清华简《说命》中的这段文字，很可能是战国后期怪诞故事风行后，抄录者为猎奇而将此传闻插入。晋代从古墓发掘得的战国竹简《穆天子传》，也有许多怪诞故事，如卷三记穆王会见西王母云：

> 吉日甲子，天子宾于西王母，乃执白圭玄璧以见西王母，好献锦组百纯……乙丑，天子觞西王母于瑶池之上。西王母为天子谣："白云在天，山陵自出。道里悠远，山川间之。将子无死，尚能复来。"……西王母又为天子吟曰："徂彼西土，爰居其野……嘉命不迁，我惟帝女……世民之子，唯天之望。"①

穆王作为"天子"会见西王母，却"好献锦组"等贵重物品，说明西王母的地位非同一般。再看西王母为穆王所作歌谣称："将子无死，尚能复来"，似乎她对人的生死能够掌控。西王母还吟道："嘉命不迁，我惟帝女"，说明她是上帝的女儿，上帝赋予她永远的"嘉命"。最后她称穆王为"世民之子，唯天之望"，代表上天对穆王寄予厚望。从穆王对西王母的敬献和西王母对天子的唱吟来看，她分明是一个奉"天""帝"之"命"来主宰"世民"的女神。显而易见，穆王会见西王母是一个编造的

---

① 郭璞注：《穆天子传》，上海古籍出版社1990年版，第10页。

神话故事，在现实生活中是不可能发生的。

　　笔者曾经撰写《〈穆天子传〉的真伪及其史料价值》一文进行考论，该文以充足的论据和大量的史实证明："今存《穆传》并非纯粹是当年西周史官的实录，它的许多地方是经过后人的加工和伪造的。"[①] 清华简《说命》三篇，当与晋时发掘所得的战国竹简《穆天子传》相仿，有后人添加和伪造的成分。"天命说伐失仲"而成"为赤俘之戎"的神怪故事，便是其中最显著的插入和伪造的内容。

二　傅说言论——庸俗而无所作为

　　《史记·殷本纪》载：殷王武丁即位后，"三年不言，政事决定于冢宰，以观国风"。据学者们的研究，武丁在这三年中，走访民间，思得辅佐。他早已认识在野服苦役的刑徒说，知其是治国贤才。为把刑徒说迎入宫中，武丁故意"夜梦得圣人，名曰说"，并"使百工营求之野"。在找到说而请其入宫后，武丁"与之语，果圣人，举以为相"。[②] 从《史记》这段记述来看，武丁与傅说之间，必有一番恳切的交谈。傅说的言论一定表现出其有非凡的睿智卓识，因而武丁判明其确实是"圣人"，并立即任命为"相"。毫无疑问，武丁与傅说之间的恳谈，一定会在《说命》中有所记述。

　　然而综观清华简《说命》三篇，傅说与王只有两段极短的对话。其一在上篇，王讯问说曰："帝抑尔以畀余，抑非？"其意为："天帝将你给予我，不是吗？"说对曰："惟帝以余畀尔，尔左执朕袂，尔右稽首。"其意为："天帝将我给予你，你左手执我衣袖，向右磕头至地。"王曰："亶然。"意即"诚然"，按此去做。其二在中篇，王问说曰："汝来惟帝命？"其意为："你来是奉天帝的命令吗？"说曰："允若时。"意即："诚然如此。"

　　傅说与王的对话，在清华简《说命》中就这样极短的两段。这两段对话，实在平庸乏味，一点也看不出傅说有什么治国的才能，更不要说是

　　① 杨善群：《〈穆天子传〉的真伪及其史料价值》，载《中华文史论丛》第 54 辑，上海古籍出版社 1995 年版，第 235 页。

　　② 司马迁：《史记》卷 3《殷本纪》，中华书局 1982 年版，第 1 册，第 102 页。

"圣人"了。这些极其庸俗、毫无深意的对话,在整部《尚书》中都很少见,可能是编造出来的。傅说在《说命》三篇中,只说要王"磕头"和"诚然如此"这样无所作为的两句话,与傅说胸怀大志、欲报效国家的精神面貌完全对不上。他的净谏君王的睿智和治国方略的卓识,在清华简中丝毫未见。傅说在这些对话中所显示的形象,恰如一个浑浑噩噩、苟且度日的庸夫,一个人家说什么他就承认什么的傻瓜。

再看被清华简定为"伪书"的今传《十三经注疏》中的《尚书·说命》,所展示的完全是另一番情景。在《说命》上篇,当殷王武丁"命之曰:朝夕纳诲,以辅台德"之后,傅说立即对王做了回应。《书·说命上》记:"说复于王曰:'惟木从绳则正,后从谏则圣。后克圣,臣不命其承,畴敢不祗若王之休命!'"傅说以"木从绳"为比,指出君王"从谏则圣",如君王能够圣明,臣下不待承命都能尽心尽力,谁敢不敬顺王之美命!傅说所阐述的是一幅多么顺畅的上下同心协力的美景!

《书·说命中》更记傅说向王的进谏曰:

> 明王奉若天道,建邦设都,树后王、君公,承以大夫、师长,不惟逸豫,惟以乱民。惟天聪明,惟圣时宪,惟臣钦若,惟民从乂。

傅说指出:君王"建邦设都",树立各级官职,"不惟逸豫,惟以乱民",即不是为了安逸享乐,而是为了治理民众。接着,他又描绘了一幅上天聪明、君王守法、臣下敬顺、人民安康的美妙境界。于是,王称赞道:"旨哉说,乃言惟服!"意即:"美好啊,傅说,你的言皆可施行。"然后,傅说又讲了一番富有哲理的话。《说命中》记:

> 说拜稽首曰:"非知之艰,行之惟艰。王忱不艰,允协于先王成德,惟说不言有厥咎。"

因为王谈到皆可施行,傅说又讲了一番知易行难的哲学道理。他指出,王心诚而觉不难,是信合于先王成德。傅说多次进谏陈述治国要点,他认为不言是有罪过的。

对比《尚书·说命》中傅说对王所发许多建设性的明智言论,再看清华简《说命》中傅说对话庸俗而无所作为的样子,可以推断:清华简中傅说大量向王谏诤的治国建议，被后人遗失或删改，又编造了一些要王"磕头"和"诚然如此"等庸俗而无所作为的话，将清华简《说命》弄得面目全非。

三　王的命语——冗长而不切实际

清华简《说命》三篇中，王的命语最多。下篇一连用了六个"王曰"，如加前面缺简的一个，共连续七个。这些连篇累牍的"王曰"，除了与《国语·楚语上》讲述武丁得傅说故事中的话有些雷同之外，大多平庸乏味，且不切实际。

如《说命中》记王的命语曰：

> 且惟口起戎出好（羞），惟干戈作疾，惟衣载病，惟干戈生（省）厥身。若抵不视，用伤，吉不吉。

这段话的大意是："如口出令不慎，会引起兵事，出现羞辱；动干戈会引发灾疾；衣服授之不当，也会造成病乱；授干戈应省视其身，不可任非其人。如拒而不视这些，会对国家造成伤害，吉事变成不吉。""王曰"这些话，对于傅说这样一个刚刚入宫的刑徒，有什么用？难道傅说会"口起戎出羞"？会动"干戈作疾"？会"抵不视用伤"？如此等等。上述这些话，倘若是傅说对王的谏言，倒很合适；如作为王的命语来教训傅说，完全错乱失当。被清华简当作"伪书"的《尚书·说命中》有"惟口起羞"几句类似的话，正是傅说向王的进谏，词意恳切，合情合理。显而易见，清华简《说命》以傅说向王的进谏之言，当作王对傅说的命语，完全把事情弄颠倒了。且王的这段命语，两个"干戈"，词语重复；"惟衣载病"，此言不通，难以理解。

清华简《说命下》还有一段王对说的命语，也莫名其妙。其文曰：

> 昔在大戊，克渐五祀，天章之用九德，弗易百青（姓）。惟时大戊谦曰："余不克辟万民，余罔坠天休，式惟三德赐我，吾乃敷之于百青（姓）。余惟弗雍（壅）天之嘏命。"

综观这段命语，都是用来赞美先王大戊（即太戊）的，称他能进行"五祀"，拥有"九德"，不轻视百姓，并引了不少他自谦的话。这一段长文，大谈太戊的品德与谦虚，武丁为什么要以此命说，他没有讲。通观清华简《说命》三篇，一些殷王命说之语，大多不切实际，用意含糊，大有拉长篇幅、杂凑成数之嫌。

再看《尚书·说命》中王对傅说的命语，除与《国语·楚语上》相似的一段外，还有许多命语，言之有物，王与傅说进行恳切的交谈，情真意浓。如《尚书·说命下》记：

> 王曰："来，汝说，台小子旧学于甘盘，既乃遁于荒野，入宅于河。自河徂亳，暨厥终罔显。尔惟训于朕志：若作酒醴，尔惟曲蘖；若作和羹，尔惟盐梅。尔交修予，罔予弃，予惟克迈乃训。"

这段王的命语，先谈自己的身世。武丁的父亲小乙，为了培养自己儿子的治国才能，让他"遁于荒野"，深入民间，并拜深通大义的哲人甘盘为师。现在武丁又找到了傅说，他更加求知心切。"尔惟训于朕志"，"予惟克迈乃训"，表达了武丁决心接受傅说教训的坚强意志。

对比清华简和《尚书》中的两篇《说命》，其王的命语也有很大差异。前者空泛，用意含糊，不切实际；后者内容充实，感情真挚，王与傅说有着相当融洽的精神上的交流。显然，清华简《说命》中王的命语，是后人遗失、删改后又拼凑起来的，因而前后不连贯，《说命下》篇接用七个"王曰"，甚至把傅说的进谏之言也当成王的命语。这些都是明摆着的事实。

四　他籍引文——多数杳无踪影

古代典籍引《说命》之文，以《礼记》为多，其篇名都误作《兑命》。清华简《说命》编者在"说明"中已提到：有《国语》、《孟子》和《礼记·缁衣》的两段引文，"可在竹简本里找到"；但大多数引文，"不见于竹简本"。这些引文包括：

1. 《礼记·文王世子》引《兑（说）命》曰："念终始典于学。"此句《礼记·学记》也有引用，可见是《说命》中的名句，而清华简《说命》中却无此言。

2.《礼记·学记》又引《兑（说）命》曰："教学半。"孔颖达疏：
"上'敩'为教，音学，下'学'者为习也，谓学习也。言教人乃是益
己，学之半也。"教人乃自己得益，是"学之半"，此言很有道理。新
《辞海》亦有"教学半"条，称其文出自《书·说命下》，"谓教人时才
知道有困难，要学习，这样就等于学习的一半了。"然清华简《说命》三
篇，此语亦不见影踪。

3.《礼记·学记》又引《兑（说）命》曰："敬孙务时敏，厥修乃
来。"孔疏："若敬孙以时，疾行不废，则其所修之业乃来，谓所学得成
也。"此言也很有道理，唯清华简《说命》亦无其语。

4.《礼记·缁衣》又引《兑（说）命》曰："爵无及恶德，民立而
正事。纯而祭祀，是为不敬。事烦则乱，事神则难。"《缁衣》此段引文
有错乱。查《尚书·说命中》记傅说对王的进谏曰：

> 官不及私昵，惟其能；爵罔及恶德，惟其贤……黩于祭祀，时谓
> 弗钦。礼烦则乱，事神则难。

比较上述两段文字，可知《缁衣》所引"爵无及恶德，民立而正事"，论
述不全面，不清楚。而《尚书·说命》"官不及私昵，惟其能；爵罔及恶
德，惟其贤"，任官命爵并重，论述全面，文句通顺流畅。又，《缁衣》
所引"纯而祭祀"，难以理解，实乃"黩于祭祀"之误；祭祀是一种礼
节，故"事烦则乱"乃"礼烦则乱"之误。用《尚书·说命》进行校
勘，《缁衣》所引《兑（说）命》文意乃涣然冰释。可惜此条引文，清
华简《说命》三篇亦杳无踪影。

上述《礼记》各篇所引《兑（说）命》的四条内容，清华简《说
命》均只字未见，编者称"是由于《说命》的传本有异"，恐怕是很难说
得过去的。观《礼记》所引《兑（说）命》那么多的文字，可以肯定，
在《说命》中傅说向王进谏，有大量篇幅谈到有关学习、任命官爵和祭
祀之礼应该如何进行等内容。清华简《说命》对此无片言只语，只能说
明其文被人删改，并非先秦时期流行的《尚书》原文。

再看《尚书·说命》三篇，上述《礼记》所引的四条内容，都赫然
在目。除"爵罔及恶德……黩于祭祀……"一条在《尚书·说命中》已

见上引外，其他三条见于《尚书·说命下》。其文记傅说对王曰：

> 惟学逊志，务时敏，厥修乃来。允怀于兹，道积于厥躬。惟敩学半，念终始典于学，厥德修罔觉。

孔传云："学以顺志，务是敏疾，其德之修乃来。""信怀此学志，则道积于其身。""教然后知所困，是学之半。终始常念学，则其德之修无能自觉。"其末句意为：在不知不觉中道德修养得到提高。这是傅说谈对学习的体会，以此进谏于王，希望王不断学习，提高道德修养，则国家的治理和兴旺将指日可待。这段文字，自然亲切，包含着深刻的道理和浓厚的情意，决非根据引文能够编造出来。

考论至此，事情已经十分清楚：清华简《说命》三篇，掺杂着荒诞的神怪故事，傅说言论庸俗而无所作为，王的命语冗长而不切实际，他籍引文多数杳无踪影；而《尚书·说命》三篇，没有神怪故事掺杂其中，傅说言论睿智而富有哲理，王的命语内容充实而感情真挚，他籍引文都可以在篇中找到，还可以校正某些引文的错讹之处。两者相较，何者为真，何者被人删改和伪造，可以一目了然。

最后，还必须对清华简编者认为：《尚书·说命》三篇"前人已考定为伪书"的意见，作些申论。所谓"前人考定"云云，乃是指南宋以来，特别是清代至近代，疑古思潮泛滥时期的不少学者所作的考证，其中以阎若璩的《尚书古文疏证》为代表。自改革开放以后，许多学者已做了大量的拨乱反正工作，集中体现于《先秦伪书辨正》和《审核古文〈尚书〉案》等著作的出版。古文《尚书》是西汉以来长期流传的古文献。《汉书·景十三王传》记景帝时"献王所得书，皆古文先秦旧书《周官》《尚书》……之属"。可见除鲁恭王坏孔子宅而得古文《书》之外，其他地方古文《尚书》多有发现。魏晋之际，古文《尚书》的流传形成明确的传授关系。据著名史学家陈梦家的考证：古文《尚书》"自郑冲到梅颐的传授，皆有史籍可考，其时、地、人三者都相符合"。[①] 因而，古文《尚书》不可能出于伪造。然而由于历史的特殊原因，特别是清初阎若璩，用二难推理、吹毛求疵、虚张声势、颠倒先后等八种不正当的辨伪方法，歪曲事

---

① 陈梦家：《尚书通论》，中华书局 1985 年版，第 117 页。

实，欺骗读者，把古文《尚书》定为"伪书"。① 清华简编者不应重复疑古时代的错误，而应该本着实事求是的态度，比较清华简和《尚书》两篇不同的《说命》，作出理智的分析和结论。

（作者单位：上海社会科学院历史研究所）

---

① 请参见笔者近作《评阎若璩的二难推理》，载《儒家典籍与思想研究》第 4 辑，北京大学出版社 2012 年版；《评阎若璩的吹毛求疵法》，载《中国经学》第 12 辑，广西师范大学出版社 2013 年版；《评阎若璩的虚张声势法》，载《传统中国研究集刊》第 11 辑，上海人民出版社 2013 年版。

试说清华《系年》楚简与《春秋左传》成书[*]

沈建华

继清华大学第一册九篇楚简出版之后，最近又公布了第二册《系年》简，简编号138支，基本完好无缺，无篇题，《系年》简拟题后加，类似于《竹书纪年》体裁。简文从西周初年文王至战国初年编年体式。根据李学勤先生考证，清华《系年》楚简为楚肃王时期（约公元前380年至前370年）战国中期，[①] 而这个时期也正是《系年》简与《左传》成书（公元前375年至前365年）非常接近的年代。因此《系年》楚简中，有不少历史事件和人物多与传世文献《春秋》、《左传》、《国语》、《史记》相吻合，有一些传世文献中所没有记载的历史事件得到补充。从《系年》简本内容与《左传》比较，存在不少差异，推测应属于战国民间流传的另一类系的抄本。《春秋左传》真伪问题，长期以来备受争论，《系年》简的资料公布为否定刘歆《左传》伪造说，提供了最坚实的证据。

一 《左传》成书年与《系年》简的时代

众所周知，《春秋》是鲁国的编年史，上起鲁隐公元年（即周平王四十九年），公元前722年，下止鲁哀公十四年（即周敬王三十九年），公元前481年，历经十二公含242年的历史。文献《史记·孔子家书》和

* 本文系教育部哲学社会科学研究重大攻关项目"出土简帛与古史再建"（09JZD0042）；国家科技支撑计划"中华文明探源及其相关文物保护技术研究"项目课题"古代简牍保护与整理研究"（2010BAK67B14）；国家社科基金重大项目"清华简《系年》与古史新探"（10&ZD091）。

① 李学勤：《清华简〈系年〉及有关古史问题》，《文物》2011年第3期，第70—73页。

《孟子》包括《公羊传》昭公十二年都明确提到《春秋》是孔子所作。[①]
如果文献记载可信的话，孔子所作《春秋》的时间为哀公十四年，[②] 也就
是公元前 479 年，孔子时年约 71 岁。孔子死后百年中，《春秋》学在战
国时期已经形成一门显学，被孔子弟子奉为研治经典，授徒讲学，自始形
成春秋学，见《汉书·艺文志》记述了汉以前的流传情况：

> 古之王者世有史官。君举必书，所以慎言行，昭法式也。左史记
> 言，右史记事，事为《春秋》，言为《尚书》，帝王靡不同之。周室
> 既微，载籍残缺，仲尼思存前圣之业，乃称曰："夏礼吾能言之，杞
> 不足征也；殷礼吾能言之，宋不足征也。文献不足故也，足则吾能征
> 之矣。"以鲁周公之国，礼文备物，史官有法，故与左丘明观其史
> 记，据行事，仍人道，因兴以立功，就败以成罚，假日月以定历数，
> 借朝聘以正礼乐。有所褒讳贬损，不可书见，口授弟子，弟子退而异
> 言。丘明恐弟子各安其意，以失其真，故论本事而作传，明夫子不以
> 空言说经也。

《左氏春秋》作者左丘明，曾出现在论语中，[③] 也见于《史记·十二
诸侯年表序》记载："鲁君子左丘明，惧弟子人人异端，各安其意，失其
真，故因孔子《史记》具论其语，成《左氏春秋》。"自唐以来《左氏春
秋》受到争议不断。[④] 近 20 世纪，对于《左传》的讨论，刘歆伪作之说
已经不再被学界接受。

多数学者认为《左氏春秋》在成书之前有一个口传的过程，早期古
人口耳传承的这种授徒方式，决定了《左氏春秋》成书的内容性质和资
料来源，"一是取自春秋时期各国史官的私人记事笔记，这是当时的史官

---

① 近代的史学家对《春秋》是否是孔子所作，均有不同的看法，如杨伯峻在他的《春秋
左传注·前言》就持有怀疑，在此不讨论。详见《春秋左传注》（修订本）一，中华书局 1990
年版，第 8 页。

② 《左传》哀公十五、十六年内有"孔丘卒"记载，非原经文，属左氏续经，故历来不为
学者所用。

③ 《论语·公冶长》："子曰：巧言、令色、足恭，左丘明耻之，丘亦耻之。匿怨而友其
人，左丘明耻之，丘亦耻之。"杨伯峻编著：《论语译注》，中华书局 1963 年版，第 55 页。

④ 详见黄觉弘《〈左传〉成书战国说综考》，《江汉大学学报》2006 年第 6 期，第 85—89
页。

实录。""二是取自流行于战国前期的、关于春秋史事的各种传闻传说。"①在刘歆之前《春秋左氏》的写本是古文，《魏书·江式传》言："北平侯张仓（苍）献《春秋左氏传》，书体与孔氏相类，即前代之古文矣。"又《汉书·刘歆传》记载汉成帝河平年间，刘歆整理皇宫藏书竟然"见古文《春秋左氏传》，歆大好之"。而这一发现古文《左氏》，以原貌被保存于中秘府，使刘歆在《让太常博士书》中发出感叹说："及《春秋左氏》，丘明所修，皆古文旧书，多者二十余通，藏于秘府，伏而未发。"

　　比起《左传》的作者来说，《左传》其成书年代更为重要，自唐以后迄今一直就成为讨论的焦点，②近年有不少学者做了大量的深入研究，通过对预言和占筮之辞的分析，大致推测《左传》成书年代，近于郑亡③以后的结论，近年王和先生继赵光贤先生之后，再次考定在公元前375年，④这是《左传》的成书年代上限，受到学界公认。《左传》的下限年代是公元前365年，日人新城新藏通过对《左传》和《国语》最早的岁星记载来推算，他的结论是："《左传》及《国语》中之岁星经事，乃依据西元前365年所观测之天象，以此年为标准的元始年，而按推步所作者也。故作此等纪事之时代，当在此年后者，是不待言。然自此标准的元始年经十数年后，观测与推步之间，自有若干参差，而当时人亦自然注意及之。爰著此纪事之年代，恐在此标准的元始年以后数年之内也。"⑤新城新藏的研究成果引起学界的高度重视，基本上被学界采纳，因此说《左传》成书的年代约在战国中叶，公元前375年至前365年之间。

　　我们大体而知，《左氏春秋》成书于战国中叶约公元前375年至前360年。清华《系年》简，根据简文"至今晋越以为好"此言，李学勤认为："《系年》简的写作大约在楚肃王时（或许再晚一些，在楚宣王

① 王和：《〈左传〉的成书年代》，《中国史研究》2003年第4期，第36页。
② 赵伯雄：《春秋学史》，山东教育出版社2004年版；沈玉成、刘宁：《春秋左传学史稿》，江苏古籍出版社1992年版。
③ 《左传·昭公四年》："郑先卫亡。"杨伯峻编：《春秋左传注》（修订本）四，中华书局1990年版，第1255页。
④ 王和：《〈左传〉的成书年代》，《中国史研究》2003年第4期，第34—48页。
⑤ ［日］新城新藏：《由岁星之纪事论〈左传〉〈国语〉之著作年代及干支纪年法之发达》和《再论〈左传〉之著作年代》两编，载《东洋天文史研究》，沈璿译，中华学艺社1933年版，第418页。

世），也就是战国中期。"① 按楚肃王时期约公元前 380 年至前 370 年
（《史记·六国年表纪》）；同时它与清华楚简年代"碳十四年代测定，经
树轮校正的数据为公元前 305 年加减 30 年"。② 这个推论显然也是合适
的。这个时期也是《系年》简与《左传》成书非常接近的年代，几乎在
同一时期完成的。

二　《左传》与《系年》简的异同

　　《系年》简是用楚文字编成的，李学勤认为：并不能由此推论是楚国
人著作，既不像《春秋》，也不像《竹书纪年》记录本国史书，而是集各
国诸侯的君主纪年。③ 从《系年》文本性质来说，它与《左传》既可以
相互印证，但也存在有明显的差异，属于"异本共存"的关系，虽然在
史料资源上有共用的地方，通过比较，可以推测史料来源属不同系统。

　　比如战国时期大家非常熟悉的历史故事，晋国国卿赵盾又称赵孟、赵
宣子，在他执政于文六年至宣七年，晋襄公卒灵公少，赵孟因不堪受穆嬴
指责，不惜与秦国失言改立灵公高，弃雍子，导致一场史称令孤大战，造
成大夫士会出奔于秦，贾季出奔于狄的后果。清华《系年》简中第九、
十章节中叙述这个历史事件与《左传》、《史记》基本相同，不可思议的
是《系年》简却没有赵孟和贾季两位晋国重要人物出现，在这前后发生
的历史重大事件中，赵盾是主谋，一手制造了秦晋两国的交恶，贾季
《春秋》经文和《左传》都有记载，④ 我们所看到《系年》楚简，是举大
夫"左行蔑（蔑）與陵（随）会卲（召）襄公之弟瘫（雍）也〈子〉于
秦"（简 51）替代了赵盾，接之令孤大战用"晋人起师"一语代之。整
个事件如果没有这两人就不会造成晋国后来的历史与秦、狄的种种结怨，
无论怎么也绕不开这两个关键人物。而简本似乎有意识地将此二位人物隐
之，盖避免是非评价，也由此窥见《系年》作者当时怀有的政治倾向，
其对晋国抱有畏惧心理，也是很值得研究的。不排除可能《系年》简所

---

① 李学勤：《清华简〈系年〉及其有关古史问题》，《文物》2011 年第 3 期，第 71 页。
② 李学勤主编：《清华大学藏战国楚简》第 1 册前言，中西书局 2010 年版，第 3 页。
③ 李学勤：《清华简〈系年〉及其有关古史问题》，《文物》2011 年第 3 期，第 70 页。
④ 《春秋》文公六年经："晋杀其大夫阳处父。晋狐射姑出奔狄。"杨伯峻：《春秋左传注》
（修订本）二，中华书局 1990 年版，第 543 页。

采集原始史料出自晋人所作。可见《左传》所采集的本子，显然是流传有序的本子，简本对《左传》似乎并没有带来影响，当时民间流行类似像《系年》的本子①应分属不同的流传系统，这也是简本《系年》明显劣于《左传》的地方。

另一方面，《系年》简叙述史事简练，省略过程、无议论。虽然记事风格不同于《竹书纪年》提纲式的编撰，也不像《左传》侧重于解经发挥，传事细腻生动，从文字风格上已接近《左传》模式，拿第九、十章为例，如简 50 支曰：

> 晋襄公翠（卒），霝（灵）公高（皋）幼，夫▬（大夫）聚昏（谋）曰："君幼，未可奉承也，母（毋）乃不能邦，猷求疆（强）君"，乃命【五〇】左行瘗（蔑）与陕（随）会邵（招）襄公之弟癕（雍）也于秦。【五一】

此段故事又见于《左传·文公六年》记载：

> 八月乙亥，②晋襄公卒。灵公少，晋人以难故，欲立长君。赵孟曰："立公子雍。好善而长，先君爱之，且近于秦。秦，旧好也。置善则固，事长则顺，立爱则孝，结旧则安。为难故，故欲立长君，有此四德者，难必抒矣。"贾季曰："不如立公子乐。辰嬴嬖于二君，立其子，民必安之。"

从《系年》楚简文本来分析，今天我们既无法知晓其简本的来源，也无从区别《系年》简与《左传》成书之间存在什么内在的关系，在时间上可以获知，此阶段正是《左传》未成书前和《系年》简流行本共存时期。简本中某些文句与《左传》十分接近。如简文 51—53：

---

① 赵伯雄曰："《左传》乃是一次成书，在此之前并不曾有一部独立的《左传》原本。"《春秋学史》，山东教育出版社 2004 年版，第 31 页。
② 《左传·文公六年》："八月乙亥，晋襄公卒"与《春秋》经："八月乙亥，晋侯欢卒"相同。杨伯峻：《春秋左传注》（修订本）二，中华书局 1990 年版，第 543—550 页。

襄天〈夫〉人窞（闻）之，乃佲（抱）霝（灵）公以虘（号）于廷曰："死人可（何）皋（罪）？【五一】生人可（何）鮕（辜）？豫（舍）亓（其）君之子弗立，而卲（召）人于外，而女（焉）牆（将）宭（真）此子也？"夫■■（大夫）惇（悯），乃虘（皆）北（背）之曰："我莫命卲（招）【五二】之"，乃立霝（灵）公，女（焉）圀。

《左传·文公六年》①曰：

> 穆嬴日抱大子以啼于朝，曰："先君何罪？其嗣亦何罪？舍适嗣不立而外求君，将焉置此？"出朝，则抱以适赵氏，顿首于宣子曰："先君奉此子也而属诸子，曰：'此子也才，吾受子之赐；不才，吾唯子之怨。'今君虽终，言犹在耳，而弃之，若何？"宣子与诸大夫皆患穆嬴，且畏逼，乃背先蔑而立灵公，以御秦师。

上述《左传》言："穆嬴日抱大子以啼于朝，曰：'先君何罪？其嗣亦何罪？舍适嗣不立而外求君，将焉置此？'"与简本对比，此段文句与《系年》可互为印证，史料也与简本同出一辙，可见左氏在传经过程中，采集参考了类似像《系年》简当时各国的多种抄本。这也印证了赵伯雄先生的看法："今本《左传》……本着解经的目的，杂取各国的各类史料，同时加进了一些自己解经的话编撰而成的。也就是说，《左传》是一次完成的。这里所谓'一次完成'，主要是指《左传》作为一部完整的解经著作，其排纂史料与撰写经语是同时进行的，并非如时贤所说，先有一部'记事的《左传》'，后来才出现'解经的《左传》'。"② 今天我们所看到的《左传》，经历了左氏后人和孔门后学七代传人的编撰，③ 与早期《左传》文本想必会有很多不同与改善的地方。

《系年》简，整体来看并不像是一个定本，属流行抄本。其中有不少

① 杨伯峻：《春秋左传注》（修订本）二，中华书局1990年版，第550—552页。
② 赵伯雄：《春秋学史》，山东教育出版社2004年版，第25页。
③ 姚鼐《左传补注序》言："《左氏》之书非一人所成。自左丘明作《传》以授曾申，申传吴起，起传其子期，期传楚人铎椒，椒传赵人虞卿，虞卿传荀卿。"引文参见杨伯峻《春秋左传注》前言（五），中华书局1990年版，第33页。

历史人物的世系关系存在错讹现象，如简本第十一章①中所讲述的即《左传》文公十年"厥貉之会"著名故事，发生在楚穆王至楚庄王时代父仇子报的故事，主要涉及人物宋国国君，华御事和华元应是父子两代人关系，由于"御"字疑母鱼部和"元"字疑母元部，二字古音同属疑母字，由于音近混淆造成传授过程中以讹传讹，简本将华御事（父亲）错写成华元（儿子）。除此外，还有楚国大夫申无畏，简本错写成申公叔，申公叔见《左传》僖公二十六年、二十八年称申叔，即申叔氏族。申无畏又称申舟、申周，即申氏族，与申公叔侯并非同族，② 这些抄误，也是由于人名同音造成的讹传结果，说明《左传》也是可以用来校对《系年》的。

虽然《系年》简与《左传》"异本并存"，同样也有它的重要价值，补充了《左传》、《史记》等传世文献所没有记载的空白，对研究秦人始源③有着极其深远的学术意义，例如第三章：

飞历（廉）东逃于商盍（奄）氏，成王伐商盍（奄），杀飞历（廉），西罿（迁）商【一四】盍（奄）之民于邾虘，以迎（御）奴虞之戎，是秦先■（先人），牒（世）乍（作）周昱。

《系年》简这个重要的史料并不见于《左传》，与《史记·秦本纪》记载也不一致，飞廉被葬身于山西霍太山。④《系年》简的记载，却见于《孟子·滕文公下》内。⑤ 孟子为战国邹国人，《史记·孟子荀卿列传》说："孟子受业子思之门人。"而简文出于《孟子》文献记载，从另一个

① 李学勤主编：《清华藏战国楚简》（二），中西书局2011年版，第160页。
② 程发轫：《春秋人谱》卷一《各国氏族表》（四）"楚国·诸氏"，台湾商务印书馆1990年版，第25页。
③ 李学勤：《清华简〈系年〉及有关古史问题》，《文物》2011年第3期，第70—74页；李学勤：《清华简关于秦人始源的重要发现》，《光明日报》2011年9月8日第11版。
④《史记·秦本纪》文献记载："蜚廉生恶来。恶来有力，蜚廉善走，父子俱以材力事殷纣。周武王之伐纣，并杀恶来。是时蜚廉为纣石北方，还，无所报，为坛霍太山而报，得石棺，铭曰'帝令处父不与殷乱，赐尔石棺以华氏'。死，遂葬于霍太山。"《史记》，中华书局1975年版，第174页。
⑤《孟子·滕文公下》曰："周公相武王诛纣，伐奄三年讨其君，驱飞廉于海隅而戮之，灭国者五十，驱虎、豹、犀、象而远之，天下大悦。"杨伯峻：《孟子译注》上，中华书局1992年版，第155页。

角度分析，折射出《系年》简史料内涵成分的复杂性，其来源属另一个系统或者说更接近早期原始面貌，这也是探究古书流传和成书一个重要的线索。

从《系年》楚简文本形成来看，也是经过了一个漫长的“成长”过程才完成，在记事和使用文字上，简本带着一些早期史书的原始痕迹，《系年》简中使用的文字有一些见于甲骨、西周、春秋铜器，例如：第八章四十六简：“秦自（师）𤖼（将）东𡪫（袭）奠（郑）兹”之“𡪫”字，李家浩先生读作“袭”字，[1] 见于《屭羌钟》与简文“𡪫”用法相同；第九章五十一简人名：“左行𤻲（蔑）与陊（随）会”之陊字，随字写法与西周《燹公盨》[2] 相同；五十三简：“女（焉）圀（葬）襄公”之“圀”即葬字，见于殷墟甲骨卜辞葬字作囚、𡇒形与简文相近；五十七简：“𡉀（徙）之徒蓄”之蓄字，见于西周金文林钟之“䔐”字。这些异体文字，或多或少流露出古代文书形成前的不同版本来源信息，是值得我们关注的。

三　《系年》楚简的性质

通过《系年》楚简与《左传》的比较，从中可以看出《左传》是一部独立的书，杨伯峻引桓谭说形容：“《左氏传》于经，犹衣之表里相待而成。”[3] 值得注意的是，《系年》简中某些内容和文字同见于《春秋》经，[4] 有的也见于三传记载，[5] 这对《左传》为《春秋》而传，长期存在不同说法，提供了极重要的参考依据。由《系年》楚简，再次证实了

---

① 李家浩：《释上博战国竹简〈缁衣〉中的「兹臣」合文——兼释兆域图「逊」和屭羌钟「𡪫」等字》，载《康乐集——曾宪通教授七十寿庆论文集》，中山大学出版社 2006 年版，第 24 页。

② 保利艺术博物馆编：《燹公盨——大禹治水与为政以德》，线装书局 2002 年版，第 22 页图版。

③ 杨伯峻：《春秋左传注》（修订版）前言（三），中华书局 1990 年版，第 19 页。

④ 如《系年》第十四章简 66 中：“晋竞（景）公八年，随会率师会诸侯于断道。”见于《春秋》宣公十七年经和《左传》记载相同。李学勤主编：《清华藏战国楚简》（二），中西书局 2011 年版，第 167 页。

⑤ 如《系年》第十四章 68 简故事，分别见于三传记载。李学勤主编：《清华藏战国楚简》（二），上海中西书局 2011 年版，第 167 页。

《左传》是为《春秋经》而传的，因此清人刘逢禄视《左氏传》为刘歆伪作之说，也就不攻而破了。

值得庆幸的是，清华《系年》楚简的成书时代与《左传》形成时期基本在同一时期完成，因此从《系年》楚简中，不难看到有不少内容与《左传》存在相同之处，虽然在文本质量上与《左传》有着一定的差别，但它属于战国民间流传纪年类系的本子，并不影响二者文本的并存与资源共享关系。从《系年》简的对照，折射出《左传》内容上所呈现出流行于当时不同抄本的面貌和大量信息，为我们今后进一步深入研究《左传》，无疑带来更多新的启发和思考，同时对先秦文书形成和流传过程的内涵复杂性，也有了更客观的认识。

由于《系年》简内容太长，篇幅有限的原因不能一一列举，只能简略而已，很抱歉，希望资料公布后有更多的学者参与讨论，提出批评。

（作者单位：清华大学出土文献研究与保护中心）

从清华简《系年》看纪事本末体的早期发展

许兆昌

作为中国传统史学的三大体裁之一，纪事本末体一般认为始创于南宋袁枢的《通鉴纪事本末》。① 白寿彝先生曾根据《左传》的叙事特点，推测"书的原来形式也不一定完全是编年体，其中也包含有传记体和纪事本末体"。② 这就将纪事本末体史著产生的可能年代一直上推到战国早中期。白寿彝先生还认为可以考虑"《左传》本来就是纪事本末体"的观点，③ 但因为材料所限，因此并没有下最后的定论。清华简《系年》公布后，已有不少学者认为这应是一部纪事本末体的史学作品，④ 这就为探讨这一传统史书体裁在战国时期的发展提供了新的材料，因而显得十分珍贵。本文即主要依据《系年》，探讨纪事本末体在战国时期的发展与形式特点，敬请专家指正。

一 纪事本末体的体裁特征

纪事本末体的一般性特点，就是大家所熟知的以事件为中心叙述历史。但更进一步看，作为一种史书体裁，无论是从叙事的内容方面讲，还是从叙事的形式讲，纪事本末体都特别强调要以事件为界限独立分篇，也

---

① 《四库全书总目提要》第 11 册，万有文库本，商务印书馆 1935 年版，第 1 页，"纪事本末类"大题下。

② 白寿彝主编：《中国史学史》第 1 卷，人民出版社 2006 年版，第 151 页。

③ 同上书，第 153 页。

④ 参见廖名春《清华简〈系年〉管窥》，《深圳大学学报》2012 年第 3 期；许兆昌、齐丹丹：《试论清华简〈系年〉的编纂特点》，《古代文明》2012 年第 2 期。

就是《四库全书总目提要》的编纂者们所强调的"每事为篇"。① 这一点非常重要，它是区别纪事本末体与其他史书体裁的重要标准。因为所有的史书体裁，无论是传统的编年或纪传，还是现代的章节体作品，所谓历史叙述，最终都要落实为事件的叙述。这是因为时间、地点、人物都只是历史叙述的构成要素，而事件才是历史叙述的终极综合对象。在编年体作品中，时间仅为线索，目的还是编排历史事件。如果没有事件，编年就成了编定历法。纪传体叙述人物，最终必然也要落实到人物一生的事迹上。剔除了事件，人物的描述便无从实现。同样，现代的章节体也不可能离开事件的叙述，只不过它是按专题分类叙述事件而已。因此，若不能做到"每事为篇"，就不能看作为纪事本末体。否则就等于取消了纪事本末体相对于其他史体的独立性。

为满足每事独立为篇这一基本要求，四库馆臣们又提出了以下几条具体的标准。一是为保证独立成篇，每篇的叙事必须完整，即"详叙其始终"，② 或者说"每事各详起迄"。③ 事件叙述的完整性是独立成篇的根本条件。支离破碎让人摸不着头脑的叙述，显然不可能独立成篇。正因为此，此类作品往往在名称上即强调所谓的"本末"或"始末"等。二是为方便独立为篇，每篇中的时间因素一般是自成一体，即"每篇各编年月，自为首尾"。④ 历史叙述一般都少不了时间因素，但与其他史体相比，尤其是与最重时间因素的编年体相比，纪事本末体史著中的时间因素，其功能与意义是有差别的，因而在形式上也就有了很大的不同。"各编年月，自为首尾"是纪事本末体中时间因素的重要表现形式，表明它并不追求全部作品在时间上的统一性与连贯性，尽管在诸史事的编目排列上也尊重发生的前后顺序。而编年体在形式上的突出特征，就是强调时间因素的统一性与连贯性（准确性都没有如此重要）。一旦在时间因素上出现错乱，就只能说是一个失败的编年体作品。同时，"各编年月，自为首尾"也正是纪事本末体篇与篇之间相互独立的具体表现。三是为体现独立成篇，需要在形式上做一些特殊的处理，其中，"自为标题"⑤ 就是一个重

---

① 《四库全书总目提要》第 11 册，第 1 页，"纪事本末类"大题下。

② 同上。

③ 同上书，第 2 页，"《通鉴纪事本末》"条。

④ 同上。

⑤ 同上。

要的表现方式。四是为突出整部作品的纪事本末体性质，史著本身要按照这一体裁的要求，有相对统一的规划，并形成全书一贯的体系，而不能是随笔漫谈。因此，像那些"偶然记载，篇帙无多"的史学作品，四库馆臣们就仍然将它们"隶诸杂史传记"。① 这一点也很重要，否则也容易无限制地扩大纪事本末体史著的范围。

除确定纪事本末体上述四个基本特征外，四库馆臣们还对这一体裁的史著做了简单的分类："凡一书备诸事之本末，与一书具一事之本末者，总汇于此。"② 这实际是指出了纪事本末体作品可以按规模划分为两种：一种较为庞大，一书即可备诸事之始末；另一种较小，一书仅备一事之始末。

这些有关纪事本末体标准的传统论述，可以当作衡量《系年》的格尺，看一看作为这一史书体裁目前所知的最早作品，究竟发展到了怎样的程度。

二　每事为篇、各详起迄

从所述史事的内容看，《系年》的全部 23 章文字，每章叙事都能围绕一个或一类事件为中心，纪事本末体"每事为篇"的文本特征非常突出。另外，叙事过程中，线索清晰，有关史事均能做到"详叙其始终"。

第一章为开篇，略述西周治乱简史。所涉历史人物有周武王、厉王、共伯和及宣王，虽然年代相距久远，但此章属略述西周王朝治乱之迹，史事性质统一。本章启始，即言周武王设置王朝籍田，"昔周武王监观商王之不恭上帝，上帝禋祀不敬，乃乍帝籍，以登祀上帝，上帝天神名之曰千亩"（简1，简2），结尾则言周宣王不行籍礼，"宣王是始弃帝籍，弗畋。立三十又九年，戎乃大败周师于千亩"（简3，简4）。叙事线索前后一贯，非常清晰。若以事命名，此章可定为"西周兴衰"。

第二章叙述西周王朝灭亡的具体过程。此章的主要线索是平王的废立，事件的发展分前后两个阶段。前一个阶段是平王与其弟伯盘争夺王位。其中幽王、褒姒与伯盘为一方，申、曾等诸侯国与平王为一方。最

---

① 《四库全书总目提要》第11册，第1页，"纪事本末类"大题下。
② 同上。

终，平王在西戎的支持下，攻灭了幽王与伯盘。后一个阶段记录平王与幽王之弟余臣争夺王位。其中余臣得到了王朝邦君诸正的支持，因此首先得立为（携）惠王。平王则取得畿外诸侯的支持，在晋文侯杀周携惠王九年之后，才得立为王。通章所述为西周王朝灭亡的具体过程，线索是平王的废立，主题则是表现周王室的衰落，以为春秋时期霸业的兴起张本。因此，篇末又简述了几个活跃于春秋早期政治舞台的重要诸侯国的兴起，包括与周王室关系密切的晋国与郑国（其中郑是东周早期政治舞台上最活跃的国家，晋则是贯穿整个春秋时期的重要诸侯国），东方大国齐与南方大国楚。若以事命名，此章可定为"平王废立"。

第三章述秦人的起源及早期发展简史。此章时间跨度久远，所涉秦人先祖飞廉，为殷末周初人物，与武王、成王同时，因与周人为敌最终被杀。秦族也因此被周王朝从东方迁到西方，为王朝守卫西部边疆，"以御奴且之戎"（简15）。秦人善战，或即和长期与西戎作战有关。周的东迁为秦人发展提供了重要的转折点。"秦仲焉东居周地，以守周之坟墓，秦以始大"（简16）。此章章名可定为"秦人先世"。

第四章专述卫国迁徙之事。此章叙事始于周初卫国初建，"卫叔封于康丘，以侯殷之余民"（简18）。然后述卫封地的数次迁徙。西周时，卫人先由康丘迁至淇卫，这次迁徙的原因，文中没有交代。而东周以后的卫人数迁，主要是因为受到了翟人的攻击。先由淇卫"东涉河"（简19、20）迁到曹，后由齐桓公安置在楚丘，再遭翟人攻击后，又不得不再迁至帝丘。此章章名可定为"卫人数迁"。

第五章讲息妫故事。本章的叙事线索是蔡、息、楚三国诸侯对息妫的争夺，实际描述的是南方蔡、息、陈、楚四国错综复杂的关系。蔡、息同为姬姓，妫姓之陈与姬姓蔡、息则为婚姻之国，姬、妫联盟是周王室布局在淮、汉一带联防楚国的重要屏障。然而蔡、息两国诸侯为争夺息妫，不惜引狼入室，导致联盟破裂。而楚则是一战克蔡，二战灭息，并对陈国形成威胁，从此势力迅速发展，不可抑制。以事论，此章可名为"息妫故事"。

第六章述春秋前期晋国政治的长期动荡。晋国政治动荡的起因是晋献公废长立幼。献公听信骊姬谗言，杀太子共君，惠公、文公不得已出逃。惠公得秦穆公相助，先即君位，但因为没有处理好与秦国的关系，并没有能够有效地控制住晋国的政局。文公则先后居狄、齐、宋、卫、郑、楚，终于亦在秦穆公的帮助下主政晋国，并与秦国结成良好的盟友关系。晋国在献公执政时势力迅速发展，文公即位后，也长期称霸诸侯，独献公至文公的数十年间，晋国因内乱而致发展中断。此一阶段在春秋时期晋国的发展史上位置特殊，史事也极烦杂。本章以晋献公废长立幼，导致诸子争夺君位为线索，将此期的晋国史事聚合在一起。若以事论，此章可名为"晋献公废储之乱"。

第七章述晋、楚城濮之战，第八章述秦、晋殽之战，史事集中，事件清楚，不需赘述。二章名即可分别定为"城濮之战"与"殽之战"。

第九章述晋灵公即位的曲折过程。一开始是晋国诸臣因为灵公年幼，欲更选一位年长者，他们商讨的人选是时居秦国的襄公之弟雍也。然而在灵公母的哭请及要挟下，事件发生变化，晋国诸臣又改换主意，竟立灵公为君。此一事件反映出晋国诸臣内部的分裂，亦反映出晋国执事大臣首鼠两端的个性。以事论，此章名可定为"晋灵公即位"。

第十章接第九章，述秦、晋因晋立君之变而交恶。晋诸臣立灵公，同时，秦亦送襄公之弟雍也回国即位。自晋献公立储之乱以后，秦国对于晋国的君位继承，一直有较大的影响。晋诸臣最初要迎立居于秦国的雍也，对于秦国而言，正是修好两国关系，并重新对晋国政局施加影响的重要契机。然而事与愿违，当然引起不快。双方爆发冲突，以秦败而结束。这更激起秦国的怨恨，之后秦国对晋国又发起了另外一次报复性的反击，"秦公以战于董阴之故，率师为河曲之战"（简55），晋、秦之盟再受打击。本章之名可定"秦晋交恶"。

第十一章述楚庄王围宋。该章并未描述庄王围宋的具体过程，而是将楚、宋交恶的历史原因一直追溯到楚穆王时，在楚与宋、郑共同举行的孟渚之会中，宋公遭楚臣申伯无畏（简文误作"申公叔侯"）所辱。后申伯无畏受楚庄王命聘齐，假道于宋，遭宋公报复杀害，楚师因此大举伐宋。宋国被楚国围困长达九个月，终于降楚。以事论，此章可名为"楚人围宋"。

第十二章述楚庄王伐郑。郑先为楚盟，后背楚降晋，楚遂起兵伐郑，晋亦率北方诸侯联军救郑，双方发生对垒，由于晋成公突然死亡，双方未发生直接冲突。因此就实际史事论，章名仍应定为"庄王伐郑"。

第十三章简文有残缺，据残文仍可知所述事件为楚、晋大战于河上。接上章，三年之后，楚国再度围郑，迫郑人降楚。晋救郑围，楚、晋双方大战于河上，晋师大败。此役即史传中所载"邲之战"。参考其他文献，此章自可名为"邲之战"，不过就《系年》简文而论，亦可直接名之曰"晋、楚大战"。

第十四章述晋、齐大战。该事件的直接原因是晋国重臣郤克在出使齐国时受到齐顷公嬖妃的侮辱。郤克先会诸侯于断道，借口齐国正使高之固逃归而执齐国三大夫，后又趁齐围鲁而出兵，大败齐师于靡笄。此役即史传所载"鞌之战"。鞌之战表明晋国在北方的霸主地位不可动摇。就简文而言，可名此章为"晋、齐靡笄之战"。

第十五章述南方楚国与吴国关系。该章以楚吴关系史上两位重要人物——申公巫臣与伍员为线索，展现楚吴之间的和战关系，全篇可以"灵王即世"（简80）句为界，分前后两节。第一节述申公巫臣争得美人少姬（原陈徵舒妻）后引起楚国其他大臣的不满，为避祸而逃晋，然后又由晋入吴，始通晋、吴之好，简文重点在指出他"教吴人叛楚"（简79），从此吴国成为楚国在南方的心腹之患。第二节述楚臣伍员故事，用意亦在于他"教吴人反楚"（简83）。此章包括两个故事，并非一时之事。如果分述，当然可以独立成篇，前一节可名为"巫臣奔晋"，后一节则为"伍员破楚"。但是《系年》叙述这两个故事，用意并不在于申公巫臣与伍员二人，而在表现吴楚之间的和战关系，尤其是强调吴人对于楚国的叛服，如此章首句为"楚庄王立，吴人服于楚"（简74）；巫臣教吴叛楚后，双方处于交战状态，但至楚灵王世，一度又征服吴人，故文中又云吴人"又服于楚"（简80），此后再述伍员故事，吴人再度反楚。故此章章名可定为"吴人叛楚"。

第十六章述晋、楚第一次弭兵之始终。此事起于晋景公主动向楚国示好，楚共王亦积极响应。景公死后，继任的厉公亦能延续此政，终于促成了晋、楚及其他各国大夫在宋国举行盟会，誓曰"弭天下之甲兵"（简89）。但和平局面并未持续很久，第二年，晋厉公即首先兴师攻秦，楚庄王也出兵攻郑以示报复。晋、楚于鄢地发生冲突，第一次弭兵就此结束。此章可名为"晋、楚弭兵"。

第十七章述晋平公、齐庄公时晋、齐之间战事。先是晋平公"为平阴之师以围齐，焚其四郭"（简92），之后齐庄公趁晋国内乱，"涉河袭朝歌，以复平阴之师"（简94），晋人平定内乱后，即"伐齐，以复朝歌之师"（简94—95），最终，齐权卿崔杼弑庄公，向晋求成。晋国保持了北方诸侯霸主的位置。以此篇所述晋、齐交战的战事论,章名可定为"晋、齐交攻"。

第十八章述第二次弭兵之会及其后楚、晋在各自势力范围内的经营。本章史事繁杂,但还是可以看到两条基本的叙事线索。前一条线索叙楚在南方的经营。灵王发动了一系列战事,伐徐、吴,县陈、蔡,巩固楚在南方的势力。另一条线索叙晋的南北经营。对南联吴伐楚,在北方则率诸侯共伐中山。此章叙晋、楚曾两次交锋,但双方都比较克制,并没有发生大规模的正面冲突。双方的主要工作是经营后方,楚要调整好针对南方诸国的政策,晋需解决好中山及齐的威胁。因此,从主题看,此章可名为"晋、楚经营南北"。

第十九章述楚在南方灭国之后推行县制的历史。楚灵王时曾经一度于灭陈、蔡之后置县,但此制并未确定,因此景平王时又恢复了陈、蔡之国。这次对西周以来旧政治手段的沿袭显然是失败的。昭王时,复国之后的陈、蔡联合吴、胡攻楚。因此,楚昭王在秦国帮助下复国后,比较倾向于对新攻灭地区置县管理,先后在唐、蔡等地置县。以事论,此章可名为"楚人置县"。

第二十章述晋与吴、越的通好。晋与东南地区吴国的通好可溯至申公巫臣自晋适吴之时,之后两国关系一直比较紧密。悼公时,与吴王寿梦会于虢。简公时,与吴阖闾共同伐楚,又与夫差会于黄池。越灭吴后,对晋继承了吴的通好政策,亦建立了稳定的晋越联盟。晋敬公、幽公时,曾两度联越伐齐,有效地扼制了齐国势力的发展。章名可定为"晋吴、晋越之盟"。

第二十一章述战国早期楚、晋之间战事。该章的直接起因是宋国倒向楚国,使楚国势力北进,城黄池及雍丘,引起晋国不满,故晋攻楚,围黄池。后楚为复晋黄池之师,亦北攻晋国,围赤岸。终致双方主力在楚长城会战,以楚军失利告终。从简文看,虽然楚国丧失了较多的物资,但军事实力并没有遭到太大的损失。以事论,此章可名为"晋、楚交攻"。

第二十二章述战国早期晋、齐之间战事。齐国为打破晋越联盟,改变自己两面受敌的不利局面,不惜卑膝向越求成。"越公入享于鲁,鲁侯御,齐侯参乘以入"(简121)。但是三晋的军事实力还是远超齐国。晋师败齐师后,深入齐地洴水,齐在内忧外患之下,不得不与晋之韩、赵、魏三家订立城下之盟。此役巩固了三晋在北方诸侯中的主导性地位。此章可名为"三晋服齐"。

第二十三章述战国早中期楚国数次北进战事。第一次北进，是趁三晋联越伐齐之际，但在与晋之盟国郑国的交战中，楚师就并未占到上风，"战桂陵，楚师亡功"（简128）。第二年楚师再度伐郑，此役大胜，"尽逾郑师与其四将军，以归于郢"（简131），但为了示好郑国，于次年又将所俘郑囚全部归还。这引起三晋的反攻，攻克楚长陵等地。之后双方互相报复，终致两国主力在武阳发生会战。结果楚师大败，多名重臣战死，"尽弃旃、幕、车、兵，犬逸而还"（简135—136）。是役中，楚人得齐人为盟，但齐师还没进入战地，就听到楚人已败的消息，只好中途返回。就全章所述史事论，楚人实有胜有负，故可名为"楚人屡师"。

三　分章明义、各编年月

以上花了很大的篇幅介绍《系年》二十三章所述史事，并代为拟定题目，就是为了从文本内容的角度展现《系年》每事为篇的编纂特点。从文本的形式看，《系年》作者在叙述不同事件时，也有非常明确的分篇意识。《系年》全文一共分为23章，每章后均有墨钩以示结束，每章章首又均另起简册，不与上章文字相接。这种每章独立成篇的形式，一目了然，无须多论。当然，按照四库馆臣们针对纪事本末体的意见，《系年》的每事为篇，还没能做到"自为标题"，使纪事本末体之以某个特定事件为中心的叙事特点更清楚地表现出来。这当然是个遗憾，还需要进一步改进。但据《系年》这一分章叙述的文本形式看，战国时期的纪事本末体在形式上已经发展到了比较成熟的地步。

《系年》中有比较多的时间记载，不少学者将它与西晋出土的《竹书纪年》相比，认为它可能是战国时期另一部编年体的史著。这种观点应该是没有分清编年体与纪事本末体中时间因素的差别所致。我们在《试论清华简〈系年〉的编纂特点》①一文曾经归纳过编年体在时间编排上的几个特征，其中包括逐年（或逐世）而编、重视元年、同一时间段内只用一种年代体系、形式规整近乎呆板、严守年（世）代先后等等。而这些编年体史著中的时间编排特征在《系年》中都不存在。

① 《古代文明》2012年第2期。

　　《系年》中的年代安排，实际反映的是纪事本末体"各编年月，自为首尾"的特征。

　　第一及第二两章因为是分述西周的兴衰及平王的废立，所以即用周王之年代。其中，武王时期故事因年代久远，干脆不记录明确的年代，仅用一"昔"字表示久远过去的某个时间点而已。两章共记有"共伯和立十有四年"、"（宣王）立三十又九年"、"（携惠王）立廿又一年"、"周无王九年"、"（平王）三年"等。按《系年》全文中以周王纪年者，一共有三章，除此两章外，还有"卫人数迁"的第四章。在这一章中，仅出现"周惠王立十又七年"一个时间点。在这三章中，除周王纪年外，不出现其他纪年，其"各编年月，自为首尾"的特征非常明显。此外，这些时间点也都是因叙事需要随文安排，而不是像编年体那样先建构一个时间框架，再往里面安排史事。

　　第三章述秦人先世。因东周以前秦无史官记事，[①] 因此有关秦人先世的故事，往往有传说成分，并且没有明确的年代记录，所以此章没有一个时间点。第五章讲楚、蔡、息三国争夺息妫，通章也没有明确的年代记录。今按《系年》中有关息妫故事的一章（也包括《左传》中的相关叙述），情节曲折，细节描述生动，应非早期史家秉笔记载的文本，当出于传说故事，在口耳相传的过程中逐渐加工而成这种面貌。因此，本章没有明确的时间点也是可以理解的。

　　以下各章，只用晋、楚二国纪年，皆遵循以哪国为主要线索叙事，即用哪国纪年之例。

　　第六章晋献公立储之乱、第七章城濮之战、第八章殽之战、第九章晋灵公即位、第十章秦晋交恶皆以晋国为线索叙事，因此其中出现的年代，均为晋国纪年，有"（惠公）立六年"、"文公立四年"、"文公立七年"、"灵公高立六年"等四处。

　　第十一章楚人围宋、第十二章庄王伐郑、十三章晋楚大战，皆以楚国为线索叙事，因此其中出现的年代，遂改为楚国纪年，有"楚穆王立八年"、"楚庄王立十又四年"等两处。

　　第十四章述晋、齐靡笄之战，以晋纪年，有"晋景公立八年"一处。

---

① 《史记·秦本纪》载："（文公）十三年，初有史以纪事。"据《史记·十二诸侯年表》，秦文公与周平王同时。

第十五章述吴人叛楚，以楚纪年，有"庄王立十又五年"一处。

第十六章述晋、楚弭兵之会，用楚纪年，有"共王立七年"一处。

第十七章述晋、齐交攻，用晋纪年，有"庄平公即位元年"、"平公立五年"两处。

第十八章述晋、楚在二次弭兵之后分别在南北各自经营，用两国纪年，有"晋庄平公立十又二年"、"楚康王立十又四年"两处。按：此处虽有两个纪年，却是同一个时间点，即第二次弭兵之会的具体时间。这种纪年法，完全是根据叙事需要而定。因为晋楚弭兵是两国之事，因此需同时出现两国纪年。上述第十六章述晋楚第一次弭兵之会，形式上只有楚国纪年即共王七年一处，实际上晋国的纪年在文中也是很清楚的，因为文中在叙事时已经明言弭兵之会在"景公卒，厉公即位"之"明岁"（简87—89），所以不需再赘录晋国纪年。

第十九章述楚国置县，用楚纪年，有"献惠王立十又一年"一处。

第二十章述晋与东南吴越的通好历史，用晋纪年，因为时间跨度较长，所以有"景公立十又五年"、"悼公立十又一年"、"简公立五年"、"敬公立十又一年"、"幽公立四年"等五处。

第二十一章述晋、楚在战国早期的战事，以楚为线索叙事，故用楚纪年，有"简大王立七年"一处。

第二十二章述韩、赵、魏三晋伐齐，用楚纪年，有"声桓王即位元年"一处。按《系年》中，唯此章所用纪年与叙事线索不统一。这应与这一历史时期晋国的政治格局已经发生根本变化有关。《系年》叙事，从第二十章始，韩、赵、魏已经成为政治舞台的主角，但第二十章述晋与吴越长期以来的通好历史，因此一直使用晋国纪年，直到战国晋敬公、幽公之时，虽已是赵氏主导与越国的结盟，但没有就此改变此章的纪年方式。第二十一章所记，是韩、赵、魏与楚国的战事，而因为可以使用楚国纪年，所以也没有问题。独此第二十二章，三晋伐齐，以三晋为叙事主导，因而不可能使用齐国纪年，而三晋各国纪年不一，也无法统一，因此借用楚国纪年。这应是《系年》作者不得已而为之的选择。

第二十三章述战国早期楚国屡次北进战事，用楚国纪年，有"声桓王立四年"一处。

上述各章所涉之年代记录，章与章之间并无一以贯之的联系，时间因素在各章内呈现的完全是"自成首尾"的特征。

就《系年》通篇看，其章与章之间的顺序，一般是按时间先后排列，但也并不完全如此。如第十四章所述为晋景公八年，第十七、十八章已经述及晋平公元年及十二年，但第二十章又复述至晋景公十一年。这种时间安排，都是根据叙事的需要而自成一体，也正是纪事本末体作品中年代排列的重要特征。

四　诸事分合、统一布局

从文字数量看，《系年》确实不够丰满。大部分篇章叙事也都比较简略，属于粗线条勾勒历史事件，缺少细节的描述，但是，不能据此就认为这部历史作品仅是"偶然记载，篇帙无多"的杂史传记。相反，这是一部构思精巧，有着统一布局的高水平历史作品。

前面已经花了很大的篇幅讨论各章皆具有独立成篇的性质，而进一步看，《系年》的全部二十三章，又不是随意的拼合、偶然的记载，而是相互关联，有着统一的线索，从而使《系年》本身又能作为一部整体的历史作品而存在。

《系年》全部二十三章的叙事，有一条中心线索贯穿前后，这就是春秋至战国早期晋、楚之间的争霸历史。这是一部再现了晋、楚这一南一北两大诸侯国争夺霸业之全部过程的史学作品。若予整部作品一个总称，则莫过于"晋、楚霸史"一词。

诸侯争霸是春秋时期历史发展的主要特征。"五霸"是对这一历史时期取得过霸主地位的诸侯的总称。实际"五霸"究竟指哪些诸侯，史传中记载并不统一。像郑庄公、齐桓公、晋文公、晋襄公、楚庄王、秦穆公、吴王夫差、越王勾践等人，都曾建立过一时的霸业。但若从春秋时期的整体政治格局看，晋、楚两国的霸业持续时间最长，两国的南北对峙也几乎是贯穿整个历史过程的基本态势。齐、秦虽也是大国，齐桓公的霸业影响也很大，但齐、秦两国在春秋时期的政治舞台上，相对于晋、楚而言，只能扮演稍次一点的角色。除个别时期（如齐桓公称霸）外，齐、秦两国虽都是晋、楚积极争取外援的对象，但一般都没有能力以自己为中心建立诸侯间的政治秩序。从这个角度看，《系年》作者能以晋、楚争霸为线索编纂这部历史作品，是建立在对春秋（以至战国早期）政治发展史的深刻理解基础之上的，绝非随意之偶作。

　　《系年》作者虽然意在晋、楚争霸，但他的视角却并未仅限于叙述两国争霸的一些具体事件上。因为要想真正理解春秋诸侯霸业的兴起，就必须了解西周以后东周以来王朝威权丧失之后的政治格局。正是意识到这一历史背景的重要性，所以《系年》开篇三章并未马上叙述晋、楚的霸业，而是花了不少笔墨叙述霸业开展的历史背景，并对霸业过程中相关重要诸侯国的历史及现状做了简略的介绍。有学者认为《系年》是记录西周建国以来至战国时期历史的作品，仅从所涉史事看，这种说法也没有错，但实际对《系年》这部作品所述历史的中心及重点并未做到准确把握。该部作品所涉西周史事，都只是为叙述春秋霸业的历史而张本，绝非叙事的重点所在。通篇看，前三章（西周兴衰、平王废立及秦人先世）都应属开篇部分。从开篇的规模看，作者在把握历史叙述之整体格局方面表现得非常出色。此三章时间上纵跨约 300 年（从殷周之际一直到东周初年），空间上则横跨中（郑）、东（齐）、南（楚）、西（秦）、北（晋）各个方位。可以说将春秋霸业历史的背景及场景同时在时间与空间两个维度分别展开了。

　　第四章卫人数迁及第五章息妫故事，实际是分南、北两个方向描述了春秋时期蛮夷势力的发展及华夏各国的危急形势。共抗蛮夷，是春秋时期霸业兴起的一个重要原因。由于周王室衰落，已不再有能力联合华夏各国共御外侮，此时强大的诸侯国才脱颖而出，成为暂时的诸侯盟主，代替周王室行使这一职责。这样看，就可知前三章是叙述霸业的背景，此两章则有叙述霸业之内在动因的意思。

　　第六至第十章（晋献公立储之乱、城濮之战、殽之战、晋灵公即位、晋秦交恶）集中讲述北方晋国霸业的发展。同时，从第八章开始，又略述秦晋之盟的破裂，反映出春秋霸业形势的变化，为下几章楚国霸业的兴起张本。

　　第十一至第十三章（楚人围宋、庄王伐郑、楚晋大战）集中叙述楚国霸业的成长过程。从围宋、伐郑，到直接与北方霸主晋国发生军事冲突，是对楚国霸业发展过程的精确概括。

　　第十四至第二十章（晋齐靡笄之战、吴人叛楚、晋楚弭兵、晋齐交攻、晋楚经营南北、楚人置县、晋吴、晋越之盟）共 7 章，集中叙述掣肘晋、楚霸业的两个诸侯国势力以及晋、楚在各自区域为维持霸业而进行的各种经营。在北方，晋国不能不常备齐国的不驯，只能以强大的军事压力迫使齐国低头，但效果并不理想。在南方，吴、越等与晋国结盟，给楚国也造成了巨大的麻烦，使楚国长年陷入与吴国的战事之中。正是晋、楚在后方都有强大的掣肘，所以两次弭兵之会也就在此期发生。

第二十一至第二十三章（晋楚交攻、三晋服齐、楚人屡师）集中叙述三晋（韩、赵、魏）与楚国之间的争霸。这时已经进入战国时代，韩、赵、魏三国继承了晋国的霸业，与南方的楚国继续对峙，同时还要压服齐国，保持在北方诸侯中的独霸地位，但此时诸侯的霸业也已进入尾声，以兼并他国领土为目的的战国时代已然拉开序幕。

总体上看，《系年》作为纪事本末体的早期作品，各篇内容较短，确实略显不足。但更应看到，它的各篇所述事件都相对集中，从内容及形式上看都做到了每事成篇，完全符合纪事本末体的基本要求。同时，它的各篇之间，又有着非常清楚的承接关系，整体上看布局非常清楚，叙事线索十分连贯，反映出《系年》的作者又具有将晋楚争霸作为一个完整独立的历史事件来看待的编纂意识。前文曾述四库馆臣将纪事本末体的作品区分为两种，一种是一书备诸事之始末，另一种是一书仅备一事之始末。然而在《系年》这里，我们却看到这两种类型的灵活结合。这确实是这部战国时期的史学所品所给予我们的不一样的惊喜。

（作者单位：吉林大学文学院）

一粟居读简记（五）

王　辉

一

清华楚简《说命上》简2："敚（说）方茎（筑）城，縢墬亚力。"整理者注："縢，《诗·鲁颂·閟宫》传：'绳也。'《广雅·释器》：'索也。'墬，即'降'字，读为同属见母冬部的'躬'，《说文》：'身也。'《墨子·尚贤下》：传说庸筑，'衣褐带索'。"① 此说有其道理，然"縢降"解为"索躬（身）"，与"衣褐带索"似不尽同。又简文《说命中》简4："隹（惟）乃㝅（腹），非乃身。"简7："隹（惟）戏（干）戈生（告）羍（厥）身。"称"身"不称"躬"。疑縢应读为升，"升降"谓上升下降。《礼记·曲礼上》："居丧之礼，……升降不由阼阶。"縢从系，朕声，与乘、升通用。《史记·宋微子世家》："宋伐鲁，战于乘丘。"集解引徐广曰："乘一作縢。"《列子·黄帝》："遂与商丘开俱乘高台。"释文"俱乘"作"俱升"。"筑城，升降用力"，似乎也文从字顺。

二

清华楚简《说命中》简4："若药，女（如）不瞑（瞑）均（眩），邥（越）疾弗瘳。"整理者注："越，句首助词，见《书·盘庚》、《高宗肜日》、《微子》、《大诰》、《召诰》等。《楚语上》作'若药不瞑眩，厥

---

① 清华大学出土文献研究所与保护中心编，李学勤主编：《清华大学藏战国竹简（叁）》，中西书局 2012 年版，第 123 页。

疾不瘳。'"① 按越在简文中应是指示代词，即《楚语上》之"厥"，其
也。越与厥通用。朱骏声《说文通训定声·泰部》："越，假借为蹷。
《书·盘庚》'颠越不恭'传：'坠也'；《礼·缁衣》'母越厥命，以自覆
也'，注：'越之言蹷也'；《左成二传》'越于车下'，注：'堕也'；《齐
语》'恐陨越于下'，注'失也'。"②

　　"药不瞑眩，厥疾不瘳"，是古成语，见于多种古书。《尚书·说命
上》："若药弗瞑眩，厥疾弗瘳。"孔氏传："如服药必瞑眩极，其病乃除。
欲其出切言以自警。"孔颖达疏："若服药不使人瞑眩愤乱，则其疾不得
瘳愈。言药毒乃得除病，言切乃得去惑也。"又云："瞑眩者，令人愤闷
之意也。《方言》云'凡饮药而毒，东齐海岱间或谓之瞑，或谓之眩。'
郭璞云：'瞑眩亦通语也。'然则药之攻病，先使人瞑眩愤乱，病乃得瘳。
传言'瞑眩极'者，言闷极药乃行也。"在政治上，就是比喻以逆耳的语
言规劝人过，使听者反应强烈，才有功效。《孟子·滕文公上》："《书》
曰：'若药不瞑眩，厥疾不瘳。'"《国语·楚语上》："武丁于是作《书》
曰：'以余正四方，余恐德之不类，兹故不言。如是而又使以象梦，旁求
四方之贤圣，得传说以来，升以为公而使朝夕规谏。曰：……若药不瞑
眩，厥疾不瘳。'""瞑眩"又见《方言·十》，作"眠眩"；《方言·七》
作"眅眩"；《文选·扬雄〈剧秦美新〉》作"颠眴"；《说文》宁下作
"眄眩"；《汉书·扬雄传》作"冥眴"，③ 简本作"瞑均"，与《方言》、
《扬雄传》用字谐声偏旁同。

　　"冥眴"一语不见于殷周甲骨、金文。殷商甲骨记兆璺术语有："不
燊"，杨向奎释"不玄冥"，④ 于省吾释"不牾冥"，⑤ 然该辞诸说纷纭，
迄无定论，⑥ 与"冥眴"应无丝毫关系。就目前的数据看，这一词语产生
的时间不会早过春秋初。简本《说命上》的《说明》指出，今本《说

　　① 清华大学出土文献研究所与保护中心编，李学勤主编：《清华大学藏战国竹简（叁）》，
中西书局 2012 年版，第 126 页。

　　② 朱骏声：《说文通训定声》，武汉市古籍书店影印临啸阁本 1983 年版，第 686 页。

　　③ 参见朱起凤《辞通》，上海古籍出版社 1982 年版，第 2018 页。

　　④ 杨向奎：《释不玄冥》，《历史研究》1955 年第 1 期。

　　⑤ 于省吾：《双剑誃殷契骈枝》，《释不午黾》，转引自于省吾主编《甲骨文诂林》，中华书
局 1996 年版，第 1809 页。

　　⑥ 参见徐中舒主编《甲骨文字典》，四川辞书出版社 1988 年版，第 1442—1443 页。

命》不在汉初伏生所传今文《尚书》之内，也不见于孔壁古文《尚书》，只见于东晋梅赜所献孔传本《尚书》，是伪书。简本《说命》是先秦古籍，与梅氏伪古文（除引用先秦语句外）全然不同，但简本同今文《尚书》中的《商书》一样，也绝不会是商人作品，而只能是东周人作品。陈梦家先生指出："此篇（按指《盘庚》）与《汤誓》皆有'天命'之语，商人称'帝命'，无作天命者，天命乃周人之说法，……今文《盘庚》三篇共 1283 字，较之《周书》中之命书更长。晚殷金文，长者不过数十字，如何在盘庚之时有如此巨作？此篇与上述《甘誓》、《汤誓》皆较《周书》易读，两《誓》为战国时拟作，此亦战国宋人之拟作，犹《商颂》矣。"① 简本《说命》的时代大概也是这样。

三

清华楚简《说命下》简："昔在大戊，克𤤻（慎）五祀，天章之甬（用）九惪（德），弗易百青（姓）。"𤤻，整理者隶作渐，以为即渐字，义为进。黄杰《读清华简（叁）〈说命〉笔记》② 隶作𤤻，读为慎，极是，今再作补证。古参声字与真声字通用。《诗·墉风·君子谐老》："鬒发如云。"《说文》："㐱，稠发也。从彡，人声。《诗》曰：'㐱发如云。'鬒，㐱或从髟，真声。"《诗·大雅·云汉》："胡宁瘨我以旱。"释文："瘨《韩诗》作疹。"③ 郭店楚简《老子》丙本简 12："斳冬（终）女（如）忖（始），此亡败事矣。"斳马王堆帛书本《老子》甲、乙及《老子》王弼本皆作慎。郭店楚简《老子》甲本："和其光，迵（同）其斳。"斳王弼本及帛书乙本作尘，帛书甲本作整。④

关于"五祀"，整理者注云："《国语·鲁语上》：'凡禘、郊、祖、宗、报，此五者，国之典祀也。'《周礼·大宗伯》也有'五祀'，诸家解释彼此不同。"按《鲁语上》的话是鲁僖公（前 659 年—前 627 年）时鲁大夫展禽说的，但他并未提出"五祀"之名。殷墟甲骨文祀为祭义，

① 陈梦家：《尚书通论》，载《陈梦家著作集》，中华书局 2005 年版，第 207 页。
② 武汉大学简帛网，2013 年 1 月 9 日。
③ 高亨：《古字通假会典》，齐鲁书社 1989 年版，第 90—91 页。
④ 王辉：《古文字通假字典》，中华书局 2008 年版，第 688、694 页；白于蓝：《战国秦汉简帛古书通假字汇纂》，福建人民出版社 2012 年版，第 926、928 页。

《乙》6881："辛巳卜，亘贞：祀岳牵来岁受年。"祭祀先公先王一周为一年，故以祀纪年，《粹》896："隹（惟）王八祀。"西周金文同。天亡簋："王祀于天室。"大盂鼎："有髮（紫）蒸（烝）祀，无敢醙（扰）。……隹（惟）王廿（二十）又三祀。"鼎铭紫、烝、祀三种祭名并列。"五祀"之名出现很晚。《周礼·春官·大宗伯》："以血祭祭社稷、五祀、五岳。""五祀"是"祭"祀的对象，是名词。郑众以五祀为王者于宫中祀五色之帝，郑玄以五祀为五官之神，即句茫、蓐收、祝融、后土、玄冥。《礼记·祭法》："诸侯为国立五祀，曰司命，曰中溜，曰国门，曰国行，曰公厉。"《礼记·月令》："春，……其祀户，祭先脾。夏，……其祀灶，祭先肺。……中央，……其祀中溜，祭先心。秋，……其祀门，祭先肝。冬，……其祀行，祭先肾。"秦骃玉版："周世既没，典法鲜亡。惴惴小子，欲事天地，四亟（极）、三光、山川、神示（祇）、五祀、先祖、而不得垂（厥）方。"①"五祀"与"天地"、"四极"、"三光"、"山川"、"神祇"、"先祖"并列，肯定是五种神。"骃"，学者多以为即秦惠文王，②时代已至战国中期。又睡虎地秦简《日书》乙有"祀室中日"、"祀户日"、"祠门日"、"祀行日"、"祀口日"（口当为灶）；③又云："祀五祀日，丙丁灶，戊己内中土，〔甲〕乙户，壬癸行，庚辛口（门？）。""内中土"即中溜。④"克慎五祀"，慎为"慎祀"之省，"慎五祀"即"祀五祀"。

"天章之甬（用）九德，弗易百青（姓）。"章，明也，显也。《楚辞·大招》："德泽章只。"王逸注："章，明也。"《汉书·武帝纪》："何行而可以章先帝之洪德休德。"颜师古注："章，明也。"亦作彰，《孟子·告子下》："以彰有德。"简谓上天以九德使大戊显明。《史记·殷本纪》："帝大戊立，伊陟为相。亳有祥，桑穀共生于朝，一暮大拱。帝大戊惧，问伊陟。伊陟曰：'臣闻妖不胜德，帝之政其有阙与？帝其修德。'大戊从之，而祥桑枯死而去。"上天以妖祥警戒大戊，使其修德，与简文意近。

---

① 王辉：《秦曾孙骃告华大山明神文考释》，《考古学报》2001 年第 2 期。

② 《史记·秦本纪》惠文王名驷，乃骃之讹。

③ 吴小强：《秦简日书集释》，岳麓书社 2000 年版，第 199 页。

④ 同上。

　　"九德"又见《尚书·皋陶谟》："……亦行有九德，……曰：'宽而栗，柔而立，愿而恭，乱而敬，扰而毅，直而温，简而廉，刚而塞，强而义。'"又《逸周书·宝典》："九德：一孝。子畏哉，乃不乱谋。二悌。悌乃知序，序乃伦；伦不腾上，上乃不崩。三慈惠。兹（慈）知长幼。知长幼，乐养老。四忠恕。是谓四仪。风言大极，意定不移。五中正，是谓权断，补损知选。六恭逊。是谓容德。以法从权，安上无懝。七宽弘。是谓宽宇。准ім之以义，乐获纯瑕。八温直。是谓明德。喜怒不郊，主人乃服。九兼（廉）武。是谓明刑。惠而能忍，尊天大经。"又《常训》："九德：忠、信、敬、刚、柔、和、固、贞、顺。"《皋陶谟》的时代，学人说法不一，或说作于春秋时，或说作于战国初年，或说作于秦汉之际。郭沫若说《皋陶谟》的"九德"含有折中主义的伦理；蒋善国说："《皋陶谟》所说的九德，除在文法和意义方面，受《论语》和《中庸》影响外，并渊源于《洪范》三德。"①《宝典》、《常训》诸篇的时代，大约也在战国中期之后。"九德"中的柔、中、宽、廉、刚、温、慈、忠、信等品德不见于西周金文，却屡见于春秋、战国出土文献资料。澳门萧春源珍秦斋藏秦子簋盖铭文："（秦子）又（有）夒（柔）孔嘉，保其宫外。盈（温）龏（恭）□秉□（德）。"器之时代为春秋早期。②王孙遗者钟："余盈斁（恭）獣（舒）犀（迟）。"③此为春秋晚期器。中山王𰯼方壶："慈孝寏（宽）惠。……余智（知）其忠詢（信）施（也）而謢（属）赁（任）之邦。……賙渴（竭）志尽忠。"中山王𰯼大鼎："又（有）氒（厥）忠臣賙，克巡（顺）克卑。……非悊（信）与忠，其佳（谁）能之。"壶鼎为战国早期器。睡虎地秦简《为吏之道》："凡为吏之道，必精（清）絜（洁）正直，……严刚毋暴，廉而毋则，……宽俗（容）忠信，……兹（慈）下勿陵，敬上勿犯。""吏有五善：一曰中（忠）信敬上，二曰精（清）廉毋谤。"岳麓书院藏秦简《为吏治官及黔首》："精（清）絜（洁）正直，……厰（严）刚毋暴，廉而毋佾（则）。"简的时代为战国晚期至秦代。清华楚简《保训》："昔舜旧（久）复（作）小

---

　　①　蒋善国：《尚书综述》，上海古籍出版社 1988 年版，第 169—171 页。

　　②　王辉：《秦子簋盖补释》，载《华学》第 9、10 辑，上海古籍出版社 2008 年版；又收入《高山鼓乘集——王辉学术文存二》，中华书局 2008 年版。

　　③　中国社会科学院考古研究所编：《殷周金文集成释文》261，香港中文大学中国文化研究所 2001 年版。"盈"字原释"函"。

人，亲耕于鬲（历）茅，恐救（求）中，自诣（稽）乒（厥）志。……舜既得中，言不易实皃（变）名，身兹备（服）隹（惟）允，翼翼不解（懈），用乍（作）三降之德。"简文"中"即"中正"，是战国时人才有的治国理念。① 《保训》提到"三降之德"，而简本《说命下》下文说："余罔紩（坠）天休，弋（式）隹（惟）参（三）德赐我，虐（吾）乃専（敷）之于百青（姓）。"② "三德"乃天所赐，即"三降之德"。《尚书·洪范》："三德：一曰正直，二曰刚克，三曰柔克。"也是战国人的道德理念。

由以上论述，皆可证明简本《说命》为春秋以后作品。

四

清华楚简《周公之琴舞》简3："弻（弼）寺（持）亓（其）又（有）肩，𥄀告舍（余）㬎（显）惪（德）之行。"整理者注："'𥄀'即'视'字，读为'示'，教导。《礼记·檀弓下》：'国奢则示之以俭，……'"苏建洲《初读清华三〈周公之琴舞〉、〈良臣〉札记》③ 却说："说'𥄀即视字'则无据。我们看《琴舞》的用语比较古朴，大多可在西周金文、《尚书》中找到相同或相似的例子，但是读为'示告'则年代较晚。笔者以为'𥄀'从'旨'声，最直接应该读为'指'，《尚书》正好有'指告'的说法，《书·微子》'今尔无指告余'，屈万里先生说：'指，指点也。'"苏说未见其是。

首先，说"𥄀即视字"，并非"无据"。《广雅·释诂一》："靚，视也。"王念孙《疏证》："《集韵》、《类篇》'靚'又音时。"靚又作睹，《集韵·脂韵》："靚，《博雅》：'视也'。或从目。"𥄀从见，旨声，靚从见，耆声，耆从旨得声，故𥄀为视字异构，可以无疑。徐在国说："视，

---

① 参见王辉《也说清华楚简〈保训〉的"中"字》，载《古文字研究》第28辑，中华书局2010年版；王辉《读清华楚简〈保训〉札记（四则）》，载李学勤主编《出土文献》第1辑，中西书局2010年版。

② 清华大学出土文献研究所与保护中心编，李学勤主编：《清华大学藏战国竹简（叁）》，中西书局2012年版，第128页。

③ 简帛论坛，2013年1月15日。

眷古音同属脂部，瞎从目眷声，盖视字或体。"①

上古音视脂部禅纽，旨脂部照纽，示脂部神纽，三字叠韵，照神禅皆舌面音，旁纽，故视、眥读为示，例甚多。睡虎地秦简《语书》："争书，因恙（佯）瞋目扼捾（腕）以视力，吁询疾言以视治，詑訑丑言麃斫以视险，坑阆强肮（伉）以视强，……"四例视字皆读为示，显示也。郭店楚简《缁衣》："旨我周行。"上海博物馆藏战国楚竹书《紂衣》："覒我周行。"所引为《诗·小雅·鹿鸣》，旨、覒《毛诗》作示。②

《周公之琴舞》所谓"壑（成）王复（作）敬（儆）怭（毖）"的一组九篇诗，其第一篇即《诗·周颂·敬之》，其与简文相同的一句作："佛时仔肩，示我显德行。"可见眥仍以读示为近是。示本有告知义。《楚辞·九章·怀沙》："怀瑾握瑜兮，穷不知所示。"王逸注："示，语也。""示告"是示、告两个近义词组成的新词。

五

清华楚简《周公之禽舞》简13："舍（余）彔思念，畏天之载（灾）。"整理者注说彔字见甲骨文，疑读为逯，《广韵》："谨也。"按《说文》："逯，行谨逯逯也。"本指行步谨慎。后世引申指一般谨慎，清吴恒炜《知新报缘起》："守者逯焉、闵焉，……"但例子太晚。疑彔当读为屡。睩与鹿通，《说文》："睩读若鹿。"鹿与娄通，《荀子·成相》："到而独鹿弃之江。"杨倞注："独鹿与属镂同，本亦或作屡镂。"屡，数也，每也。《诗·小雅·正月》："屡顾尔仆，不输尔载。"《论语·先进》："回也其庶乎，屡空。""余屡思念"，我常思念。

六

清华楚简《周公之琴舞》简13—14："差（佐）寺（事）王忐（恖，读为聪）明，亓（其）又（有）心不易，畏（威）义（仪）諡諡，大亓（其）有慔（谟），……"整理者注："威仪諡諡，秦公钟（《集成》二六

---

① 徐在国：《隶定古文疏证》，安徽大学出版社2002年版，第185页。
② 程燕：《诗经异文辑考》，安徽大学出版社2010年版，第216页。

二）：'龖龖允义，翼受明德。'"① 指出謐、龖同义，但未深入分析。按所谓"秦公钟"通常称"秦公及王姬编钟、镈钟"，以与宋人著录的"秦公镈钟（盄和钟）"相区别。后者云："咸畜百辟胤士，龖龖文武，鍈（镇）静不廷，曧（柔）燮百邦，于秦执事。"又秦公簋云："咸畜胤士，龖龖文武，鍈（镇）静不廷，虔敬朕祀。"龖字用法亦同。

《玉篇》："謐，静也。"《广韵》謐"胡腊切"，盇部匣纽，但无法证明后世謐字与先秦謐字是一字。先秦謐字或是谒字异文。古盇与曷声字通用。《文选·班孟坚〈西都赋〉》："轶埃塲之混浊，鲜颢气之清英。"李善注："许慎《淮南子注》曰：'塲，埃也。'塲与壒同。"郭店楚简《缁衣》简40："句（苟）又（有）车，必见其敯（歇）。"裘锡圭按语疑歇应读为盖。又《穷达以时》简3："卲（皋）繇（陶）衣胎（枲）盖。"盖读为褐。由此而言，謐、谒先秦殆是一字。

关于龖字，前人考释已多。孙诒让《古籀拾遗·盄鮴钟》云："窃疑此字当从盖省声，即《说文》趕字之异文，盖声与曷声古音同。"郭沫若《两周金文辞大系考释·秦公簋》云："此龖字当从皿，赵声。……龖龖者当段为祛祛。《鲁颂·駉》'以车祛祛'，毛传云'强健也。'"于省吾《双剑誃古文杂释·释趕》云："按孙谓趕即《说文》趕字之异文，是也，郭说殊误。趕字作龖者，亦犹智君子鉴鉴之作鑑。古文偏旁之部位，惟施所宜，非如今隶之固定不移。趕从盇声，与趕从曷声一也。《尔雅·释言》：'曷，盇也。'惟《说文》'趕，趕趕也'，又'趕趕，怒走也'，于此义亦不适，趕趕应读为蔼蔼。《说文》：'蔼，臣尽力之美。从言，葛声。《诗》曰：蔼蔼王多吉士。'……《诗·卷阿》：'蔼蔼王多吉士。'传：'蔼蔼犹济济也。'《尔雅·释训》：'蔼蔼萋萋，臣尽力也。'又'蔼蔼济济，止也。'注：'皆贤士盛多之容止。'孙炎注：'济济，多士之容止也。'按《诗·文王》'济济多士'，传：'济济，多威仪也。'是蔼蔼与济济义相若。《说文》以蔼蔼为'臣尽力之美'，美字系就威仪之盛言之。上云'咸畜百辟胤士'，此云'蔼蔼文武'，'文武'指百辟胤士之

---

① 清华大学出土文献研究所与保护中心编，李学勤主编：《清华大学藏战国竹简（叁）》，中西书局2012年版，第141页。

文士、武士言之，是蔼蔼形容文武多士容止之盛。"① 吴镇烽同意郭说，云："越则从走去声，去声与疋声同在鱼部。以声类求之，趰趰当读为肃肃。"② 林剑鸣亦同意郭说，云："此三说中当以郭说为近是。考秦人历史，其一贯尚武。王左右之人不仅要'允义'（即信义），且要健强。秦人一向以健强勇武为荣，观《石鼓文》中'田车孔安，鋚勒駻駻，六师既简，左骖翻翻，右骖騝騝'等语，即可知此说不误。"③ 拙著《秦铜器铭文编年集释》则以为："（吴、林）解释多着眼于'武勇'一面，似不全面。……蔼蔼可形容文士，也可形容武士，于说较为可取。"④ 简文使于说成为定论，极有价值。简上文云"秌（咨）尔多子，笁（笃）亓（其）緄（谏）卲（劭）"，"多子"即《文王》之"多士"，秦公及王姬钟、秦公钟、秦公簋之"百辟胤士"、"文武"，指周之众多贤士，他们"大其有谟（谋略）"，显然包括文、武之士，甚至更主要是指文士。清华简《良臣》简3—4周文王、武王的"良臣"有闳夭、泰颠、散宜生、南宫适、南宫夭、芮伯、师尚父、虢叔、君奭、君陈、君牙、周公旦、召公，文武皆有，他们（主要是武王良臣）"述（遂）差（佐）成王"。《琴舞》后八篇名义上是成王所作，成王说这些有蔼蔼威仪之贤士"佐事王聪明"，与《良臣》所说同。

"趰趰"读为"蔼蔼"，出土文献最早的例子已到春秋早期。传世文献最早的例子为《诗·大雅》之《文王》、《卷阿》。《文王》时代，《诗序》云："《文王》，文王受命作周也。"然诗云："文王在上，于昭于天。周虽旧邦，其命维新。……文王陟降，在帝左右。"又云："陈锡哉周，侯文王孙子。文王孙子，本支百世。"述及文王身后子孙，其成诗当甚晚。《卷阿》时代，《诗序》云："召康公戒成王也。"王先谦云："《汲冢纪年》：'成王三十三年，游于卷阿，召康公从。'伪书不足信。黄山云：'《毛序》于《公刘》、《泂酌》皆增"戒成王"之说，此篇亦然，三家固无此言也。夫采诗列于《五雅》，自足垂鉴后王，不必其诗皆为戒王而作。此诗据《易林》齐说，为召公避暑曲阿，凤凰来集，因而作诗。盖

① 以上孙、郭、于说皆转引自周法高主编《金文诂林》，香港中文大学1975年版，第3250—3253页。
② 吴镇烽：《新出秦公钟铭考释与有关问题》，《考古与文物》创刊号，1980年。
③ 林剑鸣：《秦公钟、镈铭文释读中的一个问题》，《考古与文物》1980年第2期。
④ 王辉：《秦铜器铭文编年集释》，三秦出版社1990年版，第16页。

当时奉命巡方，偶然游息，推原瑞应之至，归美于王能用贤，故其诗得列于《大雅》耳。周公垂戒毋佚，成王必不般游。毛说殆近于诬矣。'"①黄山驳斥《毛诗序》，甚有理致，然其谓《卷阿》为召公游息之作，亦仅推测耳，未有确凿依据。"蔼蔼"、"济济"在西周金文中未出现过，就目前资料判断，《文王》、《卷阿》、《琴舞》极可能是西周晚期乃至春秋时作品，是后人追述往事。简文说"周公复（作）多士敬（儆）伲（毖），鋬（琴）氈九絉（卒）"、"壄（成）王复（作）敬（儆）伲（毖），鋬（琴）氈九絉（卒）"，实际上只是后人以成王、周公的名义作诗，其真正作者并非成王、周公。

（作者单位：陕西省考古研究院）

竹简中的古兵书

田旭东

一

自 20 世纪 70 年代以来，考古发现中经常有简牍出土。这些简牍内容丰富，其中古代典籍占很大比重，典籍之一就是古代兵书，以下简单依出土时间或面世时间先后介绍如下：

（一）1972 年银雀山汉墓出土汉简

1. 《吴孙子兵法》十三篇①

这是与《汉书·艺文志》"兵书略"著录的《吴孙子》相当的兵法。十三篇正好与今本《孙子兵法》对应，有同出土的木牍篇题，说明在西汉初年已经有十三篇单独流行，正与司马迁所说的"世俗所称师旅，皆道《孙子》十三篇"② 相合，字数也与高诱所说的"孙、吴，吴起、孙武也，吴王阖闾之将也，《兵法》五千言是也"③ 相合。从字数和内容看，都与今本基本相同，但排列顺序和今本有一些差异。

---

① 银雀山汉墓竹简整理小组：《银雀山汉墓竹简》［壹］（精装本），文物出版社 1985 年版。

② 《史记·孙子吴起列传》"太史公赞"，中华书局 1982 年版，第 2168 页。

③ 《吕氏春秋·上德》高诱注，参见陈奇猷《吕氏春秋校释》卷 19，上海古籍出版社 1984 年版，第 1259 页。

2. 《吴孙子兵法》佚篇①

于《吴孙子兵法》十三篇以外，还有《吴问》、《四变》、《黄帝伐赤帝》、《地形二》、《见吴王》五篇佚文，具体是：

《吴问》，是吴王和孙武的问对，讲出军入赋问题。内容是吴王问晋国的范、中行、智、韩、赵、魏氏这六个卿大夫，若分守晋国之地，"孰先亡，孰周成"？孙武的分析回答。

《四变》，是对十三篇的《九变》篇"途有所不由"、"军有所不击"、"城有所不攻"、"地有所不争"、"君命有所不受"的具体解释。

《黄帝伐赤帝》，是对十三篇中《行军》篇的"处山"、"处水"、"处斥泽"、"处平陆"四种"处军之利"的解释。

《地形二》，讲对地形的具体利用，与十三篇中的《地形》、《九地》篇内容有关。

《见吴王》，讲孙武见吴王，并用宫中妇人试之军法的事，与司马迁的《史记·孙子吴起列传》所记基本相同。

从五篇佚文的内容看，除《见吴王》为传记类的记述以外，其他四篇几乎都与十三篇有关，是对十三篇的解释或进一步发挥。

3. 《齐孙子兵法》

银雀山汉墓出土《吴孙子兵法》十三篇以及五篇佚文以外，还出土了散失已久的《齐孙子兵法》共十六篇。②

司马迁在《史记·孙子吴起列传》中讲到"孙武既死，后百余岁有孙膑"，这个孙膑后来做了齐威王的军师，在齐、魏大战，特别是桂陵之战和马陵之战中大破魏军，立下赫赫战功，并"以此名显天下，世传其兵法"。《汉书·艺文志》"兵书略"也明确著录有《齐孙子》八十九篇，图九卷，唐代颜师古注释此孙子为"孙膑"。但长期以来传世的却仅有一部《孙子兵法》，《隋书·经籍志》就已经不见对《齐孙子》的著录，所以人们往往怀疑历史上是否存在过孙武和孙膑两个孙子，也对今本《孙子兵法》究竟为哪个孙子所作产生了种种说法。2000 多年后银雀山汉墓中两《孙子》同时出土，可以说消除了学术界长期存在的疑谜，引起了

---

① 银雀山汉墓竹简整理小组：《银雀山汉墓竹简》［壹］（精装本），文物出版社 1985 年版。

② 同上。

震动性的效应。

《齐孙子兵法》共十六篇，其篇名是：第一《擒庞涓》，第二《见威王》，第三《威王问》，第四《陈忌问垒》，第五《篡卒》，第六《月战》，第七《八阵》，第八《地葆》，第九《势备》，第十《势备》，第十一《兵情》，第十二《行选》，第十三《杀士》，第十四《延气》，第十五《官一》，第十六《五教法》。

作为出土的竹简兵书，《齐孙子兵法》的发现当然是很重要的，它澄清了历史遗留的一系列重大疑问，为我们找回了丢失差不多 2000 年的古兵书，其意义不可低估。但实事求是地说，《齐孙子兵法》的思想和内容都比不上《吴孙子兵法》十三篇，所以它的失传，大约也是可以理解的事情了。

4. 《六韬》①

银雀山汉墓出土了被认为是与《六韬》有关的古书，但是否就应该叫作《六韬》？已经有学者提出了疑问，认为名之为《太公》更妥当一些。②

《汉书·艺文志》"诸子略""道家类"著录："《太公》二百三十七篇。吕望为周师尚父，本有道者。或有近世又以为太公术者所增加也。《谋》八十一篇，《言》七十一篇，《兵》八十五篇。"沈钦韩《汉书疏证》："《谋》者，即太公之《阴谋》。《言》者，即太公之《金匮》。凡善言书诸金版。《兵》者，即《太公兵法》。"《太公兵法》从唐以来多被称为《太公六韬》。这一类简有 14 组，包括见于传世本《六韬》的内容，将其定名为《六韬》是否合适？值得考虑。

5. 《尉缭子》

银雀山汉墓中出土的《尉缭子》共有 6 篇，为《治□》（今本称《兵谈》）、《兵劝（权）》（今本称《攻权》）、《守权》（据今本所补）、《将理》（据今本所补）、《原官》（据今本所补）、《兵令》。③ 这 6 篇内容与今

① 银雀山汉墓竹简整理小组：《银雀山汉墓竹简》［壹］（精装本），文物出版社 1985 年版。

② 李零：《简帛古书与学术源流》，中华书局 2004 年版，第 370—372 页。

③ 前五篇见银雀山汉墓竹简整理小组《银雀山汉墓竹简》［壹］（精装本），文物出版社 1985 年版。《兵令》发表于《文物》1977 年第 2、3 期，原在银雀山汉简《守法守令等十三篇》内。

本基本相合。

6.《地典》

《地典》著录于《汉书·艺文志》"兵书略"之"兵阴阳"，地典是人名，传说为黄帝七位大臣之一。《汉志》著录的"兵阴阳"类兵书共有16种，今天全都不存，这部典籍的发现对于我们了解兵阴阳类的兵书有着重要的作用。遗憾的是这些竹简至今未见整理本发表，李零先生从吴九龙《银雀山汉简释文》①一书中将其钩稽出来，共有39支简，②竹简残断严重。

7.《守法守令等十三篇》

银雀山汉墓出土的这部分竹简篇题木牍为：守法、要言、库法、王兵、市法、首领、李法、王法、委法、田法、兵令、上扁（篇）、下扁（篇）凡十三。

从篇题木牍看这一组竹简所包含的内容比较丰富，方方面面都有所涉及。但情况有些复杂，应该说它们不属于严格意义上的书籍，而是杂抄的各种与兵家有关的东西，其中《兵令》与《尉缭子·兵令》内容相合，讲列阵、旌旗、徽章等。《王兵》与《管子》的《七法》、《兵法》等相合。③而《守法》、《守令》则与《墨子》中的《备城门》、《号令》相关。④

《墨子》七十一篇，在《汉志》中著录于《诸子略》的"墨家"，班固在《兵书略》的"兵技巧"后注"省墨子重"，可知原来刘歆的《七略》之《兵书略》的技巧类中亦著录有《墨子》，或许就是《备城门》等篇，班固认为重复才"省"掉的。从《备城门》等篇的内容看，其专讲守城之术，应该属于兵书的技巧类，在今天《汉志》"兵技巧"书籍全部亡佚的情况下，《备城门》各篇与《守法》、《守令》等篇的价值无疑是重大的。

---

① 吴九龙：《银雀山汉简释文》，文物出版社 1985 年版。

② 李零辑出的《地典》简文见《中国兵书名著今译》，军事译文出版社 1992 年版，第278—289 页。《简帛古书与学术源流》，中华书局 2004 年版，第 395—397 页。

③ 银雀山汉墓竹简整理小组：《临沂银雀山汉墓出土〈王兵〉等篇释文》，《文物》1976年第 12 期。

④ 银雀山汉墓竹简整理小组：《临沂银雀山竹书〈守法〉、〈守令〉等十三篇》，《文物》1985 年第 4 期。

（二）1973 年河北定县八角廊汉墓出土汉简《六韬》①

共有 13 篇，但完整或较完整的仅有《□贤而不知贤人第四》、《治国之道第六》、《……乱之要第七》、《□□□国所贵第八》、《以礼仪为国第十》、《□大失第十四》、《武王胜殷第十六》、《幼弱第廿》、《□归第廿二》、《国有八楚第卅》10 个，还有 3 个仅存目次序号"第十二"、"第十三"、"第卅一"而没有目文。竹书篇题均单独占用一篇抄写。简文内容多有"文王、武王问"、"太公曰"的字样，或与传世本《六韬》、《群书治要》引《六韬》、敦煌唐写本《六韬》、宋本《六韬》内容相同或相近，其中有 6 篇与唐写本相合，有 3 篇和宋本相合，其余均不见于传世本，说明简文内容要比传世本内容丰富得多。从目前已整理出来的内容来看，均为讲政治谋略，不讲兵法，而传世本中专论兵法的各章又不见于简本。定名为《六韬》是否合适？是否应当把这类竹简按兵书对待？都还值得商榷。

（三）1978 年青海大通上孙家寨汉墓所出木简②

这批木简的内容为古代军法、军令，其性质可能与《司马法》相近，其中涉及一些阵名、阵形变化等，最为宝贵是大量军事制度的记载，如军队编制、徽章、武器以及奖励军功和惩治违反军规的具体办法等等，它为我们提供了当时军法、军令的实物证据。这部兵书在边疆出土，应该具有实用的性质，汉代不乏与西羌用兵，可反映西汉时期的军事实况。

（四）1983 年底湖北江陵张家山 247 号汉墓中出土竹简《盖庐》③

盖庐即春秋时的吴王阖闾，这部兵书实际上是吴王阖闾与申胥即伍子胥的对话。全文共有竹简 55 枚，书题"盖庐"写于末简背面。共九章，各章皆以盖庐的提问为开头，申胥（伍子胥）的回答为主体，实际上所体现的是伍子胥的军事思想。该书除涉及治理国家和用兵作战的原则外，

---

① 河北省文物研究所定州汉墓竹简整理小组：《定州西汉中山怀王墓竹简〈六韬〉释文及校注》，《文物》2001 年第 5 期。

② 大通上孙家寨汉简整理小组：《大通上孙家寨汉简释文》，《文物》1981 年第 2 期。

③ 张家山二四七号汉墓竹简整理小组：《张家山汉墓竹简》，文物出版社 2001 年版。

还有浓厚的兵阴阳家色彩，因而一直被学术界认为是一部属于兵阴阳家性质的兵书。

（五）2004 年公布《上海博物馆藏战国楚竹书（四）》《曹沫之阵》①

全文共 65 支简，1700 多字，文体系鲁庄公与曹沫的问答，以鲁庄公提问曹沫回答的形式体现出曹沫的军事思想，属于先秦时期流行的文体。简文分两部分，前一部分论政，后一部分论兵，其实在后一部分论及两军对阵的具体应对措施时，也有一些属于论政的内容，这应该是古代兵书常见的特征。论兵内容涉及以兵器、装备以及指挥人员等各方面均高出对方一筹的态势进行威慑，迫使对方就范，与《孙子·谋攻》"不战而屈人之兵"如出一辙，此乃用兵的最高境界。尚有所谓的"复败战之道"、"复盘战之道"、"复甘战之道"、"复故战之道"等战道以及出兵"四忌"、阵法等内容。

整体来看，《曹沫之阵》的所谓"战道"、"阵法"即战术指导原则皆不如后世兵书那样论述精当，语言也不够完备、流畅，它所反映的应该是早期兵书的实际情况。

（六）2012 年 12 月公布《上海博物馆藏战国楚竹书（九）》《陈公治兵》②

全文共 20 支简，完简 9 枚，519 字，记述楚平王初年陈公受命整饬军旅之事，文中主人陈公未见史载。简文多讲排兵布阵以及不同地形状况下的战车步卒之阵形，可以和《周礼·夏官·大司马》、银雀山汉简《孙膑兵法》以及传世《孙子兵法》、《尉缭子》、《六韬》等兵书参看。

2009 年北京大学亦入藏一批汉简，据披露其中有少量属于兵阴阳性质的兵书，但至今尚未公布，我们暂时还不了解其真面目。

二

上述出土简牍中的古兵书，竹简的时代可分为战国和西汉两类，上博

---

① 马承源主编：《上海博物馆藏战国楚竹书》（四），上海古籍出版社 2004 年版。
② 同上。

简《曹沫之阵》、《陈公治兵》为战国时的楚简，其他均为西汉简。

竹简兵书的国别大部分以齐国兵书为主，在先秦兵书遗产之中，齐国的兵学成就最为突出，这一点无论是从传世兵书还是出土的竹简兵书看，都毋庸置疑。齐国兵学的突出成就，是以特殊的历史条件为背景的，这主要表现在兵家传统与学术特色两个方面，笔者曾撰文讨论，[①] 在此不赘。

《汉志》著录的楚兵书有《楚兵法》七篇、《景子》十三篇、《项王》一篇、《蒲且子弋法》四篇等，其中景子或为楚将景阳，项王指的是项籍，蒲且子为楚之善弋者。《陈公治兵》未被《汉志》著录，其主人公陈公亦不见于史载，但所记为楚平王初年之事，应归入楚兵书。

张家山简《盖庐》不被《汉志》所著录，伍子胥避难到吴国后，积极协助吴国抗楚，《盖庐》的具体内容也以伍子胥与吴王阖闾的对话体展现，当归为吴兵书。内容讲"循天之则"、"行地之德"，按四时五行用兵，照阴阳向背处军，有"维斗为击，转动更始"、五行相胜等理论的论述，与《汉志》"兵阴阳"类"顺时而发，推行德，随斗击，因五胜，假鬼神而为助者也"的定义完全相合，其兵阴阳性质的内容为我们在《汉志》所载兵阴阳家兵书全部亡佚的今天，提供了了解考察兵阴阳具体情况的珍贵材料。

《曹沫之阵》是一部失传已久的鲁国兵书，在历代目录书的著录中，在传世和出土的古代兵书中，我们从未见到过鲁兵书，而且这是目前所见唯一的一部战国写本兵书，它的出现对我们进一步了解先秦兵家无疑具有十分重要的意义。据《汉志》，我们可以了解到的兵家著作有出自齐国者，有出自魏国者，有出自赵国者，有出自燕国、晋国、秦国、吴国、越国、楚国者，而唯独不见著录有出自鲁国者，不限于《兵书略》，见于其他各略与兵书有关的典籍全部钩稽而来，也与鲁国无缘。这一事实给人的印象是鲁国没有兵学传统。的确，长期以来，我们始终认为鲁国的学术背景以正统周礼为主，突出对西周文化的继承。《曹沫之陈》的出现，至少可以使我们对先秦文化获得新的认识，即春秋时期礼崩乐坏，百家争鸣，思想活跃，各国文化既有各自突出的特征，又不可避免地带有多样性，要注意到文化风格显现出复杂的情景，过去那种一味认为鲁不具军事传统，

---

① 参见拙著《试论先秦齐国的兵学渊源》，《中国史研究》1997 年第 3 期。

仅传承周文化，儒学文化发达的看法，应重新加以认识。

《汉志》和其他典籍不见著录和记载的事实，还说明《曹沫之阵》至少在西汉时期已经失传，那么，失传的原因究竟是什么？作为考古新发现，还作为目前所见的最早的战国写本兵书，又作为我们今天看到的唯一一部鲁国兵书，《曹沫之阵》的重要性显而易见，但就其内容来看，实事求是地说，它的确明显表现出其粗浅而不成熟的"过渡"性质，无法与后来的兵书如《孙子兵法》、《司马法》、《吴子》、《尉缭子》、《六韬》等相比，其思想性、理论性均有较大差距，这大概是其失传的根本原因。兵书在战争频仍的年代是要直接服务于现实的，战国时期，如《韩非子·五蠹》所说"今境内皆言兵，藏孙吴书者家有之"，是因为其有用，设想一部兵书如果没有人去用它，它也就没有了生命力，也就难免遭到淘汰的命运了。《陈公治兵》不被著录和不传的情况也应如此。

楚国竹简兵书和汉墓出土的兵书直接反映了当时兵书的原貌，对于我们认识当时兵书的流传和影响，对于我们考察传世兵书的发展变化以及真伪情况均具有非常重要的学术价值。

三

战国时代可以说是兵书的黄金时代，这与当时战争频繁的背景有关，《韩非子·五蠹》明言"今境内皆言兵，藏孙、武之书者家有之"，几乎家家收藏有兵书，私家研习兵学之风浓厚，社会上出现了研兵议兵的风气，兵书的兴盛之貌由此可见。

从考古发现和近年来公布的简牍材料看，战国时以书随葬就已经流行，这与当时官学破散，私学兴起，知识下放，民间写书、藏书的风气很盛的大环境有关，当时不仅诸子百家的书流行，各种实用之书也很普遍。随葬书籍的性质、内容不同体现出墓主人的身份与喜好各异。迄今为止，秦墓还尚未见兵书的出土，但汉初墓葬的几大发现足以说明问题。银雀山1号汉墓的器物随葬保留大量战国时代风格，又有出土"半两"和"三铢"钱为证，年代应属西汉早期，[①] 其出土兵书的抄写年代更应早于墓葬年代，大致时间或可推定为文、景帝时期（公元前179—前140年）。张

---

① 参见吴九龙《银雀山汉简释文》，文物出版社1985年版，第7、8页。

家山 247 号汉墓属吕后时期，①《盖庐》的抄写年代或可推定为汉高祖至惠帝时期（公元前206—前188年）。如果我们的推定能成立的话，那么可以想象从废除《挟书律》的汉惠帝四年（公元前191年）到以上各种兵书的抄写，仅有短短的几年或十几年。在古代的条件下，这样短促的时间内不可能产生数量较多的兵书，它们显然是从战国时代到汉初一直流传下来的。

银雀山汉墓出土有两件底部刻有"司马"字样的漆耳杯，故发掘者推测其墓主人以"司马"为氏，是一位熟读兵书的汉代军官。② 张家山247 号汉墓的墓主人从随葬品和葬具判断，其身份并不高，"随葬的古书也暗示墓主人生前是一名低级官吏，通晓法律，能计算，好医术、导引"。③ 两座墓葬的墓主人均为地位与身份不高的西汉中下级官吏，由于生前对兵书的喜爱，死后亦以之随葬，反映出当时兵书在民间的普及情况，而这种普及应当是以战国以来兵书的长期不间断流传为前提的。

（作者单位：西北大学历史学院）

① 张家山二四七号汉墓竹简整理小组：《张家山汉墓竹简［二四七号墓］》，前言，文物出版社2001年版。
② 山东省博物馆等：《山东临沂西汉墓发现〈孙子兵法〉和〈孙膑兵法〉等竹简的简报》，《文物》1974年第2期。
③ 张家山二四七号汉墓竹简整理小组：《张家山汉墓竹简［二四七号墓］》，前言，文物出版社2001年版。

《尚书·金縢》篇刍议

罗新慧

　　围绕《尚书·金縢》篇的著作时代问题，历来众说纷纭。近年来由于清华简《金縢》篇的面世，《金縢》的写作时代问题，再次成为学者们讨论的热点之一。本文在前辈学者研究的基础之上，结合出土文献，分析《金縢》篇的用词、用字，比较传世本与简本的用字特点，以期对《金縢》篇的写成时代有更好的了解。

　　《尚书·金縢》上半篇记载有武王患疾，周公向祖先请求以身代武王之事，此事并见《史记·周本纪》和《鲁世家》。

　　关于《金縢》篇的成书时代，宋代以前，无人怀疑其真伪，一般都认为成书于西周时代。宋代程颐之后，不断有人提出《金縢》为伪书的观点。现代学者多不认可"伪书"说，但关于是篇的成书时代则多有歧义。主要的观点有：1. 西周说；2. 春秋说，或春秋战国之际说；3. 战国说。此外，还有学者指出，《金縢》篇前、后两部分文体风格不同，当是由于写成时代不同所致。①

　　同时，又有学者利用出土文献来研究《金縢》，对于了解《金縢》篇

---

① 赵光贤先生认为是篇"第二、三两段，显然和第一段不同，记事简而不明，比较文从字顺，与真《周书》各篇不类，大概是后人追忆往昔的传说故事，信笔写成的。"（赵光贤：《说〈尚书·金縢〉篇》，载《古史考辨》，北京师范大学出版社1987年版，第56页）。刘起釪先生持相同观点："周公《金縢》的故事是完全符合当时历史实际的。而篇中所载周公册祝之文，不论是它的思想内容，还是一些文句语汇，也都基本与西周初年的相符合。因此这篇文件的主要部分确是西周初年的成品，应该是肯定无疑的……《金縢》篇中，除了周公祷祝的话可作为他的讲话记录因而可靠外，还有不少叙事之文，与诸诰体例不一致……颇接近东周，很可能是东周史官所补述。"（参见刘起釪《尚书校释译论》第3册，中华书局2005年版，第1253页。）

的成书时代，颇有助益。《金縢》篇中的若干用语，见于商周出土材料，是为研究是篇著作年代问题的重要参考。其较为重要者有以下三事。

1. 刘起釪先生指出"未可以戚我先王"句，与毛公鼎"欲我弗作先王忧"意同；"敷佑四方"则常见于西周彝铭，为"西周以来周人的习用语"。①

2. 李学勤先生指出周公所言"体，王其罔害"之"罔害"即殷墟卜辞中的"亡蚩"。②

3. "卜三龟，一习吉"（用三个龟占卜，重复出现吉兆）之"习"，见于卜辞，甲骨中有"习一卜"，"习二卜"（因袭前一次的占卜，再次占卜或第三次占卜）的说法。也见于包山楚简，如"屈宜习之以彤笿为左尹邵它贞"（屈宜用名称是彤笿的蓍草再次为邵它占卜）。虽然这些"习"字的含义不尽相同（习卜，简单地说就是重复占卜），"这些例子表明'习'是卜者长期沿用的术语"。③

总之，这些情况表明《尚书·金縢》用字有较早的起源。

近来面世的清华简中有《武王有疾周公所自以代王之志》篇，内容与《尚书·金縢》相类，学者称为清华简《金縢》。④清华简《金縢》刊出后，《金縢》篇的成书问题再次成为讨论的重要话题，传世本与竹简本的关系问题也引起学者们的关注。大致而言，传世本与竹简本《金縢》在基本内容方面比较接近，但所用语词、具体细节方面则有差异（见下表）。

传世本《尚书·金縢》	清华简《金縢》
既克商二年，王有疾，弗豫。	武王既克殷三年，王不豫有迟。
二公曰："我其为王穆卜。"周公曰："未可以戚我先王。"	二公告周公："我其为王穆卜。"周公曰："未可以戚吾先王。"

---

① 刘起釪：《尚书校释译论》第 3 册，中华书局 2005 年版，第 1225、1230 页。

② 关于"亡害"，参见裘锡圭《释"蚩"》，载《裘锡圭学术文集》甲骨文卷，复旦大学出版社 2012 年版。

李学勤：《〈尚书·金縢〉与楚简祷辞》，《中国经学》第 1 辑，广西师范大学出版社 2005 年版。

③ 相关研究参见李学勤《清华简九篇综述》，《文物》2010 年第 5 期；马楠《〈金縢〉篇末析疑》，《清华大学学报》2011 年第 2 期；刘国忠《从清华简〈金縢〉看传世本〈金縢〉的问题》，《清华大学学报》2011 年第 4 期；等等。

续表

传世本《尚书·金縢》	清华简《金縢》
公乃自以为功，为三坛同墠。为坛于南方，北面，周公立焉。植璧秉珪。	周公乃为三坛同墠，为一坛于南方，周公立焉，秉璧植珪。
乃告太王、王季、文王。	
史乃册，祝曰："惟尔元孙某，遘厉虐疾。若尔三王是有丕子之责于天，以旦代某之身。予仁若考能，多才多艺，能事鬼神。乃元孙不若旦多才多艺，不能事鬼神。"	史乃册祝告先王曰："尔元孙发也，遘害虐疾，尔毋乃有备子之责在上，惟尔元孙发也，不若旦也，是佞若巧能，多才多艺，能事鬼神。"
乃命于帝庭，敷佑四方，用能定尔子孙于下地。	命于帝庭，溥有四方，以定尔子孙于下地。
四方之民罔不祗畏。呜呼！无坠天之降宝命，我先王亦永有依归。	
今我即命于元龟，	
尔之许我，我其以璧与珪归俟尔命，尔不许我，我乃屏璧与珪。	尔之许我，我则晋璧与珪。尔不我许，我乃以璧与珪归。
乃卜三龟，一习吉。启籥见书，乃并是吉。	
公曰："体，王其罔害。予小子新命于三王，惟永终是图，兹攸俟，能念予一人。"	
公归，乃纳册于金縢之匮中。	周公乃纳其所为功自以代王之说于金縢之匮。
	乃命执事人曰："勿敢言。"①
王翼日乃瘳。	

从上表看，传世本内容多于竹简本。特别是周公"命于元龟"，"卜三龟"以及周公言"王幸无害"、而果然"王翼日乃瘳"几处，不见于竹简本。但竹简本"乃命执事人曰：'勿敢言'"句却不见于传世本。

应当说，传世本与竹简本所用若干语辞，皆有较早的起源（如前引学者所指出的"敷佑四方"、"未可以戚我先王"句）。此外，《金縢》篇记武王患病，太公、召公欲为王卜，而周公则为王祷事，同样渊源有自。

---

① 李学勤主编：《清华大学藏战国竹简》（壹），中西书局2010年版。

如商代甲骨记载"贞：有疾身。御于祖丁"①，是说商王有疾，占卜后，御祭祖丁。因此，遇疾而占卜，并祭祀先祖，殷商时期已然。此类做法在春秋时期依然盛行，《左传》中即有记载：宋平公宴享晋悼公，演奏殷天子之乐《桑林》，乐舞之时，乐师以装饰异常的旗帜导引，晋侯受到惊吓，退回房中。回到晋地后，晋侯患疾，"卜，桑林见……荀偃、士匄欲奔请祷焉"，晋人占卜求祟，卜兆显示桑林为祟。晋国卿大夫甚至欲返回宋地为晋侯祷告禜祟。②再如，昭公元年，晋平公有疾，"卜人曰：'实沈、台骀为祟'"。占卜显示实沈（参星）、台骀（汾神）是作祟者。又如，哀公六年，楚昭王有疾，占卜结果表明"河为祟"，楚大夫请求祭于郊（郊区），但昭王以不合礼而不祭。同类做法也习见于战国竹简。如：

　　鹽吉以保家为左尹它贞，既腹心疾，以上气，不甘食，旧（久）不瘥，尚速瘥，毋有祟。占之，恒贞吉，疾难瘥，以其故敚之。举祷太一羜，后土、司命各一牂。（包山楚简简238）③（鹽吉用名称为保家的卜龟为左尹它占卜，他腹部、胃有病，气不顺，不想吃饭，病很久不愈，应当迅速好转，没有严重后果。占卜，长期贞问是吉利的，但疾病难以治愈，因此用"敚"的方法。举祷太一神一母羊，后土、司命各一公羊）

　　小篝为悼固贞：既痤，以闷④心，不入食，尚毋有大慆。占之恒【贞吉】☒（望山楚简简9）⑤（用小篝为悼固占卜：他患有疥疮，心闷，不吃饭，应当没有什么严重的后果。占卜，长期看，是吉利的）

　　☒疾，尚速瘥。定占之：恒贞无咎，疾迟瘥。（新蔡简甲一：24）⑥

　　①　中国社会科学院历史研究所：《甲骨文合集》13713 正，中华书局 1978 年版。
　　②　《左传》襄公十年。
　　③　湖北省荆沙铁路考古队：《包山楚简》，文物出版社 1991 年版，第 36 页。
　　④　此字根据新蔡楚简，当释为"闷"字。
　　⑤　湖北省文物考古研究所：《江陵望山沙冢楚墓》，文物出版社 1996 年版，第 238 页。
　　⑥　河南省文物考古研究所：《新蔡葛陵楚墓》，大象出版社 2003 年版，第 187 页。此类竹简还见于天星观竹简、秦家嘴竹简，兹不备举。

上举三例简文，都是竹简主人生前患病，而由贞人为其占卜，然后又举行敚、祷等活动。因此，有疾而占卜、再行祭祷是古人通常的做法，至迟在商代已经出现，到战国时期仍然十分流行。以此揆诸《金縢》，可说篇中所录"武王有疾，二公欲为之卜，周公为王祷"事，绝非后人横造之言。《金縢》篇有较早的起源，也非诬言。

　　然而，细查两种《金縢》，则见在语辞的运用方面，传世本与竹简本又各自体现出不同的时代因素。如前所述，传世本较竹简本《金縢》多出公曰"体，王其罔害。予小子新命于三王，惟永终是图，兹攸俟，能念予一人"一段。而这一段落中，恰有几处可与西周金文相对照者。如"惟永终是图"，金文祝辞中常常可见"永命、灵终"之语，皆是求取寿考长久之辞，而"永终"亦长久之意，见于西周铭文，西周晚期并人妄钟谓"得纯用鲁，永终于吉"；① "罔害"，即卜辞中的"亡壱"，也作"无害"，见于西周铭文。西周中期再簋谓"念再哉，无害"，意谓再祈求祖先长久地念想自己，以使自己无祸害。② 西周中期墙盘铭文谓"天子眉无害"，③ 即天子长寿没有灾害；④ 而"念予一人"，则与金文祝辞中生者祈求祖先长久地思虑、护佑子孙意同，如西周中期大克鼎"永念于厥孙"，⑤ 再簋"念再哉"，作册嗌卣"毋（汝）念哉"。⑥ 上述几例表明，传世本《金縢》有较早的版本来源。不过，也需要注意到，传世本中所用语词也有明显的战国因素者。传世本多出"王翼日乃瘳"句，"瘳"，意为病情好转，为典型的战国用语，如"疾速有瘳"、⑦ "无瘳"、⑧ "病有瘳"⑨ 等等。另外，传世本与竹简本祝辞中称武王患疾，所用辞句分别是

---

　　① 《集成》00109。

　　② 关于再簋铭文，吴振武先生有详细考释。参见《新见西周再簋铭文释读》，《史学集刊》2006 年第 2 期。

　　③ 《集成》10175。

　　④ 墙盘中"眉无害"句，李学勤先生引《诗经·閟宫》"万有千岁，眉寿无有害"句以为释，指出"古代以老年人的秀眉作为耆寿的象征。本铭謩无匃即眉无害"。参见《论史墙盘及其意义》，《考古学报》1978 年第 2 期。

　　⑤ 《集成》02836。

　　⑥ 《集成》05427。

　　⑦ 简文转引自晏昌贵《天星观卜筮祭祷简释文辑校》，载《巫鬼与淫祀——楚简所见方术宗教考》，武汉大学出版社 2010 年版，第 358 页。

　　⑧ 河南省文物考古研究所：《新蔡葛陵楚墓》，简甲三：39。

　　⑨ 《墨子·号令》。

"遘厉虐疾"、"遘害虐疾",十分近似。此句可与新蔡简"小臣成奉害
虐"句相对照("奉"是"受"的意思,可译为"受了病",即得病了),
应是战国时期描述患病时的习语。① 传世本中战国语辞的使用,表明其在
流传过程中,受到战国时期语言因素的影响。

相比于传世本,竹简本《金縢》篇包含较多的战国语言因素。简文
中的"有迟"之"迟",清华简整理者解释为长久之意。有学者对照今本
读为"疾"②、"痒"。③ 其实,"有迟"应即战国竹简中常见的"疾迟瘥"
(疾病很久不好)之意,如新蔡简甲三:153"少迟瘥",甲三:173"疾
迟瘥"。④ 望山简45"疾少迟瘥",简62"有瘯,迟瘥"等。⑤ 另外,简
文中有"毋乃"之语,有三处用有"也"字,此皆为典型的战国时期用
字。⑥ 而"毋乃"与"也"不见于传世本。

在比较传世本与竹简本《金縢》篇时,有学者以为竹简本接近初始
本,⑦ 写成较早。有学者则认为竹简本晚于传世本。⑧ 两种《金縢》孰早
孰晚,殊难遽断。从以上的分析看,无论是传世本,抑或是竹简本,都有

---

① 清华简整理者释"害"为"患"〔李学勤主编:《清华大学藏战国竹简》(壹)〕。其实,
此处的"害"为"危"之意(如《战国策·秦策二》"而无伐楚之害",高诱注"害,危也"),
表示病情的严重程度,与传世本中的"厉"意义相同,今语仍曰"厉害"。前引宋华强先生文亦
指出此点。

② 黄怀信:《清华简〈金縢〉校读》,《古籍整理研究学刊》2011年第3期。

③ 廖名春:《清华简〈金縢〉篇补释》,《清华大学学报》2011年第5期。

④ 河南省文物考古研究所:《新蔡葛陵楚墓》。宋华强先生也已引用新蔡简将"迟"字释
为疾病迁延日久。见武汉大学简帛网2011年1月8日。

⑤ 湖北省文物考古研究所:《江陵望山沙冢楚墓》。

⑥ 关于毋乃,王坤鹏先生已指出此点并予以论证,参见《简本〈金縢〉学术价值新论》,
《古代文明》2012年第4期;关于"也"字在古代文献中的使用情况,曹银晶先生指出:"'也'
在出土文献,西周铜器铭文不见使用,春秋时期铜器铭文仅见一次(按,指春秋中期的栾书
缶),战国时期就开始大量地使用,秦简、楚简都见使用;'也'在传世文献,《尚书》不见使
用,《诗经》里见90次,战国时期传世文献就大量使用。可以说,根据现有材料,'也'不见于
西周时期,始见于春秋时期,战国时期以后用得很多。"参见北京大学博士学位论文《"也"、
"矣"、"已"的功能及其演变》,2012年。李锐先生在《清华简〈金縢〉初研》中也已指出此
点,参见《甘肃省第二届简牍学国际学术研讨会论文集》,上海古籍出版社2012年版。

⑦ 杜勇:《清华简〈金縢〉有关历史问题考论》,《古籍整理研究学刊》2012年第3期。

⑧ 廖名春先生则以为"竹书本《金縢》从整体上要晚于今本",参见《清华简与〈尚书〉
研究》,《文史哲》2010年第6期。黄怀信先生也认为"简书《金縢》较今本晚出,可能是在其
流传或抄写之时,对原作进行了节略、压缩与改写",《清华简〈金縢〉校读》,《古籍整理研究
学刊》2011年第5期。

明显的经后人，特别是战国时人加工的痕迹，其最终写成年代不会很早。若进一步比较两者的用词特点，则可见传世本保留西周时期色彩较多，而竹简本战国时期色彩更为浓厚。[1]

（作者单位：北京师范大学历史学院）

---

[1] 此点王坤鹏文业已指出。

评《清华简〈耆夜〉为伪作考》*

周宝宏

刚刚发表的姜广辉、付赞、邱梦燕《清华简〈耆夜〉为伪作考》一文（见《故宫博物院院刊》2013 年第 4 期）说：本文考证清华简《耆夜》为伪作，理由是：1. 考简文周公致毕公诗首句"戎服"，公元前 550 年左右始称军衣为"戎服"，唐代方以"赑赑"叠字作为修饰语。2. 考简文"祝诵"一词，先秦古籍只单言"祝"或"颂"，宋代学者作文献研究，分析文辞、文意，始立"祝颂"之目。3. 简文载周公酬武王祝诵诗"明明上帝，临下之光"。前一句首见于晋人诗句，是歌颂上帝的；后一句首见于宋人诗句，是歌颂宋帝的，这两句诗乃是现代人集句，非周公原创。4. 考证简文周公《蟋蟀》，与《诗经·蟋蟀》略同。后者归于《唐风》谱以唐音。如真为周公即席所作，理应谱以雅乐或豳音，并为在座之著名史官记录并传之后世。5. 简文所记为"饮至"礼，但于"饮至"礼所应有的告庙、献捷、数军实、策勋等仪节缺乏交代，不合古礼。（见该文"内容提要"）

笔者看了《清华简〈耆夜〉为伪作考》之后，产生了几个疑问，提出来供大家讨论。

一

如果《耆夜》为伪作，那么已发表的甚至未发表的全部清华简是否

* 本文为国家社科基金项目"清化简与古史寻证"（项目批准号：12BZS018）的阶段性成果之一。

全都是伪作？因为所有清华简应该都是同一批产生的，因为都是从同一地同时购回的，它们又都是《诗》、《书》一类的同性质的经史类的文献，它们的字迹也都相同或相似（指已发表的），说明它们是一个整体。很难说大部分篇章是真的，而另外有一两篇是假的，是伪作。也就是说，如果大部分可以确定为真的，应该全都是真的；如果有一两篇或小部分可以确定为假的，应该全都是假的。绝对不可能大部分或一部分真简在出土后被塞进一两篇或一部分现代人伪造的假简，因为，如果有作伪者，他们想在真简中塞进几篇假简而能做到鱼目混珠、能让很多著名专家学者看不出破绽，首先他们必须把这一批清华简全部看一遍，最起码熟悉这些真简的字迹和简上各篇记载的内容，最起码要了解所有简属经史类文献，然后才能编造与经史类内容相同的篇章，否则他们写出像上博简那样不属于经史类的文献，恐怕露出的马脚就更大更多。但实际上，清华简全都是经史类文献，并没有这类之外的篇章。更为重要的是，作伪者很难把未经过整理的清华简（指可以确定为真简部分）全部看一遍，因为清华简质地脆弱，很容易造成损坏或破碎，如果经过作伪者反复折腾，肯定造成相当大的破坏，但实际上，我们现在看到的清华简大部是完好的，破损的极少。此外，未经过清理的清华简上的字迹，作伪者能看得清楚吗？不大可能。最关键的问题是，作伪者有那么高的古文字或战国楚简文字识读的水平吗？不但认识字，还能读懂简所记载的内容，还能确定它们都是经史类文献而必须只能在经史文献方面造假吗？笔者想是不可能的。如果真的是这样，那么这些作伪者的楚简识读水平赶上著名古文字学家李学勤先生和那些参加清华简鉴定会的著名学者，还有整理清华简的那些专家学者们了。甚至作伪者的水平更高一筹，因为他们不但能识，还能写，还能写出一部分假文章、假简，放入真的里边，让很多专家都看不出来。其水平实在是高！总之，从上述的推论可知，如果能确定大部分或一部清华简是真的，或提不出什么疑问，找不出什么问题，即使只对其余一两篇或一部分提出疑问、找出一些问题，这些被怀疑的篇章也不可能是假的。对某篇产生疑问、找出问题，不等于它们就是伪作。当然更证明不了所有清华简都是假的，是伪作。

二

基于上述可知，清华简是一个整体即都是经史类文献，作伪者不可能阅读一批未经整理的楚简，也不可能了解这批未经整理的楚简的内容，他们也不会有这个能力，因此他们不可能写出同类性质的文献又模仿真简的字迹伪造假简而塞进真简里边去。那么，清华简如果是真的应该全都是真的，如果是假的应该全都是假的。如果全都是假的，那么，说明作伪者为适合学术界对商周出土文献《诗》、《书》的渴望，造文、书写、贩卖一条龙地作伪造假，专门为学术界造出这么一批经史类"楚简"。如此，已经公开发表的一辑九篇、二辑一篇、三辑八篇，应该每篇都有一些甚至很多破绽，每篇都应该被提出一些质疑或找出很多作伪的证据。但是到目前为止，我们见到的只有姜广辉等对《保训》、《耆夜》两篇的专门质疑辨伪，未见对其他各篇提出伪作的问题。姜广辉等为什么没有对其他各篇辨伪呢？姜广辉仅对此两篇辨伪而未对其他各篇辨伪，其原因不得而知，但很可能有以下几个原因：1. 辨伪者认为其他篇或大部分清华简不伪，只有小部分或几篇是被现代人塞进去的假简。2. 清华简全都是伪作，全都是假的，只是还找不出其他各篇的疑点，或虽有疑点还未著文公之于众。不管怎么说，辨伪者对清华简其他各篇未提出质疑或认为伪作，那么就说明他们到目前为止还拿不出或没有能力拿出证据证明清华简其他各篇或全部已公布的清华简为伪作。如果其他各篇不能证明为伪作甚至不能找出疑点，那么我们只能相信它们是真的。

三

单就文本而言，单就清华简每篇的结构、语言、内容而言，它们都是语句流畅、用语准确、词语古奥丰富、内容广博、结构清晰、层次分明、逻辑性强，看不出有粗糙之处，看不出有什么造假的明显证据。如果是现代人写的这些文本，他或他们必须十分熟悉先秦典籍，并且在古汉语或训诂学领域有相当学术修养或造诣，他或他们必须是训诂学家、古典文献学家、先秦史学家、古文字学家，他或他们甚至在上述方面都有深厚的修养而不是只懂一个方面，才能写出像清华简那样丰富、那样博大精深、那样滴水不漏的文章来。而且他或他们在写这些文章的时候，在选题立意、谋篇布局、用词造句、所叙内容，特别在语言方面，都必须下相当大的功夫；费相当长的时间，必须反复修改润色才行，否则肯定漏洞百出，别说专家，一般学习研究者也很容易看出破绽。像清华简数量那么多、内容那么丰富、文章写得又那么好，一般的古文字、古汉语、古代史的爱好者和研究者，当然也包括有一定学术水平的研究者，肯定写不出来。那么一般的造假者甚至是学术界之外的造假者能写出那么多那么好的文章吗？绝不可能。如果有这样的人，那真是天才！

　　下面仅以姜广辉《清华简〈耆夜〉为伪作考》举出的几例"伪证"来说明"造假"者的知识面是多么广泛。《耆夜》有"赑赑戎服"一句，姜文说："而'赑赑'叠字作为修饰语来得还要晚。较早的有唐代无名氏《纪游东观山》：'赑赑左顾龟，猖猖欲吠龙。'元代则有陈栎《题春先亭》：'赑赑寒威薄穹昊，摇落千林迹如扫。'［脚注：（元）陈栎《定宇集》卷一六］……而从现有的文献资料中，我们找不到证据来证明早在先秦已经有了此种用法和文义。"《耆夜》有"明明上帝，临下之光"两句，姜文辨伪道："经查中国古籍，最先用'明明上帝'的是晋朝挚虞的《太康颂》：'明明上帝，临下有赫。'（《晋书·挚虞传》）……而用'临下之光'的唯有南宋李廷忠，其《贺皇帝御正殿表》云'黼座当阳，龙章绚采。巍巍乎，宅中之势；穆穆然，临下之光。凡在观瞻，孰不鼓舞？'此处所讲的'临下之光'并不是'上帝'的'临下之光'，而是新皇帝'毕亲丧'之后升御正殿的'临下之光'。"［脚注：此段引文见（宋）李远忠《桔山四六》卷一四］。上引姜文找出见于后代文献的证据，如："赑赑"一词见于唐代无名氏《纪游东观山》和元陈栎《题春先亭》，"临下之光"见于（宋）李远忠《贺皇帝御正殿表》。此三文所出之文集都不是常见书，本身又不是什么名篇，况且又在唐宋元时代，如果说有伪造清华简的人，也应该是熟识先秦两汉典籍的，不可能熟悉唐宋元不是特别著名的人的文章，更不可能很纯熟地使用到所创作诗句里去。有人可能会问是不是他们使用电子本文献搜索出来，如果是，并不能来创作诗篇。运用这些词语必须是这些词语在他们的脑海里深深扎下了根，创作时才能随时想到，随时用到。如果说创作一篇古诗，一些词语是靠查词典查电子文献得来的，这种可能性很小，几乎不可能。因此，如果《耆夜》是现代人伪造的，那么他或他们不但熟读先秦两汉典籍，而且还熟读魏晋以下的文献，不但必须熟悉一些比较偏的文献，并且还必须记得住，到时候就用上它们，如果有这样的人，他或他们知识面太宽了，读的书太多了，记忆力太好了，太有才了。因此单从这个角度看，说《耆夜》为现代人伪造，是不可能的。

四

姜广辉等《清华简〈耆夜〉为伪作考》提出的五点作伪证据（已见于上文所引），能证明《耆夜》就是伪作吗？首先要说明的是，《伪作考》是将《耆夜》时代定在西周（武王）时代，是源于清华简整理者们的看法。但就笔者个人看法，已公布的清华简大部分应是战国时代人所写的文章，《耆夜》就是一篇战国文献，也有一些学者有相同或相近的看法，如刘光胜《清华简〈耆夜〉考论》（《中州学刊》2011 年第 1 期），曹建国《论清华简中的〈蟋蟀〉》（《江汉考古》2011 年第 2 期）等。此不详述。下面就按《耆夜》为春秋战国时代作品探讨姜广辉等《清华简〈耆夜〉为伪作考》所举作伪的几个证据。姜文的"内容提要"说是五点证据，但实际是七点，因为第一点"赑赑戎服"，"赑赑"与"戎服"可分为两点，第三点"明明上帝，临下之光"，前后两句也可分为两点。姜文主要以他举出的几个词语出现时代晚，不能早到西周初为由证明《耆夜》为伪作。姜文说："《耆夜》载周公致毕公诗，开头一句就是'赑赑戎服'，三千年前的周公会有这样的诗句吗？我们认为不会有。'戎服'一词，甲骨文、金文都没有。在传世文献中，'戎服'一词也较晚出。""在众多先秦文献中，'戎服'一词只在《左传》中出现过两次……"《耆夜》为春秋战国文献，其中使用的"戎服"一词又在《左传》中出现过两次，这就很正常了，那么"戎服"一词就不能作为作伪的证据了，姜文的第一个证据也就不复存在了。"赑赑"一词，不见于两周出土文献和两周传世文献，但李学勤等学者读为"英英"，绝对可备一说。但是，姜广辉等人的《清华简〈耆夜〉为伪作考》却说："在古代，'英英'最早用来形容白云轻明之貌，《诗经·小雅·白华》：'英英白云，露彼菅茅。'……""通查古代文献并没有见到用'英英'二字来形容和修饰'戎服'的。说到家，'英英'二字并没有后世'英武'的意思。即使是'英武'二字也同样出现很晚，并且也从不用以修饰'戎服'。"周按：按照姜广辉等人的说法，"英英"如用为修饰"戎服"即用在"英英戎服"之句中，必须有英武之义，而《诗经·小雅·白华》"英英白云"之"英英"是用来形容白云轻明之貌的，二者用法不同，并且典籍中没有用"英英"修饰"戎服"的，因此"颎颎"也就不能读为"英英"。周按：《诗经·小雅·白华》"英英白云"，朱熹《集传》："英英，清明之貌。"而与此词义相近的"英英"在今传本《诗经》中又作"央央"，《小雅·出车》"出车彭彭，旂旐央央"。毛传："央央，鲜明貌。"《郑风·出其东门》正义引作"英英"。段玉裁《小笺》（《毛诗故训传定本》附）说："此谓央即英之假借。"又《小雅·采芑》："其车三千，旂旐央央。"上引"央央"一词都是形容旗帜鲜明的样子，也就是色彩鲜明、引人注目的意思。而且与"英英"形容白云清明的样子词义是相近的，而在鲜明这一点上又是相同的。那么具有鲜明之义的"央央"（"英英"）来形容"戎服"（即军人所穿的衣服）当然没有什么不可以，也就是"英英戎服"之"英英"不是姜广辉等人理解的"英武"之义，而是形容军服鲜明夺目之义。这完全是姜文误解了"英英"的词义造成的误判，现在看来，虽然典籍中未见"英英戎服"的语句，但《小雅》两见"旂旐央央"，一见"白旆央央"，可以佐证在春秋战国时期，甚至在西周晚期是可以出现"央央（英英）戎服"的。又按：《耆夜》原文作"颎颎戎服"，"颎颎"当是"央央（英英）"的假借字是可以肯定的，"颎"字作为单独使用，也已见于《包山楚简》和《古玺汇编》等战国出土文献资料，当然可以写成叠音字"颎颎"了，至于"颎颎"一词见不见于先秦两汉出土文献和传世文献也就没有什么意义了。总之，姜广辉等人指出的"颎颎"或"英英"为作伪的证据，由上述引用《小雅》"央央"一词的存在，已经被证明绝不是什么作伪的证据了。又虢季子白盘铭文"赐用弓，彤矢其央"。"其央"相当于"央央"，也是形容弓矢色彩鲜明的样子。

　　姜广辉等《清华简〈耆夜〉为伪作考》说："清华简《耆夜》显然是以'祝诵'作'祝颂'解，盖诵、颂古可通用。'祝颂'，犹今之言'祝愿'、'歌颂'。但先秦古籍只单言'祝'或'颂'，不言'祝诵'或'祝颂'。""'祝颂'一词不仅同样不见于先秦文献，而且起源相当晚。直到宋代，学者作文献研究，分析文辞、文意，始立'祝颂'之目……""今清华简《耆夜》中两次出现'祝颂'之文，是现代造假者见惯后世'祝颂'的词汇，不知其起源甚晚而妄用之，这就露出马脚了。"周按：

祝字在战国文献中已用为"祝愿"之义，如《庄子·天地》："请祝圣人，使圣人寿。"《王力古汉语字典》（850 页，祝字条）说，此处的"祝"字是由祝祷义引申为对人的祝颂。《耆夜》简"祝诵"的"诵"，不是通"歌颂"的"颂"，而是《诗经》中的"诵"字，《大雅·烝民》："吉甫作诵，穆如清风。"胡承珙《毛诗后笺》："诵者可歌之名。《周礼·大司乐》注：'以声节之曰诵。'《礼记·文王世子》注：'诵谓歌乐也。'"又《大雅·崧高》："吉甫作诵，其诗孔硕。"《小雅·节南山》："家父作诵，以究王讻。"如果以《诗经》中"诵"字用法来理解"祝诵"之诵，就不是姜广辉所解释的"歌颂"之"颂"了，而是诗篇之义，"祝诵"就是"祝愿的诗篇"之义，虽出现两次，未必是一个固定的结构，与"直到宋代，学者作文献研究，分析文辞、文意，始立'祝颂'之目"的"祝颂"毫无关系，根本谈不上什么"是现代造假者见惯后世'祝颂'的词汇，不知其起源甚晚而妄用之"。如此看来，姜广辉等所说的《耆夜》为伪作的证据之"祝诵"也就不是他所说的那么回事了。

　　姜广辉等《清华简〈耆夜〉为伪作考》说："《耆夜》载周公酬武王的祝诵诗，开头云：'明明上帝，临下之光。'经查中国古籍，最先用'明明上帝'的是晋朝挚虞的《太康颂》：'明明上帝，临下有赫。'……而用'临下之光'唯有南宋李廷中，其《贺皇帝御正殿表》……""《耆夜》显然是把晋唐人用来歌上帝的'明明上帝'和宋人用来歌颂宋帝的'临下之光'拼凑在了一起。此乃是现代人的集句，而非周人的原创。"周按："明明上帝"一句确实在先秦两汉出土文献和先秦两汉传世文献中未见，但在《诗经》中常见"明明"一词，《小雅·小明》："明明上天，照临下土。"《大雅·常武》："赫赫明明，王命卿士。"其实"明明上天"就是"明明上帝"，那么"明明上天，照临下土"，与《耆夜》"明明上帝，临下之光"句式语句也相同。又《周颂·臣工》："明昭上帝，迄用康年。""明昭"与"明明"词义也相同，"明昭上帝"即"明明上帝"。这些都说明"明明上帝"完全是可以在西周至战国文献中出现的，不能说晋人文章中有"明明上帝"，清华简中就不能有，有了就是作伪的证据。总之，"明明上帝"虽未见先秦两汉文献，但《诗经》中"明明上天"、"明昭上帝"之句，说明"明明上帝"不应是作伪的证据，不应是作伪者抄袭自晋朝人挚虞的《太康颂》，那姜广辉的这个证据也就站不住脚了。"临下之光"也确实未见于先秦两汉文献，但是也不可能抄袭自南宋李廷忠《贺皇帝御正殿表》，因为这篇文章见于李远忠《桔山四六》（卷一四），这部文集太偏，不是专门在电子本中搜索或不是专门研究它的人，很难找到它或遇到它，因此《耆夜》的"临下之光"与宋人文章中的"临下之光"二者没有关系，只能认为是的巧合而已。《诗经·大雅·皇矣》："皇矣上帝，临下有赫。""有赫"相当于"赫赫"，显盛、光明之义。"皇"字也为辉煌之义，相当于"明明"之义，那么"明明上帝，临下之光"可能由《皇矣》"皇矣上帝，临下有赫"改写而来。由此说来，姜广辉等人说的这个作伪的证据，也不那么可靠，不能使人完全相信。

姜广辉等人《清华简〈耆夜〉为伪作考》说："在一篇只有短短几百字的《耆夜》中，前有'祝诵'的后世词汇，后又有'明明上帝'、'临下之光'之类晋唐至宋代的诗文集句，面对这种伪迹昭彰的情况，如果仍有人硬说这是真简，那就需要辩驳这些证据，并举出它是真简的理由，以让人们相信你的主张。"由上引姜文可知，姜广辉等对自己所提出的作伪证据的可靠性和可信性是非常自信的，但可惜的是，通过上面的讨论，他们所举的五个例证都是站不住脚的。

姜广辉等《清华简〈耆夜〉为伪作考》认为"周公秉爵未饮，蟋蟀跃降于堂，（周）公作歌一终，曰《蟋蟀》：蟋蟀在堂……"中所记周公创作《蟋蟀》一诗，也是作伪的证据之一，因为简文《蟋蟀》"其内容与《诗经·唐风》中的《蟋蟀》大体一致，因此周公不可能作这首诗，……传说为周公所作的《七月》、《东山》和《鸱鸮》列于《豳风》之中。今《蟋蟀》一诗，列于《唐风》之中，假使《蟋蟀》为周公所作，怎么会被谱上周族人并不习惯的唐音呢？这个做法颇有点像前些年地方剧种实验移植'革命样板戏'，三千年前会有这等事吗？"周按：清华简《蟋蟀》一诗为周公所创作，是清华简整理者们的看法。笔者认为简文《蟋蟀》绝不是周公所作，要么是《蟋蟀》一诗在当时的另外一个版本，要么是战国时人对《诗经·唐风·蟋蟀》一诗的改写，但绝不是现代人的拟作或伪作。《耆夜》所叙武王作歌两终、周公作歌三终，共五首诗，应该都是当时流传于世类似《诗经》（或可能就是《诗经》）里的诗篇，是《耆夜》的作者战国时人，将它们放在武王克耆（黎）的背景下，放在饮至庆功的场合，叙述武王、周公作诗的故事，而这个故事完全是战国人编造或创造出来的，不是武王克黎成功"饮至"赋诗的真实记录，《蟋蟀》一诗当然不是周公所作，简文说周公所作，那是战国人写着玩，不必当真。清华简的整理者当真，自然可以商榷；姜广辉等人也当"真"，并从而认为这不是周公所作，简文说周公所作，那就是现代作伪者所写。说《蟋蟀》不是周公所作可以，说简文《蟋蟀》为现代人伪作，其证据仅是这首诗不可能是3000年前周公所作，显然这是站不住脚的，这个所谓的伪作就不是什么伪证了。

　　姜广辉等人《清华简〈耆夜〉为伪作考》说："由于造假者基本不懂古代'饮至'礼的仪节和要项，以致避重就轻，将一个本应是武人的'犒赏会'开成了文人的'诗友会'，这就造成该写的没写，不该写的瞎凑。"姜文的意思是简文所记为"饮至"礼，但却没有记"饮至"礼应有的告庙、献捷、数军实、策勋等仪节，这显然也是作伪者不懂"饮至"礼而造成的。周按：《耆夜》为战国人所写（当然其中的诗应是西周至春秋时代人所写），其目的根本就不是写什么"饮至"礼的过程，而是写武王克黎庆功饮酒赋诗的场面，也就是叙述的侧重点在饮酒赋诗。如果非要从中找出饮至礼的各种仪式，找不到就说是这是现代不懂饮至礼的人伪造的，那就太武断了。这一所谓的作伪证据根本不能成立。

　　最后，笔者并不反对对清华简包括上博简提出质疑甚至辨伪，但最好有明确的、显著的、重要的、丰富的证据，这些证据不能是牵强的，容易产生歧义和误解的，更不能是无中生有的，否则对楚简的学术研究只能有害而无益。

（作者单位：天津师范大学文学院）

新见"北行易"三孔布简析

黄锡全

近期笔者见到一枚"北行易"三孔布，感到很新奇。现将有关情况介绍如下，以飨读者。

此枚三孔布，据说出自山西与内蒙古交界一带，生坑绿锈，周边有郭，首部浇铸口明显。布之左右两足受损弯曲，折而未断；左足孔与足中间部分残缺一小块；后经修复。面部"北行易"三字，"北易"二字上下排列居于"行"之中间；合文号"＝"在"易"字右下方。背面文字"两"，类似"羊"形的头部两角垂直向下。背面首部孔之上方有数目字"二"。通高7.2厘米，肩部宽3.1厘米、足部宽3.6厘米。修前重14.1克。

开始，笔者对这枚布币的文字有所怀疑。一是合文号"＝"在"易"字右下方，与"南行易"位于"行"字右下笔下方有所不同；二是背面"两"字上方没有一短横，与已见三孔布多有一短横有别，所从"羊"形的头部两角垂直向下，也与已见之书写有别；三是"北行易"地名于史无闻。后经仔细琢磨，并征求钱币界有关藏家意见，认为这枚布问题不大，理由如下：

1. "南行易"文字左右结构与"北行易"文字上下结构，"南行易"合文号位于"行"之右下与"北行易"位于"易"字右下，应属于文字部件和合文号比较常见的位置不固定或合理安排之现象，见于其他古文字。如下列战国文字之"子孙"，"纟"与合文号本在右下，但也可以将"纟"书于左下而合文号不变。"公孙"之"孙"的合文号，可以在下，也可以在右，也可以在左。"大夫"之合文号可以在右侧，也可以在下方。"余子"二字合文可以左右安排，也可以上下安排；合文号在"余"下，也可以在"子"下。"相如"合文可以上下安排，也可以左右安排。等等。①

三孔布"北九门"作🔲，"九"字位于"北"之左侧而非其下。另外，"北"字笔画比"南"字笔画少，若将其单独安排于左部显然不够协调，将其置于"易"字上方则比较合理，这与三孔布"上曲阳"、"下曲阳"之"上"、"下"二字笔画较少的安排也类似。②

因此，"北行易"作🔲，与"南行易"作🔲，结构与合文号位置有所不同，不足为奇。

2. 三孔布"两"字写法也各有不同，各品笔势小有差别，下部演变为似"羊"而非羊。这种写法的"两"，目前主要见于三晋和楚。③古文字"两"字上面原本无横，一短横为后来增加。"罚"字三孔布背文🔲上未见一横。④出于内蒙古伊克昭盟西沟畔的虎头银节约、河北燕下都辛庄头出土的20件赵国记重刻铭，以及洛阳金村古墓出土战国东周小银人、小银匣上刻铭"两"字上面全无一横，而且"两"字所从的"羊"也有差别。⑤如下列燕下都所出四图之"十两"、"四两"等：

   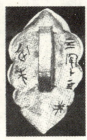

① 可参见《侯马盟书》，文物出版社1976年版，第355页；汤余惠主编《战国文字编》，福建人民出版社2001年版，第992、986、1000、1005页。

② 这条意见承蒙吴良宝教授提示。

③ 可参见汤余惠主编《战国文字编》，福建人民出版社2001年版，第538页。

④ 黄锡全：《介绍一枚"罚"字三孔布》，《中国钱币》2012年第4期。

⑤ 参见石永士《燕国的衡制》，载《中国考古学会第二次年会论文集》，文物出版社1982年版；邱光明编著《中国历代度量衡考》，科学出版社1992年版，第308—315、324—325页；汤志彪《三晋文字编》，博士学位论文，吉林大学，2009年，第505页。

因此，"两"字或无短横以及写法小异也不足为奇。已发现大者背面铸"两"字三孔布，一般通长 7—7.9 厘米、面宽 3.7—4 厘米，重 13.5—17 克。① "北行易"三孔布的数据也与之符合。

3. 新发现失载之资料与日俱增，如近年公布的清华大学藏楚简之《楚居》，涉及的地名或史实多不见于文献，或有区别，便是最典型的证据。② 三孔布的"上博"也不见于传世文献，而只见有"下博"。"北行易"于史无闻也不足为奇。

过去发现三孔布中有"南行易"大小二型，见《大系》2462（大）、2463（小）。③ 大者或重 13.5 克，小者或重 8.2 克，南字写法较特别。据裘锡圭先生研究，"南"字上从"×"，为南字演变，应释"南行易"。易、唐二字古通，"南行易"即"南行唐"，其地在今河北行唐县附近，战国属赵。④

《史记·赵世家》：惠文王八年（前 291 年）"城南行唐"。《集解》引徐广曰："在常山。"《正义》："《括地志》云：'行唐县属冀州。'为南行唐筑城。"汉置南行唐县，属《汉书·地理志》常山郡，治所在今河北行唐县东北。战国兵器剑铭见有"南行易令"（《集成》18.11674）。

"北行易"即"北行阳"，当即"北行唐"，应是与"南行唐"相对应的城邑。古地名多有以方位命名者，或上下左右，或东西南北对称。如上都、下都，南寻、北寻，南郑、北郑等。三孔布有上博、下博，上曲阳、下曲阳等。传世文献只见"下博"不见"上博"。《汉书·地理志》信都国有下博，其地在今河北省深县东，战国属赵。古人以北为上，南为下，如汉代的上曲阳（河北曲阳县西）就在下曲阳（河北晋县西）之北。或主张"上尃"大概是"下尃"北面相距不远的一个城邑。⑤ 因此，"北行唐"应是"南行唐"北面不远的一处城邑，具体地点还有待考古新发

---

① 可参见黄锡全《先秦货币通论》，紫禁城出版社 2001 年版，第 141 页。

② 清华大学出土文献研究与保护中心编，李学勤主编：《清华大学藏战国竹简（壹）》，中西书局 2010 年版。

③ 马飞海总主编，汪庆正主编：《中国历代货币大系·先秦货币》（简称"大系"），上海人民出版社 1984 年版；关汉亨《中华珍泉追踪录》27 页统计拓本资料，"南行易"共发现 9 枚，大者 5 枚，小者 4 枚，上海书店出版社 2001 年版。全按：大小实物可能只有各三枚。

④ 裘锡圭：《战国货币考》十二篇，《北京大学学报》1978 年第 2 期；又参见《裘锡圭学术文集》三，复旦大学出版社 2012 年版，第 210 页。

⑤ 裘锡圭：《战国货币考》十二篇，《北京大学学报》1978 年第 2 期。

现与深入研究。

我们推测，北行唐或有可能就是"南行易"北面的唐，战国称"阳"，先属燕后属赵。《左传》昭公十二年《经》："十有二年春，齐高偃帅师纳北燕伯于阳。"《传》作："齐高偃帅师纳北燕伯款于唐。"杜注："阳即唐，燕别邑。中山有唐县。"即《战国策·齐策》二之六"赵可取唐、曲逆"之唐。① 杨伯峻注云："据杜注，则在今河北完县西，唐县东北。"汉之唐县，隶属《汉书·地理志》中山国。"唐"下原注："尧山在南，莽曰和亲。"注引应劭曰："故尧国也。唐水在西。"张晏曰："尧为唐侯，国于此。尧山在唐东北望都界。"孟康曰："晋荀吴伐鲜虞及中人，今中人亭是。"据有关府志、县志（如《正定府志》、《行唐县志》）记述，当初，帝尧封于唐。后诸侯来归，治平阳即帝位，南行历其地，行唐之名由此始。如此，行唐之名源于唐尧南行。这种根据传说记述是否可靠，目前还难以证实（有关尧的传说较多）。若无疑问，推测帝尧最先可能是从山东定陶一带行至"唐"地定居，后南行往山西平阳途经之地称"南行唐"，于是将北面的旧居"唐"称"北行唐"（由山东北行至此）。若此推测不误，则为研究相关历史、地理等问题提供了可贵的资料。

北行易修复前

---

① 可参见诸祖耿《战国策集注汇考》，江苏古籍出版社1985年版，第549页。

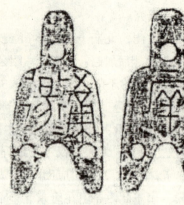

北行易修复后　　　　　　　　　　　　南行易

（作者单位：中国钱币博物馆）

新发现的几则有关楚县的战国文字材料[*]

鲁　鑫

战国楚文字材料中有不少关于楚县的记载，但是"县"字的写法却不一致。一种"县"字同三晋和燕国的"县"一样，写作"睘"或"還"。[①] 作"睘"的例子，如新蔡故城出土战国楚封泥印文有作"蔡睘"者，亦有单作"睘"者。[②] 郝士宏先生认为封泥印文中的"睘"字应读为县。[③] 作"還"的例子见于《包山楚简》简 10："郎戠上连嚣之還。"[④] 简文中的"還"字李零先生读为县。[⑤] 还有一个以往被学者隶定为"宦"或"序"的字，[⑥] 赵平安先生受《上海博物馆藏战国楚竹书（一）》《缁衣》篇中一组应读为"怨"字的字形之启发，将此字改释为宛，读作

---

　　[*] 此文为"教育部人文社会科学研究青年基金"项目成果，项目批准号：10YJC770061。

[①] 关于战国时期三晋和燕国古文字中"县"字的写法，请参见李家浩《战国文字中的县》，载《文史》第 28 辑，中华书局 1987 年版。

[②] 周晓陆、路东之：《新蔡故城战国封泥的初步考察》，《文物》2005 年第 1 期，第 54、60 页。

[③] 郝士宏：《睘应读为县》，《文物》2006 年第 11 期。

[④] 湖北省荆沙铁路考古队：《包山楚简》，文物出版社 1991 年版，图版五。本文所引《包山楚简》材料均出自此书。

[⑤] 李零：《包山楚简研究（文书类）》，载《李零自选集》，广西师范大学出版社 1998 年版，第 135 页。笔者按，简文中"上连嚣"为职官名称，如此条简文中的"還"字确可读为"县"，则可证战国时楚国有将县赐予官员作为采邑的现象存在。

[⑥] 关于这个字的字形，读者可参见李守奎编著《楚文字编》，华东师范大学出版社 2003 年版，第 461—462 页。有关这个字不同的考释意见，请参见罗运环《宦字考辨》，载《古文字研究》第 24 辑，中华书局 2002 年版，第 345—346 页。

县。① 马楠先生在《清华简第一册补释》（以下简称《补释》）文中认为，战国楚文字中一部分写作"䦠"、"䦑"、"勼"诸形的字，可释作"间"，读为县。②

　　清华简第二册《系年》篇的公布，为马楠先生的观点提供了更为切实的证据。《系年》第十八、十九两章中有一个用作动词的"䦠"字:③

　　（灵王）䦠陈、蔡，杀蔡灵侯。（《系年》第十八章，简99）

　　楚灵王立，既䦠陈、蔡。（《系年》第十九章，简104）

　　秦异公命子蒲、子虎率师救楚，与楚师会伐唐，䦠之。（《系年》第十九章，简105）

　　献惠王立十又一年，蔡昭侯申惧，自归于吴……楚人焉䦠蔡。（《系年》第十九章，简106—107）

通过与传世文献的对读，我们不难发现，这个"䦠"字应读为"县"，在简文中当"以某地为县"或"在某地设县"讲。由此可见，《补释》文中列举的一批材料确实是有关战国楚县的珍贵史料。对于这批材料，笔者也有一些个人理解，借此机会写出，以就正于马楠先生和诸位方家。

一　郢䦑①大夫鉨

图一　郢䦑①大夫鉨（《古玺汇编》0183）

《古玺汇编》第0183号著录一枚战国楚官玺，玺文作"郢䦑①大

---

①　赵平安:《战国古文字中的"宛"及其相关问题研究》，载《第四届国际中国古文字学研讨会论文集》，香港中文大学中国语言及文学系编辑，2003年。

②　马楠:《清华简第一册补释》，《中国史研究》2011年第1期。

③　李学勤主编:《清华大学藏战国竹简（贰）》，中西书局2011年版。本书所引《系年》材料均出自此书。

夫鉥"。① 玺文"閟"与《系年》篇"閟"字实为一字，故此玺文可读作"郢县﹢大夫鉥"。《补释》推测玺文"﹢"字可读为"限"，并引《左传》僖公二十五年"秦人过析隈"的记载相参证，认为"郢县隈与析隈文例相似，盖指郢地县鄙之大夫"。笔者以为，"﹢"字可隶定为"愧"，读作"委"。《孟子·万章下》："孔子尝为委吏矣。"赵岐注："委吏，主委积仓庾之吏也。"《周礼·地官》设"委人"一职，亦掌聚敛之务。"愧"字古属见母微部韵，"委"字古属影母微部韵。② 二者韵部相同，声母属于喉牙旁转的关系，从音理上来说可以相通。又，"愧"字在楚文字资料中有读作"威"的例子，如《郭店楚墓竹简·缁衣》30 简"敬尔愧义"，③ 今本作"敬尔威仪"，是其证。而"威"、"委"二字在古文献中亦有相通的证据。如马王堆汉墓帛书《周易·家人》上九："有复委如，终吉。"今本《周易》"委"作"威"。④ 所以，玺文"愧大夫"可以读为"委大夫"，其职务当与《孟子》中的委吏或《周礼》中的委人相近，掌管聚敛、蓄藏之事。另，湖南常德市汉寿县聂家桥乡 15 号墓曾出土一枚楚玺，玺文作"郢室愧床之鉥"，⑤ "愧床"可读作"委胥"，亦即"愧（委）大夫"下属的胥吏。"郢"字见于《说文·邑部》："郢，南阳西鄂亭。"东汉南阳郡西鄂县在今河南南阳市东北、白河西岸，⑥ 其地战国时属楚。玺文中"郢县"的地理位置也许在东汉南阳西鄂的郢亭附近。

二　舍刭之鉥

图二　舍刭之鉥（《古玺汇编》0218）

---

① 故宫博物院编：《古玺汇编》，文物出版社 1981 年版。本文所引《古玺汇编》材料均出自此书。

② 陈复华、何九盈：《古韵通晓》，中国社会科学出版社 1987 年版，第 198、199 页。

③ 荆门市博物馆编：《郭店楚墓竹简》，文物出版社 1998 年版。

④ 王辉：《古文字通假字典》，中华书局 2008 年版，第 497 页。

⑤ 周晓陆主编：《二十世纪出土玺印集成》，中华书局 2010 年版，第 49 页。

⑥ 钱林书编著：《续汉书郡国志汇释》，安徽教育出版社 2007 年版，第 208 页。

　　《古玺汇编》第 0218 号著录一枚楚官玺，玺文作"舍刅之鉩"。"舍刅"或释为"舒间"，[①] 现在看来可以读为"舒县"。与玺文"舍"同形的字又见于江苏丹徒北山顶春秋晚期墓葬中出土的遱邡编钟铭文："唯王正月初吉丁亥，舍王之孙、寻楚獣之子遱邡，择厥吉金，作铸和钟。"[②] 曹锦炎先生推测"舒国"之"舒"可能本作"舍"，钟铭里的"舍王"应读为"舒王"，即春秋时舒国之君。[③] 何琳仪先生在分析湖南常德夕阳坡二号墓楚简中"舒"字的构型时也曾指出，战国文字"舒"可能本从"舍"，叠加"吕"声，因"舍"下"口"旁与"吕"上之圆圈形相似，遂借用这一相似的偏旁，此说对于曹锦炎先生"舒"本作"舍"的观点是一个补充。[④]《左传》文公十二年（前 615 年）："群舒叛楚，夏，子孔执舒子平及宗子，遂围巢。"顾栋高《春秋大事表·春秋列国爵姓及存灭表》推测舒自后遂灭于楚，[⑤] 其说当是。若循春秋时楚国灭国置县的惯例，楚灭舒后很有可能在该地设县，玺文中的"舍（舒）县"应肇始于此。关于舒国的地望，《春秋》僖公三年"徐人取舒"条下杜预注曰："舒国，今庐江舒县。"据陈伟先生的研究，汉晋舒县的位置在今安徽舒城县，[⑥] 楚国舒县也应设于此处。"舍（舒）县之鉩"是楚国舒县县廷使用的一枚官署玺。[⑦]

三　虚阴□鉩

图三　虚阴□鉩（《古玺汇编》5559）

　　① 陈光田：《战国玺印分域研究》，岳麓书社 2009 年版，第 138 页。

　　② 江苏省丹徒考古队：《江苏丹徒北山顶春秋墓发掘报告》，《东南文化》1988 年第 3—4 期合刊。

　　③ 曹锦炎：《遱邡编钟铭文释义》，《文物》1989 年第 4 期。

　　④ 何琳仪：《舒方新证》，《古籍研究》2000 年第 1 期。

　　⑤ 顾栋高：《春秋大事表》第 5 卷，中华书局 1993 年点校版，第 582 页。

　　⑥ 陈伟：《楚东国地理研究》，武汉大学出版社 1992 年版，第 71—73 页。

　　⑦ 关于"官署玺"的概念，读者可参见叶其峰《战国官署玺——兼谈古玺印的定义》，载王人聪、游学华编《中国古玺印学国际研讨会论文集》，香港中文大学文物馆 2000 年版，第 15—30 页。

　　《古玺汇编》第 5559 号著录一枚楚官玺,《补释》释作"县令虚鉨"。笔者以为,参照上举"舒县之鉨"玺文的阅读顺序,这枚楚玺可释作"虚县[字]鉨"。"虚县"的地望也许与《左传》中的"虚丘"有关。《左传》僖公元年(前 659 年):"九月,公败邾师于偃,虚丘之戍将归者也。"杜预注曰:"虚丘,邾地。"孔颖达疏引服虔说以为"虚丘,鲁邑"。"虚丘"之地望当在今山东省费县境。① 据杜预《春秋氏族谱》,春秋后八世邾灭于楚,而《太康地记》、《水经·江水注》俱谓楚宣王灭邾,不知确否。②《史记·六国年表》记"楚考烈王八年取鲁,鲁君封于莒"。所以,"虚丘"之地不论属邾、属鲁,至晚在楚考烈王八年(前 255 年)当已纳入楚国版图。"丘"字是先秦地名中常见的后缀,其性质属于标识自然地理环境的通名,而这些通名在文献中往往可以省略。③ 所以玺文中的"虚县"也有可能是"虚丘县"的省称。玺文第三字作[字],当是官称,或释作安,④ 或释作冢,⑤ 或释作命,⑥ 均与玺文字形不合,究作何释,还有待进一步研究。

四　外關

图四　外關(《古玺汇编》3215)

　　《古玺汇编》第 3215 号著录一枚楚官玺,《补释》释作"外县",无说。笔者以为,玺文"外"字似可读为"艾"。"外"、"艾"二字均属疑

　　① 江永:《春秋地理考实》卷 1,文渊阁四库全书本。
　　② 参见陈槃《春秋大事表列国爵姓及存灭表撰异》,上海古籍出版社 2009 年版,第 228—229 页。
　　③ 肖磊:《〈左传〉地名研究初探》,《文教资料》2009 年第 18 期。
　　④ 施谢捷:《古玺汇考》,博士学位论文,安徽大学,2006 年,第 182 页。
　　⑤ 刘信芳:《蒿宫、蒿间与蒿里》,载《中国文字》新 24 期,艺文印书馆 1998 年版。
　　⑥ 陈光田:《战国玺印分域研究》,岳麓书社 2009 年版,第 153 页。

母月部字，① 古音极近。《国语·晋语七》："国君好艾，大夫殆；好内，嫡子殆。"韦昭注曰："艾当为外，声相似误也。"可为其证。② 《左传》哀公二十年（前 475 年）："（吴公子庆忌）出居于艾，遂适楚。"杜注："艾，吴邑，豫章有艾县。"吴国的艾邑在今江西修水县西司前乡龙岗坪。根据玺文推测，战国时楚人占有该地后曾置县管辖。

五　《包山楚简》鄙邡与曾姬无卹壶的蒿闲

《包山楚简》中有一批被称作"贷金简"的文书简。这批竹简按长度可分为两组。第一组是 103—114 号简，平均简长在 55 厘米左右。第二组是 115—119 号简，平均简长 68 厘米左右。第一组简的内容可分两部分：第一部分包括 103—104 号简，内容是大司马邵阳败晋师于襄陵之岁、享月某日，楚王命冀陵公䜌和宜阳司马强为鄙邡贷取邸昜之黄金用来籴种的记录，并且规定偿还贷金的日期是屈窠之月；第二部分包括 105—114 号简，内容是鄩、�… 陵、兼陵、株昜、鄀昜、鄥、正昜、昜陵、新都、州十地的地方官员为本地贷取邸昜之黄金用来籴种，结果过期未能偿还的记录。第二组简的内容亦可分为两部分：第一部分包括 115 号简，内容是大司马邵阳败晋师于襄陵之岁、夏窠之月、庚午之日，令尹子士和大师子佩命冀陵公䜌为鄙邡贷取邸昜之铩金 102 益 4 两的记录；第二部分包括 116—119 号简，内容是鄩、�… 陵、兼陵、株昜、鄀昜、鄥、正昜、昜陵八地的地方官员为本地贷取铩昜之金的记录，八地贷金总额为 75.5 益 4 两。

从两组贷金简的内容看，鄙邡应该是一个包括鄩、�… 陵、兼陵、株昜、鄀昜、鄥、正昜、昜陵、新都、州十地在内的地区名。第二组简中贷给鄩、�…陵等八地的总金额为 75.5 益 4 两，不足 102 益 4 两之数，当是由于缺少新都、州二地之故。③ 陈伟先生从职官设置角度考证简文所记

---

① 陈复华、何九盈：《古韵通晓》，中国社会科学出版社 1987 年版，第 238 页。
② 此条证据转引自裘锡圭《战国货币考》（十二篇）"圆肩圆足三孔布汇考"、"上艾"条下，参见氏著《战国货币考》（十二篇），载《裘锡圭学术文集》第 3 册，复旦大学出版社 2012 年版，第 211 页。
③ 李零：《包山楚简研究》（文书类），载《王玉哲先生八十寿辰纪念文集》，南开大学出版社 1994 年版，第 88—107 页。

鄝、郦陵等地为楚县，并推测鄐郱很可能是统摄贷金各县的郡。①

今按，贷金简中涉及的鄝、郦陵、㣆陵、株易、墼易、鄐、正易、易陵、新都、州十地的地望现在无法全部确切考知。其中，鄝、正易、新都、州四地因有比较明确的文献记录或考古材料为线索，其地望较易推定。鄝，《包山楚简》整理者认为其地即《左传》文公五年为楚所灭之蓼国，并引《释文》"字或作鄝"为证，其说可从，然则简文中的鄝当在今河南固始县境内。② 正易又见于湖南常德德山 M26 出土的《正易鼎》，刘彬徽先生认为这种形式一般的鼎不会来自较远的地区，故正易应是距离墓葬不远的一处地点，③ 其说可从。新都当在今河南新野县附近，《续汉书·郡国志》南阳郡新野县条下曰："有东乡，故新都。"其地战国时属楚。州地应在春秋时州国故地，《左传》桓公十一年："郧人军于蒲骚，将与随、绞、州、蓼伐楚师。"杜预注曰："州国在南郡华容县东南。"《春秋地理考实》引《汇纂》说："今荆州府监利县东三十里有州陵城。"其地在今湖北省监利县东。④

从上论鄝、正易、新都、州四地之间的距离来看，贷金简所记鄝、郦陵等十地似乎无法归属在同一郡的管辖范围之内。所以，关于鄐郱的性质似乎还应再考虑。《补释》一文据清华简《金縢》篇"王乃出逆公，至鄐"，"鄐"字今本作"郊"推测，鄐郱可读为"郊县"，其说可从。⑤ 不过，该文据《周礼》书中所记乡遂制度来说明楚国"郊县"的含义，似乎还可以再讨论。今按，"郊"作为地域名称，在先秦文献中主要指环绕在都邑附近的地区。《周礼·地官·载师》："以廛里任国中之地；以场圃任园地；以宅田、士田、贾田任近郊之地；以官田、牛田、赏田、牧田任远郊之地。"郑司农注引《司马法》云："王国百里为郊。"杜子春云："五十里为近郊，百里为远郊。"战国时期，郊作为一个地区名称应该是真实存在的，不过它的实际范围未必如《司马法》所记以距国都百里为限。《吕氏春秋·士节》："齐君闻之，大骇，乘驲而自追晏子，及之国

---

① 陈伟：《包山楚简初探》，武汉大学出版社 1996 年版，第 100—101 页。

② 湖北省荆沙铁路考古队：《包山楚简》，文物出版社 1991 年版，第 42 页，注⑦。

③ 刘彬徽：《楚系青铜器研究》，湖北教育出版社 1995 年版，第 348 页。

④ 关于州地地望尚有湖北洪湖县东北新滩口附近，及汉水以西之钟祥西北、荆门北境一带二说。参见吴良宝《战国楚简地名辑证》，武汉大学出版社 2010 年版，第 205—206 页。

⑤ 有关鄐、郊二字相通的例证，读者还可参见王辉《古文字通假字典》，第 497 页。

郊。"高诱注曰："郊,境也。"推究前后文意,《士节》篇中的"郊"当指国境而言,高注甚是。由此看来,战国时"郊"的范围似乎还可以更广袤一些。

笔者推测,战国时楚国的国都以外、距离国都一定距离之内的地域被称作"郊",而设于楚郊范围内的县当然可以被称作"郊县"。结合贷金简中鄝、正昜、新都、州四地与楚都的距离来看,楚"郊"的范围决不仅仅限于"王国百里"之内,但是否可以广到包含楚国全境,目前我们也找不到更多的证据,只能阙疑。总之,贷金简中涉及的十处地名应该是楚国的十个县,这些县被统称为"郊县",是由于它们都分布在楚"郊"的范围之内。从另一个角度来说,楚"郊"范围内的县应该不止这十处,它们出现在贷金简中,可能只因为它们是楚国众多"郊县"中贷金之后逾期未能偿还的几个县而已。

战国楚"郊"范围内虽然包含多个楚县,但从贷金简的记录分析,"郊"似乎仅是一个地域概念,而不是设置在县上的一级地方行政单位。在贷金简中,负责为十个县贷取黄金的官员主要是该县的地方官吏。以第一组贷金简为例,为鄝贷金的官吏包括鄝莫敖和左司马,为鄘陵贷金的是鄘陵攻尹和少攻尹,为兼陵贷金的是兼陵攻尹和乔尹,为株昜贷金的是株昜莫敖和乔佐,为鄩昜贷金的是鄩昜司马,为鄙贷金的是鄙连敖、工尹与波尹,为正昜贷金的包括正昜莫敖和少攻尹等人,为昜陵贷金的是昜陵连敖和大迡尹,为新都贷金的是新都莫敖和新都桑夜公,为州贷金的是州莫敖和州司马。但是,为鄙邨(郊县)贷金的官员却是襄陵公鬻和宜阳司马强。这说明楚国没有设置专门管辖"郊县"事务的行政官员,"郊"仅是一个地域概念,而非地方行政单位。

作于楚宣王二十六年(前344年)的曾姬无卹壶铭文云:"唯王廿又六年,圣趄之夫人曾姬无卹,吾宅兹漾陵,蒿閒之无匹。"铭中"蒿閒"二字历来众说纷纭。① 包山楚简发现后,很多学者又将它与上论贷金简中的鄙邨联系起来。今按,"蒿"字古属晓母宵部韵,"郊"字古属见母宵部韵,② 二字韵部相同,声母具有喉牙旁转的关系,故音近可通。上博简

------

① 有关"蒿閒"的众多考释意见,读者可参见黄德宽《曾姬无卹壶铭文新释》,载《古文字研究》第23辑,中华书局、安徽大学出版社2002年版,第102—107页。
② 陈复华、何九盈:《古韵通晓》,中国社会科学出版社1987年版,第153、154页。

《容成氏》53 简："武王素甲以阵于殷蒿（郊）。"① 这是楚文字中"蒿"字可读作"郊"的例证。所以，曾姬无卹壶铭中的"蒿閒"亦可读为"郊县"，其含义当与《包山楚简》贷金简中的鄗郂（郊县）相同。据此，壶铭"吾宅兹漾陵，蒿閒之无匹"一句可以解释为：我定居于漾陵——郊县中最好的一个县。

六　鄗閒

图五　鄗閒 （《楚系官玺例举》）

　　牛济普先生《楚系官玺例举》著录一枚楚玺，玺文作"鄗閒 "。②《补释》把玺文"鄗閒"与《包山楚简》贷金简中的"鄗郂"联系起来，将玺文释作"郊县引篜"，但对其含义未作申释。笔者在上文已经谈到，从贷金简记录的情况看，楚国没有设置专门管辖"郊县"事务的行政官员，而"鄗閒 "玺中的" "二字显系官称，所以玺文"鄗閒"二字似不必读作"郊县"，而仍以释作县名为好。"鄗"疑读为"洨"，《史记·惠景间侯者年表》"郊"国下《索隐》注曰："一作洨，县名，属沛郡。"《汉书·地理志》沛郡下径作"洨，侯国"，颜注引应劭曰："洨水所出，南入淮。""鄗"之通"郊"前已论及，故玺文"鄗閒"或可读作"郊（洨）县"，其地当在西汉时的"洨"或"洨水"附近，战国时属楚。玺文" "字可隶定为"篜"，陈光田先生分析为从"竹"、"星"声，读作"笙"，③ 其说可从。"笙"字可解作吹笙者，《仪礼·乡饮酒礼》："笙入，堂下磬南北面立。"郑注："笙，吹笙者也。"" "字又见

①　马承源主编：《上海博物馆藏战国楚竹书（二）》，上海古籍出版社 2002 年版，第 145 页。

②　牛济普：《楚系官玺例举》，《中原文物》1992 年第 3 期。

③　陈光田：《战国玺印分域研究》，岳麓书社 2009 年版，第 155 页。

于《郭店楚墓竹简·语丛四》15 简,字作"𥞻"。[1] 陈剑先生将此字读为"审",[2] 颇惬于上下文义。"审"有"正"义。《国语·齐语》:"审吾疆场而反其侵地。"韦昭注:"审,正也。"《吕氏春秋·处方》:"本不审,虽尧舜不能以治。"高诱注:"审,正也。"然则玺文"鄀阓(浍县)审笙"当是鄀阓(浍县)所设管理吹笙者的乐官,"审"者,谓正其职事或正其行列也。

七 结论

结合传世文献与古文字材料中有关楚县的记载,我们对战国时楚国的县制及地方行政制度有如下几点认识:

第一,战国时楚国"县"字的字形存在"羇"、"宛"、"阓"等多种写法。"县"字写法的不同是否表明不同县邑之间在建制、职能等方面的差异?这是一个值得深入探讨的问题。

第二,战国楚县中的大部分到了秦汉时代仍然作为县而存在,这反映了中国古代县级政区数目及幅员相对稳定的特征。[3] 但也有一部分楚县在秦汉时代失去了县级政区的地位,如本文提到的鄢县和虚县。这说明从战国发展到秦汉,县级政区间的改并现象还是存在的。

第三,包山楚简贷金简所记楚"郊"的范围和性质与《周礼》等书记载的"郊"既有相似之处,但又不完全相合。这对于我们进一步判断《周礼》、《司马法》等书相关记载的形成年代具有很重要的参考价值。

(作者单位:天津师范大学历史文化学院)

---

[1] 荆门市博物馆编:《郭店楚墓竹简》,文物出版社 1998 年版,第 106 页。

[2] 陈剑:《郭店简〈穷达以时〉、〈语丛四〉的几处简序调整》,载艾兰、邢文主编《新出简帛研究》,文物出版社 2004 年版,第 321 页。

[3] 有关中国古代县级政区数目及幅员相对稳定的情况及其原因的研究,参见周振鹤《中国地方行政制度史》,上海人民出版社 2005 年版,第 202—206 页。

战国秦汉"金石纪法"传统的形成及影响

李雪梅

　　古代中国"镂之金石"法律纪事传统由"铭金"和"刻石"组成，合称为"金石纪法"。① "铭金"是中国秦汉及秦汉以前法制传承的重要方式，主要体现为西周时的"器以藏礼"、春秋时的"器以布法"、战国时的"物勒工名"、秦汉时的"刻诏行法"等；"刻石"是在先秦、秦汉"铭金"基础上对"镂之金石"法律传承方式的进一步发展，经历了秦汉"碑以明礼"、唐宋金元"碑以载政"和明清"碑以示禁"等几个重要发展阶段。其中战国秦汉是"铭金"和"刻石"的并行期，也是"金石纪法"传统的形成和"铭金"向"刻石"转折的重要时段，更是决定"刻石纪法"未来走向的关键期。

一　战国秦汉"铭金"法律纪事

1. 战国"物勒工名"与质量监管

　　春秋战国是社会转型与变法时代，青铜器的使用和铭刻方式发生了一些新的变化，主要表现在，一是铭文内容从西周"器以藏礼"和春秋"器以布法"过渡到"物勒工名"以防伪杜奸；二是铭刻方式和器类发生

---

① "金石纪法"是对法律"镂之金石"传统表述的提炼，"铭金纪法"和"刻石纪法"分别是对商周至秦汉青铜法律纪事传统和秦汉至民国碑石法律纪事传统的概括。对相关概念和内容分析可参见拙作《古代中国"铭金纪法"传统初探》，《天津师大学报》2010 年第 1 期；《古代中国"刻石纪法"传统初探》，载《法律文化研究》第 6 辑，中国人民大学出版社 2011 年版，第 43—72 页；《社会转型期的"刻石纪法"——以清末民初碑刻史料为例》，载《中国古代法律文献研究》第 5 辑，社会科学文献出版社 2011 年版，第 408—431 页。

了从铸铭到刻铭、从礼器到实用器的转变。

战国初期的青铜器铭文，以往那些颂扬先祖之类的套语日渐衰落。战国中期以后，随着集权政治的初步发展，秦国等变法强国加强了对于兵器、度量衡器相关联的手工业生产制作的质量监控，建立起明确的质量考核和责任追溯制度，"物勒工名"便是推行这一监管制度的基础。

在出土和传世的战国青铜兵器上，多刻载监造者、主造者的职官名号及制造者的名号。河南出土的《十五年郑令戈》和《十六年郑令戈》铭文分别为："十五年，郑令赵距、司寇彭璋，右库工师陈平，冶赣。""十六年，郑令赵距、司寇彭璋，□库工师皇隹，冶□。"① 铭文中，"赵距"、"彭璋"是主持考绩之人，即监造者；"陈平"、"皇隹"为主造者，"赣"、"□"为具体制造者即工匠。在兵器等青铜器上铭刻制造者、主造者和监造者的名号，是便于对产品的考绩和责任追究，即"物勒工名，以考其诚"。②

"物勒工名"的质量监管体系，有相应的法律制度作为配套支撑。湖北云梦睡虎地出土秦简中的法律条文对工匠、工长制作兵器、公器等未按规定"勒名"所面临的惩罚作出了明确规定。《工律》规定："公甲兵各以其官名刻久之，其不可刻久者，以丹若髹书之。"《效律》规定："公器不久刻者，官啬夫赀一盾。"③ 由此可见，在兵器、公器上的铭刻是追求务实的效果，亦即便于产品质量的监管和责任的追查。这与西周礼器铭文所表达的传之子孙万代的浪漫政治期许，已是南辕北辙。

较之西周青铜器铭刻，战国时期铭刻文字的载体已突破庙堂祭器的局限，向符、节与度量衡器等实用器物扩展。《杜虎符》上有"凡兴士被甲，用兵五十人以上，必会君符，乃敢行之"的铭文，可视为是对军事管理法制的记载。④《鄂君启节》铭文记载了车节和舟节的颁发时间、使

---

① 郝本性：《新郑"郑韩故城"发现一批战国铜兵器》，《文物》1972 年第 10 期。

② 《礼记·月令》载："物勒工名，以考其诚。功有不当，必行其罪，以穷其情。"孔颖达对"物勒工名"的解释是："每物之上，刻勒所造工匠之名于后，以考其诚信与不。"参见《礼记正义》卷 17。

③ 睡虎地秦墓竹简整理小组：《睡虎地秦墓竹简》，文物出版社 1978 年版，第 71、101 页。

④ 马衡认为：凡周、秦，如鹰符、齐虎符、秦新郪符，文字为质剂之式，左右完具，无作半别者。汉初虎符犹沿秦制，为质剂之式；但汉郡守虎符，多见傅别之式。详见马衡《凡将斋金石丛稿》，中华书局 1977 年版，第 37 页。

用方法，并详细规定了其商队车船数量、行商路线、货物种类及课税情况等，是对当时楚国商业贸易管理法制的记录。① 《子禾子釜》铭文刻了该釜容量大小的参照标准，对"关人"的行为做出明确规范并警告：如关人舞弊，加大或减少其量，均当制止；如关人不从命，则论其事之轻重，施以相当刑罚。子禾子即田和子，此釜是他当齐侯之前铸造的"家量"，与诸侯王制作的"公量"有别。但《子禾子釜》与陈纯釜、左关铜原置于关卡，当与征收关税有关。其铭文的意义正如邱光明所言："度量衡一旦从殿堂走向民间，也就必须具备一定的法制性。"②

2. 秦汉铭金"刻诏行法"与法制一统

秦在统一六国的过程中及统一之后，为配合其集权政治的需要，采取了一些有效的措施。为统一全国的度量衡标准，秦制作了许多刻有统一度量衡诏书的标准器，同时也对旧铸度量衡器重新检测，加刻诏书。在秦孝公十八年（公元前 344 年）商鞅督造的标准量器《商鞅铜方升》底部，加刻了秦始皇二十六年（公元前 221 年）的诏书。诏书曰："廿六年，皇帝尽并兼天下诸侯，黔首大安。立号为皇帝，乃诏丞相状、绾：法度量则不壹歉疑者，皆明壹之。"③ 秦二世继位后，又在刻有秦始皇诏书的量器、衡器上加刻 60 字诏书，强调统一度量衡是秦始皇的功绩，并明示将统一度量衡的法令继续推行下去。

汉承秦制。《大司农平斛》腹壁刻有"大司农平斛，建武十一年（公元 35 年）正月造"的铭文。大司农为九卿之一，"掌诸钱谷金帛币"，也主管量器的制造、检定与发放等工作。"平"指公平、均等，"大司农平斛"意为大司农监制、校量的"斛"，即此为国家的标准量器。④

东汉《大司农铜权》的铭文是："大司农以戊寅诏书，秋分之日，同度量、均衡石、核斗桶，正权概，特更为诸州作铜称，依黄钟律历、九章

---

① 相关考证文章可参见郭沫若《关于鄂君启节的研究》，《文物参考资料》1958 年第 4 期；于省吾《"鄂君启节"考释》，《考古》1963 年第 8 期；黄盛璋《关于鄂君启节交通路线的复原问题》，载《中华文史论丛》第 5 辑，上海古籍出版社 1964 年版，第 134—168 页；朱德熙、李家浩《鄂君启节考释（八篇）》，载《纪念陈寅恪先生诞辰百年学术论文集》，北京大学出版社 1989 年版，第 61—70 页。

② 邱光明：《中国古代计量史》，安徽科学技术出版社 2012 年版，第 27 页。

③ 同上书，第 50 页。

④ 同上书，第 78 页。

算术，以均长短、轻重、大小，用齐七政，令海内都同。光和二年（公元179年）闰月廿三日，大司农曹祾、丞淳于宫、右库曹掾朱音、史韩鸿造，青州乐安郡寿光金曹掾胡吉作。"① 铭文交代了确定度量衡的依据，明确由中央向地方发放标准器以备地方监制。此器是由青州乐安郡官吏依国家标准复制的地方级标准器。

在标准度量衡器上铭刻诏书，是秦汉"铭金"法律纪事的一个重要特色。现所知颁刻统一度量衡诏书的，有秦始皇、秦二世、王莽、汉灵帝等。其内容，集明法度、称盛德、传久远为一体，而且统一度量衡被视为政权更新、法令一统的标志，是一项伟大功业，故要"万国永遵"，传子孙"亿年"。正像王莽的一系列改革为"托古改制"，其铭刻诏书也颇具有复古性，西周礼器上常见的"子子孙孙永宝用"等期冀，似又重新复活。

另战国时已粗具规制的"物勒工名"与工官监造制度在汉代被继续推广。② 天津博物馆展示有两件西汉量器。其一《上林共府铜升》外壁刻铭文为："上林共（供）府，初元三年受琅玡。容一升，重斤二两，工师骈造。"文中"上林"是汉代的宫苑，在长安附近。"供府"是供应谷物的府仓。"受琅玡"意为接受琅玡郡贡献。初元三年（公元前46年）是汉元帝时年号。"工师"是造器者，"骈"为其私名。另一为《平都犁斛》，外壁一侧刻"元年十月甲午，平都戌、丞纠、仓亥、佐葵，犁斛。容三升少半升，重二斤十五两"，另一侧刻"平都"两字。"平都"为县名，平都县令名"戌"，县丞名"纠"，仓吏名"亥"，仓佐名"葵"，是管理督造量器的各级官吏。"三升少半升"粮正好与戌卒的每顿口粮相吻合，据此可知，此犁斛是当时称量戌卒口粮的专用量器。③

---

① 吴小平：《汉代青铜容器的考古学研究》，岳麓书社2005年版，第290页。

② 汉代"物勒工名"与度量衡制度，以及汉代铜器的制造、转送与买卖等问题的分析研究，可参见徐正考《汉代铜器铭文综合研究》，作家出版社2007年版。

③ 参见天津博物馆藏品说明。2010年2月15日录于天津博物馆。《上林共府铜升》在《秦汉金文汇编》中称为《上林量》，铭文"工师骈造"写为"工师骏造"，从刻文看，当为"骈"，博物馆的说明更准确。参见孙慰祖等编著《秦汉金文汇编》，上海书店出版社1997年版，第206、217页。对《平都犁斛》铭文的考证可参见云希正《西汉平都犁斛》，《文物》1977年第3期。云希正认为犁斛是当时小时标准平斛的一种计量单位，"少半升"之例早见于战国时期量器刻铭，意为三分之一升，"大半升"指三分之二升。此犁斛铭中的"容三升少半升"即容量为三又三分之一升，相当于一斗的三分之一。

　　值得注意的是，秦汉青铜器铭文除了"物勒工名"以推行工官监造制度外，还出现了一个新的特点，即多注明器物的容积、重量和编号。《安邑宫鼎》铭文为："安邑宫铜鼎一，容三斗，重十七斤八两。四年三月甲子，铜官守丞调、令史德、佐奉常、工乐造。第卅一。""四年"指西汉文帝后元四年（公元前 160 年），由中央铜官监制。《河东鼎》铭文为："汤官，元康元年，河东所造铜三斗鼎，重廿六斤六两。第廿五。"表示此鼎是河东郡工官制作。① 《安邑宫鼎》与《河东鼎》非属度量衡器，但铭文中也记其容积和重量，当与秦汉统一度量衡制的强行推广有关。而原本为庙堂重器的鼎在汉代成为"物勒工铭"的载体，也说明此时的鼎已失去了西周时的尊崇与荣光。

　　总体来看，秦汉的"铭金纪法"是在统一版图内推行与实施国家法律时"整齐划一"的制度保障。但由于中央和地方青铜器的铸造、使用有工官监造等繁复的程序和严格的管控措施，也使此时"铭金纪法"的内容流于重复琐碎和形式雷同。

　　与官造青铜器不同的是，汉代民间铸造的青铜器，铭文内容时或显现突破工官监管藩篱的自由意趣。西汉《信阳家甗》铭载："信阳家□釜，容一斗，并重三斤六两。五年，奉主买邯郸。"《中山内府铜锏》铭称："中山内府铜锏一，容三斗，重七斤十三两。第□五。卅四年四月，郎中定市河东，贾八百□。"铭文表示，它们分别购于邯郸和河东。民间铸造的铜器上除价格外还出现了吉语。《元和四年壶》铭文为："元和四年（公元 87 年），江陵黄阳君作。宜子孙及酒食。吏人得之，致二千石；□人得之，致二千万；田家得之，千厨万仓。"② 铭文中的商品属性和广告意味颇为明显。尽管这些世俗性铭刻内容与"铭金"法律纪事关系不大，但其所反映的铭文内容多元化的趋势仍值得关注，尤其是在青铜铭刻与碑石契刻上同时流行的"计值"现象，可以看到汉代铭金与刻石的影响和互动。

---

① 吴小平：《汉代青铜容器的考古学研究》，岳麓书社 2005 年版，第 284—286 页。
② 同上书，第 198、281、259—260 页。

二　战国秦汉"刻石"法律纪事

1. 战国秦代盟诅与纪功刻石

在有据可考的先秦刻石文字中，粗具"纪法"功能的当属盟誓和诅咒辞刻，且多在玉石上书刻。现所能见到的实物有春秋晚期的《侯马盟书》和《温县盟书》。① 清代龚自珍认为"古者刻石之事有九"，其中第五事为"大约剂大诅"，刻石的目的"主于言信"。② 此处的"大约剂大诅"，即指盟誓诅咒之类。

盟誓的约束作用与盟书所载的神明鉴裁的力量，是通过隆重而烦琐的仪式赋予的。战国盟诅刻石以秦《诅楚文》为代表，内容为秦王祈求天神惩罚楚师、制克楚兵、复其边城的祀神文。祀文共有三篇，即《告巫咸文》、《告亚驼文》、《告厥湫文》。三篇文字除神名不同外，内容一致，且均以"敢数楚王熊相之倍盟犯诅，箸者石章，以盟大神之威神"结尾。③ 见之于文献记载的有"秦昭盟夷，设黄龙之祖"，即秦与巴夷曾"刻石盟要"，"盟曰：'秦犯夷，输黄龙一双。夷犯秦，输清酒一钟。'"④

诅楚文及古鼓文等的存在说明秦国具有刻石的传统，秦始皇又将这一传统发扬光大。统一天下后，为炫耀自己的功德伟业，秦始皇在全国各地留下多处刻石。⑤

秦代刻石文字较之度量衡器上的诏书铭文篇幅更长，纪事内容更丰富。《泰山刻石》宣扬了秦始皇统一天下的功绩道："治道运行，诸产得宜，皆有法式。"《琅玡台刻石》载："端平法度，万物之纪。……除疑定

---

① 另有关盟誓的研究可参见李力《东周盟书与春秋战国法制的变化》，《法学研究》1995年第4期；郝本性《从温县盟书谈中国古代盟誓制度》，《华夏考古》2002年第2期；等等。

② （清）龚自珍：《龚自珍全集》第4辑《说刻石》，上海人民出版社1975年版，第264页。

③ 王美盛：《诅楚文考略》，齐鲁书社2011年版，第1—15页。

④ （晋）常璩撰，任乃强校注：《华阳国志校补图注》卷1《巴志》，上海古籍出版社1987年版，第14页。

⑤ 秦始皇刻石分别为《碣石刻石》、《泰山刻石》、《芝罘刻石》、《东观刻石》、《琅玡台刻石》、《峄山刻石》和《会稽刻石》。现《泰山刻石》残石立于山东泰安岱庙东御座院内，《琅玡台刻石》藏中国国家博物馆，其余均不存。

法，咸知所辟。"①《会稽刻石》称："秦圣临国，始定刑名，显陈旧章。初平法式，审别职任，以立恒常。……"② 这些内容在歌颂秦始皇功绩的同时，也在传播秦始皇创制的法制内容及其效果，故而统一法令和推行法制被视为秦始皇丰功伟绩的一部分被铭刻下来，旨在颂扬帝业并彰显法制的稳定性。

由秦始皇开创的刻石"铭功纪法"风气应该是由多重原因促成的。春秋战国时期的"礼坏乐崩"固然是一个重要原因，法家视法为天下之"公器"的传统，秦"物勒工名"质量监管体系的建立和实施等，也是不可忽视的因素。另秦始皇统一中国后，"收天下兵，聚之咸阳"，③ 对铜的使用控制较严。秦兵器、度量衡器上常见二次和累次铭刻现象，也隐含着青铜材料的稀缺。况且秦始皇四处巡游，按传统的铸鼎方式纪功颇为不便，而刻石于名山之巅，更能彰显其丰功伟绩。

具有讽刺意味的是，始皇帝借刻石"铭功纪法"传扬后世，而欲推翻始皇帝统治的造反者也善于利于石刻做文章。《汉书》记：始皇帝三十六年，"石陨于东郡，民或刻其石曰：'始皇死而地分。'"④

2. 汉代立碑释孝明礼

现在所见的汉代碑刻，西汉少，东汉多。西汉与"刻石纪法"关系密切的不过《杨瞳买山地记》、《襄盗刻石》、《莱子侯刻石》等数种，且字数简短，与秦"铭功纪法"数百字的长篇形成强烈反差。

对于西汉刻石存世稀少的原因，自宋代始即有人关注。南宋陈槱在《负暄野录》中引时人尤袤之言道："……闻是新莽恶称汉德，凡所在有石刻，皆令仆而磨之，仍严其禁，不容略留。至于秦碑，乃更加营护，遂得不毁，故至今尚有存者。"⑤ 这一解释，多被后世学者所采信。

东汉是中国古代碑刻的大发展时期，表现为碑石规制完备、文字内容丰富、存世碑石数目可观等方面。东汉碑石勃兴的原因主要有三：

---

① 《史记》卷6《秦始皇本纪》，第243—246页。

② （明）都穆：《金薤琳琅》卷2，载国家图书馆善本金石组编《先秦秦汉魏晋南北朝石刻文献全编》，北京图书馆出版社2003年版，第301页。

③ 《史记》卷6《秦始皇本纪》，第239页。

④ 《汉书》卷27《五行志中之上》，第1399页。

⑤ （宋）陈槱：《负暄野录》卷上"前汉无碑"，载《四库笔记小说丛书·洞天清录（外五种）》，上海古籍出版社1993年版，第33页。

一是"独尊儒术"、举孝廉等政治文化举措的结果。"汉制使天下诵《孝经》,选吏举孝廉。"① 汉代选拔官吏时的举孝廉制度自西汉武帝元光元年（公元前 134 年）开始推行后,持续了相当长的时间。检之《后汉书》人物列传,以"举孝廉"为官者有上百处之多,可见这一制度推行之广。

二是厚葬之风所及。东汉光武帝于建武七年（公元 31 年）曾下诏称:"世以厚葬为德,薄终为鄙,至于富者奢僭,贫者单财,法令不能禁,礼义不能止",特"布告天下,令知忠臣、孝子、慈兄、悌弟薄葬送终之义"。② 然而厚葬之风,终汉之世未能减缓。东汉厚葬举丧一般包括置冢地、修坟茔、立碑颂德等一系列活动,而树碑立传乃葬礼活动中一个重要环节。另为故主树碑颂德,也是东汉门生故吏义不容辞的责任。《山阳太守祝睦后碑》中有"下有述上之功,臣有叙君之德"之言。③ 在现存的东汉碑石中,频繁出现的"以颂功德,刻石纪文"、"勒石颂德,以明厥勋"、"刊石以旌遗芳"、"采嘉石,勒铭示后"等文字,也印证着"树碑立传"之风的广泛蔓延。④ 对于颂碑上的门生故旧之题名,宋代欧阳修释其为托物留名,即"托有形之物,欲垂无穷之名"。⑤ 宋代金石学家赵明诚也持同样的观点。他说:"自东汉以后,一时名卿贤士大夫,死而立碑,则门生故吏往往寓名其阴,盖欲附后托以传不朽尔。"⑥

三是社会经济发展及技术进步等因素的影响。杨宽从东汉礼俗和技术发展的角度揭示东汉碑刻兴盛的原因道:"东汉时,由于豪强大族的重视上冢礼俗、讲究建筑坟墓,再加上由于炼钢技术的进步,锋利的钢铁工具便于开凿和雕刻石材,于是在建筑石祠、石阙、石柱的同时,更流行雕刻石碑了。"⑦

---

① 《后汉书》卷 62《荀淑传》,第 2051 页。

② 《后汉书》卷 1 下《光武帝纪下》,第 51 页。

③ （宋）洪适:《隶释》卷 7,中华书局 1985 年版,第 83 页。

④ 分别为《嵩山泰室神道石阙铭》、《石门颂》、《郑固碑》、《孔宙碑》中的刻辞,载高文《汉碑集释》,河南大学出版社 1997 年版,第 39、89、220、250 页。

⑤ （宋）欧阳修著,邓宝剑等笺注:《集古录跋尾》卷 3《后汉郎中王君碑》跋,人民美术出版社 2010 年版,第 69 页。

⑥ （宋）赵明诚撰,金文明校证:《金石录校证》,广西师范大学出版社 2005 年版,第 253 页。

⑦ 杨宽:《中国古代陵寝制度史研究》,上海古籍出版社 1985 年版,第 156 页。

　　在东汉"树碑立传"风行的同时，刻碑也反作用于社会，成为迎合朝廷释孝明礼、推行社会教化的重要手段。东汉延熹七年（公元 164 年）《都乡孝子严举碑》载：严举有孝行，为父服丧，哀毁过礼，因此地方长官"思褒大其义"，"共立碑表，勒石述叹，以章其芬"。① 《武都太守耿勋碑》称："夫美政不纪，人无述焉。国人金叹，刊勒斯石，表示无穷。"② 《山阳太守祝睦后碑》云："盖彰功表勋，所以焕往辉来。"③

　　所谓"章其芬"、纪"美政"，均是为"焕往辉来"。追述死者的功德，目的是为生者树立可资效仿的典范。对东汉立碑引导风尚、推行教化的作用，清人钱大昕在《闻喜长韩仁铭》的跋语中评述道："汉世重吏治，而仁在闻喜刑政得中，碑额称循吏，贤之也。……仁既殁，司隶校尉愍其短命，下河南尹遣吏祠以少牢，竖石以旌其美，于此见善政之效，而校尉风劝良吏之意，亦可尚矣。"④ 可见东汉立碑不单纯是为纪念逝者，也不单纯关乎个人声名，而是社会教化的需要，所谓"褒功述德，政之大经"。⑤ 在《后汉书》中，诸如"诏史官树碑颂德"、"吏民刻石颂之"、"吏人共刻石"等类的记载屡见不鲜，⑥ 也多承载着推行儒家教化的使命。

　　3. 记产记值刻石

　　自汉代以来，造作记值渐成风尚。汉代记值刻石有两个特点：

　　一是记值刻石多与丧葬活动有关。在盛行厚葬的汉代，为营建墓葬而购买冢地，是系列丧葬活动的基础。浙江绍兴东汉建初元年（公元 76 年）《大吉买山地记》刻载："大吉。昆弟六人，共买山地，建初元年，造此冢地，直三万钱。"⑦ 内容旨在表明墓地的价值和归属。山东汉安三年（公元 144 年）《宋伯望分界刻石》四面刻字，记平莒男子宋伯望等买田的原因、用途，从内容看，所买田也是作为冢地，并记载了土地的界址和赋租情况。⑧

---

　　① 《隶续》卷 11，第 394 页。

　　② 同上书，第 393 页。

　　③ 《隶释》卷 7，第 81 页。

　　④ （清）钱大昕：《潜研堂金石文跋尾》卷 1，载《历代碑志丛书》第 3 册，江苏古籍出版社 1998 年版，第 139 页。

　　⑤ （汉）蔡邕：《蔡中郎集》卷 5《陈太丘庙碑铭》。

　　⑥ 见《后汉书》卷 23、24、43 传记中的内容。

　　⑦ ［日］永田英正编：《汉代石刻集成：图版·释文篇》，日本同朋舍 1994 年版，第 22 页。

　　⑧ 同上书，第 92 页。

　　画像石、石阙、墓碑是汉代墓地中的标志性建筑，上面的题记文字中也多有记值的内容。山东嘉祥建和元年（公元 137 年）《武氏石阙铭》载："孝子武始公弟绥宗、景兴、开明使石公孟季、季弟卯造此阙，直钱十五万；孙宗作师子，直四万。"[1] 为丧葬石刻建筑花费数万乃至十五万，在当时是极大的开销。据吕思勉先生推算，汉文帝以百金为中人十家之产，汉世黄金一斤值钱万，则中人一家之产，为钱十万。两汉之世，粟石三十，农民五口之家，计终岁所费为百八十石。[2] 至于《王子雅碑》载蜀郡太守"有三女无男，家累千金，父没当葬……各出钱五百万，一女筑墓，二女建楼，以表孝思"，[3] 更属奢侈铺张。

　　二是记值刻石与分家析产和家产争讼有关。代表性碑刻有东汉时期的《郑子真宅舍残碑》和《金广延母徐氏纪产碑》。

　　郑子真为汉代隐士。南宋洪适考证《郑子真宅舍残碑》立于熹平四年（公元 175 年）。[4] 此碑所反映的法律信息较为丰富。其一是郑子真的房产较多，凡"宅舍十有二区"，碑中所记有"地中起舍"、"舍中起舍"、"潘盖楼舍"、"吕子近楼"、"故像楼舍"、"扶母舍"、"凤楼"、"车舍"、"奉楼"、"子信舍"等，楼舍兼具，价值从一万二千到七万不等，总值达百万。另还有奴婢和财物。其二是财产争执发生在郑子真亡故后"无適嗣"即子嗣年幼的情况下，家族中的成员对财物分割起争执。其三是家产争讼因官府介入而解决。据碑文中所提及的官吏，南宋洪适提出"似是官为检校之文"，即碑文中所标明宅舍及其价值，是出自官方的判定评估。其四是刻石立碑目的明确，为"戒其宗姓"对房产的争夺，以"息争窒讼"。清朝黄生对此碑评述道："此碑残缺殊甚，推求字句，似某甲死无嗣，而立一继嗣。其祖之传婢有子（盖嗣子之庶叔），求分其祖所遗财物。讼之于官，官为估直其财产，为分析以平其讼，因立此碑，以杜后日之争尔。"[5] 清人冯登府认为"此是分析宅产、奴婢立嗣后，刊

---

① 《隶释》卷 24，第 198 页。

② 吕思勉：《秦汉史》，上海古籍出版社 2005 年版，第 476 页。

③ 《隶释》卷 20，第 209 页。

④ 《隶释》卷 15，第 161—162 页。

⑤ （清）黄生撰，黄承吉合按，包殿淑点校：《字诂义府合按》"义府卷下"，中华书局 1984 年版，第 242 页。

此以防争讼，后世分产单所祖"。①

　　从碑石内容看，汉代家庭财产以田亩和房舍为主体，奴婢和牛畜等是附属物。1966 年出土于四川郫县犀浦镇二门桥的《簿书残碑》记录了一批家庭财产，包括田地、奴婢、牛等，并注明其价值，属于"资簿"文书记录。②

　　上述家庭财产计值刻石，有分家析产，有官为确定价值，其目的在防争讼。而计值不仅出现在石刻上，在汉代青铜器铭刻及简牍③等文献上也均存在，当具有更广泛的社会意义，似应与汉代的财产登记及相应的资产检核制度有关。

　　4. 约束和公文刻石

　　汉代是刻石申约明禁的初创期。汉初刘邦"约法三章曰：杀人者死，伤人及盗抵罪"。④ 此处的"约"作动词，指订立共同遵守的法规。"约"作名词用时有限制、规范的含义，在史籍和石刻中均有所见。

――――――――――

　　① （清）冯登府：《金石综例》卷 3，载林荣华校编《石刻史料新编》第 3 辑第 39 册，台湾新文丰出版公司 1986 年版，第 658 页。

　　② 谢雁翔认为此碑是官府征赋的依据，碑中记录了 20 来户的资产，当是一个乡的资产簿书。在 20 来户的田产，田地最少的一户只有八亩，最多的一户是二顷六十亩，次多的两户是顷九十亩和顷五十亩。亩值差异也较大，下等田亩值五百，上等田亩值两千。参见谢雁翔《四川郫县犀浦出土的东汉残碑》，《文物》1974 年第 4 期。蒙默认为"资簿"不仅仅是"以赀征赋"的依据，也是汉王朝的若干政治措施的基础。此碑所记资产以户为单位，"是在每一户主名下将资产逐项记值记录"，是"赀算"的基础。同时"资产"也是做官的重要条件，"赀算十（万）以上乃得宦"，"赀算四（万）得宦，即要具备中产之家以上的资产方可为官"。因此官府必须掌握臣民的资产情况，需要设置记载臣民资产情况的簿书，即资簿。参见蒙默《犀浦出土东汉残碑是涐石"资簿"说》，《文物》1980 年第 4 期，第 68—71 页。张勋燎和刘盘石认为：石碑的采用出于垂诸久远的需要。簿书既然是记录田产作为征收赋税的依据，但各人的田产在不断变动之中，每次登记只能在不长的一段时间内有效，写在竹简、木简或帛上就可以了。刻之于石既需耗费大量财力，又不便保存，完全无此必要。故认为这一碑石不是查田后所立簿书，而是地主家庭中分家析产的"分书"（或称"分析单"）。参见张勋燎、刘盘石《四川郫县东汉残碑的性质和年代》，《文物》1980 年第 4 期，第 72—71 页。

　　③ 居延汉简 24·1B 简："三墥隧长居延西道里公乘徐宗年五十⋯⋯宅一区直三千，田五十亩直五千，用牛二直五千⋯⋯"载中国社会科学院考古研究所编《居延汉简甲乙编》下册，中华书局 1980 年版，第 14 页。居延汉简 37·35 简："侯长觚得广昌里公乘礼忠年卅，小奴二人直三万，大婢一人二万，轺车二乘直万，用马五匹直二万，牛车二辆直四千，服牛二六千，宅一区万，田五顷五万，凡赀直十五万。"载中国社会科学院考古研究所编《居延汉简甲乙编》下册，中华书局 1980 年版，第 25 页。

　　④ 《汉书》卷 23《刑法志》，第 1096 页。

　　史载西汉元帝时（公元前 48—前 33 年），南阳太守召信臣定"为民作均水约束，刻石立于田畔，以防分争"。① 东汉建初八年（公元 83 年），庐江太守王景"驱率吏民，修起芜废，教用犁耕，由是垦辟倍多，境内丰给。遂铭石刻誓，令民知常禁。又训令蚕织，为作法制，皆著于乡亭"。② 立碑以定纷止争、令民知常禁，也是有助于社会管理的一个方面。而文中的"约束"、"常禁"，法律规范的含义极为明显。

　　出自民间的约束性石刻以建初二年（公元 77 年）《侍廷里父老僤买田约束石券》③ 较具代表性。僤（亦作弹、单）是汉代乡里一种组织的名称。里有父老，其级别低于乡、县三老，是汉代基层社会中负责沟通官方与民间事务的人物。担任父老者，有年龄、德性和中赀等方面的要求。"中赀"指需要一定的财产基础。里中父老接受官府差遣，但没有俸禄。因此出任父老一职在获得当地居民尊重的同时，也要承受一定的经济负担。"父老僤"正是为解决这一问题而由民间自发设立的。碑文载"侍廷里父老僤祭尊于季、主疏左巨等廿五人，共为约束石券"，即侍廷里有父老资格的 25 人集体购买田 82 亩，以供僤内成员担任父老的费用，并对成员的土地使用权、继承权，以及退还、转借、假贷等可能出现的情况作了相应的规定。这一乡里社会的自助组织与《刘熊碑》中所载官办和官助民办以平均更役及敛钱雇役为任务的"正弹"性质有所不同，④ 其约束内容，反映了民间社会一定程度存在的自治与管理功能。

　　奏章等行政文书刻石也始自汉代，现所见汉代公牍刻石有元初六年（公元 119 年）汉安帝《赐豫州刺史冯焕诏》、元嘉三年（公元 153 年）《孔庙百石卒史碑》、建宁二年（公元 169 年）《史晨碑》（史晨祠孔庙奏

---

　　① 《汉书》卷 89《召信臣传》，第 3642 页。

　　② 《后汉书》卷 76《王景传》，第 2466 页。

　　③ 关于此碑的考证，可参见俞伟超《中国古代公社制度的考察——论先秦两汉的单、弹、僤》，文物出版社 1988 年版；黄士斌《河南偃师县发现汉代买田约束石券》，《文物》1982 年第 12 期，第 17—20 页；宁可《关于〈汉侍廷里父老僤买田约束石券〉》，《文物》1982 年第 12 期，第 21—27 页；邢义田《汉代的父老、僤与聚族里居——汉侍廷里父老买田约束石券读计》、《汉侍廷里父老买田约束石券再议》，载邢义田《天下一家：皇帝、官僚与社会》，中华书局 2011 年版；林甘泉《侍廷里父老与古代公社组织的残余》，《文物》1991 年第 7 期；张金光《有关东汉侍廷里父老的几个问题》，《史学月刊》2003 年第 10 期；林兴龙《东汉〈汉侍廷里父老买田约束石券〉相关问题研究》，《云南师范大学学报》2007 年第 4 期；等等。

　　④ 高文：《汉碑集释》，河南大学出版社 1997 年版，第 11 页。

铭）、熹平四年（公元 175 年）《闻喜长韩仁铭》、光和二年（公元 179 年）《樊毅复华下民租田口算碑》、光和四年（公元 181 年）《无极山碑》等。其"所载文书，或为天子下郡国，或为三公上天子，或为郡国上三公，或为郡国下属官，种种形式，犹可考见汉制之一斑"。[1]

三　"铭金"与"刻石"之同异

1. 战国秦汉的金石并重

战国时，将功德"镂于金石"，以夸示于世人及子孙，是一种新的时尚。《墨子》"尚贤"、"兼爱"、"明鬼"诸篇中，屡见"镂于金石"之说。墨子在"明鬼"篇中解释"镂于金石"的目的说：古代的圣王欲将其创建的功业传之久远，常常先借助神明的力量；然后"又恐后世子孙不能知也，故书之竹帛，传遗后世子孙；或恐其腐蠹绝灭，后世子孙不得而记，故琢之盘盂、镂之金石以重之"。[2]

战国金石并行的事例以中山国丧葬金石刻辞较具代表性。战国中山王陵《兆域图》铜版（约公元前 315 年），刻有中山王命 42 字。其大意为：中山王命其相邦赒负责修建墓域。修建兆域及陵墓各部工程阔狭小大的标准已定，可以实施。如按原定标准实施出现问题时，可以从扩大考虑（不许缩小降低标准）。按照律令退出墓地的人，擅自到下葬的地方来者，死罪无赦。不执行王命者，殃连子孙。该铜版一件藏于府库，一件随王埋葬。[3] 中山国的《守丘石刻》系中山国国王监管捕鱼的池圃者公乘得、看守陵墓的旧将曼，为敬告后来的贤者而刻。相近的内容见之于金与石，当是"金石并重"期的典型特色。

秦汉时期的金石铭刻关乎现实。政治性铭刻以帝王诏书和公文为主。秦始皇和秦二世铭刻于度量衡器上的诏书文字，集明法度、称盛德、传久远为一体，秦始皇开创的以诏书刻石"铭功纪法"也同样具备上述功能。

---

①　马衡：《凡将斋金石丛稿》，中华书局 1977 年版，第 88 页。

②　周才珠、齐瑞端译注：《墨子全译》卷 8《明鬼下第三十一》，贵州人民出版社 2009 年版，第 278 页。

③　刘来成：《战国时期中山王𰯼兆域图铜版释析》，《文物春秋》1992 年（增刊），第 25—34 页。另相关成果可参见杨鸿勋《战国中山王陵与兆域图研究》，《考古学报》1980 年第 1 期；孙仲明《战国中山王墓〈兆域图〉的初步探讨》，《地理研究》1982 年第 1 期。

汉代青铜度量器《大司农铜权》、《平都犁斛》所载铭文已体现出公文的注重程序的属性，汉代石刻公文如《孔庙百石卒史碑》（亦称《乙瑛碑》、《汉鲁相乙瑛请置孔庙百石卒史碑》）① 的行政程序属性同样鲜明。

汉代反映世俗生活的铭刻集中在财产记值方面，但表现在金和石上的功用有一定差异。一些民间铸造的青铜器上出现了价格和吉语的铭文，但青铜器的使用者主要为官府或权贵之家，铭刻内容是"物勒工名"和工官监管制度的派生，独立性较弱。汉代刻石记产记值既有官方行为，也有民间自主，社会性更强。但就刻石标明产业价值、权属，希望子孙永守这一点上，其与西周以来青铜铭刻上常见的"子子孙孙永保"的期许是一致的。西汉地节二年（公元前68年）《杨量买山地记》的刻文写明："巴州民杨量买山，直钱千百，作业□，子孙永保其毋替。"② 另刻石纪产纪值也具有戒争杜患的目的，这同样是"铭金纪法"传统的延续，只不过汉代的刻石纪产更具有世俗性，这当是"镂之金石"传统在社会普及的结果。

2. 秦汉石盛金衰的转折

秦帝王以铭金"刻诏行法"和刻石"铭功纪法"的双重实践，开创了"金石纪法"的崭新局面。两者在中国法律纪事传承中，均具有重要的意义。后世总结秦二世而亡的教训时，对秦暴政的谴责几乎异口同声，但对秦刻石的启迪意义，多给予客观评价。南朝刘勰（公元465—520年）称："始皇勒岳，暴政而文泽，亦有疏通之美焉。"③ 宋人郑樵言："三代而上，惟勒鼎彝；秦人始大其制而用石鼓，始皇欲详其文而用丰碑。"④ 今人朱剑心也言："三代以上，有金而无石；秦汉以下，石盛而金衰。其有纪功述事，垂示来兹者，咸在于石。"⑤

---

① 《孔庙百石卒史碑》所载内容是鲁相乙瑛上书朝廷，请求设置孔庙掌管礼器和祭祀的专职官员——百石卒史的公文。乙瑛将此事奏于朝廷，由司徒吴雄和司空赵戒奏于皇帝，汉桓帝批示由鲁相乙瑛择四十岁以上通一艺者任之。当时乙瑛已经满秩而去，继任者挑选孔和为百石卒史，并以此事回奏了朝廷。

② ［日］永田英正编：《汉代石刻集成：图版·释文篇》，日本同朋舍1994年版，第6页。

③ （南朝梁）刘勰著，黄叔琳注，李详补注，杨明照校注拾遗：《增订文心雕龙校注》卷3《铭箴第十一》，中华书局2012年版，第143页。

④ （宋）郑樵撰，王树民点校：《通志二十略·金石略》"金石序"，中华书局1995年版，第1843页。

⑤ 朱剑心：《金石学》"序文"，文物出版社1981年版。

秦始皇开创的刻石"铭功纪法"是"铭金"向"刻石"转折的一个信号，同时也是一种历史的必然。论材质，青铜尊贵不如金银；论便捷，青铜实惠不及碑石。而自秦开始，铜铁的使用已被国家严格控制。刘勰论碑兴起的原因道："宗庙有碑，树之两楹，事止丽牲，未勒勋绩，而庸器渐缺，故后代用碑，以石代金，同乎不朽，自庙徂坟，犹封墓也。"① 庸器即青铜器，郑玄注《周礼》引郑司农语云："庸器，有功者铸器铭其功。"② 庸器渐缺而颂碑盛行，实也意味着"铭金"传统大势的终结。

在秦的重石轻金和石刻"铭功纪法"的示范效应下，东汉时，铭金向刻石的转化成为大势所趋。

东汉蔡邕（公元 133—192 年）兼作鼎铭与碑记，但碑铭是其撰文之主导。刘勰评蔡邕称："蔡邕铭思，独冠古今；桥公之钺，吐纳典谟；朱穆之典，全成碑文，溺所长也。"③ 意为蔡邕的铭文，独自成古今第一；像赞美桥玄的《黄钺铭》，吐辞采纳的《尚书》；赞美朱穆的《鼎铭》，完全写成碑文，是他擅长写碑文而陷进去了。④ 蔡邕在《太尉乔公庙碑》中写道："故臣门人相与述公言行，咨度礼制，文德铭于三鼎，武功勒于征钺，官簿第次、事之实录书于碑阴，俾尔昆裔永有仰于碑阴。"⑤ 文中虽述及铭金与刻碑内容各有偏重，但对于铭金向刻石转变的事实，蔡邕曾有感而发道："钟鼎礼乐之器，昭德纪功，以示子孙。物不朽者，莫不朽于金石……故近世以来，咸铭之于碑。"⑥

3. "铭金"与"刻石"之同异

古代中国"镂之金石"法律传统的核心可以大致概括为"器以藏礼"和"碑以载政"，它们分别确立于西周和唐宋。

礼的内涵丰富，既是祭祀祖先神灵的仪式，也是等级秩序，更是王道教化。"器以藏礼"盛行于西周，但礼的影响却极深远，并赋予传统中华

　　① 《增订文心雕龙校注》卷 3《诔碑第十二》，第 160 页。

　　② 《周礼注疏》卷 17。

　　③ 《增订文心雕龙校注》卷 3《铭箴第十一》，中华书局 2012 年版，第 144 页。

　　④ （南朝梁）刘勰著，周振甫译：《文心雕龙今译》"文体论·铭箴第十一"，中华书局 1986 年版，第 102 页。

　　⑤ （汉）蔡邕：《蔡中郎集》卷 5，文渊阁《四库全书》电子版；《太尉乔玄碑阴》，载（清）严可均校辑《蔡中郎集》卷 13，日本京都大学人文科学研究所藏抄本。

　　⑥ （汉）蔡邕：《铭论》，载（明）梅鼎祚编《东汉文纪》卷 20，文渊阁《四库全书》电子版；（清）严可均校辑：《蔡中郎集》卷 6，日本京都大学人文科学研究所藏抄本。

法系"礼法合一"的鲜明特色。

清代龚自珍《说宗彝》①一文中对宗彝之器解释道:"彝者,常也,宗者,宗庙也。彝者,百器之总名也,宗彝也者,宗庙之器。"所谓"宗彝",即是青铜礼器,龚自珍总结出古代"宗彝"兼有祭器、养器、享器、藏器、陈器、好器、征器、从器、旌器、约剂器、分器、赂器、献器、服器、抱器、殉器、乐器、徼器、瑞命等19种用途,其中与"铭金纪法"关系密切的有祭器、养器、旌器、约剂器等数种。

祭器、养器是礼器的根本属性,也是尊祖敬宗等孝忠思想和传统礼法观的源头。所谓"祭器具则为孝,祭器不具为不孝",而不忠不孝的行为一直受到传统文化的贬斥,谋反、谋判、不孝均属"十恶"重罪。"养器具则为敬,养器不具为不敬",此当是对十恶中"大不敬"罪最初始化的解读。

最值得铭刻载录以传示子孙的为旌器和约剂器。"宗彝者何?古之旌器也。君公大夫有功烈,则刻之吉金以矜子孙。宗彝者何?古之约剂器也。有大讼,则书其辞,与其曲直而刻之,以传信子孙。"

旌器和约剂器的功能在金与石的法律传承中具有一惯性。

龚自珍在《说刻石》②一文中总结"古者刻石之事有九",其中记述帝王功德、国家征战、工程建造所占比重最大:"帝王有巡狩则纪,因颂功德,一也。有畋猎游幸则纪,因颂功德,二也。"这是刻石与旌器共具的铭功属性。

刻石九事中与"刻石纪法"关联密切的有二:"有大宪令则纪,主于言禁,四也。有大约剂大诅则纪,主于言信,五也。"这是刻石与约剂器同具的功能。

三代青铜礼器的十余种用途,说明礼制在青铜时代政治生活中的重要性。秦汉初兴的刻石,重复着"铭金"的发展历史,以"碑以明礼"作为发展的起点。在汉代确立"独尊儒术"的统治政策后,因厚葬崇孝兴起的"树碑立传"、"歌功颂德"刻石,也发挥了青铜礼器的礼仪教化功能,成为迎合朝廷释孝明礼、推行社会教化的重要手段。正如元代王思明所说:"后世之文,莫重于金石,盖所以发潜德、诛奸谀、著当今、示方

---

① 《龚自珍全集》,上海人民出版社1975年版,第261—262页。
② 同上书,第264页。

来者也。"①

从西周的"器以藏礼"到东汉的"碑以明礼",表面上是"刻石"对"铭金"的复制翻版,却揭示了礼制文化在商周和两汉国家政治生活中的重要性。

但秦汉初兴的刻石并不局限于龚自珍所述的九事,此"九者,国之大政也,史之大支也"。至于乡里、家族等民间层面的刻石纪事,不包括在他的刻石九事之内,所谓"祠墓之碑,一家之事,又非刻石伦也",②然民间世俗性内容在汉代刻石中已占一席之位。

正如"铭金"纪事除"器以藏礼"和"器之布法"外,还有"物勒功铭"和"刻诏行法"等丰富内容。碑刻法律纪事,除汉代已彰显的"碑以明礼"特色之外,还有唐宋时完备的"碑以载政"、明清时充分发展的"碑以示禁"。这些主导后世刻石的载政示禁等内容,在汉代已显雏形。

"碑以载政"有国家政事、地方政事和基层社会的村社家族政事等不同的层级表现。国家政事以统一法令、度量衡及外交会盟为主,秦汉的帝王诏书刻石、长庆三年(公元823年)的《唐蕃会盟碑》、大理国《三十七部会盟碑》等均是代表。地方政事多刻载于公文碑、禁令碑和讼案碑中。有关赋税徭役公文碑,从东汉永寿二年(公元156年)的《礼器碑》、光和二年(公元179年)的《樊毅复华下民租田口算碑》,到明洪武十九年(公元1386年)《税缆碑文》、嘉靖十三年(公元1534年)《优免徭役碑》、万历时的《丈地均粮碑》,绵延不断,可以看到古代地方官征收赋税职责的重要性和延续性。在最基层的社会,乡里大事有修庙祭祀、兴修水利、支付杂役,是故汉代有《侍廷里父老僤买田约束石券》、明代有《太平县长寿乡社碑》、清代有《北霍渠掌例》等代表性碑刻。家政大事为生老病死和财产处分,故汉代有《大吉买山地记刻石》、《金广延母徐氏纪产碑》,明清更有功德碑、捐产施舍碑等碑石群体。

古代儒家主张齐家、治国、平天下,家国一体观在古代中国有深厚的社会基础。从刻石中,我们可以看到家政与国政有相通的一面。

---

① 元潘昂霄:《金石例》王思明序,载林荣华校编《石刻史料新编》第3辑第39册,台湾新文丰出版公司1986年版,第510页。

② 《龚自珍全集》,上海人民出版社1975年版,第264页。

　　"分疆刊石"一直是国家和地方官府行政的重要内容。《晋书》载晋人杜预"修邵信臣遗迹,激用滍淯诸水以浸原田万余顷,分疆刊石,使有定分,公私同利"。[①] 民间立界碑的传统也源远流长。马衡说:"界至者,记疆界之四至也。《元和郡县图志》又称为八到。其俗自汉已然。"[②]

　　如果说"铭金纪法"的核心"器以藏礼"体现了西周宗法血缘社会权贵纪事的单一发展主线的话,那么在"刻石纪法"中,则表现了治国与齐家、官僚政治与村务社事两条并行的纪事发展的主线,并通过政府公文禁令和民间规范契约类刻石,展示了自汉代以来中国社会一直存在的政府行政管理和民间自治的两种"政治"模式。从这一角度看,刻石较铭金的发展空间更为广阔。

　　初兴的刻石展示出两个不同的发展路径,也是社会权力分化与重组的结果。

　　商周铸造青铜器是宗法礼仪活动的一部分。青铜铭刻从商代简单的族徽、人名到西周时的长篇纪事,意味着青铜礼器功用的转变,即从族群的标志、祭礼中与神明交通的器具,变身为宗法世袭特权的凭证。西周贵族在宗庙祭器上刻铭祖先和王的功德,同时也记述铭刻者的功绩与威望,期以传示子孙,反映了宗法世袭社会权力、地位和财富的传承特色。

　　春秋"铸刑鼎"、"铸刑书"是贵族旧礼体系崩溃、新的权力系统建立的标志。原本隐秘于庙堂的礼器成为宣告于天下的公器。意在说明,与新权力伴生的法制和社会秩序,更要公开展示,永垂不朽。

　　秦始皇将其统一六国的丰功伟业立于名山之巅,以彰显一代帝王的威严、自信与长治天下的意愿,这是政治专制的起始;东汉兴起的刻石高峰是社会政治运作的结果,借着"独尊儒术"政策的确立和推行,社会中坚以树碑立传的方式释孝明礼,春秋时孔子所津津乐道的"克己复礼"、"器以藏礼",被汉代儒生以"碑以明礼"方式赋予生机。与此同时,刻石留名传世的欲求由君王独享变成官员学士共享,并很快扩及社会各个层面。

　　虽然简牍在很长一段时间内也曾满足了社会的需要,但却不具有青铜、碑石的耐久性。在中国传统语汇中,"金石"除指镌刻文字、颂功纪

---

①　《晋书》卷 34《杜预传》,第 1031 页。

②　马衡:《凡将斋金石丛稿》,中华书局 1977 年版,第 92—93 页。

事的钟鼎碑碣之属外，还常比喻不易改变或不朽。汉代贾谊说"若夫庆赏以劝善，刑罚以惩恶，先王执此之政，坚如金石，行此之令，信如四时"，[①] 是主张法律应该像金石等坚硬材质一样不易毁灭和改变。晋杜预说"古之刑书，铭之钟鼎，铸之金石，所以远塞异端，使无淫巧也"，[②] 除了重申这样的意思之外，还特别强调法律铭刻于金石是为了"远塞异端，使无淫巧"，即以庄严的不易改变的方式记录公布法律条文，防止有人隐藏、篡改和歪曲法律，以徇私意。

秦汉以后，碑石取代青铜，使载文之器发生了质的改变，载文内涵也由礼制王政扩及世俗民间的琐碎之事。但"镂之金石"的中国文化和法律纪事传统，并未因石盛金衰而发生异化。在汉及以后的碑石上，铭刻的依旧是传承了数百上千年的"镂之金石"传之后世的社会使命和期望。

（作者单位：中国政法大学法律古籍整理研究所）

---

① 《汉书》卷48《贾谊传》，第2252页。
② 《晋书》卷34《杜预传》，第1026页。

《西方学者对中国出土文献研究
一百（多）年》阶段报告

夏含夷

　　这本书将由上海古籍出版社出版，希望能在 2014 年底交稿，估计 2015 年可以出书。正如书题所示，这本书对西方学者有关中国出土文献的研究做了一个总览。书将分成五章，即《西方汉学家的古文字学研究概略》、《契于甲骨》（即甲骨文研究）、《镂于金石》（铜器铭文研究）、《书于竹帛》（竹帛研究）与《琢于盘盂》（各种石志）。每一章都包括下列几方面：综述、个别学者小传以及目录。书后面还会设各种索引（作者索引——外文和中文，我花了不少工夫查出外国学者的中文姓名、西方学术刊物名单、中文译文等）。

　　综述只能概括地介绍最重要的学术成果。第一章《西方汉学家的古文字学研究概略》分别讨论"中国文字起源"、"中国文字性质"、"中国出土文献概论"以及"工具书"等，其后四章均按年代做论述。应该说明的是本书利用"西方学者"或者"西方汉学家"的定义：这个基本上以西文为主，包括中国和日本学者的西文著作（包括西文翻译），但是不包括西人的中文著作。另外，由于我自己语言能力限制，"西方"不包括俄国学者的俄文著作（然而，包括俄国学者的其他西文著作）。学者小传专门介绍将近 30 名比较权威学者的出土文献学的研究成果，都限制于 1000 字左右。目录应该算是本书的核心，特别是对甲骨文、铜器铭文以及竹帛研究目录都应该相当齐全。目录也按年代列出，包括作者（原名和中文姓名）、原来书题或文章题目以及中文翻译，以及详细出版记载（如果是在编本里出版的，还包括编者原名和中文姓名以及原来书题和中文翻译）。

现在这个工作还没有做完，无法发表最后样本，仅想利用这个机会给相关学术界作概括的预告，介绍以下四方面：

一、内容年代分布（即每章目录包括的单篇学术成果，无论是专书或文章）。

二、学者小传名单以及三个例子，即高本汉（Bernhard Karlgren, 1889—1978）、顾立雅（Herrlee Glessner Creel, 1905—1994）和何四维（A. F. P. Hulsewé, 1910—1995）。

三、目录的样本（有三种样本，一个从 1940 年代甲骨文研究、一个从 1970 年代铜器铭文研究、一个从 2000 年竹帛研究，每一个样本只提供一页）。

四、"西方学者对中国古文字学主要专著"：40 本书，可以做这个学术领域的基础。

这个工作还在进行当中，这个报告只能算是阶段性报告，所有数字和内容都会进行修改，现在也不愿意作出任何结论，敬请读者原谅。因为工作还没有做完，所以仍然有机会修改。我很乐意接受各位专家批评和建议。

一　内容年代分布

章名	年代	研究样品
西方汉学家的古文字学研究概略	1881—1964	26
	1965—1999	38
	2000—2013	25
契于甲骨	1906—1964	91
	1965—1999	214
	2000—2013	68

镂于金石	1916—1964	50
	1965—1999	123
	2000—2013	86
书于竹帛	1903—1964	31
	1965—1999	200
	2000—2013	279
琢于盘盂	1892—1964	1
	1965—1999	34
	2000—2013	34

二　学者小传名单

西方汉学家的古文字学研究概略：
CHAVANNES, Edouard（沙畹）
MASPERO Henri（马伯乐）
KARLGREN, Bernhard（高本汉）
TSIEN, Tsuen-hsuin（钱存训）
BOLTZ, William G.（鲍则岳）
ALLAN, Sarah（艾兰）

契于甲骨：
CHALFANT, F. H.（方法敛）
MENZIES, James M.（明义士）
HOPKINS, Lionel C.（金璋）
SERRUYS, Paul L-M.（司礼义）
KEIGHTLEY, David N.（基德炜）
TAKASHIMA Ken'ichi（高岛谦一）

镂于金石：

CREEL，Herrlee Glessner（顾立雅）

UNGER，Ulrich（翁有理）

BARNARD，Noel（巴纳）

NIVISON，David Shepherd（倪德卫）

LI，Feng（李峰）

BEHR，Wolfgang（毕鄂）

书于竹帛：

HULSEWÉ，A. F. P.（何四维）

LOEWE，Michael（鲁惟一）

HARPER，Donald（夏德安）

KALINOWSKI，Marc（马克）

YATES，Robin D. S.（叶山）

COOK，Scott（顾史考）

MATTOS，Gilbert L.（马几道）

LEDDEROSE，Lothar（雷德候）

KERN，Martin（柯马丁）

高本汉

　　高本汉（Klas Bernhard Johannes Karlgren，1889—1978）在 1889 年 10 月 15 日生于瑞典延雪平（Jönköping）。高本汉是著名汉学家、文字学家

和音韵学家，特别以构拟中古与上古汉语语音系统著名。高本汉18岁进入乌普萨拉（Uppsala）大学，以俄文为专业，但是读大学时候接受了著名比较音韵学教授 J. A. Lundell（1851—1940）的建议转到汉语专业。因为当时瑞典缺乏教汉语的教师，所以高本汉毕业以后先到圣彼得堡去与伊凤阁（A. I. Ivanov, 1878—1937）学习汉语。在1910年，他前往中国，先在太原居留，辛亥革命在北京。在中国期间，高本汉一边学习了现代汉语，一边研究了中国方言，并且收集了相关的材料（譬如，访问西安的时候，收到全套唐代碑林经典拓本）。据说，他的奖学金用完了以后，他先做法文讲师赚钱，后来又做英文老师，说明他现代语言能力很强。在1912年，他回到欧洲做博士学位研究，先在伦敦和翟理斯（Lionel Giles, 1875—1958），然后在巴黎师从著名汉学家沙畹（Édouard Chavannes, 1865—1918）和伯希和（Paul Pelliot, 1878—1945），以及著名印度学家 Sylvain Lévi（1863—1935），1915年写完了四大册的法文博士论文，题作《中国音韵学研究》（Étudessur la phonologie chinoise），根据在中国收集的资料构拟了中国中古音韵系统。次年高本汉获得儒略奖（Prix Julien），他的博士论文被选为前年西方汉学最优秀的学术著作。在1918年高本汉被聘任为歌德堡（Gothenburg）大学教授。1939年转移到斯德哥尔摩远东文物博物馆担任馆长。1959年到70岁退休年龄以后从博物馆退休。退休以后仍然做学术研究。在1978年10月20日卒于瑞典斯德哥尔摩，享年89岁。

高本汉的研究原先以中国音韵学为主，这方面研究贡献已经是中国学术界熟知的。高氏博士论文早在1930年被中国语言学最为优秀的年轻学者赵元任、罗常培和李芳桂译成中文，题作《中国音韵学研究》，① 此后其他著作也都翻译中文，诸如《中国语与中国文》（1933）②、《中国语言学研究》。③ 后来编辑的《中国文字》（GrammataSerica，亦译为《汉文典》）建立了中国词组研究的基础，此书也被翻成中文。④ 在编辑《中国文字》的时候，高本汉首次涉及古文字证据，包括甲骨文和铜器铭文字形。他在古文字方面一直没有做深入研究，但是于1936年在《远东文物

---

① 高本汉：《中国音韵学研究》，赵元任、罗常培、李芳桂合译，商务印书馆1930年版；商务印书馆1994年版；清华大学出版社2007年版。
② 高本汉：《中国语与中国文》，张世禄译，商务印书馆1933年版。
③ 高本汉：《中国语言学研究》，贺昌群译，商务印书馆1934年版。
④ 高本汉：《汉文典》，潘悟云等编译，上海辞书出版社1997年版。

博物馆学报》上发表了篇幅较短的《周代的文字》。从 1930 年代中到 50 年代末，高氏陆续地发表了不少与中国古代铜器有关的图录和研究，诸如《早期中国铜镜铭文》（1934）、《矢钟的年代》（1934）、《中国铜器的殷与周》（1936）、《淮和汉》（1941）、《Hellström 收藏的铜器》（1948）、《远东文物博物馆收藏的几件铜器》（1949）、《远东文物博物馆收藏的几件新铜器》（1952）、《Wessén 收藏的铜器》（1958），多半都在《远东文物博物馆学报》上发表，但是篇幅多为 100 页以上，他变为西方汉学界中铜器学专家。同时，高氏对中国上古文献做了深入研究，特别是对《尚书》和《诗经》都做了英文翻译和详细注解。这些著作也都翻译成中文。[①]

高本汉去世之前得见马王堆《老子》，并做了《老子》翻译，但是没有来得及引用这个出土资料做更深入的研究。在 1930 年代，瑞典考古学者赫定（Sven Hedin, 1865—1952）邀请高本汉编辑华瑞考古工程所发现的居延汉简。赫定给高本汉写的长篇信被罗泰（Lothar von Falkenhausen）翻译成英文，非常有意思，然后也翻译高本汉的答复。高氏拒绝此次邀请，一边是因为他学校的责任太重，一边是因为他自己身体不便，但是最重要是因为他觉得他在文字学方面没有资格做这样的基本编辑工作。高氏写了：

> 我有自信我和其他欧洲汉学家有同等水平（除了伯希和——也许——马伯乐 [Henri Maspero（1883—1945）] 以外），但是要解读草书，我一点也做不到一个相当水平的中国学者的样子。沙畹在编辑斯坦因（Aurel Stein, 1862—1943）头两种文件没有良好的助手；那一本书是他最不好的学术著作。因此，罗振玉有必要全部修改。孔好古（也叫作康拉德；August Conrady, 1864—1925）对赫定所收藏的第一批数据的释读很不错，但是没有蔡元培做他的助手，他也一点不会这么做。

不仅仅在于这样能够承认自己的局限，高本汉还可以给其他学者做一个学

---

① 高本汉：《高本汉诗注释》，董同龢译，中华丛书编审委员会 1960 年版；高本汉：《高本汉书经注释》，陈舜政译，中华丛书编审委员会 1970 年版。

术典范。①

顾立雅

顾立雅（Herrlee Glessner Creel，1905—1994）1905 年元月 19 日生于美国伊利诺斯州的芝加哥，1994 年 6 月 1 日卒于芝加哥郊外区，除了极少几年以外，终生几乎在芝加哥。所受教育都在芝加哥大学：在 1926 年得到哲学学士学位，在 1927 年得到神学硕士学位，在 1929 年得到博士学位，专题是中国哲学。毕业以后，在芝加哥附近的 Lombard College 教学一年，以后在哈佛大学做博士后。在 1932 年受到哈佛燕京学社的基金前往北京，在北京住了四年（1932—1936）。1936 年聘任为芝加哥大学教授而回国。在 1943 年进入美国陆军情报处，作为中尉上校官员。在 1945 年，战争结束以后，就立即回到芝加哥大学，1949 年升为正教授，1964 年升为名誉教授，1974 年退休。

顾立雅从硕士论文（题目是《论衡里有关占卜内容》）到退休以后一直从事中国古代文化与思想史研究。题做《华学》（*Sinism*）的博士论文立即被发表（1929），深受法国学者葛兰言（Marcel Granet，1884—1940）的影响。然而，顾立雅后来放弃这种思路，自己低估这本书。在中国留学

① 高本汉的传可见 Göran MALMQVIST（马悦然），*Bernhard Karlgren：Ett Forskar porträtt*（《高本汉：一个学者的肖像》）；Svenska Akademiens Minnesteckningar；Svenska Akademiens Handlingar, Vol. 21（Stockholm：Norstedts, 1995）（瑞典语）；马悦然自己翻译成英文：即 *Bernhard Karlgren：Portrait of a Scholar*（Bethlehem, Penn.：Lehigh University Press, 2011）。

的时候，顾立雅认识了当时中国古代文化史学界的不少权威学者，特别是和董作宾（1895—1963）成了终身的朋友。顾立雅有几次访问安阳，参观了当时正在进行的中央研究院历史语言研究所的发掘工作。根据他所参观的商代遗址和文物，并结合传统文献著作了《中国之诞辰》（*The Birth of China*），是相当普及的论述，拥有广泛读者。1937 年作的《中国早期文化研究》（*Studies in Early Chinese Culture*）对许多专题做了更为深入的研究，特别是对中国古代文献和书写习惯。从 1936 年到 1939 年，顾立雅在西方权威学刊上也发表了好几篇文章。譬如，介绍了与铜器铭文有关的问题。[①] 此时也和加州大学教授卜弼德（Peter A. Boodberg，1903—1972）辩论了中国文字的性质。[②] 这次辩论后来变成西方汉学有名的焦点。

　　世界大战结束以后，顾立雅归到他原来的中国思想史研究领域，1949年发表了《孔子：人物与神话》［*Confucius, the Man and the Myth*，翻译为《孔子与中国之道》（大象出版社 2000 年版）］，1953 年发表了《从孔子到毛泽东的中国思想》（*Chinese Thought from Confucius to Mao Tse-tung*），两本书对西方人理解中国思想都相当有影响。到晚年的时候，顾立雅又回到出土文献研究，根据西周铜器铭文证据给西周时代的政权做了全面介绍，1970 年发表了《中国政权的起源，第一卷：西周王朝》（*The Origins of Statecraft in China，Vol. 1：The Western Chou Empire*），同年也发表了《何谓道家？以及中国文化史其他研究》（*What is Taoism? and Other Studies in Chinese Cultural History*），1974 年接着作了《申不害：公元前四世纪的中国政治家》（*Shen Pu-hai：A Chinese Political Philosophy of the Fourth Century B. C.*）。

　　顾立雅读高中的时候已经工作，为报社的记者，写作能力很强，他发表的书不仅仅在学术界，而且在西方知识界都有广泛的影响。他一辈子在芝加哥大学任教，但是学生不多。最有名的学生是许倬云先生，长期为匹兹堡大学历史系教授。在 2006 年，顾立雅教授诞辰一百周年，芝加哥大学建立了"顾立雅中国古文字学中心"，现为美国对中国古代文化史的研究中心。

---

　　① 《作为历史文献的西周铜器铭文》（1936）、《对高本汉教授定中国铜器年代系统的注解》（1936）等。
　　② 《中国文字的象义性质》（1936）、《中国上古文字的象义成份》（1939）。

何四维

何四维（Anthony François Paulus Hulsewé，1910—1995）在 1910 年元月 31 日生于德国柏林。少年的时候被派遣到荷兰阿姆斯特丹避免第一次世界大战在柏林的艰难。到 1919 年，全家移民到荷兰，何四维变成荷兰人。1928 年进入莱顿大学汉学院，师从戴闻达（J. J. L. Duyvendak，1889—1954），专业是中国法律史，1931 年毕业。毕业以后，聘任为荷兰外交部官员，在外交部工作的 15 年经验很丰富。于 1932 年初前往中国，在华北语言学院学习语言，文言课程是与梁启雄学习的，当时翻译了《新唐书》、《旧唐书·刑法志》。在北京居留近二年以后，在 1933 年底转移到日本京都，任荷兰驻日本管事处，在日本居留一年多，又转移到当时为荷兰殖民地的印度尼西亚，管理荷兰东亚外交处。从 1939 年做印度尼西亚日本居留民的审查员，自己说当时看了 2.5 万封日文信，说明他日文水平甚高。1942 年荷兰印度尼西亚投降于日本，何四维做投降谈判的翻译者，以后做战俘，1944 年到 1945 年 8 月被拘留在声名狼藉的新加坡樟宜战俘营。有一个传说，何四维在战俘营和英国军队一起拘留，就学习了英语；他英语土话能力当时肯定加强了不少，但是此前作为荷兰外交部官员，他的英语一定已经很好。第二次世界大战结束以后，何四维又被印度尼西亚革命家抓住，终于被英国军队解救了。1946 年回到荷兰，因病退休。

在 1947 年，何四维接受了戴闻达教授的邀请任莱顿大学汉学院助教。因为戴闻达教授的学生多半都研究汉代文化史，所以何四维的研究主题也转到《汉书·刑法志》，在 1955 年获得博士学位，发表了以"汉代法律的残迹"为题的博士论文（也翻译为《汉律遗文》）。在 1956 年聘为教授，兼任汉学院院长。此时，何四维继续了莱顿大学和法国大学传统做法，兼为《通报》学刊的合编者，几乎每年都发表有关汉代法律与社会机构史的学术研究。一个特点是他很早就注意出土文献，诸如 1957 年在《通报》发表的《汉代文件：中亚发现的汉代文件研究的总览》以及 1965 年发表的《墓葬的文件》。此后，与友人鲁惟一（Michael Loewe）共同研读了汉代史，在 1975 年两位学者合著了《中国在中亚：公元前 125 年至公元 23 年的早期》（《汉书·张骞李广利传、西域传》）的译注。①在 1975 年到 65 岁退休年龄，何四维退休了，搬家到瑞士。何四维虽然住在瑞士，但是莱顿大学的同人仍然非常尊敬他，在 1990 年编辑了《中国秦汉思想与法律：庆祝何四维八十岁生日论文集》的巨著②献给他。何四维于 1995 年于瑞士家中逝世，享年 85 岁。

　　何四维退休那一年，他的学问进入了一个新的阶段。正好当年在湖北云梦睡虎地秦简被发现，包括许多秦代的法律文件，何四维立刻注意到了，并在《通报》上发表西方汉学界第一个报告，即《1975 年在湖北发现的秦代文件》。此后年年都有秦律方面的文章，诸如《公元 28 年的诉讼》（1979）、《法家和秦的法律》（1981）、《秦代法律的重量》（1981）、《关于秦汉时代的强迫劳役考察》（1984）、《云梦县发现的文件所反映的秦"法家"政府对经济的影响》（1985）、《秦和汉法律》（1986）、《法律作为中国早期皇朝国权的一个基础》（1987）、《"盗"在秦汉法律里的广泛范围》（1988）、《汉律的遗残》（1990）、《中国古代法律之长手：公元前 52 年逮捕臣妾的搜查令》（1991），最重要的是 1985 年出版的《秦律残迹：1975 年在湖北云梦发现的公元前三世纪秦代法律和行政规矩的译注》。更在去世后，何四维还遗留一篇文章，即 1997 年发表的《秦和汉法律写本》，可见他一辈子专心研究中国秦汉时代法律史的心迹。

---

　　① A. F. P. Hulsewé and Michael Loewe, *China in Central Asia：The Early Stage, 125 B. C. － A. D. 23：An Annotated Translation of Chapters 61 and 96 of* The History of the Former Han Dynasty（Leiden：E. J. Brill, 1975）.

　　② W. L. Idema and E. Zürcher ed. , *Thought and Law in Qin and Han China：Studies Dedicated to Anthony Hulsewé on the Occasion of His Eightieth Birthday*（Leiden：E. J. Brill, 1990）.

三　目录样本

（一）契于甲骨 1940 年代目录

1940

BRITTON, Roswell S. （白瑞华）. *Fifty Shang Inscriptions*（商代卜辞五十篇）. Princeton, N. J. : Princeton University, The Library, 1940.

HOPKINS, Lionel C. （金璋）. "Symbols of Parentage in Archaic Chinese, Part I"（中国上古语言父辈的表征：一）. *The Journal of the Royal Asiatic Society of Great Britain and Ireland* 1940: 351 – 62.

HOPKINS, Lionel C. （金璋）. "Human Figure in Archaic Writing"（古代文字的人类身体）. *The Journal of the Royal Asiatic Society of Great Britain and Ireland* 1940.

WITTFOGEL, Karl A. （魏复古）. "Meteorological Records from the Divination Inscriptions of Shang"（商代卜辞所见气象记录）. *The Geographical Review* 30（1940）: 110 – 133.

1942

YETTS, W. Percival （叶兹）. *Anyang: A Retrospect*（安阳：一个回顾）. London: The China Society, 1942.

1945

HOPKINS, Lionel C. （金璋）. "The Shamanor Chinese Wu: His Inspired Dancing and Versatile Character"（巫的跳舞和可变之性质）. *The Journal of the Royal Asiatic Society of Great Britain and Ireland* 1945: 3 – 16.

WHITE, William Charles （怀履光，怀特）. *Bone Culture of Ancient China: An Archaeological Study of Bone Material from Northern Honan, Dating about the Twelfth Century B. C.* （中国古代骨头文化：对公元前 12 世纪河南北部所出骨头的考古研究）. Royal Ontario Museum, Division of Art & Archaeology: Museum Studies 4. Toronto: University of Toronto Press, 1945.

1947

DUBS, Homer H. （德效骞）. "A Canon of Lunar Eclipses for Anyang and China, 1400 to 1000"（公元前 1400 至前 1000 年中国和安阳的月食会典）. *Harvard Journal of Asicatic Studies* 10 （1947）: 162 – 178.

HOPKINS, Lionel C. （金璋）. "A Cryptic Message and a New Solution"（不清楚之记录和一个新的解释）. *The Journal of the Royal Asiatic Society of Great Britain and Ireland* Parts 3&4 1947.

1948

TUNG Tso-pin （董作宾）. "Ten Examples of Early Tortoise-Shell Inscriptions"（早期甲骨卜辞十例）. Lien-sheng YANG （杨联升）译注. *Harvard Journal of Asiatic Studies* 11. 1 – 2 （1948）: 119 – 29 + 10 plates.

1949

YETTS, W. Percival （叶兹）. "A Datable Shang-Yin Inscription"（年代可以推定的殷商卜辞）. *Asia Major* （new series） 1. 1 （1949）: 75 – 98.

（二）镂于金石 1976—1978 年目录

BARNARD, Noel （巴纳） and WAN Jiabao （万家保）. "The Casting of Inscriptions in Chinese Bronzes—With Particular Reference to Those with Relievo Grid-Lines"（中国铜器铭文的铸造，特别是有关有格栅线的铭文）. 《东吴大学中国艺术史辑刊》6 （1976）: 43 – 129.

CHANG, Kuang-yuan （张广远）. "Seven Long Bronze Inscriptions from Western Chou"（西周铜器铭文七篇长铭文）. 载 Noel BARNARD （巴纳）编. *Ancient Chinese Bronzes and Southeast Asian Metal and Other Archaeological Artifacts*（中国古代铜器和东南亚金属与其他考古文物）. Melbourne: National Gallery of Victoria, 1976. pp. 155 – 187.

CHEUNG Kwong-yue （张光裕）. "Some Aspects of Forgery in Inscribed Bronze Ritual Vessels of Pre-Ch'in Style"（先秦式的青铜礼器的某些伪造方面）. Noel BARNARD （巴纳）译. 载 Noel BARNARD （巴纳）编. *Ancient Chinese Bronzes and Southeast Asian Metal and Other Archaeological*

Artifacts（中国古代铜器和东南亚金属与其他考古文物）. Melbourne：National Gallery of Victoria, 1976. pp. 189 – 216.

JAO Tsung-yi（饶宗颐）. "The Character *te* in Bronze Inscriptions"（铜器铭文里的德字）. Noel BARNARD（巴纳）译. 载 Noel BARNARD（巴纳）编 . *Ancient Chinese Bronzes and Southeast Asian Metal and Other Archaeological Artifacts*（中国古代铜器和东南亚金属与其他考古文物）. Melbourne：National Gallery of Victoria, 1976. pp. 145 – 154.

MATTOS, Gilbert L.（马几道）. "Two Major Works on Bronze Vessels and Bronze Inscriptions"（铜器和铜器铭文的两本重要的书）. *Early China* 2 (1976)：11 – 17.

UNGER, Ulrich（翁有理）. "Die t' ai-pao-kuei-Inschrift"（太保簋铭文）. 载 Hans Lenk 等编 . *China：Kultur, Politik und Wirtschaft：Festschrift für Alfred Hoffmann zum 65. Geburtstag*（中国：文化、政治和科学：庆祝 Alfred HOFFMANN 六十五岁生日论文集）. Tübingen and Basel：Erdmann, 1976. 184 – 195.

1977

MATTOS, Gilbert L.（马几道）. "Supplementary Data on the Bronze Inscriptions Cited in *Chinwen ku-lin.*" *Monumenta Serica*33 (1977 – 1978)：62 – 123.

PANG, Sunjoo（方善柱）. "The Consorts of King Wu and King Wen in the Bronze Inscriptionsof Early China"（中国古代铜器铭文里的文王和武王的配偶）. *Monumenta Serica*33 (1977 – 1978)：124 – 135.

PANG, Sunjoo（方善柱）. A Study of Western Chou Chronology"（西周年代研究）. 博士论文：University of Toronto, 1977.

1978

BARNARD, Noel（巴纳）. "The Nieh Ling Yi"（矢令彝）.《香港中文大学中国文化研究所》9. 2 (1978)：585 – 627.

（三）书于竹帛 2004 年目录（部分）

COOK, Scott（顾史考）. "The Debate over Coercive Rulership and the

'Human Way' in Light of Recently Excavated Warring States Texts" (从最近出土之战国文献看专制与 "人道") . *Harvard Journal of Asiatic Studies* 64. 2 (2004): 399 – 440.

CSIKSZENTMIHALYI, Mark (齐思敏) . *Material Virtue: Ethics and the Body in Early China* (物质道德: 早期中国的道德和身体) . Sinica Leidensia 66. Leiden: Brill, 2004.

DEFOORT, Carine (戴卡琳) . "Mohist and Yangist Blood in Confucian Flesh: The Middle Position of the Guodian Text 'Tang Yu zhi Dao'" (儒家肉体里的墨家和杨朱的血: 郭店写本《唐虞之道》的中心位置) . *Bulletin of the Museum of FarEastern Antiquities* 76 (2004) . pp. 44 – 70.

DESPEUX, Catherine (戴思博) . "La gymnastique *daoyin* 导引 dans la Chine ancienne" (中国古代的导引) . *Études chinoises* 23 (2004): 45 – 85.

GOLDIN, Paul R. (金鹏程) . "A Further Note on *yan* 焉 and *an* 安" (再论焉和安) . *Journal of the American Oriental Society* 124. 1 (2004): 101 – 102.

HARPER, Donald (夏德安) . "Contracts with the Spirit World in Han Common Religion: The Xuning Prayer and Sacrifice Documentsof A. D. 79" (汉代普及宗教里与神域的契约: 公元 79 年序宁祷告和祭祀文件) . *Cahiers d' Extrême-Asie* 14 (2004): 227 – 267.

HARPERDonald (夏德安) . "The Cookbook and Gastronomy in Ancient China: The Evidence from Huxishan and Mawangdui" (中国古代的食谱和美食: 虎溪山和马王堆的证据) . 《湖南省博物馆馆刊》2004, 1: 164 – 77.

IKEDA Tomohisa (池田知久) . "The Evolution of the Concept of Filial Piety (*xiao*) in the *Laozi*, the *Zhuangzi*, and the GuodianBamboo Text *Yucong*" (在《老子》、《庄子》和郭店楚简《语丛》里 "孝" 概念的演变) . 载 Alan K. L. CHAN (陈金梁) 和 Sor-Hoon TAN 编 . *Filial Piety in Chinese Thought and History* (中国思想与历史上的孝) . London: Routledge Curzon, 2004. pp. 12 – 28.

KALINOWSKI, Marc (马克) . "Fonctionnalité calendaire dans les cosmogonies anciennes de la Chine" (中国古代宇宙创造论里的历法作用) .

*Études chinoises*23（2004）：87－122.

KALINOWSKI, Marc（马克）. "Technical Traditions in Ancient China and *Shushu* Culture in Chinese Religion"（中国古代科技传统与中国宗教的术数文化）. 载 John LAGERWEY（劳格文）编. *Religion and Chinese Society：A Centennial Conference of the École française d'Extrême-Orient*（宗教与中国社会：法国远东学院百年会议）. 2 vols. Paris：École française d'Extrême-Orient, 2004. Vol. I, pp. 223－248.

MacCORMACK, Geoffrey. "The Transmission of Penal Law（*lü*）from the Han to the T'ang：A Contribution to the Study of the Early History of Codification in China"（从汉至唐律的传流：中国规律化早期历史研究的贡献）. *Revue Internationale des droits de l'Antiquité*51（2004）：47－83.

四　西方学者对中国古文字学主要专著

（一）文字学与古文字学

WIEGER, Léon S. J.（戴遂量）. *Caractères chinois*（中国文字）. Sien-hsien, imprimerie de la mission catholique, 3ᵉ éditions, 1916. L. DAVROUT, S. J 译. *Chinese Characters：Their Origin, Etymology, History, Classification and Signification*（中国文字：起源、语源、历史、类型和意义）. New York：Paragon Book Reprint Corp. & Dover Publications, Inc. 1965.

KARLGREN, Bernhard（高本汉）. *The Chinese Language：An Essay on Its Nature and History*（汉语：它的性质与历史）. New York：Ronald Press, 1949.

TSIEN Tsuen-hsuin（钱存训）. *Written on Bamboo and Silk：The Beginnings of Chinese Books and Inscriptions*（书于竹帛：中国书籍和铭文的起源）. Chicago：University of Chicago Press, 1962.

KS：Tb 5. 3 // IS：2151/36 第二辑：Chicago：University of Chicago Press, 2004. KS：Tb 5. 3//IS：2151/36

BOLTZ, William G.（鲍则岳）. *The Origin and Development of the Chinese Writing System*（中国书写系统的起源及演变）. New Haven, Conn. ：American Oriental Society, 1994.

YAU, Shun-chiu（游顺钊）编. *Écriture archaïques, systèmes et déchiffrement*

（古代文字：系统与释读）. Paris：Editions Langages croisés，1995.

SHAUGHNESSY, Edward L. （夏含夷）编 . *New Sources of Early Chinese History*：*An Introduction to the Reading of Inscriptions and Manuscripts*（早期中国历史的新史料：铭文与写本的导读）. Early China Special Monograph Series 3. Berkeley，Cal. Society for the Study of Early China and the Institute of East Asian Studies，University of California，Berkeley，1997.

QIU Xigui （裘锡圭）. *Chinese Writing*（文字学概要）. Gilbert L. Mattos （马几道）和 Jerry Norman （罗杰瑞）译 . Early China Special Monograph Series 4. Berkeley，Calif. ，2000. QiuXigui. 1988. （裘锡圭：《文字学概要》，商务印书馆 1988 年版。）

GALAMBOS, Imre （高奕睿）. *The Orthography of Early Chinese Writing*：*Evidence from Newly Excavated Manuscripts*（中国早期书写的抄手：新出土手写本的证据）. Budapest Monographs in East Asian Studies 1. Budapest：Department of East Asian Studies，EötvösLoránd University，2006.

LI Feng （李峰）和 David Prager BRANNER （林德威）合编 . *Writing & Literacy in Early China*；*Studies from the Columbia Early China Seminar*（中国古代之书写与阅读功能：哥伦比亚古代中国论坛的文章）. Seattle：University of Washington Press，2011.

（二）契于甲骨

CHANG, Tsung-tung （张聪东）. *Der Kult der Shang-Dynastie im Spiegel der Orakelinschriften*：*Eine paläographische Studie zur Religion im archaischen China*（从甲骨卜辞的镜子看商朝的礼仪：有关中国古代宗教的古文字研究）. Wiesbaden：Otto Harrassowitz，1970.

KEIGHTLEY David N. （吉德炜）. *Sources of Shang History*：*The Oracle-Bone Inscriptions of Bronze Age China*（商代史料：中国青铜时代的甲骨卜辞）. Berkeley：University of California Press，1978；2d ed. And paperback，1985.

KEIGHTLEY, David N. （吉德炜）. *The Ancestral Landscape*：*Time*，*Space*，*and Community in Late Shang China*（*ca. 1200 – 1045 B. C.*）（祖先的风景：约公元前 1200—1045 年中国商代晚期的时间、地域和社会）. Berkeley：Institute of East Asian Studies，University of California at Berkeley，2000.

YAU，Shun-chiu（游顺钊）和 Chrystelle MARÉCHAL 麦筱），编. *Actes du Colloque international commémorant le centenaire de la découverte des inscriptions suroset carapaces*（甲骨文发现百年周年国际研讨会论文集）. Cangjie，numéro spécial. Paris：Langages Croisés，2001.

TAKASHIMA，Ken-ichi（高岛谦一）和 Paul L-M SERRUYS（司礼义）. *Studies of Fascicle Three of Inscriptions from the Yin Ruins*（殷墟文字丙编研究）. 2 Vols. 台北："中央"研究院历史语言研究所，2010.

KEIGHTLEY，David N.（吉德炜）. *Working for His Majesty：Research Notes on Labor Mobilization in Late Shang China（ca. 1200 – 1045 B. C.），as Seen in the Oracle-Bone Inscriptions，with Particular Attention to Handicraft Industries，Agriculture，Warfare，Hunting，Construction，and the Shan g's Legacies*［为王功劳：甲骨卜辞所见中国商代晚期（约公元前1200—前1045年）劳动运动研究注解，特别注重手工业、农业、战争、田猎、建筑以及商人之遗赠］. China Research Monograph 67. Berkeley，Cal.：2012.

（三）镂于金石

DOBSON，W. A. C. H.（杜百胜）. *Early Archaic Chinese：A Descriptive Grammar*（上古中文：形容的语法）. Toronto：University of Toronto Press，1962.

BARNARD，Noel（巴纳）. *Mao Kung Ting：A Major Western Chou Period Bronze Vessel*（毛公鼎：西周时代的重要青铜器）. Canberra：私人出版，1974.

SHAUGHNESSY，Edward L.（夏含夷）. *Sources of Western Zhou History：Inscribed Bronze Vessels*（西周史料：铜器铭文）. Berkeley：University of California Press，1991.

BARNARD，Noel（巴纳）和 CHEUNG Kwong-yue（张光裕）. *The Shan-fu Liang Ch'i Kuei and Associated Inscribed Vessels*（善夫良其簋以及相关有铭铜器）. 台北：成文书局，2000.

LI，Feng（李峰）. *Landscape and Power in Early China：The Crisis and Fall of the Western Zhou，1045 – 771 B. C.*（中国古代的地貌与权力：西周时

代的危机和灭亡）Cambridge：Cambridge University Press，2006.

LI，Feng（李峰）. *Bureaucracy and the State in Early China*：*Governing the Western Zhou.* （中国古代的官僚和国家：西周之政治）. Cambridge：Cambridge University Press，2008.

BEHR，Wolfgang（毕鹗）. *Reimende Bronzeinschriften und die Entstehung der chinesischen Endreimdichtung*（有韵铜器铭文及中国句末韵文的起源）. Bochum：Projekt，2009.

（四）书于竹帛

CHAVANNES，Edouard（沙畹）. *Les Documents chinois découverts par Aurel Stein dans les sables du Turkestan Oriental*（斯坦因在土耳其斯坦东部所发现中国文献）. Oxford：Impr. de l' Université，1913.

CONRADY，August（孔好古）. *Die Chinesischen Handschriften und sonstigen Kleinfunde Sven Hedins in Lou-lan*（赫定在楼兰发现的中国写本和文物）. Stockholm：Generalstabens litografiska anstalt，1920.

MASPERO，Henri（马伯乐）. *Les documents chinois de la troisième expedition de Sir Aurel Stein en Asie Centrale*（斯坦因在中亚第三行程的中文文件）. London：Trustees of the British Museum，1953.

LOEWE，Michael（鲁惟一）. *Records of Han Administration*（汉代行政记录）. 2 Vols. Cambridge：Cambridge University Press，1967 – 1968.

BARNARD，Noel（巴纳）. *The Ch'u Silk Manuscript*：*Translation and Commentary*（楚帛书：翻译和释读）. （Monographs on Far Eastern History 5）. Canberra：Australian National University，1973.

HULSEWÉ，A. F. P. （何四维）. *Remnants of Ch'in Law*：*An Annotated Translation of the Ch'in Legal and Administrative Rules of the 3rd century B. C. Discovered in Yün-meng Prefecture，Hu-pei Province，in 1975*（秦律之遗残：1975 年在湖北云梦县发现的公元前三世纪的秦代法律和行政规律之注译）. Leiden：E. J. Brill，1985.

HARPER，Donald （夏德安）. *Early Chinese Medical Literature*：*The Mawangdui Medical Manuscripts*（中国早期医学文学：马王堆医学写本）. The Sir Henry Wellcome Asian Series. London：Kegan Paul International，1998.

ALLAN, Sarah（艾兰）和 Crispin WILLIAMS（魏克彬）编. *The Guodian Laozi: Proceedings of the International Conference, Dartmouth College, May 1998*（郭店《老子》：1998 年 5 月达特姆斯学院国际研讨会论文集）. Early China Special Monograph Series 5. Berkeley, 2000.

HOLLOWAY, Kenneth W.（郝乐为）. *Guodian: The Newly Discovered Seeds of Chinese Religious and Political Philosophy*（郭店：新发现的中国宗教与政治思想的种子）. Oxford: Oxford University Press, 2009.

COOK, Scott（顾史考）. *The Bamboo Texts of Guodian: A Study and Complete Translation*（郭店楚简：研究和完整翻译）. Ithaca, N. Y.: East AsiaProgram, Cornell University, 2012.

MEYER, Dirk（麦笛）. *Philosophy on Bamboo: Text and the Production of Meaning in Early China*（竹之哲学：早期中国的文本及意义之创造）. Leiden: Brill, 2012.

RICHTER, Matthias L.（李孟涛）. *The Embodied Text: Establishing Textual Identity in Early Chinese Manuscripts*（具体的文本：立定中国早期写本的文本身份）. Leiden: Brill, 2013.

（五）琢于盘盂

HANKE, Martin（杭曼青）. *Gedenkinschriften von HAN bis TANG als historische Quellen-Zur Problematik einer Quellengattung*（作为史料从汉至唐的墓志铭：资料分类的问题）. 硕士论文: Universität Hamburg, 1988.

MATTOS, Gilbert L.（马几道）. *The Stone Drums of Ch'in*（秦石鼓）. Monumenta Serica Monograph Series 19. Nettetal, Germany: Steyler, 1988.

FRANZ, Rainer von. *Die chinesische Innengrabinschrift für Beamte und Privatiers des 7. Jahrhunderts*（公元七世纪中国官员与私人的墓志铭）. *Münchener Ostasiatische Studien*, Bd. 74. Stuttgart: Franz Steiner Verlag, 1996.

WONG, Dorothy（王静芬）. *Chinese Steles: Pre-Buddhist and Buddhist Use of a Symbolic Form*（中国铭石：佛教与佛教之前对象征格式的用处）. Honolulu: University of Hawaii Press, 2004.

TACKETT, Nicolas（谭凯）. *Tomb Epitaphs of the Tang-Song Transition*（唐宋之际的墓志铭）. Shanghai: By the author, 2005.

STARR，Kenneth. *Black Tigers*：*A Grammar of Chinese Rubbings*（黑虎：中国拓本的语法）. Seattle：University of Washington Press，2008.

（作者单位：美国芝加哥大学）

先秦时期禅让观的流变

——传世与出土文献的综合考察

彭邦本

  先秦禅让传说源远流长，对当时和后世都有广泛深刻的影响。但对禅让传说本身的解读，早在先秦尤其战国时期就已经众说纷纭，甚至尖锐对立。在中古时期，虽然儒家的观点牢牢占据主导地位，但仍不乏歧见。而在刚刚过去的 20 世纪，不同的观点仍判然两造，彼此对峙，其中疑古学派的否定说尤其鲜明，而且一度风头颇盛。总之，无论是"推倒"或"重建"古史的诸史学流派，其代表人物往往都对此问题提出过自己明确的见解，可谓众说纷纭。① 回顾这段学术公案，最后固然以"重建"派占了上风告一段落，为重建古史做出了值得称许的重要贡献。但是，前述讨论主要集中于禅让传说的史实真伪问题，而作为学术思想史的探讨，自顾颉刚先生等当年做过梳理以后，则至今还未受到应有的重视。因此，本文拟在传世文献的基础上，结合近年来发现的楚简《唐虞之道》②、《子羔》③

---

① 20 世纪二三十年代以来，以顾颉刚先生为代表的古史辨学派，提出"层累地造成"的古史观，主张推倒旧的古史系统以重建之，对古代禅让传说也持明确否定的观点。见顾氏《禅让传说起于墨家考》（《古史辨》第 7 册下编，上海古籍出版社 1982 年版，第 30—107 页），童书业《"帝尧陶唐氏"名号溯源》（同上，第 1—30 页）。与前说相对，在古史"重建"工作中大体赞同历史上曾有过一个禅让时代的主要代表性学者及其著作有：钱穆《唐虞禅让说释疑》（同上，第 292—295 页）；徐中舒《先秦史论稿》，巴蜀书社 1992 年版，第 20—28 页；郭沫若《中国史稿》第 1 册，人民出版社 1962 年版，第 72 页；范文澜《中国通史》第 1 册，人民出版社 1978 年版，第 19—20 页；翦伯赞《中国史纲要》第 1 册，人民出版社 1979 年版，第 10 页。

② 刑门市博物馆：《郭店楚墓竹简》，第 157—160 页。

③ 《上海博物馆藏战国楚竹书》（二），图版第 31—47 页，释文考释第 181—199 页。

和《容成氏》①等佚籍，对先秦禅让观，特别是春秋战国时期诸子禅让思想的流变，按春秋及其以前、战国前期、中期和后期大致分段，从思想源流变迁的视角对之做一番概要和初步的考察清理。

一　春秋及其以前

关于尧舜禅让传说的最早文字记载见于《尚书·尧典》（包括阮元校刻《十三经注疏》中的古文《舜典》），该篇应是这一古老传说至迟在春秋时期写成的文献。②《尧典》云：

> 帝曰："咨！四岳，朕在位七十载，汝能庸命，巽朕位。"

结果经君臣讨论，由四岳推荐，最终选择了"父顽、母嚚、象傲，克谐以孝"的民间贤才虞舜为尧的接班人。

《尧典》之后，现存可见较早言及举贤禅让的文献，首推《论语》。《论语》成书虽可能在战国初，但其所记孔子及其门弟子的活动，应在春秋晚期，大体反映了这批社会精英的看法和春秋晚期仍在流行的一些古史传闻资料。如《论语》云：

> 舜有天下，选于众，举皋陶，不仁者远矣；汤有天下，选于众，举伊尹，不仁者远矣。③
>
> 舜有臣五人而天下治。武王曰："予有乱臣十人。"孔子曰："才难，不其然乎?!唐虞之际④，于斯为盛。"⑤

---

① 《上海博物馆藏战国楚竹书》（二），图版第91—146页，释文考释第247—293页。

② 关于《尧典》的成书年代，笔者曾结合楚简《唐虞之道》等出土资料，考证其不晚于春秋时期，《唐虞之道》则成于战国前期。详见拙文《楚简〈唐虞之道〉与古代禅让传说》，《学术月刊》2003年第1期。

③ 《论语·颜渊》。

④ 过去古史辨学派认为《论语》中关于尧舜的记载大都可疑，尧同唐发生关系，早则在战国末，迟或竟在汉代，故《论语·泰伯》中"唐虞之际"四字，是此章晚出于汉代的确证（详见童书业《"帝尧陶唐氏"名号溯源》）。楚简《唐虞之道》出土后，此说显然已不能成立。

⑤ 《论语·泰伯》。

《说文》："乱，治也。"则"乱臣"乃治臣，亦即治国平天下之贤才。可见在孔门看来，选贤举能与否，事关仁义大节，以至天下的治乱兴衰，所以孔子才要对尧舜时代君明臣贤、人才济济由衷赞美。以上圣王事迹，即《论语·子路》中孔子概言之"举贤才"。《韩非子·难三》也记哀公问政，孔子答曰："政在选贤。"作为儒家最极端的对立面，韩非此话证明，自孔子以来，儒家确实以举用贤才为其政治主张的重要内容。在孔子看来，上述《颜渊》、《泰伯》篇中的这些贤才，既可以举为大臣，甚至也可以贵为国君，无怪孔子要慨叹其贤弟子"雍也可使南面"。① 《泰伯》篇也赞叹说：

　　　　泰伯其可谓至德也已矣！三以天下让，民无得而称焉！

《述而》篇记子贡问孔子曰：

　　　　"伯夷、叔齐何人也？"曰："古之贤人也！"曰："怨乎？"曰："求仁而得仁，又何怨？"

伯夷、叔齐也与泰伯、仲雍一样，均传说中兄弟间互以君位相让者，孔子称许其"求仁而得仁"，评价甚高。从这些绝非可以轻易抹杀的记载，不难由以进窥孔子主张举贤禅让的思想。根据孔子的理念，选用贤才为臣，固然已履治国正道，然只有古代圣君举用贤臣，且在年迈力衰而嗣子"不肖"时禅让之以天下，才是此道之至高境界。故《论语·尧曰》简括尧舜禹相继举禅云：

　　　　尧曰："咨！尔舜，天之历数在尔躬，允执其中。四海困穷，天禄永终。"舜亦以命禹。

此条应为《尚书》等先世文献中尧舜禹相继举禅传说的简括，故并非后世所见《尚书》原文，虽然未明载是否出自孔子之口，但应是孔门师徒传习的重要内容无疑，且与《尚书·尧典》等篇中虞夏之际禅让的传说

───────────────

① 《论语·雍也》。

大体相合。"天之历数"与"天禄"云云，正是其时对改朝换代的终极解释——"天命"或"天道"观的反映。在孔门看来，禅让正是与这一解释理论终极相通。

孔子"信而好古"，[①] 以六艺授徒，远古禅让史传为其传道授业的应有之义。但他"述而不作"，[②] 其举贤禅让思想也就只能散见于《论语》里孔门师徒授受等相关记载中了。如《子路》篇云：

> 仲弓为季氏宰，问政。子曰："先有司，赦小过，举贤才。"曰："焉知贤才而举之？"子曰："举尔所知；尔所不知，人其舍诸？"

既然像季氏这样卿大夫的"家政"都要举贤为之，那么，大到国与天下，其治乱兴衰就更与贤才的举用与否息息相关了，难怪前引《泰伯》篇中孔子要慨叹贤才难得，赞美选贤举能的前朝盛世。孔子是主张为政以仁的，因此，他在《颜渊》篇中把选贤归结于仁，乃是以仁学阐释当时流行的举贤禅让说，鲜明地体现了儒家思想的特色。《述而》篇中的伯夷、叔齐，也是传说中泰伯一类以君位相让的著名人物。可见孔子心目中的贤人，就是此种"求仁而得仁"者，并且只有这样的贤仁者，才是为君之理想人选，也才有以君位相让的典范行为。正是出于这样的思想，在远古举禅传说流行、春秋时期君位更替过程中确实不乏辞让尚贤之例的背景下，[③] 孔子才会推许其弟子仲弓之贤足可"南面"为君。

过去古史辨学派为了证明禅让说出于墨家的向壁虚造，曾经提出："禅让说里的舜禹都是从庶人出身的，这件故事若果真是儒家所造，在儒家的亲亲贵贵两个主义之下，哪里会有庶人出身的天子？"[④]

这一疑问看似尖锐，实则不合史实，因为儒家素来反对仅仅"以世

---

① 《论语·述而》。

② 同上。

③ 除传说中的泰伯与伯夷、叔齐外，《左传》等传世文献亦屡有春秋时期以君位礼让之记载。如《左传》成公十五年曹公子子臧为辞君位而"奔宋"。《史记·宋世家》记宋"宣公病，让其弟和"而不传位于太子与夷，"和亦三让而受之"。《左传》隐公三年亦记"宋穆公（即和）疾"，不立其子而立与夷，理由是"先君（即宣公）以寡人为贤，使主社稷。若弃德不让，是废先君之举也，岂能曰贤？"可见在孔子之前，传贤让贤说由来已久，影响深广。

④ 顾颉刚：《禅让传说起于墨家考》，载《古史辨》第7册下编，上海古籍出版社1982年版，第30—107页。

举贤"，① 且其这一思想自有其渊源。成书于《孟子》之前的新出土儒简《唐虞之道》就明确指出舜被举用前本"居草茅之中"，② 同出一墓的《穷达以时》更具体记述"舜耕历山，陶拍于河浒"，并列出邵繇、吕望、管夷吾、百里奚、孙叔敖等起自社会底层而终成明君卿佐的一长串先贤名单。③ 如果说以上二新出土佚籍与《墨子》大致同时，互有影响，那么，时在春秋末期的孔子不拘一格举用贤才的思想，则是墨家出现以前儒家即已具有的此种观念的主要本源。前引《论语·子路》记孔子弟子"仲弓为季氏宰，问政"，孔子即以"举贤才"相告。季氏为卿大夫，则其"家"政所举应是士一级及其以下阶层中之贤能之才，仅此已可见孔子的举贤思想并非"以世举贤"。《论语·宪问》又记卫国大夫公叔文子与其家臣同做公室之臣，孔子赞扬其"可以为文矣"，与周代"家臣不敢知国"④ 的传统迥异。《论语·为政》记"季康子问：'使民敬、忠以劝，如之何？'子曰：'临之以庄，则敬；孝慈，则忠；举善而教不能，则劝'。""举善"应即从"民"中"提拔好人，教育能力弱的人"。⑤《史记·仲尼弟子列传》："冉雍，字仲弓。……孔子以仲弓为有德行，曰：'雍也可使南面。'仲弓父，贱人。孔子曰：'犁牛之子骍且角，虽欲勿用，山川其舍诸'？"⑥ 此段记载本于《论语·雍也》。⑦ 孔子的意思是，杂色的耕牛本身虽不配用以祭祀神灵，然其犊倘若毛色纯赤、双角端正，却不妨正好作为珍贵的牺牲；那么，像仲弓这样出色的人才，为什么因为他父亲下贱而舍弃不用呢？！孔子是主张"举逸民"的，⑧ 他本人就曾是一个乱世中从宋亡鲁的沉沦贵族的后世逸民，而后又被举为大夫。春秋以来一些国家的"昭旧族"⑨，所昭之中有不少是在兼并动荡中"坠命亡

---

① 《荀子·君子》。

② 《郭店楚墓竹简》释文，第157—158页。

③ 《郭店楚墓竹简》释文，第145页。"浒"字释读从李零《郭店楚简校读记》说，载《道家文化研究》第17辑，三联书店1999年版，第494页。

④ 《左传》昭公二十五年："我，家臣也，不敢知国。"

⑤ 杨伯峻：《论语译注》，第20页。

⑥ 《史记·仲尼弟子列传》此条下《集解》引何晏曰："犁，杂文。骍，赤色也，角者，角端正，中牺牲，虽欲以其所生犁而不用，山川宁肯舍之乎？言父虽不善，不害于子之美。"

⑦ 《论语·雍也》原文为"子谓仲弓，曰：'犁牛之子骍且角，虽欲勿用，山川其舍诸？'"

⑧ 《论语·尧曰》。

⑨ 《国语·晋语四》。

氏"、"降在皂隶"的原贵族。昭举之，即是"举逸民"，含有"论世举贤"的余意，复有从社会底层举拔这些有教养才具的庶民之新的性质。正是出于上述亲身经历和时代背景，孔子既主张社会应有君臣上下等秩，不能乱套而了无规矩，又主张在人才问题上不避贵贱，大胆举善用贤，这实在是一种与时俱进的开放思想，与他在教育上实施的"有教无类"① 主张相得益彰。

显然，《论语》中孔子的举贤禅让思想自有其深刻的时代背景和认识根源，绝非时在其后的墨子甚至更晚的邹衍之说影响下后儒的杜撰附会，因而比《孟子》之说还晚。相反，其简朴的述说，反映了一种初起的思索，而《唐虞之道》、《穷达以时》及墨孟日渐系统的阐论，反倒是晚出其后的证明。

综上所论，孔子的举贤禅让思想有以下特点：

1. 以"仁"为贤才的首要标准。这与他一贯以"仁"为其学说之核心的思想吻合。

2. 以圣君举贤，且在年迈而"嗣子"不肖时禅让之以天下，为尚贤的至高境界。

3. 尚贤不避贵贱，反对单纯"论世举贤"。此点尤为孔子政治思想之精华所在。

4. 以仁政为旨，强调"唐虞禅，夏后殷周继，其义一也"。②

孔子的上述思想开了战国时期诸子热烈探讨举禅问题的先河，对儒墨诸家影响颇深。综观新出土的楚简《唐虞之道》、《穷达以时》③、《五行》④、《容成氏》、《子羔》等篇及《孟子》、《荀子》诸书，可知包括儒家学说在内的战国时代举禅理论在孔子之后又有若干重要发展，层层出新，不仅成为系统之政治理念，而且构成战国时燕国禅让事件的背景因素之一，对后世影响深远。

《论语》的以上记载表明，把儒家自孔子以来即有的举贤禅让思想，

① 《论语·卫灵公》。
② 《孟子·万章上》引孔子语。
③ 《郭店楚墓竹简》，第 145 页。
④ 同上书，第 150—151 页。

一概说成是墨家学说影响的结果，显然不妥。相反，由于墨子时在孔子之后，① 相传又曾"学儒者之业，受孔子之术"，② 倒更有受儒门影响的可能，其书中关于仁义等的论说多次出现，即应与此有关。不过，总的说来，由于孔子"述而不作"，到战国前期，墨学大盛，孔门七十子后学亦著书立说，与之相互激荡辩诘，彼此互有影响，应属史实。如在《墨子》书中，《亲士》、《修身》等篇，过去就曾被不少学者怀疑是儒家的伪窜。但这样理解，并不合战国秦汉间学术传统和儒家学风。春秋战国风云际会之时，诸家学说固然互有影响，然而在诸家思想主旨皎然为世所共知的情况下，为学者不会也不必捉刀代笔，对论敌的观点悄悄阴加削窜，故迟至西汉"独尊儒术"后，《汉书·艺文志》仍兼收儒家之外诸子之书，以存其真。因此，战国时期，墨学中有的篇章有"与儒言相近"之处，③ 如"仁"、"义"、"忠"、"孝"等一类议论，儒家的影响应是原因之一；此外，也应是儒墨并为天下显学，其时代背景乃至语景同一而生之共同德目，其间有若干相同的因子以至相近的说法或观点，如举贤禅让说等，乃情理中事。进而究其原因，一是儒墨均崇尚尧舜等前代圣君，其源远流长的举禅传闻因而为两家所采纳。二是春秋战国之际礼崩乐坏，旧贵族纷纷在兼并动荡中"坠命亡氏"、"降在皂隶"，列国陆续变法改制，举用贤才遂渐成风气，其时古籍中所谓"明贤良"④、"楚材晋用"云云即是反映。⑤ 儒墨两家生当其时，著书立说，欲与时俱进，必受其影响。不过，正如《韩非子·显学》云："儒墨俱道尧舜而取舍不同，皆自谓真尧舜"，争论激烈，互不相让，则两家毕竟是鲜明对立的论敌，不仅思想体系判然两造，即使在上述德目及举贤禅让这一看似相近的观点背后，也隐伏着深刻的歧异。而正是从整体尤其深层次上揭示其相似表象后的歧异之处，于学术辨析的主旨而言，更具重要意义。

---

① 关于墨子大约与子思同时的考证，详见辛冠洁等主编的《中国古代著名哲学家评传》第1卷《墨翟》（周继旨撰），齐鲁书社1980年版，第115—167页。

② 《淮南子·要略》。

③ 孙诒让：《墨子间诂·亲士》篇首按语，中华书局1986年版，第1页。

④ 《国语·晋语四》。

⑤ 《左传》襄公二十六年："虽楚有材，晋实用之。"

　　记载春秋时代禅让观的重要文献，还有《左传》、《国语》。[①] 此二书虽然成书于战国中期，但直接记载春秋历史，由春秋时期流传下来的资料纂成，可以认为基本反映了春秋时代的举禅思想。其所记尧舜禹禅让之事较为简略，但其反映的举禅主旨基本合于《尧典》和《论语》等书，如《左传·文公十八年》记舜举用了高阳氏的八个才子或谓八恺，高辛氏的八个才子或谓八元，流四凶族，与《尧典》中舜受禅"摄政"后任用了大批贤才、"四罪而天下咸服"的内容和精神基本相合。但二书内容也有自己的特点，如关于舜的事迹相对较为突出，《左传·僖公三十三年》："舜之罪也殛鲧，其举也兴禹。"《国语·晋语五》与之基本相同。[②] 又如《左传·文公十八年》季文子使大史克对鲁宣公称道"舜有大功二十而为天子"，却不言舜"纳于大麓，烈风雷雨弗迷"的神圣资质，乃舜继尧位前至为关键的前提条件，反映了三代以降尤其春秋以来社会文明的发展和理性的逐渐昌明。另外，大史克称赞八恺、八元时，所用的德目为"齐、圣、广、渊、命、允、笃、诚"、"忠、肃、共、懿、宣、慈、惠、和"等，与自春秋晚期孔子以来，尤其战国时期流行"仁"、"义"等范畴，有明显的时代风格差异，反映了春秋前、中期的政治伦理价值观。

二　战国前期

　　降至战国前期，文献中禅让说见载逐渐增多，其中时代靠前且论说较详者当推儒墨两家。《墨子·尚贤上》：

> 古者尧举舜于服泽之阳，授之政，天下平。禹举益于阴方之中，授之政，九州平。

在《尚贤》的中、下篇中，又明确指出尧之举舜，乃举其为天子，此即其书《尚同》篇所云"选天下之贤可者，立以为天子"；"又选天下之贤

---

　　① 《左传》和《国语》成书于战国中期，详见徐中舒《左传的作者及其成书年代》，载《徐中舒历史论文选辑》，中华书局 1998 年版，第 1138—1166 页；朱凤瀚、徐勇《先秦史研究概要》第二章"先秦史史料之分类、概况与价值"的《春秋左传》、《国语》二节，天津教育出版社 1996 年版，第 56—58 页。
　　② 《国语·晋语五》则作"是故舜之刑也殛鲧，其举也兴禹"。

可者，置立以为三公"。墨子在战国前期礼崩乐坏、风云激荡之际，代表社会下层利益，提出"不党父兄"、不问贵贱、唯才是举的尚贤理论，进而主张选贤以为各级统治者，无疑是对当时动荡中的宗法社会的有力冲击。

古史辨学派曾认为，禅让说最早由主张尚贤的墨家编造，儒家是在其影响下进而将之改造为其理论的。① 这一观点现在看来虽然有失偏颇，但儒墨之间互有影响却是事实。不过，如前所论，儒家早在孔子之时即已有举贤禅让的思想，就时代早晚而言，应是孔子对墨家的影响在先。只是孔子"述而不作"，《论语》亦语焉不详，因此，儒家举贤禅让思想见诸文献的系统深入进一步阐发，应是在入战国以后。当战国前期墨家崛起为天下显学后，儒墨两家在举用贤才这一主张上确有一致的地方。但是，两家在这一问题上又存在很大的认识差距，构成墨家举禅观重要基础的几乎绝对的兼爱思想，主张"天下兼相爱，爱人若爱其身"②，即所有具体的、个别的爱，都应以普遍的、无差别的"兼爱"为前提和出发点，因而将兼爱置于宗亲之爱之上，认为只有普遍施行之，社会上才会有君惠臣忠、父慈子孝、兄友弟悌的和谐局面。墨子这种思想充分表现于其激进的尚贤观中，如《墨子·尚贤中》主张"尚贤使能为政"，反对"亲戚则使之、无故富贵、面目佼好则使之"。又云："虽天亦不辩贫富贵贱远迩亲疏，贤者举而尚之，不肖者抑而废之；……然则亲而不善以得其罚者谁也？曰：'若昔者伯鲧，帝之元子，废帝之德庸，既乃刑之于羽之郊，……帝亦不爱，则此亲而不善以得其罚者也。'"这不仅与儒家宗法亲亲原则大相异趣，被孟子斥为"无父"③，且与古代宗法社会之间存在着无法克服的不相容性。而儒家出于亲亲尊尊之旨，其举贤禅让观从孔子起就以亲亲和尊贤相统一，在相当程度上避免了墨学的片面性，对中国古代社会具有较为全面的适应性，因而也更有伸展余地。这一点，经过战国前期七十子后学或子思学派的发展，在《唐虞之道》这一早期儒家禅让观代表作身上，得到了充分体现。

---

① 顾颉刚：《禅让传说起于墨家考》，载《古史辨》第7册下编，第30—107页。
② 《墨子·兼爱上》。
③ 《孟子·滕文公下》。

　　《唐虞之道》把尧舜禅让的大德大行高度概括为"爱亲尊贤"，并且强调说："爱亲忘贤，仁而未义；尊贤遗亲，义而未仁。"只有兼行仁义而不偏废，才合乎儒家的举禅理想诉求。不过，无偏废并非无偏倚，在爱亲与尊贤二者中，如前所论，《唐虞之道》通篇将爱亲置于尊贤之前，认为尧之所以青睐舜，首先就因为其"孝弟"一类"爱亲"典范行为。其次，与墨家不分亲疏、无差别的兼爱有别，《唐虞之道》一方面认同周代宗法礼制，不反对亲亲在先，尊贤在后，而且主张有亲疏、层次之别的爱，强调"教民有尊"、"有亲"、"有敬"、"孝"、"悌"。另一方面，又指出尧起用舜，是因为"闻舜孝，知其能养天下之老；闻舜弟，知其能嗣天下之长也"。并进而指出，"孝之杀，爱天下之人"，[①] 认为这是"利天下而弗利，仁之至也"。[②] 这实际上是把以宗亲之爱作为出发点的亲缘认同在社会生活中的全面推广，与《论语》倡导的仁者"爱人"，"四海之内皆兄弟也"[③] 之说一脉相承。战国中期的孟子进一步发展了这一思想，一方面认为"尧舜之仁不遍爱人，急亲贤也"；同时又主张"仁者无不爱也"，"以其所爱及其所不爱"；[④] 亦即"老吾老以及人之老，幼吾幼以及人之幼"。[⑤] 不仅如此，《孟子·尽心上》又提出："亲亲而仁民，仁民而爱物。"仁爱由亲及人，进而推及万物，以达天人物我和谐之境界。今人所谓"环境友好"、"生态文明"云云，实可在《孟子》中觅其端倪。因此，由以上从孔至孟的源流发展可知，《唐虞之道》对孔子思想的这一推广，既是源于宗法亲亲之爱，又是对宗法亲亲的超越。在此推广向度上，儒家之爱实已将墨家的"兼爱"予以兼容，而又避免了其脱离社会生活实际之缺失。这正是儒家高明于墨家之所在，也是儒学生命力之所在。

　　与之紧相关联的另一问题，是举贤禅让与君主世袭制的关系。墨子虽然不明确反对君位世袭，但其激进的尚贤禅让观，与战国前期仍普遍存在的宗法等级君主制相龃龉，实已具有孟子批评的"无君"之嫌疑。[⑥] 孟子

① 《郭店楚墓竹简》，第 158 页。
② 同上书，第 157 页。
③ 《论语·颜渊》。
④ 《孟子·尽心上下》。
⑤ 《孟子·梁惠王上》。
⑥ 《孟子·滕文公下》。

所谓"无君"，本针对"杨朱为我"，但墨家激进的尚贤主张，对世袭的宗法等级贵族体制而言，本质上已近乎"无君"。《唐虞之道》等早期儒家典籍在这个问题上的思想，则主张君主世袭是常制，举贤禅让只是当君王嗣子不能达到"贤仁圣者"的德性修养标准时的一种补救性制度环节。用后儒的话来说，即"父子继立，常道也；求贤而禅，权道也。权者，反常而合道"。①

对此，我们先来看看儒家经典《尚书·尧典》的早期说法：

> 帝曰："格，汝舜，……汝陟帝位。"舜让于德，弗嗣。正月上日受终于文祖。

下文又云"舜格于文祖"。《伪孔传》释"文祖"为"尧文德之祖庙"。这就是说，尧本是世代为君的"天子"之后。《史记·五帝本纪》的相关段落是根据当时可见的《尧典》转写成的，其说法也与现今可见的《尧典》吻合："舜受终于文祖。文祖者，尧大祖也。"可见《尧典》本身暗含着早期君位世袭制已经或即将出现的信息。这方面的另一内证是，文中叙及尧廷商议嗣君人选时，最先被提到的并不是舜，而是"胤子朱"，即其他儒籍中的尧子丹朱。当尧以其不合嗣君德行标准加以否决后，考虑人选才依次由共工、鲧到四岳，最后确定为舜。易言之，倘非丹朱不肖，舜并无禅代机缘，仍是君位世袭。《尧典》之后，尧以所谓帝王之子继大统的记载，过去只见于入战国晚期以后成书的《世本》和《大戴礼记》的《五帝德》、《帝系》等篇。② 现在，成书于战国前期的《唐虞之道》给我们提供了更早的证据，其简文明确指出：

> 古者尧生于天子而有天下。③

其后简文又引诗总结道：

---

① 《史记·五帝本纪·索隐》。
② 参见《世本八种》，商务印书馆1957年版；王聘珍《大戴礼记解诂》，中华书局1983年版。
③ 《郭店楚墓竹简》，第157页。

《虞诗》曰："大明不出，万物咸隐。圣者不在上，天下必坏。"治之至，养不肖；乱之至，灭贤。①

意即非大圣大德为天子，世道就注定好不了，即使在其最佳治理状态下，也无法避免不肖之子继位；一旦乱到头，就会隐绝天下圣贤。换句话说，只有圣德之君，才会在其子"不肖"时和平地禅位于天下贤才，反之则仍是君位世袭的"家天下"。其后《孟子·万章上》亦云尧舜禹死后，舜禹益均规避亡君之子，正是孟子亦以传子制为当时常制之证。孟子还特别论证说：

匹夫而有天下者，德必若舜、禹，而又有天子荐之者，故仲尼不有天下。继世以有天下，天之所废，必若桀、纣者也，故益、伊尹、周公不有天下。伊尹相汤以王于天下，汤崩，太丁未立，外丙二年，仲壬四年，太甲颠覆汤之典刑，伊尹放之于桐。三年，太甲悔过，自怨自艾，于桐处仁迁义，三年以听伊尹之训己也，复归于亳。周公之不有天下，犹益之于夏、伊尹之于殷也。②

"匹夫而有天下者，德必若舜、禹，而又有天子荐之"，门槛已经甚高；"继世以有天下，天之所废，必若桀、纣"，则对帝王之家又放得太过宽松，可见孟子的天平明显是倾向于君主世袭制度的。所以下文虽然引孔子的话说，"唐虞禅，夏后殷周继，其义一也"，这个"义"在孟子的心目中固然以民意为基础，但决定的按钮还是在"天"手里，而且不管君位更替时是"禅"或"继"，"天"所建立的新政权无一例外，仍然还得是惯常的"天子"世袭王朝。

值得注意的是，《子羔》篇记："孔子曰：昔者而弗世也，善与善相授也。"这一说法借用孔子之口提出，认为君主世袭制出现之前，都是举贤禅让的理想社会。因此，《子羔》篇与《礼记·礼运》的大同说一致，应是出于孔子后学中与思孟不同的一派。与《大戴礼记·五帝德》篇借

① 《郭店楚墓竹简》，第 158 页。此处断句未全依原书。
② 《孟子·万章上》。

孔子答弟子宰我问，将五帝视为一系的观点明显不同。《子羔》篇一方面叙述夏商周三朝始祖的神异孕生云：

> 〔禹之母……之女〕也，观于伊而得之，娠三年而畫于背而生，生而能言，是禹也。契之母，有娀氏之女也，游于央台之上，有燕衔卵而措诸其前，取而吞之，娠三年而畫于膺，生乃呼曰："钦！"是契也。后稷之母，有邰氏之女也，游于串（？）咎之内，……乃见人武，履以祈祷曰：帝之武，尚使□，是后稷之母也。三王者之作也如是。

另一方面，又盛赞舜之贤德云：

> 孔子曰：□……吾闻夫舜其幼也敏以学寺（诗？），其言……或（？）以文而远。尧之取舜也，从诸草茅之中，与之言礼，说博……□而和。故夫舜之德其诚贤也，由诸畎亩之中而使君天下而称。

正是由于舜如此优秀，所以"尧见舜之德贤，故让之"。而且特别指出：

> 舜，人子也，而叁天子事之。

裘锡圭先生指出，此篇所说的禹、契、后稷之事，仅限于他们降生的神异传说。说这些话是为了证明他们是天帝之子，完全是为"舜，人子也，而叁天子事之"这句话做铺垫。"天子"指天帝之子，跟一般用来指称作为天下共主的帝王的"天子"是有区别的。[①] 此说甚是，禹、契、后稷虽然是夏商周三朝的始祖，但在《尚书》的《虞书》中，却只是事奉尧舜的臣下，不可能是作为天下共主或帝王意义上的"天子"，只能是指其贵为天帝之子。需要指出的是，《子羔》篇突出地推许"昔者而弗世也，善与善相授也"之说，与战国中期以后世袭君主集权制度强化的趋势内含深刻的矛盾，因而逐渐边缘化，使《唐虞之道》和《五行》代表的思孟一派的学说成为战国中期儒家学说的主流。

---

① 裘锡圭：《谈谈上博简〈子羔〉篇的简序》。

与《唐虞之道》同出一墓的《五行》篇云：

> 见贤人，明也；见而知之，智也；知而安之，仁也；安而敬之，礼。……疋肤肤达诸君子道，谓之贤；君子知而举之，谓之尊贤；知而事之，谓之尊贤者也。前，王公之尊贤者；① 后，士之尊贤者也。②

帛书《五行》篇之《说》21 接着云：

> "君子知而举之，谓之尊贤。"君子知而举之也者，犹尧之举舜，〔商汤〕之举伊尹也。举之也者，诚举之也。知而弗举，未可谓尊贤。③

《五行》篇的主旨虽然不是讨论禅让，但其举禅思想与《唐虞之道》显然血脉相通。

以上佚籍表明，战国前期以降，举贤禅让，已成为七十子后学或子思学派的热点问题，孔子倡导的这一思想已有了系统的发展。

三　战国中期

进入战国中期以后，传世文献无论子、史，言及禅让者更见增多。④ 这一时期，社会发生了深刻变迁，其突出表征即是世袭君主集权制的日益发展、趋强，由此导致了时势尤其社会意识形态及学术思想的明显变化。前者的集中标志即战国中晚期之际著名的燕国禅让事件及其失败，后者则在诸家禅让观的变迁中鲜明地体现出来。

---

① 简文脱"前，王公之尊贤者"诸字，兹据马王堆帛书本《五行》篇补。参见庞朴《帛书五行篇研究》，齐鲁书社 1988 年版，第 28 页。
② 《郭店楚墓竹简》，第 150—151 页。
③ 庞朴：《帛书五行篇研究》，第 80 页。
④ 详见顾颉刚《禅让传说起于墨家考》；廖名春《荆门郭店楚简与先秦儒学》，载《中国哲学》第 20 辑（《郭店楚简研究》），辽宁教育出版社 1999 年版。

公元前 316 年至前 314 年，燕王哙禅位于其相子之，① 由此引起了严重内乱和齐国的武装干涉。事件的发生固然与燕国内部及国际时局的诸种矛盾相关，但其直接采取禅让方式，无疑与当时关于尧舜等明君贤臣的禅让传说和社会上各种禅让理论的流行分不开。此次事件的失败，遂成为远古禅让传统在先秦时期社会政治生活中的一道引人注目的回光返照，明确宣告儒墨等学派崇尚之和平温良的禅让，不再是世袭君主制强化后的战国中晚期君位转移的合法形式，这一事件也就成为儒家等先秦诸子关于"禅让"说理论的重要转折点。就是从这个时期起，学术思想史上儒、法、道等重要流派的禅让观，较诸战国前期的儒墨，有了明显的不同。总之，作为意识形态和政治学术思想对时局深刻变迁的复杂反映，反对和修正孔墨之说的呼声日益强烈。

战国中期的大儒孟子率先对儒门先贤的"禅让"理论提出了异说：②

> 万章曰："尧以天下与舜，有诸?"孟子曰："否！天子不能以天下与人。""然则舜有天下，孰与之?"曰："天与之。"……（孟子）曰："天子能荐人于天，不能使天与之天下；诸侯能荐人于天子，不能使天子与之诸侯；大夫能荐人于诸侯，不能使诸侯与之大夫；昔者尧荐舜于天，而天受之；暴之于民，而民受之。故曰，天不言，以行与事示之而已矣。"③

这个说法同《尚书·尧典》、《唐虞之道》等篇中先前的禅让说已发生明显的变化，但与郭店楚简《穷达以时》的观点相互吻合，《穷达以时》亦云："舜耕于历山，陶拍于河滨，立以为天子，遇尧也。""遇不遇，天也。"④ 该篇的时代看来比《唐虞之道》晚些，属于战国中期的文献，由

---

① 详见《战国策·燕策》、《齐策》、《孟子·公孙丑下》，中山国铜器铭文（徐中舒主编：《殷周金文集录》，四川人民出版社 1984 年版，第 370—390 页），以及杨宽《战国史》（增订本），上海人民出版社 1998 年版，第 174—175 页。

② 孟子关于禅让的主张，是在燕国禅让事件期间提出的，并在他晚年离开齐国，"退而与万章之徒序《诗》、《书》，述仲尼之意，作《孟子》七篇"（《史记·孟荀列传》）时成文的。

③ 《孟子·万章上》。

④ 《郭店楚墓竹简》，第 145 页。同书第 187 页《六德》篇有缺字句云："虽在山岳（?）之中，苟贤……"按此句所在段落，尤其下接文句，都讲君臣关系及君德，故推测此句也与上引同墓所出诸篇一样，讲的是选贤尊贤事。

其说可以看到与孟子上述观点的联系，而《子羔》篇称舜倘若"不逢命王，则亦不大使"，并未提及天的作用之说明显有差异。在上引《孟子·万章上》中，孟子的意思是，天子可以推荐非嗣子以至异姓、氏的接班人于"天"，但授天下与之者，只能是"天"，不能算作天子授之。而过去的说法则是，天子经过臣下举贤即可直接考察决定禅让人选，或此举本身就体现了作为抽象天意的"天之历数"。此旧说固然合于文明形成前夜的尧舜禹时代世袭君主制逐渐孕育形成的史实，却不能适应战国中期的社会背景。因此，孟子郑重地将这个最终决定权上交给"天"，反映了战国中期世袭君权的大为巩固、"君权神授"观念的明显强化，是儒家禅让观最引人注目的改变。这位后世被尊为"亚圣"的聪明的大儒既要维护儒家理论传统，又要与世俱进，不得已做了这样一个变通。一方面，把禅让说成是天意，既与认为夏商周的嬗替乃"天命"所归的战国中期当下意识形态观吻合，又因为历来天下真正能获天命者少之又少，这无疑就抬高了通向禅让天机的门槛，迎合了世袭君位强化的需要。但另一方面，君位转移过程被神圣地归诸"天"意，"天"却"不言"，只是"以行与事示之而已矣"。即"天"代表永恒正义的道德原则，并非以神格化的主宰面目直接出现和表态，只是借老百姓对君位接班人的行为和工作的评价来间接表达，也就是《尚书·泰誓》所说的"天视自我民视，天听自我民听"这个意思，亦即所谓"天与之，民与之"，最终体现了孟子"民贵君轻"的思想。既没有否认尧舜易代乃是非暴力改朝换代，也没有否认"选贤举能"的传统，因而还特别提到了从大夫以至天子逐层向上的推荐权。这样又在相当程度上继承和维护了儒家的举禅旧说。

　　在诸子中，最早把举禅与"天"相联系的是孔子师徒，《论语·尧曰》："尧曰：'咨！尔舜，天之历数在尔躬，允执其中。四海困穷，天禄永终。'舜亦以命禹。"但是，这段话毕竟太过简略，难以考察其深意，而且前引《论语》诸条反映孔子举禅思想或其相关话语的记载，也只谈人事，未及"天"或"天命"。《唐虞之道》则在讨论禅让时已经涉及"天"、"命"等范畴，根据《唐虞之道》，舜的被举和受禅为君，乃是多种因素或因缘的合力所致。其中"贤、仁、圣者"三项，属于被举者自身主体性德目，通过修养努力遂可达致；而"天"、"地"、"时"、"命"及"神明"，则是异己力量，兼具客观性和一定的神秘性。简文云：

> 圣人上事天，教民有尊；下事地，教民有亲也；时事山川，教民
> 有敬也；亲事祖庙，教民孝也。

又说：

> 古者尧……圣以遇命，仁以逢时。未尝遇［命而］替于大时，
> 神明将从，天地佑之，纵仁圣可举，时弗可及矣。①

在上述二条中，除祖庙供奉的祖灵合于简文中的"神明"之说外，"神明"是"天"、"地"、"时"、"命"之外的神秘力量，这从其下文中，"天"、"地"、"时"、"命"与"神明"并举可知。其所称之"天"，似兼具神学之天和义理之天的性质，亦即"天视自我民视"之天；"地"亦然，似为抽象之崇祀对象。"天"、"地"、"时"、"命"有神秘性质，但无明显神格色彩，则简文与孔子"敬鬼神而远之"的较为理性的精神大体相承。

简文又云："古者尧之生为天子而有天下，圣以遇命，仁以逢时。"亦即尧虽生于帝王家，但登为天子，却与幸遇"命"、"大时"密切相关。倘如"未尝遇［命而］替于大时，神明将从，天地佑之，纵仁圣可举，时弗可及矣"。显然，高高在上的"天"，并不是可以独立决定谁"为天子而有天下"的最高主宰，而只是与"命"、"地"、"神明"等并列的条件因素。一个人即使"仁圣可举"，甚至生为帝王之子，诸种主观条件具备，纵然"天"、"地"、"神明"也成全之，还得"遇命"、"逢时"，方可成就登为天子的盛事。循上述逻辑，"时"与"命"固然非常重要，但同样未必是最高或最终的一元决定力量。② 不过，这些外在的异己因素既然构成举贤禅代过程中不可或缺的必备条件，又非常人之主观所能悉数把

---

① 《郭店楚墓竹简》，第157页。"未尝遇［命而］替于大时"句，从周凤五前揭文释读。

② 《礼记·礼器》："礼也者，合于天时，设于地财，顺于鬼神，合于人心，理万物者也。……礼，时为大，顺次之，体次之，宜次之，称次之。尧授舜，舜授禹，汤放桀，武王伐纣，时也（郑注：'言受命改制度。'）。"这里虽将"时"定义为"天时"，但单独提出和强调"时"而不是"天"，仍是时代偏早的表现。故《礼器》作为儒家文献，其成文时间当不晚于战国前期。

握，就迟早会被赋予强烈的神秘性。而《唐虞之道》的作者在理论上对此诸因素的特别关注和集中探讨，似乎正反映了这样一种微妙的端倪，较诸孔子一般对外在神秘力量持敬而远之或存而不论的态度，似略有所退步。相比较而言，墨子"尊天"的主张在当时就显得更为突出鲜明。如《墨子·尚贤中》云：

> 故古圣王以尚贤使能为政，而取法于天。虽天亦不辩贫富、贵贱、远迩、亲疏，贤者举而尚之，不肖者抑而废之。然则富贵为贤，以得其赏者谁也？曰若昔者三代圣王尧、舜、禹、汤、文、武者是也。所以得其赏何也？曰其为政乎天下也，兼而爱之，从而利之，又率天下之万民以尚尊天、事鬼、爱利万民，是故天鬼赏之，立为天子，以为民父母，万民从而誉之曰"圣王"，至今不已。

可见墨子认为，古圣王以尚贤使能为政是取法于天，是"天鬼赏之，立为天子，以为民父母"的，这也就是万民称誉的"圣王"的由来。不过，墨学的这一联系还只是初步的，故《墨子·尚贤中》说"古者舜耕历山，陶河濒，鱼雷泽，尧得之服泽之阳，举以为天子，与接天下之政，治天下之民"，就并不明确提及"天"的作用。这说明，墨子虽然主张天有意志，但把举禅与天相联系的思路并不严密周延，故其说也不系统，与孟子圆融的上述理论不可同日而语。

针对万章"至于禹而德衰，不传于贤而传于子"的疑问，孟子从人情物理的角度做了耐心解答：

> 禹荐益于天。七年，禹崩。三年之丧毕，益避禹之子于箕山之阴。朝觐讼狱者不之益而之启，曰："吾君之子也。"讴歌者不讴歌益而讴歌启，曰："吾君之子也。"丹朱之不肖，舜之子亦不肖。舜之相尧，禹之相舜也，历年多，施泽于民久；启贤，能敬承继禹之道。益之相禹也，历年少，施泽于民未久。舜、禹、益相去久远，其子贤、不肖，皆天也，非人之所能为也。[①]

---

① 《孟子·万章上》。

孟子认为，就是这个可以理解的原因，所以益不能像舜、禹一样，由接班人身份顺利继位，这既顺乎人性，更合于天意。故其结论是："天与贤，则与贤；天与子，则与子。"易言之，他并不否认历史上尧、舜、禹依次禅让的史实传闻，只是将"唐虞禅"说成是"天与之"而已。对此，他借孔子的口进一步总结说：

> 唐虞禅，夏后殷周继，其义一也。①

亦即尧舜禅让，和"天无二日，民无二王"的三代君位世传，② 固然形式相异，但本质上无非都是"天"意或曰"天命"见诸人事而已。

从《尚书·尧典》与孔子以来，儒家标举爱亲与尊贤，《唐虞之道》更将二者紧密联系，力图把它们在理论上统一起来，但仍未达到成熟之境。君位的禅让与"世及"，仍判然分明。孟子超越孔门前贤之处在于，面对君主集权日趋强化的时势，他把"天"确立为决定君位继及或禅替的一元决定因素，将二者都说成是天意，遂从理论上完成了亲亲而传子和尊贤以禅让二者的圆融统一。无论是墨子的古圣王以尚贤使能为政取法乎天之说，还是《唐虞之道》古老的合力论历史观，都不如孟子禅让观的一元决定论更合乎深刻变迁后的时势。不仅如此，孟子还在理论上提出了《唐虞之道》等篇不曾明确的"天"、"命"定义："莫之为而为者，天也；莫之致而至者，命也。"③ 在孟子的决定论中，这个"天"是"不言"的，且在相当程度上，可能也仍是义理之天，然而唯其"不言"，遂难揣知。又因其具有根据民意而最终决定的力量，而民意的表现又极为复杂多变，这个在冥冥中的主宰之天必然就令人更难以把握，也就必然会日益神秘化。因此，孟子的"天"，已骎骎然近乎有意志的神秘的主宰，虽然还不是后来董仲舒的高度神学式的"天"，然而，通向董氏之"天"的逻辑路径却已然开启。

战国中期诸子中除孟子外言及禅让传说较多的是庄子。不过，与孟子的正论相比，《庄子》是以寓言方式和调侃讥讽口吻述说禅让逸闻，代表

---

① 《孟子·万章上》。
② 同上。
③ 同上。

了批评儒墨禅让观的新立场，从另一方面反映了这一时期社会上禅让思想随时移世易而发生的变化。

庄子与孟子大约同时而略晚。今本《庄子》中，涉及禅让传说的有《逍遥游》、《秋水》、《徐无鬼》、《外物》、《天地》、《盗跖》和《让王》等多篇，散见于该书内外篇和杂篇中。《庄子》一书的内、外篇和杂篇何为庄子本人所作，何为庄子后学所作，以及各篇成书年代，学术界向来有分歧，但就上举诸篇而言，其对禅让传说的基本态度是前后一贯的，应合于庄周对这一问题的立场。① 这里我们以学术界公认为庄子代表作的《逍遥游》为例，试说明之：

> 尧让天下于许由，曰："日月出矣而爝火不息，其于光也不亦难乎！时雨降矣而犹浸灌，其于泽也不亦劳乎！夫子立而天下治，而我犹尸之。吾自视缺然，请致天下！"许由曰："子治天下，天下既已治也，而我犹代子，吾将为名乎？名者，实之宾也，吾将为宾乎？鹪鹩巢于深林，不过一枝。偃鼠饮河，不过满腹。归休乎君，予无所用天下为！"

顾颉刚先生也曾引述过这则著名的寓言，并就儒墨与道家的禅让观对比指出：

> 禅让的故事经过了儒墨们近百年的渲染，深入于各个人的心坎，……儒墨是主张尚贤的，经世的，他们理想中的天子应是最有能力做好事的人，所以墨家会得创造禅让说，儒家也会顺受。但道家就不这样，他们主张一任自然，既不要尚贤，也不要经世，所以对于禅让故事也就轻蔑起来，尧舜大圣都成了卑卑不足道的人了。他们说：传天下算得什么好事！你们看，尧舜要让去天下时，人家还不屑受咧！②

顾先生认定禅让传说起于墨家缺乏坚证，但他指出道家主张一任自然，不

---

① 在被认为出于庄子后学的《让王》等篇中，对禅让的嘲讽讥刺更为尖刻。
② 顾颉刚：《禅让传说起于墨家考》。

要尚贤经世，因而轻蔑禅让传说，却一语中的。在春秋战国时代激烈的社会重组过程中，庄子一派可能代表了某一来源并不单纯的弱势或边缘化阶层，作为这一阶层的精神体现，《庄子》一书有两个突出特征，一是反映在《逍遥游》等内篇中的"独与天地精神往来"①的绝对精神自由诉求；二是主要表现于外杂篇的"剽剥儒墨"，"诋訿孔子之徒，以明老子之术"。②《庄子》为什么要"剽剥儒墨"，尤其"诋訿孔子之徒"呢？在庄子看来，尧舜以来的圣人倡导仁义，实在是人类的一大误区，是社会进入文明以后统治者用来扼杀"民之常性"的僵化规范。将之加诸人民，无异是残"纯朴"以为"牺尊"，毁"白玉"以为"珪璋"，废"道德"以"取仁义"。③ 简直是对人性的摧残，孔子之徒竭力鼓吹之，并把尧舜禅让说成是仁义的至上典范，更是虚伪之至。因此，欲复返本然人性，以达"独与天地精神往来"的"无所恃"境界，就必须"剽剥儒墨"，将其鼓吹的仁义及其禅让圣君尧舜等一并抛弃。

庄子的绝对精神自由诉求，究其实质，乃是人性觉醒者对文明压迫的早期反思。春秋战国时期日益激烈的社会冲突，本来就给人的生存以难以摆脱的苦难困境；而君主集权的巩固发展，更使庄周们预感到人性束缚的强化。因此，他们视文明为桎梏，君臣之位如粪土，而且连传说中的禅让圣君也一道畅快淋漓地讥刺鄙弃。在华夏文明的第一次剧烈转型时期，庄子及其后学规避和反对之的态度，固然有失偏颇，但其在两千多年前即已对文明负面有如此敏感深刻的反思，这又是积极入世的儒墨等派所不及的了。

庄子只是以寓言方式揶揄儒墨禅让说，并没有否认历史上有过禅让的传说，而且还在其著述中保留了上古传说中的若干古"帝王"：

> 昔者容成氏、大庭氏、伯皇氏、中央氏、栗陆氏、骊畜氏、轩辕氏、赫胥氏、尊卢氏、祝融氏、伏羲氏、神农氏，当是时也，民结绳而用之，甘其食，美其服，乐其俗，安其居，邻国相望，鸡狗之声相闻，民至老死而不相往来。④

---

① 《庄子·天下篇》。

② 《史记·老子韩非列传》。

③ 《庄子·马蹄》："及至圣人，蹩躠为仁，踶跂动为义，而天下始疑矣；澶漫为乐，摘僻为礼，而天下始分矣。故纯朴不残，孰为牺尊？白玉不毁，孰为珪璋？道德不废，安取仁义？"

④ 《庄子·胠箧》。

以上传说古史系列，类似的传说也在其他一些战国秦汉以后的文献中有所反映，① 与新近发现的楚简《容成氏》下述记载可以互证互补：

〔尊〕卢氏、赫胥氏、乔结氏、仓颉氏、轩辕氏、神农氏、椲□氏、垆暹氏之有天下也，皆不授子而授贤。②

李零先生已经指出，"〔尊〕卢氏"的上文疑脱一简，作昔者容成氏……等十三氏。不过，《容成氏》全文篇幅长而内容丰富，主体部分还是唐虞与三代史事，重点是讲尧舜禹举贤禅让和三代开国及末代帝王。简文称尧本身即以贤德而为天子，"是以视贤，履地戴天，笃义与信"，"以求贤而让焉"。"尧以天下让于贤者，天下之贤者莫之能受也。万邦之君皆以其邦让于贤……而贤者莫之能受也。"又说"尧有九子，不以其子为后，见舜之贤也，而欲以为后"。按此叙述模式，下文有"舜有七子，不以其子为后，见禹之贤也，而欲以为后。禹乃五让以天下之贤者，不得已，然后敢受之。禹听政三年……"接下来又是"禹有七子，不以其子为后，见皋陶之贤也，而欲以为后。皋陶乃五让以天下之贤者，遂称疾不出而死。禹于是乎让益，启于是乎攻益自取"。尧舜禹禅让的各个故事都已经颇具丰富的内容，不下于孟子书中的情节，应是与后者大致同时的表征，并且反映，战国中期甚至更早些时候，社会上流传的古史传说已经相当丰富，尧舜禹禅让已是当时广为流播的史事。

不过，也是在这个时期或稍晚，与孟子的变通方式及庄子以寓言揶揄方式形成鲜明对比，对禅让说彻底否定的意见开始出现。大约成书于战国中晚期之交的《竹书纪年》③ 干脆将这段传说中的历史，描述成尧舜禹为了君位而兵戎相见的殊死之争：

昔尧德衰，为舜所囚也。
舜囚尧，复偃塞丹朱，使不与父母相见。④

① 李零：《容成氏》释文，《上海博物馆藏战国楚竹书》（二），释文考释页250。
② 同上。
③ 《竹书纪年》于西晋太康二年（281年）出土于战国魏襄王墓，其记史事止于襄王二十年（前299年），可知成书于该年后不久。
④ 方诗铭、王修龄：《古本竹书纪年辑证》，第63、65页。

战国末期的《韩非子·说疑》也曾引述论敌之语云：

> 舜逼尧，禹逼舜，汤放桀，武王伐纣，此四王者，人臣而弑其君
> 者也。

与《竹书纪年》的说法一样充满了杀气，可见确是战国中晚期社会上流
行的一种观点，并非有的学者认为的那样，是晋以后的人因怀疑禅让史传
而生的新说。① 《韩非子》撰成于韩国，而《竹书纪年》则是魏国的官修
史书，韩魏同属春秋战国时期法家的摇篮及其政治运作策源地——三晋。
看来，此种与盛赞和平转移权位的"禅让"说决然相反的观点，应是出
于三晋地区的法家流派最激进的分支，是强烈主张世袭君主专制的法家政
治在意识形态领域的极端产物。王玉哲先生分析传世文献中有关尧、舜、
禹时期禅让的不同记载，认为"选贤举能"说和相反的王位篡夺说两种
矛盾记载，有相同的史料价值，皆有几分可靠性，说明禅让与篡夺正是部
落酋长由"传贤"转为"传子"制之过渡阶段的真实反映。② 王先生此
说很有启发性，使我们得以超越非此即彼的绝对思维模式，进而看到远古
社会共同体联盟领导人推举制背后，参与推举者之间的矛盾角逐（有时
完全可能非常尖锐激烈甚至兵戎相见）和各自实力对比这些重要因素。
但和儒墨等家出于后世理念极力赞美尧舜禹一样，上述二书在距离尧舜禹
时代约两千年后的渲染，也可能存在片面夸大之情形，而且这种失真同样
与残酷的现实时局影响下的撰写理念密不可分。在尧舜时代，此种矛盾斗
争和以实力为后盾的情形，通常应仍约束在禅让或曰共同体最高权位的非
暴力和非世袭转移的规则范围内。易言之，只要禅让真正的终结因素还没
有在禅让制度自身内部孕育成熟，制度和规则就是通常情形下起主要或规
定作用的因素。

四　战国后期

战国后期论及禅让的文献主要有儒家的《荀子》，还有杂家的《吕氏

---

① 顾颉刚：《禅让传说起于墨家考》。
② 王玉哲：《尧、舜、禹"禅让"与"篡夺"两种传说并存的新理解》，《历史教学》1986
年第 1 期。

春秋》和法家的《韩非子》等。在此诸书中，《吕氏春秋》主要是杂收诸家之说，暂可搁置不论。因此，更具时代特色和学术思想史意义而应予讨论的，主要是荀况和韩非师徒的观点。

战国后期，兼并战争规模进一步扩大，君主集权体制已基本形成，战国七雄尤其荀、韩心仪的秦国，实际上已略具秦汉统一帝国政制的雏形。荀子虽然扛着儒家的旗号，但整个学说包括禅让观等，较诸孔孟又有了新的变化调整。其书批评道：

> 世俗之为说者曰："尧舜擅让。"是不然！①

否定禅让说的态度似乎颇为鲜明。对此，荀子进一步阐述其理由说：

> 天子者，势位至尊，无敌于天下，夫有谁与让矣！②
> 诸侯有老，天子无老；有擅国，无擅天下。古今一也。③

基于以上理由，荀子总结说："夫曰'尧舜擅让'，是虚言也，是浅者之传，陋者之说也。"④ 在他看来，历史上诸侯有禅让的，"天子"却无，因为只有地位匹敌者，有互相禅让的可能，而"天子"独尊无二，根本就不可能"让"。但荀子的"无擅天下"说立论虽新，究其实质，仍只是在战国晚期君权观念强化后的一种变通说法。同在《正论》篇中，他又说：

> 圣王已没，天下无圣，则固莫足以擅天下矣。天下有圣而在后者，则天下不离，朝不易位，国不更制，天下厌然与乡无以异也；以尧继尧，夫又何变之有矣？圣不在后子而在三公，则天下如归，犹复振之矣。天下厌然与乡无以异也；以尧继尧，夫又何变之有矣？唯其徙朝改制为难。故天子生，则天下一隆，致顺而治，论德而定次；死，则能任天下者必有之矣。夫礼义之分尽矣，擅让恶用矣哉？

---

① 《荀子·正论》。
② 同上。
③ 同上。
④ 同上。

在荀子看来，只要礼义的名分全部落实，天子身后，"能任天下者必有之"，就不用或不叫禅让了。不过从上述引文看，接班只有三种可能：（1）无圣足以禅让，不管何人继位，都不能叫作禅让；（2）有圣子继位，自然无所谓禅让；（3）无圣子，但有圣贤的臣佐继位，也不叫禅让。这实在有点勉强。姑且不说第一种情况，单是第三种情况，清人俞樾早已指出："荀子之意，谓传贤与传子同。"①说明其仍未真正完全否认历史上有过君位"传贤"，上引其说乃是在理论阐释上的一种变通。这一变通，可谓煞费苦心，荀子由此得以同儒祖本已有之的举贤传贤思想接上线索。

　　与上述"通"相比，荀子因应时局的"变"更值得关注。首先，本其近乎唯物的天道观，他否定古老的"天命"观，主张"明于天人之分"，把商周以来人们热烈探讨的天还原为自然之天，否认"天"有意志，因而在其禅让论说中，"天"已不再是孟子禅让观竭力宣称的唯一最高主宰，也不是《唐虞之道》中共同导致举禅盛事的并列诸因素之一。总之，"天"退出了举贤禅让过程，甚至连存而不论的机缘也没有，而实际政治运作中的"传圣"或曰"传贤"则完全出于人为、人谋。荀子在禅让观上对孟子理论的这一大变，同他尖锐地批判思孟学派的学说是一致的。②至于他强调指出天子至高无上，无对等者可让，无疑是认同君主集权政体的反映，这从他对商鞅变法后的秦国政治十分赞许充分体现出来，③实为较孔孟的又一变。因此，与孟子相异，他在儒家阵营中独竖"性恶"论旗帜，力倡"隆礼重法"，其学说已近于法家。在儒家"爱亲尊贤"这一传统命题上，荀子的"变"也引人注目。他一方面说："亲亲，故故，庸庸，劳劳，仁之杀也；贵贵，尊尊，贤贤，老老，长长，义之伦也。"④"故尚贤使能，等贵贱，分亲疏，序长幼，此先王之道也。"⑤似乎恪守着儒家传统。但另一方面他又主张："虽王公士大夫之子孙也，不能属于礼义，则归之庶人；虽庶人之子孙也，积文学，正身行，能属于礼义，则归之卿相士大夫。"主张"贤能不待次而举，罢不能不待须而

---

① 梁启雄：《荀子简释·正论》下注引，中华书局1980年版，第242页。

② 《荀子·非十二子》。

③ 《荀子·强国》。

④ 《荀子·大略》。

⑤ 《荀子·君子》。

废";① 反对 "以族论罪，以世举贤"。② 这无疑是对宗法世官世禄制的批判，是在举贤方面的理论发展，同法家 "刑无等级，法不阿贵" 的主张相近。但是，他毕竟又是儒家在战国后期的最后一位大师，以孔子的继承者自居，情感理智上都难离儒者本色，言每称仁义王道，故既不能像道家那样尖刻地嘲弄儒者心目中的尧舜等禅让圣君，也不能像法家那样彻底否定禅让的政治合理性价值。战国后期分裂局面下世袭君主集权政制已大为强化，荀子却仍不放弃传贤的主张，自然也不合时势。而其举禅让理论最与当时大势不合的，就是其从根本上铲除了最高统治者君临天下的神圣依据——天命观。所以，尽管他倾力论证国君地位的合法性和至高无上、不可更移，好话说尽，最终仍未得时君们青睐，这也是荀子理论在当时以至后世都不走运的一个重要原因。

战国后期对儒墨禅让说最激烈的攻击来自法家。荀子的学生韩非以法家理论集大成者的姿态，全面否定禅让的政治合理性，没有给予这一古老传统对现实政治运作以丝毫可取的价值肯定。具体说来，韩非子关于禅让的思想，至少有三个特点值得注意。

首先，韩非猛烈批判了儒墨等学派的禅让观，但并不否认尧舜禅让的古史传闻。近世论者每引《韩非子·说疑》中 "舜逼尧，禹逼舜，汤放桀，武王伐纣，此四王者，人臣而弑其君者也" 云云，据以证明韩非否认尧舜禅让史实。其实此话并非韩非本人的观点，相反，是其文章猛烈抨击的论敌——"奸臣" 之语。

韩非指出："孔子、墨子俱道尧舜，而取舍不同，皆自谓真尧舜。尧舜不复生，将谁使定儒墨之诚乎？……今乃欲审尧舜之道于三千岁之前，意者其不可必乎！"③ 可见对尧舜时代史实，他自己也没有多大把握。但下引其批评 "尧舜之道" 的这段话却值得玩味：

> （天下）皆以尧舜之道为是而法之，是以有弑君，有曲于父。尧舜汤武，或反君臣之义，乱后世之教也。尧为人君，而君其臣；舜为人臣，而臣其君。汤武人臣而弑其主，刑其尸，而天下誉之。此天下

---

① 《荀子·王制》。
② 《荀子·君子》。
③ 《韩非子·显学》。

所以至今不治者也。①

锋芒所指，正是传说中的"尧为人君而君其臣，舜为人臣而臣其君"。显然，韩非对尧舜"反君臣之义"的抨击，其前提正是以尧舜禅让传说为史实。

韩非禅让观的第二个特点是，他按自己的历史哲学和社会伦理观，重新解释了尧舜禅让传说。《韩非子·五蠹》云：

> 尧之王天下也，有茅茨不翦，采椽不斲，粝粢之食，藜藿之羹，冬日麑裘，夏日葛衣，虽监门之服养，不亏于此矣。禹之王天下也，身执耒锸，以为民先，股无胈，胫不生毛，虽臣虏之劳，不苦于此矣。以是言之，夫古之让天子者，是去监门之养而离臣虏之劳也。古传天下而不足多也。今之县令，一日身死，子孙累世絜驾，故人重之。是以人之于让也，轻辞古之天子，难去今之县令者，薄厚之实异也。

这段论述就从尧舜禅让时代到战国晚期历史发展的古今之变而言，可谓独具只眼。不过，根据韩非极端功利主义的社会伦理思想，人性皆生而自为自利。因此，在儒墨等学派心目中，像尧舜禹举禅这类最高尚的人际辞让关系，在韩非看来却根本与鼓吹者所称的仁义道德无涉，实际上只是一种自利行为，与后世之人连区区县令之职也难割舍，本质上并无二致。而这种古今间截然相反的差异与个人品质毫不相干，完全是由于社会物质生活条件及其所生利弊的变迁造成的。"是以古之易财，非仁也，财多也。今之争夺，非鄙也，财寡也。轻辞天子，非高也，势薄也。争土橐，非下也，权重也。"《五蠹》篇对远古禅让史传的此种解释，反映了韩非发展的历史观，这正是其高于"是古非今"的儒墨之处，但他对人性的理解，显然却不无偏颇。

最后，韩非出于绝对君主专制立场，对儒墨诸派的禅让观进行了严厉的政治学批判。韩非在理论上反复强调，要把一切政治权力集于君王，君

---

① 《韩非子·忠孝》。

王必须"独擅","独断","权势不可以借人，上失其一，臣以为百"。①
尤其要防止君权旁落亡国的危险。他认为，要巩固世袭君位，就必须
"定位一教"，而"父而让子，君而让臣"，"此非所以定位一教之道
也！"② 尧舜禅让和汤武革命，则是"反君臣之义，乱后世之教也"。③ 正
因为天下人"皆以尧舜之道为是而法之，是以有弑君，有曲于父"，这完
全是大逆不道，然"而天下誉之，此天下所以至今不治者也"！④ 此种赤
裸裸地维护世袭君主专制的激烈批判言辞，在时君心目中可谓深中下怀，
不仅与主张有限君权的孔孟之说相比有截然相反的鲜明感受，也远比道家
对禅让之说的讥讽调侃更为痛快，比墨学以君主集权为归宿的尚同主张更
为受用（因为墨家毕竟还主张尚贤禅让），无怪韩非理论深获秦王政
首肯。

　　以上谨就东周（主要是战国）时期有代表性的举贤禅让诸说进行了
概要论析。在秦统一前，诸子和其他文献中还有一些涉及禅让之处，多为
零碎记述，限于篇幅，暂不论及。

　　　　　　　　　　　　　　　　　（作者单位：四川大学历史文化学院）

---

① 《韩非子·内储说下》。
② 《韩非子·忠孝》。
③ 同上。
④ 同上。

钱穆与先秦诸子学研究

——以《先秦诸子系年》为考察中心

陈 勇

一 《先秦诸子系年》的成书

晚清民初以来，学术界治诸子之学蔚然成风，开风气之先者有章太炎、梁启超、胡适等人。钱穆在 1928 年春完成的《国学概论》最后一章"最近期之学术思想"中说："最先为余杭章炳麟，以佛理及西学阐发诸子，于墨、庄、荀、韩诸家皆有创见。绩溪胡适、新会梁启超继之，而子学遂风靡一世。"[①] 他本人早年治诸子学，也正是这一背景下的产物。

钱穆认为，研究先秦诸子的思想，应先考求诸子生卒行事先后，如果诸子的年代不明，其学术思想的渊源递变，也就无从说起。所以，他早年的名作《先秦诸子系年》（以下简称《系年》），即是一部专门为诸子的生卒行事作考辨的考据著作。

据钱穆自道，《系年》一书草创于 1923 年秋。当时他在无锡江苏省立第三师范任教，为学生讲《论语》，自编讲义，成《论语要略》一书。该书第二章，对孔子生卒行事多有考订。1925 年，撰《孟子要略》，先为孟子传，"考订益富"。

钱穆早年治诸子，疑《易传》、《老子》，称"《易》与《老子》之思想不明，则诸子学之体统不可说也"。[②] 在考订孔、孟生卒世年之前，已

---

① 钱穆：《国学概论》，商务印书馆 1997 年版，第 322—325 页。

② 钱穆：《先秦诸子纪年·跋》，中华书局 1985 年版，第 622 页。

撰成《易传辨伪》、《老子辨伪》二篇。《易传辨伪》未刊出，《老子辨伪》后易名为《关于老子成书年代之一种考察》刊于《燕京学报》上。《孟子要略》成书后，钱穆始专意治《易》，成易学三篇，其中一篇即辨《易传》非孔子作。他晚年在《孔子传》再版序中回忆说，抗战时流转西南，居成都北郊赖家园，此稿藏书架中，为蠹虫所蚀，仅存每页之前半，后半已全蚀尽，很难补写。[①] 1928 年夏，钱穆应苏州青年学术讲演会的邀请，作《易经研究》一讲演。讲辞共分三部分，首先考察《易》的原始，专论《易》卦的起源及象数。次讲《周易》上下篇，阐明《易》起于商周之际，旨在说明周得天下盖由天命。第三部分讲十翼非孔子作，提出 10 条理由加以论证，还从"道"、"天"、"鬼神"等范畴来论证易系里的思想，大体上是远于《论语》，而近于老庄的。此一部分后来单独辑出，刊在《古史辨》第三册中。

先秦学术，孔墨孟庄荀韩诸家，皆有书可按，唯名家、阴阳家，记载散佚，最为难治。所以，钱穆在治《易》、《老》的同时，又兼治名家、阴阳学说，拟写《先秦名学钩沉》、《先秦阴阳学发微》两书。1925 年 10 月，钱穆埋头整理 1923 年春在厦门集美学校所写的公孙龙《白马论注》旧稿，改写成《公孙龙子新注》，又汇编《惠施历物》与《辩者二十一事》等考辨惠施、公孙龙事迹旧稿，汇成《惠施公孙龙》一书。惠施部分由惠施传略、年表、惠施历物和惠学钩沉等组成，公孙龙部分包括公孙龙传略、年表、年表跋、公孙龙子新解等内容，特别是公孙龙子新解一节颇多新意。钱穆在致胡适的信中称此书"乃逐年积稿，历时数载，用心较细，所得较密。公孙子五篇新解，颇谓超昔贤以上"。[②] 1931 年 8 月，由商务印书馆出版发行。

1926 年夏，钱穆在无锡三师为学生讲"国学概论"，讲义第二章即为先秦诸子，对诸子事迹及其学术源流做了提要钩玄的阐述。比如他在胡适"诸子不出于王官"的基础上提出了"王官学与百家言对峙"之说，以儒墨为宗梳理诸子，把先秦诸子分为三期，就颇多创获。此章内容集中反映了钱穆早年治诸子学的意见，虽然当时"限于听受者之学力，未能罄其

---

① 钱穆：《孔子传·再版序》，生活·读书·新知三联书店 2002 年版，第 2 页。
② 《钱宾四先生全集》第 53 册《素书楼余渖》，台北联经出版事业公司 1998 年版，第 193 页。

所见，著语不多"，① 然而他治诸子学的大体意见，"略如所论"，一生未
有多大改变。

钱穆早年喜墨学，早在无锡梅村县立四小教书时，就撰有《读墨暗
解》、《墨经暗解》二文。此为他治墨学之始。1923 年春，在厦门集美学
校任教的钱穆对墨辨思想进行研究，写成《墨辨探源》一文的上篇。
1924 年，他在无锡三师任教，因读章太炎《名墨訾应考》各篇，有感于
章氏墨学"非一人所能尽解"之言，遂对集美旧稿加以整理、增补，成
《墨辨探源》一文。该文分上、中、下三篇，上篇为兼爱说在本体论上之
根据，中篇为兼爱说在认识论上之根据，下篇为兼爱说在人生论上之根
据，1924 年 4 月发表在《东方杂志》21 卷第 8 号上。钱穆在苏州中学任
教时，又写有《墨辨碎诂》一文，对《墨辨探源》做补充。1929 年，钱
穆完成《墨子》一书，次年 3 月由商务印书馆出版。该书是他早年研究
墨学的总结，书中对墨家得名的由来，墨子的生卒年月，墨学的思想系
谱、别墨与《墨经》，以及许行、宋钘、尹文、惠施、公孙龙诸家与墨学
的关系、墨学中绝的原因等问题皆有深入具体的研究。②

1930 年春，钱穆在苏州续姻，从"家遭三丧"的悲痛中解脱出来。
新婚后 10 日内写《先秦诸子系年》"自序"一篇，列于书首。至此，《系
年》一书大体完成。他在《系年·跋》中说："大抵余草《系年》，始壬
戌，迄庚午（1930 年），先后九年。"

钱穆著《系年》，在苏南中小学。由于藏书不多，课务繁重，著述非
常艰辛。"初翻甲籍，继阅乙册，目光所及，时有转移，精思贯注，未能
尽赅。而乙书在手，甲书已去。乙书既去，丙书方来。记诵难周，摘录不
尽。又隔之以时日，杂之以冗扰，乘之以疲怠，遇之以疏阔，虽用力之
多，而所得实寡。"③《系年》书成后，"自知其疏陋，恐多谬误，未敢轻

---

① 钱穆：《先秦诸子纪年·跋》，第 622 页。
② 关于墨家的得名，钱穆认为"墨"乃古代刑名之一，墨家的"墨"字即取义于古代的
"墨刑"。由于墨者崇尚劳作，以处苦为极，其生活方式近于刑徒，故墨家的开创者墨翟遂以
"墨"名其家，这一学派便被称作"墨家"了。关于墨子的生卒年代，他考证的结论是墨子之生
至迟在周敬王之世，不出孔子卒后 10 年；其卒年当在周安王十年左右，不出孟子生前 10 年，年
寿在 80 岁以上。关于农家与墨学的关系、南方墨学的崛起，钱氏认为农家出自墨家，许行即墨
子的再传弟子许犯，南方墨学的崛起和勃兴与许行在南方的大力宣传有关。
③ 钱穆：《先秦诸子系年·跋》，第 623 页。

以问世。"

1930 年秋，钱穆执教北平燕京大学，每周有三日暇，为"有生以来所未有"。所居朗润园，环境宁静，燕大藏书丰富，北平城学者云集，相互讨论问学的机会较多。在这样一个良好的著述环境下，钱穆"重翻陈稿"，以半年之力对旧稿加以增补修改，成 4 卷 160 余篇，30 多万字。又仿《史记·十二诸侯年表》及《六国年表》体例，制"通表"4 份，与"考辨"4 卷起迄相应。表首列周王年次，并注西历纪元，下载列国世次，取舍一与"考辨"相应，诸子生卒，各详于其生卒之国，其出处行事亦各详于其所在之国。故《系年》实由"考辨"、"通表"两部分组成，"通表为纲，考辨为之目；通表如经，而考辨为之纬"。①"通表"之后又作"附表"，有"列国世次年数异同表"、"战国初中期列国国势盛衰转移表"、"诸子生卒年世先后一览表"三份，概括"通表"大意，以便读者参览。

《先秦诸子系年》是钱穆早年、也是他一生中最为重要的学术代表作，钱氏晚年曾对门下弟子余英时说，自己一生著书无数，"惟《诸子系年》贡献实大，最为私心所惬"。② 不过，这部奠定钱氏在民国学术界一流学者地位的著作在出版时却颇费周折。

如上所述，《系年》一稿大致在钱穆进入燕大任教之前就已大体完成，出版前已得到浏览此稿的史学大家蒙文通、顾颉刚等人的击节称道。钱穆入燕大任教后，又对旧稿加以修订增补。书成之后，由好友顾颉刚推荐给清华，申请列入"清华丛书"，如冯友兰《中国哲学史》之例。当时列席审察此书的有冯友兰、陈寅恪等三人。冯友兰认为此书不宜做教本，若要出版，当变更体例，便人阅读。陈寅恪则持相反的意见，认为《系年》"作教本最佳"，并盛赞"自王静安（国维）后未见此等著作矣"。③由于审读意见的分歧，钱著最终未获通过。

钱穆转入北大任教后，在北平图书馆珍藏书中得清人雷学淇所著《竹书纪年义证》家传本，择其有关者，一一补入《系年》中。同时，也在为自己这部研究先秦诸子之学的用力之作的出版多方奔走。1934 年暑

---

① 钱穆：《先秦诸子系年·通表例言》，第 511 页。
② 钱穆：《致余英时书》，《钱宾四先生全集》第 53 册《素书楼余渖》，第 413 页。
③ 钱穆：《八十忆双亲·师友杂忆》，生活·读书·新知三联书店 1998 年版，第 160 页。

期，钱穆离开北平回苏州省亲。8月9日这天，他给商务印书馆总经理王
云五写了一封自荐信，拟将书稿交商务印书馆。信云：

> 云五先生大鉴：久慕高风，未接謦欬为憾。拙著《先秦诸子系
> 年》，属稿五六载，稿成藏箧笥又有年。素仰贵馆热心文化，阐扬学
> 术，不遗余力，拟将此稿交贵馆出版。倘蒙约期面晤，谨当携稿前
> 来，蕲聆教益。适之先生一函，并以奉阅。顺候
> 公祺
> 钱穆敬上八月九日
> 回函请寄苏州曹胡徐巷八十号

王云五收信后很快回复钱穆，钱随即携带《系年》稿前往上海与王
面谈，谈后即把书稿留在了商务。经过审读后，当月18日，王云五写回
信一函寄往苏州钱宅，信云：

> 宾四先生大鉴：日前屈驾，畅领清诲，欣忭无既。承交示大著
> 《先秦诸子系年》一稿，拜读甚佩。谨当接受以版税办法印行。出书
> 后，依销数照定价抽取版税百分之十五为酬。兹遵嘱将《通表稿》
> 另邮挂号寄上，请校阅一过连同补稿一并掷下，以便付排，为盼。此
> 书格式，拟照敝馆《大学丛书》版式，五号字排。俟《通表稿》奉
> 到，当发交敝京华印书局排版，俾来日可就近送请先生校对。泐此奉
> 布，顺颂文祉。王云五。

商务印书馆决定出版《系年》后，钱穆自任校对，从头逐字细读书
稿，改定疏谬者10余处。1935年12月，钱穆这部考订先秦诸子的名著
终于出版问世。从1923年秋他发意著《系年》，至1935年底该书最终问
世，前后花了10多年时间。

二 以古本《竹书纪年》订《史记》之误

自乾嘉以来，学者考证诸子，成绩卓著，这为钱穆治诸子提供了有益
的借鉴。但清人治诸子，也存在不少问题。在钱穆看来，这些问题归纳起

来主要有三点：其一，各治一家，未能通贯，治墨者不能通于孟，治孟者不能通于荀；其二，详其著显，略其晦沉，于孔墨孟荀则考论不厌其密，于其他诸子则推求每嫌其疏；其三，依据史籍，不加细勘。《系年》力纠前人治诸子之失，博征典籍，以子证史，或诸子互证，或以《纪年》与《史记》、《国策》对勘，辑佚掇坠，辨伪发覆，上溯孔子生年，下讫李斯卒岁，上下200年的学人生平、师友渊源、学术流变，无不"粲然条贯，秩然就绪"，实为他早年治诸子学的系统总结。

以古本《竹书纪年》订《史记》之误，是《系年》一书最大的特色。历来考论诸子年世，多据《史记·六国年表》，有的也参照《史记》其他篇目。而《史记》实多错误，未可尽据。《史记》记载诸子世事多误，往往也"有例可括"。钱穆总结出《史记》记载诸子多误的10条规则：有误以一王改元为后王之元年者；有一王两谥，而误分以为两人者；有一君之年，误移之于他君者；亦有一君之事，而误移之于他君者；有误于一君之年，而未误其并世者；有其事本不误，以误于彼而遂若其误于此者；亦有似有据而实无据者；有史本有据，而轻率致误者；亦有史本无据，而勉强为说以致误者；亦有史公博采，所据异本，未能论定以归一是者。钱穆认为不仅《史记》记诸子史实多误，而且《史记》三家注对《史记》之误未能辨伪发覆，实亦多误。再加之传抄失真致误（如字形近而误，脱落而误，增衍而误，颠倒而误），窜易妄改增误（后人改易而误、窜乱而误），后人曲说而致误。各种误因相加，"误乃日滋"，"纷乱不可理"。后世治诸子者对于这些伪误不加校勘、辨伪而引其说，其结果是误上加误。所以他说："伪之途不一端，非一一而辨之，则不足以考其年。"①

钱穆订正《史记》之误，所用之书是先秦时魏国的史书《竹书纪年》。此书于晋武帝太康二年（281年）在汲郡的战国魏墓中发现，共13篇，记载夏、商、西周、春秋、战国的史事。唐人司马贞著《史记索隐》，时引其书，以著异同。魏冢原书，在赵宋时佚失。《今本竹书纪年》二卷，为后人搜辑，多有改乱，面目全非。《纪年》言三代事，如益为启诛，太甲杀伊尹，文丁杀季历，均异于儒家记载，后人遂不信《纪年》，视为荒诞之书。清人考证此书，以雷学淇《竹书纪年校订》、《竹书纪年

---

① 钱穆：《先秦诸子系年·自序》，第21页。

义证》最为有名；近人治《纪年》，以朱右曾、王国维成就为最大。朱氏辑有《汲冢纪年存真》，王氏辑有《古本竹书纪年辑校》、《今本竹书纪年疏证》。至此《纪年》之真伪，始划然判明，惜其考证未详，古本《纪年》可信之价值，犹未能彰显于世。钱穆早年在无锡城中一小书摊购得朱右曾《汲冢纪年存真》一部，取以校王国维所校本，乃知王校多误，朱本甚有价值，特撰《〈古本竹书纪年辑校〉补正》一文，发表在1927《史学与地学》第3期上，这是《系年》中最早发表的一篇文字。进入北平任教后，他多方搜集治《纪年》的专书，自言"于明代以下校刊《竹书纪年》，搜罗殆尽"。[1] 他在《系年》中提出古本《竹书纪年》胜《史记》五条证据，并根据《纪年》订《史记》记诸子年代、行事的伪误，颇多学术创获。钱氏自言："余为《先秦诸子系年》，比论《史记》、《纪年》异同，自春秋以下，颇多考辨发明，为三百年来（指清代以来——引者）学者研治《纪年》所未逮。"[2] 这充分表达了对自己研究成果的自信。

顾颉刚当年把《系年》推荐给清华，陈寅恪是三位审稿者之一。由于审读意见的分歧，钱著未获通过。陈寅恪对此结果相当不满，多次在不同场合中称赞钱著。据《朱自清日记》1933年3月4日条载：

> 晚（叶）公超宴客，座有寅恪。……谈钱宾四《诸子系年》稿，谓作教本最佳，其中前人诸说皆经提要收入，而新见亦多。最重要者说明《史记·六国表》。但据《秦纪》，不可信。《竹书纪年》系魏史，与秦之不通于上国者不同。诸子与《纪年》合，而《史记》年代多误。谓纵横之说，以为当较晚于《史记》所载，此一大发明。[3]

杨树达在日记中也有类似的记载：

> 1934年5月16日。出席清华历史系研究生姚薇元口试会。散

---

① 钱穆：《八十忆双亲·师友杂忆》，第188页。
② 钱穆：《略记清代研究竹书纪年诸家》，参见《钱宾四先生全集》第22册《中国学术思想史论丛》（五），第568—569页。
③ 朱自清：《朱自清日记》，载《朱自清全集》第10卷，江苏教育出版社1997年版，第202页。

后，偕陈寅恪至其家。寅恪言钱宾四（穆）《诸子系年》极精湛。时代全据《纪年》订《史记》之误，心得极多，至可佩服。①

《系年》出版后，更是好评如潮。以朱希祖的评价为例：

　　阅《先秦诸子系年》序。其书为北京大学史学系教授钱穆撰，统考战国各国年代，颇多纠正《史记》谬误，谓《竹书纪年》真为魏史，西周以前虽多臆测不可据，而战国时事年纪实最正确，其论颇有见地。盖以《史记》各本纪、世家纪年，多与诸子所记时事系年相抵牾，而以《竹书纪年》言之，则多密合，故不可以为伪书视之。他若《苏秦考》谓《史记》、《战国策》多本伪苏秦、张仪之书，故苏、张游说各国之辞皆不足信，证据颇确实。②

三　对战国史研究的贡献

　　《先秦诸子系年》是一部考订诸子生平、学术渊源的考证之作，更是通贯春秋晚期经战国至秦统一大约350年的学术、思想和政治的历史，尤其是对战国史的研究贡献尤大。众所周知，自秦皇焚书，诸侯各国史籍被毁，仅存秦国史官所记的《秦记》。但《秦记》记载简略，"又不载日月，其文略不具"。③ 特别是秦孝公以前，地处雍州西陲之地、经济文化落后的秦国，不与中原诸国会盟，中原诸国皆以夷狄视之。故《秦记》所载中原诸国之事甚略，且不免残缺多误，年代紊乱，真伪混杂。清人顾炎武言及战国时就有"史文阙轶，考古者为之茫昧"④ 的感叹。《四库全书董说七国考提要》言："春秋以前之制度有经传可稽，秦汉以下之故事有史志可考，惟七雄云拢，策士纵横，中间一二百年典章制作，实荡然不可复徵。"⑤ 钱穆在《国史大纲》第五章《军国斗争之新局面——战国始末》

---

① 杨树达：《积微翁回忆录》，上海古籍出版社1986年版，第82页。
② 朱希祖：《朱希祖日记》下册，1939年2月12日条，中华书局2012年版，第1000页。
③ 《史记》卷15《六国年表》，中华书局1959年版，第686页。
④ 顾炎武著，张京华校释：《日知录校释》卷17《周末风俗》，岳麓书社2011年版，第553页。
⑤ 《四库全书总目提要》卷81《史部政书类一》。

中也说："本时期的历史记载，因秦廷焚书，全部毁灭。西汉中叶司马迁为《史记》，已苦无凭。晋代（太康时）于汲县古冢，发现竹书，内有《纪年》十五篇，实为未经秦火以前东方仅存之编年史，惟后亦散失。因此本时期史事，较之上期（春秋时代），有些处转有不清楚之感。"①

经秦火一焚，史书缺佚，史实茫昧无稽，后世学者视战国史的研究为畏途，即使是论及诸子百家之说，也仅及其思想学术。事实上，战国史在中国历史上占据着极其重要的位置，除诸子在学术思想的创获外，诸如封建制的结束、郡县制的兴起、军国组织的肇创、中央集权的形成、田赋制度的变化等，在政治、社会、经济、思想、文化各个方面都产生了重大变化的战国时代，可以称得上是中国历史的一大转折时期。此一时期的历史无疑是中国历史研究的重要课题，而钱穆的《系年》在很大程度上把中国历史上这一重大转型时期的空白给填补了。钱穆在《系年·自序》中说："（该书）于先秦列国世系多所考核。别为通表，明其先后。前史之误颇有纠正，而后诸子年世亦若网在纲，条贯秩如。"在《国史大纲》记战国始末一节中也有一段自注："著者曾据《纪年》佚文，校订《史记六国表》，增改详定不下一二百处，因是战国史事又大体可说。惟颇有与《史记》相异处，一切论证，详著者所著《先秦诸子系年》一书。此下论战国大势，即据此书立论，故与旧说颇不同。读者欲究其详，当参读该书也。"②

《系年》考订战国史实贡献极大，可从是书卷三《苏秦考》中得一说明。《史记》载："苏秦起闾阎，连六国从亲，此其智有过人者。"钱穆认为《史记》载苏秦说七国辞，皆本《战国策》，其辞皆出自后人饰托，并非历史实情，而此事又关系战国史实甚大，不得不加以明辨，故作《苏秦考》一篇，从当时列国强弱之情势着眼对苏秦主合纵佩六国相印拒秦之说的真伪一一详加考证。首先，钱穆以称王的先后证明了战国初期的强国为数不止六国（中山、宋也曾称王），而列国间霸权之转移，乃是由梁的独霸而渐至齐梁的东西分霸；秦之称王在其得河西地后，而其得与齐梁三分霸权，乃在惠施、张仪相继在梁用事而秦之反间术得售之后，至是时，梁、韩二国的太子入朝于秦，其势力方折而居于秦人之次。但其时齐

---

① 钱穆：《国史大纲》上册，商务印书馆 1940 年版，第 47—48 页。
② 同上书，第 48 页。

国的声威远在秦国之上，则在司马迁所定苏秦的年代以内，绝无六国合纵摈秦之必要，也绝无六国合纵摈秦之可能。其次，钱穆又从燕、赵二国的历史着眼，说明在苏秦时候，燕与秦还如风马牛之不相及，自无事乎摈秦，亦不得而事秦；赵之国境在其时也还不曾与秦接壤，且其时赵之国势仅能自保，尚不暇与东方各国争雄长，其逐渐强大乃在赵武灵王之后，而上距苏秦之死已很久，则《史记》中合纵之议起于燕、合纵主盟在于赵等说，又完全与史实不合，于是苏秦佩六国相印合纵伐秦之说，便不攻自破。钱穆接着又考察了张仪的活动，最初是为秦而离间魏、齐之相亲，后来是为秦而离间楚、齐之相亲，当时秦的外交策略，尚在力谋"折齐之羽翼，散齐之朋从，使转而投于我。其时情势，犹是齐为长而秦为亚。秦与齐争则有之，秦欲进连衡之说，使山东诸侯相率西朝，尚未能也"。① 于是张仪连衡之说也一并被彻底推翻了。② 最后，钱穆总结道："今要而论之，秦自孝公用商鞅变法，而东方齐梁争霸，秦以其间乘机侵地，东至河。及惠王用张仪，魏已日衰，遂有齐、秦争长之势。而张仪间齐楚，秦南广地取汉中。然其时，犹齐为长而秦为亚。及昭襄王初年，秦楚屡战屡和，而赵武灵崛起，以其间灭中山，为大国。及秦将白起亟败韩魏，而齐湣秦昭称东西帝。其时则秦为长而齐为亚。乐毅起于燕，连赵破齐，湣王死，东方之霸国遂绝。惟秦独强，破郢残楚，及范雎相，而有秦、赵交斗之局。至于长平之战，邯郸之围，而后秦之气焰披靡，达于燕齐东海之裔。夫而后东方策士，乃有合纵连衡之纷论，而造说者乃以上附之苏张。考其辞说，皆燕昭赵惠文后事。而后世言战国事者莫之察，谓从衡之议果起于苏张。遂若孝公用商鞅而国势已震炼一世。东方诸国，当齐威梁惠时，已搅扰于纵横之说。则战国史实，为之大晦，当时列强兴衰转移之迹全泯。其失匪细，不可不详辨也。"③

可以说，《系年》一书，不仅对先秦诸子的学术源流与生卒年代有了一个全盘的交代，重建了先秦诸子的学脉，而且也把幽晦了两千年的战国史真相发掘了出来，奠定了战国史的研究基础。顾颉刚说："钱穆先生的

---

① 钱穆：《先秦诸子系年》（上），第 289 页。

② 参见邓恭三（邓广铭）《评〈先秦诸子系年〉》，《国闻周报》第 13 卷第 13 期，1936年，第 40 页。

③ 钱穆：《先秦诸子系年》（上），第 293 页。

《先秦诸子系年考辨》，虽名为先秦诸子的年代作考辨，而其中对古本
《竹书纪年》的研究，于战国史的贡献特大。"① 糜文开也说："宾四先生
《先秦诸子系年》最大的贡献，非但把先秦诸子的年代都考订了，而且改
造了《史记》六国年表，使战国史有了一个新的面目。"② 战国史研究专
家杨宽亦言："《先秦诸子系年》是钱穆早年最用力的名著，主要是考辨
先秦诸子活动的年代的。他为了正确断定年代，依据《古本纪年》详细
纠正了《六国年表》的错误，不仅作了许多考辨，还把结论列为《通
表》。考辨中曾考定战国时代重要战役和重大历史事件的年代，从而阐释
战国年间形势的变化。也还附带考证了一些重要史实，如《战国时宋都
彭城考》、《淳于髡为人家奴考》等，都有高明的见解。因此这部著作，
实际上是对战国史的考订，作出了重要贡献。"③

四　论诸子和先秦学术史的分期

钱穆认为，先秦诸子之学，皆源于儒，开诸子之先河者为孔子。墨子
早年学儒者之业，受孔子之术，后来成为儒家的反对者，由此便形成了诸
子学中最早的两个学派。以后诸子之学，或源于儒，或源于墨。他在
《国学概论》中论及先秦诸子思想渊源与流变时称："先秦学派，不出两
流：其倾向于贵族化者曰儒，其倾向于平民化者曰墨。儒者偏重政治，墨
者偏重民生。法家主庆赏刑罚，源于儒；道家言反朴无治，源于墨。故一
主礼，一非礼。一主仕进，一主隐退。一尚文学，一主劳作。此当时学术
界分野之所在也。"④ 在《系年》中，他对这一观点做了更进一步的阐述：
"先秦学术，惟儒墨两派。墨启于儒，儒原于故史。其他诸家，皆从儒墨
生。要而言之，法原于儒，而道启于墨。农家为墨道作介，阴阳为儒道通
囿。名家乃墨之文裔，小说又名之别派。而诸家之学，交互融洽，又莫不
有其旁通，有其曲达。"⑤

① 顾颉刚：《当代中国史学》，辽宁教育出版社 1998 年版，第 95 页。
② 糜文开：《宾四先生奋斗史》，香港《人生》半月刊第 8 卷第 6 期，1954 年 8 月，第 10
页。
③ 杨宽：《战国史》增订本，上海人民出版社 1998 年版，第 32 页。
④ 钱穆：《国学概论》，商务印书馆 1997 年版，第 59 页。
⑤ 钱穆：《先秦诸子系年·自序》，第 23 页。

　　钱穆在以儒墨为宗梳理诸子的基础上，把先秦诸子的发展分为三期：孔墨之兴为初期，讨论的中心问题是贵族阶级的生活究竟如何趋于正当。陈（仲）、许（行）、孟（子）、庄（子）为第二期，讨论的中心是士阶层自身对于贵族阶级究竟应抱何种态度。老子、荀卿、韩非为第三期。钱穆认为老子反奢侈、归真朴的思想，承墨翟、许行、庄周之遗绪，为战国晚期的思想。第三期讨论的中心是士阶级的气焰与扰动，如何使之渐归平静与消灭的问题。因此，初期的问题中心为"礼"，中期的问题中心为"仕"，末期的问题中心是"治"。在第三期解决"治"的问题上，法家承继儒家的思想，道家则从墨家转来，儒、墨的冲突集中表现为韩非的法治与老子无为之间的对立。

　　《系年》对战国时局、学风的变化与先秦学术史的分期也提出了富有价值的见解。钱穆认为，战国时局有三变，晚周先秦之际，三家分晋，田氏代齐为一变；徐州相王，五国继之，为再变；齐秦分帝，到秦灭六国，天下一统为三变。就学风而言，魏文西河为一起，转而为齐威宣稷下之学为再起，散而之于秦赵，平原养贤，不韦招客为三起。

　　关于先秦学术史的分期，钱穆提出了四期说。首期尽于孔门，流为儒业，为先秦学术的萌芽期。二期当三家分晋，田氏代齐，起墨子，终吴起。此一时期，儒墨已分，九流未判，养士之风初开，游谈之习日起，魏文一朝主其枢纽，此为先秦学术的酝酿期。三期起商君入秦，迄屈子沉湘。此期学者盛于齐、魏，禄势握于游士。有白圭、惠施之相业，淳于、田骈之优游，孟骈、宋钘之历驾，有张仪、犀首之纵横，有许、陈之抗节，有庄周之高隐，风起云涌，得时而驾，此为先秦学术的磅礴期。四期始春申、平原，迄吕不韦、韩李。稷下既散，公子养客，时君之禄，入于卿相之手，中原教化，遍于远裔之邦。此时赵秦崛起，楚燕扶翼，七雄纷争，主于斩伐。荀卿为之倡，韩非为之应。在野有老聃之书，在朝有李斯之政。而邹衍之颉颃，吕韦之收揽，皆有汗漫兼容之势，森罗并蓄之象。此为先秦学术的归宿期。

　　钱穆对先秦学术的分期及其流变的论述，独具慧眼，颇多卓见，而被他的学生余英时誉为"考证、义理、辞章融化一体的极致"。《先秦诸子系年》虽是一部为诸子考年的著作，其实未尝不可作为一部先秦学术史来读。关于此点，台湾学者何佑森在《钱宾四先生的学术》一文中做了这样的解说："《诸子系年》无疑是一部先秦学术史，这是钱先生自谦而没有说出的话。今天我们读诸子书，最重要而最基本的，必须先要认清古代学术发展的大势，然后才能谈到思想问题。……从学术史的角度看，《诸子系年》的价值可以说是不让古人。善读此书的人，假使能对书中所考证的有关诸子生平、出处、师友的渊源，以及学术的流变先有一番通盘的认识，然后再读诸子书，心中的领会自然与墨守一家之言的学者不同。今后治诸子学者，假使能以《诸子系年》作为根底，着眼于学术的流变，抛弃专家之学的成见，迈向通儒之学的大道，相信将来必然会出现一部有益于中国文化的古代思想通史。"①

五　考证诸子的方法

钱穆早年以考据扬名史坛，《先秦诸子系年》便是他早年从事考据研究的代表作。所以在考证诸子的方法上，他深受中国传统考据学的影响，比较熟练自如地运用考据学中的本证、旁证、理证等方法去考辨诸子的生卒年事。

关于本证。本证又称内证、自证，是一种利用本书前后互证来考订史实的方法。明末学者陈第在《毛诗古音考序》中称"本证者，《诗》自相证也"，即以《诗经》前后互证；清初学者黄宗羲、万斯大、毛奇龄等人提出"以经释经"、"以经证经"，即利用经部文献本身互相释证。钱穆在《系年》中以"诸子之书，还考诸子之事"，用《史记》"世家"与"年表"互核，即属于典型的本证之法。《史记·鲁世家》载鲁哀公以下列君年数，与《六国表》多异，钱穆以《鲁世家》与六国表互核，知《世家》可信，鲁表多误，以此重订鲁平公元年为周显王四十七年（公元前322年），非周赧王元年（公元前314年）；卒在周赧王十二年（公元前303年）而非十九年（公元前296年），也纠正了清人梁志绳《史记志疑》鲁平公立时为周慎靓王五年（公元前316年）之误，使其后乐克进辞、臧仓沮见之事在年代上也得到了合理的说明。

关于旁证。旁证，即利用他书论证本书之误，即陈第在《毛诗古音

①　何佑森：《钱宾四先生的学术》，原载《中华文化复兴月刊》第7卷第7期（1974年7月），今收入《清代学术思潮——何佑森先生学术论文集》（下），台大出版中心2009年版，第474页。

考序》中所言："旁证者，采之他书也。"钱穆称考据必罗列证据，又必辨其得失。而辨定得失，"则多有待于他书之旁证"。他在《系年》中以《纪年》校《史记》，以诸子之书与《史记》、《战国策》对勘，即属此法。钱穆本《索引》所引《纪年》，合之当时情事，参伍钩稽，知《纪年》可信，《史记》多疏，故厘订《史记》误乱据之考辨其记载诸子年事的伪误，他在《系年》中提出《竹书纪年》胜《史纪》五条证据，并根据《纪年》订《史纪》记诸子年代、行事的伪误，颇多学术创获（详前），钱穆对自己的考证也深为自负，自言："余以《纪年》校《史记》，知齐、梁世系之误，重定齐威宣、梁惠襄之先后。而后知孟子初游齐，当齐威王时；游梁，见惠王、襄王；返齐，见宣王。以此求之，则匡章不孝，孟子与游之事，情节复显。"①

关于理证。所谓理证，即是在缺少证据的条件下，以学理作为判定是非的根据，以达到考订史事的目的。钱穆主张考证应从材料入手，"先寻事实"。他说："考年必先寻实事，实事有证，而其年自定。"② 但是，人们考证所凭借的材料总是残缺不全的记载，他们凭借这些零碎不全的材料，希望追寻和复原的却是整个历史事实的真相。所以在文献、证据不足的情况下，研究者也可依据事理进行推断得出结论。在《系年》中，钱穆考证老子其书晚出，多用理证之法。他首先根据《老子》书中所反映的思想内容加以考察，提出了"思想线索"的论证方法，其次从《老子》一书的文字、文句、文体等方面来加以推断，认为《老子》之书"盖断在孔子后，当自庄周之学既盛，乃始有之"。（详后）

理证固然是考证学中的一种重要方法，但是这种方法往往易夹带治学者的主观之见，不精确而易走一端，故校勘、辨伪，非文证之难，理证尤难。为此，钱穆又提出运用此法考证时尤应谨慎，不宜过多采用。他在《系年》卷一《孔子相谷坠三都考》中说："考古者贵能寻实证。实证之不足，乃揆之以情势，度之以事理，而会之于虚"；"不详考情实，昧于因利乘势见可而动之理……远于情理……蔑弃实证，则岂不两失之哉"。③

孤证不信。考据学重证据，强调"语必博证，证必多例"，反对孤证

---

① 钱穆：《先秦诸子系年·自序》，第22页。
② 同上书，第19页。
③ 钱穆：《先秦诸子系年》，第19页。

单行。梁启超在《清代学术概论》中把乾嘉考据学风的特点概括为十条，其中第一条是"凡立一义，必凭证据；无证据而以臆度者，在所必摈"；第三条是"孤证不为定说，其无反证者姑存之，得有续证则渐信之，遇有力之反证则弃之"。[①] 钱穆考订诸子事迹也十分强调这一原则，凡立一说，必旁搜博采，博求佐证，在广征博证的基础上，"记其异同，推排其得失，次其先后，定其从违"，[②] 反对孤证单行、无据轻断。

同一问题如遇不同说法而又无直接反证，固然应"著其说以存疑"。但是，钱穆又认为对各种不同说法也可重新加以解释、分析，以便从中选择出一种相对可信的说法。如孔子居鲁年数，《世家》不详，《历聘纪年》主七年之说，而江永《乡党图考》、狄子奇《孔子编年》、林春溥《孔门师弟年表后说》主一年之说。崔述则提出新说，认为"孔子归鲁，以理度之，当在定公既立之后。或至彼时去齐，或先去齐而复暂栖他国，迨定公立而后返鲁，均未可知"。钱穆在"孔子自齐返鲁考"中，依据《孔子世家》的材料反驳崔氏："然考之《世家》云'齐大夫欲害孔子，景公曰吾老矣，弗能用也，孔子遂行，反乎鲁'。则孔子之去齐，并不以定公而欲归鲁也。亦不见去齐后有暂栖他国之事。且其时孔子未仕于鲁，亦不必定公立而后可归。"钱穆认为崔述之说，"纯出推想，未是信"，今既他无可考，只有从诸说中选择较近情理者，故云"姑依江氏说"。[③]

《先秦诸子系年》是钱穆早年学术生涯中最为重要的一部著作，钱穆对自己积十余年之功完成的著作也颇为自负，他在该书《自序》中称自己"以诸子之书，还考诸子之事，为之罗往迹，推年岁，参伍以求，错综以观，万缕千绪，丝丝入扣，朗若列眉，斠可寻指"。他在致胡适的一封信中说："拙著《诸子系年》于诸子生卒出处及晚周先秦史事，自谓颇有董理，有清一代考《史记》，订《纪年》，辨诸子，不下数十百家，自谓此书颇堪以判群纷而定一是，即如孔子行事，前人考论綦详，至于江崔诸老，几若无可复加。拙稿于孔子在卫宋诸节，颇谓足补诸儒考核所未备。"[④] 充分表达了对自己著作的自信。他晚年对门下弟子说，自己一生

① 梁启超：《清代学术概论》，载朱维铮校注《梁启超论清学史二种》，复旦大学出版社1985年版，第39页。

② 钱穆：《先秦诸子系年·自序》，第20—21页。

③ 钱穆：《先秦诸子系年》，第11—12页。

④ 钱穆：《致胡适书》，载《钱宾四先生全集》第53册《素书楼余渖》，第191—192页。

著书无数，但真正能像乾嘉诸老一样能传诸后世的只有一部，那就是
《先秦诸子系年》，这足以说明钱氏对自己的这部著作是何等的看重。《系
年》出版前，已得到浏览此稿的蒙文通、陈寅恪等人的击节称道。出版
后，更是好评如潮，顾颉刚把《系年》誉为"不朽之作"，称其"作得非
常精炼，民国以来战国史之第一部著作也"，[1] 余英时则称其为"诸子学
与战国史开一新纪元，贡献之大与涉及方面之广尤为考证史上所仅见。根
据古本《竹书纪年》改订《史记》之失更是久为学界所激赏"。[2]

六　局限与不足

由于直接材料的缺乏，钱穆治先秦诸子主要采取了博综典籍、会通文
献的研究方法，他以《纪年》校《史记》、《国策》，"以诸子之书，还考
诸子之事"，以其通贯的学术眼光和提纲挈领的缀联能力，对诸子的生平
事迹、学术源流进行了近乎"天罗地网式"的互证，可谓是极尽博综会
通之能事，取得了超迈前人的卓越成就。[3] 但是这种只依重传世文献材料
的"博综会通"之法，其局限性也是显而易见的。下面以其考证《老子》
成书年代问题略作分析。

20 世纪二三十年代，中国学术界发生了一场关于老子其人其书的讨
论。主张老子先于孔子，以老子为孔子师的代表人物是胡适，梁启超对
"早出说"观点不以为然，其《论〈老子〉书作于战国之末》首先向胡
适发难，提出《老子》为晚出之书，赞同梁氏意见并续有讨论的著名学
者有钱穆、冯友兰、顾颉刚等人。钱穆对老子"早出说"很早就发生怀
疑。1923 年，他写成《老子辨伪》一文，即主《老子》为晚出之书。第
二年又写成《孔子与南宫敬叔适周问礼老子辨》、《老子杂辨》二文，对
《史记》所载老子事迹以及老、孔关系进行辨证，认为孔子适周问礼于老
子是传说而非信史（后收入《系年》卷 1、卷 2 中）。1926 年，钱穆在无
锡省立第三师范编《国学概论》，在该书第二章"先秦诸子"中说老子史

---

① 《顾颉刚日记》第 4 卷，台北联经出版公司 2007 年版，第 249 页。

② 余英时：《一生为故国招魂》，载《钱穆与中国文化》，上海远东出版社 1994 年版，第
24 页。

③ 杜正胜：《钱穆与二十世纪中国古代史学》，收入氏著《新史学之路》，台北三民书局
2004 年版，第 223—225 页。

实不可信，"按其思想议论，实出战国晚世"。

1930 年 12 月，钱穆把早年所写的《老子辨伪》一文易名为《关于〈老子〉成书年代之一种考察》，发表在顾颉刚主编的《燕京学报》第 8 期上。在文中，他根据《老子》书中所反映的思想内容加以考察，提出了"思想线索"论证法。他说："大凡一学说之兴起，必有其思想之中心。此中心思想者，对其最近较前有力之思想，或为承受而阐发，或为反抗而排击，必有历史上之迹象可求。《老子》一书，开宗明义，其所论者，曰'道'曰'名'。今即此二字，就其思想之系统而探索其前后递嬗转变之线索，亦未始不足以考察其成书之年代。"① 他在文中紧紧抓住《老子》书中关于"道"和"名"这两大观念，就先秦学术思想的系统立论，来探求这两大观念的由来以及承前启后递嬗转变的线索，得出了《老子》一书出《庄子》内篇之后。1932 年春，钱穆应北大哲学系《哲学论丛》征文，写成《再论〈老子〉成书年代》一文，从时代背景、思想系统以及文字、文句、文体等方面对《老子》一书进行了全方位考证，力证《老子》出庄周后，为战国晚期的作品。

对于钱穆的"思想线索"论证法，作为"早出说"的代表人物胡适给予了严厉批评。② 他在 1933 年发表的《评论近人考据〈老子〉年代的方法》一文中说："从'思想系统'上，或'思想线索'上，证明《老子》之书不能出于春秋时代，应该移在战国时期，梁启超、钱穆、顾颉刚诸先生都曾有这种论证。这种方法可以说是我自己'始作俑'的，所以我自己应该负一部分责任。我现在很诚恳地对我的朋友们说，这个方法是很危险的，是不能免除主观的成见的，是一把两面锋的剑可以两边割的。你的成见偏向东，这个方法可以帮助你向东；你的成见偏向西，这个方法可以帮助你向西。如果没有严格的自觉的批评，这个方法的使用决不会有证据的价值。"③ 对于文字、术语、文体的论证法，胡适也做了反击。他说："这个方法也是很危险的，因为（1）我们不容易确定某种文体或术语起于何时；（2）一种文体往往经过很长期的历史，而我们也许只知

---

① 钱穆：《老子辨》，中国书店 1988 年版，第 32 页。
② 参见陈勇《试论钱穆与胡适的交谊及其学术论争》，《史学史研究》2011 年第 3 期。
③ 胡适：《评论近人考据〈老子〉年代的方法》，《胡适论学近著》（第一集）卷 1，山东人民出版社 1998 年版，第 83 页。

道这历史的某一部分；（3）文体的评判往往不免夹有主观的成见，容易错误。"①

　　胡适的反击并非没有道理。"思想线索"的论证方法，如果缺乏充分的历史依据，"思想线索"实不易言。这种方法的确难以排除研究者的主观之见。这诚如胡适所言，它就像"一把两面锋"的双刃剑，可以朝两边割的。杜正胜也言："如果从文献学来看，钱穆所条贯的'思想线索'是根据传世的《老子》第一章开宗明义'道可道'与'名可名'而来的，如果根据马王堆帛书'上德下德'作开宗明义，本章所攻击的焦点只是'礼'，要找到合适的时代背景，老子所居的'思想线索'的位置，放在春秋末年岂不更合理吗？"②

　　文字文体的论证方法同样也有弊病，因为"同一时代的作者有巧拙的不同，有雅俗的不同，有拘谨与豪放的不同，还有地方环境（如方言之类）的不同，决不能由我们单凭个人所见材料，悬想某一时代的文体是应该怎样的。"③ 胡适在批评冯友兰、顾颉刚使用这一方法时说："冯友兰先生说《老子》的文体是'简明之经体'，故应该是战国时作品。但顾颉刚先生说'《老子》一书是用赋体写出的；然而赋体固是战国之末的新兴文体呵！'同是一部书，冯先生侧重那些格言式的简明语句，就说他是'经体'；顾先生侧重那些有韵的描写形容的文字，就可以说他是'用赋体写出来的'。单看这两种不同的看法，我们就可明白这种文体标准的危险性了。"④ 钱穆在《再论〈老子〉成书年代》一文中，试图用"刍狗"一词证明《老子》承自《庄子》，但反驳者提出，根据《庄子·天运篇》的记载可知，以"刍狗"供祭祀，是古代通行的制度和习惯。《庄子》一书可以用它，《老子》为什么就不可以用它呢？⑤ 可见，单从文体修辞方面来判断老在庄后，也并非全然妥当。

---

　　① 胡适：《评论近人考据〈老子〉年代的方法》，《胡适论学近著》（第一集）卷1，山东人民出版社 1998 年版，第 83、86 页。

　　② 杜正胜：《钱穆与二十世纪中国古代史学》，见氏著《新史学之路》，第 227 页。

　　③ 胡适：《评论近人考据〈老子〉年代的方法》，载《胡适论学近著》（第一集）卷1，第 87 页。

　　④ 同上书，第 88 页。

　　⑤ 张福庆：《对钱穆先生"从文章的体裁和修辞上考察老子成书年代"的意见》，载《古史辨》（六），上海古籍出版社 1982 年版，第 565—566 页。

　　钱穆在《系年》卷2《老子杂辨》中对老子其人其事也做了具体考证，他考证的结论是战国言老子，实为老莱子、太史儋、詹何三人，然而后人常常把三人混同一人。以老莱子误太史儋，然后孔子所遇之丈人，遂一变而为周王室守藏史。又以环渊误关令尹，然后太史詹出关入秦，遂有《道德经》五千言之著书。钱穆综合考察了先秦古籍有关老子其人其事的传说后指出，孔子所见者，乃南方芸草丈人，即《庄子·外物篇》中的"老莱子"，《论语》中的"荷蓧丈人"，神其事者为庄周。出关游秦者，乃周室史官儋，而神其事者为属秦人。著书谈道，列名百家者，乃楚人詹何，而神其事者为晚周之小书俗说。混而为一人，合而为一传，则始于司马迁的《史记》。①

　　由于有关老子的直接材料少之又少，钱穆在考证老子生平事迹时大多是依据了文字上音形的通转和意义的互训，推论之处甚多，不免大胆假设有余，小心求证不足。当年邓广铭读到这一部分考辨文字时的感言是，"在全部考辨中，文章最长，曲折最多，而所下的假设也最为大胆的，是卷二中的老子辨。……证据来得如是其纡曲，结论下得如是其爽快，读者至此当会感觉到著者的立说也不免于有些虚玄吧。"② 朱希祖读到这一部分时也有"臆测附会之辞亦不能免，如以老子为老莱子，而又以老莱子为荷蓧丈人是也"的批评。③

　　在当年有关老子的论辩中，胡适提出在没有寻得充分的证据之前，对老子其人其书应延长侦查的时间，"展缓判决"。他说："怀疑的态度是值得提倡的，但在证据不充分时肯展缓判断（Suspension of judgement）的气度是更值得提倡的。"④ 胡氏"展缓判决"的意见在方法论上是值得重视的。随着近年来一大批简帛文献的出土，似乎给胡适《老子》早出说以有力支持。1993年，在湖北荆门郭店战国中期楚墓出土的竹简中，有甲、乙、丙三组《老子》抄本，就推翻了钱穆《老子》成书于战国晚期的说法。

① 参见钱穆《先秦诸子系年》，第221页。
② 邓恭三（邓广铭）：《评〈先秦诸子系年〉》，《国闻周报》1936年版第13卷第13期，第40—41页。
③ 朱希祖：《朱希祖日记》下册，1939年2月12日条，中华书局2012年版，第1000页。
④ 胡适：《评论近人考据〈老子〉年代的方法》，载《胡适论学近著》（第一集）卷1，第99页。

　　自王国维倡导二重证据法以来，用地下出土的实物材料来研究古史风靡学界，以傅斯年为首的新考据派（或称"史料学派"）用地下出土的考古材料（"直接材料"）来重建古史就是一例。① 钱穆虽然也赞同以地下出土的新材料与古典文献相证来研究古史，但是他却过分重视了文献记载，因而在一定程度上又忽视了地下出土的实物资料对于古史研究的重要性。所以就其研究古史的方法而言，他走的仍是从文献考证文献的传统路子，这势必会限制他考证古史的成就。由于过分重视文献材料而忽略考古材料，他考证的某些结论也容易被地下出土的新材料所否定。比如《系年》在"孙武辨"、"田忌邹忌孙膑考"中否定孙武实有其人，《孙子兵法》的作者实为战国时代的孙膑，就被山东临沂银雀山一号西汉墓出土的考古材料所否定。诚如一些学者所言，由于钱穆舍不得跳出传世文献迎接各式各样的新史料，因此他研究古史，其"时代上限只能在东西周徘徊，无法上溯到更广阔、更遥远的唐虞夏商中"。②

（作者单位：上海大学历史系）

---

① 参见陈勇《钱穆与新考据派关系略论——以钱穆与傅斯年的交往为考察中心》，《上海大学学报》（社会科学版）2007 年第 5 期。

② 杜正胜：《钱穆与二十世纪中国古代史学》，载《新史学之路》，第 225 页。

服与等级制度

赵世超

服制一向存有争议。研究者各以自己认可的文献立论,很难统一。本文想从服与等级制度的关系入手,略陈浅见,以求教于学术界。

一

假如地球上只有一个人,当然就不会有等级了,但这是不可能的。众所周知,人一开始就以群体的形式降临到了世间。事实上,非如此,人类也无法延续和发展。

在群体内部,人的性别、年龄、健康状况、体力以及心理或精神素质各不相同;而在群体之间,也会存在大小与强弱的差异;所以,不平等几乎与生俱来。科学家对灵长类动物的观察和研究已足以佐证这一点。文献所记的和平安宁的黄金时代或"至德之世",只是后世人们对以往较为自由生活的追忆,且已加入了理想化成分。差异孕育着等级的萌芽,我们应该承认:不平等是绝对的,平等是相对的。不过,这种主要取决于人的生理的不平等充其量只能算是一种自然的不平等,它和体现政治、经济特权的社会等级划分完全不可等量齐观。

更加深刻的变化是在漫长的时光隧道中陆续发生的。

在中国西部的黄土高原、东部围绕泰山的丘陵高地及分布于东、西两区的河谷平原上,由于土壤所含可溶性矿物质及有机质较多,故团粒结构细微,疏松易耕,且具有"自我加肥"能力和涵水性好的优点,先民选择以粟为主的耐旱作物进行种植，很早就进入了原始农耕阶段，[①] 过上了村落定居生活。据说，"农业养活的人数要比畜牧业多十至二十倍"。[②] 于是，到了父系氏族社会，人们的劳动所得，除了维系生命之外，已经有了剩余，并逐步积累成财富。

但是，中国又"位于世界最大的大陆——欧亚大陆的东南部，濒临世界最大的海洋——太平洋，由于海陆之间的热力差异而造成的季风气候特别显著"。[③] 由此带来的最重要的后果就是季节变化剧烈，降水集中，洪涝多发。而在漫长的缺雨期，大片的内陆地区又要遭受旱魔的威胁。与之相伴，还会有风灾、雹灾、霜灾、雪灾、冻灾以及蝗灾，时时来袭。在地质方面，漂移的几大板块在中国交接，又造成地震灾害相对集中。在这样的条件下从事农业生产，需要深谋远虑，需要尊重老人的经验，更需要凭借集体的力量。同时，灾害的普遍性、危害性和不可预测性必然会增加人的恐惧心理，并将这种心理上升为恐惧人格，进而导致对权威的依赖和对秩序的强调。所以，古代的农业都是以家族为单位进行的，"一个家族就是一个生产队"，父系家长既是生产的组织者、领导者，也是家族财富的支配者，所有家族成员都必须屈从他的意志，甘心接受按性别、辈分、年龄相区别的族内分层。

上述情况已有考古材料可资印证。首先，在新石器时代偏晚期的墓葬中，同一墓地各墓的大小和规格出现了明显差异。多数仅能容身，少数却十分豪华，除墓圹较大外，还设有木椁或其他木质葬具，椁底疑用朱砂涂成红色。[④] 其次，随葬品的数量也开始变得多寡悬殊。与大部分墓葬没有随葬品或仅有一两件随葬品形成鲜明对照的，是个别大墓随葬品甚多，有的竟达 180 多件。其种类除工具和陶器外，还可见到玉鸟、玉珠、玉斧、

---

① 徐中舒：《试论周代田制及其社会性质》，《四川大学学报》1995 年第 2 期；何炳棣：《中国文化的土生起源：30 年后的自我检讨》，载《读史阅世六十年》，广西师范大学出版社 2005 年版，第 409 页；史念海：《论两周时期黄河流域的地理特征》，载《河山集》（二集），生活·读书·新知三联书店 1981 年版，第 347 页。

② 布罗代尔：《从 15 至 18 世纪的物质文明、经济和资本主义》，生活·读书·新知三联书店 1992 年版，第 118 页。

③ 林之光：《中国的气候及其极值》，商务印书馆 1996 年版，第 2 页。

④ 山东省文物管理处、济南市博物馆合编：《大汶口——新石器时代发掘报告》，文物出版社 1974 年版，第 126—127 页；《山西襄汾陶寺遗址发掘简报》，《考古》1980 年第 1 期；《1978—1980 山西襄汾陶寺墓地发掘简报》，《考古》1983 年第 1 期。

玉铲、玉璜、玉琮及石璧等，大都造型规整，光润美观，既是财富的体现，也是权力的象征。由于通常所谓的六畜此时已普遍饲养，于是又形成了以狗、羊、猪为殉的习俗，而埋葬猪下颌骨的做法最为盛行，甘肃永靖秦魏家一座属齐家文化的墓葬中，居然埋了 68 块。① 一般认为，这正是当时衡量是否富有的一种标尺。最后，从葬式中，更可看到人与人之间的主从关系。这一时期出现了不少男女一次合葬墓，较典型的有秦魏家及武威皇娘娘台、内蒙古朱开沟、江苏新沂花厅墓地，② 最常见的葬式是男子仰身直肢、一或两个女子侧身屈肢，居于其旁，面向前者，将妻妾对家长的依附表现得淋漓尽致。有的墓除成年女子外，还葬入幼童。考虑到双方同时亡故的可能性很小，故一些学者将其视为妻妾殉夫的例证。③ 在《左传》、《国语》等书中，贵族出亡之时，能够携之而去的为器用财贿和帑。前者是死的财产，即物；后者为活的财产，是人。其中，既有妻妾子女——孥，又有被收养的奴隶——奴；因为两者地位和性质近乎一样，故常用一个"帑"字来概括；这种积久而成的习惯应该起源甚早。恩格斯说："最初的阶级压迫是同男性对女性的奴役同时发生的。"④ 从中国各类材料所反映的情况看，真正的等级分化应首先出现在父系家长与家族成员之间。

不仅如此，邻居的财富很快便刺激了人们的贪欲，由抢夺财富或保卫财富而诱发的武装冲突及血亲复仇也开始频繁起来。大致相当于龙山时代，各地纷纷修筑城堡，目前已发现的城址起码达 50 多座，分属至少八个以上的考古学文化。⑤ 这些城堡不仅筑有高厚的夯土城墙及城门，有的还环以深挖的壕沟，显然带有防御性质。与之相应，石镞、骨镞、石矛及

① 中国科学院考古研究所甘肃工作队：《甘肃永靖秦魏家齐家文化墓地》，《考古学报》1975 年第 2 期。

② 《甘肃武威皇娘娘台遗址发掘报告》，《考古学报》1960 年第 2 期；甘肃省博物馆：《武威皇娘娘台遗址第四次发掘》，《考古学报》1978 年第 4 期；黄展岳：《古代人牲人殉通论》，文物出版社 2004 年版，第 19 页。

③ 徐扬杰：《中国家族制度史》，武汉大学出版社 2012 年版，第 48 页。

④ 恩格斯：《家庭、私有制和国家的起源》，载《马克思恩格斯选集》第 4 卷，人民出版社 1972 年版，第 61 页。

⑤ 任式楠：《中国史前城址考察》，《考古》1998 年第 1 期；曲英杰：《古城址的发现与研究》，《文史知识》1999 年第 11 期。

源于石斧的钺，也由农业工具和狩猎工具迈上了朝武器化方向演进的道路。① 而众多战死者的乱葬坑更是随处可见。② 这一切都表明，战争不仅进入了社会生活，而且成了某些人"经常的职业"。③

因为优质资源短缺，武装争夺便必然呈现你死我活的严峻态势。在河南渑池班村、陕西长安客省庄、河北邯郸涧沟等处的丛葬坑里，死者或身首分离，或肢体残缺，或头部带劈琢痕，或两手、两足交叉，像是被捆缚的姿势，或脊柱严重扭曲，做痛苦挣扎之状，④ 他们应是早期战争的牺牲品，甚至可以确定为惨遭杀害的敌对部族成员。而山东大汶口文化的墓地中，则出现了随葬品相当丰厚、却无墓主人的大型墓葬，这或许意味着，某些冲锋陷阵的勇士或军事首领，连尸体都无从寻觅了。⑤ 正是在战争多发和复仇心理的支配下，将失败酋长之头做成饮器的风俗流行起来。其间不仅蕴含着敌忾情绪，更表明试图通过控制首级以摧毁敌方的战争巫术已经应运而生。⑥ 鉴于山西襄汾陶寺遗址被普遍视为尧都，而晚期文化中又存在城墙被拆除、宫殿被废弃、宗庙被毁坏、祖陵被扰乱和壮丁被杀、妇女被淫的现象，有人结合战国法家著作的记述，认为发生在尧、舜间的权位更迭是激烈斗争的结果，并非出自禅让。⑦ 笔者虽然对匆忙对号入座的做法有所保留，但却不能不相信，这种推测具有极大合理性。因为"人类是从野兽开始的"，"为了摆脱野蛮状态，他们必须使用野蛮的、几乎是野兽般的手段"。⑧ 这一点，任何民族都无法例外。

然而，中国毕竟地域辽阔，活动在同一舞台上的部族号为"万国"，

---

① ［日］冈村秀典：《中国新石器时代的战争》，张玉石译，朱延平校，《华夏考古》1997年第3期。

② 严文明：《黄河流域文明的发祥与发展》，《华夏考古》1997年第1期。

③ 恩格斯：《家庭、私有制和国家的起源》，载《马克思恩格斯选集》第4卷，人民出版社1972年版，第160页。

④ 黄展岳：《古代人牲人殉通论》，文物出版社2004年版，第11页。

⑤ 黎家芳：《从大汶口文化葬俗演变看其社会性质》，载《大汶口文化讨论文集》，齐鲁书社1979年版，第190—202页。

⑥ 孙作云：《中国古代图腾研究》，载《孙作云文集·中国古代神话传说研究》（上），河南大学出版社2003年版，第93页。

⑦ 王晓毅、丁金龙：《从陶寺遗址的考古新发现看尧舜禅让》，《山西师范大学学报》2004年第3期。

⑧ 恩格斯：《反杜林论》，载《马克思恩格斯选集》第3卷，人民出版社1972年版，第220页。

实则多到不可胜数。将敌对者尽行杀戮既难以实现，而依靠本族纯粹的自然发展更不可能在剧烈角逐中脱颖而出，也许还有天然的"同情心"在起作用，所以，以不同形式对顺从者进行吸纳便成为壮大自身的主要途径。渐渐地，尽管依然充满血腥，但"服之而已"却作为"古之伐国者"的主要传统流行开来。① 于是，除了族内分层，在不同族团之间又建立了服的关系。

古人不会预作政治设计，只能利用因系自然生成而最易得到普遍认可的族对臣服者进行编联。什么"黄帝二十五子，其得姓者十四人"，什么颛顼为黄帝之孙，帝喾为颛顼族子，帝尧为帝喾子，帝舜为黄帝远孙，什么"自黄帝至舜、禹，皆同姓而异其国号"，② 其实都是在征服中因不断重组而形成的"仿族组织"，不能判定相互间果真存在血缘关系。"夏启有钧台之享，商汤有景亳之命，周武有盟津之誓，成有歧阳之蒐，康有丰宫之朝，穆有涂山之会"，③ 正是通过编联、朝觐、巡狩、盟会、宣誓效忠和对违令者的惩处，三代国家产生了。但"周之宗盟，异姓为后"的传统又清楚地表明，④ 此类盟会最初不过是宗族会商的延展和扩大。在这样的国家中，一方面是强大的盟主变成了王，他的家室，即王室，变成了凌驾一切之上的公共权力机关；另一方面臣服了的家族则作为次级统治机构或基层社会单位被完整地吸纳到新的管理系统中。

"服之而已"的根本之点是"不尔杀"。可以"尚有尔土"、"宅尔邑，继尔居"、"畋尔田"。某些上层分子还能"迪简在王廷，有服在大僚"。但前提是必须"臣我宗多逊"。倘若"自不作典"，经过再三"教告"，仍"不用我降尔命"者，则要"大罚殛之"，"战要囚之"，"离逖尔土"。⑤ 这正表明，被征者的内部结构虽未触动，其人身却"作为土地的有机附属物跟土地一起被占领"了。⑥ 从杀到不杀前进了一步，所付出的代价则是集体不同程度地被"降为臣"。

① 徐元诰：《国语·越语（上）》，上海古籍出版社1978年版。
② 《史记·五帝本纪》。
③ 《左传·昭公四年》。
④ 《左传·隐公十一年》。
⑤ 《尚书·多士》、《多方》。
⑥ 马克思：《资本主义生产以前的所有制形态》，载《马克思、恩格斯、列宁、斯大林论资本主义以前诸社会形态》，人民出版社1978年版，第321页。

二

既已臣服，就需承担义务。义务繁多，轻重不一，但大致皆可归入服的范畴。"服之而已"的本意就是迫使失败者接受服。

服字甲骨文作，金文作。或谓像用手按跪跽之人，或谓是推跽人于盘，或谓令人乖乖登舟，实皆不杀而迫其做事之会意。故《诗经》郑笺、《礼记》郑注、《山海经》郭注、《史记正义》、《楚辞》王逸注及《尔雅·释诂》等，皆谓："服，事也。"引申为"服事"或"所服之事"。

商代甲骨卜辞所记录下来的事涉及征战、戍守、筑城、省廪、田猎、农业劳动及其他杂役。其中，"叠田"类似古书所谓的籍田礼；"圣田"是垦辟土地；"尊田"是"除田间杂草"或"聚土作垄亩"；"致众步"、"呼众人步"是令人为王挽车推辇；"奏步"于某，是王出行到某地时，既有人为之挽车，又有人为之奏乐。① 到了西周，随着政权职能的延伸和贵族贪欲的膨胀，事的内容也变得日益繁杂。据春秋时重臣、史官的追述及金文所见，起码应有征伐、耕籍、耨获、修城郭、除道、成梁、除门、视途、入材、积薪、监燎、监濯、司火、致饔、献饩、陈刍、展车、脂辖、围马、牧牛、驾乘、击镈、俯磬、缘卢、歌咏及塓馆宫室、张设行屋、执犬、先马走、守宫、执掌膳羞、巡护场、林、牧、虞等名目。② 注家多谓："侯，为王者斥侯也"，"甸，田也。治田入谷也"，"男，任也，任王事"，"卫，为王捍卫也"。③ 实仅抓住了诸项事务中的荦荦大者，并不能反映事的全貌。

多数的事必须调集人力前来始能完成，但也有一些，可令人分头从事，最后向贵族献纳制成品。广义而言，制成品还应包括各地的土产。于是，事在很多情况下就转化成了贡，或者说，服原本就包括事和贡两部分。正因为这样，郑玄注《周礼》时，才有"服贡，缔纮也"、"服物，

---

① 彭邦炯、宋镇豪：《商人奴隶制研究》，载胡庆钧、廖学盛主编《早期奴隶社会比较研究》，中国社会科学出版社 1996 年版，第 133—137 页。

② 《国语·周语（中）》等。

③ 《逸周书·职方解》孔晁注等。

玄纁绤纩也"之类的说法。① 在商代，以下奉物于上叫致、共、登、入、见（献）、工（贡）、示，王室索要贡物叫取、来、至、乞、匄，涉及的物品除奴隶外，主要有麦、稷、牛、马、羊、豕、犬、舟船、弓矢、盐卤、织物、石料、㐭、卣、龟、贝、虎、猴等。② 至西周，常见于文献的贡品是子女玉帛、皮币圭璋、车马甲兵、资粮扉屦、元龟象齿、大赂南金、歌钟镈磬、工匠乐师，乃至白狼白鹿、楛矢石砮及各种玩好等。

接受服就意味着战败者在政治上愿"降为臣"的同时，在经济上也与夏、商、周王室形成了剥削和被剥削的关系。例如，甲骨卜辞所见"入戈五"的卢方，③"来白马五"、"来牛"的奚，④ 西周铜器《中齌》铭文"入（纳）史（使）锡于武王作臣"的福人，《兮甲盘》铭文中既"出其賮（帛）"、"其积"，即丝织品和粮食，又"进人"承担劳役的南淮夷，⑤ 等等，显然都是被打服了的国族。文献谓其"以服事诸夏"，⑥ 其实是说他们都以服的形式臣事了诸夏，与《左传·定公四年》称殷民六族"法则周公"、"用即命于周"、"职事于鲁"是同一个意思。而曾"陷处我土"、直到西周晚期才低下头来的淮夷，则干脆就被称为"服子"和"賮（帛）贿臣"。⑦ 就此点而论，"有服"与"无服"似乎成了一条线，它将两类族团划入两个等级。

只是另一个不争的事实也需引起高度注意，即有服者并不仅限于被征服之人，也同样包括殷、周王室的同族、姻亲或臣宰。如商代率众服事或入贡的，就有子商、子央、子画等诸子，妇井、妇喜、妇良等诸妇，及犬侯、小臣甶等等。商王要调发众人，需通过占卜征得神灵的同意，还常"米众"、"食众"，即为众举行禳灾之祭或给予犒劳，同时，卜辞也未见以众作为人牲的现象，⑧ 说明实际负担劳作的众与商王室或商先王有一定

　　① 《周礼·大宰》、《周礼·大行人》郑玄注。

　　② 彭邦炯、宋镇豪：《商人奴隶制研究》，载胡庆钧、廖学盛主编《早期奴隶社会比较研究》，中国社会科学出版社 1996 年版，第 154—158 页。

　　③ 中国社会科学院考古研究所：《殷墟妇好墓》，文物出版社 1980 年版，第 47 页。

　　④ 《甲骨文合集》9177、9178 甲、乙。

　　⑤ 郭沫若：《两周金文辞大系考释》，上海书店出版社 1999 年版，第 16 页。

　　⑥ 《左传·僖公二十二年》。

　　⑦ 郭沫若：《两周金文辞大系考释》，上海书店出版社 1999 年版，第 51 页。

　　⑧ 彭邦炯、宋镇豪：《商人奴隶制研究》，载胡庆钧、廖学盛主编《早期奴隶社会比较研究》，中国社会科学出版社 1996 年版，第 156、139 页。

的渊源关系，总体上属于一个族类，而有别于被称作丑的奴隶。西周的情况与此类似。如，《左传》说晋侯、曹伯为甸服，郑伯为男服，① 而晋、曹、郑都是王室宗亲。与商之众人地位接近者在周代叫庶人或舆人，要动员这支力量以兴大役，必"俟毕农事"②，而且他们可以用"讴"的形式表达对贵族的不满，通过传语以箴谏王失。他们即使有错，也不能随便杀害，陈国贵族筑城时因"板坠杀人"，而招致激烈反抗，就是明显的例证。③ 由此可知，随着家族的扩大和大小宗关系的形成，以任事和纳贡为主要形式的服制在统治族内部也普遍化了。那么，究竟是先行于内，再推之于外，还是恰恰相反？笔者认为应该是前者，而不是后者。因为如前所言，最初的奴役都是从家内开始的，而古人不会预作政治设计，现成的家族管理模式，就是他们治理国家的最好蓝本。从家内的"有事弟子服其劳"，到族中的"上下有服"，再到用"厥取厥服"、"厥献厥服"来实现对异族人劳动的无偿占有，④ 实际上仍是用族和"仿族"组织对新旧属民不断进行编联。正因为如此，所以周代出自四夷的诸侯便多列为子爵，所谓子者，意谓已是王之假子也。

不过，虽然内外皆有其服，但两者的区别依旧依稀可辨。外族人因武力驱迫才接受了服的剥削，正是在这个意义上，服字才有了降服、屈服、服从的内涵。他们承担的役和贡，可能多带经济性质，而且一定更加辛苦和繁重，所以才会有"东国困于行役而伤于财"、谭大夫作诗"以告病"之类事情的发生。⑤ 而本族内服的产生和推广，则应与杨堃、杨向奎先生介绍过的、普遍流行于世界各地的"保特拉吃"制度有关。在这一传统深厚的旧制中，氏族首领先赠送礼品给亲族，受赠者必须接受，并应在以后加倍偿还。⑥ 今观铜器铭文和文献典籍，周王册命时必伴以赏赐，各级大家长也常有"庇族"、"恤族"的举措，其目的实皆为"收族聚党"，从而使族人对在上位者"无忘职事"，甘心无酬地贡献自己的全付心力，直至"庶民子来"般地成为贵族的附庸。也正是由于血缘联系尚未割断

① 《左传·桓公二年·定公四年·昭公十三年》。

② 《左传·襄公十三年》。

③ 《左传·襄公二十三年》。

④ 《驹父盨盖》（《殷周金文集成》4464）。

⑤ 《诗经·小雅·大东》序。

⑥ 杨向奎：《宗周社会与礼乐文明》，人民出版社1992年版，第238—244页。

和"保特拉吃"习俗影响久远，同族各类有服者才显得地位较高，即使成了最普通的庶人，未经族长允许，也不能随意处置和残害。

服制不仅有内外之别，更有上下之分。国家发展了，事务增多了，久而久之，驻防各地的侯、卫，任重要王事的男和熟化了的被征服者的首领——子，被封为诸侯。率众服役的族长变成了督众履事的司徒、司工、司马或"官司籍田"的小籍臣等等；而负责专供某器、某物的国或族，则被视为车正、陶正、牧正、庖正，或被称作索氏、陶氏、施氏、繁氏、锜氏、樊氏、长勺氏、尾勺氏，可谓之"以服为氏"，连本来的氏名都忘掉了。于是，以诸侯、公卿、臣宰和族长为主体，形成了服制中居于管理地位的上层。由于"主掌其事曰职"，① 这些管理人便有了固定的职和位，并经由周王申命其子孙"更厥祖考服"，而最终变为世官，甚至将其所掌职事标示在族徽中。② 他们还必须穿与自己的服相应的衣和裳，所以，上衣下裳也开始被统称为衣服。但是，成了高管，是否就无须自己动手了呢？否。据《国语·周语（中）》，单襄公曾述周之《秩官》曰：若王吏使于诸侯，"则皆官正蒞事，上卿监之"，"若王巡守，则君亲监之"。《荀子·正论》讲得更明确：天子"居则张容，负依而坐，诸侯趋走乎堂下"，出则"三公奉轭持纳，诸侯持轮挟舆先马，大侯编后，大夫次之，小侯元士次之，庶士介而夹道，庶人隐窜莫敢望视"。这都是合乎情理的真实记录和正确观察，试想，乾隆爷下了江南，巡抚、知府、道台一干人等还能坐得住吗？以此推之，西周铜器《员鼎》铭文中的员为王执犬，《令鼎》铭文中的溓仲为王驭，令及奋先马走，《匡卣》铭文中的匡为王抚象乐，《师嫠簋》和《辅师嫠簋》铭文中的师嫠司博及钟鼓，《大鼎》铭文中的大"以厥友"守卫于王宫门外，等等，均系贵族自身执役之显例。③ 员与溓仲之流应属王的同宗、姻族或可视作王者"假子"的亲信。他们虽已身居高位，却仍甘心亲供驱使，根子仍在于"保特拉吃"的制约和"有事弟子服其劳"的传统影响，与清代"对下是老爷，对上是奴才"的官场恶习尚不完全相同。

---

① 《尔雅·释诂》、《汉书·季布传》注。
② 张光直：《商代文明》，辽宁教育出版社 2002 年版，第 224 页。
③ 郭沫若：《两周金文辞大系考释》，上海书店出版社 1999 年版，第 29、30、82、149、88 页。

　　与上层分子向管理者转化相应，服制所规定的劳作则主要落到了下层民众身上。他们在兵役中或随家族长"刍荛"、"追蓁"，或作为步卒，配合由贵胄子弟构成的车兵；在蒐狩中"取彼狐狸，为公子裘"，只能于"献豣于公"的前提下，"言私其豵"；[①] 在任土功时，"缩板以载"、"度之薨薨"、"筑之登登"，[②] 辛苦备尝；在耕籍田时实际负责"终于千亩"，"耰获"亦复如是，直至"廪于籍东南"；[③] 对于技术含量较高的手工劳动，则由匠人、百工轮流到官营作坊中去服役，已经类似于后世的"番上"，不然，即要求擅长某类技能的家族自备或领取材料，按照规定的"式法"、"度量"及时提供制成品。[④] 总之，由于上古尚无那么多非农专业人士和国家公务人员，商品交换极不发达，贵族所需的一切，无不直接仰赖于力役和贡纳，所以，举凡"生九谷"、"毓草木"、"作山泽之材"、"养蕃鸟兽"、"化治丝枲"、"牧牛"、"圉马"，乃至"膳羞割烹"、"饭米熬谷"、"设几布席"、"进奉酒浆"、"涤濯器用"等等，[⑤] 都会成为普遍劳动者无法逃遁的负担。而且，为了适于当时的管理水平，所有这些又都被分别固定地摊派到各家族，正如孔颖达所说，"任"皆"有常"，"殊于"汉唐间的"不主一"也。[⑥] 于是，和西南少数民族土司统治区流行的做法一样，普通的村邑变成了世袭的送柴庄、送菜村或养马寨，等等。[⑦] 事实上，作为家族成员，庶人还需以助耕等形式，为大宗服"白工"劳役，并"贺其福而吊其凶"，虔心侍奉家族长。他们"明而动，晦而休，无日以怠"，[⑧] 不仅为沉重的体力劳动所困，同时也无任何自由，虽有别于皮鞭驱赶下的典型奴隶，比起有一定的私有经济并独立从事个体劳动的农奴来，又相差甚远。

　　还需关注的是介于上下的中间层。金文所见西周官制多有名同实异者，如走马、膳夫、小臣等，有的地位很高，有的地位较低。专家还发

---

　　① 《诗经·豳风·七月》。

　　② 《诗经·大雅·绵》。

　　③ 《国语·周语（上）》。

　　④ 《周礼·天官·掌皮》、《地官·角人》等。

　　⑤ 《周礼·天官·太宰》等。

　　⑥ 《尚书·禹贡》孔颖达疏。

　　⑦ 《民族问题五种丛书》，载云南省编辑委员会编《阿昌族社会历史调查》，云南人民出版社 1983 年版，第 61—62 页。

　　⑧ 《国语·鲁语（下）》。

现，在同一王世的太史之下，往往存在多个史官；很可能是在西周后期，诸士之上，新设了司士一职。这都充分反映了管理阶层的不断复杂化。另外，重要的贵族之家和属邑中，也有各自的执事人员，如师汤父有司、荣有司、南公有司，及《裘卫鼎》铭所见的"三有司"，《散氏盘》铭所见的矢人有司、散有司，《大盂鼎》铭所见的"邦司四伯"、"尸司王臣十又三伯"，等等。① 有了这些人，王公诸侯及居于中枢的两寮、宰官才能将服制规定的各项任务摊派下去，贯彻到底。

由于各项事务皆有专职掌管，且已固定到各族、各邑分头执行，这就在全天下造成了"通达之属，莫不从服"、"大夫士日恪位著以儆其官，庶人工商各守其业以共其上"的新局面。② 所以，不是别的，正是服，即社会分工和人们在劳动组织中所占的地位，把初始形态的族内依附和族间奴役变成了序列化的等级。"王臣公，公臣大夫，大夫臣士，士臣皂，皂臣舆，舆臣隶，隶臣僚，僚臣仆，仆臣台，马有圉，牛有牧，以待百事"，③ 很像古代天主教中的神父服从主教，副助祭服从神父，襄礼员服从副助祭，驱魔员服从襄礼员，诵经员服从驱魔员，司门员服从诵经员，④ 谁在什么时候干什么，以及必须听从哪些人的指挥，都已规定好了，而且积久成习。故"雨毕而除道，水涸而成梁"，"清风至而修城郭"，"我稼既同，上入执宫功"，及期，四方民众自会"俟尔奋梠"，应时而至。⑤ 甚至连残疾人也各因其所才而有相应的安排，并渐渐形成了"戚施植镈，籧篨蒙璆，侏儒扶卢，矇瞍循声，聋聩司火"和"刖者守门"的传统。⑥ 这种看似简单的分工在早期文明中带来了"国有班事，县有序民"、"上下有服"、"都鄙有章"的管理效果。既然人们在服制中所任之事恒定不变，则民之"少多、死生、出入、往来"皆可通过"审之以事"加以掌控，"治农于籍"、四时蒐狩及由众官所职之事都是习民数的好机会，哪里还用得着"料民"呢？⑦

---

① 张亚初、刘雨：《西周金文官制研究》，中华书局1986年版，第57—58、97页。
② 《荀子·议兵篇》、《国语·周语（上）》。
③ 《左传·昭公七年》。
④ 施治生主编：《古代国家的等级制度》，中国社会科学出版社2003年版，第444页。
⑤ 《国语·周语（中）》、《诗经·豳风·七月》。
⑥ 《国语·晋语（四）》。
⑦ 《国语·周语（上）》。

命服授职要看出身，有时也看能力。这正是某些被征服者可以"有服在大僚"的原因之一。如商贵族在商亡后即不仅有供职于西周王室者，同时也有供职于诸侯国或卿大夫之家的情况。最典型的像担任王国史官、负责掌管威仪的微史家族，为周王执犬的举族首领"员"，同样出自举族、因受匽侯赏赐而作器的"复"，等等，① 似都应归入"殷士肤敏"之列。还有一些仍存实力、具备一定规模的国族，则以客或子的名义被封为诸侯。服讲上下，故可形成班序。同服即同职、同位，且世代相传，长此以往，自会"少而习焉，其心安焉"，并使族间隔阂趋于淡化。甚至普通民众，也会在服事过程中互相接近，以至于我们有时竟无法辨清庶人、舆人的来源和族属。由服制划分的上下之等开始取代血缘联系，是一个历史的进步，这正证明文明发展的路径确实是先转化、后排挤。② 但这种排挤直至西周时期力度仍然十分有限，相反，服的确立依旧要依托在血缘基础上。周人分封的目的是"并建母弟，以藩屏周"，所以，在武王时，"其兄弟之国者十五人，姬姓之国者四十人，皆举亲也"。③ 以后经过册命在朝中有服的重臣，也多为周之同族。周公在《尚书·洛诰》篇谆谆告诫成王：治国时务须顺从"正父"们的意志。并表示他自己要率多子"笃（继）前人成烈（业）"。周王发布文告，辄呼"伯父、伯兄、仲叔、季弟、幼子、童孙，皆听朕言"，④ 每有政令，也通过"以大家达厥庶民及厥臣"的管道予以落实。⑤ 都反映以"正父"、"多子"为首的"大家"才是政权的支柱。被整齐化了的文献仍以"蛮夷要服"、"戎狄荒服"与"邦内甸服"、"侯卫宾服"相对，⑥ 足见族间壁垒更没有完全打破。综而观之，学者多谓殷周的等级是亲亲与尊尊的结合，应不为无理。

① 何景成：《商周青铜器族氏铭文研究》，齐鲁书社 2009 年版，第 248—249、272、276 页。

② 汪连兴：《荷马时代·殷周社会·早期国家形态》，《社会科学战线》1994 年第 5 期。该文认为："国家对氏族制度的关系一般都是先'转化'，后'排挤'，即首先把原始社会的血缘氏族部落基本上原封不动地保留下来，使之转化为隶属于国家之下的统治机构，第二步，才逐渐地用地缘和财产关系来排斥、取代血缘关系。"笔者认为这是文明起源研究中最重要的理论突破。

③ 《左传·昭公二十六年》、《左传·昭公二十八年》。

④ 《尚书·吕刑》。

⑤ 《尚书·梓材》。原文为"以厥庶民及厥臣达大家"，此处语倒，其意实为"以大家达厥庶民及厥臣"。

⑥ 《国语·周语（上）》。

三

典籍关于服的记录所在多有，如《国语·周语（上）》曰："夫先王之制：邦内甸服，邦外侯服，侯、卫宾服，蛮夷要服，戎狄荒服"；《周礼·职方氏》则谓："方千里曰王畿，其外方五百里曰侯服，又其外方五百里曰甸服，又其外方五百里曰男服，又其外方五百里曰采服，又其外方五百里曰卫服，又其外方五百里曰蛮服，又其外方五百里曰夷服，又其外方五百里曰镇服，又其外方五百里曰藩服。"此可分别代表五服说及九服说。[①]诸书试图勾勒殷、周国家的基本架构，凸显上古通过祭祀、朝会"以正班爵之义，率长幼之序，训上下之则，制财用之节"的运作方式，[②]总结用"服物采章以临长百姓"的政治经验，[③]具有一定的史料价值，应当给予足够的重视。

但相关文字的问题也很明显，必须加以辨析。一是过于整齐，存在人为加工痕迹；二是处蛮夷戎狄于王畿及诸夏邦国外围，与殷商、西周各族仍犬牙交错于中土的事实不符，代表的是战国人的历史观；三是将公、侯、伯、子、男系列化，造成服制与五等爵制及分封制等同的错觉，遮蔽了内外上下人各有服的历史真相，淡化了服在等级制形成中的作用。

为了探究服制真相，前辈历史学家早已突破儒学的束缚，提出了各自的新看法。其中主要有：郭沫若先生作《周官质疑》和《金文所无考》，证明金文无此五等爵。顾颉刚先生以甲骨文中的"羌卫"、《矢令方彝》中的"诸侯侯田（甸）男"与文献比照，提出三服说，认为"诸侯是第一级，侯甸男是第二级，采卫是第三级。诸侯是大国，侯甸男为侯的附庸，是小国，皆出于王朝所封。采卫是自己建立的国家（夷狄），或是前代遗存的部落，与当代的王室并无严格的主属关系，只是游离的外围分子"。[④]徐中舒先生以金文与《尚书》中的《酒诰》、《召诰》、《康诰》、

---

① 其他记录服制的书主要有《尚书·禹贡》及《逸周书·职方解》等，前者持五服说，后者持九服说。

② 《国语·鲁语（上）》。

③ 《国语·周语（中）》。

④ 顾颉刚：《昆仑传说与羌戎文化》，载《顾颉刚全集·古史论文集》卷6，中华书局2011年版，第206页。

《康王之诰》相结合，参以辽代的宫卫制和部族制，确定商代外服有侯、甸、男、卫四服，分别在氏族长或家族长，即"邦伯"的带领下，在王朝外服不同的指定劳役，是周人"把殷的甸服变为王畿，由天子直接统治，把侯、卫、男都变成了诸侯"。① 杨向奎先生将《职方氏》与《春官·典命》、《秋官·条狼氏》、《秋官·掌客》、《秋官·司仪》诸条职文仔细比照，发现《周礼》虽有公、侯、伯、子、男之名，但在礼制上，却都是公为第一等，侯、伯为第二等，子、男为第三等，并由此推测，服与贵族所受册命次数有关，而九命、七命、五命之命，则相当于后世的品。② 上述诸大家视野广阔，所用材料来源非一，所得结论也有重要的启发意义。如徐先生首创"指定服役"新概念，杨先生主张从金文册命记录入手研究服制，都为进一步深入开展工作指明了方向。

我们在前两节中已经述及，服制的根子在于"有事弟子服其劳"式的家内奴役，又以构建仿族组织的方式推及被征服者的身上。因此，服的第一特征就是它的普遍性。不仅"庶人工商各守其业"、"隶人、牧、圉各瞻其事"是服，"大夫、士日恪位著以儆其官"、"百官之属各展其物"、③ 臣宰"奔走于王家"、"奔走于公家"，也都是服。甚至天子在祭祀中的"肉袒亲割"之礼，④ 仍是由他对天神及祖先所承担的服转化而来。另外，笔者还怀疑，丧服之服其本意并不单指衣服，而是指个人在家族中的责任，出了五服，责任就小了，对死者的服随之递减或解除。总之，按照内外尊卑和大小宗关系人人都有一定的职事，这才叫上下有服，如果硬把服说成是五等爵制或分封制，无疑就把它的内容大大窄化了。事实上，只有"通达之属，莫不从服"，各色人等"安习其服"，才能使人"无忘职业"和"皆有等衰"，进而达到让"民服事其上，而下无觊觎"的目的，⑤ 维系"下所以事上，上所以供神"的神权统治。⑥ 所以，服虽与五等爵及分封制有关，但本质上却是"人有十等"、"以待百事"式的

---

① 徐中舒：《先秦史论稿》，巴蜀书社 1992 年版，第 73—90 页。

② 杨向奎：《论〈周礼〉》，载《中国古代社会与古代思想研究》（上），上海人民出版社 1962 年版。

③ 《国语·周语（上）》、《左传·襄公三十一年》。

④ 《礼记·郊特牲》。

⑤ 《国语·鲁语（下）》、《左传·桓公二年》。

⑥ 《左传·昭公七年》。

社会等级制度。由于服一般都世袭相传地落实到各家族，由族长负责，率众应役纳贡，这又造成它必然还具有稳定性和集团性诸特征。

服制存在的前提是商品经济不发育，只能通过具体的直接服役和多种实物贡纳来满足统治阶级的需求。同时，由于王畿和诸侯国面积有限，"行其政事，共其职贡，从其时命"，众"听且速"，① 并不觉路途劳顿。故而，王、侯便能顺利地"以大家达厥庶民及厥臣"，把剥削摊派给各个血缘团体。这种古老的统治方式起码延续了一两千年。但物盛而衰，乃理之固然，到了春秋时期，它却不可避免地走上了下坡路。首先，通过兼并，强大的诸侯由"土不过同"变为"有土数圻"，要求方圆数千里内的劳动者亲履其事，不仅本人会因过于遥远而不堪其苦，即便是统治者，也会感到很不合算。其次，由于血缘关系断裂、个体家庭涌现和人口流动加剧，以"有事弟子服其劳"为出发点、以家族为基本单元的服制就会失去存在的基础。另外，商品经济日趋活跃，贵族事神、布政及生活所需也能通过交换弄到手了。与以上诸种情况相伴随，劳动者阶层反抗指定服役的斗争也因没落贵族的贪婪而愈演愈烈。如鲁国的成邑因拒绝替孟孙氏养马而集体叛离；② 卫国因"使匠久"和"使三匠久"发生过两次匠氏暴动；③ 连王城之内也有百工起义；④ 至于靠庶人助耕的各类田庄，更出现了"维莠骄骄"、"维莠桀桀"的荒凉景象。⑤ 迫不得已，各国就只好进行改革，用新办法来取代旧服制。于是便有了齐国的"相地而衰征"，晋国的"作爰田"、"作州兵"，鲁国的"初税亩"、"以田赋"，楚国的"量入修赋"，郑国的"作丘赋"，以及后来秦国的"初租禾"。对于各项举措的理解众说不一，其实，最核心之点却都是用按亩征税代替固定的劳役贡纳和用按地区出兵赋代替由族兵组成的"卫服"。《左传》哀公二年："周人与范氏田，公孙尨税焉。"除税吏抽税和按乘丘出赋外，产品尽归己有，且可支配剩余时间，于是，剥削的量第一次有了比例，人身第一次有了自由度。虽然一切都很初步，但社会毕竟已从漫长的固定、死板状态中挣脱出来，这就极大地激发了人们生产的积极性。所以，与其说春秋战国

① 《左传·襄公二十八年》、《礼记·祭义》。
② 《左传·哀公十四年》。
③ 《左传·哀公十七年》、《左传·哀公二十五年》。
④ 《左传·昭公二十二年》。
⑤ 《诗经·齐风·甫田》。

经济飞跃的原因是井田的垮台，不如说是服制的瓦解。战国人孟子把他仅知其"大略"的三种剥削方式分别配给夏、商、周三代，① 实际情况却是：先有服制中的贡和役，后来才出现了税。

　　人类如果总是长幼不分、男女不分、贵贱不分、上下不分，就无法摆脱野蛮，进入文明。所以，以服为内容的等级划分充当过历史进步的不自觉的工具。但服制意味着对生产者剩余劳动的全部无偿占有，反映了社会产品分配上的不公平，其本质是恶，不是善。随着时代的发展，由服制演化而出的各类等级制度更成为人类进步的障碍。今天，我们即便还不能完全取消等级，也应限制等级，而不是肯定、固化或扩大等级。这才是解决方向道路问题的关键。

（作者单位：陕西师范大学历史文化学院）

---

① 《孟子·滕文公上》。

关于周文王的纪年

张闻玉

惊世的《清华简》逐渐整理出来，《保训》篇算是"文王遗言"，有"隹王五十年，不豫"的记载；《程寤》篇与《逸周书》中仅存篇名相同，证实是已经失传的《程寤》，有"隹王元祀正月既生霸"的文字。这就引起有关周文王纪年的讨论。为探究真相，有必要谈谈笔者的看法。

一

《史记·周本纪》记载，"西伯盖即位五十年"，《尚书·无逸》也说文王"享国五十年"，也就是《保训》篇的"隹王五十年"。周文王在位五十年似不当有任何异议。这里仅涉及两个问题需要明白：文王在位的确切年代，文王是否在位就称"王"？

要明确文王在位的具体年代，首先得弄清楚西周的完整纪年。如果不迷信"断代工程"那个不可靠的结论的话，该怎么办？还是得从文献、从出土器物记载的年代入手。

《史记》的西周纪年，从共和元年（公元前841年）起始才有可靠记录，之前，的确需要详加考证。好在，《鲁世家》完整记载鲁公在位年次，参照《汉书》有关文字，西周总年数还是明白的。这就是：

武王2年+周公摄政7年+伯禽46年（《史记集解》）+考公4年+炀公60年（《汉书》）+幽公14年+微公50年+厉公37年+献公32年+真公30年+武公9年+懿公9年+伯御11年+孝公25年=336年。

司马迁《鲁世家》记"炀公六年"显然误记，班固引证确切，汲古阁《汉书》作"炀公即位六十年"，历代史志如《通志》、《通考》等都遵从"炀公六十年"一说。

明白西周总年数 336 年，从公元前 771 年犬戎杀幽王上推，武王克商当在公元前 1106 年。

当然，支持这一结论的材料还有很多。

《晋书·束皙传》引《竹书纪年》文字"自周受命至穆王百年"。是文王受命，还是武王受命，史家理解不一。从清华简透露的简文看，应当指武王克商。就是说，克商至穆王，百年之数。联系《史记·秦本纪》张守节《正义》云："年表穆王元年去楚文王元年三百一十八年。"查对历史年表，楚文王元年在公元前 689 年，上溯 318 年，穆王元年为公元前 1006 年，加克商"至穆王百年之数"，武王克商还是公元前 1106 年。

记录武王伐纣的文字，权威的是《汉书·律历志》所引《周书·武成》，其文云：

> 惟一月壬辰旁死霸，若翌日癸巳，武王乃朝步自周，于征伐纣。
> 粤若来二【三】月既死霸，粤五日甲子，咸刘商王纣。
> 惟四月既旁生霸，粤六日庚戌，武王燎于周庙。翌日辛巳，祀于天位。粤五日乙卯，乃以庶国祀馘与周庙。

月相定点：既死霸为朔为初一，旁死霸初二，朏为初三；既生霸为望为十五，旁生霸、既望十六，既旁生霸为十七。

不难明白，克商之年的朔日当是：

一月辛卯朔，初二壬辰，初三癸巳。

二月庚申朔，初五甲子。

四月己丑朔，十七乙巳，二十二庚戌，二十三辛亥，二十七乙卯。

以实际天象勘合，与公元前 1106 年完全吻合。实际天象用张培瑜《中国先秦史历表》，表 34 页载：1106，冬至月（子月）辛酉 08h22m，二月（丑月）辛卯 03h53m，三月（寅月）庚申 22h30m，四月（卯月）庚寅 14h42m，五月（辰月）庚申 04h06m，六月己丑 14h55m……

是年建丑，正月辛卯，二月庚申，三月庚寅，闰月庚申，四月己丑……

以实际天象确证，克商之年在公元前 1106 年。

《尚书》记载，涉及周公摄政七年有三个历日：

《尚书·召诰》记："惟二月既望，越六日乙未，王朝步至周，则至于丰。"

《尚书·召诰》记："越若来三月，惟丙午朏，越三日戊申，太保朝至于洛，卜宅。"

《尚书·洛诰》记："戊辰，王在新邑……在十又二月。惟周公诞保文武受命惟七年。"

具体朔日也明明白白：二月乙亥朔，既望十六庚寅，二十一日乙未；三月甲辰朔，初三朏丙午，初五戊申；十二月己亥朔，三十日戊辰。校比张培瑜《历表》，与公元前 1098 年实际天象完全吻合。知周公摄政在公元前 1104—前 1098 年。

周公摄政七年之后，成王亲政三十年，之后，康王在位二十六年。有古文《毕命》载，"惟十又二年六月庚午朏。"史家公认是记康王的。朏为初三，初三庚午，则六月戊辰朔。查对《中国先秦史历表》39 页，公元前 1056 年实际天象：六月戊辰 05h54m，与《毕命》记载吻合。这就证实康王十二年确为公元前 1056 年，亦证武王克商在公元前 1106 年。

《史记·封禅书》载："武王克殷二年，天下未宁而崩。"《逸周书·作雒》载："武王既归，乃岁十二月崩镐，肂于岐周。"武王在位 2 年，公元前 1105 年 12 月崩。武王克商必在公元前 1106 年。

二

于此，武王的在位年代可以推考。

古本《竹书纪年》载："武王十一年庚寅，周始伐殷。"《尚书·泰誓上》："惟十有一年，武王伐殷。一月戊午，师渡孟津。"武王在位元年应该是公元前 1116 年。

文王"享国五十年"，前推 50 年，文王元年应该是公元前 1166 年。

其时，主宰天下的是纣王，不是文王、武王，纣王的纪年更显得重要。今本《竹书纪年》载："五十二年庚寅，周始伐殷。"可以明确，纣王五十二年即武王十一年。

有了这个对应关系，武王元年即纣王帝辛四十二年，即公元前 1116 年。

今本《竹书纪年》载："帝辛四十一年春三月，西伯昌薨。"文王崩于公元前 1117 年，是年为帝辛四十一年，则帝辛元年当为公元前 1157 年。武王克商在公元前 1106 年，知帝辛在位 52 年。就是今本《竹书纪年》所载。

可以明白，古本《竹书纪年》用的是周王的纪年体系，今本《竹书纪年》用的是商王的纪年体系。

同样，今本《竹书纪年》云："（帝辛）四十一年春三月，西伯昌薨。"而《毛诗疏》云："文王九十七而终，终时受命九年。"《毛诗疏》用的文王纪年系统。

事实远没有这么简单，所以还有深究的必要。

《尚书》是集体创作，与《吕氏春秋》、《淮南子》一样，作者是各色人等，内容庞杂不说，文字水平也大相径庭，有的晦涩"佶屈聱牙"，有的晓畅"文辞不古"；篇目繁多，有自创，有改写，有抄录，有编撰，阅读起来并不顺当。仅就纪年来说，也可算五花八门。

涉及文王、武王的纪年，就有一个即位与封王的问题。文王在公元前 1166 年即位，那是文王元年。那是殷文丁时候，文丁乃武乙之子，名托，甲骨文作文武丁。殷王武乙曾赏赐文王父亲季历土地、美玉、良马。文丁时期，周季历勤劳王事，助殷征燕京戎（今山西静乐东北）、余吾戎（今山西长治西北）。文丁命季历为牧师。公元前 1167 年，文丁杀周季历。文丁死，子帝乙即位，金文作文武帝乙。帝乙将其妹嫁姬昌，封姬昌为西伯，得专征伐。帝乙在位二十余年，公元前 1158 年去世。子帝辛即位。帝辛名受，又称纣或受辛。殷商王朝最后一位国君。纣王纪年是明明白白的。元年即公元前 1157 年，即文王十年。

《逸周书·丰保》记："维二十三祀，庚子朔。"历日缺月，以实际天象考求，公元前 1144 年冬至月朔壬寅 13h42m，丑月壬申，寅月辛丑，卯月辛未，辰月庚子 08h44m。从文王元年算，公元前 1144 年正是文王二十三年，可见《逸周书·丰保》是文王记时系统。

《逸周书·小开》记："维三十有五祀，……正月丙子，拜望食无时。"这是文王纪年，合公元前 1132 年，实际天象正月壬戌 01h08m，望日十五，壬戌朔，丙子望，发生"无时"之月食。

纣王无道，囚西伯姬昌，逐商容出朝。囚姬昌时间应该在帝辛三十一年即文王四十年。四十一年，文王于羑里演《易》。四十二年，释西伯，使专征伐，受命称王。《帝王世纪》载："文王即位四十二年，岁在鹑火，文王更为受命之元年，始称王矣。"这就有了受命称王的纪年系统，当然是以受命元年为起点。

今本《竹书纪年》云："三十三年，密人降于周，遂迁于程。"这是帝辛三十三年，即文王受命元年，周文王迁程。

今本《竹书纪年》云："三十五年，周大饥，西伯自程迁于丰。"《逸周书·大匡》载："惟周王宅程，三年遭天之大荒。"这个"三年"，自然是受命称王三年，这与纣王"三十五年，周大饥"是一致的。

今本《竹书纪年》云："三十六年春正月，诸侯朝于周，逐昆夷。"《尚书大传》载："四年伐畎夷。"逐昆夷、伐畎夷是一回事，《尚书大传》用的是文王受命纪年。帝辛三十六年即文王受命四年。

今本《竹书纪年》云："（帝辛）四十一年春三月，西伯昌薨。"《逸周书·文传》载："文王受命之九年，时维暮春，在鄗，召太子发。"《毛诗疏》云："文王九十七而终，终时受命九年。"

不管怎么说，受命称王的纪年系统是不可否定的。

清华简《保训》云："惟王五十年，不豫，王念日之多历，恐坠宝训。……"

这个"惟王五十年"引发出很多问题："提示我们周文王称王的时间并非在其晚年。""使我们怀疑周文王在继位之初即已称王。""如果文王真的是在即位之初就已称王，这将是周代历史上的一个重大事件。"（《走近清华简》第 82 页）

果真周文王继位就称王的话，就足以否定前面引证的诸多传世文献。我们说，仅此一例还不足以支撑"文王继位就已经称王"的假定，否定文献又不可取法。那就看"惟王五十年"该怎么释读了。

其实，清华简《保训》与《逸周书·文传》一样，都是"文王遗言"，只是作者不同，采用的纪年系统不同。《文传》用的义王受命称王的纪年系统，《保训》作者另来一套，那意思也很明白，在周文王的第五十年。强调的是"王"在位已经五十年，不能释读为"称王五十年"。真是差之毫厘，谬以千里啊。

笔者历来认为，否定文献就等于否定了历史，文献有误记、有歧义，只能通过校读来解决，而不能轻易否定。已经发现《史记》文字有不少错误，甚至有自相矛盾的地方，司马迁是照录不改，"立此存照"而已，他是慎重，并非他的糊涂。当今史学家就有以推翻司马迁为荣的，那是相当的浅薄，相当的轻率。

<h1 style="text-align:center">三</h1>

　　还有，清华简《程寤》也值得说一说。《程寤》本是《逸周书》里的一篇，久已亡佚，只存篇目。对照文字，清华简中的一篇正是亡佚的《程寤》。开篇云：

> 佳王元祀正月既生霸，大姒梦见尚廷佳棘，乃小子发取周廷梓树
> 于厥间，化为松柏棫柞，寤惊，告王，王弗敢占，召大子发……占于
> 明堂。王及大子发并拜吉梦，受商命于皇上帝。

　　这个"佳王元祀"应该是指文王受命的元年，而不是文王继位的元年。这就与《走近清华简》作者的见解迥然不同。

　　这其中的"大子发"就足以说明问题。不说"文王百子"，文王嫡妻大姒有十子，在文献上是有名有姓的。这是：伯邑考、武王发、管叔鲜、周公旦、蔡叔度、曹叔振铎、成叔武、霍叔处、康叔封、枏（聃）季载。文王继位元年有太子的话，当是嫡长子伯邑考，轮不到姬发。文王囚羑里期间，纣王杀伯邑考，此后才会有"大子发"。这个元年自然是受命称王的元年，也就是文王继位的四十二年。且，《逸周书》的纪年系统，以上所引，都是使用的受命称王的纪年体系。至于《尚书·酒诰》"惟天降命肇我民，惟元祀"。元祀，还是指文王受命元年。受命称王，意味着天降命于周，即"肇国于西土"。"惟元祀"置于句尾是金文的惯用形式，与置于句首一个意思。《小盂鼎》"佳王卅又五祀"甚至放在铭文篇末。"惟元祀"、"惟王元祀"、"佳王卅十五祀"句法全同，把"惟元祀"理解为"大祭祀"实在是很牵强的。

　　文王、武王的确切年龄，文献中是有记载的。《毛诗疏》云："文王九十七而终，终时受命九年。"《礼记·文王世子》云："文王九十七乃终，武王九十三而终。"河南大学郑慧生教授用上读法解读：文王七十九乃终，武王三十九而终（《历史研究》1997 年第 3 期）。文王、武王都是90 多的高寿，那是后世儒家学人的期许。武王 39 岁终是可信的。武王死时，他的儿子成王还在幼年，周公摄政七年才返政成王。如果 20 岁亲政，

武王死，成王也就 13 岁吧。不可能 93 岁的武王育有一个 13 岁的儿子。从这个角度说，《程寤》的"隹王元祀……召大子发"，把元祀解读为文王即位元年，也是不好理解的。文王继位元年，应该 29 岁了，姬发恐怕还没有出世呢。《程寤》所记，自然指文王受命元年之事。

文中"受商命于皇上帝"，是个"吉梦"，其实就是受命称王的预兆，说的还是受命称王元年之事。

四

涉及文王的纪年，笔者还想说说《逸周书·丰保》。开篇云：

> 维二十三祀庚子朔，九州之侯咸格于周。王在丰，昧爽，立于少庭。王告周公旦曰："呜呼！诸侯咸格来庆，辛苦役商，吾何保守，何用行？"旦拜稽首曰："商为无道，弃德刑范，欺侮群臣，辛苦百姓，忍辱诸侯，莫大之纲福其亡，亡人惟庸。王其祀，德纯礼明，允无二，卑位柔色金声以合之。"王乃命三公九卿及百姓之人曰："恭敬齐洁，咸格而祀于上帝。"商馈始于王。因飨诸侯，重礼庶吏，出送于郊，树砥于崇。

内容很明白，各地诸侯都来到周地。武王在丰邑，黎明时候，立在后庭。武王求问周公旦说："哎呀！诸侯都来庆贺，大家都苦受商王的役使，我们当怎样保国守土，用什么办法呢？"周公旦行叩拜之礼，说道："商王无道，抛弃道德，违背法度，欺侮群臣，辛苦百姓，残忍并侮辱诸侯，只任用逃犯，让莫大的福分亡失。大王要重祭祀，使道德纯正、礼仪周到，诚信不二，以谦恭的心意、柔和的容貌、严肃的态度，团结上下内外之人。"武王就命令三公、九卿及众贵族，说："你们要恭谨整洁，都来祭祀上帝。"祭祀完毕，分赏祭物从武王开始。接着武王宴飨诸侯，隆重招待随从，送他们到丰邑郊外，并在崇墟立了一块石碑做纪念。

这个"王"，笔者理解是"武王"，不是文王。从周公旦的说话语气完全表露出来。周公不是向父王进言，而是有告诫、规劝兄长的口吻。"王"用咨询、请益的口气与周公旦说话，也只能是武王。

　　还有，"王在丰"。《周本纪》记载："伐崇侯虎，而作丰邑。"今本《竹书纪年》云："三十五年，周大饥，西伯自程迁于丰。"纣王三十五年即文王受命称王第三年，文王迁丰邑。从前面纪年"二十三祀"看，不会是记文王之事，因为文王继位四十二年"受命称王"，"终时受命九年"。如果是文王二十三年的话，哪有丰邑？受命称王纪年，更不可能有什么"二十三祀"。

　　问题又来了，是记武王之事，武王又哪来的在位二十三年呢？所以这个"二十三祀庚子朔"就值得考究一番。只有两种可能：要么"维二十三祀庚子朔"是一支错简，传抄中乱了次序；要么文字有误。

　　我们用历术考求"庚子朔"的具体年代，可以使扑朔迷离的史实明朗起来。在文王、武王时代，可供选用的有"庚子朔"的具体年代是公元前1144年、公元前1113年。公元前1144年为文王继位二十三年，似乎吻合"二十三祀"，但与"王在丰"相悖，则不可取，只能考虑公元前1113年。此年为武王继位第四年，即帝辛四十五年。如果从文王受命纪年系统顺延，则为文王受命十三年。历日"二十三祀"应该是"一十三祀"。

　　这就透露一个信息，武王继位后继续使用文王受命纪年系统，没有立即用武王的纪年，大有"代父行政"的意味。主要考量是"王"的称号不能丢，这杆王旗还得竖起来。

　　到了继位第四年，纣王册封姬发为"西伯侯"正式承袭父职，还是"受命称王"，才有"诸侯咸格来庆"，"咸格而祀于上帝"。武王于是在崇墟丰邑举行一场盛大而隆重的庆祝仪式，祭祀天地，宴飨诸侯，树碑纪念。因为来了"九州之侯"，还有他们的从人"庶吏"，还有周地的"三公九卿"、有姓氏的贵族，可以说，轰轰烈烈、盛况空前。这就是《丰保》前段的文字。

　　文王死后，武王在等待商王的正式册封，继续使用文王受命纪年体系，表明是"代父行政"而已。这与后来的伯禽"代父治鲁"有些类似。《鲁世家》载，武王克商后"封周公旦于少昊之虚曲阜，是为鲁公。周公不就封，留佐武王"。《史记》载："武王克殷二年，天下未宁而崩。"于是"（周公）相成王，而使其子伯禽代就封于鲁"。（引自《鲁世家》）到成王亲政，成王正式册封伯禽为鲁侯。《汉书·律历志下》载："成王元年正月己巳朔，此命伯禽俾侯于鲁之岁也。"此前，周公摄政七年，伯禽在鲁的确也是"代父行政"。有武王"代父行政"在先，才有伯禽代父治鲁可施效法。

回过头来看，文王、武王时期的纪年体系弄个明白，《逸周书》以及清华简中涉及的文王、武王纪年就不至于各说各话了。

（作者单位：贵州大学）

从周公"明德慎罚"与治殷措施看周公 与黄学政治思想的关系

（澳门）杨兆贵　　［韩］赵殷尚

"明德慎罚"出自《尚书·康诰》篇。《康诰》篇（包括《酒诰》、《梓材》两篇）① 是记载周公治理殷民、反映他的政治思想、天命思想的重要篇章。周公在篇中提出明德保民、慎罚尚伦等重要主张。明德、保民、慎罚是周公思想的核心，也应是周公治殷措施的纲领。学者对此的研究很多，也探讨了周公与儒家思想的关系。周公与儒家的关系密切，自不待言，但细察周公部分治殷措施和"明德慎罚"思想的内涵，并把它们与黄学德刑并重的政治思想联系起来，可以窥见两者也有密切的关系。拙文拟就此加以论述。在讨论两者关系前，先回顾学者相关的研究成果。

一　研究回顾

这部分从两方面概述研究成果：一从大方向、大背景出发，综述有关周公治殷的措施，一是论述《康诰》篇"明德慎罚"的内涵。

---

① 学者认为，先秦汉儒把《康诰》、《酒诰》、《梓材》视为不可分割的整体。从《韩非子·说林》记载，可见当时《酒诰》尚未从《康诰》中析出，冠以另名。参见杜勇《〈尚书〉周初八诰研究》，中国社会科学出版社 1998 年版，第 36—38 页。又有学者认为，《康诰》在秦季原是三篇，《酒诰》是《康诰》的中篇，《梓材》是下篇，没有这两篇篇名。大约从伏生开始，今本《尚书》才把《康诰》的中、下两篇分成《酒诰》、《梓材》。参见蒋善国《尚书综述》，上海古籍出版社 1988 年版，第 245—246 页。

（一）有关周公治殷的措施研究

这部分可分为两小部分：一是综述周公的治殷措施，二是论述殷人入周后的身份、境遇等变化。

1. 论述周公的治殷措施

周公治殷措施主要包括：吸收、任用殷的贤顺者，分别迁徙殷民到不同地区，安抚殷的普通平民，对殷人进行德政教化等。这方面的论述最多。兹举其荦荦大者，简述如下。

傅斯年《周东封与殷遗民》指出，《周诰》记载周人对殷遗民采取怀柔政策。鲁、卫采取的"启以商政，疆以周索"是殖民政策。周族虽取得统治权，但仍用殷人的旧有礼俗。①

顾颉刚《周人的崛起及其克商》、《周室的封建及其属邦》两文简述周公对商遗民采取的迁徙措施：有的发给新封的诸侯鲁卫，有的驱逐到遥远的地方；周人把那些不肯妥协的势力押搬到洛邑，把另一部分商朝官员迁到镐京北面。②

杨宽《西周史》认为周人对殷遗民的政策可分为武王和周公两个阶段，周公时在平定三监和武庚之乱后，改变武王就地监督的办法，把殷民集中迁移到一定的地点，以便加强监督、管理和使用，因此就有大规模的迁移。③

白川静《西周史略》指出，周人营建新邑，安置庶殷，直接统治他们，并由此控制东方。陕西地区迁入许多本是高雅的彝器文化所有者的东方氏族，这瓦解了殷王朝秩序。周人封建鲁、卫、唐诸国，对所赐殷民保持其原有氏族形态，没有破坏其秩序。④

许倬云《西周史》指出，周人控制殷人的措施，包括把殷人迁到周人直接控制的地区（如陕西），推行强干弱支政策，使东方之士为周所用；在殷商旧地容忍商室残余势力继续存在；在东方分封大批姬姓与姜姓

---

① 中华书局编辑部编：《中研院历史语言研究所集刊论文类编　历史编·先秦卷一》，中华书局 2009 年版，第 55—60 页。

② 两文载《顾颉刚古史论文集》第 2 册，中华书局 1988 年版，第 318—319、333 页。

③ 杨宽：《西周史》，上海人民出版社 1999 年版，第 158—168 页。

④ 白川静著，袁林译，徐喜辰校：《西周史略》，三秦出版社 1992 年版，第 19—26、44—45 页。

诸侯；迁徙大批殷士到洛邑（他们仍保留自己的田宅领地和臣属）。①

杨善群《西周对待殷民的政策缕析》指出，周人没把殷民视为"种族奴隶"，而是采取了区别对待的政策：吸收、任用贤顺的殷贵；授予广大殷民生活份地，赈济贫困者；迁徙、教化殷贵族中的敌对分子。②

刘起釪《周初八〈诰〉中所见周人控制殷人的各种措施》认为周初八《诰》是周公全力解决怎样镇抚控制殷的惨淡经营的历史记录。周公打败三监后，推行治殷的措施：把他们分别迁徙，提出"明德慎罚"主张，任用一些投诚的殷人，强迫殷民修筑洛邑等。③

郝明朝《〈尚书〉中的周公》论述周公治殷措施：要求康叔在卫国寻求殷先哲王的治理方法，严禁饮酒，勤劳王事，不图安逸，把殷民迁至成周。④

潘宏《由〈尚书〉看周初统治政策和商周关系》指出，周初治国思想集中体现在《尚书》，主要有"明德慎罚"思想、"无胥戕，无胥虐，至于敬寡，至于属妇，合由以容"思想、"敬德"、知夏殷覆亡之鉴、"敬天保民"思想。周人对殷遗民采取区别对待政策，制定一系列因循夏商旧制的统治政策。⑤

宫长为、孙力楠《论西周初年的商周关系》指出，周公以"明德慎刑"为原则，注意处理好商周关系，采取一系列措施，取得显著效果。⑥

金景芳《周人是怎样巩固政权的》、杨朝明《周公的历史功绩》主要阐论《尚书大传》"周公摄政，一年救乱，二年克殷，三年践奄，四年建侯卫，五年营成周，六年制礼作乐，七年致政成王"。⑦唯金氏承认周公摄政称王，杨氏则认为周公以冢宰摄政。

吕观盛的硕士学位论文《周初殷遗民管理政策研究》先给"殷遗民"下定义，讨论其来源、数量、分布、对周政权的态度，次论周初管理殷遗

①　许倬云：《西周史》，生活·读书·新知三联书店1994年版，第117—123页。

②　《人文杂志》1984年第5期。

③　《殷都学刊》1988年第4期。

④　《聊城师范学院学报》1998年第3期。

⑤　《东疆学刊》1990年第4期。

⑥　《东北师大学报》2000年第6期。

⑦　金文载氏著《中国奴隶社会史》，上海人民出版社1983年版，第115—129页。杨文载《周公事迹研究》，中州古籍出版社2002年版，第138—163页。按：周公有否称王，历来学界争论很大。

措施，次论周公治殷的原则"分割处理，因民制俗"及其具体措施。①

2. 论述殷人入周后的身份、境遇、流迁等情形

周取代殷成为天下共主，殷人入周后的身份、境遇发生了怎样的变化，引起学者的兴趣。郭沫若提出殷人奴隶说，他在《中国古代社会研究·导论》中认为周人把殷遗当成奴隶。② 他在《奴隶制时代》把殷遗民称为周人的"种族奴隶"。③

胡适《说儒》指出，从周初到春秋时代，是殷文化与周文化对峙而没有完全同化的时代。《大诰》、《康诰》、《酒诰》等篇谈的最大问题是如何镇抚殷民。周民族是统治阶级，镇压下层的被征服被统治的殷民族。殷人沦落为俘虏，做了奴隶、平民。殷七族、殷六族都"职事"于鲁卫，去做臣仆。④ 他的说法有些不符合史实。学者的相关论述已可反驳他的看法。⑤

陈梦家《西周文中的殷人身份》认为殷人存在两个阶层：统治阶层〔又分为几个层次：王；侯、田、邦伯（外服）；百官（内服）；多士（是阶层名，而非官名）〕、被统治阶层（自由的小人；奴隶）。⑥

范文澜《中国通史》第一册指出，"商贵族（士大夫）当了俘虏，被周人称为献（字形亦作𩰊）民、民献、人献或献，他们反对周的统治，所以也被称为顽民或殷顽。"⑦ 朱芳圃《殷顽辨》认为，献当为櫱之省假，《说文》释为"伐木余"。献民或献臣，犹言余孽。《史记》称殷代余孽为余民或遗民。顽民一词，始于汉代。顽、献声近韵同，顽、仪歌寒对转，因此，顽民是献民、仪民的音假。⑧ 易言之，献民、民献、人献、顽民，其意涵相同，无所谓贬称之义。

李民《〈尚书〉所见殷人入周后之境遇》侧重阐述大部分殷人入周后成为周人的奴隶，虽然小部分仍保留自由民身份、贵族地位，或在周王朝

---

①　吕观盛：《周初殷遗民管理政策研究》，硕士学位论文，广西师范大学，2006 年，第 8—40 页。

②　郭沫若：《郭沫若全集》历史编第 1 卷，人民出版社 1982 年版，第 25 页。

③　郭沫若：《郭沫若全集》历史编第 3 卷，人民出版社 1982 年版，第 26—27 页。

④　胡适：《说儒》，远流出版事业股份有限公司 1986 年版，第 15、16、17、19、20 页。

⑤　另，钱穆《驳胡适之说儒》反驳胡说，参见《钱宾四先生全集》第 18 册，联经出版事业公司 1998 年版，第 299—318 页。

⑥　《历史研究》1954 年第 6 期。

⑦　范文澜：《中国通史》第 1 册，人民出版社 1994 年版，第 72 页。

⑧　《中州学刊》1981 年第 1 期。

任职。①

任之《殷民入周后的变与不变》阐述了殷民入周后产生的两种统治方式——鲁与齐优缺特点，认为齐制比鲁（周）制优胜。②

杜勇《周初八诰研究》第七章《殷遗民的社会身份》指出，殷遗民西迁到京畿地区的，无论是作为友民徙居宗周，还是作为仇民迁到洛邑，都没有沦为种族奴隶。封国治下的殷遗的情况也相同，其上层与公室保持婚姻等多方面的联系，不少人还跻身于统治阶层，具有显赫的社会地位。③

李宏、孙英民《从周初青铜器看殷商遗民的流迁》指出，周对商采取怀柔政策，商民身份没有因商朝灭亡而突变。武王对殷的措施，保留了殷商的社会结构、文化传统。殷遗从中原向周边迁徙、扩散，使殷文化与周文化融合。④

彭裕商《周初的殷代遗民》指出，周初被迁洛邑的"殷遗"、"殷顽民"等，其实都是殷代贵族，其中大多数还是与殷王有血缘关系的同姓贵族。⑤

詹福瑞、邓田田《论周公在〈尚书〉中所展现的执政性格》指出，周公治理殷民，劝诫殷民听从教化，有宽宏仁厚一面；不强加周人的风俗制度于殷民，要求管治者依从殷民旧俗、参考殷人旧法，来治理殷民。⑥

（二）有关周公"明德慎罚"思想研究

李元《周公政治思想简论》指出，周公的政治思想包括：保民思想、明德慎刑、勤政、任贤。⑦

巴新生《"明德"——西周领主土地所有权获取方式试析》指出，德的本质是孝，明德就是敬天、孝天。《多士》篇"明德恤祀"将"明德"与"恤祀"对言，足见"恤祀"是"明德"的基本内容。易言之，"孝

---

① 《人文杂志》1984 年第 4 期。
② 《社会科学战线》1998 年第 5 期。
③ 《〈尚书〉周初八诰研究》，第 152—180 页。
④ 《史学月刊》1999 年第 6 期。
⑤ 《四川大学学报》2002 年第 6 期。
⑥ 《湖湘论坛》2011 年第 3 期。
⑦ 《求是学刊》1984 年第 5 期。

天"、"顺天"是"明德"的基本内涵。①

王定璋《"明德慎罚"——〈尚书〉的"以德治国"思想探析》论述周公在《康诰》等篇所表现的"以德治国"思想,包括"明德慎罚"、推行德教德政、"疾敬德"、君主敬德修身。②

李鸣《明德礼治 天下归心——周公法律思想述评》指出,周公的"明德"要求统治者严于律己,勤于政事,力戒骄奢淫逸。"慎罚"即谨慎使用刑罚,它包括《康诰》中所说的施刑准则、刑律的内容。③

桑东辉《明德慎罚与刑罚尚中——政治法律和谐的文化源解读》指出,在中华传统文化的源头最能在政治和法律体现和谐思想的是明德慎罚和刑罚尚中。为政以德和明慎用刑体现了德政与刑政动态平衡下的和谐理念。④

邓田田《试论周公在〈康诰〉中建立的法制体系》指出,周公制法有一套体系,《康诰》"明德慎罚"的思想以"庸庸"、"祗祗"、"威威"三点为关键,其中又以"明德"为主,"慎罚"的中心是"敬明乃罚"。"慎"是周公法制体系的主导思想。⑤

李文晶《从〈尚书·康诰〉看周公的统治思想》指出《康诰》反映了周公明德慎罚、以民为本的德治思想,天人相连的神权思想和居安思危的思想。⑥

薛婷婷的硕士论文《周公和他的"明德慎罚"》分析了"明德"和"慎罚"的内容。⑦

盛亚军《从〈康诰〉看周公"明德慎罚"思想》,指出学者对《康诰》"惟乃丕显考文王,克明德慎罚"一段有五种解释,并说明"明德慎罚"在《酒诰》、《梓材》、《召诰》等篇都有体现,解释周公提出"明德慎罚"的原因。⑧

---

① 《北方论坛》1998 年第 2 期。按:巴氏说德的本质是孝,但没有列举证据;说"明德"与"恤祀"对言,则"恤祀"是"明德"的内容,但对言不等于两者相同。

② 《中华文化论坛》2003 年第 4 期。

③ 《法律史学研究》2004 年。

④ 《北京政法职业学院》2006 年第 3 期。

⑤ 《船山学刊》2008 年第 2 期。

⑥ 《科教文汇(下旬刊)》2009 年第 9 期。

⑦ 薛婷婷:《周公和他的"明德慎罚"》,硕士学位论文,西南政法大学,2009 年,第 16—21 页。

⑧ 《忻州师范学院学报》2012 年第 5 期。

李旻憓的硕士论文《〈尚书·周书〉中的周公思想研究》第五章论述周公"勤政保民的敬德思想"、"慎罚尚伦的法律观点"、"立政唯贤的用人原则"的内涵。[①]

郝明朝《〈尚书〉所见之周公思想》根据《周书》九篇，论析周公敬德保民的天命观、立政唯贤的用人思想、守业艰难的忧患意识。[②]

（三）小结

以上综述了学者研究周公治殷措施与"明德慎罚"的一些学术成果。可见，学者对这两方面的研究较多，唯对周公与黄学的关系则几乎没有探讨。一般而言，学者多认为周公与儒家的关系极其密切，黄学则与黄帝、姜太公有较密切的关系。笔者认为周公与黄学也有一定关系，兹不揣浅陋，草成此文，以就正于博洽方家。

二　黄学政治思想概说

在说明黄学政治思想概说前，先说明道家、黄学、老学与黄老学的关系。

一般来说，"道家"是表达学术宗旨而言的流派、团体，可以包括黄老学，而黄老学不能完全概括道家。[③] 黄学与老学是道家中的两个流派，它们在各方面的看法互有同异。学者认为"马王堆《老子》乙本卷前佚书"或"《经法》等四篇"（简称《黄帝书》）[④] 是黄学的重要典籍、代表。据研究，黄学与老学在师承关系上很难说孰先孰后，两者"道"论

---

① 李旻憓：《〈尚书·周书〉中的周公思想研究》，硕士学位论文，台湾师范大学，2013年，第85—98页。

② 《管子学刊》1998年第2期。

③ 李锐：《道家与黄老辩异》，《中国哲学史》2012年第1期。

④ 裘锡圭认为马王堆《老子》乙本卷前佚书最好称为是"马王堆《老子》乙本卷前佚书"或"《经法》等四篇"，才能反映古籍原貌。见氏著《文史丛稿》，上海远东出版社1996年版，第89页。李学勤则称为《黄帝书》。其他学者或称"黄老帛书"。唐兰甚至还认为它是《汉志》的《黄帝四经》（唐兰：《马王堆出土〈老子〉乙本卷前古佚书的研究——兼论其与汉初儒法斗争的关系》，《考古学报》1975年第1期）。按：唐说是否符合史实，可进一步研究。为行文方便，本文依李说。有关《黄帝书》的作者、成书年代，两岸学者看法纷殊，详见陈丽桂《战国时期的黄老思想》，联经出版事业公司1991年版，第40—46页。

基本相同，但是把"道"应用于人生、社会、政治等方面，两者则有所不同：《老子》强调贵柔守雌，柔弱可胜刚强；《黄帝书》则倡导辨雌雄之节，尊柔而屈刚。《老子》讲道不讲法，强调无为而无不为；《黄帝书》则说"道生法"，强调"不争亦无以成功"。《老子》重自然，主张无知无欲；《黄帝书》则承认人的作用，认为人能顺应自然规律以改造自然。《黄帝书》重视"审名"，《老子》则无。①

黄、老之学既有异同，然而后世连称黄老，究其原因，一是司马迁在《史记》中黄、老不分，混为一谈，使后世产生混淆；二是以"老"代"黄"，且"黄"书一早散佚，以致历代相沿，未生疑义。②

其次，谈谈黄学政治思想概要。学者认为，司马谈《论六家要旨》所论"道家"即指黄学。③他对黄学思想说得简要清楚：④

"道家使人精神专一，动合无形，赡足万物。其为术也，因阴阳之大顺，采儒、墨之善，撮名、法之要，与时迁移，应物变化，立俗施事，无所不宜，指约而易操，事少而功多。"⑤

"道家无为，又曰无不为，其实易行，其辞难知。其术以虚无为本，以因循为用。无成势，无常形，故能究万物之情。不为物先，不为物后，故能为万物主。有法无法，因时为业；有度无度，因物与合。故曰'圣人不朽，时变是守。虚者道之常也，因者君之纲也。'群臣并至，使各自明也……凡人所生者神也，所托者形也。神大用则竭，形大劳则敝，形神离则死。死者不可复生，离者不可复反，故圣人重之。由是观之，神者生

---

① 有关《黄帝书》与《老子》思想的异同，余明光《黄帝四经与黄老思想》第七章有专门论述，详见《黄帝四经与黄老思想》，黑龙江人民出版社1989年版，第139—150页。曹峰《出土文献视野下的黄老道家思想》认为，《黄帝书》里有"老子类型道论和政论"与"黄帝类型道论和政论"两种类型，文载《中国社会科学》2013年第2期。

② 《黄帝四经与黄老思想》，第152页。

③ 《战国时期的黄老思想》，《序》第2—4页，第107页。西汉初年道家有几个流派，思想内容有同异，详见金谷治《汉初道家思潮的派别》，载刘俊文主编《日本学者研究中国史论著选译》，中华书局1993年版，第28—50页。

④ 苏德恺（Kidder Smith）《司马谈所创造的"六家"概念》指出，司马谈以"家"来指代不同流派，在中国思想史上属于首次。"道家"是个综合的新类目。文载《中国文化》1992年第2期。张维华《西汉初年黄老政治思想》详阐司马谈《论六家要旨》对道家的评论，指出道家的主要思想是"虚"、"因"、"静"。文载《中国社会科学》1981年第5期。

⑤ 韩兆琦编著：《史记笺证》，江西出版集团2004年版，第6337页。

之本也，形者生之具也。不先定其神形，而曰'我有以治天下'，何由哉？"①

司马谈此文主要就黄学"务为治者"言，即侧重政治思想。他认为黄学兼儒、墨、名、法、阴阳各家之长，它的思想主要有这几点：

一是"虚"、"动合无形"。"无形"指客观规律、法则。"动合无形"指人君的一切活动（修身、行为、施政等）要符合客观规律（可包括自然规律、自然法）。人君应以自然法为社会秩序的根本，并以此治国。②人君不必增损私意，却可"赡足万物"。这方面涉及君主施政效法天道论、三才观与政治的关系。③

二是"因"——"应物变化，立俗施事，无所不宜"、"俗之所欲，因而立之；俗之所否，因而去之"。有道人君完全遵循客观规律，可随着外在条件（时代、客观事物等）之变而变——"以因循为用"，人君在形动上要顺应客观形势。人君既然要顺应外在环境之变而变，就要"能究万物之情"，掌握万物的本质，这样才能顺应万物的变化，而以"因"为主。因此说："因者君之纲"，强调人君以"因"为施政之纲领。"因"是道家思想的重要内容之一。④黄学强调在政治运作上，要求人君"无为"、臣下有为，人君掌握赏、罚两柄，而"群臣并至，使各自明也"，使群臣在各自的职任中表现其才干，君主循名责实。这就产生君逸臣劳论、功德赏罚论。⑤

三是养神保形。以上三项的目的是为了使人君养神全形："凡人所生者神也，所托者形也。神大用则竭，形大劳则敝，形神离则死。……神者生之本也，形者生之具也。"人君明白政治运作的目标之一是使自己保形

---

① 《史记笺证》，第6338页。

② 有关黄老学对自然法的看法，可参见 R. P. Peerenboom，"Natural law in the Huang-Lao Boshu"，in Philosophy East & West，Vol. 40，No. 3，1990，pp. 174 – 181。

③ 有关这两方面的思想，可参见胡家聪《稷下争鸣与黄老新学》，中国社会科学出版社1998年版，第150—151页；拙著《〈鹖冠子〉新论》，澳门大学出版中心2012年版，第176—177、211—215页。

④ 曹峰在《出土文献视野下的黄老道家思想》中认为，"因"主要表现在两层面，一是天时，一是人性。文载《中国社会科学》2013年第2期。

⑤ 有关黄老学派的君逸臣劳论、功德赏罚论内容，可参见拙著《〈鹖冠子〉新论》，第30—32、34—35、177—179页。

养神，不使自己的形神受到影响。因此，黄学提出人君保形养神论。①

可见，司马谈对黄学的评论，认为人君最重要的是遵循自然规律，掌握客观形势以顺应变化，以"因"为用，以确保人君保形养神。这是黄学政治思想要点。

总而言之，黄学政治思想具有这几个特点：人君施政效法天道、重视三才观与政治的关系，强调以"因"为用，主张人君德刑并重，举贤用能，顺应民心、尊重民智，以使君逸臣劳、人君养神保形。②

三　周公"明德慎罚"说、治殷措施及其与黄学的关系

一般而言，学者认为道家与姜太公有密切的关系，而周公则与儒学的关系密切。班固的看法可视为代表。《汉志》"道家"类记有"《太公》二百三十七篇"。③"道家"类著作中没有提到"周公"或与周公相关的论著。可见，班固已把太公列入道家。《史记·齐太公世家》记太公封于齐后，"太公至国，修政，因其俗，简其礼"。④《鲁周公世家》也记太公说"吾简其君臣礼，从其俗为也"。⑤ 可见，"因俗"、"从俗"是太公在齐国施政的一个重要举措。"因俗"、"从俗"（即"因"）是道家政治学说的一项重要内容。由于姜太公治齐施政重视"因"，因此，班固认为他是道家，而把他的著作《太公》列入"道家"类。

事实上，周公治殷措施与黄学思想有一定的关系。本文主要从《康诰》"明德慎罚"说和周公治殷一些措施来论述两者的关系。

（一）《康诰》"明德慎罚"说与黄学德刑兼用的关系

1. 周公"明德慎罚"解

《康诰》记周公告诫康叔说："惟乃丕显考文王，克明德慎罚，不敢

---

①　详情可参见拙著《〈鹖冠子〉新论》，第177—179页。它包括人君举贤用能、厘定法制、兼重刑德、保形养神这几个内容。

②　有关《黄帝书》的政治思想，可详参《黄帝四经与黄老思想》，第21—55页。

③　班固撰，王先谦补注：《汉书补注》，上海古籍出版社2008年版，第2967页。

④　《史记笺证》，第2200页。

⑤　同上书，第2287页。

侮鳏寡，庸庸，祗祗，威威，显民。"① 关于"明德慎罚"这句话，学者解释很多，兹略举数家看法如下。

一是申公巫臣解为崇德去罚。《左传·成公二年》记申公巫臣说："贪色为淫。淫为大罚。《周书》曰'明德慎罚'，文王所以造周也。明德，务崇之之谓也，慎罚，务去之之谓也。若兴诸侯，以取大罚，非慎之也。君其图之！"② 申公巫臣认为"明德慎罚"是周文王创建周国的重要因素。他解"慎"为"去"，"去罚"即不能贪色犯淫，否则就"非慎"；他解"明"为"崇"，即提高道德修养。可见，申公巫臣解释"明德慎罚"主要是就人君不犯淫而言。这一看法不太符合"明德慎罚"的原意。

二是《孔传》解为重用有德行的人，视明德慎罚为推行教化的内容。《孔传》云："能显用俊德，慎去刑罚，以为教首。"③《孔传》把"明德"解释为有德行的人，意即人君重用有德行的人。"慎罚"解为"慎去刑罚"，意即小心减免刑罚。易言之，刑罚有其存在的合理性，不能随便免去。这样，他认为重用有德者和实施刑罚，同样重要。两者是人君治国的重要手段。此看法和"明德慎罚"原意有所差异。

《大传》引子夏之言来解释"慎刑"，云："子夏曰：'昔者，三王悉然欲错刑遂罚，平心而应之，和，然后行之。'然且曰：'吾意者以不平，虑之乎？吾意者以不和，平之乎？'如此者三，然后行之。此之谓慎罚。"④《大传》认为人君判罚前要心平气和，反复思量，三思而后行，这样才是慎罚。这与《康诰》"慎罚"原意基本相同。

王先谦、孙星衍把"慎罚"解为"缓刑"。⑤ 他们的看法与"明德慎罚"原意也有所差别。

现代学者对"明德慎罚"的理解，基本上认为"明德"就是要求人君提高道德修养，严于律己，勤于政事；周公"敬德"是为了保民。⑥ 至

---

① 本文《尚书》引文据周秉钧《尚书易解》（岳麓书社 1984 年版），不注明页数。

② 杨伯峻：《春秋左传注》，中华书局 1981 年版，第 803 页。

③ 王先谦撰，何晋点校：《尚书孔传参正》下册，中华书局 2011 年版，第 647 页。

④ 《尚书孔传参正》，第 648 页。

⑤ 《尚书孔传参正》，第 648 页。孙星衍撰，盛冬铃、陈抗点校：《尚书今古文注疏》下册，中华书局 1986 年版，第 359 页。

⑥ 杨建华：《论先秦德刑合一的政治观》，《浙江学刊》1992 年第 6 期；宋玉波：《西周初期的"维新"政治思想》，《广西社会科学》2001 年第 5 期；李鸣：《明德礼治　天下归心——周公法律思想述评》，《法律史学研究》2004 年。

于"慎罚",周公在《康诰》里提出使用刑罚的原则和实施准则:谨慎使用刑罚,反对专任刑罚,滥杀无辜:(1)对罪犯分清故意犯罪与过失犯罪、惯犯与偶犯情节,前者从重,后者从轻。(2)主张取消族株连坐,罪止一身。(3)废止炮烙等酷刑,反对乱罚无罪、乱杀无辜。(4)主张刑罚适中,刑当其罪。

学者的析论很不错,但仍有讨论的余地。"德"字在周初的意涵未必如学者所说,即道德修养。① 据学者研究,先秦"德"观念有个发展过程:起初之德,指得于天和先祖,意即由天和先祖所赐而"得";到了周初,"德"指得于制度,意即由分封与宗法制度之规范而"得";战国时期才出现自得于心,意即心得体会。周初周人不仅考虑从天和先祖那里得到什么,而且思考怎样保持这种获取。因此,此"德"主要不是指道德,而是指具体的统治方法或周人具体所得、具体的统治术(怀柔民众)。当然,周公也赋"德"以一些道德内涵,如他宗祀文王,深信文王能膺受天命的原因是他恭敬天命,让民有所"德"(得),使民众得到照顾、好处(此即文王之德)。这个思想比殷商有所发展,殷商认为自己的获取、取得为"德",周公则推己及人,让别人有所获取、取得,也称为"德"。这样,它已经有了道德的内涵。②

周公重视"德",也重视"明"。《周书》载周公好用"明"字,如"明畏"(《大诰》)、"明德"(几篇诰文出现的频率最多)、"明罚"、"明服"(《康诰》)、"明享"(《酒诰》)、"明辟"、"明作(有功)"、"明农"、"明保"、"明光"(《洛诰》)、"明威"(《洛诰》)等。金文也有不少用"明"的,如"明则"、"明德"、"明心"、"明刑"、"明光"。③ 清华简《皇门》也用"明刑"。"明",《吕览·尽数》篇"因智而明之"高

---

① 郭沫若《先秦天道观之进展》就认为"德"是周人所独有的思想,它的意思即《大学》所说"欲修其身者先正其心",包括主观方面的修养和客观的规范(礼)。文载《郭沫若全集历史编第1卷》,第335—336页。

② 晁福林:《先秦时期"德"观念的起源及其发展》,《中国社会科学》2005年第4期;罗新慧:《周代天命观念的发展与嬗变》,《历史研究》2012年第5期;陈来:《古代宗教与伦理:儒家思想的根源》,允晨文化出版公司2005年版,第206—207页。

③ 以上根据中国社会科学院考古研究所编《殷周金文集成》(中华书局1984年版)与张亚初《殷周金文集成引得》(中华书局2001年版)。"明则",见《殷周金文集成》1.157、1.158、1.159、1.160、1.161;"明德"(此例颇多,不赘举);"明心",如《集成》1.247、8.4342;"明刑",如《集成》1.270;"明光",如《集成》15.9735。

诱注："明，智也。"① 清华简《皇门》"肆朕冲人非敢不用明刑"句，"明刑"即明智合理之刑法。周公屡用"明"字，在强调人的理智、运用理智的能力，从而凸显人、人文、理性的重要性。周公既然重视人文，则必重视与分封制、宗法制相融合的"德"：宗法分封之德以及周代社会中每个人都生活其中的"德"。② 因此，周公屡屡强调"明德"。③ 周公强调"明"，既是把自己的思想观念、施政举措与殷人区别开来，以示不同，又显示周以前的刑法有不明智不合理之处。正因周公重视"明"，因此，他强调明德、明刑、慎刑，可见他强调明德慎刑在当时严峻形势下对治国平乱的重要性，又鉴于殷人太迷信鬼神而强调人文精神。④

周公提出"明德慎罚"，把"德"与"罚"并列、对举。学者指出，"'德'是施以恩惠使人柔服。'刑'与'罚'就是暴力惩罚。所以这里的德是指具体地给以恩赏，与具体地给以刑罚相并提的。"⑤ 因此，"明德慎罚"的"明德"指周公怀柔民众的统治术，这和《黄帝书》所说的德、刑相养是相通的。

另外，"明德慎罚"的"罚"应包括"刑"。《康诰》说"义刑义杀"，意即合理的刑罚和所定的合理的死刑。⑥ 此处强调"义"、合理，即强调人运用理智的能力，强调人的人文能力。《无逸》"乃变乱先王之正刑，至于小大"，伪孔传、孔疏都把"正刑"解为"正法"，⑦ 把"刑"训为"法"。⑧《召诰》："其惟王位在德元，小民乃惟刑；用于天下，越王显。"屈万里译此句为："王能作为道德的表率，小百姓们才效法你；照这样施行于天下，那么，王才能光显（美好）。"⑨ 把"越王显"译成

---

① 陈奇猷：《吕氏春秋校释》，学林出版社 1990 年版，第 139 页。

② 晁福林：《先秦时期"德"观念的起源及其发展》，《中国社会科学》2005 年第 4 期。

③ 今文《周书》五诰、《金滕》、《梓材》、《多士》、《多方》、《君奭》、《無逸》共"德"字 57 个。金文有"克哲厥德"1.111，"秉明德"1.187—8、1.247、1.248、1.192、1.238 等。可见周公周人极重视"德"。

④ 徐复观：《周初宗教中人文精神的跃动》，载杜正胜编《中国上古史论文选集》下册，台北：华世出版社 1979 年版，第 1046—1056 页。有关周公"明德"说，可参见杨兆贵《清华简〈皇门〉柬释》，《考古与文物》（待刊）。

⑤ 刘起釪：《尚书校释译论》第 3 册，中华书局 2005 年版，第 1303 页。

⑥ 屈万里：《尚书今注今译》，台湾商务印书馆 1986 年版，第 101 页。

⑦ 伪孔安国传，孔颖达疏：《尚书正义》，北京大学出版社 1999 年版，第 436、437 页。

⑧《尚书今注今译》，第 140 页。

⑨ 同上书，第 122 页。

"王才能光显（美好）"。王能光显美好，意即王通过"德"的修养而使包含在"德"之内的各种关系和睦。

通过以上论述，可知周公"明德慎罚"的内涵基本上是这样的：周公常用"明"字，以表示他尊重天命的同时，也侧重理智、人文。"德"既指周人的具体所得，包括怀柔统治术在内的统治法，又有道德内涵。"明德"指透过理智来实施恩惠给百姓，"慎罚"指根据制刑原则、施刑准则谨慎推行刑罚。这两种统治术多应用在治殷的措施上，比较侧重"柔"面（若殷人反抗，则施以武力）。这是因为周以小邦取代大邑商，为当时情势所迫，周公不能在殷商旧地推行激烈的统治措施，以免激引殷人的强烈反抗。这与下文所论周公施政强调"因"有内在的必然的联系。

2. 黄学德刑并用解

黄学政治论主张文武并用、德刑兼重。《经法·君正》界定"文"、"武"的内涵："因天之生也以养生，谓之文，因天之杀也以伐死，谓之武。文武并用，则天下从矣。"① 所谓"文"是指使百姓得以养生送死、休养生息，应指人君推行惠民的政策；"武"是指以武力强制、镇压、攻伐，应指人君以正义力量，透过武力消除不义的政权。人君要两者兼用，既用武力消除、消灭不义政权，扩大版图，又推行惠民安民政策，使民心归服，如此就能一步一步一统天下。因此说："审于行文武之道，则天下宾矣。"② 文、武是人君统一天下的两种手段。

德、刑与文、武的关系密切。《黄帝书》也强调德、刑，主张从阴阳关系来处理两者关系，认为两者相辅相成、互相依养。③ 《十六经·观》说："正之以刑与德。春夏为德，秋冬为刑。先德后刑以养生……刑德皇皇，日月相望，以明其当……君臣上下，交得其志。天因而成之。夫并时以养民功，先德后刑，顺于天。"④ 《姓争》篇也有一段几乎相同的话："凡谌之极，在刑与德。刑德皇皇，日月相望，以明其当。……天德皇皇，非刑不行，穆穆天刑，非德必倾。刑德相养，逆顺乃成。刑晦而德

---

① 《黄帝四经与黄老思想》，第 250 页。

② 同上书，第 251 页。

③ 学界对《黄帝书》德刑关系有三种看法：德彰刑隐、德主刑辅、重德轻刑。这些说法未必完全符合《黄帝书》语境。详见张增田《〈黄老帛书〉之刑德诸说辨》，《管子学刊》2002 年第 3 期。

④ 《黄帝四经与黄老思想》，第 284 页。

明，刑阴而德阳，刑微而德章。"①《黄帝书》把德与刑放在一起，说明德和刑也都是统治手段、工具。德的内涵与刑相反，德即奖赏，即与惩罚（"刑"）相对的"奖赏"意义上的"德"，也就是《韩非子·二柄》所说的庆赏："何谓刑德？曰：杀戮之谓刑，庆赏之谓德。"此庆赏之"德"是《黄帝书》中的一个重要概念。学者认为，"德"在《黄帝书》尚有其他两种意涵，一指作为"道"落实在具体事物而成就不同事物的各自特性，一指君主的"为政之德"。②

德、刑与文、武的关系如何？学者认为：文是德的体现，武是刑的表征，所以文与武的关系是由德与刑的关系所支配的。③ 依上文所述，文是惠民政策、怀柔策略，武是对内镇压暴力反叛、对外消除不义政权的武力形式，是治国、得天下的两大手段。德、刑则可以是推行惠民、怀柔的政策，包含在文之内，因此，文、武的内涵比德、刑大。

可见，《黄帝书》的"德"有三个意涵：道落实在事物上的特性，人君为政之德，奖赏之德。《黄帝书》把德、刑运用到现实的统治措施上，视之为重要的统治手段，对统一天下起着重要的作用。

3. 周公"明德慎罚"说与黄学德刑并用的关系

据上所论，周公"明德慎罚"说与黄学德刑并用有一定的内在关联。

首先，周公所说的"德"有几个意涵，包括怀柔民众的统治术，让民众得到好处的君德，包括宗法制与封建制在内、社会关系的德。概言之，德主要有政治内涵和个人修养内涵两种。周公要"明德"，即要把这几种"德"落实，以巩固由天命所授的王权（巩固所"得"）。此"德"与天命也有一定的关系。周公强调"明德"，即强调要推行柔顺措施，以嘉惠于百姓；推行和巩固宗法制、封建制，以使百姓能和睦，有利于社会、政治和谐；提高人君的德行，以表率百姓。周公强调"明德"的目的，就是要巩固周人从上天获取的政权。

《黄帝书》成书于战国时期，"德"的观念自然受到战国思潮的影响，而和周公时代有些异同。《黄帝书》认为"德"是从属于本体"道"，是

① 《黄帝四经与黄老思想》，第300页。
② 王中江：《早期道家的"德性论"和"人情论"》，《江南大学学报》2012年第11卷第4期。
③ 《黄帝四经与黄老思想》，第34页。

由"道"落实到万物的一层，此"德"具有形上义。周公所说的"德"，是指由上天所赐之"得"（尤指文王所得），是介于抽象的道德与具体事物之间的一种状态。周公还不能脱离天命来理解"德"。①周公所说的"德"更贴近人生、政治，笼罩了社会各种关系。《黄帝书》的"德"——尤其是人君为政之德与庆赏之德，与周公"德"的意涵比较接近。《黄帝书》的"德"是对周公"德"的继承与发展。周公和《黄帝书》都强调政治（统治）和人君的"德"，都强调柔顺的一面，强调人君德行所发生的作用，强调文化、制度的作用，强调为了巩固政权。也许是《黄帝书》吸收了周公、儒家政治学说（黄学吸儒、墨诸家之长），而周公因了解夏、商历史，能总结夏、殷之亡的历史经验，知道殷王太倚重天命，知道百姓不可侮，因而对殷人的天命观做了修正，要以"德"来济天命之穷，故提出"明德慎罚"，希望得到周人、殷人的支持，来保住周人的"天命"。因此，他对部分殷民采取怀柔统治术。②

周公"慎罚"本来是针对治理卫地的殷遗，要求康叔谨慎使用刑罚，反对专任刑罚，重视犯罪动机、情节，阐述施用刑罚的五项准则、四条刑律，主张刑当其罪。《黄帝书》重视法刑，《尔雅·训诂》"刑，法也"，刑即法。刑和德的地位一样重要，是人君统治国家的手段。不过，《黄帝书》对刑的看法，具有道家特点，说："天德皇皇，非刑不行；缪缪（穆穆）天刑，非德必顷（倾）。"③国家刑罚是对于天道所厌恶的事物进行杀伐。"春夏为德，秋冬为刑。先德后刑以养生。"④德是因天之生而养生，刑是因天之杀而罚死，德、刑是治国平天下、确立权威性的手段，也是对客观规律的表现。这样，周公和《黄帝书》对刑的看法都有现实面，即运用于现实管治中，都是统治手段，以求天下一统。

（二）周公治殷措施与黄学政治思想的关系

本节主要讨论周公一些治殷措施强调"因"，这和黄学强调"因"的看法有一定关系。兹论述如下。

---

① 罗新慧：《周代天命观念的发展与嬗变》，《历史研究》2012年第5期。

② 刘起釪：《周初八〈诰〉中所见周人控制殷人的各种措施》，《殷都学刊》1988年第4期。

③ 《十六经·姓争》，《黄帝四经与黄老思想》，第300页。

④ 《十六经·观》，《黄帝四经与黄老思想》，第284页。

1.《康诰》篇告诫康叔要学习殷代的统治经验，遵从殷人的旧典旧法

周公在《康诰》篇除了向康叔提出"明德慎罚"外，还要求康叔学习殷代的统治经验。他说："今民将在祗遹乃文考，绍闻衣德言。往敷求于殷先哲王，用保乂民。汝丕远惟商耉成人，宅心知训。别求闻由古先哲王，用康保民。弘于天，若德裕，乃身不废在王命。"

周公要求康叔到卫地，要努力听取殷人的治国好意见，遍求殷代圣明先王保养百姓的方法，深思殷商长者揣度民心的明训。此外，他又想了解古代先圣王安定百姓之训示。周公了解夏、商历史，把圣明先王当成治政的典范。《康诰》篇说："我时其惟殷先哲王德，用康乂民作求。"他想着先王的德政，以求安治殷民，并能和他们媲美。

周公既了解历史，又重视传统（包括周人传统、殷人传统）。《酒诰》篇说："文王诰教小子，有正、有事，无彝酒……聪听祖考之彝训。越小大德。"要康叔谨记祖辈的教训，发扬大大小小的美德。可见周公重视包括文王在内所创的人文历史传统。传统能流传下来，有其合理性。周公对殷人治国传统也有同样的态度。周人取殷人之天命而代之，也要因循殷人一些政治传统，因时制宜，加以运用，推行相应的政策，才能治好卫地殷民。殷人政治上有一明显特色，是素重刑罚。《礼记·表记》说："殷人尊神，率民以事神。先鬼而后礼，先罚而后赏。"说明殷人重刑罚。① 周公在《康诰》篇中就强调"汝陈时臬司师，兹殷罚有伦"、"汝陈时臬事罚，蔽殷彝，用其义刑义杀"，要求处理案件时，要宣布法则以管理狱官，根据殷人的常法，采用合理的刑杀法则，这样殷罚就会有条不紊。另外，周公要求康叔遵从殷人的旧典旧法，同时要求被统治的殷人要遵从常典。《梓材》篇说："以厥庶民暨厥臣达大家，以厥臣达王惟邦君，汝若恒。"就要求殷人下自庶民、上至诸侯国君，大家要遵从殷之常典办事。这样，无论从统治阶层（主要是周人）抑或被统治者（殷人），都要依殷人旧典办事。易言之，周公要求康叔在卫国采用殷代合理的法则以治国。

周公这样重视殷法，且要求康叔用心学好它们，这样能正确把握殷人

---

① 殷人重刑罚，详见蒙文通《古学甄微》，巴蜀书社 1987 年版，第 230 页。

刑法的重点，取长补短，把殷法化为周法。这是周公聪明过人之处。① 另外，因为他了解殷人兴亡历史②，亦能因地制宜，认为在卫国采用殷法，才能更好地治理殷民、和谐殷民。所以，他在《梓材》篇说："皇天既付中国民越厥疆土于先王，肆王惟德用，和怿先后迷民，用怿先王受命。"上天既把臣民疆土托付给先王（文王、武王），则他和成王只有施行德政，来和谐、教导殷商那些执迷不悟的遗民，以完成先王从上天那里接受的大命。周王要用道德，以和悦方式去开导那些不能顺服的"迷民"。

以上就《康诰》篇记载周公告诫康叔治理卫国，强调向殷先人和遗老学习殷刑，遵循殷人旧典旧法。这是周公"因"用殷法之一例。

2. 周公部分治殷措施："因"殷之旧

周公克殷之后，推行封建，把殷民分别迁到陕西、洛邑及一些侯国。部分殷民整个宗族迁往这些地方，他们的宗族组织、秩序没有被瓦解，反而被保留下来。《左传》定公四年记子鱼之言说明当时周公封建的情况：

"昔武王克商，成王定之，选建明德，以蕃屏周。故周公相王室，以尹天下，于周为睦。分鲁公以大路、大旗，夏后氏之璜，封父之繁弱，殷民六族，条氏、徐氏、萧氏、索氏、长勺氏、尾勺氏，使帅其宗氏，辑其

---

① 刘起釪：《周初八〈诰〉中所见周人控制殷人的各种措施》，《殷都学刊》1988 年第 4 期。

② 学者对周公的历史观很少研究。简论之，周公掌握殷代典册，他在《多士》篇说"惟殷先人有册有典，殷革夏命"，了解夏商兴亡历史。我们可通过周公批评桀、纣失国，看出他的天命观。他在《酒诰》篇批评纣王：好酒纵乐，宴饮无度；自以为天命在身；不重视臣民所重视、所怨恨之事；大作淫乱，丧失君仪；心地狠恶，不肯怕死。因此上天降下灾祸（灭亡商朝）。《多士》篇指出纣王不敬天，所以上天降祸给殷。《立政》篇批评纣登上帝位，不用上帝的大法，强行把刑徒和暴虐之人，聚集在他的国家里；重用众多亲幸和失德之人，共同治理他的政事。上帝就重重地惩罚他。相反，周能佑助大命，奉行上天的明威，执行王者的诛罚，就取代殷国。因为上天不把大命交给那信诬怙恶的纣王。因此，周人就敬畏天命而行，得到天命。周公在《多方》篇批评夏桀：（1）偏重天命，夸大天命，不能一天努力遵行上帝的教导；不重视祭祀。（2）个人生活过于淫乱，大肆逸乐。（3）习于妇人治理政事。（4）不关心百姓，不慰勉百姓，不使百姓明白归附的道理，不能很好地顺从民众；要百姓进献财物，深深地毒害百姓；大事杀戮，大乱夏国。（5）夏朝风气日差，夏民贪婪、忿戾风气一日比一日盛行，残害夏国。周公对"天命"加入新内容：天命即表现于民心。本来，周公重视、相信天命。但夏桀过于相信天命、依赖天命，以为天命在，则自己就永秉天命，永当君王，可以为所欲为。这和商纣过于相信天命的情况相同。周公认为，若只相信天命，就可永保祚命，则可置百姓于不顾。如今，夏桀、商纣因太过相信天命而亡国，可见，只相信天命而不重视民心，最终会导致政权灭亡。周公有见于此，提出天命的新内涵：天命表现于君王之德与重视百姓，即"敬德"与保民。

分族，将其类丑，以法则周公。用即命于周。是使之职事于鲁，以昭周公之明德。分之土田陪敦、祝、宗、卜、史，备物、典策，官司、彝器；因商奄之民，命以《伯禽》而封于少皞之虚。分康叔以大路、少帛、绪茷、旃旌、大吕，殷民七族，陶氏、施氏、繁氏、锜氏、樊氏、饥氏、终葵氏；封畛土略，自武父以南及圃田之北竟，取于有阎之土以共王职；取于相土之东都以会王之东蒐。聃季授土，陶叔授民，命以《康诰》而封于殷虚。皆启以商政，疆以周索。分唐叔以大路、密须之鼓、阙巩、沽洗，怀姓九宗，职官五正。命以《唐诰》而封于夏虚，启以夏政，疆以戎索。三者皆叔也，而有令德，故昭之以分物。"①

　　周公封建鲁、卫、唐三国，赐给封君的有土地、职官、降民（殷民六族、殷民七族——他们多是有技术的氏族、专门手工者、怀姓九宗等）、车旗、宗彝（备物、典策）、戎器（弓、甲）、玉器（璜）。这三批殷民都是整个宗族一起迁徙过去的。白川静指出，这些殷民仍保持原有的氏族形态、氏族秩序，即"使帅其宗氏，辑其分族，将其丑类"，又宣布"启以商政，疆以周索"的统治方针。东方的封建是在浓厚的氏族秩序遗存基础上实行了多层次管治。② 许倬云的看法基本相同，他并指出，当时周人在各国内部，以周与殷遗及东方旧族结合为基本原则，对于殷周以外的土著，则一方面以商周融合的势力楔入，另一方面以"夏政"、"商政"、"戎索"来迁就当地文化。③ 至于"启以商政，疆以周索"、"启以夏政，疆以戎索"内涵，学者的看法有所分歧。④ 笔者赞成晁岳佩之见，认为"疆以周索"是指"在土地经营管理方面，采用周人的方法"，采用农业生产方式。"疆以周索"不是改变原住居民的生产方式，而是顺应殷人后裔久已习惯的生产经营方式。"启以夏政"也是为了适应周初戎狄部族，"顺应原住居民的生活习惯，维持其正常秩序"。"周索"和"戎索"是两种不同的土地法则，即农业和畜牧业两种生产方式。唐叔推行"戎

---

① 《春秋左传注》，第 1536—1540 页。
② 《西周史略》，第 44—45 页。
③ 《西周史》，第 127、128 页。
④ 学者的看法详见晁岳佩《周索、戎索与周初分封》，《山东师范大学学报》2002 年第 6 期。

索"，是尊重原住居民的游牧生活习惯。①

　　另外，有些殷贵族在周政权机构中任职，有些被任命助祭，他们仍能穿戴殷族的礼服。《诗·文王》："殷士肤敏，裸将于京。厥作裸将，常服黼冔。王之荩臣，无念尔祖？"《礼记·王制》篇"殷人冔而祭"。② 所谓"冔"，杨善群说是殷贵族所戴的礼帽。"荩"，清华简《皇门》篇有"遗父兄众朕荩臣"句，《逸周书·皇门解》孔晁注："进也。"③ 殷人被进用为周臣而参加助祭时，仍能穿戴本族礼服。可见周人对殷贵族习俗的尊重。④

　　周公封建侯国而"因"殷人之旧的，可再举鲁、齐为例。如上文所引《左传》定公四年所载，分配给鲁国的殷民六族，仍保留其宗氏分族组织，帮助鲁侯伯禽，治理商奄之民。稍加补充的是，鲁有亳社，《左传》昭公十年、定公六年、哀公七年等都有记载。定公六年阳虎专政鲁国，"盟公及三桓于周社，盟国人于亳社"，此举的目的是想争取殷人的支持。⑤ 可见自西周初年迄春秋末叶，虽经几百年，但是当地殷人的实力仍然强大，宗族秩序、组织仍然保持良好。鲁公室没有对此加以破坏。

　　齐国被认为是运用"因"很成功的一个侯国。《史记·齐太公世家》载："太公至国，修政，因其俗，简其礼，通商工之业，便鱼盐之利，而人民多归齐。"⑥ 所谓"因其俗"，指沿用原住居民的风俗习惯；所谓"简其礼"，指仍然保留原住居民的礼仪制度，而不强制推行周礼。显然，太公所修之政，是以顺应原住居民的风俗习惯为原则，这与鲁卫"启以商政"、晋国"启以夏政"，在原则上是完全一致的。东土多旧族，齐国"因"其习俗，袭子姓的命名习惯，又尽力组织混合的统治势力。⑦ 也许周公深明推行"因"术而使侯国能尽快在当地立足，并能取得较明显的治绩，因此，伯禽封于鲁，三年后才报政，而太公封于齐，五个月即报

---

　　① 有关学者对"启以商政，疆以周索"、"启以夏政，疆以戎索"的意见综述，及本文对此的解释（依晁岳佩的看法），详见晁岳佩《周索、戎索与周初分封》一文。

　　② 孙希旦：《礼记集解》，中华书局1989年版，第385页。

　　③ 黄怀信、张懋镕、田旭东：《逸周书汇校集注》，上海古籍出版社2007年版，第559页。

　　④ 杨善群：《西周对待殷民的政策缕析》，《人文杂志》1984年第5期。

　　⑤ 史志龙：《周代"亳社"性质考论》，《理论月刊》2009年第3期。

　　⑥ 《史记笺证》，第2200页。

　　⑦ 《西周史》，第136—137页。

政。周公对此深致感慨："呜呼，鲁后世其北面事齐矣！夫政不简不易，民不有近；平易近民，民必归之"。①

另外，周公对那些西徙成族迁进陕西的庶殷，也没有要求他们解散宗族组织。周公在《康诰》、《召诰》、《多士》等篇中再三声明殷商的原有社会结构不必改变。洛邑建立后，不少殷贵族迁居那里，他们不仅没有沦为奴隶，反而仍保留自己的田宅领地和臣属。周公这样做，目的是安抚殷商遗民，也同时利用新邑巩固周人的统治。②

可见，周公推行封建，无论把殷人迁至何处，很多都是整个宗族迁徙过去，周人没有破坏他们的宗族组织。周公如此能"因"殷之旧，其原因何在？学者认为：周人认识到自身实力不足、后盾又相距遥远，新封诸侯要立足封国，只能是尽量不招致原住居民的激烈反抗。因此，周公在《康诰》中着重告诫康叔要"务爱民"、"明德慎罚"，不要把原住居民当作敌人。周公还认识到"政不简不易，民不有近；平易近民，民必归之。"③为政简易，意味着不打乱原住居民的正常生产、生活秩序，尊重他们的风俗习惯，保留他们的礼仪制度，不强制推行周制。因此，周王室推行"启以商政，疆以周索"、"启以夏政，疆以戎索"的治国方针。④周公推行"因"循政策，另一原因是他了解夏、商历史，知道天命不以一族为限，务要爱民，如此，才能巩固从上天所"得"的天命、政权。历史证明，周公根据当时现实而制定原则、措施，使新侯得以立足封国，并能起着藩屏王室之用，同时促进民族融合，使中国社会发生了重大变化。

3. 周公治殷措施与黄学"因"术的关系

黄学重视"因"。"因"可以说是黄学、《黄帝书》政治学说的核心之一。司马谈在《论六家要旨》已说了："虚者道之常也，因者君之纲也。"指出黄学思想以"虚"为本，以"因循"为用。"因"就是根据客观事物的变化而变化，因此，讲"因"也重视"时"。《黄帝书》重视"因"，提出三"因"——"因天"、"因地"、"因民"：

---

①　《史记笺证》，第 2287 页。

②　《西周史》，第 117、123、125、140 页。

③　《史记·鲁世家》。

④　晁岳佩：《周索、戎索与周初分封》，《山东师范大学学报》2002 年第 6 期。

《称》篇提出"因天"云:"圣人不为始,不专己,不豫谋,不为得,不辞福,因天之则。失其天者死,欺其主者死,翟其上者危。"① 圣人(明君)谋事行事,不先动,不偏执,要等待适当的天时,若天时未到就不预先谋划,天时到了就不能失去,如此,才不会错过福祥。明君要因顺上天法则,否则政权就灭亡。可见,人君既要重视天道,又要抓住时机。《称》篇又说:"毋先天成,毋非时而荣。先天成则毁,非时而荣则不果。"② 这里本来是说植物不能违背自然生长规律而提前成熟,而到开花时就能茂盛,意即"时"的重要性。这里引申到人事,则指人君要把握好时机,不要提前,也不要错过,如此,时机一成熟,就能成功,否则会失败。《观》篇云:"为人主者,时窒三乐,毋乱民功,毋逆天时。然则五谷溜熟,民〔乃〕蕃滋。君臣上下,交得其志。天因而成之。"③ 明君若根据四时不同而分开农、战,农忙时不用兵,如此,农业生产增加,百姓生活富足,君臣上下和谐,得到上天保佑。

《四度》篇直接提出"天时"两字:"因天时,伐天悔,谓之武。武刃而以文随其后,则有成功矣,用二文一武者王。"④ 这里强调明君要顺应天道,就能诛伐必然要灭亡的国家。武力成功后,明君再以文德安抚,就能一统天下。可见,"时"在用兵中起着重要的作用。

《兵容》篇也说"天时"、"时"在作战中起着重要的作用:"圣人之功,时为之庸,因时秉〔宜〕,〔兵〕必有成功。圣人不达刑,不襦传。因天时,与之皆断;当断不断,反受其乱。"⑤ 明君(圣人)只要善于把握"时",因顺天时、把握时机,就能作战成功;否则反取其祸。

《称》篇提出"因地"、"因民"的看法,说:"因地以为资,因民以为师。弗因无神也。"⑥ 人君行事,除了要因顺自然天道,也要因任地宜以为资财,因顺民心以为师旅,如此才能成功。相反,人君若好大喜功,

---

① 《黄帝四经与黄老思想》,第 321 页。

② 《黄帝四经与黄老思想》,第 326 页;解释参见陈鼓应《黄帝四经今注今译》,台湾商务印书馆 1995 年版,第 445 页。

③ 《黄帝四经与黄老思想》,第 284 页。

④ 《黄帝四经与黄老思想》,第 261 页;陈鼓应:《黄帝四经今注今译》,台湾商务印书馆 1995 年版,第 172 页。

⑤ 《黄帝四经与黄老思想》,第 305 页。

⑥ 同上书,第 326 页。

借助民力，而违反天道，则国家岌岌可危，《兵容》篇说："荓荓阳阳，因民之力，逆天之极，又重有功，其国家以危，社稷以匿，事无成功，庆且不飨其功。此天之道也。"①

可见，《黄帝书》认为明君把"因"应用在政治、军事、农耕等方面，都能收到良好效果。很明显，"因"是黄学政术的核心概念之一，黄丽桂说："一切表面上消极无为的黄老之术所以含蕴无比的韧度，以成就'无不为'的积极事功，关键也就在这个'因'字之上。"②

周公的治殷措施强调"因"，和黄学"因"的内涵在某些方面有一致性。周公治殷措施主要是在政治方面，内容包括封君建国，要求诸侯学习、遵从殷先王治殷之道（治政和刑罚之术），保存、尊重殷宗族的礼俗、宗教、组织等。这和黄学认为人君安排好人事，要自觉遵法守法，表率臣民，因故事成法、因法守职的看法是相同的。③ 当然，周公的"因"主要运用在治殷的一些措施上，他的其他措施不是以"因"为主。黄学的"因"内涵比较广泛，它还包括要求明君效法阴阳、四时运行的自然规律，把社会、政治等关系归于"因"的范畴内。黄学强调因应之术以"虚无"为本，司马谈说"虚者，道之常也"，则黄学因应之术背后还有"道"为之支撑。周公用"因"，只是在现实政治层面上，对殷人采取以简驭繁、以少驭多之术。他强调"明德慎罚"，他所说的"德"与天有相关的内在联系，但此"天"和黄学的"道"的内涵不同。另外，黄学已有一整套宇宙形成说（道论），并以此宇宙形成说来论述其政治理论。这点也是周公所没有的。

四　总结

孔子说："周因于殷礼，所损益，可知也。"④ 孔子从商周整个礼乐文化发展的背景指出周礼对殷礼的继承、取舍。事实上，从周公的治殷措施上也可见周公对殷人的"因"治之术。周公推行"因"应之术，可能因

---

①　《黄帝四经与黄老思想》，第305页。

②　《战国时期的黄老思想》，第106页。

③　张维华：《西汉初年黄老政治思想》，《中国社会科学》1981年第5期。

④　《论语·为政》。

为周人刚代殷而有天下，彼此的实力尚有差距，周人不可能完成以武力统治殷人，以逼其就范；也因为周公深谙夏商历史，总结历史经验，强调以德施政，主张天命靡常，周人取代殷人，是天命所移，也是周人（尤其是周文王）修德所致。因此，周公治殷措施中有采取怀柔之术的，要团结友邦，减少叛乱，并继承商代文化。周公提出"明德慎罚"，实行一些治殷措施，取得显著的成效。他的这些思想、行动，和战国时期的黄学在一些内容上相同。黄学应该受到周公的影响。当然，黄学盛行于战国，带有战国道家思想的色彩，如重视天道、强调阴阳的作用，这些观念是周公时期所没有的。黄学在形成过程中，善于吸收百家之长，作为儒家理想人物的周公，其思想、治政等，应该被黄学注意、重视、吸收。两者的关系应该很明显。

（作者单位：杨兆贵　澳门大学；赵殷尚　韩国培材大学）

楚王践祚易名相关问题研究

李世佳

楚王践祚易名，是一个值得重视的问题。目前为止，学术界关于这方面的研究成果甚少，所见的也仅是在论著中偶有提及，[①]并没有对此进行专门的考究，故诸多问题尚待做进一步深入的探讨：1. 是否所有楚王在践祚后皆要易名？换言之，楚王在何种情况下需要践祚易名？2. 楚国此一习俗最早始于何时？又何时终止？3. 楚王践祚易名居于何种考虑，有何内在含义？

本文拟在传世文献的基础上，并结合一定的出土材料，就上述问题展开研究，以期在楚史、楚文化研究方面有所推进。不当之处，尚祈方家不吝赐正。

一　楚王践祚易名的肇事者——熊延

征于史籍，楚王践祚易名最早盖可上溯至西周后期、当周厉王之时的楚君熊延。

楚，立国于西周初年，周成王"举文、武勤劳之后嗣，而封熊绎于楚蛮，封以子男之田，姓芈姓，居丹阳"。熊绎五传（熊艾、熊䵣、熊胜、熊杨）至熊渠，《史记·楚世家》有如下一段记载：

> 熊渠生子三人。当周夷王之时，王室微，诸侯或不朝，相伐。熊

---

① 关于楚王践祚易名的研究成果，主要集中在《春秋》、《左传》等传世典籍的注本当中，如杨伯峻先生的《春秋左传注》，日本学者竹添光鸿先生的《左氏会笺》。

渠甚得江汉间民和，乃兴兵伐庸、杨粤，至于鄂……乃立其长子康为
句亶王，中子红为鄂王，少子执疵为越章王……后为熊毋康，毋康蚤
死。熊渠卒，子熊挚红立。挚红卒，其弟弑而代立，曰熊延。

上文"后为熊毋康"条下，《史记集解》引徐广之言："（熊毋康）即渠
之长子（康）。""子熊挚红立"条下，《史记索隐》曰："（熊挚红）如此
史意即上鄂王红也。"① 又《史记·三代世表》曰："熊延，红弟。"② 据
此前后对照分析所引史料，其记载有抵牾之处：一者，言"熊渠生子三
人"，即熊渠仅有三子，长子毋康、中子挚红、季子执疵是也。这一点
又多见于其他典籍，如《大戴礼记·帝系篇》云："自熊渠有子三人，
其孟之名为无康，为句亶王；其中之名为红，为鄂王；其季之名为疵，
为戚章王。"注："'疵'应从《史记·楚世家》作'疵'。"③ 再者，又
言"熊延"是熊渠中子挚红之弟，见于《世本》 "熊延"亦是熊渠
季子。④

综合上面两条信息，似乎熊挚红有两弟（执疵、熊延）、熊渠有四子
（熊毋康、熊挚红、执疵与熊延），然《楚世家》记载熊渠仅"生子三
人"。合理的解释为熊延、执疵（或简称"疵"）是一人。

执疵（或"疵"）是即位前所用之名；"弑而代立，曰熊延"，即执
疵践祚旋易名曰熊延。

披读楚史可知，熊延既是楚公子践祚易名的肇始者，亦为楚立国以来
通过弑杀之非正常手段上位的第一人。这两者之间是有内在联系的，此点
又涉及笔者要讨论的第二个问题：楚公子一般是在何种情况下始践祚
易名？

二　熊延以后楚公子践祚易名情况分析

熊延以后，楚公子践祚易名的史实，主要集中在春秋段的楚史。

---

① （汉）司马迁：《史记》卷40《楚世家》，中华书局1959年版，第1692—1693页。
② （汉）司马迁：《史记》卷13《三代世表》，第503页。
③ （清）王聘珍撰，王文锦点校：《大戴礼记解诂》卷7，中华书局1983年版，第128页。
④ （汉）宋衷注，（清）秦嘉谟等辑：《世本八种·秦嘉谟辑补本》，中华书局2008年版，
第46页。

　　楚武王十九年（前722年）《春秋》起笔，至鲁哀公十六年（前479年）《春秋》绝笔，中间有武、文、杜敖、成、穆、庄、共、康、郏敖、灵、平、昭、惠十三王。值得思考的是此十三楚王在践祚后都要易名耶？细加分析，我们认为事实并非如此。举例而言，《左传》鲁哀公六年（前489年）载：楚昭王卒于城父，楚人"逆越女之子章立之"。杜注："章，惠王。"① 知楚惠王即位前为公子时，名"章"；登基以后其名未改，这一点在出土资料中得到证实。

　　1978年在湖北随州曾侯乙墓内出土1件镈钟，钲部有3行计31字铭文，如下：

　　　　惟王五十又六祀，返自西阳，楚王酓章作曾侯乙宗彝，奠之于西阳，其永持用享。

"祀"，年也，"王五十又六祀"即"王五十六年"。在楚王自作之器上有如此确切的纪年，甚少见。"酓"、"熊"音同，"酓章"即是"楚惠王"，学界认识一致。楚惠王在位57年（前488—前432年），这是他卒前一年从曾国都城（西阳）归郢之后所作器，以馈赠曾侯用于宗庙祭祀。死前一年，楚惠王尚名"熊章"，与为公子时之名相同。因此，我们得出结论惠王终其一生未易名。

　　综上，并非所有楚公子在践祚后皆易名，易名之举大概需要一定的历史条件。考察此又与楚王位继承制度密切相关，故我们首先对楚国王位继承制度做一简略说明。

（一）楚国王位继承制度与易名之关系

　　关于楚国的王位继承制度，学界分歧较大，目前主要有以下四种说法：

　　（1）童书业、姜亮夫、赵锡元三位先生主张西周至春秋初、中期楚

---

　　① （晋）杜预注，（唐）孔颖达疏：《春秋左传正义》，载（清）阮元校刻《十三经注疏》（附校勘记及识语），浙江古籍出版社1998年影印本，第2161页。

国君位是少子继承。①

　　（2）杨升南②、何浩③、罗运环④、刘玉堂⑤、钱杭⑥等先生认为楚国的君位基本上是嫡长子继承制。

　　（3）李玉洁认为楚自楚武王其王位继承制度才开始向父子继承制转化，至楚平王、昭王时，嫡子继承制确立。⑦

　　（4）唐嘉弘先生指出楚国君位继承是一种遵循楚君意志，从直系诸子（不论嫡、庶）中预定接班人的"立王制"，但在一定情况下更加重视幼子的继承权。⑧

　　实际上，无论上面何种观点，有两点是肯定的：其一，春秋时期，尤其是在早、中期，楚国王位继承制度并不完善，嫡长子继承制并未牢固确立。叔弑侄立及兄弟代立的情况时有发生。《左传》鲁昭公十三年（前529年）记载，楚共王有宠子五人，埋璧于大室之庭，曰："请神择于五人者，使主社稷……当璧而拜者，神所立也，谁敢违之。"借助神意来卜择继承人，本身即反映了君位传承制度的不完善。其二，在同等条件下，楚国更加重视少子的继承权。《左传》鲁文公元年（前626年）记载，楚成王欲立商臣为太子，访诸令尹子上（斗勃），子上谏言楚成王："楚国之举，恒在少者。"又鲁昭公十三年（前529年）《传》记晋国叔向之言，曰："芈姓有乱，必季实立，楚之常也。"

　　楚公子践祚易名情况时常发生，即是这种不完善且重视少子继承权制

_____

① 参见童书业撰，童教英导读《春秋史》，上海古籍出版社2003年版，第67页；姜亮夫《三楚所传古史与齐鲁三晋异同辨》，载安徽省考古学会编印《楚史参考资料》，第314—315页；赵锡元《论商代的继承制度》，《中国史研究》1980年第4期。按：童书业先生考证，"在春秋时不甚遵行嫡长子继承制的据现在所知有三国"，楚即其一，"楚国初年多行少子继承制"。姜亮夫先生指出：楚国继室多在少子，"此与当时通行立嫡以长之宗法制，完全相反，盖殷人继室之遗也。立嫡长为周之宗法制度精义所在，而立少则为以牡盛为贵之制，此亦民族社会之正常现象。楚不受（或少受）周宗法制之限制，本其故习，实多在少者，故与三晋、齐、鲁异矣"。赵锡元先生认为，楚与殷商有着密切的联系，商王朝所实行的幼子继承制度，也深刻影响着楚国，"楚国曾经实行过幼子继承制，而这种继承原则，到春秋时代犹变相存在着"。

② 杨升南：《是幼子继承制，还是长子继承制？》，《中国史研究》1982年第1期。

③ 何浩、张君：《试论楚国的君位继承制》，《中国史研究》1984年第4期。

④ 罗运环：《论楚国家的形成》，《江汉论坛》1986年第7期。

⑤ 刘玉堂：《楚国社会经济演进轨迹鸟瞰》，《江汉论坛》1996年第3期。

⑥ 钱杭：《周代宗法制度史研究》，学林出版社1991年版，第145页。

⑦ 李玉洁：《楚国史》，河南大学出版社2002年版，第200—201页。

⑧ 唐嘉弘：《论楚王的继承制度——兼论先秦君位传袭的演变》，《中州学刊》1990年第1期。

度的外在表现。

（二）楚公子非顺位继承者践阼易名

我们认为或少子，或嫡子，或其他直系子孙，在得到楚王或统治阶层允许的情况下和平践阼，俱是顺位继承。反之，无前王许可而通过弑杀、政变等手段上位者，皆可视为非顺位继承。楚国王位继承制的不完善，使诸弟、子践阼机会均等，非顺位践阼的情况时有发生。揆诸史籍，非顺位践阼的楚公子在其登基之后所做的第一件事情即是易名。

执疵弑而代立，易名熊延，实开先例。于上面所述《春秋》楚十三王而言，非顺位继承者有武、成、穆、灵、平五王。其中明确可查践阼易名的有灵、平二王。《左传》鲁昭公元年（前541年）有楚公子围弑君篡位一事的记录，云：

> 冬，楚公子围将聘于郑，伍举为介。未出竟，闻王（郏敖）有疾而还。……十一月己酉，公子围至，入问王疾，缢而弑之，遂杀其二子幕及平夏……楚灵王即位……

杜注曰："灵王，公子围也。即位易名熊虔。"① 楚公子即位易名以后，其之前为公子时名当废而不再称用，故至鲁昭公十三年（前529年），楚灵王卒，《春秋》经但书曰："（公子比）弑其君虔于乾溪。"而不再以"围"称之。

继灵王而享楚国祚的楚平王，即位过程亦不光彩。其先与公子比合谋攻入郢都，迫死灵王。待楚立公子比为王，又利用楚国人不闻灵王之死而畏其复来的心理，夜使人诈称"灵王至矣"，结果公子比自杀，史称其"以诈弑两王而自立"②，"残忍悖逆，莫此为甚"。③ 平王践阼，《左传》言："弃疾即位，名曰熊居。"显而易见，楚平王即位之前名"弃疾"，享祚后旋改名曰"熊居"。在位十三年，至鲁昭公二十六年（前516年）楚平王卒，《春秋》曰："九月庚申，楚子居卒。"亦不见其言"弃疾"。单称"居"，而省略"熊"字，盖"以熊为楚君世代之名，故略之，犹楚灵

---

① （晋）杜预注，（唐）孔颖达疏：《春秋左传正义》，第2026页。
② （汉）司马迁：《史记·楚世家》第5册，中华书局1959年版，第1709页。
③ （清）高士奇：《左传纪事本末》第3册，中华书局1979年版，第697页。

王名熊虔，亦但称虔"。① 日本学者竹添光鸿先生进一步说道，"熊是世袭"，犹"莒之舆"，莒"展舆"可简称为"莒展"，故"熊"亦可略焉。②

此外，武王（前 740—前 690 年）、成王（前 671—前 626 年）、穆王（前 625—前 614 年），亦皆属于弑前君或前君之子进而践祚的非顺位继承者。楚武王之名，《史记·楚世家》作"熊通"："蚡冒弟熊通弑蚡冒子而代立，是为楚武王。"有时"熊通"亦作"熊达"，《左传》鲁文公十六年（前 611 年）在"先君蚡冒所以服陉隰也"条下，杜预注、孔颖达疏皆云楚武王名"熊达"。③ 张澍所辑《世本·居篇》曰："又按《史记·楚世家》：蚡冒卒，弟熊达立，是为楚武王。"④《汉书·地理志下》："后十余世至熊达，是为武王。"⑤ 又《通志·都邑略第一》："楚都丹阳，周成王封熊绎以子男之田，盖居于此，至熊达始盛强僭称王，是为楚武王。"⑥

再者，楚武王之名亦见于清华简《楚居》第 7 简，如下：

……至武王酓䢵自宵徙居免……

"酓䢵"，清华简的整理者指出："䢵字，左侧所从为舌之繁体。"⑦ 然而并没有对该字之构形本意做分析，亦无对出土材料与传世文献所载楚武王之名的歧异作出解释。苏建洲先生对于䢵字有新的释读：简文中的酓䢵其正是典籍中的"熊达"。⑧

关于"通"、"达"二名之间的关系，清学者梁履绳《史记志疑》认为"盖今本误"。⑨ 谭介甫先生考证："通达二字的意义互相适应，故熊达

---

① 杨伯峻：《春秋左传注》（修订本）第 4 册，中华书局 1990 年第 2 版，第 1469 页。

② ［日］竹添光鸿：《左氏会笺》第 4 册，巴蜀书社 2008 年版，第 2037 页。

③ （晋）杜预注，（唐）孔颖达疏：《春秋左传正义》，第 1859 页。

④ （汉）宋衷注，（清）秦嘉谟等辑：《世本八种·张澍稡集补注本》，中华书局 2008 年版，第 38—39 页。

⑤ （汉）班固撰，（唐）颜师古注：《汉书》，中华书局 1962 年版，第 1665 页。

⑥ （南宋）郑樵：《通志·都邑一》第 1 册卷 41，浙江古籍出版社 2000 年版，第 554 页。

⑦ 清华大学出土文献研究与保护中心编，李学勤主编：《清华大学藏战国楚竹书（壹）》，中西书局 2010 年版，第 187 页。

⑧ 苏建洲：《〈楚居〉简 7 楚武王之名补议》，2011 年 1 月 13 日，复旦大学出土文献与古文字研究中心（http：//www. gwz. fudan. edu. cn/SrcShow. asp？Src_ ID＝1380）。

⑨ （清）梁履绳：《史记志疑》（下），中华书局 1981 年版，第 1008 页。

当是武王之名，熊通当是武王之字。"① 罗运环先生同："其实'通'、'达'二字字义相近，或许就是一名一字。称熊通或作熊达均当不误。"②

笔者认为，"通"是楚武王为公子时名，践祚易名曰"达"。

楚穆王即位前称"大子商臣"③，即位以后所改称之名并未见于文献记载，可喜的是地下出土材料正好可以弥补这一方面的缺失。传世青铜器有"楚王领钟"，有 5 列 19 字铭文，如下：

惟王正月初吉丁亥，楚王领自作铃钟，其聿其言。

关于楚王领的身份问题，刘彬徽先生考释，"此钟的相背双龙纹和春秋早期的秦武公（前 697—前 678 年）钟的同一部位纹样较为接近，但楚王领钟的龙躯内已有涡云形填纹"，"这种涡云形填纹为时代偏晚的特征"，推定其年代范围在公元前 678—前 600 年之间，而在这一时间段内的楚王有杜敖、成王、穆王、庄王，楚王领与杜敖、成王、庄王名均不符，唯有穆王商臣即位后所改称之名未见于史书记载，因此，楚王领钟盖是穆王之钟。④ 换言之，穆王即位后，其名宜由先前的"商臣"而易曰"领"。

楚成王情况比较特殊，其既是非顺位继承者，又属于幼冲践祚者。

（三）楚公子幼冲即位、权臣当政，待其至成年执政一般亦要改名

"楚国之举，恒在少者"，又使楚君多幼冲践祚者。楚诸王中，属幼冲即位的有杜敖、成王、庄王、共王、郏敖、昭王。

先说昭王，其继平王而享国。按诸《左传》，鲁昭公十九年（前 523 年）昭王母始自秦至楚，即便其当年生楚昭王，至鲁昭公二十六年（前 516 年）楚平王卒而昭王即位，当亦不过八岁耳。昭王计有二名，鲁昭公二十六《传》令尹子常（囊瓦）欲立平王之长庶子宜申（即子西），理由是："太子壬弱。"杜注："壬，昭王也。"⑤ 昭王又称"轸"，鲁哀公六年（前 489 年）《经》载："楚子轸卒。"此条记载下，杨注："楚君即位

---

① 谭介甫：《屈赋新编》（上），中华书局 1980 年版，第 207 页。
② 罗运环：《楚国八百年》，武汉大学出版社 1992 年版，第 125 页。
③ 参见《左传》鲁僖公三十三年（前 627 年）、鲁文公元年（前 626 年）。
④ 刘彬徽：《楚系青铜器研究》，湖北教育出版社 1995 年版，第 302 页。
⑤ （晋）杜预注，（唐）孔颖达疏：《春秋左传正义》，第 2113 页。

后例改名，轸其所改名。"① 换言之，"壬"，是昭王为太子时所用名，即位后则易名曰"轸"。

应当注意的是楚昭王究竟何时易名呢？是否如灵、平二王践祚旋易名？答案宜是否定的，虽然还缺乏直接、具体的史料来证明这一点。易名，应该是楚王含有政治意义的主动行为，在其心智尚未成熟时，由他人主导实施改名的可能性甚小。基于楚王改名的政治内涵考量，推断昭王易名曰"轸"，大概是吴师入郢、令尹子常出奔之后的事情了，本文下面有详细分析，此点又可推广至其他幼冲即位的楚王。

再说楚共王，共王情况与昭王类似，《左传》鲁襄公十三年（前 560 年）有一段楚共王临终之际自我评价的记录，云：

> 不谷不德，少主社稷，生十年而丧先君，未及习师保之教训②，而应受多福。

---

① 杨伯峻：《春秋左传注》（修订本）第 4 册，中华书局 1990 年版，第 1632 页。

② 按：上楚共王自云"未及习师保之教训"，杨伯峻先生在其力作《春秋左传注》（中华书局，1990 年修订版）中解释说：此时共王年幼，未必真能习学古礼古训，故未及习教训。关于此说，本文存疑。理解"（楚共王）未及习师保之教训"这句话含义的关键在于如何训释"习"字。杨伯峻先生视"习"为"学"、"习学"，不当。此处之"习"应训解为"常"，常而生熟，"便习"之谓也。揆诸史籍这类的例证并不少见，《左传》鲁昭公十六年（前 526 年）载有鲁子服回评晋政语，曰："（晋）君幼弱，六卿强而奢傲，将因是以习，习实为常，能无卑乎？"《逸周书·常训解》曰："民生而有习有常，以习为常。"《大戴礼·保傅篇》引孔子曰："习惯之为常。"上诸多记载皆以"常"、"习"互训。《尔雅·释诂》又言：习者，闲、狎、串、贯是也。宋·邢昺疏曰：皆便习也。《后汉书·孔奋传》载：郡多氏人，便习山谷。又《段颎传》：颎少便习弓马。明显可知"便习"意即熟习。《国语·鲁语下》载："天子有虎贲，习武训也。"韦昭解释说：虎贲，掌先后王而趋以卒伍，舍则守王闲，王在国则守宫门，所以习武训。意思应该是说虎贲因职责所在常作武训而对其甚熟习，此"习武训"之"习"字，若训为"学"、"习学"，则义不相属而难以理解。"习（师保）教训"与"习武训"在句法结构上类似，"习"字的理解当出入不大。再有，《国语·楚语上》中明确记载："庄王使士亹傅太子葴。"韦昭注曰："葴，共王名也。"从后面所记楚大夫申叔时告诉士亹要教太子以《春秋》、《世》、《诗》、《礼》、《乐》等九门课程并提出九项要求来看，毋庸置疑，楚共王未践祚尚居太子位时奉士亹为"师"。庄王卒时共王仅"生十年"，那么其接受师教的年岁大致可估算出来。《大戴礼·保傅篇》云："及太子少长，知妃色，则入于小学，小者，所学之宫也。"卢注云：古者太子八岁入小学。换言之，太子系统受师教概始于八岁。基于上面的记载，不难发现共王自八岁幼龄数至十岁践祚最多接受士亹二年之教矣，不可谓"常"。综上，知楚共王自云"未及习师保之教训"的真正意思应该并不是自己年幼而不能够习学，而是言其接受师保教训时间短暂，没有常从进而便习、习染罢了，这一点恰与历史实际情况相吻合。

杜注曰："多福，谓为君。"① 竹添光鸿笺曰："应、膺通。膺，当也。"② 即言共王十岁登基。见于《春秋》经传记载，楚共王之名皆称作"审"。鲁襄公十三年《经》："秋九月庚辰，楚子审卒。"杜注："共王也。"③ 出土材料也证明了这一点。传世青铜器有"楚王酓审盏"，李学勤先生与饶宗颐先生先后撰文考释此器，指出器铭中的"酓审"二字即是史籍所记载的"熊审"，为楚共王名。④ 然与上迥异的是《国语·楚语上》开篇即言："庄王使士亹傅大子葴。"韦注："庄王，楚成王之孙，穆王之子旅也。士亹，楚大夫。葴，共王名也。"⑤

笔者考察的重点是楚共王何以会有如上之"葴"、"审"二名呢？韦昭在上面的考释中并没有作出说明。从音韵学的角度看，"葴"、"审"二字的韵母在上古时期同属侵部，故宋庠曰："葴，当作'审'，今诸本皆作'葴'，葴、审音近，楚、夏语或然。"⑥ 清代学者洪亮吉亦有相似论断，曰："'审'与'葴'，音之转也。"⑦ 合言之，即"葴"、"审"二字，读音相近，一也，皆为楚共王之名。杨伯峻先生又言："'审'与'葴'古音同韵。"⑧ 虽未明确加以解释，实际上已经认同了上面的说法。

上诸家之说将楚共王"葴"、"审"二名之关系归于"音近"、"一声之转"，本文存疑。《国语·楚语上》开篇所言说得很明白，是"太子"名"葴"，即"葴"为楚共王践祚之前、尚居太子位时所用之名，而不能由此推测出太子即位后乃至于卒仍称"葴"，更不能妄断"审"名系由此"葴"音转而来。笔者认为"葴"、"审"二名，对楚共王而言，意义不同，当是其在不同历史时期的所用名，切不可因二者读音相近而混为一谈。

---

① （晋）杜预注，（唐）孔颖达疏：《春秋左传正义》，第 1954 页。

② ［日］竹添光鸿：《左氏会笺》第 3 册，巴蜀书社 2008 年版，第 1271 页。

③ （晋）杜预注，（唐）孔颖达疏：《春秋左传正义》，第 1954 页。

④ 李学勤：《楚王酓审盏及有关问题》，《中国文物报·文物研究》1990 年 5 月 31 日第 3 版；饶宗颐：《楚恭王熊审盂跋》，台北"中央"研究院文哲研究所办：《中国文哲研究集刊》创刊号。

⑤ 徐元诰撰，王树民、沈长云点校：《国语集解》，中华书局 2002 年版，第 483 页。

⑥ 同上。

⑦ （清）洪亮吉：《春秋左传诂》，中华书局 1987 年版，第 119 页。

⑧ 杨伯峻：《春秋左传注》（修订本）第 3 册，中华书局 1990 年版，第 998 页。

　　《国语·楚语上》开篇所载"太子箴"之"箴"字，今诸本是然，明道本又作"箴"，徐元诰按："未知孰是。"① 盖"箴"、"箴"二字借音同、形近而可互通。一方面，"箴"（"箴"）字多次见于《国语》，以《楚语》为例，有"倚几有诵训之谏，居寝有亵御之箴"、"朝夕规诲箴谏"的记载；另一方面，《左传》中楚历世又皆设有执掌谏言的箴尹之官，譬如，《左传》鲁宣公五年（前 604 年）有"箴尹克黄"，鲁襄公十五年（前 558 年）有"箴尹公子追舒"，鲁定公四年（前 506 年）、鲁哀公十六年（前 479 年）又有"箴尹固"。"箴尹"或写作"箴尹"，《左传》鲁昭公四年（前 538 年）载："箴尹宜咎城钟离。"《国语》、《左传》二书中的"箴"（或"箴"）字，意义相同，但不见"箴尹"作"审尹"的记载。因此"箴"（或"箴"）、"审"二字应是截然不同的，同用于当时而并行不悖，泾渭分明而无相通的可能。

　　基于此，笔者认为"箴"（或"箴"），宜是楚共王为公子时名；至践祚待其成年易名曰"熊审"，简称"审"。

　　综上考察，推测幼冲践祚的楚公子照例要易名，但易名宜有两个不可或缺的前提：一者须幼冲即位，有权臣执政；二者待其成年，权臣或卒或亡而自掌国柄，主动易名。当然，依据"芈姓有乱，必季实立"的记载，幼冲践祚的楚公子其自身往往也是在权臣支持之下即位的非顺位继承者。

　　在楚诸王中，幼冲继位而未掌权即卒的有杜敖、郏敖，二君应未改名。符合上两条件者有成王、庄王。

　　《左传》鲁庄公十年（前 684 年）、十四年（前 680 年）载有楚伐蔡、灭息二事：

　　　　十年：蔡哀侯娶于陈，息侯亦娶焉。息妫将归，过蔡。蔡侯曰："吾姨也。"止而视之，弗宾。息侯闻之，怒，使谓楚文王曰："伐我，吾求救于蔡而伐之。"……秋九月，楚败蔡师于莘，以蔡侯献舞归。

　　　　十四年：蔡哀侯（蔡侯献舞）为莘故，绳息妫以语楚子。楚子……遂灭息。以息妫归，生堵（杜）敖及成王焉。……楚子以蔡侯灭息，遂伐蔡。秋七月，楚入蔡。

---

① 徐元诰撰，王树民、沈长云点校：《国语集解》，中华书局 2002 年版，第 483 页。

详析上两条史料，知楚文王灭息及以息妫为夫人当在鲁庄公十年（前684年，当楚文王六年）秋九月以后。息妫生杜敖、成王最早宜在文王七年，最迟也不会晚于文王十年（前680年，当鲁庄公十四年）秋七月。文王在位十三年，其死之时，杜敖最大有六岁，成王有五岁。《楚世家》："（杜敖）五年，欲杀其弟熊恽，恽奔随，与随袭弑庄敖（杜敖）代立，是为成王。"当是时，杜敖盖有十一岁，成王不过十岁，皆未成年。基于此，成王不仅幼小践阼且是弑君的非顺位继承者，[①] 理应易名。楚庄王情况与成王相似，《国语·楚语上》云：即位时"庄王方弱"。韦注："未二十。"[②] 弱年即位而有若敖氏专权，在灭若敖氏之后，庄王应有易名。

目前囿于史料，楚成王（恽）、楚庄王（吕，或旅）仅可知其一名，另外一名已不得而知。

（四）战国楚王未易名情况分析

楚惠王以后，战国时期的楚王世系，《史记·楚世家》与清华简《楚居》篇记载相同，如下：

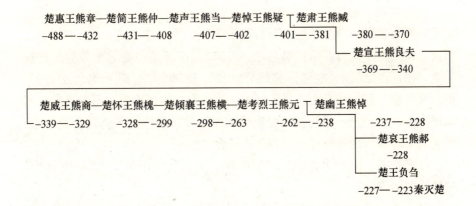

按：从上世系图可以看出，战国楚诸王中仅有肃王至宣王、幽王至哀王再至王负刍属于兄终弟及，这有其发生的特殊原因。"肃王卒，无子，立其

---

① 罗运环先生推论在楚成王幼年弑兄践阼的过程中，其叔父、楚文王之弟公子元（成王初年为令尹）有拥立之功。参见罗运环《楚国八百年》，武汉大学出版社1992年版，第143页。

② 徐元诰撰，王树民、沈长云点校：《国语集解》，中华书局2002年版，第490页。

弟熊良夫，是为宣王"，① 则肃王是因无子而传君位于宣王。至战国末年，楚考烈王熊元亦无子，李园女弟侍春申君，有孕进于王，生而立为太子。《战国策》载此事是在春申君相考烈王"二十余年"② 之时，《史记·春申君列传》列此事在春申君为相二十二年条下，同篇又载楚考烈王元年"以黄歇为相，封为春申君"。楚考烈王在位二十五年，故幽王得立时盖三岁，立十年而卒，楚当亦因其无子而立同母弟熊赦为哀王。哀王幼年代立，立二月，哀王庶兄负刍袭杀之而自立为王。负刍五年，秦灭楚。这些皆是非常态继承的特例，也是楚接近灭亡政局不稳的表现。

　　综上，战国时期楚国王位继承制度业已完善，嫡长子继承制已然深入人心而牢固确立。嫡长子继承制的确立，一方面使其他公室子弟失去了继承权，故弑杀篡位几无。另一方面不再重视少子的继承权，自然减少了幼冲践祚者的机会，这与春秋时期楚诸王有很大的差别。

　　战国阶段的楚史，楚公子弑杀代立者及幼冲践祚者并不多见，自然无须易名，这是因为楚公子践祚易名之举实包含着特定的政治内涵。

三　楚王践祚易名的内涵

　　先秦时期，命名有一定的成规、礼仪，国君之子，更是如此。《礼记·内则篇》载："世子生，则君沐浴朝服，夫人亦如之。皆立于阼阶，西向。世妇抱子升自西阶，君名之，乃降。"庶子是"命名于外寝，君抚其首，咳而名之"。《左传》鲁桓公六年（前706年）载命名之法有五：信、义、象、假、类是也。且不以国，不以官，不以隐疾，不以畜牲，不以器币等。名经过一番礼仪、成规受之于君父，自然是不会轻易更改的，而楚公子践祚以后却常替之，有何内在含义？

　　仔细思考，我们认为楚王此举具有"王位受之于天"、"与民更始"的特殊政治内涵。

　　其一，在第一种情况下登基的楚王，其践祚易名之举类似于后世王朝更替中新王朝的"改正朔，易服色"，意义重大。

　　董仲舒曰："王者必改正朔，易服色，制礼乐，一统于天下，所以明

---

　　① （汉）司马迁：《史记·楚世家》第5册，中华书局1959年版，第1720页。
　　② （汉）刘向集录：《战国策》（中），上海古籍出版社1985年版，第575—576页。

易姓非继人，通以已受之于天也。"① 司马迁云："王者易姓受命，必慎始初，改正朔，易服色，推本天元，顺承厥意。"② 又班固曰："王者受命必改正朔何？明易姓，示不相袭，明受之于天，不受之于人，所以便异民心，革其耳目，以助化也。"③ 楚公子非顺位继承者，其王位本身即是来之不正，通过易名之举可取得与"改正朔，易服色"相当的功效，证明自己是"受之于天"而非前君的正统君王。经过这样的一番作为，王位便具有了合法性。可以讲，楚自熊延开始，非顺位继承之楚公子践祚易名已经成为一种重要的政治文化传统。

当然，将非顺位继承的楚公子践祚易名之举，与秦汉以降王朝更替易服色等并列，有诠释过甚之嫌，非顺位继承者的楚公子毕竟不是改姓。然而从类似的角度来考察此事，给出一定合理的解释，还是可以的。

其二，上述两种情况下登基的楚王，践祚后易名亦为国是改制的肇端，有"与民更始"的意义。

非顺位继承的楚王，易名的另一层政治内涵为示与前王切割，"新民耳目"，改变国家的对内、对外政策。譬如灵、平二王，灵王登基之时，楚东面有崛起之吴国威胁，北面则失中原诸侯。灵王欲振楚之霸业，由易名开始，一改共、康二世楚之颓势，国内多征求于民，外则有申之会，多次率兵攻打吴国，灭陈、蔡，威诸侯，又把许、胡、沈、道、房、申诸国之民迁至楚本土，晋不敢与之竞。平王践祚，又易名，且旋改变灵王时期楚之国策。针对灵王多求于民、灭国为县的求霸政策，平王内抚楚民，外则"封陈、蔡，复迁邑"，与晋妥协，弃霸权。

在第二种情况下即位的楚王，常常有权臣专权之事，如楚成王时之令尹子元，楚共王时之司马子反，楚昭王时之令尹子常。权臣当政，幼龄楚王对于国家政策方略的影响甚小。待权臣或死、或逃，楚王亦年长之际，盖始易名，进而"与民更始"，重定国是。举昭王例，前期令尹子常专权，政以贿成，陷害忠良，以致有柏举之败、吴师入郢，楚几亡国，此时昭王18岁左右，子常出奔而真正掌权。始发端于易名而改政，《左传》

---

① 钟肇鹏主编：《春秋繁露校释》（校补本）上册，河北人民出版社2004年版，第421页。
② （汉）司马迁：《史记·历书》第4册，中华书局1959年版，第1256页。
③ （清）陈立撰，吴则虞校对：《白虎通疏证·三正》（上册）卷8，载《新编诸子集成》第1辑，中华书局1994年版，第360页。

鲁定公六年（前504年）载："（昭王）于是乎迁郢于都，而改纪其政，以定楚国。"昭王改纪其政的内容，史书未详细记录，然根据相关史实亦可略知一二。竹添光鸿笺曰："改其政而新之，纪其政而理之。"① 故昭王改、纪的对象宜是其统治前期由子常所定的政策，涉及重用子西等楚贤，与民休养生息，量力与晋、吴争长等内容，结果"几继共、庄之迹"。②

实际上，楚国易名之俗，不限于楚公子，其他楚人在遭遇人生重大变故时亦多有易名之举，示某种特殊蕴涵。如《左传》鲁宣公四年（前605年）楚庄王灭若敖氏，唯令尹子文之孙箴尹克黄存，克黄"改命曰生"。杜注："易其名也。"③ 孔颖达、竹添光鸿皆解释为："越椒之乱，合诛绝其族（若敖氏），今更存立，故命曰生，言应死而重生也。"④

以上所谈就是笔者关于楚公子践祚易名的几点陋见。综合现有资料来看，楚公子践祚易名，宜起源于西周中后期的楚君熊延。既有先例，后代楚王非顺位继承者以及幼冲登基者在适当的时机莫不仿效，前者在践祚后旋易名，后者待其成年掌权之际始易。易名不仅仅是名字的改变，且具有特定的政治作用与内涵，示"王位受之于天"且变更国策。此种习俗至战国时期由于王位继承制度的完善而不复存在。

（作者单位：四川大学历史文化学院）

---

① ［日］竹添光鸿：《左氏会笺》第5册，巴蜀书社2008年版，第2186页。

② （清）高士奇：《左传纪事本末》第3册卷48，中华书局1979年版，第714页。

③ （晋）杜预注，（唐）孔颖达疏：《春秋左传正义》，第1870页。

④ （晋）杜预注，（唐）孔颖达疏：《春秋左传正义》，第1870页；［日］竹添光鸿：《左氏会笺》第2册，巴蜀书社2008年版，第845页。

锡原料来源的争议与研究*

裘士京　柯志强　薛来

众所周知，锡是青铜器中的主要成分，没有一定比例的锡的加入，将难以铸造成美观实用的青铜器，中国商周时代高度发达的青铜冶铸业离不开锡矿的开采与冶炼，研究古代青铜器同样离不开锡原料来源（锡源）的探索。我们曾多年研究中国古代青铜铜源问题，得出中国江南自古盛产铜矿，商周时期中原青铜铸造的部分铜料可能来源于江南的结论，[①] 那么，锡源情况如何呢？

一　关于中国锡源的研究与争议

学术界对中国古代锡源长期以来缺乏系统的研究，成果有限。有学者曾认为商代青铜铸造的原料来自中原及其邻近地区，日本学者天野元之助[②]、中国学者石璋如均认为商代的铜源很可能就近即可解决。[③]

1980 年中国地质矿产部地质研究所的闻广先生曾发表《中原找锡论》、《中国古代青铜与锡矿》等系列论文，引用甲骨文、金文和古文献资料，试图证明"我国青铜器时代所用青铜原料锡矿，应当主要是取自当时的疆域之内"。闻广先生在论述锡矿的来源时也有类似天野元之助、石璋如的观点，他得出的结论是："我国青铜时代关于青铜原料锡矿的记

* 基金项目：教育部人文社会科学项目："皖南铜矿的采冶活动与环境变迁研究"（09YJAZH001），主持人：裘士京。

① 裘士京：《江南铜研究——中国古代青铜铜源的探索》，黄山书社 2003 年版。
② ［日］天野元之助：《殷代产业の关ね若干问题》，Tohogakuho，1953 年版，第 23 页。
③ 石璋如：《殷代的铸铜工艺》，《历史语言研究所集刊》第 26 期，1955 年版。

载，与汉代以来商及西周疆域内的锡矿历史产地，可以说相互吻合而得到了证实。"① 其观点的核心是想证明中原产锡。

童恩正等先生在《四川大学学报》（社会科学版）1984 年第 4 期发表专文《中国古代青铜器中锡原料的来源——评〈中原找锡论〉》从研究方法、古文字的辨释到史料的考证对闻广先生的论点、论据进行了全面的批驳。认为闻广等先生那些看法和观点首先是由于其考证方法上的错误而难以令人接受，其次在古地理、古文字考证上的失误而导致结论完全错误。其方法由于"基本上是摘录汉代以后的记载，因此无法确证这些矿是否在商代即已被利用"，指出："统计表中的这些锡矿产地的记载，最早的是魏晋，最晚的是明清。后代产锡，并不等于一两千年以前就产锡，这乃是一个常识问题。我们并不否认某些汉代以后的产锡地与青铜时代的产锡地是吻合的，但我们要指出的是，迄今并没有确切的资料可以证明中原地区也存在着这种吻合。"②

童恩正等先生论文的结论概括起来是："在中国青铜时代，即从商到战国这段历史时期之内，就目前所知的资料而言，无论金文或先秦典籍，都不能证明中原产锡。根据这些资料，不但不足以'建立中原找锡的依据'，与此相反，它们却暗示当时锡的资源主要（不是全部）来自南方。这里所指的南方，很大一部分仍在当时疆域之内，即使少部分不是由当时中原王朝所直接管辖的，也仍然位于今天中华人民共和国的范围之内。……在汉代以后，确实有历史记载在中原及其邻近地区有些锡矿。但是我们去重新发现这些古锡矿时，不宜事先过分夸大它们的作用。……早在西汉时代，司马迁在《史记·货殖列传》中记载长沙产锡时，就曾经说：'然堇堇物之所有，取之不足以更费。'《集解》：应劭曰：'堇，少也。言仅少少耳，取之不足用，顾费用也。'可见即使在两千以前，也并不是每一产锡地都有开采价值的。"③ 童先生的结论非常精到，他以科学的思维，有理有据地解答了这一难题，充分体现了一位学者的睿智和科学的求实精神，值得敬佩。本文有关锡源的主要观点来自该文，并有望做进一步深入的探讨。

① 闻广：《中国古代青铜与锡矿》（续），《地质评论》1980 年第 26 卷第 5 期。
② 童恩正等：《中国古代青铜器中锡原料的来源》，《四川大学学报》1984 年第 4 期。
③ 童恩正：《中国西南民族考古论文集》，文物出版社 1990 年版，第 237—238 页。

美籍华裔考古学家张光直先生也曾指出：天野元之助和石璋如的研究"令人信服表明商代的矿工有可供利用的铜锡矿，但是他们却并未证明这些铜锡矿是否已被商人开采。为了证实这一点，我们必须在矿区找到考古学的证据或者能将在安阳发现的矿石与某一矿区联系起来的科学证据。迄今为止证据尚告阙如"。[①] 所谓根据金文和先秦古籍查明中原有着不少古锡矿的说法，是完全站不住脚的。

1980 年刘锦新先生在《锡矿地质参考资料》（三）发表《泛论我国锡矿的主要成因——工业类型的特征机器成矿分区》的论文，提出：中国的主要产锡区是在南方，其次是燕辽地区，大致与现在查明的我国两大锡矿成矿区——华南区和燕辽区相符合。童先生的观点与这一结论一致，与中国古代人对锡矿蕴藏地的探查不谋而合。

二　中国锡源的分布和早期开采

无论是早期的青铜时代还是秦汉以后的铁器时代，锡矿的开采从未停止过，因为各类青铜器，包括铜镜、钱币、佛像的铸造都离不开锡矿。不同种类的青铜铸造器皿和物件虽然铜和锡的比例不同，但缺少锡都无法成为实用器。从《考工记》的记载来看，先秦匠人对铜、锡比例与所铸器物之间的关系非常清楚，已是经过长期实践的理论性经验总结，所以他们对锡矿的认识与对铜矿的认识一样十分清楚，只是出于同样的原因——对这两种重要战略物资产地的保密需要，对铜矿和锡矿的产地都讳莫如深，给后人的研究设置了重重障碍。

根据最新资料，现代探明中国锡矿分布于 15 个省、区，其中云南储量 128.00 万吨，占全国总储量的 31.4%；广西储量 134.04 万吨，占 32.9%；广东储量 40.82 万吨，占 10.0%。湖南储量 36.25 万吨、内蒙古储量 32.87 万吨、江西储量 26.04 万吨，分别占总保有储量的 8.1%、8.9% 和 6.4%。以上 6 个省、区储量就占了全国总保有储量的 97.7%。那么在古代，尤其是青铜时代，中原的锡到底主要来源于何地？

文献中，有"江南之金（铜）锡"、"吴越之金（铜）锡"的记载，把铜和锡的资源紧密地联系在一起，前者出于《史记·李斯列传》，在著

---

① Chang, K. C. , *Shang Civization*, Yale University Press, 1980, p. 153.

名的李斯《谏逐客书》中介绍各地的特产中提出"江南之金锡";后者出于《考工记》,云:"吴越之金锡",在当时"吴越"和"江南"虽不是完全相同的概念,但吴越在江南则是无疑的。20世纪30年代,著名历史学家、考古学家郭沫若先生在对商周青铜器及其铭文进行了较深入的研究的基础上,在当时中国青铜器早期发展状况还较模糊的情况下,面对殷周时期大批制作精细、纹饰繁缛、技艺水平精湛的各类青铜器物,赞叹不已。进而对中原地区青铜铸造业的铜源、锡源大胆地作出了揣测,首次提出中原地区商周时期青铜或青铜冶炼技术可能是由别的区域输入的判断。他认为:"中国南方江淮流域下游,在古时是认为青铜的名产地。《考工记》云'吴越之金(铜)锡',李斯《谏逐客书》云'江南之金(铜)锡',都是证据。金锡的合金即是青铜。在春秋战国时,江南吴越既为青铜名产地,则其冶铸之术必渊源甚古。殷代末年与江淮流域的东南夷时常发生战事,或者即在当时冶铸技术输入了北方。"[①] 在《两周金文辞大系图录考释》中,郭老还通过对青铜器《曾伯霖簠》铭文中"克狄淮夷,印爕繁汤,金道锡行"的考释,提出东南夷与中原政权之间存在着一条以金锡入贡或交易之路——"金道锡行"。东南夷应是指居住在东南地区长江下游的古老民族,"繁汤"指的是现今河南繁阳。故"金道锡行"是指从南方输入铜、锡的道路,而繁汤可能是南北铜锡的交易集散地。

自从郭沫若先生提出江南铜的问题以来,江南铜问题在新中国成立前后约半个世纪的时间里处于沉寂的状态,几乎无人问津。后来赵宗溥先生在《青铜文化来源考疑》一文中主要根据20世纪40年代所了解的地质普查资料,从青铜器中锡的产地入手,提出"黄河流域虽产少量之铜,如河南洛源、南召、镇平等地,山西闻喜、垣曲、绛县等地,但锡则皆未所闻。如是谓青铜文化之演进,只限于黄河流域,实难解释"。他认为:"中国产锡之地不过湖南、广西、云南等地,皆位于中国西南部。……青铜之发现,极可能由于冶炼铜锡共生矿石而来。"文章指出,江西大余县就有这种"铜锡共生矿脉"。赵先生认为:"殷商人民或百越民族之一支,沿海经吴越至齐、鲁、三晋,与中亚文化融合。如是则初期青铜文化,未必不能蕴育于岭南,传于齐鲁沿海一带。"赵先生在另一篇文章中也指出:"青铜原料之来源,未必不可能取自南岭一带。"[②] 中国古代的青铜主

---

① 郭沫若:《中国古代社会研究》上,河北教育出版社2000年版,第580页。
② 赵宗溥:《青铜文化来源考疑》,《矿测近讯》1984年第89期,第88—89页。

要分为锡青铜和铅青铜两类，有人据此断言锡青铜很可能起源于南方。中原地区依靠当地所产原料，仅能冶铸铅青铜，而大规模锡青铜的生产，是南方的铜、锡两种金属大量地输入中原地区以后。郭老和赵先生的推断无疑是大胆的，也是可信的。

翦伯赞先生在《中国史纲》一书中也说："殷代商人最主要的买卖是从长江上游一带输入铜锡。"书中对这句话作注时曰："青铜为铜与锡之合金，故冶炼青铜，必须添锡，但中国黄河流域并不产锡，锡之产地，皆在长江上游一带，故知殷代当时，必有从长江上游输入锡矿之事。"[1]

先秦时期有十多条资料涉及锡源，有的资料铜、锡并现。

《尚书·禹贡》记载："淮、海惟扬州……厥包橘柚，锡贡。"锡贡，郑玄云："有锡则贡之，或时乏则不贡。锡，所以柔金也。"说明锡在扬州是有蕴藏的，且作为进贡的特产，由于其产量有限，可能不能常贡。锡的作用是"柔金"，也就是与"金"（即铜）相柔，在铸造青铜器时按比例相柔才能成实用器，单纯的红铜器并不具备实用价值。

《周礼·夏官·职方氏》及《汲冢周书·职方解》载："东南曰扬州，其山镇曰会稽，其泽薮曰具区，其川三江，其浸五湖，其利金锡竹箭"；荆州"其利丹、锡、齿、革"。扬州、荆州均为古代九州之一。扬州指今苏皖淮河以南含江、浙、赣、皖、闽的大部分地区，而荆州则略当今湘、鄂全部及川南、滇东、桂北、粤北之一部，荆、扬两州即广义的江南之地，囊括今长江上、中、下游及其以南的广大地区。在《尔雅》一书中，黄金、银、铜均有专名，而铜则称"金"，彼此绝不相混淆。《尔雅·释器》："黄金谓之璗，其美者谓之镠。白金谓之银，其美者谓之镣。饼金谓之钣。锡谓之钖。"

《尚书》是我国最早的政事史料汇编，有极高的史料价值。《尚书·禹贡》成书于战国时期，为我国古代最早最有价值的地理学著作。禹即夏代开国君主，贡为由下向上贡献方物之称，记录了九州的划分、山川方位走向、物产贡赋交通等情况。其中，"淮海惟扬州，……厥贡惟金三品、瑶（美玉）、琨（美玉）、筱（小竹）、簜（大竹）、齿（象牙）、革（犀牛皮）、羽（鸟羽）、毛（牦牛尾）、惟木。岛夷卉服。厥篚织贝，厥包桔柚锡贡。沿于江、海，达于淮泗。"扬州包括今东南大部，其南部，

---

① 翦伯赞：《中国史纲》第 1 卷，生活·读书·新知三联书店 1950 年版，第 207 页。

可能包括今福建、广东两省，进奉的贡品有"金三品"、各种美玉、大小竹木、象牙等。

"荆及衡阳惟荆州，……厥贡羽毛齿革，惟金三品，杶（chun 椿树）干（柘木，制弓用）栝（gua 桧木）柏，砥砺（磨刀石）砮（石制箭头）丹（丹砂，红色颜料），惟箘簵（美竹名）楛（木名，作箭杆）……包匦（匣子）菁茅（一种茅草，祭祀时用以滤酒）……九江纳锡大龟。浮于江、沱、潜、汉，逾于洛，至于南河（黄河自潼关东流的一段称南河）。"荆州包括今长江中游大部分地区，其南界在衡山之南，进奉的贡品也有"金三品"、特种木材、美竹、滤酒茅草等特产。

古时贡物，必是当地特产，或为他处所不产，或为他处所罕见，若为寻常之物，何烦远处进贡？既是贡品，一年数贡或数年一贡必有定数，没有一定的产量保证将何以为贡？扬州、荆州都进贡"金三品"，金三品一说指三种不同的贵金属：黄金、白金（银）、赤金（铜）；一说仅指铜，是铜的三个等级，也有人推测其中有锡。无论采用哪一种说法，都有铜无疑。这说明周代南方是向中原进贡铜锡的主要地区。值得提出的是金属矿产不同于一般的贡物，开采出来的矿石有效成分比例较小，非经过熔炼甚至进一步提炼是无法作为贡品的。《周礼》、《尚书·禹贡》所载除荆、扬两州外，其余各州所载其他特产，均未见金、锡。当然，这并不是说以中国之大，除扬州、荆州外，其他地区根本就没有铜、锡矿的蕴藏，而是表明以先秦时期的技术水平，可能蕴藏的矿山尚未被发现，或即使有蕴藏也储量有限，不能成为当地的特产，这样在贡品中也就不能列入。

《周礼·考工记》记载了先秦各种手工艺及其发展状况，盛赞"吴越之金锡，此材之美者也"，应是指经提炼后的质量上乘的金锡，是"材之美者"，非一般金锡可比。同时该书还赞叹"吴粤（越）之剑"的精美，认为："吴粤之剑，迁乎其地弗能为良，地气然也。"春秋之时，列国之间争霸战争不断，剑是最常见的兵器，铸剑应是很普通的工艺，各国均会，而吴越之剑独精独美，技艺更高一筹。难怪庄子盛赞道："夫有干越之剑者，柙而藏之，不可用也，宝之至也。"

《考工记》还说："攻金之工：……段氏为镈器"。"粤（越）地涂泥多草葳，而山出金锡，铸冶之业，田器尤多"，又曰："粤之无镈也，非无镈也，夫人而能为镈也"，郑玄注："人人皆能作是器，不须置国公。"镈是一种田器，形似锄，"粤"当指长江以南古代越人居住地区，或指地处岭南的古南越。以上两段话的意思是：春秋时，齐国从事青铜冶铸的工人中，有一个姓段的家族，专门制造镈器，段就是锻，因镈器要求有较高的硬度，必须锻锤，所以制造镈器的家族就姓段（锻）。而粤地，铜锡蕴藏丰富，获取较为便利，青铜铸造技术很普及，所以粤地没有专业制造镈器的家族，但不是没有镈器，因为人人都会动手制造镈器。由此可见古代粤地，由于政治的原因，虽然没有出现青铜业中心，但青铜铸造手工业却远比中原地区普及。相关的问题是：何以各国皆多铸礼器、兵器，而粤地则多铸消耗量很大的田器？若无长时期铸器之经验积累，何以人人皆能作镈，无须专门家族来铸此农具？这从另一个侧面，反映了粤地青铜铸造业技术的普及。

李斯《谏逐客书》为说服秦王政收回其驱逐六国客卿的成命，上书力谏客不可逐的理由，文中列举由余、百里奚、张仪、商鞅、范雎等非秦国人而为秦先君所用，终至秦国强大，就像各地最有名气的特产，如昆山之玉、随侯之珠、和氏之璧、西蜀之丹青、阿缟之衣、郑卫之美女、"江南金锡"和"太阿之剑"（古代著名的宝剑，据传为春秋吴国的欧冶子和干将所制）等特产不产于秦而为秦所用一样。其中"江南金锡"、"太阿之剑"都是江南特产，名震寰宇。而且，至迟到战国时，江南盛产金锡已是妇孺皆知、臣民尽晓的常识。

《左传·文公十年》载："十一年，春，楚子伐麇，成大心败麇师于防渚。潘崇复伐麇，至于锡穴。"洪亮吉《春秋左传诂》按："防即汉中郡之房陵。'房'、'防'本一字。防渚盖房陵县之渚也。锡即汉中郡之锡。《郡国志》：'锡，有锡，春秋时曰锡穴。'是也。"并指出应劭《汉书注》："锡"音"阳"，陆德明云："或作'锡'，星历反。"都是错误的结论。[1]

考古发掘或传世的青铜器铭文，为我们探讨锡源问题提供了新的资料。《吴王光鉴》是吴王光为女儿叔姬嫁到蔡国所做的嫁妆。该鉴内壁铸有八行52字的铭文，原文是："隹（惟）王五月，既子白期，吉日初庚，吴王光择其吉金，玄銕（矿）白銕（矿），台（以）乍（作）叔姬寺吁宗彝荐鉴，用享用孝，眉寿无疆。往已，叔姬，虔敬乃后孙，勿

①　洪亮吉：《春秋左传诂》，中华书局1987年版，第371页。

忘。"① 对"吴王光择其吉金，玄铫（矿）白铫（矿）"这句铭文，郭沫若先生解释为："玄矿当指铅，白矿当指锡，吉金则是铜。"② 陈梦家先生解释为："玄矿指铜，白矿指锡，吉金则是二者的泛称。"③ 两种解释中都将"白矿"诠释为锡原料，二位先生都是依据"玄矿"与"白矿"的色泽作为断定标准。这段珍贵的铭文表明，吴国有着丰富的铜锡资源用以铸器。蔡昭侯被困于楚国三年之久，回国后为雪前耻，积极联络周边各国以对抗楚国，此时，正是吴、楚争霸的重要时期，吴王光为了表达诚意，将自己的爱女叔姬嫁到蔡国，并精选了上等的材料制作了这对精美的青铜鉴作为嫁妆。《吴王光鉴》不仅记录了这段历史，也为反映青铜器的原料来源发挥了重要作用。

《过伯簋》记载了过伯随从昭王征伐荆楚一事："过白（伯）从王伐反荆，孚（俘）金，用乍（作）宗室宝尊彝。"④ 楚国的发祥地是荆山，荆是楚国的别名。从周昭王"南征而不复"的战争结果可以看出荆楚对周人的威胁不可小视。马承源先生认为"俘金"即俘得了青铜，⑤ 而青铜中必定有锡原料。中原王朝为了得到铜锡等重要战略物资，不惜动用武力。战争虽过于惨烈，但中原王朝最终达到了既败蛮夷、又获青铜原料的双重目的。

郭沫若先生在《两周金文辞大系图录考释》中，通过对《曾伯霖簋》："克狄淮夷，印燮繁汤，金道锡行，具既俾方……"⑥ 铭文的考释，提出东南夷与中原政权之间存在着一条以金锡入贡或交易之路——"金道锡行"，并在《中国史稿》一书中再次重申"金道锡行"即"以铜锡入贡或交易之路"。⑦ 春秋时的曾国，位置在今汉水流域的湖北随县以南，正是古代由江南通往中原的必经之路。而"淮夷"是指居住在淮河下游地区的古老民族，"繁汤"指的是现今河南繁阳，位于河南新蔡县北30里的汝河北岸、淮河支流上。历史上的繁阳并不产铜、锡，然而只有

① 郭沫若：《由寿县蔡器论到蔡墓的年代》，《考古学报》1956年第1期，第3页。
② 同上。
③ 陈梦家：《寿县蔡侯青铜器》，《考古学报》1956年第2期，第95—123页。
④ 郭沫若：《两周金文辞大系图录考释》，上海书店出版社1999年版，第26页。
⑤ 马承源：《中国古代青铜器》，上海人民出版社1982年版，第83页。
⑥ 郭沫若：《两周金文辞大系图录考释》，上海书店出版社1999年版，第207页。
⑦ 郭沫若主编：《中国史稿》第1册，人民出版社1976年版，第257页。

"克狄淮夷，印燮繁汤"后，金锡道路才得以贯通，显然繁阳是一相当重要的地点。裘士京先生据铭文"繁阳之金剑"推测，繁阳可能是交易物品（尤其是金）的地方。[①] 故"金道锡行"是指从南方输入铜、锡的道路，而繁阳就成为南北铜、锡的交易集散地。

郭沫若先生在《两周金文辞大系图录考释》对《晋姜鼎》："……卑（俾）贯（通）弘，征繇（繁）汤□，取氒（厥）吉金，用乍（作）宝尊鼎……"做了考释，[②] 云："此簋（指曾伯霥簋）与晋姜鼎同时，彼云：'征繁汤原'，此云'印燮繁汤'，盖晋人与曾同伐淮夷也。"[③] 并据此提出："古者南方多产金锡，'金道锡行'言以金锡入贡或交易之路。"淮夷控制了南方金锡输入北方的交通要地繁汤（阳），使得中原地区缺铜少锡，为了打通铜、锡交易之路，中原王朝数次发动对淮夷的战争，终于使道路畅通。

彭明翰先生于20世纪90年代统计了他所能见到的有关西周时期王朝与方国战争的全部金文材料，发现只有南征的铭文才记述了"俘金"之事。[④] 这一方面说明南方是重要的锡矿产区，另一方面也说明锡是一种重要的财富。

《越绝书》卷八曰："赤堇之山破而出锡，若耶之谷锢而出铜"，赤堇山、若耶谷具体地点不可考，但应在越地无疑。山破谷涸即有铜、锡出现，应是一露天矿点，开采较易。同书载："练塘者，句践采锡山为炭，称'炭聚'，从炭渎至练塘，各因事名之。去县五十里。"《嘉泰会稽志》卷十："炼塘在县东五十七里。旧经云：越王铸剑于此。"练，古代有熔炼的意思，后用作"炼"。又云："碳浦在县东六十里。旧经云：越王采锡于此。"《战国策》有："涸若耶以取铜，破堇山而出锡"，应是指的同一回事。《拾遗记》提及范蠡为越相时，"铜铁之类，积如山阜"。《太平寰宇记》载："铜牛山在（会稽）县东南五十八里。夏侯曾先《地志》云，射的山西南铜牛是越王铸冶之处。云'涸若耶而采铜，破堇山而取锡'。赤堇山在（会稽）县南三十三里。《会稽记》：昔欧冶造剑于此山。

①　裘士京：《江南铜研究——中国古代青铜铜源的探索》，黄山书社2004年版，第94页。
②　郭沫若：《两周金文辞大系图录考释》，上海书店出版社1999年版，第267页。
③　同上。
④　彭明翰：《铜与青铜时代中原王朝的南侵》，《江汉考古》1992年第3期，第47—49页。

云涸若耶而采铜，破堇山而取锡。若耶溪在（会稽）县南二十八里……"

《韩非子·显学篇》载："夫视锻锡而察青黄，区冶不能以必剑。"区冶即欧冶子，春秋末期到战国初期越国人，欧冶子的事迹见于《越绝书·越绝卷第十一》。"越五剑"是中国古代名剑，由越欧冶子所造，此书载："当造此剑之时，赤堇之山，破而出锡；若耶之溪，涸而出铜；雨师扫洒，雷公击橐；蛟龙捧炉，天帝装炭；……欧冶子因天之精神，悉其伎巧，造为大刑三、小刑二：一曰湛卢；二曰纯钧；三曰胜邪；四曰鱼肠；五曰巨阙……"上述记载，虽然带有传说的成分，但也足见欧氏所铸之剑之绝妙。所用原料为铜和锡，显然铸的是青铜剑。

《荀子·强国》篇云："刑正范，金锡美，工冶巧，火齐得，剖刑而莫邪已。"干将，春秋时吴国人，曾为吴王造剑。后与其妻莫邪奉命为楚王铸成宝剑两把，一曰干将，一曰莫邪（也作镆铘）。《搜神记》载："干将曰：'欧冶子尝告我，越之东有山峰戈壁，其怪石溢金，光彩夺目，可炼百炼钢。'"从《荀子·强国》中可以看出，干将、莫邪二剑属金锡合金，且据《搜神记》，干将所用金锡也可能大多取于吴、楚境内。

三

秦汉是我国封建社会前期金属矿开采较为兴盛的时期。对重要金属矿藏的具体蕴藏地史料上仍然是讳莫如深。《史记·货殖列传》记载曰："江南出……金、锡、连（铅或未经冶炼的铅锌矿石）、丹沙；……铜铁则千里往往山出棋置（形容多得像围棋置子一样）；此其大较也。"又说："南则巴蜀。巴蜀亦沃野，……地饶卮、姜、丹沙、石、铜、铁、竹、木之器。"汉代的江南泛指长江以南地区。说明汉时金（铜）、锡、铅主要分布于长江以南广大地区。《汉书·地理志》所载与《史记》所记相吻合。

《史记·货殖列传》也载有："彭城以东，东海、吴广陵，此东楚也。……浙江南则越。夫吴自阖庐、春申、王濞三人招致天下之喜游子弟，东有海盐之饶，章山之铜，三江、五湖之利，亦江东一都会也。"《正义》曰："彭城，徐州治县也。东海郡，今海州也。吴，苏州也。广陵，扬州也。言从徐州、彭城，历扬州至苏州，并东楚之地。"东楚实际上就是吴越故地。先秦时期就有"吴越金锡"的美誉。吴王阖庐、楚之春申君、吴王刘濞之所以一度强盛，能够招致天下亡命，就是因为有了"海盐之饶，章山之铜"。

又载："衡山、九江、江南、豫章、长沙，是南楚也，其俗大类西楚。……豫章出黄金，长沙出连、锡，然堇堇物之所有，取之不足以更费。"《集解》徐广曰："高帝所置。江南者，丹阳也，秦置为鄣郡，武帝改名丹阳。"《正义》案："徐说非。秦置鄣郡在湖州长城县西南八十里，鄣郡故城是也。汉改为丹阳郡，徙郡宛陵，今宣州地也。上言吴有章山之铜，明是东楚之地。此言大江之南豫章长沙二郡，南楚之地耳。徐、裴以为江南丹阳郡属南楚，误之甚矣。"笔者也以为《史记·正义》所言是，此处"江南"是指长江中游的豫章、长沙两郡，这也正是先秦秦汉时期"江南"的地域，属于汉之南楚，所产之铜锡称"江南金锡"。而吴王刘濞所占之"章山之铜"，应是所谓的"吴越之金"。《盐铁论·力耕篇》曰："汝汉之金，……所以诱外国而钓羌胡之宝也。"

另据《汉书》记载，周、秦期间，今江苏无锡境内锡山多锡矿，居民竞相开挖。汉初时锡矿开尽了，故名"无锡"。《明统一志》、《清统一志》据以前记载或传说，记载有关今江苏无锡地名的变迁很耐人寻味。当地有锡、惠两山，至今仍是风景游览胜地。相传锡山东峰周秦间大产铅、锡。故名锡山。汉兴，锡已开采殆尽，故立无锡县。王莽时锡复出，改县名曰有锡。后汉时有樵夫于山下得铭，曰："有锡兵，天下争；无锡清，天下宁；有锡沴（li，水流不畅），天下弊；无锡乂（yi，治理），天下济。"自光武至孝顺之世，锡矿果然枯竭。无锡之名一直沿用至今。这些传说难以作为信史，录此备一说而已。

《汉书》卷六载："四年冬，有司言关东贫民徙陇西北地西河上郡会稽凡七十二万五千口，县官衣食振业用度不足，请收银锡造白金及皮币以足用。"《汉书·地理志》记载："会稽郡，秦置。高帝六年为荆国，十二年更名吴。景帝四年属江都。属扬州。"

《子虚赋》云："臣闻楚有七泽，尝见其一，未睹其余也。臣之所见，盖特其小小者耳，名曰云梦。云梦者，方九百里，其中有山焉……其土则丹青赭垩，雌黄白坿，锡碧金银。"

《神异经》载："西方日宫之外有山焉……入山下一丈有银，又入一丈有锡，又入一丈有铅，又入一丈有丹阳铜。"此山的详细地理位置虽不确切，但从"入山下四丈有丹阳铜"这一点，可以判断出此山应该在江南地区。

《汉书·地理志》云:"丹阳郡,故鄣郡。属江都。"汉丹阳郡辖今皖南、苏南十七县,具体辖区及其演变本人曾有专文讨论。[①] 著名的丹阳铜应该就产于这一区域,汉代丹阳镜非常有名,其铸造所需锡矿应产自当地。

由于中国锡矿分布的特殊性,其基本的分布情况80年前已大致清晰。20世纪20年代,著名学者翁文灏就在初步勘探研究的基础上提出:我国锡矿"分布范围之独隘。……重要产地皆不出云南、湖南、广东、广西四省,而在此四省中亦复限于特别确定之区域,迥非随处可见。"40年代末,赵宗溥先生根据当时所公布的地质普查资料,认为:"黄河流域虽产少量之铜,如河南洛源、南召、镇平等地,山西闻喜、垣曲、绛县等地,但锡则皆未有闻。如是谓青铜文化之演进,只限于黄河流域,实难解释。……中国产锡地不过湖南、广西、云南等地,皆位于中国西南部。"[②] 新中国成立后,国家经济建设急需各种矿藏资源,在加紧勘探的同时,加强了研究的力度。中国地质矿产部早就内部汇编了《锡矿地质参考资料》,将勘探研究中国的锡矿资源当作重要的任务来抓。根据现代地质勘探的有关资料和公开出版的有关锡矿分布的资料,云南等四省锡矿的储藏量占全国已知储量的90%以上,其中仅云南个旧一地,即达83.65%。[③] 证明翁文灏先生的判断基本是可信的。锡矿资源相对集中于南方自古已然,国内其他地区锡矿的储藏量就十分有限,而青铜铸造业对锡矿的需求量是较大的,这一现象古人应该在实践中已多少知道一些,从前述的古文献来看也是肯定的。笔者对地质探矿了解甚少,只能从古文献、考古的角度来了解古人对锡矿的大致分布和重要的锡源地的认识。

综述二、三两部分资料,可以说明以下几点:

(1)荆州、扬州不仅是金三品的进贡地、特产地,也是锡金属的进贡地、特产地,荆、扬两州是周代南方向中原供应锡的主要地区。

---

① 杨国宜、裘士京:《丹阳铜、梅根冶、永丰监考》,载《文物研究》第6辑,黄山书社1990年版。

② 赵宗溥:《青铜文化来源考疑》,《矿测近讯》1948年第89期。

③ 刘锦新:《泛论我国锡矿主要成因——工业类型的特征及其成矿分区》,《锡矿地质参考资料》(三),1980年。

（2）《越绝书》曰："赤堇之山破而出锡，若耶之谷铜而出铜"，山破谷涸即有铜锡出现，应是一露天矿点，开采较易，表明在越地可能曾有露天的铜、锡矿。无锡应曾是其中之一。

（3）长期生活于江南的楚、吴、越不仅采和矿冶矿水平高超，而且铸造青铜器的技艺享誉列国，其对锡的需求量也很大，在其控制范围内应有锡矿或有锡的来源。如果中国锡矿在其境内难以得到，他们应该比中原地区更容易从更南面的云南、湖南、两广地区获得锡资源，这在春秋战国动荡年代更应如此。

（4）中原王朝的直接控制地区锡矿的资源非常有限，其所大量铸造的青铜器的铜和锡的原料，除少量就地取材外，通过纳贡、交换、馈赠，甚至通过战争掠夺南方铜资源、铜器、锡矿资源的事应该是时有发生。[①]

（5）中国铜矿分布范围较广，其大部分在江南，而锡矿却相对集中，其绝大部分在今江南数省。不排除在其他地方有少量出产，或存在铜锡共矿同生的现象。

四　余论

需要补充的文献资料还有：

《山海经》中有 4 条史料可能与产锡地有关，且这些地点大概在荆州之地。《山海经·中次八经》："龙山，上多寓木，其上多碧，其下多赤锡"；又载："灌山，其木多檀，多邽石，多白锡"；《山海经·中次十一经》载："婴侯之山，其上多封石，其下多赤锡"；又载："服山，其山多苴，其上多封石，其下多赤锡。"《山海经》所载大都难以考证出确切的地点，但大的方位大致可以确定。蒙文通先生认为："《中次八经》所载各水道，都是注入江、漳、睢等水，这三条水道都是古荆州西部。……《中次十一经》载有湍、沅、澧、沦等水道，多是注入汉水或汝水，都在荆州地区。"[②]所产赤锡、白锡是否是锡尚难肯定，如果认定就是锡的话（抑或锡的含量不同，颜色有异），加上前引多条资料中江南产铜锡的记

---

① 裘士京：《江南铜研究——中国古代青铜铜源的探索》，黄山书社 2004 年版。

② 蒙文通：《略论〈山海经〉的写作时代及其产生地域》，载《巴蜀古史论述》，四川人民出版社 1981 年版。

载，可以证明，青铜时代主要的锡产地也在江南。

《汉书·地理志》所载汉代产锡之地仅有三处，均在云南，即汉益州郡（今云南省）律高县（今陆良县）石空山、贲古县（今蒙自县）的采山、乌山。这三处应是汉代全国锡料的重要生产基地，其开始开采的年代可能在东周甚至更早。这三处应该是当时产锡量较大的地区，而不能理解为其他地区就不产锡。有关资料表明，长江中下游的沿江地带是我国有色金属的重要蕴藏带，北起江苏南部，经安徽、江西到湖北，延绵数百公里。主要蕴藏有铜、铁、铅、金、银、锡、锰、锌、钨等矿，锡矿占有一定的分量。

关于锡矿的提炼方法，由于锡是较容易冶炼的金属，一旦掌握炼铜方法，就肯定能炼出锡来。我国古代炼锡原料是冲积砂锡矿，用反复淘洗的方法富集。因为锡石的密度大，容易与砂粒分开，经富集后的锡矿可直接入炉冶炼得到锡块。据明代宋应星《天工开物》记载，在炼锡的时候"火力已到，（锡）砂不即熔，用铅少许勾引，方始沛然流注，或有用人家炒锡剩灰勾引者"。在青铜器铸造中加入少量铅，可形成铅锡共晶体，能改善合金的范性和加工性能，所以锡中含有少量的铅并不有碍于产品的质量。

值得指出的是，1982 年，中国科学技术大学自然科学史研究室曾利用铅同位素比值测定法对殷墟妇好墓所出部分青铜器进行测定，以其数据与全国许多矿区的矿石进行比对，结果发现这部分铜器的矿料不是产自中原，而是来自云南某地。[1] 这一测定结果表明早在商代，中原地区的锡料或者铜料至少有一部分来自云南。商周时期，中原地区与周边地区经济文化往来远比我们想象的要紧密，从近些年来的考古发现看，两湖、两广、江浙乃至四川、云南等地的特产如海贝、鲸骨、象牙、绿松石、朱砂等都曾在殷墟出土过，有的数量还较大，同时中原文化的影响也深入南方，前述江西新干大洋洲商墓、吴城文化以及两湖等地遗址遗物的发现已有力地说明了彼此间的联系。

到了近代，锡也是中国最早进行工业开发的矿藏之一，早在 19 世纪英国殖民者就对云南地区丰富的锡矿资源垂涎欲滴，并开始了掠夺性开采。此后，中国早期民族资本家也开始涉足锡矿的开采和冶炼，他们利用

---

① 中国科学技术大学科研处编：《科研情况简报》第 6 期，1983 年 5 月 14 日。

西方资金和技术，十分艰难地进行工业开采，但直到中华人民共和国成立前，中国的锡矿工业仍举步维艰，发展缓慢。

（作者单位：安徽师范大学历史与社会学院）

《易》学考古三题

杨效雷　张金平

　　从不同的角度，可以把考古划分为不同的分支。如从年代范围的角度，可以把考古划分为史前考古、历史考古；从方法手段的角度，可以把考古划分为田野考古、航空考古、水下考古；从研究对象的角度，则可把考古划分为天文考古、音乐考古、宗教考古等。《易》学考古与天文考古、音乐考古、宗教考古等一样，同为考古的一个分支。其研究对象是与《易》学相关的物质文化遗存，其研究方法是从《易》学角度解读这些文化遗存。蔡运章先生说："易学考古就是通过对与易学相关的传世和出土文物的全面搜集整理，采取传世文献、考古发现和古文字资料相结合的科学方法，对易学的起源、形成、发展、演变及其对中华文明的深刻影响，进行深入研究的新兴学科。"[①] 本文拟以殷墟易卦卜甲、商周四爻符号易卦、陕西淳化西周陶罐为例，从《易》学考古的视角加以探讨。

一　殷墟"易卦卜甲"考释

　　1980 年 10 月底，中国社科院考古研究所甲骨组曹定云和郭振禄两先生在安阳工作站仓库里发现一包龟甲，回京后由钟少林先生粘对复原，得到一片较完整的卜甲，如下：

---

　　① 蔡运章：《易学考古导论》，《中国文物报》2006 年 11 月 3 日。

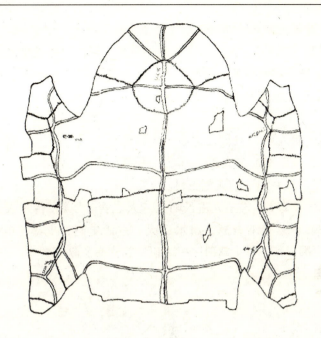

（图采自肖楠《安阳殷墟发现"易卦"卜甲》，《考古》1989 年第 1 期）

　　此卜甲之中甲上刻有"阜九、阜六"，冯时先生将"阜九、阜六"解释为"太阳、太阴"。① 腹甲右下隅有筮数"六七一六七九"，可释为兑卦。腹甲右上隅有筮数"六七八九六八"，可释为蹇卦。腹甲左上隅有筮数"七七六七六六"，可释为渐卦。左甲桥下有五组平行短线，可释为五爻坤卦。卜甲上的文字符号皆"小如粟米"。

　　肖楠先生认为，"尽管易卦卜甲出于殷墟，可它在整治方法、钻凿形态、字体风格等方面都有别于殷代而近于西周"，因而推断"该易卦卜甲的时代应在殷末周初"。② 曹定云先生指出"该易卦卜甲在其总体风格上是周原式的，而不是殷墟式的"，因而推断该易卦卜甲"很可能是周文王被囚于羑里时的遗留之物"。③

　　此卜甲之中甲上的"阜九、阜六"，引人关注。按，今本《周易》以"九"、"六"为爻题标识阳爻和阴爻，故《易》学又称"九六之学"，然

① 冯时：《中国天文考古学》，社会科学文献出版社 2001 年版，第 397 页。
② 肖楠：《安阳殷墟发现"易卦"卜甲》，《考古》1989 年第 1 期。
③ 曹定云：《论安阳殷墟发现的"易卦"卜甲》，《殷都学刊》1993 年第 4 期。

"九、六"爻题究竟始于何时，迄无定谳。此卜甲之中甲上的"阜九、阜六"，为探究《周易》"九、六"爻题的渊源，提供了重要线索。

卜甲上刻写筮数易卦，反映了"卜筮并用"的先秦习俗；卜甲右下、右上及左上三处筮数易卦的字体风格不同，则可能反映了"三人同占"的习俗。①

《周礼·筮人》："凡国之大事，先筮而后卜。"《左传·僖公四年》："初，晋献公欲以骊姬为夫人，卜之，不吉；筮之，吉。"以上为先秦文献记载中"卜筮并用"的典型史料。

《尚书·洪范》："三人占，则从二人之言。"《左传·哀公九年》："宋公伐郑，晋赵鞅卜救赵，遇水适火。占诸史赵、史墨、史龟。史龟曰……，史墨曰……，史赵曰……"以上为先秦文献记载中"三人同占"的典型史料。

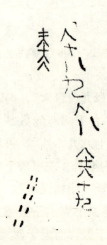

（殷墟易卦卜甲上的文字符号临摹放大图，采自肖楠《安阳殷墟发现"易卦"卜甲》，《考古》1989 年第 1 期）

殷墟易卦卜甲左下之"⫶"可视为五爻互体坤卦。如以中甲"阜九、阜六"定正北方位，② 则五爻互体坤卦处于西南，与文王八卦方位正相吻合。

---

① 参见肖楠《安阳殷墟发现"易卦"卜甲》，《考古》1989 年第 1 期。
② 古人尚北极，故以中甲"阜九、阜六"定正北方位，绝非附会。

右下"☲"（兑卦）之综卦为巽卦，而巽在文王八卦方位图中正位于东南。

左上"☶"（渐卦）之综卦为归妹卦，据八宫卦序，归妹卦属兑宫。右上"☵"（蹇卦）之综卦为解卦，据八宫卦序，解卦属震宫。在文王八卦方位图中，兑西震东，而"☶"与"☵"的相对位置关系正是东、西并列。

如果我们的以上解读可以成立，那么"八宫说"、"文王八卦方位说"等都可溯源于殷末周初。卜甲上的四个易卦与文王八卦方位图对应得如此丝丝入扣，也为曹定云先生推断此卜甲为周文王之物提供了一个佐证。

殷墟易卦卜甲上的筮数易卦涉及的数字有一、六、七、八、九，其中"一"仅出现一次，颇疑为"七"之误摹，故所涉筮数当只有"六、七、八、九"，这与《周易·系辞传》中所记载的大衍筮法是吻合的。联系到中甲上的"阜九、阜六"，我们有理由相信，大衍筮法确为殷周古法。在其他殷周筮数易卦材料中，常发现的数字是"一、五、六、七、八"，由此可知，殷周时期流行的筮法当不止一种。

二　商周四爻符号易卦非《太玄》之"首"

在商周遗物上发现有四爻符号易卦，如《美帝国主义掠夺的我国殷周铜器集录》著录 A785（R283）周初铜罍上有符号"▥"，《宣和博古图》著录之铜卣上有符号"☲"，一方东周玺印上有符号"☰"。[1]

西汉扬雄拟《易》而作《太玄》，《易》有六十四卦，《太玄》有八十一首。六十四卦之象由一长线（—）和两短线（--）构成，而《太玄》八十一首之象由一长线"—"、两短线"- -"和三短线"- - -"构成。六十四卦之象由六爻构成，而《太玄》八十一首之象由四爻构成。八十一首之名与象分别为：中☷、周☲、礥☵、闲☶、少☱、戾☴、上☰、干☳、狩☷、羡☲、差☵、童☶、增☱、锐☴、达☰、交☳、耎☷、

---

① 参见中国科学院考古研究所《美帝国主义掠夺的我国殷周铜器集录》，科学出版社 1962年版，第 213 页；（宋）王黼《重修宣和博古图》卷 9（文渊阁《四库全书》本）；吴大澂《吴清卿学使金文考》，缩微文献，中国国家图书馆馆藏。按，有学者将类似符号皆释读为"册"，我们以为不妥。

傒、从、进、释、格、夷、乐、争、务、事、更、断、毅、装、众、密、亲、敛、强、晬、盛、居、法、应、迎、遇、灶、大、廓、文、礼、逃、唐、常、度、永、昆、减、唫、守、翕、聚、积、饰、疑、视、沈、内、去、晦、替、穷、割、止、坚、成、致、失、剧、驯、将、难、勤、养。

迄今所发现的商周遗物上的四爻符号易卦与《太玄》之"首"的确有相似之处。其一，数合。四爻易卦与《太玄》之"首"皆由四重卦画构成。其二，象合。四爻易卦与《太玄》之首皆有三短线符号"－－－"。

基于以上原因，徐锡台等先生将四爻易卦解读为《太玄》之"首"。[1] 我们认为这种观点似是而非。理由如下：

首先，商周遗物上除了有四爻易卦，还有五爻易卦。如陕西省博物馆藏"商潮甗"[2] 和山西翼城凤家坡村出土的殷末周初的铜甗[3]上皆有铭文，《岩窟吉金图录》所著录的出土于安阳的两柄戈[4]上有铭文，1973年安阳殷墟出土的卜甲[5]左下角有卦画等。将五爻易卦比附太玄之"首"，无法以"数合"为据。既然五爻易卦不宜解读为《太玄》之"首"，那么，同一历史时期的四爻易卦亦不宜解读为《太玄》之"首"。

其次，《周易》卦画表阴阳，而构成《太玄》之"首"的"－－－"不表阴阳。正如刘保贞先生所说："《太玄》与《周易》在形式上最明显的不同表现在，《周易》由六十四卦组成，……卦画分六位，由阴－－阳——两种基本符号组成，……爻画自下而上依次称为初、二、三、四、五、上，阳爻称九，阴爻称六，卦画下面系卦辞，每爻下面系爻辞，……而《太玄》则由八十一首组成，……但首画分四重，由——、－－、－－－三种基本符号组成，……但这四重首画下却系着九条赞辞，自上而下依次称为初一、次二、次三、次四、次五、次六、次七、次八、上九，而且不

---

① 参见徐锡台《奇偶数与图形画——释四爻奇偶数和四位（包括五位）阴阳符号》，《周易研究》1990 年第 1 期。

② 段绍嘉：《介绍陕西省博物馆的几件青铜器》，《文物》1963 年第 3 期。

③ 李发旺：《山西省翼城县发现殷周铜器》，《文物》1963 年第 4 期。

④ 梁上椿：《岩窟吉金图录》卷下，彩华印刷局 1943 年版。

⑤ 肖楠：《安阳殷墟发现"易卦"卜甲》，《考古》1989 年第 1 期。

分阴阳。"① 四爻易卦和《太玄》之"首"皆有"﹣﹣﹣",但构成《太玄》之"首"的"﹣﹣﹣"不表阴阳,这与《周易》表阴阳的爻符有着根本性的区别。《太玄》81"首"中有 48"首"(戾、干、童、达、交、奥、进、格、夷、乐、毅、密、亲、敛、强、居、迎、遇、灶、大、廓、文、礼、逃、唐、常、度、永、昆、唫、翕、聚、积、疑、沈、内、去、晦、曹、穷、割、止、坚、致、剧、驯、将、勤),同时兼有两短线﹣﹣和三短线﹣﹣﹣,而在迄今所见的四爻符号易卦中,要么是由一长线和三短线构成,要么是由一长线和两短线构成,未见同时兼有两短线﹣﹣和三短线﹣﹣﹣者。《太玄》之"首"多有兼具两短线和三短线者,说明两短线与三短线判然有别。而商周遗物上的符号易卦,两短线、三短线不同时并见,因此,可以将两短线﹣﹣和三短线﹣﹣﹣同视为阴爻符号。古文字构形中的"增笔为饰",可以解释两短线和三短线的统一性。如"☒"又作"☒"、"☒"又作"☒"、"☒"又作"☒"等,兹不赘举。②

综上,以"数合"、"象合"论定四爻易卦为《太玄》之"首",难以使人信服。

四爻符号易卦既与《太玄》之"首"无关,则可从互体、大象等角度来考虑。

"互体是象数易学的范畴,是象数易学家构筑其理论体系不可缺少的一个内容。易学史上凡主象数者,多言互体。"③ 互体不仅包括三爻互体,而且包括四爻、五爻互体。四爻和五爻互体都是以下三爻组成下卦,上三爻组成上卦,交错而形成一个新的六爻卦。从四爻互体角度,可将"☷"和"☷"释读为颐卦,将"☷"释读为剥卦。

"大象"指合并若干阳爻或阴爻后而形成的新的卦象。如以"大过"为"大坎"之象,"大壮"为"大兑"之象,以"剥"为"大艮"之象,以"颐"为"大离"之象。大过卦中间的四个阳爻合并,即为坎卦;大壮卦下面的五个阳爻分别合并,即为兑卦;剥卦下面四个阴爻合并,即为

---

① 刘保贞:《论〈太玄〉对〈周易〉的模仿与改造》,《周易研究》2001 年第 1 期。
② 刘钊:《古文字构形学》,福建人民出版社 2011 年版,第 25 页。
③ 林忠军:《象数易学发展史》第 1 卷,齐鲁书社 1994 年版,第 228 页。

艮卦；颐卦中间四个阴爻合并，则为离卦。尚秉和先生在《焦氏易诂》"《易林》每用大象"一节中云："兑为羊，乃大壮上六亦曰'羊'，则以大壮形仍兑也。艮为床，乃剥初、二亦皆曰床，则以剥形仍艮也。来矣鲜名曰'大象'。'大象'者，即以颐为大离，大过为大坎是也。此其义至东汉亦失传，于大壮、剥之羊、床，皆不能解。后治汉《易》如惠栋父子等，凡遇大象，即曰汉人未言，不敢用。岂知惠氏所谓汉儒，只马、郑、苟、虞等耳，若焦赣则时时用大象也。夬之大过云：'久阴霖雨。'坎为霖，为雨，是以大过为大坎也。蹇之颐云：'张罗百目。'离为网罗，为目，是以颐为大离也。又损之颐云：'十丸同投，为雉所离。'离伏坎，坎为弹丸，离为雉。用大象之多，不可胜数也。"[1] 从"大象"角度，可将"▦"和"☲"释读为大离之象，将"☶"释读为大艮之象。

最后，需要指出，据伏羲六十四卦次序图，在三爻经卦与六爻别卦之间，有四爻和五爻卦阶段。商周遗物上的四爻或五爻易卦或可用来探究伏羲六十四卦次序图之渊源。另，林忠军先生拟测商周数占之法云："通过六次晃动龟空壳或竹筒，取六个数。……一次得一位数，以一位数占；二次得两位数，以两位数占；三次得三位数，以三位数占；四次得四位数，以四位数占；五次得五位数，以五位数占；六次得六位数，以六位数占。"[2] 此为另一解读思路，亦可备一说。

三　陕西淳化西周陶罐筮数易卦新探

1987 年 9 月，一件刻有筮数易卦符号的西周陶罐在陕西省淳化县石桥乡被发现。陶罐上同时刻有十一个筮数易卦，且其排列有规律可循。此考古发现对筮数易卦的研究有重要价值，故姚生民、李学勤、李西兴、徐锡台、蔡运章等学者先后对之加以关注研究，提出了一些有益的灼见。各位时贤的已有成果，是我们进一步研究的基础，但毋庸讳言，各位先生所撰论文或有小误不安处，或有尚未论及者，因此有必要在既有成果之上，对材料重新深入探究，以进一步阐明淳化陶罐筮数易卦在《周易》溯源研究和哲学、历史文化研究中的重要意义。

---

① 尚秉和：《焦氏易诂》，中央编译出版社 2013 年版，第 35 页。
② 林忠军：《易学源流与现代阐释》，上海古籍出版社 2012 年版，第 12 页。

　　淳化陶罐筮数易卦材料的原发表者姚生民先生，将此陶罐的时代笼统地定为西周，[①] 徐锡台先生沿用其说。[②] 李西兴先生在与姚生民先生的商榷文章中，径直将陶罐定为西周初年。[③] 其说未提供任何考古地层学或类型学之依据，颇觉其突兀。李学勤先生通过与沣东晚期Ⅱ式罐[④]、沣西张家坡 M151：3Ⅷ式罐[⑤]的比较，认为淳化陶罐当属西周晚期。[⑥] 细审李学勤先生的分期依据，综合参考赵丛苍、郭妍利《两周考古》[⑦]、胡谦盈《周文化及相关遗存的发掘与研究》[⑧]、张之恒和周裕兴《夏商周考古》[⑨]等专著中关于西周陶器分期的论述，对照姚生民先生对淳化陶罐的原始报道，我们赞同李学勤先生的"西周晚期"说。

　　淳化陶罐环肩一圈刻有十一个筮数易卦，分布在十格之中，其中一格中有两个筮数易卦。如下图所示：

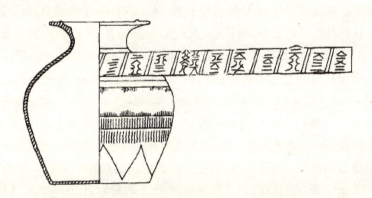

（图采自姚生民《淳化县发现西周易卦符号文字陶罐》，《文博》1990 年第 3 期）

---

①　姚生民：《淳化县发现西周易卦符号文字陶罐》，《文博》1990 年第 3 期，第 55 页。
②　徐锡台：《淳化出土西周陶罐刻划奇偶数图形画研讨》，《考古与文物》1994 年第 1 期，第 52 页。
③　李西兴：《淳化县出土西周陶罐上易卦数符管见》，《文博》1990 年第 6 期，第 36 页。
④　中国科学院考古研究所沣镐考古队：《1961—1962 年陕西长安沣东试掘简报》，图一三：9，《考古》1963 年第 8 期，第 411 页。
⑤　中国社会科学院考古研究所沣西发掘队：《1967 年长安张家坡西周墓葬的发掘》，图一九：2，《考古学报》1980 年第 4 期，第 472 页。
⑥　李学勤：《西周筮法陶罐的研究》，《人文杂志》1990 年第 6 期，第 78 页。
⑦　赵丛苍、郭妍利：《两周考古》，文物出版社 2004 年版，第 170—171 页。
⑧　胡谦盈：《周文化及相关遗存的发掘与研究》，科学出版社 2010 年版，第 19—20 页。
⑨　张之恒、周裕兴：《夏商周考古》，南京大学出版社 1995 年版，第 197—199 页。

　　李学勤先生在《西周筮数陶罐的研究》一文中说，淳化陶罐筮数中，有两个似八实九的数字。[①] 此观点与姚生民先生的原始报道相左，亦不为随后的徐锡台、李西兴、蔡运章等先生所采信。我们认为，如依李学勤先生之说，则由乾顺数之第五卦、第六卦、第十卦皆为小畜卦，难以使人认同，故亦不采信此说。

　　对陶罐研究取得突破性进展，提出淳化陶罐筮数易卦卦序与《杂卦》卦序相类的是李西兴先生。[②] 四年后，徐锡台先生重申李西兴先生之说。[③] 按，李西兴、徐锡台二先生皆以《周易·杂卦》卦序定型至迟不晚于西周初年，但如前所述，淳化陶罐应属西周晚期，而且陶罐上十一卦的顺序与《杂卦》卦序不完全相同，故李、徐二氏之观点当微调修正为：《杂卦》卦序基本定型至迟不晚于西周晚期。

　　其实，在《周易》研究的历史长河中，并非没有学者重视《杂卦》卦序，只是在以《序卦》卦序占绝对优势的语境中，《杂卦》卦序常被研《易》者所忽罢了。如明代刘元卿《大象观》最突出之特色便在于以《杂卦》为序诠释《周易·大象传》。[④] 四库馆臣对刘元卿以《杂卦》为序颇为不满，云："至其以《杂卦》为序，尤为颠倒。夫'杂'者，相错之余义也。缀《十翼》之末，明非正经也。"[⑤] 按，淳化陶罐上的筮数易卦，如由乾逆数至夬，各卦顺序，与今本《杂卦传》基本相同。《周易·系辞下》论制器尚象时，亦以夬卦作结，陈鼓应、赵建伟以为，"似与《杂卦》相关"[⑥]。萧汉明指出："发现最晚的《杂卦》并非形成在《序卦》之后，恰恰相反，《杂卦》卦序正是《序卦》卦序的先导。"[⑦] 故四库馆臣之见非是。刘元卿之论与淳化陶罐相辉映，足为淳化陶罐筮数易卦在《周易》溯源研究中的重要意义张目。

　　需要指出，淳化陶罐上的十一个筮数易卦，若顺行，首乾次夬，终以

---

　　① 李学勤：《西周筮法陶罐的研究》，《人文杂志》1990 年第 6 期，第 79 页。

　　② 李西兴：《淳化县出土西周陶罐上易卦数符管见》，《文博》1990 年第 6 期，第 38 页。

　　③ 徐锡台：《淳化出土西周陶罐刻划奇偶数图形画研讨》，《考古与文物》1994 年第 1 期，第 55 页。

　　④ （明）刘元卿：《大象观》卷首《题辞》，《四库全书存目丛书》经部第 10 册影印明万历杨时祥刻本，齐鲁书社 1995 年版，第 207—210 页。

　　⑤ （清）纪昀等：《四库全书总目》，中华书局 1965 年版，第 57 页。

　　⑥ 陈鼓应、赵建伟：《周易今注今译》，商务印书馆 2005 年版，第 763 页。

　　⑦ 萧汉明：《〈杂卦〉论》，《周易研究》1988 年第 2 期，第 27 页。

益，尾卦与马王堆帛书《易》的尾卦相同；若逆行，首乾次益，终以夬，
尾卦与《周易·杂卦》的尾卦相同。尤其值得注意的是，若顺行，首乾
卦，次夬卦，再次大有卦，与伏羲六十四卦次序图之前三卦正相吻合。种
种巧合，可以使我们推断，《周易·杂卦》卦序、马王堆帛书《易》卦
序，乃至于伏羲六十四卦次序图，皆可溯源于西周时期。

淳化陶罐上何以刻十一个筮数易卦？时贤皆未论及，我们试补此缺。

明邢云路《古今律历考》引僧一行之言云：“天数中于五，地数中于
六，合天地二中为十一，以通律历。”[1] 此言旷若发蒙，使人顿悟淳化陶
罐上所刻十一个筮数易卦之缘由，反映了“尚中”之思想。

顾净缘先生论五、六之数云：“（1）五、六两数，居天地数之中，为
天地之中数。天地之数为天一地二天三地四天五地六天七地八天九地十，
五、六两数居中。（2）二、三、四、七、八、九，各数自乘，末尾之数
字有变（二二如四，三三如九，四四一十六，七七四十九，八八六十四，
九九八十一），五、六两数自乘，末尾之数字不变（五五二十五，六六三
十六），故五、六为天地之中数。（3）五、六两数，因为居中能御外，所
以不变；因为不变能应万变，所以居中。（4）五五二十五，六六三十六，
合为六十一。以六乘六十一，得三百六十六，为一年三百六十六日之数，
合天地自然之数。”[2]

1973 年湖南长沙马王堆 3 号汉墓出土的医书中有《足臂十一脉灸经》
和《阴阳十一脉灸经》。[3] 这两篇医书是迄今所知最早的论述中医经络理
论的文献。“与马王堆出土的《足臂十一脉灸经》及《阴阳十一脉灸经》
相比，《内经》不仅由 11 条经脉发展为 12 经脉，而且其循行走向很有规
律，各经之间相互衔接，互为表里。”[4] 中医经络理论中的“十二经脉”，
在马王堆出土医书中却作“十一经脉”，与淳化陶罐上的“十一卦”正可
互相发明（按，中医基础理论中的“五脏六腑”说、“五运六气”论，当
皆与“五”、“六”天地之中数相关）。扬雄拟《易》而作《太玄》，有
《玄首》、《玄冲》、《玄错》、《玄测》、《玄攡》、《玄莹》、《玄数》、《玄

① （明）邢云路：《古今律历考》卷 16，文渊阁《四库全书》本。
② 顾净缘：《周易发微》，中国书籍出版社 2010 年版，第 116—117 页。
③ 鲁兆麟、黄作阵点校：《马王堆医书》，辽宁科学技术出版社 1995 年版，第 3—6 页。
④ 石全福、王宫博：《从马王堆医书到〈黄帝内经〉看经络辨证的早期发展》，《针灸临床
杂志》2008 年第 11 期，第 46 页。

文》、《玄捝》、《玄图》、《玄告》十一篇，亦与"十一"之数相合。

2009 年 8 月 11 日《咸阳日报》报道："淳化县修石桥乡至爷台山景区公路在九庄村取土时，发现陶罐两件，其中一件外饰浮雕动物纹。……罐肩处有一周浮雕为十一个小动物组成的花纹带……确为汉罐中的精品，具有很高的艺术价值和考古价值。"① 此报道使人自然地联想到了同出于淳化县石桥乡的刻有十一个筮数易卦的陶罐。在跨越了数百年后，虽然筮数易卦变成了动物纹，但"十一"之数（"天中之数"与"地中之数"相加之和）却传承未改。

淳化陶罐环肩十格之三、六分界处为何刻两卦？换言之，三、六分界处有何特殊性？时贤亦未论及。我们认为，或与三才、六爻之数相关。《周易·系辞下》："《易》之为书也，广大悉备，有天道焉，有人道焉，有地道焉，兼三才而两之，故六。"《周易·说卦》："立天之道曰阴与阳，立地之道曰柔与刚，立人之道曰仁与义，兼三才而两之，故《易》六画而成卦。"顾净缘先生尝论三之数云："三为阴阳合，为参天之数，为天、地、人三才之数，为生万物之数。"论六之数云："一个六为六爻之数。两个六为六阴六阳，为一日十二时、一年十二月之数。三个六为十八变而成卦之数。十个六为六十，干支一周之数。三十个六为百八十年，为元气流行一周之数。"②

关于数字"三"，还可用"函三为一"之哲学观来诠释。

"函三为一"，首发于刘歆。《汉书》卷二一《律历志上》引其说云："太极元气，函三为一。极，中也。元，始也。行于十二辰，始动于子。……此阴阳合德，气钟于子，化生万物者也。"③ "三"，指天、地、人三才；"子"对应于十一月；朱熹以前，人们皆以"中"释"极"。④ 此段文字将"三"、"中"、"十一"三者联系到了一起。

"十一月"又对应于十二律中之"黄钟"。宋儒魏天应云："黄钟者，气之母而数之首也。此太极元气函三为一之始也。古人作历必以十一月朔

---

① 姚晓平：《淳化文物新发现石棺陶罐》，《咸阳日报》2009 年 8 月 11 日第 A011 版。

② 顾净缘：《周易发微》，中国书籍出版社 2010 年版，第 115 页。

③ （东汉）班固：《汉书》卷 21《律历志上》，中华书局 1962 年版，第 964 页。

④ （清）胡渭：《易图明辨》卷 7："极皆训中。不从此训，自朱子始。"文渊阁《四库全书》本。

且冬至起历者，盖谓此也。"①

　　《史记·律书》："数始于一，终于十，成于三；气始于冬至，周而复生。"② 宋儒李复以"函三为一"解释"三爻而成卦"云："太极元气，函三为一，故三爻而成卦。"③ 元儒袁桷以"函三为一"解释十二律"三分损益法"云："太极元气，函三为一。三者，天、地、人也，故必以三而损益之。"④

　　淳化陶罐筮数易卦与以上文献记载一一暗合，颇值得玩味。⑤

（作者单位：天津师范大学历史文化学院）

---

①　（宋）魏天应：《论学绳尺》卷 6，文渊阁《四库全书》本。

②　（西汉）司马迁：《史记》卷 25《律书》，中华书局 1959 年版，第 1251 页。

③　（宋）李复：《潏水集》卷 4，文渊阁《四库全书》本。

④　（元）袁桷：《清容居士集》卷 12，文渊阁《四库全书》本。

⑤　山东大学刘大钧先生曾从古人重视"三"的角度论《周易》"九"、"六"爻题之由来（参见其《〈周易〉九、六解》，《东岳论丛》1980 年第 3 期，第 44—47 页）；中国科学院高能物理研究所沈经曾从自然科学角度论"三"的文化内涵（参见其《自然界为什么喜欢"三"》，《河洛数理》1994 年合刊，第 17—19 页）。以上成果，都有助于思索淳化陶罐环肩十格三、六分界处的特殊性问题。

"平台"地望考辨[*]

王自兴　张润泽

　　现在存世的先秦货币有"平台"三孔布,而在史籍记载中亦出现有"平台"、"沙丘平台"等地名。目前学界将三者所代表的"平台"地望定为一处的观点较为普遍,但笔者根据相关史料及考古发现分析,这一论断尚有可商榷之处,故而加以蠡测,以期明确三处"平台"地望之关系。

一　平台三孔布之"平台"辨析

　　目前出土的战国货币中有一种三孔布币,流传于世的三孔布现有 31 种,其中最早著录见于清代嘉庆年间的《吉金所见录》。① 但如今三孔布断代及归属仍有较大争议,学界大致有三种说法:一为赵国铸;二为秦占赵地后铸;三为中山国铸。三说中,以目前资料论证,笔者认为属于赵国所铸的可能性更大。现藏于东京日本银行的三孔布中有一种正面铸有"平台"二字,背文为"十二朱(铢)"、"廿"四字。②

　　* 本文为张润泽主持的 2012 年度河北省社科基金项目《先秦赵国交通城邑研究》(项目编号:HB12LS004)阶段成果之一。

　　① 黄锡全:《先秦货币通论》,紫禁城出版社 2001 年版,第 141 页。

　　② 马飞海主编:《中国历代货币大系 1·先秦货币》,上海人民出版社 1988 年版,第 586 页。

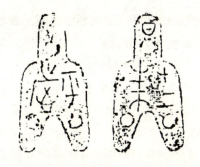

《中国历代货币大系1·先秦货币》2479　　　　　《东亚钱志》4·74

先秦金属货币上多铸有铭文，而这些铭文又多为当时的地名，因而很多学者认为"平台"是一个城邑的名字。例如裘锡圭先生在《战国货币考（十二篇）》中就说道：

> 下揭三孔布面文第一字为"平"，第二字前人未释。据《汉书·地理志》，常山郡有平臺县。其地在今河北省平乡县东北，战国时在赵国疆域内。上引币文第二字从"户"从"至"，应即"臺"字异体。侯马盟书"臺"字作（《侯马盟书》349 页），币文"臺"字即由此简化。①

黄锡全先生在《先秦货币通论》中对"平台"三孔布的解释为：

> 平台（臺），有大小二型。大型见方若据契斋商承祚藏原拓本影摹，著《旧雨楼集外集》。小型背首穿孔上铸数字"二十"。臺字从户从至，应是"臺"字异体，当由侯马盟书"臺"形简化。《汉书·地理志》常山郡有平台县。其地在今河北省平乡县东北，战国属赵。②

此外黄先生在《先秦货币研究》中也认为："（平台）其地在今河北

① 裘锡圭：《战国货币考（十二篇）》，《北京大学学报》（哲学社会科学版）1978 年第 2 期。

② 黄锡全：《先秦货币通论》，紫禁城出版社 2001 年版，第 145 页。

省平乡县东北，为赵国与中山国交界地带，战国早中期当属中山国，或者一度属于中山国。"① 何琳仪先生在《古币丛考》中说："'平台'，属常山郡，地望不详。钱坫曰：'《秦本纪》云：沙丘平台是也。'按，此'平台'属巨鹿郡。今暂据钱坫说定三孔布'平台'于河北平乡西北。"② 我们看到裘锡圭先生与黄锡全先生的观点大致相同，何琳仪先生在地望断定上与前两位先生略有不同，但他们都认为"平台"三孔布应当与《汉书·地理志》中常山郡的平台县有关，且地望与现在的河北省平乡县有关系。之所以会有这种认识应当是受到了钱坫对《汉书·地理志》解释的影响。如周振鹤先生在《汉书地理志汇释》中有平台县一条："平台，钱坫曰：《秦本纪》云，沙丘平台，是也。"③ 后晓荣先生在《秦代政区地理》中也说道："平台，战国赵三孔布有'平台'布。《史记·秦始皇本纪》：'七月丙寅，始皇崩于沙丘平台。'《汉志》常山郡有平台县，战国属赵。从此布币看，赵置平台县，西汉沿置，推之秦也设置此县，其故址地望在今平乡县东北。"④ 从周、后两先生的观点来看他们皆将平台县当作了沙丘平台，但目前就邢台市的平乡县而言，并没有任何与"平台"有关的地名，倒是在平乡县的东边邻县广宗县有相关的乡名、村名为"大平台"，且该地有河北省重点文保单位"沙丘平台遗址"。所以根据以上几位先生的观点我们发现其中有一些问题是解释不通的，首先，常山郡的平台县、沙丘平台以及三孔布的平台是否是一个地点？其次，沙丘平台与三孔布的平台如今的地望究竟是什么地方？我们认为以上几位先生的认识尚有商榷之处，故略做考证，阐述于下。

"平台县"最早见于《汉书·地理志》，"常山郡"条下有："县十八：……平台，侯国。莽曰顺台。"⑤《汉书·外戚恩泽侯表》中也记载，平台侯国始封者为平台康侯史玄，封邑在常山郡，"以悼皇考舅子侍中中郎将关内侯有旧恩侯，千九百户。三月乙未封，二十五年薨。""建昭元年，戴侯恁嗣，十九年薨。""鸿嘉二年，侯习嗣。"⑥ 所以我们可以看到

---

① 黄锡全：《先秦货币研究》，中华书局 2001 年版，第 184 页。
② 何琳仪：《古币丛考》，安徽大学出版社 2002 年版，第 163 页。
③ 周振鹤：《汉书地理志汇释》，安徽教育出版社 2006 年版，第 187 页。
④ 后晓荣：《秦代政区地理》，社会科学文献出版社 2009 年版，第 356 页。
⑤ 班固：《汉书》卷 28《地理志》，中华书局 1962 年版，第 1576 页。
⑥ 班固：《汉书》卷 18《外戚恩泽侯表》，中华书局 1962 年版，第 699 页。

平台在西汉一段时间内应当为侯国，始封于元康二年（公元前64年），到鸿嘉二年（公元前19年）传至第三位平台侯史习，之后史书就没有了记载，应该是国除为县，到王莽时改平台为顺台。然而在《后汉书·郡国志》中已经找不到有关"平台"的记载，应该是在东汉初年省并了。所以后晓荣先生"《汉志》常山郡有平台县，战国属赵。从此布币看，赵置平台县，西汉沿置，推之秦也设置此县"的推测应当是准确的。对于"平台县"我们在其他史籍中找不到相关记载，而在最近编辑出版的《邢台历史文化辞典》中有两条关于"平台县"的表述：

> 平台侯国　古侯国名。汉元康二年（公元前64年），宣帝刘询封国戚史玄为平台康侯，采邑1900户，建平台侯国，都邑在今广宗平台、柏社一带。共历三侯五十年。①
>
> 平台县　古县名。治今广宗县平台一带。汉高祖初年置，新莽时改成顺平县。②

在这里可以看出《邢台历史文化辞典》中的值得商榷的两处描述，从时间上所说的"汉高祖初年置，新莽时改成顺平县"是当时陈平的封地曲逆县，西汉高帝六年（公元前201年）封陈平为曲逆侯，元光五年（公元前130年）国除复为县。新始建国元年（公元9年）改名顺平，而非当时的平台县。再者从位置上来看，在西汉时广宗县属于巨鹿郡境内，但我们根据《汉书·地理志》中平台县的记载，其位置也不在当时的巨鹿郡境内，而是在巨鹿郡西北方向的常山郡。

而"沙丘平台"的记载最早出现在《史记》之中，秦始皇三十七年（公元前210年），秦始皇东巡病死于沙丘平台。《史记·秦始皇本纪》中记载：

> 至平原津而病。始皇恶言死，群臣莫敢言死事。上病益甚，乃为玺书赐公子扶苏曰："与丧会咸阳而葬。"书已封，在中车府令赵高

---

① 政协河北省邢台市委员会编：《邢台历史文化辞典》，中国文史出版社2012年版，第49页。

② 同上书，第56页。

行符玺事所，未授使者。七月丙寅，始皇崩于沙丘平台。①

同时我们知道，这是"沙丘平台"唯一一次出现在《史记》中的记载，但是类似的记载还在《殷本纪》和《赵世家》中出现过。殷商末年纣王在沙丘一带建造宫苑，穷奢极欲，当时称为"沙丘苑台"，战国赵惠文王四年（公元前295年），沙丘宫发生兵变，赵主父（武灵王）被饿死于沙丘宫中，当时称为"沙丘宫"。而后来秦始皇驾崩的"沙丘平台"是延续殷商的沙丘苑台和沙丘宫而来的，三者历来认为是同一地名。

通过以上史籍材料的分析我们可以断定"平台县"与"沙丘平台"应该不是同一个地方，关于常山郡的"平台县"以及巨鹿郡的"沙丘平台"我们查阅了谭其骧先生主编的《中国历史地图集》，在战国时期的《赵中山》中我们可以看到在赵国疆域内有"沙丘"这一地名，标注在今天的平乡县东北，但无"平台"的出现。② 在秦代的《山东北部诸郡》中可以看到"沙丘平台"这一地名，在巨鹿郡东北，今天的平乡县和广宗县之间，但是恒山郡中看不到有关"平台"的标注。③ 在西汉的《冀州刺史部》中可以看到标注在巨鹿郡的"沙丘台"，但在常山郡并无"平台"的确切位置，但编者在地图一侧作了说明，即"无考县名"，其中常山郡就有"平台"、"都乡"两个县名无考。④ 到东汉时的《冀州刺史部》我们在常山国和巨鹿郡中已经看不到有关"平台"和"沙丘平台"的任何标注和说明文字。⑤ 但是我们可以通过这里看出，谭其骧先生认为沙丘平台（沙丘台）和平台县并不是同一个地名。

但是平台县（平台侯国）在历史上应当是确切存在过的，在战国时期应该是县的设置，大概位置应该是位于今天石家庄的周边县市，在战国时期，中山国的统治中心就是现在的石家庄灵寿及其周围地区。中山国强盛时期的疆域，包括今河北省保定地区的南部、石家庄地区的大部、邢台地区的北部及衡水地区的西部。黄锡全先生在分析三孔布中的30余种地名的时候，认为包括平台在内23种地名都属于中山国的统治范围，另外

---

① 司马迁：《史记》卷6《秦始皇本纪》，中华书局1990年版，第264—265页。
② 谭其骧主编：《中国历史地图集》第1册，中国地图出版社1982年版，第37、38页。
③ 同上书，第9、10页。
④ 谭其骧主编：《中国历史地图集》第2册，中国地图出版社1982年版，第26页。
⑤ 同上书，第47、48页。

有 6 种属于赵国的范围，3 种属于魏国的范围。① 我们认为后来的平台县
（平台侯国）在战国时期也正是中山国的城邑之一，后来归属于赵国。它
应该就是平台三孔布的"平台"所在地，而与沙丘平台是毫无关系的。
平台三孔布与三孔布中的其他地名，像"南行唐"、"北九门"、"五陉"、
"上曲阳"等地名相距不远。西汉时期在此建立侯国，属常山郡，王莽时
改曰顺台县，最终平台县在东汉初年被省并，其地的具体位置后来不可
考了。

　　综合以上考证，笔者认为平台三孔布中的平台在战国时期应该先为中
山国城邑，后为赵国城邑，秦统一之后置平台县，西汉因之，后在此建立
平台侯国，王莽改曰顺台，东汉初年省并。此处应该为平台三孔布的
"平台"所在地，但平台县（平台侯国）由于资料较少，其具体地望已经
不可考证，但应当不出今天的石家庄周边地区一带，不应使之与秦始皇驾
崩的"沙丘平台"相混淆。而沙丘平台，即后世所称沙丘台则是在今天
的邢台市平乡县，秦始皇东巡崩于此处，二者只是在"平台"这一地名
上偶合，但该处而非铸造"平台"三孔布的城邑存在。后世学者在此问
题上的相关认识应该予以纠正。

二　沙丘平台之"平台"性质与地望

　　既然"平台县"与"沙丘平台"不是同一个地方，那么我们再来分
析一下"沙丘平台"的性质和具体地望。沙丘平台在后世文献中，如
《元和郡县图志》、《太平寰宇记》、《读史方舆纪要》中统称为"沙丘
台"，其位置皆认定为在平乡县城东北 20 里处的"王固岗"，与今天所认
定的在邢台市广宗县大平台乡的"沙丘平台遗址"位置不同，关于沙丘
平台的具体地望笔者曾在《沙丘宫遗址地望考》② 一文中对广宗县的沙丘
平台和平乡县的王固岗进行了相应的探究，从文献记载、出土资料、实地
考察、政区沿革和河流演变等数个方面进行了论证，基本得出了沙丘宫的
位置应当是现在平乡县的王固岗，而非现在的广宗县大平台乡，而且沙丘

---

① 黄锡全：《先秦货币研究》，中华书局 2001 年版，第 365 页。
② 王自兴、张润泽：《沙丘宫遗址地望考》，载《秦始皇帝陵博物院 2012 年》，三秦出版社
2012 年版。

平台在当时并非城邑，"沙丘"应当为地貌名，"平台"为高台或宫室名。

查阅现在较为权威的《中国历史地名大辞典》，其中有"沙丘"、"沙丘宫"条目：

> 沙丘在今河北广宗县西北八里大平台。相传为商纣王于此筑苑台。《史记·殷本纪》：纣"益广山丘苑台，多取野兽蜚鸟置其中"。又《秦始皇本纪》：始皇三十七年（前210年），"始皇崩于沙丘平台"。《正义》引《括地志》："沙丘台在邢州平乡县东北二十里。又云平乡县东北四十里。"即此。①

> 沙丘宫即沙丘台。在今河北广宗县西北八里大平台。为殷纣所筑。赵迁都邯郸后扩建为行宫。《史记·赵世家》载：惠文王四年（前295年），"主父（武灵王）及王游沙丘，异宫，公子章即以其徒与田不礼作乱，诈以主父令召王。……（公子）成、（李）兑因围主父宫……三月余而饿死沙丘宫"。②

但是在"平台"条目下《中国历史地名大辞典》指出了两个地名，即紫光阁与河南商丘县东平台乡。③ 与我们所研究的"平台"无关，暂不去考证。从上述两条材料中也可以发现对沙丘平台的具体地望仍有一些争议，即在现在邢台市的平乡县还是广宗县。在分析地望之前，首先来分析一下"沙丘平台"的具体含义。

查阅"沙丘平台"的相关历史记载时会发现，在不同的史籍上对沙丘平台的称呼并不相同，基本有"沙丘"、"沙丘苑台"、"沙丘台"、"沙丘宫"、"平台"和"沙丘平台"等几种说法。《史记·殷本纪》中称"沙丘苑台"、"沙丘"，《史记·赵世家》中称"沙丘宫"，《史记·秦始皇本纪》中称"沙丘平台"，《史记·殷本纪》中《正义》注释：

> 《括地志》云："沙丘台在邢州平乡东北二十里。《竹书纪年》自

---

① 史为乐主编：《中国历史地名大辞典》，中国社会科学出版社2005年版，第1327页。
② 同上书，第1328页。
③ 同上书，第653页。

盘庚徙殷至纣之灭，二百五十三年，更不徙都。纣时稍大其邑，南距朝歌，北据邯郸及沙丘，皆为离宫别馆。"①

《史记集解》注释：

《尔雅》曰："迤逦，沙丘也。"《地理志》曰在巨鹿东北七十里。②

根据这两段文字，我们基本可以得出"沙丘"应该是以地貌命名的，根据相关推测，在当时沙丘一带气候较现在温暖湿润，河流分布较广，冲积成了连绵的沙丘，风景优美，所以商王才有可能在此建立离宫别馆，而这种情况也为现在的气候研究所证实。竺可桢先生在《中国近五千年来气候变迁的初步研究》中说：

殷墟时代是中国的温和气候时代，当时西安和安阳地区有十分丰富的亚热带植物种类和动物种类。③

因而可以说"沙丘"绝不是一个单独孤立的地点，作为沙丘地貌存在的地区应该是广布的。《平乡县志》中有发现卫灵公墓的记载：

卫灵公墓旧志云县南五里柴口村前，相传地裂见石门，题曰卫灵公墓，中有绿水溢出，寒气逼人，不可入。考灵公卒于周敬王二十七年，此时平乡入卫……今平乡东南一带皆沙丘故地。④

《庄子》也可以佐证这一点，在《庄子·则阳篇》中希韦曰：

夫灵公也死，卜葬于故墓，不吉；卜葬于沙丘，而吉。掘之数仞，得石椁焉；有铭焉，曰：不凭其子，灵公夺而埋之。⑤

---

① 司马迁：《史记》卷3《殷本纪》，中华书局1990年版，第106页。
② 同上。
③ 竺可桢：《中国近五千年来气候变迁的初步研究》，《考古学报》1972年第1期。
④ 杨乔：《平乡县志》卷3《地理下·古迹》，清乾隆十六年刻本，藏中国国家图书馆。
⑤ 庄周撰，杨柳桥注：《庄子译诂》，上海古籍出版社1991年版，第544页。

　　柴口村在平乡县最南部,距现在认为的沙丘宫遗址的地点有20里到40里之遥,这可以说明在春秋战国和秦汉时期平乡一带的地貌是沙丘广布的,绝不是一个单一的行政名称。所以"沙丘"一名应该是当时的地貌所确定的。

　　而"沙丘平台"的"平台"我们认为应该是宫室名或者是高台性质的建筑名,不应该为专属性质的行政区划名。之后人们在史书中将"沙丘平台"统称为"沙丘台"也可以说明这一点,沙丘台的命名抑或是与战国时期邯郸的武灵丛台和三国时期邺城的铜雀台相类似。建筑学家梁思成曾说:

　　　　(春秋战国)当时盛游猎之风,故喜园囿。其中最常见之建筑物厥为台。台多方形,以土筑垒,其上或有亭榭之类,可以登临远眺。台之纪录,史籍中可稽者甚多。……且自周中世以降,尤尚殿基高巨之风,数殿相连如赵之丛台,即其显著之一例。①

　　所以后世史书称沙丘宫为沙丘台也是可以理解的。

　　至于沙丘平台的具体地望,我们看到史料中的记载也不相同,《史记·秦始皇本纪》中记载"始皇崩于沙丘平台",《史记集解》注释:"徐广曰:'年五十。沙丘去长安二千余里。赵有沙丘宫,在巨鹿,武灵王之死处。'"②《史记正义》注释:"《括地志》云:'沙丘台在邢州平乡县东北二十里。又云平乡县东北四十里。'按,始皇崩在沙丘之宫,平台之中。邢州去京一千六百五十里。"③由"沙丘之宫,平台之中"一语可认为沙丘平台是指沙丘宫中的一处平台或者一处叫"平台"的宫室。《汉书·地理志》中"巨鹿郡"条下有:"巨鹿,《禹贡》大陆泽在北,纣所作沙丘台在东北七十里。"④由于当时的巨鹿郡治所便是在后来的平乡县城一带,所以这里便出现了沙丘台在平乡县城东北20里、40里和70里的说法。

---

①　梁思成:《中国建筑史》,生活·读书·新知三联书店2011年版,第38页。
②　司马迁:《史记》卷6《秦始皇本纪》,中华书局1990年版,第265页。
③　同上。
④　班固:《汉书》卷28《地理志》,中华书局1962年版,第1575页。

之后唐代的《括地志》、《元和郡县图志》等并没有对"沙丘"和"平台"进行区分，一般统称之为"沙丘台"。《括地志》卷二邢州平乡县条目下记载：

> 邢州平乡县城本巨鹿……沙丘台在邢州平乡东北二十里。《竹书纪年》："自盘庚徙殷至纣之灭，二百五十三年，更不徙都。纣时稍大其邑，南距朝歌，北据邯郸及沙丘，皆为离宫别馆。"沙丘台在邢州平乡县东北二十里，地理志赵，中山地薄人众，犹有纣淫乱余民。①

《元和郡县图志》卷十五河东道四邢州平乡条目下记载：

> 平乡县本春秋时邢国，后为赵地，始皇灭赵，以为巨鹿郡，亦大称也……浊漳水，今俗名柳河，在县西南十里……沙丘台，在县东北二十里，殷纣所筑。赵李兑围武灵王于沙丘之宫，王探雀鷇食之而死。又秦始皇东巡回，死于沙丘。②

《括地志》虽然成书比《史记》、《汉书》要晚，但是较为精准，后人在为《史记》等书做注时也多采用了《括地志》的观点。到了宋代的《太平寰宇记》卷五十九河北道八邢州平乡县条目下将"沙丘台"和"平台"分作两条记载：

> 沙丘台在县东北二十里。皇甫谧《帝王世纪》："纣自朝歌北筑沙丘台，多取飞禽野兽置于其中。"卫灵公卒，卜葬于沙丘吉，穿冢得石椁，铭云："不凭其子，灵公夺我里。"子韦曰："灵公之为灵公也久矣。"又赵惠文王四年，李兑围武灵王于沙丘官，探雀鷇食之，三月而死。又《十三州志》："秦王东巡回，死于沙丘。"

---

① 李泰等撰，贺次君辑校：《括地志辑校》卷2《邢州》，中华书局1980年版，第91—92页。

② 李吉甫撰，贺次君点校：《元和郡县图志》卷15《河东道四》，中华书局1983年版，第428—429页。

平台在县东北三十里。《地理志》云平乡县有台，即此也。①

从这段表述我们可以看出，沙丘台和平台被分为两个地点，相距十里。《太平寰宇记》中将"沙丘台"和"平台"分而别之大概和我们的推想是相符的，即沙丘可能是一个较大面积的地点，而平台则是沙丘中的一处高台或宫室。这和《史记》本身的记载也并不矛盾。

《读史方舆纪要》"平乡县"其下有"沙丘台"一条记载：

> 沙丘台县东北二十里。古史："纣筑沙丘台，多取禽兽置其中。"《庄子》："卫灵公卒，葬沙丘宫。"《战国策》："赵李兑等围主父于沙丘宫，白日而饥死。"《竹书纪年》："自盘庚徙殷至纣之灭，二百五十三年，更不徙都。纣时稍大其邑，南距朝歌，北据邯郸及沙丘，皆为离宫别馆。赵主父及子惠文王游沙丘异宫是也。"《秦纪》：始皇三十七年，崩于沙丘平台。或曰平台，沙丘宫中之台也。邑志：县南五里有平台。刘昭曰："沙丘台在巨鹿东北七十里。"②

《读史方舆纪要》成书于清代，是历代历史地理著作的汇编总结。平乡县与广宗县在元代宪宗五年（1255年）已经彻底分开，清代时管辖区域和现在基本已经没有差别，而清代初年的《读史方舆纪要》在相应的广宗县的条目下却未有任何关于沙丘台的记载，而是将其归入平乡县内，充分说明了沙丘平台属于平乡县境内的事实。

同样在《平乡县志》中也有"沙丘平台"的描述：

> 沙丘平台纣八祀筑沙丘苑台。周赧王二十二岁，赵主父筑宫，公子成弑之于此。《赵世家》注在县东北二十五里。《一统志》在县东北三十里太平乡，始皇崩于沙丘平台，即此。按，今县东北有王固岗，岗形尚存，或皇故讹王固耳。又旧志云在县南五里，盖南北连延

---

① 乐史撰，王文楚点校：《太平寰宇记》卷59《河北道八》，中华书局2007年版，第1219页。

② 顾祖禹：《读史方舆纪要》卷15《北直六》，中华书局2005年版，第669页。

数十里，总谓沙丘。①

最近编纂的《邢台历史文化辞典》一书中对"沙丘平台遗址"解释道：

> 沙丘平台遗址据《广宗县志》记载："广宗全境地势平衍，土壤盖系沙质，到处堆积成丘，故名沙丘。"商代时这里曾建有离宫别馆，今大平台村南250米处有一沙丘，东西长150米，南北宽70米。台高3米，地面暴露遗物有绳纹陶片，在沙丘台东头可见明显的夯土层和绳纹陶片，经鉴定属于周秦时期的遗物。据《平乡县志》记载："沙丘平台在邑东北三十里王固村一带"，《赵世家注》、《清一统志》都记载，沙丘平台在平乡县。今平乡县乞村北六华里王固村附近有断断续续的沙丘痕迹，东西长约1500米，南北宽约150米，在地面暴露有破砖碎石，相传就是沙丘平台。附近王固村的村名，就是秦始皇病死在沙丘，由皇故的谐音而来。沙丘平台在历史上曾经多次发生过重大事件。邢台两处沙丘平台遗址相距不远，具体范围有待进一步考证。②

所以我们看到至于具体位置现在仍旧有相关争议，未能轻易下结论，但是在平乡县和广宗县都发现了相应的文化遗址。在现在位于广宗县城北侧，大平台、前平台、后平台村一带。此处地表绳纹砖瓦片随处可见，曾出土商代陶鬲、陶罐，战国陶壶及青铜器残片、玉饰件等。1982年河北省人民政府定为"沙丘平台遗址"，公布为省级文物保护单位。而在平乡县的王固村一带也发现了商及秦汉的遗址，《邢台地区文物初考》一书记载：今平乡县乞村北六华里王固村附近有断断续续的沙丘痕迹，东西长约1500米，南北宽约150米。在地面暴露有碎砖石，相传就是沙丘平台。附近王固村的村名，也是因为秦始皇病死在沙丘"皇故的谐音而来"。在文物普查中，文物工作者在王固一带发现了大量的商秦遗物。遗址6米深

---

① 杨乔：《平乡县志》卷3《地理下·古迹》，清乾隆十六年刻本，藏中国国家图书馆。
② 政协河北省邢台市委员会编：《邢台历史文化辞典》，中国文史出版社2012年版，第329页。

的剖面，发现了厚达 2.5 米的文化层，并有"京"、"米"文字陶片，多种连续纹饰的夹砂陶片，以及秦汉时期陶片。[①] 可见平乡县和广宗县在先秦和秦汉时期皆有相关居民活动。

通过以上相关材料的分析，我们认为"沙丘平台"一词应当分开理解为"沙丘"之中的"平台"，沙丘是地貌名，而非专属的行政地名，而"平台"则可能是宫室名或宫室内的高台之名，而非县名，这个基本是可以确定的。而且沙丘在殷商至秦汉期间分布较为广泛，有相应的居民点，应当是覆盖了现在的平乡、广宗两县，而平台只是沙丘之中的一处高台或宫室，面积较小。由于时间的推移，平台并未在地面上保留相应的遗迹，故而其具体地望产生了较大的争议，但应该是在平乡县境内，而广宗县在当时应该是在沙丘的范围之内，但不是平台的所在地。

综上所述，我们分析了战国至秦汉时期的平台县（平台侯国）的地望以及与平台三孔布的关系，使之与秦始皇驾崩的"沙丘平台"不相混淆。但平台县（平台侯国）由于资料较少，其具体地望已经不可考证，但应当不出今天的石家庄地区一带。而沙丘平台则是在今天的邢台地区，"沙丘"乃是较大的地点名，因地形和地貌而得名，而后此处建有宫殿建筑群，称为"沙丘苑台"，其中有宫室名为"平台"或是有高台称为"平台"，秦始皇东巡崩于此处，但该处非铸造"平台"三孔布的城邑存在。

（作者单位：王自兴　郑州大学历史学院　张润泽　邯郸学院历史系）

---

① 政协河北省邢台市委员会编：《邢台历史文化辞典》，中国文史出版社 2012 年版，第 346 页。

附录 "中国出土文献与上古史国际学术研讨会"学术综述

吕庙军

由中国先秦史学会主办、天津师范大学出土文献与上古史研究中心承办的"中国出土文献与上古史国际学术研讨会"于 2013 年 9 月 26 日至 27 日在天津市隆重举行。来自中国、美国、韩国、日本以及我国台湾、香港、澳门等国家和地区的 70 余名专家、学者莅临盛会。国内学者遍及北京、上海、天津、重庆、河北、吉林、河南、湖北、安徽、四川、贵州、云南、陕西、青海等 14 个省市的高等院校及科研机构,海外学者来自美国芝加哥大学、日本福冈国际大学、韩国培材大学、台湾"中央研究院"、香港大学、澳门大学等高校及科研机构。此外,《历史研究》编辑晁天义、《中国史研究》副编审邵蓓、《古籍整理研究学刊》主编曹书杰教授及有关媒体人士列席会议。会议议程主要由大会开幕式、大会演讲、大会分组讨论及汇报、大会闭幕式组成。

大会开幕式由中国先秦史学会副会长、天津师范大学出土文献与上古史研究中心主任杜勇教授主持,中国先秦史学会会长宋镇豪研究员致开幕词;天津师范大学副校长钟英华教授致欢迎辞;中国先秦史学会副会长兼秘书长宫长为研究员宣读李学勤先生、晁福林先生贺信。会议期间,天津市政协副主席、天津师范大学校长高玉葆教授前往看望了与会代表。大会演讲主要由北京大学朱凤瀚教授、美国芝加哥大学夏含夷教授、河北师范大学沈长云教授、台北"中央研究院"历史语言研究所蔡哲茂教授四人依次进行,每人 30 分钟。大会大致分为甲骨文、金文、简帛三个研讨小组,大会分组汇报及闭幕式由中国先秦史学会副会长罗运环教授主持,中国先秦史学会学术顾问、中国社科院历史研究所孟世凯研究员做总结讲话；中国先秦史学会副会长、陕西社科联主席、原陕西师范大学校长赵世超教授致闭幕词。本次会议共收到论文 53 篇，与会学者主要围绕传统出土文献甲骨文、金文，近年新发现的清华简、北大汉简等新出土文献以及陶文、钱币文等文字资料来探讨殷周时期的历史、思想、文化等问题，取得了丰硕的研究成果。现将本次会议主要研讨成果综述如下。

一　甲骨文与殷商史研究

自 19 世纪末，殷墟发掘甲骨文，至 20 世纪初确定为商人遗留文字，被国内外文化界称为"惊世的发现"。甲骨文作为传统的出土文献，对中国上古史尤其殷商时期历史与文明的研究起到了极大的推动作用。

利用甲骨卜辞研究殷商历史离不开对甲骨卜辞的辨识，辨识的正确与否对研究的结论会产生直接影响。在甲骨文疑难字义、辞例的考释方面，中国国家博物馆李维明《"商"辨》一文通过对甲骨文中"商"字形、字义、商辞、商地及商名的考辨，认为"商"字形可能与商文化器类中具有性质代表意义的器类甗、甑部分造型有关，作为地名，以安阳殷墟为中心的商声地域在商文化内涵、出土文字证据等方面，较其他地域更具探索商地望的优势，具有后世文献所言邦国内涵。河南省社会科学院历史与考古所齐航福《殷墟甲骨文疑难辞例考释五则》一文详细考释了甲骨文中"上甲"与"田"、"帝风"与"帝云"、"自今旬雨"等五则疑难辞例。南开大学历史学院朱彦民《甲骨卜辞"受 年"考辨》一文对"受 年"之" "字义的多种说法逐一考辨，认为"受 年"即卜问酿酒之年成。

关于商代帝王名称及行迹的考证。台北"中研院"史语所蔡哲茂《殷卜辞"咸"为成汤说补论》一文重新申述和补论了甲骨文和金文中"成"、"咸"两字的区别及不同用法。北京第二外国语大学常耀华《殷商苑囿围场及离宫别馆研究》一文对甲骨卜辞中出现的帝王贵族观游和逸乐的苑囿围场及离宫别馆进行了系统考察。

关于对殷商文化信仰的研究。日本福冈国际大学海村惟一《甲骨文词汇的历史性双向研究——与真古文〈书〉动词的比较为例》一文通过甲骨文词汇、语音的历时性双向研究方法来阐明甲骨文词汇、语音的嬗变过程，以之探讨商周时代社会文化的嬗变过程。美国纽约大学江伊莉《殷商时代的"异"信仰》一文以甲骨文字资料和艺术性的习俗为根据，认为殷商时代的信仰体系不是从一个来源，而是从几个包括变质（"异"）的信仰和后来死的王室及相关氏族的精神力量谱系的信念。

在这次研讨会上，还有学者对甲骨文研究现状、方法、途径及未来趋向进行了深入讨论。中国社会科学院历史研究所刘源《研究〈春秋〉可利用殷墟甲骨文材料》一文以《春秋》、《左传》与甲骨文相互对照研究的例子，指出今后研究《春秋》不仅要考察与殷卜辞、殷周金文的传承与相似性，也要发现其不同之处，并探讨其中存在差异的原因。中国社会科学院历史研究所孟世凯《甲骨文的过去与未来》一文对甲骨学过去存在的释文研究难题和未来研究的方法及重点进行了探讨。台北"中研院"史语所蔡哲茂的报告《六十年间中研院史语所藏甲骨要目与研究》对"中研院"史语所成立60年来对甲骨文的编联和缀合的工作及成果进行了详细回顾和展望。

二　金文与两周史研究

甲骨文随着殷商覆亡而消失，起而代之的文字是金文。因其多铸于钟鼎等礼器之上，故也称钟鼎文。金文作为传统的出土文献，对于研究殷商历史尤其两周历史具有极大的史学价值。

对西周重要人物、家族、地名的研究方面，有6篇论文给予了相当关注。北京大学历史系朱凤瀚《大保鼎与召公家族铜器群》一文利用大保鼎、成王鼎及梁山七器等铭文资料对召公的家族和支系进行了详细考察。中国社会科学院考古研究所曹定云《论西周金文中师酉、师询关系及相关器物时代——兼论"非子受封"在"嬴秦"历史中的地位》一文对《师酉簋》、《师询簋》、《询簋》的铭文进行了重新考释，并探讨了以上器物的时代以及师酉与师询的父子关系等问题。安徽省社会科学院历史研究所陈立柱《利簋之利、墙盘上的烈祖为商反臣胶鬲说》认为《利簋》之"利"与商臣胶鬲人名字音相同，还可能是《墙盘》的"烈祖"。清华大学出土文献研究与保护中心陈颖飞《清华简〈祭公〉毛班与西周毛氏》一文利用西周金文和清华简《祭公》等出土文献与传世文献系统讨论了西周毛氏世系问题。北京语言大学汉字研究所罗卫东《金文所见

"邶"、"鼋"等字及相关问题探讨》一文试图从文字的角度分析金文所见记录邶国族名称的形体及其相关问题。此外，河南省社会科学院郑杰祥《"旃"地考》一文认为《利簋》所记周武王赏赐檀利所封的檀地当在今荥阳市以东古旃然水和檀然岗一带，旃地是一处有重要历史意义的地点。

也有学者关注了两周铭文及词汇的研究。中国社会科学院考古研究所殷玮璋、曹淑琴《"析子孙"铭研究》一文通过对"析子孙"铭文的形态学分析，认为"析子孙"铭应是三个字，亦可省作二字或一字。河北师范大学沈长云《燹公盨铭与禹治洪水问题再讨论》一文对燹公盨载录的与禹治洪水有关的几处关键铭文字词如"燹"、"敷土"、"浚川"、"导山"等进行了重新考释。香港大学中文学院邓佩玲《〈周颂〉所见重言词与两周金文互证》一文通过《周颂》所见重言词与金文参照互证，分析了重言词的时地特色以及部分金文词汇的训释、讹误问题。

关于周代官职和基层社会的研究。中国社会科学院历史研究所邵蓓《西周的诸侯与邦君》一文利用金文和简帛等材料对两周时期的诸侯和邦君的含义进行了历史的考察。陕西师范大学历史文化学院王晖《季姬尊铭与西周兵民基层组织初探》一文根据新出土西周金文资料季姬尊以及古文献资料、考古资料探讨了西周兵民基层组织编制及特点。

三　清华简与周史研究

清华简的研究一直是近几年来学术界关注和研究的热点。由于清华简发现的数量迄今最大，竹简内容又多涉及中国经史类文献，对我们重新认识历史的学术价值和意义极大，因而清华简受到当今多数学者的关注和热烈研讨也属一件自然的事情。这次学术会议充分地反映了这种学术趋向。

关于清华简《程寤》与文王研究。天津师范大学历史文化学院杜勇《清华简〈程寤〉与文王受命综考》一文全面系统地探讨了《程寤》篇的著作年代、文王占梦受命称王及文王、武王纪年等重要历史问题。邯郸学院历史系吕庙军《清华简〈程寤〉与文王占梦、解梦研究》一文通过传世《逸周书·程寤》逸文与清华简《程寤》简文比读，探讨了文王占梦、解梦的相关历史问题及其政治和文化影响。贵州大学张闻玉《关于周文王的纪年》一文依据传世古籍与清华简《保训》、《程寤》探讨了纣王、文王、武王的不同纪年体系。

　　关于清华简《楚居》与楚国历史文化研究。中国社会科学院考古研究所高江涛《清华战国竹简〈楚居〉中的"夷屯"初探》一文对清华简《楚居》中地名"夷屯"进行了详细考证，认为楚都夷屯应在丹淅一带。重庆师范大学历史与社会学院刘俊男《从楚夒（蔿、远）氏渊源及清华简〈楚居〉等再论商末周初楚文化源头》一文从与夒国、夒氏有关的一组通假字，清华简《楚居》"盤"字之义及炭河里遗址探讨了商末周初时楚文化的渊源，认为商末周初楚文化中心在湖南，周初之时楚文化由湖南向湖北迁转。四川大学历史文化学院李世佳《楚王践祚易名相关问题研究》一文在传世文献和出土材料研究基础上讨论了楚王践祚易名的起源、缘由及其政治内涵。

　　关于清华简《系年》与秦国邦交关系、《系年》史学体裁、古书流传版本研究。吉林大学文学院许兆昌《从清华简〈系年〉看纪事本末体的早期发展》一文以清华简《系年》为主要依据，探讨了纪事本末体这种史学体裁在战国时期的发展与形式特点。清华大学出土文献研究与保护中心沈建华《试说清华〈系年〉楚简与〈春秋左传〉成书》一文通过比较《左传》与《系年》简的异同，指出两者处于非常接近的年代，推测《系年》简应属于战国民间流传的另一类系的抄本，为否定刘歆《左传》伪造说提供了坚实证据。

　　关于清华简文本考释方面。陕西省考古研究院王辉《一粟居读简记（五）》一文对清华简《说命》上、中、下三篇及《周公之琴舞》的部分释文进行了重新考释。南开大学古籍与文化研究所陈絜《清华简札记二则》一文对清华简《金縢》、《皇门》中的"是年若丂"、"惠余一人"做了重新考释，指出整理竹简时不能忽视两周彝器铭文的作用。北京师范大学历史学院罗新慧《〈尚书·金縢〉篇刍议》一文结合《金縢》传世本和简本分析了《金縢》篇的用词、用字特点，对《金縢》篇的写成时代做了重点探讨。

　　关于清华简真伪研究。上海社会科学院历史研究所杨善群《清华简〈说命〉考论》一文对清华简《说命》的真实性进行了考论，并提出质疑。曲阜师范大学孔子研究所黄怀信《〈说命〉对读》一文通过清华简《说命》三篇与《古文尚书·说命》三篇分别对读，研究了两种文献的性质与真伪问题。天津师范大学文学院周宝宏《评〈清华简《耆夜》为伪作考〉》一文对姜广辉等人指出的所谓清华简作伪证据逐一进行了辩驳。

除了以上清华简探讨的主要议题之外，还有 4 篇会议论文对中国古代思想观念进行了研究。四川大学历史文化学院彭邦本《先秦时期禅让观的流变——传世与出土文献的综合考察》一文在传世文献基础上，结合近年发现的楚简等出土文献对先秦禅让观及其思想流变做了概要的论析。陕西师范大学历史文化学院赵世超《服与等级制度》对服与等级制度及服制的内容、特征、影响做了深入剖析。澳门大学杨兆贵、韩国培材大学赵殷尚《从周公"明德慎罚"与治殷措施看周公与黄学政治思想的关系》一文认为周公思想与黄学政治思想有一定的关系，周公对黄学产生一定影响。此外，上海大学历史系陈勇《钱穆与先秦诸子学研究——以〈先秦诸子系年〉为考察中心》一文对钱穆在先秦诸子学的研究方法、贡献及局限与不足进行了评述。

四　郭店楚简、上博楚简等与上古历史思想研究

自 20 世纪 90 年代初始，郭店楚简、上博简楚等一批竹简的发现和整理，由于其内容涉及中国历史、哲学、宗教、文学、文字、音乐等领域，以儒家类书籍为主，兼有道家、兵家、阴阳家等，多为传世本所无或不同，因而掀起了简帛古籍研究的热潮。该次学术研讨会上提交的论文即有论及郭店楚简、上博楚简、葛陵楚简、北大汉简等内容者。

天津师范大学文学院刘传宾《郭店竹简字迹研究简述》对学术界关于郭店竹简字迹研究的概况进行了系统的整理和总结。洛阳市文物考古研究院蔡运章《葛陵楚简的年代及其相关问题》一文主要对《葛陵楚简》记载的九个"纪年"大事所关联的重大事件及相关人物做了全面考察。

本次学术会议还有学者利用新近发现的北大汉简，对道家的老子思想进行研究，如清华大学人文学院哲学系曹峰《"玄之又玄之"和"损之又损之"——北大简〈老子〉研究的一条进路》一文阐释了北大汉简《老子》中"玄之又玄之"和"损之又损之"新的思想蕴义和价值。

还有学者注意到竹简中古代兵书，如西北大学历史学院田旭东《竹简中的古兵书》一文较为全面地考察了楚国竹简兵书和汉墓出土兵书的流传和影响。

五　商周考古与历史文化研究

考古学与周代历史文化史研究的互动成为本次研讨会的一个新热点。青海师范大学张广志《宜侯夨簋与吴的关系研究的历史回顾与再认识》一文对半个世纪以来学者对宜侯夨簋与吴的关系的研究状况进行了回顾和研究。陕西师范大学张懋镕《论盂形簋》一文主要对盂形簋的特点年代等问题进行了分析。美国芝加哥大学夏含夷《〈西方学者对中国出土文献研究一百（多）年〉阶段报告》一文对其书稿中西方学者有关中国出土文献研究的种类、个别学者小传、内容年代目录等进行了总揽式的描述和介绍。

有学者运用《易》学考古这一新兴学科方法对相关的物质文化遗存从《易》学角度进行解读。天津师范大学历史文化学院杨效雷、张金平《〈易〉学考古三题》一文从《易》学考古的视角对殷墟易卦卜甲、商周四爻符号易卦、陕西淳化西周陶罐筮数易卦进行了考释。

还有学者对金文的载体青铜器的物质构成进行了研究。安徽师范大学历史与社会学院裘士京、柯志强、薛来《锡原料来源的争议与研究》一文通过对古代青铜器原料来源的研究，认为商周时期中原地区锡料主要来自南方。

六　古文字新材料研究

当今，常见出土文献的门类除甲骨刻辞、铜器铭文、简帛之外，还有古玺印文字、陶文、封泥文字、符节文字、钱币文、刻石文字研究等。古文字研究是对出土文献进一步开展研究的基础性工作，它对中国古代历史文明、思想文化的研究的基础性意义不言而喻。甲骨文、金文等传统古文字的研究目前可谓成绩斐然。这次会议上，一些学者从陶文、钱币文、古玺印文字、石刻文字等新材料入手进行研究，拓展并丰富了古文字研究的传统领域。

甲骨文之前有无文字？甲骨文属于比较成熟的文字系统，已非文字的初始阶段。与会学者对文字的起源进行了探究。中国社会科学院考古研究所李健民《陶寺遗址出土的朱书文字扁壶》一文指出陶寺遗址出土朱书文字是新石器时代社会晚期阶段的产物，具有一定社会经济生产力和深厚的历史文化背景，其成功破译，将汉字的成熟期至少推进至距今 4000 年前，是探索中国古代文明起源的重要物证和重大突破。

有学者利用钱币文研究历史地理问题，中国钱币博物馆黄锡全《新见"北行易"三孔布简析》一文对"北行易（唐）"三孔布与"南行阳（唐）"的文字结构和写法做了细致分析，为研究帝尧行迹及相关历史、地理问题提供了可贵资料。

有学者利用古玺印文字研究楚国行政制度，如天津师范大学历史文化学院鲁鑫《新发现的几则有关楚县的战国文字资料》一文结合传世文献与玺印、包山楚简、清华简等古文字资料中有关楚县的记载，对战国时楚国的县制及地方行政制度进行了探讨。

还有学者使用铭金、石刻研究中国法律文化，如中国政法大学法律古籍整理研究所李雪梅《战国秦汉"金石纪法"传统的形成及影响》一文对战国秦汉时期"金石纪法"传统的形成原因、特点及影响做了全面的历史考察。

七　结语

综合考察与会者提交的论文及研讨发言，我们可以发现，该次学术会议呈现如下几个明显的特点：

一是传世文献与出土文献的相互结合。与以往中国上古史研究一样，出土文献与商周史研究依然是学者们关注的重点。但学者们在研究诸如历史人物、家族、制度、地名等重要问题时，其论证已不再局限于传世文献，而是力争二重证据、三重证据乃至多重证据法的运用较为普遍。

二是新史料与新方法的运用。中国上古史研究的推进尤端赖于新史料、新材料的发掘和发现。中国上古史的研究不仅要有多维的视角，而且要有新发现的史料，此次会议有若干篇论文利用了几则新的古文字资料，提出了一些新的问题，引起了与会学者的广泛共鸣。同时，研究中的跨学科对话得到加强，出现了文献学、考古学、古文字学与历史学多学科交叉应用的研究成果。

三是新问题的提出与新共识的达成。正如会议上有学者指出，目前中国上古文明、历史的研究出现了如近现代史研究一般的"碎片化"的倾向，而淡于"宏大叙事"，忽略对历史发展一般规律的探索。与会学者在克服此种倾向等问题上达成共识，并一致认为中国上古史研究在出土文献的推动下既要考虑"求真"，也要兼顾"致用"，成为史学研究的典范，为当代中国史学实现科学价值与社会职能提供有力支撑。

总之，这次学术会议体现了较高的学术水准，会议规模适中，学者研讨发言时间较为充裕，在自由、平等、宽松、和谐的学术气氛中进行了学术观点的交流与争鸣。与会学者提交的论文不论从研究深度还是从研究广度来讲，均在一定程度上代表了国际史学研究的新动向和新高度。

（原载《高校社科动态》2013 年第 6 期，此略有改动）